Volker Skierka

Lion Feuchtwanger
Eine Biographie

Herausgegeben
von Stefan Jaeger

Volker Skierka

Lion Feuchtwanger
Eine Biographie

Herausgegeben von Stefan Jaeger

Quadriga Verlag
J. Severin

CIP-Kurztitelaufnahme der Deutschen Bibliothek

Skierka, Volker:
Lion Feuchtwanger : e. Biographie / Volker
Skierka. Hrsg. von Stefan Jaeger. – Berlin :
Quadriga-Verlag Severin, 1984.
ISBN 3–88679–104–1

Idee, Konzept, Redaktion, Produktion: Stefan Jaeger, Verlagsberatung, Frankfurt
Reihentypographie: Otl Aicher
Schutzumschlag. Entwurf von Bine Cordes, Weyarn/Obb.
Gestaltung: Dieter W. Janduda, Frankfurt
Lithographie: Hans Kirchhoff, Frankfurt
Satz: Graphischer Großbetrieb F. Pustet, Regensburg
Druck und Bindung: Fuldaer Verlagsanstalt GmbH, Fulda
ISBN 3-88679-104-1
Printed in Germany

Für
Marta Feuchtwanger

und meine Freunde
Annette, Egon und Christiane
Manfred und Ulla, Wilhelm

Inhalt

14 Lion Feuchtwanger · Eine Biographie

»Alles in allem hat, glaube ich, die Literatur im Exil die Probe nicht schlecht bestanden. Wenn sich die Flut verlaufen haben wird, was taugt und was nicht, dann werden sich unter den Werken der Epoche diejenigen, die im Exil geschrieben wurden, nicht als die schlechtesten erweisen.«

18 Der Schriftsteller Lion Feuchtwanger in unserer Zeit

»Es ist eine merkwürdige Tatsache, daß ein Schriftsteller, der mit vollem Herzen über seine eigene Zeit schreibt, oftmals von der späteren Wirklichkeit tiefer bestätigt wird als Politiker, die mitten in den Ereignissen stehen.«

I. München 1884 bis 1925

22 Geburt, Jugend, Familie, Studium

»Von früh an gründlich verschieden von den anderen.«

30 Der mißratene Sohn: Ein geschmäcklerischer, schriftstellender Bohèmien und bösartiger Theaterkritiker

»Schwanken zwischen realistischer Darstellung der Gegenwart und romantisch übersteigerter Schilderung der Vergangenheit.«

37 Marta Löffler: Heirat, zweijährige Wanderungen durch Italien, Kriegsgefangenschaft in Tunesien

»Er gab mir die Zähigkeit zu überleben.«

43 Zurück in München: Erst Held, dann Soldat, dann Kriegsgegner

»Der Krieg stürzte mein ganzes Weltbild um.«

47 Feuchtwanger als Dramatiker: Abschied vom Elfenbeinturm

»Das Buch von dem Menschen, gestellt zwischen Macht und Erkenntnis.«

58 Revolution in München: Das Scheitern der Intellektuellen

»Der Handelnde ist immer gewissenlos. Es hat niemand Gewissen als der Betrachtende.«

62 Aus der Geschichte der Stadt München

Von Lion Feuchtwanger

70 Das Buch »Jud Süß«, »Gespräche mit dem Ewigen Juden« und der Weltruhm

»In München öffnen sich die Gräber der Weltgeschichte.«

II. Berlin 1925 bis 1933

80 Umzug nach Berlin: Die Freundschaft Feuchtwanger - Brecht

»Sie steuern das Marxistische bei, ich das Menschliche.«

84 Zum Tode von Bertolt Brecht

Von Lion Feuchtwanger

91 Leben und Arbeiten in Berlin: Der Sozialkritiker gewinnt internationales Ansehen

»It's nearly like Feuchtwanger!«

96 Ein Höhenflugrekord

Von Lion Feuchtwanger

104 Der Roman »Erfolg«

»Das einzige Mittel, die Welt zu verändern, ist, sie zu erklären.«

110 Letzte Jahre in Berlin: der Nationalsozialismus breitet sich aus

»Berlin kommt mir vor wie eine Stadt voll von zukünftigen Emigranten.«

129 Feuchtwanger über Nationalismus und Judentum: Sein Roman »Der jüdische Krieg«

»Mein Hirn denkt kosmopolitisch, mein Herz schlägt jüdisch.«

III. Exil in Frankreich

IV. Exil in den USA

»Ich hoffe, daß Du mich so gut verstehst wie ich Dich, daß Du Geduld mit mir hast, daß Du merkst, wie ungeheuer ich Dich mag wie ganz und für immer wir zusammengehören, und daß Du mir in bezug auf meine Arbeit weiter so gute Ratschläge gibst wie bisher. Wenn Du Dir außerdem keine überflüssigen Sorgen machen wolltest, wäre das eine schöne Dreingabe. 70prozentig Dein (22 Prozent mußt Du für mich selber lassen)«

V. Anhang

Lion Feuchtwanger
Eine Biographie

Lion Feuchtwanger
Eine Biographie

»Alles in allem hat, glaube ich, die Literatur im Exil die Probe nicht schlecht bestanden. Wenn sich die Flut verlaufen haben wird, was taugt und was nicht, dann werden sich unter den Werken der Epoche diejenigen, die im Exil geschrieben wurden, nicht als die schlechtesten erweisen.«

Das 20. Jahrhundert neigt sich dem Ende zu. Lion Feuchtwanger, der verbrannte und verbannte Dichter, der 1958 im amerikanischen Exil gestorben ist, genießt wieder zunehmende Bedeutung. Lange Zeit blieb ihm die literarische Anerkennung nach dem II. Weltkrieg versagt. Allein in der DDR wurden Feuchtwangers Bücher engagiert verbreitet und gelesen. Seit einigen Jahren nun gibt es auch in der Bundesrepublik Deutschland eine Feuchtwanger-Renaissance.

Keinem anderen deutschen Schriftsteller des 20. Jahrhunderts ist bei Kritikern, Lesern und Kollegen eine so widersprüchliche Aufnahme seiner Werke widerfahren, wie dem 1884 in München geborenen Lion Feuchtwanger, der am 7. Juli 1984 seinen 100. Geburtstag feiert. Von Beginn an waren seine dramatischen und Romanstoffe fast geschichts-enzyklopädischen Ausmaßes, umstritten, angefeindet und hochgelobt. Lebensgefährten, die Feuilletons damals und heute und die Nachkriegsgenerationen, haben über sein Werk die gegensätzlichsten Analysen geschrieben und Werturteile gesprochen. Die Härte literarischen Meinungsstreits widerfuhr Zeitgenossen Feuchtwangers wie Bertolt Brecht, Oscar-Maria Graf oder Thomas Mann nicht in diesem Ausmaße; auch nicht seinem Bruder Heinrich, schon viel eher dem langjährigen Freund und Briefgefährten Arnold Zweig. Lion Feuchtwanger war vor allem in England und Amerika, auch in den kommunistischen Ländern Osteuropas *der* bekannte, repräsentative, deutschsprachige Autor.

Eineinviertel Jahr vor seinem Tode schrieb er über sich: »Meine Familie stammt aus dem Städtchen Feuchtwangen an der Sulzach im bayrischen Mittelfranken. Als 1555 die Juden von dort vertrieben wurden, flohen sie nach Schwabach bei Nürnberg, nach Sulzberg in der Oberpfalz, nach Pappenheim im Altmühltal. Die nach Pappenheim geflüchteten nannten sich Feuchtwang, die übrigen Flüchtlinge Feuchtwanger. Die Feuchtwangers, von denen mein Familienzweig abstammt, drei Brüder samt Frauen und Kindern, scheinen nach Fürth in Bayern ausgewandert zu sein, wo 1528 eine jüdische Gemeinde gegründet worden war. Zwei der Brüder waren auf der Wanderung erschlagen worden, so daß nur deren Kinder zusammen mit dem überlebenden dritten Bruder heil dort ankamen. Die Abkömmlinge dieser Flüchtlinge nannten sich Feuchtwanger, ein kleiner Teil, diejenigen, die in der umgrenzten Umgebung der Synagoge, der Schule wohnten, nannten sich Schulhof. Genaue Daten sind erhalten von Jakob Loew Feuchtwanger, der 1743 bis 1809 lebte. Dessen Sohn, Seligmann Feuchtwanger, heiratete eine Fanny Wassermann, eine Ahnin Jakob Wassermanns, der mir gelegentlich erklärte, er sei also weitläufig mit mir verwandt. Von den Kindern dieses Seligmann Feuchtwanger ließen die meisten sich in München oder Frankfurt nieder, ein Sohn Seligmanns, Abraham Feuchtwanger, kompromittierte sich 1848 bei der Revolution, wurde gefangengenommen und entkam schließlich nach Amerika. Auch mein Großvater, Elkahn, nahm Anteil an der Revolution und hatte sich dafür zu verantworten, daß er einen Briefbogen mit schwarz-rot-goldenen Bändern ummalte.

Von meinen Büchern sind verhältnismäßig am schnellsten geschrieben die Romane »Die häßliche Herzogin« (Arbeitsdauer nur etwa zehn Monate), »Die Geschwister Oppermann« (sieben Monate), »Simone« (zehn Monate). Die meiste Zeit und die schwerste Mühe kosteten »Erfolg« (fünf Jahre), »Exil« (dreieinhalb Jahre) und die »Josephus«-Trilogie (reine Arbeitszeit sieben Jahre). Ich lese sehr gern, sehr viel, sehr gründlich und sehr langsam. Ich lege ungern ein Buch zur Seite, ehe ich es fertig gelesen habe, auch wenn die Lektüre nicht recht lohnt. Ich fühle mich jedem Autor verwandtschaftlich verbunden, den antiken Autoren, auch den biblischen wie den zeitgenössischen. Ich arbeite oft im Geist an ihren Werken mit, freue mich, wenn ihnen eine Stelle besonders glückte, die sie nur halb lösten, ändere ihre Verse oder ihre Sätze. Eine Seite wahrhaft guter Prosa beglückt mich mehr als ein Gedicht. Das Ziel, das mir vorschwebt, ist eine Sprache, die bis ins letzte klar ist, lebensnah, doch nicht banal, distanziert, doch nicht geschmäcklerisch. Die sprachliche Ausfeilung nimmt den größten Teil meiner Arbeit in Anspruch.

Ich versuche, ein ruhiges Leben zu führen und gehe sehr selten aus. Oft verzichte ich auf den Besuch einer Theater- oder Filmaufführung oder eines Konzerts und nehme mir ein gutes Buch vor. Ich lese gern literaturwissenschaftliche und sprachkritische Werke. Meine Korrespondenz ist außerordentlich umfangreich. Sehr viele mir unbekannte Schriftsteller aus vielen Ländern schicken mir ihre Bücher, zahllose Leser bitten mich um Aufklärung literarischer Fragen oder auch um Rat in sehr persönlichen Angelegenheiten. Das ist mir oft Genugtuung und Bestätigung, und wenn irgend es der Mühe wert scheint, antworte ich.«

Lion Feuchtwangers literarisches Schaffen fällt in die Zeit der Weimarer Republik, in die Zeit der Emigration und des Exils, das verursacht wurde von den Nazis und der ihrer Schreckensherrschaft schweigend zusehenden Mehrheit. Die Beschäftigung mit Exilliteratur, eine umfassende Aufklärung über sie durch Hans Albert Walter, Manfred Durzak oder Ernst Loewy z. B., ermöglichte erst die beginnende Studentenbewegung ab 1968, die durch beharrliches Nachfragen nach der jüngsten deutschen, höchst zweifelhaften Vergangenheit, ein öffentliches Interesse an den verlorenen Autoren der ersten Hälfte unseres Jahrhunderts bewirkte. Rolf Michaelis schrieb in der Wochenzeitung »Die Zeit« über Feuchtwanger von der »Entdeckung eines Unbekannten«. Seine Person und sein Werk erleben seither eine Wiederentdekkung. Die Weltauflage seiner Bücher, die noch zu seinen Lebzeiten bereits die 8-Millionen-Grenze überschritten hatte, beginnt gegenwärtig wieder bedeutend zu wachsen.

Sicherlich nicht durch seine Schauspiele, Trauerspiele und Burlesken wurde Feuchtwanger fast über Nacht zu einer weit gerühmten literarischen Persönlichkeit. Feuchtwangers Geburtsstadt München, in der er studierte, Theaterrezensionen schrieb, Dramaturg an den Kammerspielen war, und seine ersten eigenen Dramen verfaßte, München hatte in einem merkwürdigen Zusammentreffen mit der politischen Wegscheide 1918 zu Beginn der Zwanziger Jahre einen großen Teil jener Dichter verloren, in denen sich die spannungsreiche Mannigfaltigkeit des literarischen Lebens der Vorkriegszeit verkörperte: Frank Wedekind starb 1918, ebenfalls Franziska Gräfin Reventlow, Heinrich Lautensack 1919, Lena Christ 1920, ebenfalls Ludwig Ganghofer, und Ludwig Thoma 1921. In dieses Münchener Klima hinein, von dem Arthur Kutscher später sagen sollte: »Die Stadt München und der Humus, den ihr die eingeborene Bevölkerung gibt, haben einen konservativen Charakter (...) Seine Gefahr bildet die Erstarrung des Lebens, das Dogma, das politische, religiöse und künstlerische Dogma (...) Es gibt und gab zwar immer kräftige und fortschrittliche Männer an leitender Stelle, allzumächtig ist hier aber die Herrschaft der Partei und Beziehung (...) Es riecht nicht, es stinkt nach Reaktion,« in dieses Klima platzt Feuchtwangers Roman »Der Erfolg«, der den Untertitel trägt »Drei Jahre Geschichte einer Provinz«. Im »Erfolg« fing er die republikverachtenden Spießbürger ein, die schwerfällige Behördenapparatur, die einseitig orientierte Justiz, die gnadenlos alle Linken verfolgt, aber die Gefahr von rechts außer Acht läßt, die Diffamierung alles Fremden, die Korruption und Verantwortungslosigkeit, die der extremen Polarisierung radikaler Tendenzen Vorschub leisteten.

Feuchtwangers literarischer Erfolg ließ Neidlose und Neider auf den Plan treten. Heinrich Mann feierte Feuchtwanger bereits als Nachfolger Fontanes. In England, wo durch »Jud Süß« jedermann Feuchtwanger kannte, galt er als »a major star in the firmament of modern European Literature«. Befand man dort einen Roman für gut, wurde er mit der Redewendung »it's nearly like Feuchtwanger« bedacht. Im eigenen Land blühte, in guter deutscher Tradition, vor allem der Neid. Kurt Tucholsky z. B. äußerte sich über die literarische Qualität von Feuchtwangers Roman eher geringschätzig. Er schrieb an Walter Hasenclever, der später mit Feuchtwanger in Südfrankreich im Lager Les Milles interniert war und sich im Mai 1940 das Leben nahm, über die »Geschwister Oppermann« (1934), der Roman sei »künstlerisch ganz schlecht, strohig, aus Pappe, gerade gut genug für Engländer.« Feuchtwangers politische Haltung achtete er hoch und schrieb, sie sei tausendmal anständiger als die Thomas Manns. Robert Musil nannte Feuchtwanger einen »flachen Großschriftsteller«. Herber Kritik standen natürlich positive Wertungen gegenüber. Bertolt Brecht vor allem, Ernst Bloch. Ludwig Marcuse und Arnold Zweig schätzten Feuchtwangers Werk. Ebenso Bruno Frank, Heinrich Mann, Albert Einstein oder Max Horkheimer. Klaus und Thomas Mann äußerten sich stets Feuchtwanger hoch achtend aber zurückhaltender als andere Kollegen und Zeitgenossen.

Lion Feuchtwanger gehörte zu den Autoren, die zwischen 1933 und 1938 am meisten übersetzt wurden. An erster Stelle stand die Verfasserin von Unterhaltungsromanen für Frauen Hedwig Courths-Mahler. Nach Stefan Zweig und Vicky Baum kam Lion Feuchtwanger an vierter Stelle. Seine Werke erschienen in 80 Übersetzungen. Erst danach kamen Thomas Mann, Emil Ludwig, Erich Kästner, Jakob Wassermann, Hans Fallada und Franz Werfel.

Heute beschäftigt uns erneut die Frage nach Lion Feuchtwangers unbestrittener Aktualität, nach seinem literarischen Rang – und nach seinem ungewöhnlichen Leben. Dieses Buch möchte Leben und Werk Lion Feuchtwangers – Bayer und Jude, hochgebildeter Großbürger, dann Weltbürger, Deutscher und Staatenloser, Dramatiker und Romancier – aus seiner Zeit begreifen. Aus seiner Zeit der Jahrhundertwende zum I. Weltkrieg, den 20er Jahren in München und Berlin, mit Kommunistenhatz, beginnender Judenverfolgung, enormem Zulauf der Nationalsozialisten, Bücherverbrennung und Exilierung, bis zu Feuchtwangers letzter »Heimat« als literarisch erfolgreicher und wohlhabender Mann im sonnigen, wenig intellektuellen Los Angeles, dem zweiten Exiltreffpunkt in den USA, neben New York. In Pacific Palisades bezog Feuchtwanger sein letztes Refugium. Sein Freund Brecht beschrieb das Exil dort so: »Wenn ich sage, wo ich wohne, sage ich immer: in Santa Monica, was stimmt. Aber jeder wiederholt, so, in Hollywood! Es sind tatsächlich verschiedene Orte, fünf Meilen voneinander, jedoch in irgendeiner Weise gehören wir zu Hollywood. So beeile ich mich zu sagen: wir haben den Ort nicht gewählt, das Schiff von Wladiwostok setzte uns hier an Land, wir hatten kein Geld, hier waren einige andere Flüchtlinge, da blieben wir.«

Die Wirkungen seines Werks, beginnend mit seinen dramatischen Arbeiten »König Saul« und »Prinzessin Hilde« (1905) bis zu seinem 1957 begonnenen und unvollendet gebliebenen Fragment »Das Haus der Desdemona oder Größe und Grenzen der historischen Dichtung« – und vor allem die ungewöhnlichen Lebensstationen Feuchtwangers – möchte dieses Buch in Text und Bild aufzeigen. Es wird der Versuch unternommen, anhand unveröffentlichten Dokumentationsmaterials ein komplexes Bild Lion Feuchtwangers zu zeichnen, der, dank unermüdlicher Arbeit Marta Feuchtwangers, ein auch in der Bundesrepublik Deutschland wieder angemessenen Rang einnimmt. Walter A. Berendsohn beendet seine Empfehlung für den Nobelpreis, der Feuchtwanger immer versagt geblieben ist: »Die Werke Lion Feuchtwangers sind realistische Dichtungen hohen Ranges, die Lebensfülle aus Lebensnähe bergen, den Lesern ihre gesamte Lage in der Umwelt ins Bewußtsein heben. Diese Kunst ist kein romantisches Spiel, sie hat eine völlig andere gesellschaftliche Funktion. Sie stellt den lesenden Menschen in die geschichtlichen Zusammenhänge hinein, erweitert seine innere Welt über die engen Grenzen seiner individuellen Interessen hinaus und hält ihn zur Mitverantwortung für das geschichtliche Geschehen an, während sie ihn zugleich fesselt, packt und rührt.«

Stefan Jaeger
Herausgeber

Der Schriftsteller Lion Feuchtwanger in unserer Zeit

Der Schriftsteller Lion Feuchtwanger in unserer Zeit

„Es ist eine merkwürdige Tatsache, daß ein Schriftsteller, der mit vollem Herzen über eigene Zeit schreibt, oftmals von der späteren Wirklichkeit tiefer bestätigt wird als Politiker, die mitten in den Ereignissen stehen."

»Der Schriftsteller L. F. war 19mal in seinem Leben vollkommen glücklich und 14mal abgründig betrübt. 584mal schmerzte und verwirrte ihn bis zur Betäubung die Dummheit der Welt, die sich durch keine Ziffer ausdrücken läßt. Dann wurde er dagegen abgestumpft. Sehr genau erkennend, daß Leistung sich nicht deckt mit Erfolg und daß der Mann sich nicht deckt mit der Leistung, würde er, falls man ihn fragte: ›Bist du einverstanden mit deinem bisherigen Leben?‹, erwidern: ›Ja. Das Ganze nochmal.‹.« Lion Feuchtwanger schrieb diese Sätze 1935 mit der ihm eigenen Selbstironie.[1] Dieses Einverstandensein mit seinem Leben hatte für ihn Gültigkeit bis zu seinem Tode mit 74 Jahren. Im Alter trug Feuchtwangers Gesicht die milden, faltigen Züge eines asiatischen Weisen. Die wachen Augen hinter den Brillengläsern verrieten einen scharfen Verstand, der Blick und das sanft spöttische Lächeln einen herzhaften Humor. Das Bild Feuchtwangers war für seine Umgebung das eines ruhigen, nachdenklichen, aber auch eines couragierten, spitzbübischen Optimisten. Er war unerschütterlich in seinem Glauben an den Sieg der Vernunft und den Triumph des geistigen Fortschritts über Dummheit und Gewalt. Und er besaß neben einem Gespür für die Bedürfnisse seines Leserpublikums auch einen ausgeprägten Geschäftssinn. So fügten sich Anliegen, Ansprüche und Fähigkeiten gewinnbringend ineinander.

Wer war dieser am 7. Juli 1884 in München als ältestes von neun Kindern jüdischer Eltern geborene und am 21. Dezember 1958 in Los Angeles gestorbene Lion Feuchtwanger? Warum ist bisher so wenig bekannt über diesen Schriftsteller, der doch unzweifelhaft einer der großen Autoren unseres Jahrhunderts ist, mit Millionenauflagen in 35 Sprachen? Wie kam es, daß in der DDR jeder Schüler Feuchtwanger kennt, in der Bundesrepublik hingegen oft nicht einmal die Lehrer etwas mit diesem Namen anzufangen wissen?

Max Horkheimer, einer der größten Philosophen und Sozialwissenschaftler unseres Jahrhunderts bezeichnete Feuchtwanger voller Sympathie als »Volksschriftsteller«. Der Schriftsteller und Publizist Jean Améry schrieb in einem 1981 postum in der »Frankfurter Rundschau« veröffentlichten Aufsatz: »Lion Feuchtwanger ist einer der wenigen großen *Gestalter der Gesellschaft*, welche die deutsche Literatur dieses Jahrhunderts besitzt, genau besehen, vielleicht der einzige neben Heinrich Mann, (...). Feuchtwanger ist etwas gegeben, dessen nur wenige deutsche Romanciers sich rühmen dürfen: eine Objektivität, die aus der Fähigkeit erwächst, Subjekte mit Empathie [Bereitschaft und Fähigkeit, sich in die Einstellung anderer Menschen einzufühlen] zu erfassen. Er ist das strikte Gegenteil eines Tendenzschriftstellers, und man kann sich nur höchlichst wundern, daß gerade er in der Sowjetunion so hohes Ansehen genießt.«[2]

Das letzte Drittel seines Lebens hatte er außerhalb Deutschlands, im französischen und amerikanischen »Wartesaal«, verbringen müssen, aus dem es jedoch für ihn keine Rückkehr mehr gab. Er ging auf die 50 zu, als er 1933 – wie viele mit ihm – vor dem aufkommenden Nationalsozialismus und Antisemitismus ins Exil weichen mußte – erst nach Frankreich und dann nach dramatischer Flucht aus dem Internierungslager in die Vereinigten Staaten. Als Gegner des Nationalsozialismus und Faschismus blieb der linksbürgerliche Intellektuelle aber auch in den Ländern des Exils zeit seines Lebens ein als Kommunismussympathisant Verdächtigter, Verfolgter. Die deutsche Staatsbürgerschaft, die ihm die Nazis 1933 als einem der ersten Deutschen genommen hatten, erhielt er nie zurück und die amerikanische wurde ihm verweigert. Er starb schließlich als Staatenloser in den USA.

Feuchtwanger verstand sich zwar als »Internationalist« und jüdischer »Weltbürger«, doch hatte er auch immer ein »Zuhause«: »Meine Heimat«, so sagte er, »ist die deutsche Sprache.« Aber im westlichen Deutschland des raschen Wiederaufbaus versuchte man, den frühen Warner schließlich ebenso aus dem Gedächtnis zu verdrängen wie die eigene braune Vergangenheit. Die Nazis hatten seine Werke auf ihren Scheiterhaufen verbrannt. In den Jahren des Kalten Krieges wurden sie in der Bundesrepublik zeitweilig aus den Regalen der Buchhandlungen verbannt.

Ein deutsches Schriftstellerschicksal.

Feuchtwanger scheint mit zunehmenden Jahren immer weiter in die Distanz der zurückliegenden Jahrhunderte entrückt. Er war kein Mann des tagespolitischen Aktionismus. Zwar stand er mit seinem Namen häufig und verbindlich für antifaschistische Initiativen und Aufrufe der Exilanten, hielt sich aber mit eigenen direkten Stellungnahmen zur aktuellen Politik zurück. Im Gegenteil, je stärker der äußere politische Druck auf ihn wurde, desto mehr verkroch er sich zwischen seinen Büchern. Er blieb ein Betrachtender, der die politische Gegenwart in seinen Büchern mit dem Mittel historischer Stoffe verarbeitete. Sehr typisch für seine Haltung ist jener Satz aus einem Brief an seinen Freund Bertolt Brecht aus dem Jahre 1949: »Meine Situation hier ist nicht gerade gemütlich, eine unbehagliche, wohlhäbige Ruhe, und am Rand winken ein paar Herren mit Atombomben. Aber ich schreibe ruhig weiter am ›Goya‹.«[3]

Bei allem Verständnis für seine Zurückhaltung bei aktuellem, politischem Engagement, ist es schwer nachvollziehbar, warum er sich als zwar unbequemer, aber prominenter Autor nicht zur politischen Nachkriegsentwicklung in Deutschland äußerte wie Thomas Mann, der unter dem entsetzlichen Geschrei westlicher Medien einfach nach Deutschland-West und Deutschland-Ost fuhr und dort in Reden behaupten konnte, daß es für ihn keine Zonen gebe. Vielleicht aber ist Feuchtwangers Enthaltsamkeit auch eine Antwort. Eine Antwort wie sein Verbleiben in den USA nach dem Krieg. Zwar hinderte ihn die amerikanische Einbürgerungsbehörde durch das Verschleppen der Entscheidung über seinen Staatsbürgerschaftsantrag bis zu seinem Tod an einer risikolosen Ausreise nach Deutschland. Aber nach den vorliegenden Dokumenten und Briefen hat er auch nie ernsthaft von sich aus an eine Übersiedlung in das eine oder andere Deutschland gedacht. Auf Angebote einflußreicher Freunde, sich für eine Ausreiseerlaubnis mit Rückkehrgarantie bei der Regierung in Washington einzusetzen, ging er nicht ernsthaft ein. Seine wiederholten Beteuerungen, er wolle auf jeden Fall nach Deutschland kommen, fühle sich jedoch durch seine Arbeit am Reisen gehindert, erscheinen halbherzig, hinhaltend. Nun war das Bild des Nachkriegsdeutschland in seinem gespannten, politischen Klima auch nicht unbedingt einladend. Aus Berichten von Freunden konnte er herauslesen, wie schwer es war, in Ost wie West wirklich freie Luft zu atmen. Ungemütlich war das politische Klima in Kalifornien zwar auch, aber metereologisch war es dort wenigstens angenehmer. Feuchtwanger beschränkte sich schließlich darauf, sich für das Erscheinen seiner Bücher in beiden Teilen Deutschlands einzusetzen. Sein Werk ging ihm ohnehin immer über die eigene Person. Im übrigen dürften die offiziellen Repräsentanten beider Deutschlands insgeheim ganz froh gewesen sein, daß Feuchtwanger blieb, wo er war. Unbequem wäre er hüben wie drüben gewesen: den einen, weil er zu links und gegen die intellektuelle Dumpfheit der Politik des Kalten Krieges eingestellt war, und den anderen, weil er bei aller politischen Fortschrittlichkeit doch ein liberaler Münchner Großbürger geblieben schien, der sich nicht so leicht hätte vereinnahmen lassen wie seine Bücher.

Feuchtwangers bevorzugt betrachtende Haltung lag in der Logik seiner persönlichen Entwicklung. »Ich bin«, so sagte er einmal, »weder Fatalist noch Marxist, der glaubt, daß einzig ökonomische und materielle Gesetze die Welt machen. Ich bin auch kein Individualist, der meint, daß jeder Mensch Herr seiner Zukunft sein kann. Diese drei Theorien bilden jedoch, objektiv gefaßt, das Schicksal. Der Zufall sowie die Bedürfnisse der Menschheit, die sozialen, agrarischen, industriellen, spielen ebenfalls eine große Rolle. Und schließlich helfen dem Menschen seine physischen, moralischen und geistigen Qualitäten, die Ereignisse zu gestalten und mit der Wirtschaft anstatt gegen sie zu treiben. Das Leben? Der Mensch im Kampf gegen seine Bedürfnisse. Spielball des Zufalls, der ihm hilft oder etwas Unüberwindliches in den Weg wirft: das ist das Leben!«[4] Diese Einstellung ist offenbar auch Quelle für seine innere Ruhe und für die Kraft, auch in Situationen auszuharren und sie zu überwinden, in denen andere laut und ratlos wurden, verzweifelten und resignierten.

Beeinflußt vom Sanskrit-Studium während der Universitätszeit, hatte er sich, wie viele Intellektuelle während der Jahre des ersten Weltkriegs, zu einem Anhänger der asiatischen Geisteshaltung entwickelt: vom Tun zum Nichttun, vom Handeln zum Betrachten. Am Beispiel des Krieges wurde nicht nur für ihn damals die Tat als unsinnig nachgewiesen, Nichttun, durch das der Frieden hätte bewahrt werden können, als Weisheit gepriesen. Dem eher schüchternen, alles andere als nach außen gerichteten Menschen Feuchtwanger, kam die östliche Lebensphilosophie sehr entgegen. Für ihn sollte gerade der Schriftsteller nicht mehr als ein Betrachter sein, der aus dieser Rolle heraus »sagt, was ist«. Daran versuchte er sich sein Leben lang zu halten und seine literarische Arbeit zu orientieren, auch wenn er von dem Grundsatz, daß Nichttun besser als Tun sei, unter dem Einfluß der Nazi-Diktatur abwich und einsah, daß Hitler nur mit Gewalt zu beseitigen sei. Als Erkennender suchte er den für den Fortschritt wirkenden Kräften mit seinem Werk Anregungen für ihr Handeln zu vermitteln. Dies war die Brücke, die er sich im Laufe der Jahre vom Ufer des Betrachtenden zu dem des Handelnden zu bauen versuchte.

Was ihn von seinem Freund Brecht unterschied und was beiden lebenslangen Stoff für Streitgespräche gab, war Feuchtwangers stetes Herausarbeiten sozialpsychologischer Zusammenhänge in seinen Werken. Brecht, der alles Psychologisieren strikt ablehnte, ja haßte, liebte von Anfang an klare Verhältnisse in Form politisch-ökonomisch begründeter Klassengegensätze. Bertolt Brecht, Sohn eines Augsburger Papierfabrikanten, bezog schon Anfang der Zwanziger Jahre, zu Beginn der Freundschaft mit dem 14 Jahre älteren Sohn eines Münchner Margarinefabrikanten, marxistische Positionen. Feuchtwanger blieb bis an sein Lebensende seiner bürgerlichen Herkunft und Denkungsart verhaftet, auch wenn er sich unter dem Einfluß von Brecht mit dem Marxismus anfreundete und unter dem Eindruck der Appeasement-Politik der westlichen Demokratien gegenüber Hitler-Deutschland starke Sympathien für die kommunistische »Alternative« entwickelte. Feuchtwanger war schließlich so etwas wie ein marxistisch beeinflußter Liberaler.

Er selbst sah sich schließlich als Übergangsfigur vom bürgerlichen Zeitalter in eine klassenlose Gesellschaft, wie sie sich aus der Sicht seiner Jahre in der Sowjetunion zu entwickeln schien. Am deutlichsten wird Feuchtwangers durchaus widersprüchliche Position am Ende seines Romans »Exil« (1940) und in »Narrenweisheit oder Tod und Verklärung des Jean-Jacques Rousseau« (1952). Darin bejahen seine Helden das Neue vom Verstand her. Ihre Herzen aber bleiben dem Alten verbunden. Unter diesem Aspekt muß wohl sein »Moskau 1937« gesehen werden. Sein »Ja, Ja, Ja« zur russischen Oktoberrevolution am Ende des Reiseberichts wird damit relativiert. Jene, die ihn wegen dieses Büchleins und seines Gespräches mit Stalin während seiner Reise in die Sowjetunion zum Kommunisten stempelten, wurden ihm nicht gerecht. Feuchtwanger, der seine »Partei« einzig in der Vernunft und im Fortschritt sah, war komplizierter beschaffen, als seine Gegner vielfach glauben machten. So sehr er von seinem Äußeren, seiner ruhigen und abgeklärten, weise-humorvollen Art sich zu geben wie aus einem Guß schien, so aufgewühlt, das wußten seine engeren Weggefährten, war er in seinem Innersten. Seine lebenslange Arbeit, seine Dramen und Romane, die darin um Positionen streitenden Personen, sind ein einziges Ringen um seinen eigenen Standpunkt und dessen Begründung.

Der Freudianer Feuchtwanger konnte sich einfühlen in die sozialpsychologischen und ökonomischen Zusammenhänge bei der Entwicklung und Festigung politischer Macht, und er vermochte dies einer breiten Leserschaft mitzuteilen. In sehr einleuchtenden Handlungsabläufen hat er frühzeitig an historischen Beispielen aufgezeigt, zu welchem Verhängnis politischer Fanatismus führen kann. Er meinte dabei übrigens auch das eigene, das jüdische Volk. Zwar war er angesichts der Nazigreuel an den Juden mit der Gründung des Staates Israel in Palästina einverstanden, weil seine Glaubensbrüder wieder eine Heimat und Zufluchtsmöglichkeit haben sollten, jedoch warnte er die militanten Zionisten bis zuletzt davor, die nunmehr dritte Eroberung Palästinas in der 3000jährigen jüdischen Geschichte wieder mit Gewalt zu betreiben. Eines seiner Lieblingszitate stammte von Jean Jaurès und lautete: »Wir wollen aus der Vergangenheit das Feuer übernehmen, nicht die Asche.«

Feuchtwanger leuchtete mit seinem Feuer zuweilen sehr hell in die Gegenwart und sogar in die Zukunft. Bei aller Widersprüchlichkeit seiner Auffassungen blieb er in der Analyse und Voraussage politischer Entwicklungen in seinem vertrauten Milieu treffsicher: Unmittelbar nach der nationalsozialistischen Machtergreifung Ende Januar 1933 prophezeite er bereits – von vielen noch belächelt – daß dies mit einem Weltkrieg enden würde. »Es ist eine merkwürdige Tatsache«, bemerkte Feuchtwanger 1934, »daß ein Schriftsteller, der mit vollem Herzen über seine eigene Zeit schreibt, oftmals von der späteren Wirklichkeit tiefer bestätigt wird als Politiker, die mitten in den Ereignissen stehen und über Details besser informiert sind. Vielleicht rührt dies daher, daß psychologische Grundtatsachen – und die Beschäftigung mit diesen ist ja schließlich der Beruf des Schriftstellers – für den Ablauf der Ereignisse am Ende doch nicht weniger wichtig sind, als ökonomische und politische.«[5]

Volker Skierka

München 1884 bis 1925

Geburt, Jugend, Familie, Studium

„Von früh an gründlich verschieden von den anderen."

Die Eltern Lion Feuchtwangers Sigmund und Johanna Feuchtwanger geborene Bodenheimer. Sigmund Feuchtwanger wurde 1854 in Fürth geboren, seine Frau 1864 in Darmstadt. 1883 heirateten sie in München.

Lion Jacob Arje Feuchtwanger war 13 Jahre alt, das Jahrhundert ging allmählich zu Ende, als er sein erstes großes literarisches Werk zu Papier brachte. Für eine Schulfeier zum Geburtstag des bayerischen Prinzregenten schrieb er »ein schönes allegorisches Spiel«. »Etliche Schuljungen standen robust, linkisch und verlegen um eine Gipsbüste des Regenten, sie behaupteten, sie seien die Malerei, die Architektur, die Poesie und was weiß ich noch alles, und sie dankten dem Regenten in peinlich geregelten Versen und sehr dialektisch, daß er sie so begönnere. Alle fanden mein Festspiel sehr gut, es wurde in irgendeinem braven heimatkundlichen Journal abgedruckt, und ich bekam eine Krawattennadel oder etwas dergleichen als Zeichen der landesherrlichen Anerkennung« vom Rektor des Münchner Wilhelms-Gymnasiums überreicht.[1] Die Ehrung hinterließ bei dem kleinen Feuchtwanger einen schalen Nachgeschmack. »Der Gegensatz zwischen der von mir errichteten Gipsbüste des Regenten (...) und dem wirklichen, von allen gekannten Bild des Fürsten, eines kleinbürgerlichen, egozentrischen, rechenhaften, im übrigen nicht ungemütlichen alten Mannes« brachte ihn auf ein kleines Stück, in dem er »die äußerst unangenehmen Erlebnisse eines jungen Menschen darstellte, der die fixe Idee hat, zu sagen, was ist. Da er das Gott, seiner Familie, seinen Kollegen, seiner Freundin, seinen Vorgesetzten gegenüber unablässig sagt, geht er natürlich wie ein Hund zugrunde«. Jeden Morgen, vor Beginn der Schule, schrieb er das Stück in Versen in ein kleines Notizbuch in schäbigem blauen Papiereinband. Der Gegensatz »zwischen der offiziellen Wahrheit und der wirklichen« wurde so für Feuchtwanger Gegenstand seiner »ersten erlebten Dichtung«. Während sein Festspiel mit der Gipsbüste »noch lange eine rühmliche Rolle spielte«, zeigte er das andere Stück keinem Menschen.[2] Seine Zurückhaltung beim Mitteilen von Wahrheiten sollte sich jedoch bald ändern.

Das Wilhelms-Gymnasium galt als angesehene Schule, weil hier auch die königlichen Edelknaben humanistisch erzogen wurden. Mit ihnen lernte Feuchtwanger bis zu seinem 19. Lebensjahr lateinische und griechische Syntax, Zahlen aus der antiken Geschichte. »Es war eine pedantische, nüchterne Ausbildung, ohne Zusammenhang mit dem realen Leben (...) konservativ, patriotisch, (...) sehr prüde. Die Klassiker wurden in sorglich gereinigten Ausgaben gelesen (...) Es herrschte Disziplin, Würde, gipserne Antike, Heuchelei.«[3] In einem autobiographischen Aufsatz schrieb Feuchtwanger später voller Ironie über diese Zeit: »Der Schriftsteller L. F. (...) wurde von insgesamt 98 Lehrern in 211 Disziplinen unterrichtet, darunter waren Hebräisch, angewandte Psychologie, Geschichte der oberbayerischen Fürsten, Sanskrit,

Zinseszinsrechnung, Gotisch und Turnen, nicht aber waren darunter englische Sprache, Nationalökonomie oder amerikanische Geschichte. Der Schriftsteller L. F. brauchte 19 Jahre, um von diesen 211 Disziplinen 172 vollständig aus seinem Gedächtnis auszurotten. Es wurde im Laufe seines Unterrichts der Name Plato 14203 mal, der Name Friedrich der Große 22641 mal, der Name Karl Marx keinmal genannt.«[4] Gleichwohl »gefördert wurde die Freude am genauen Ausdruck und am genauen Wort, und wir lernten einen lateinischen oder griechischen Satz an einem deutschen messen. Was ich dieser Schule verdanke, war die rechte Wertung und Würdigung des Methodischen, der gründlichen Planung bei jeder geistigen Arbeit.«[5] Feuchtwanger entwickelte sich zum Primus, und er nutzte in dieser Rolle selbstbewußt auch die Gunst seiner Lehrer aus. Zuweilen »verschönte« er seine deutschen Aufsätze durch lange erfundene Zitate aus Goethe oder aus Shakespeare, ohne daß seine Erzieher dies merkten.

So, wie mit dem Widerspruch zwischen der offiziellen und der wirklichen Wahrheit, fühlte sich Feuchtwanger schon in früher Jugend mit einem weiteren Konflikt konfrontiert, der sein Leben und Werk beeinflussen und prägen sollte: Es war das Ringen eines kosmopolitisch denkenden Juden um Macht und Einfluß der Vernunft gegen nationalen Chauvinismus auch in der eigenen Brust. Obwohl der junge Feuchtwanger sich mit seinen »Schulkameraden gut vertrug und wiewohl wir zu Hause unser Deutsch mit dem gleichen breiten, kräftigen bayerischen Akzent sprachen wie alle anderen und am bayerischen Leben teilnahmen, soweit das die jüdischen Bräuche eben zuließen, fand ich mich von früh an gründlich verschieden von den andern. Von meinen Eltern trennte mich der tiefe und jugendlich hochmütige Zweifel an ihren Bräuchen und Meinungen, von meinen Lehrern und Kameraden trennte mich meine Vertrautheit mit allem, was jüdische Theologie anging«.[6]

Feuchtwangers Opposition gegen die herrschenden gesellschaftlichen und häuslichen Normen hatte ihre Wurzeln in einer schwierigen Kindheit. Am 7. Juli 1884 in der Münchner Hildegardstraße geboren und, als das Haus einem Brand zum Opfer gefallen war, am nahegelegenen St. Anna Platz aufgewachsen, verkörperte Lion als erstes der neun Kinder von Sigmund und Johanna Feuchtwanger äußerlich das Gegenteil von einem stattlichen Stammhalter. Anders als seine jüngeren vier Brüder und vier Schwestern, die alle groß, schlank und gutaussehend gerieten, hatte Lion in frühen Jahren etwas gnomenhaftes. Er war ziemlich kurzsichtig, nicht unbedingt häßlich, unscheinbar. Vor allem zu Hause ließen sie ihn seine Außenseiterrolle deutlich spüren. Auf Bergtouren hatte er oft Mühe, es mit den anderen aufzunehmen. Ein Schlüsselerlebnis, das er Zeit seines Lebens nicht vergaß, war jene Wanderung, während der er einmal in einer Sumpfwiese versank und die anderen ihn verlachten und hänselten, anstatt ihm herauszuhelfen. Sein intellektueller Ehrgeiz, sein Bildungsfleiß und seine Neugierde waren daher auch ein Stück Kompensation. Bald zahlte er es seiner Umgebung heim, indem er geistige Überlegenheit demonstrierte und sich mit einem gewissen Hochmut panzerte, unter dem er seine Schüchternheit und Verschlossenheit verbarg. »Das verstehst du ja doch nicht«, bekamen die Geschwister oft zur Antwort, wenn sie von ihrem klugen Bruder etwas wissen wollten.

Die Familie war sehr wohlhabend, zählte zum Münchner

Nach der Geburt Lions, am 7. Juli 1884, zog die Familie von der Hildegardstraße in Schwabing an den nahe gelegenen St. Annaplatz. Hier verbrachte Lion mit seinen 8 Geschwistern seine Kindheit.

Die Mutter Martas, Johanna Löffler, genannt Hannchen. Martas Vater Leopold betrieb einen Stoff- und Kurzwarengroßhandel.

Lion Feuchtwanger promovierte mit einer Dissertation über Heinrich Heines Fragment »Der Rabbi von Bacherach« in München 1907. Die Dissertation ist als Probestück philologischer Interpretationskunst Feuchtwangers bis auf den heutigen Tag wissenschaftlich aktuell.

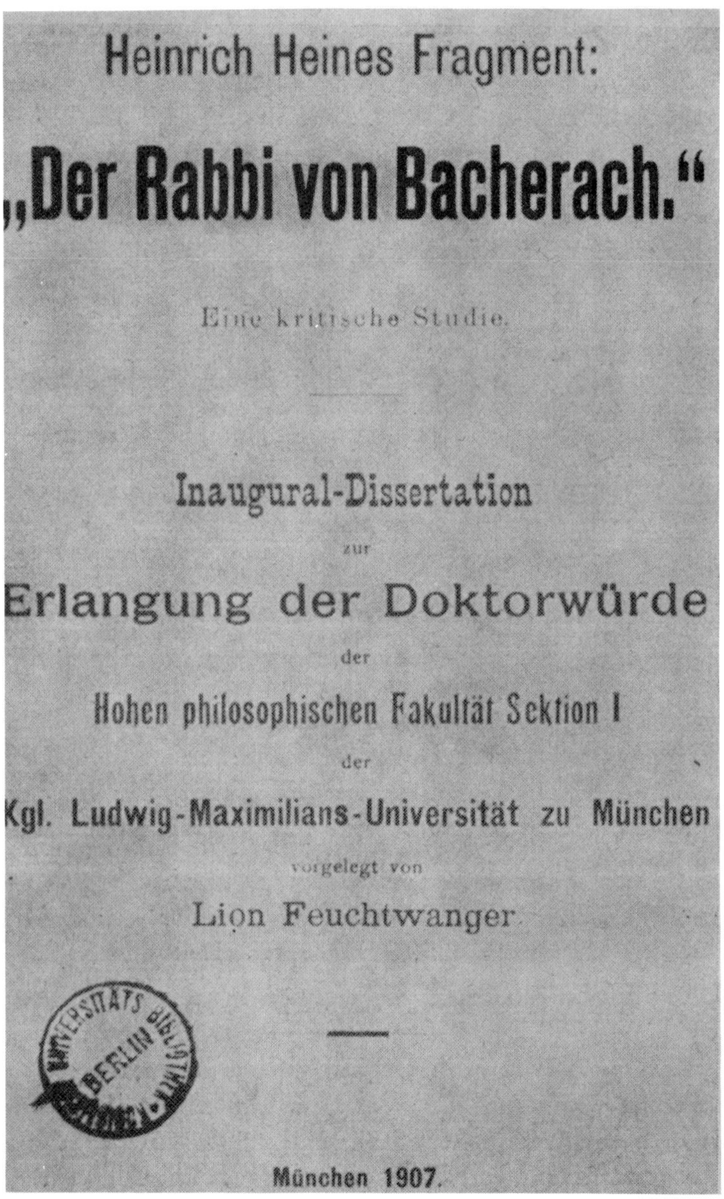

Heinrich Heines Fragment:

„Der Rabbi von Bacherach."

Eine kritische Studie.

Inaugural-Dissertation

zur

Erlangung der Doktorwürde

der

Hohen philosophischen Fakultät Sektion I

der

Kgl. Ludwig-Maximilians-Universität zu München

vorgelegt von

Lion Feuchtwanger

München 1907.

Großbürgertum, lebte orthodox jüdisch, bescheiden, fast spartanisch. Damals gab es aufgrund früherer Quotierungen relativ wenige Juden in München. Der Wohlstand der Feuchtwangers kam aus einer Margarinefabrik, die der in Fürth bei Nürnberg geborene Vater Lions von seinem Vater übernommen hatte. Überdies kam die Mutter, Johanna Bodenheimer, aus reichem Elternhaus. Die Ehe zwischen dem sexuellen Abenteuern zugeneigten Sigmund und der distanziert wirkenden Johanna Feuchtwanger schien eher eine Konventions- als eine Liebesheirat. Feuchtwangers Vorfahren stammten aus dem mittelfränkischen Feuchtwangen, wo sie sich im Spätmittelalter angesiedelt hatten. Von dort wurden sie 1555 bei Judenverfolgungen nach Fürth vertrieben. Sein Großvater Elkan war sogar Teilnehmer der 1848er Revolution in München.

Ihren Vater bekamen Lion und seine Geschwister selten, oft nur bei Tisch zu sehen. Er war ein gebildeter Schöngeist, interessiert an Geschichte, klassischer Literatur, bibliophilen Dingen. Manchmal nahm der Vater seine Söhne mit ins National-Theater. Er kannte sich gut in der Geschichte des jüdischen Volkes aus und sammelte jüdische Literatur. Er war aber kein Anhänger des Zionismus-Begründers Theodor Herzl. In seiner Bibliothek fand Lion die Werke des jüdisch-römischen Feldherrn und Geschichtsschreibers Flavius Josephus, dessen Schicksal er in den Dreißiger Jahren in seiner Josephus-Trilogie nachzeichnete. Zu Hause hing neben zahlreichen Ölbildern eine Lithographie, die Lessing, Lavater und Moses Mendelssohn beim Schachspiel zeigte, und begeistert erzählte der Vater oft von Lessing, wie dieser in »Nathan der Weise« die Gleichwertigkeit der Religionen gelehrt habe. Ihr Verständnis von geistiger Aufklärung und religiöser Toleranz stand für die Eltern aber keineswegs im Widerspruch zu der strengen Erziehung ihrer Kinder im jüdischen Glauben. Das eine schloß das andere nicht aus. »Meine Eltern hielten darauf, daß ich die umständlichen, mühevollen Riten rabbinischen Judentums, die auf Schritt und Tritt ins tägliche Leben eingreifen, minuziös befolgte. Die strenge Einhaltung der Speisegesetze und der Sabbat-Gesetze, die vielen langen, täglich zu verrichtenden Gebete, der sehr häufige Synagogenbesuch, die zahllosen, umständlichen Gebräuche spannten das Leben in einen verzweifelt engen Rahmen. Auch mußte ich unter der Leitung eines Privatlehrers täglich mindestens eine Stunde dem Studium der hebräischen Bibel und des aramäischen Talmuds widmen.«[7] Später fand Feuchtwanger allerdings, »daß mir die frühe Erlernung des Hebräischen geholfen hat, vielfältig zu denken und zu reden, und daß das frühe Studium des fremdartigen Lebens, das sich in der Bibel und im Talmud entfaltet, mir Verständnis gab für viele Lebensäußerungen, die mir sonst unverständlich geblieben wären.«[8] Daneben lernte Feuchtwanger fließend Griechisch und Latein sowie moderne Fremdsprachen, und er entwickelte schon früh ein Talent, mit der deutschen Sprache und Literatur umzugehen. Sein Vater hatte schließlich auch nichts dagegen, daß er Literaturgeschichte studierte. Doch die Ansichten, Lehren und Meinungen, die Feuchtwanger aus seiner Erziehung zog, waren sehr verschieden von denen der Eltern, weltoffener. Es war vor allem das unerbittliche Festhalten an den religiösen Riten, das ihn dem Gespött seiner Mitschüler aussetzte, es war das gleichzeitige Fehlen von Liebe, Wärme, Geborgenheit, die spannungsgeladene Atmosphäre daheim, was Lion seit seinem zehnten Lebensjahr zunehmend

auf Distanz zu seiner Familie brachte. Besonders gestört war das Verhältnis zur Mutter. Sie wirkte unnahbar, madonnenhaft: blaß, kühl, verschlossen, mit strengem Gesichtsausdruck. Sie lächelte selten und dirigierte Hausangestellte und Familie wie Schulkinder. Es herrschte eisige Atmosphäre am St. Anna Platz.

Mit dem Abitur im Jahre 1903 und der Immatrikulation an der Königlichen Ludwig-Maximilians-Universität in München verließ Feuchtwanger geradezu fluchtartig das Elternhaus und mietete sich in einer unwirtlichen Dachwohnung ohne elektrisches Licht, ohne Wasser und Heizung ein, mit einem mürrischen Hoflakaien als Nachbarn. Die monatliche finanzielle Unterstützung, die ihm sein Vater anbot, lehnte er ab. Er wollte loskommen von der dumpfen Atmosphäre seines Elternhauses und frei sein von Abhängigkeiten. Seinen Lebensunterhalt verdiente er sich durch Stundengeben. Er studierte »nicht ohne Leidenschaft« deutsche Philologie, Geschichte, Philosophie und Anthropologie und befaßte sich »mit einer gewissen Verbissenheit mit bibelkritischen Studien, schon um jene Orthodoxie völlig aus meinem Blut herauszuspülen.«[9] Seine Lehrer waren der Philologe Franz Muncker, der über neuere Literaturgeschichte, und Georg Freiherr von Hertling, der über Geschichte der Philosophie las. Hertling brachte es später für ein knappes Jahr, von November 1917 bis September 1918, zum Reichskanzler. Er war, anders als der beliebte Muncker, pedantisch, unnahbar katholisch. Feuchtwanger fand keinen rechten Zugang zu ihm. Zwischen 1905 und 1906

Die Kinder Feuchtwanger: Ludwig (Ludschi), Martin, Bella, Lion, Martha, Maedi, Fritz, Franziska, Berthold (Bubi), Henny (v. l.) Das Foto wurde 2 Jahre nach Lions Abitur, 1905 aufgenommen. Johanna und Sigmund Feuchtwanger erzogen ihre Kinder durchaus großbürgerlich. Literatur, Kunst und Geschichte waren ebenso selbstverständlich, wie eine strenge Erziehung im jüdischen Glauben.

Heinrich Heines Romanfragment »Der Rabbi von Bacherach« erscheint im 4. Band des »Salon«. Es ist Heines Antwort auf ein Judenpogrom in Damaskus.

Lion Feuchtwanger während seiner Studentenzeit im Alter von 20 Jahren

ging Feuchtwanger nach Berlin. Bei dem prominenten Literaturhistoriker Erich Schmidt, einem Förderer Frank Wedekinds, vertiefte er seine Liebe zur deutschen Sprache, entwickelte er seine Abneigung gegenüber jenem sprachlichen Patriotismus, mit dem später die Nationalsozialisten ihre Rattenfängerei betrieben. Feuchtwanger lernte während des Studiums gründlich mit Quellenkritik, Methodologie, Sprach- und Stilkunde sowie mit den geschichtlichen Hintergründen von Literaturströmungen umzugehen. Er vermißte jedoch im Rückblick eine Auseinandersetzung mit den gesellschaftlichen und ökonomischen Zusammenhängen der Literatur. Aufgrund seiner persönlichen Entwicklung ist es nicht überraschend, daß Feuchtwanger für seine Dissertation ein »jüdisches« Thema wählte: Er schrieb eine kritische, literaturhistorische Studie über Heinrich Heines Fragment »Der Rabbi von Bacherach«. Hier setzte sich Feuchtwanger erstmals in seiner Arbeit gründlich mit einem historischen Komplex auseinander, der später wiederholt in seinen Aufsätzen, Stücken und Romanen auftauchte, den er hautnah am eigenen Leib und an der eigenen Seele zu spüren bekommen sollte und der ihn bis zu seinem Tode nicht los ließ: Es ist das wechselvolle Schicksal der Juden, die immer wiederkehrenden Erhöhungen, Erniedrigungen, Verfolgungen und Pogrome gegen dieses kaum irgendwo geliebte, allenfalls geduldete, selbstbewußte Volk; und es ist Geschichte als immerwährender Kampf einer vernünftigen Minorität gegen die gewalttätige Majorität der Dummheit, wie Feuchtwanger später bei vielen Gelegenheiten sagte und schrieb. In Heines unvollständigem, als historischer Roman begonnenen Text wird beschrieben, wie um 1500 ein Rabbi und seine schöne Frau am Abend des Passahfestes mit knapper Not einem Pogrom in Bacherach im Rheingau entfliehen können.

Seine Examina bestand Feuchtwanger im Alter von 23 Jahren mit Auszeichnung, die Arbeit fand bei Germanisten und Historikern große Anerkennung. Arie Wolf urteilte im Bulletin des Leo-Baeck-Instituts 1982, die Dissertation sei als Probestück Feuchtwangerscher philologischer Interpretationskunst bis auf den heutigen Tag wissenschaftlich aktuell. Das Heinesche Prosafragment sei an und für sich von geringem ästhetischem und literaturhistorischem Wert: »Den Dissertanten interessierte eher der Bezug des Werkes und nicht zuletzt der Einblick in die Schaffenspsychologie Heinrich Heines wie in seine intime geistige Entwicklung, den dieses Fragment gewährt. Feuchtwanger gelangt dabei zu feinfühligen psychologischen Beobachtungen, die von einem Assimilanten und Kosmopoliten kaum zu erwarten gewesen wären.« Mit »staunenerregender philologischer Akribie« behandelte Feuchtwanger die Entstehungsgeschichte des Fragments, die Stoffentwicklung, die Kompositionsfragen, die Erzähltechnik, die Charakterisierungskunst, und befaßte sich auch mit sprachlich-stilistischer Textkritik.[10]

Muncker, Ordinarius für neuere deutsche Literatur, wollte, daß Lion Feuchtwanger sich als Privatdozent an der Münchner Universität habilitiere. Da Juden damals in München jedoch das Ordinariat versperrt war, hätte sich Feuchtwanger taufen lassen müssen – es sei denn, er wäre mit einer außerordentlichen Professur zufrieden gewesen. Auf Drängen des Vaters und Munckers begann er mit der Ausarbeitung einer Habilitationsschrift über »Die Anfänge des deutschen Journalismus«. »Bald aber nahm die Aussicht, jede Woche zu bestimmten Stunden bestimmte Vorträge halten zu müssen, mir jede Lust. Ich ließ die Habilitationsschrift liegen, zerteilte das Fertiggestellte in einzelne Aufsätze und verkaufte diese an die wissenschaftliche Beilage der ›Frankfurter Zeitung‹.«[11] Seine journalistischen Studien kamen ihm später bei seiner Arbeit als Theaterkritiker zugute.

Heinrich Heine und Oscar Wilde.

Eine psychologische Studie.

Diese Untersuchung hat nicht die Absicht, in Heines Werken neue Quellen zum Schaffen Wildes aufzustöbern. Sie will lediglich eine Parallele zwischen beiden Dichtern ziehen, eine Parallele, die meines Wissens bislang nicht gezogen ist, und die vielleicht für die Psychologie der beiden Männer nicht ganz unergiebig erscheint.

Denn so verschieden der trotz seines lebemännischen Anstriches so wenig weltläufige, zappelige Jude und der aristokratisch-lässige, hypermondäne Engländer auf den ersten Blick sich präsentieren: ein tiefer schürfender Vergleich wird so viel Verwandtes in ihrer Art und in ihrer Kunst zu Tage fördern und in ihrer literarischen Stellung so viele bedeutsame Aehnlichkeiten bloßlegen, daß ihre Zusammenkoppelung nicht mehr eine willkürliche Spielerei gescholten werden darf.

1. Das Gemeinsame ihrer Art.

Grundverschieden sieht zunächst die Lebensführung der beiden Dichter aus. Da ist Heinrich Heine trotz aller Sehnsucht nach Glanz und Prunk und trotz aller leichtsinnigen, zigeunerstolzen Rederei ein zwar selten glücklicher, aber immer sorglicher Rechner, der in seinen besten Jahren für seine gesamte Wirtschaft kaum das verbrauchen darf, was Wilde der lächelnden Laune eines Augenblicks opfern kann, dem man sogar zu Zeiten den Vorwurf, 'propter vitam vivendi perdere causas' nicht ersparen mag — Oskar Wilde der strahlende ‚king of life', der grand viveur, der blendende Beherrscher der Mode, der trotz seiner ungeheuren Einnahmen — 9000 Pfund betragen in der Zeit seines Glanzes seine jährlichen Einkünfte — mit seinen Finanzen nie zurechtkommen kann, dessen Leben bis zu seiner jähen, grausigen Peripetie eine Kette erlesenster, verschwenderischster Genüsse darstellt. Da ist Heinrich Heine, der zeit seines Lebens so gerne den Weltmann spielen möchte und doch den kräftigen Schuß Kleinkrämertumes nie verleugnen kann, der ihm vom Vater her im Blute steckt, — Oscar Wilde, der geborene Dandy, der unumstrittene König der londoner und der pariser Salons, der klare Spiegel alles Mondänen. Da ist Heinrich Heine fanfaron de vice durch und durch, dessen brave, traditionelle Moral immer wieder zum Vorschein kommt, Oscar Wilde von wundervoller Gewissenlosigkeit, die sein kranker, widerspruchsvoller Zuchthausbrief, von uns gemeinhin und falsch ‚De profundis' genannt, schlecht maskiert. Da ist Heinrich Heine Tendenzmensch ganz und gar, sein Leben lang ein zweibeiniger Leitartikel, der irgend etwas mit möglichster Wärme verfechten muß, — Oscar Wilde der kalte, glatte Nurkunstmensch, der jeder Tendenz, jeder Politik kühlsten Gleichmut entgegensetzt, der nie einen andern zu überzeugen, immer nur sich selbst auszusprechen bemüht ist.

Und doch spürt man über alle diese Verschiedenheiten hinaus eine gewisse Zusammengehörigkeit, eine aus dem letzten, verborgensten Keim ihrer Persönlichkeit aufquellende Verwandtschaft.

Gemeinsam haben die beiden Dichter die Quelle dessen, was an ihrem Charakter tragisch ist.

Als das Tragische im Wesen Heines empfinde ich jenen Zwiespalt zwischen seiner großen, wehen Sehnsucht nach einem starken, unbedingten Glauben und seinem bitteren, alles Rein-Gefühlsmäßige jäh zerstörenden Skeptizismus. Sein Leben lang suchte Heine ein Ideal, an das er sich mit ganzer, leidenschaftlichster Hingabe klammern könnte: aber immer wieder zerstörte sein ätzender Kritizismus solchen Glauben, solang er noch im ersten Blühen war. So warf sich der Sechzehnjährige einem unklar katholisierenden Mystizismus in die Arme, so suggerierte sich der Jüngling eine byronisierende Leidenschaft für seine Cousine, so schwärmte der Berliner Student für national-jüdische Phantastereien, so trug sich der Pariser Literat mit den verschiedensten politischen Utopien. Alle diese Ideale aber hielten nicht stand vor seiner wertenden Vernunft, sie zerbarsten unter dem Angriff seines hiebkräftigen Witzes.

Die Urteile über Oscar Wilde reichen vom höchsten Lob bis zur demütigensten Verachtung. In Deutschland gab es um die Jahrhundertwende eine regelrechte Wilde-Vergötterung, der sich Feuchtwanger jedoch nicht einfach anschloß. Er schätzte Wilde außerordentlich und widmete dem Gemeinsamen der Kunst Heines und Wildes einen vielbeachteten Essay im »Spiegel«. Die Vergötterung Wildes gipfelte in der Faszination seiner »Salome«, die er 1891 in Paris schrieb.

Im Heft Nr. 12 »Der Spiegel« verfaßte Feuchtwanger eine »psychologische Studie« über »Heinrich Heine und Oscar Wilde«.

Reinhardts Feldzug an der Isar (1908)

Drei Jahre sind's her, daß Reinhardt das erstemal nach München kam. Er kam damals mit der Totalität seiner Spieler und seiner Kulissen. Er spielte Kabale und Liebe, Minna von Barnhelm, Elektra, Nachtasyl, Erdgeist. Kein Fünkchen Staub lag noch auf seinem frischen Ruhm, auf seiner jungen Tat. München, vor allem seine Studentenschaft, jubelte ihm zu, und Hans von Gumppenberg, der Theaterreferent der »Münchner Neuesten Nachrichten«, mußte sich schlimme Angriffe gefallen lassen, weil er an der Darstellung der Berliner etliches zu mäkeln hatte.

Mittlerweile wurde Reinhardts Ruhm matter. Und an der Isar erstand ein neuer Pharao, der von Josef nichts wissen wollte. Georg Fuchs und die Seinen gründeten im bewußten Gegensatz zu Reinhardt das Künstlertheater und schufen künstlerische Potenzen, die selbst durch die quasselnde, grölende Reklame und den kritiklosen, ranzigen Lokalpatriotismus der Unentwegten nicht ganz entwertet werden konnten.

Wir haben in unserem vorigen Heft die psychologischen Unterströmungen aufzuzeigen versucht, die die Gründung des Künstlertheaters notwendig herbeiführen mußten. Wir haben aufzuzeigen versucht, was Reinhardts Bühne zum Gegenpol der Bestrebungen des Ausstellungstheaters macht. Und wenn schon vielleicht aus anderen Gründen, sicherlich hat man auch in allerweitester Öffentlichkeit das Künstlertheater als Gegenaktion gegen Berlin empfunden.

Und nun, unter so veränderten Umständen, kam Reinhardt ein zweites Mal nach München. Mußte man sein Kommen nicht als zielbewußte Verteidigung auffassen? Forderte sein Kommen nicht heraus, zu messen zwischen ihm und den Gegnern?

Wenngleich den Direktor die Urlaubstätigkeit seiner Darsteller nicht zu kümmern brauchte, dieses mußte er sich sagen, als seine Leute nach Bayern zogen. Der Direktor des Deutschen Theaters zu Berlin durfte bei so gelagerten Verhältnissen nur eine ganze ungeschwächte Streitmacht entsenden. Und vor allem: er selbst mußte hier die Leitung übernehmen.

Statt dessen führte das Kommando ein gewisser »Direktor Maximilian Burg«, ein Strateg sechsten Ranges, der, trotzdem er in München lebt, die Bajuwaren für Botokuden hält. Er zerrieb Reinhardts Streitmacht, deren Kampfkraft in ihrer Geschlossenheit, ihrer trefflichen gegenseitigen Einschulung wurzelt, und er nahm ihr die wundervoll angepaßte Rüstung. Er ließ sie nicht die Manöver ausführen, die sie groß und stark gemacht, sondern mattere Evolutionen, die einen geschulten Feind zu schrecken oder gar zu überwinden schlecht taugten. Wir bekamen bis jetzt zu sehen den Kaufmann von Venedig, Frau Warrens Gewerbe und Erdgeist. Unverfälschter Reinhardt war nur Erdgeist; in Frau Warrens Gewerbe konnte man wenigstens noch einen Hauch Reinhardtschen Geistes spüren. Aber Frau Warrens Gewerbe und Erdgeist sind Werke, deren künstlerische Potenzen nicht im letzten Sinne allbezwingend sind. Mit Shakespeare galt es zu siegen, mit Reinhardts Shakespeare, dem die Herren des Künstlertheaters ihren Shakespeare entgegengestellt hatten.

Am 1. Juli 1908, im Jahre des Münchener Künstlertheaters, abends 8 Uhr, spielten im Münchener Schauspielhaus Mitglieder des Deutschen Theaters und der Kammerspiele zu Berlin (die Damen Hartwig, Wangel und Kühnberg, die Herren Steinrück, Biensfeldt, Ekert und Schildkraut) unter Leitung von Direktor Maximilian Burg und unter Regie Albert Steinrücks im Verein mit etlichen zweitrangigen Darstellern des Münchener Schauspielhauses Shakespeares Kaufmann von Venedig.

Ich entsinne mich der Erstaufführung, fast möchte ich sagen, Uraufführung des Kaufmanns im Berliner Deutschen Theater. Ich entsinne mich, wie wir nach dem langsam und betrüblich zerstaubenden Sommernachtstraum mit Freude und Staunen und mit neuem Vertrauen zu dem begnadeten Entdecker dieses Kaufmanns aufschauten, zu dem genialen Entdecker dieses Shakespeare, des Shakespeare des zwanzigsten Jahrhunderts, unseres Shakespeare. Und nun kam irgend ein συτις – ich weiß nicht, heißt er Maximilian Burg oder heißt er Albert Steinrück – kam ins Lager der Feinde, die eben mit schmetternden Tubentönen und sich brüstenden Barditen einen jungen Sieg feierten, und verhunzte einen der schönen Kränze Reinhardts, besudelte eine seiner stolzesten Fahnen.

Wer immer dieses schauderhafte Ragout zubereitet, wer immer diese erbärmliche Sudelei gebraut hat – der unklar geschmacklose Zettel verschweigt den Schuldigen –, hat Reinhardts guter Sache den schlimmsten Dienst erwiesen in einem Augenblick, als alles darauf ankam, ihm einen Sieg zu schaffen.

Über den in solchem Wust verlorenen Shylock Rudolf Schildkrauts muß noch ein Wort gesagt werden.

Wir haben hier in München lange Jahre hindurch den in seiner Eigenart vollendetsten Shylock bewundern dürfen, den Deutschland seit fünfzig Jahren besaß: Possarts Shylock. Dieser Jude freilich war nicht von unserer Welt; wenn Possart den Juden spielte, dann war es nicht unsere Sache, die da oben verhandelt wurde: es war ein stilisierter Shylock, ein höchst unwirklicher, posierender Shylock, der irgendeinem alten Bild entsprungen sein mochte. Aber im Rahmen dieses Bildes, im Rahmen dieser Pose, dieser Unwirklichkeit, war jede Bewegung, jedes Wort, jede minutiöseste Kleinigkeit von herrlicher Echtheit. Vor diesem Juden graute uns nicht, und dieses Juden Schicksal empörte uns nicht: doch dieser Shylock, seine Art und sein Werk, fesselte uns mit schier unerhörter Gewalt. Im Sinn der Rampe war Possarts Jude von Venedig letzte, höchste Kunst. Weil aber dieser Jude nur Kunst, nur Stil war, konnte er in jeder Umgebung die ihm eigene Wirkung wirken.

Nun hat uns Schildkraut Heines Shylock gespielt, unsern Shylock, den Shylock-Lucifer-Ahasver, der ewig war, ist und sein wird. Solche Gestaltung des Juden an sich ist ein Kunstwerk. Wird ihr aber nicht das Gegengewicht gehalten durch eine vollwertige, lebendige Darstellung des süßen, tollen, von Jugend überwallenden und kraft seiner Jugend und Schönheit prächtig egoistischen Venedig: dann wird der Kaufmann herabgewürdigt zu einem Spiel für zirzensischen Pöbel. Und so entwürdigten Reinhardts Leute den Kaufmann an diesem 1. Juli.

Freilich haben sich Reinhardts Gegner bald darauf eine Niederlage geholt, die wegen der emphatischen und im Grund recht kleinstädtischen Reklame, mit der der Sieg im vorhinein prophezeit worden war, doppelt kläglich ausfiel. Die Uraufführung von Ruederers »Wolkenkuckucksheim« war die schlimmste Schlappe des Künstlertheaters.

Das offizielle Programmbuch des Künstlertheaters schließt mit den Worten: »In den Aufführungen von Wolkenkuckucksheim dürfte sich Münchens kulturelle Eigenart wie in einem Gesamtbilde spiegeln, das Dichtkunst, bildende Kunst, Musik und Schauspielkunst zu einer eben nur in München möglichen Einheit künstlerischen Humors zusammenschließt.« Herr Georg Fuchs hat mit diesen Worten der Münchener Kunst ungefähr die schlimmste Beschimpfung angetan, die er ihr antun konnte. Denn das Kindchen, das aus dem erdrückenden Wickelkissen einer ungeheuerlichen Reklame sich herausschälte, war ach! so schwächlich, daß es, ein mißgestalteter Zwitter von verständnisbarer Wut und lendenlahmem Witz, kaum zur Welt gekommen, unter Krämpfen und Nöten verblich.

Josef Ruederer hat uns zwei Komödien geschenkt, crasso filo zwar, aber erdenfest und frisch. Er hat uns weiterhin ein erfreulich gedrungenes Skizzenbuch geschrieben, »München«, dem nur wieder kritikloser Lokalpatriotismus und skrupellos plumpe Reklame einen allzu schweren, kostbaren Mantel umgeworfen haben, der ihm sehr übel zu Gesicht steht. Warum mußte sich der breitspurige, grobfäustige Bajuware an der erdbefreiten Grazie des Attikers messen? Der Versuch, Nagelschuhe und Lodenjoppe mit dem Sokkus und der »Toga« (so nennt Ruederer das attische Gewand) zu vertauschen, mußte er nicht mißlingen? Und er mißlang so gründlich, daß man kopfschüttelnden Mitleids voll der Versuchung widersteht, die naive Kunstlosigkeit dieses salzlos behaglichen, rohgezimmerten Bierulks im einzelnen darzutun. Eines aber hat mich an diesem üblen Gehopse, an diesem leidigen Schuhplattler, zu dem Herr Ruederer aus München Fräulein Thalia aus Grächia zwang, schier betrübt: ich meine die schlimme Einseitigkeit, die traurige Befangenheit, zu der ein Mann von Ruederers Gaben sich hier bekennt. Dieses »Wolkenkuckucksheim« ist eine der fatalsten Früchte vom Baum jenes falschen Idealismus, dem das Künstlertheater huldigt. Wenn man sich selber so ungeheuer wichtig nimmt wie unser Münchener Aristophanes, dann darf man nicht die mächtig sich emporringende Strömung einer ganzen lebensträchtigen Kultur mit fünf fest, aber nicht eben schön einherstapfenden Jambenversen abtun wollen. Und wer August Scherl nicht schärfer treffen kann, als daß er ihn Banausios schilt und ihn den Olymp um 50 Milliarden einsteigern läßt, der ist nicht der rechte Mann, an dem gigantischen Organismus zu rütteln, den Scherl, wenn auch zum Bösen gewirkt. Und wer gar glaubt, durch zwei geschmacklos mauschelnde Ästheten des Chors auch nur die äußerste Oberfläche unserer neuromantischen Dichtung treffen zu können, der beweist nur beklagenswerte Blindheit für die starken inneren Werte derjenigen Richtung deutschen Schrifttums, die heute trotz allem immer noch die am meisten lebensfähige ist.

Die Münchener Tagespresse hat aus allgemeinen und besonderen, im übrigen berechtigten Gründen sich gehütet, Ruederers Rosinante eine Rosinante zu schelten; sie hat lediglich konstatiert, daß er kein Bucephalus ist. Aber ich fürchte, der wahre Aristophanes des neunzehnten Jahrhunderts, Heinrich Heine, hätte, minder glimpflich, diesen bajuwarischen Spötter als zweiten Maßmann verlacht. –

Das sind Dinge, die Reinhardts Niederlage an der Isar minder schlimm erscheinen lassen. Immerhin legt sie den Gutgesinnten den ersten, besorgten Wunsch nahe, Reinhardt möge, wo immer es gilt, treu und fest vor seinem Werke stehen, das uns bislang noch immer der deutschen Bühnenkunst Hochburg dünkt.

Lion Feuchtwanger

Der mißratene Sohn: Ein geschmäcklerischer, schriftstellernder Bohèmien und bösartiger Theaterkritiker

„Schwanken zwischen realistischer Darstellung der Gegenwart und romantisch übersteigerter Schilderung der Vergangenheit."

Des widerspenstigen Feuchtwangers Welt war in seiner beruflichen Perspektive nicht die nüchterne Ernsthaftigkeit der Universität. Seine Welt war schon während des Studiums die des Theaters, der Literatur, eigener literarischer Experimente. Er wollte sich selbst ausdrücken. Bereits 1903 veröffentlichte er zwei Skizzen unter dem Titel »Die Einsamen«, zwischen 1904 und 1905 entstanden seine sechs »Kleinen Dramen« und 1907, im Jahre seiner Promotion erschien sein Drama »Der Fetisch«. Acht Jahre nach dem von ihm selbst als zweifelhaft empfundenen Erfolg seines Festspieles auf der Bühne des Wilhelms-Gymnasium erfüllte sich für den damals 21jährigen ein Traum: Ein Münchner Theater setzte 1905 zwei lange Einakter Feuchtwangers im Stil der Neu-Romantischen Schule Oscar Wildes und Hugo von Hofmannsthals auf den Spielplan: »Prinzessin Hilde« und »König Saul«. Fast die ganze Familie Feuchtwanger einschließlich der Großmutter mühte sich zur Premiere. Hinterher bereuten sie es bitter. Was sie geboten bekamen, war ein gründlicher Reinfall. Einem Hauptdarsteller brannte der Minnesänger-Spitzbart ab, das Publikum bog sich vor Lachen über das unbeabsichtigt groteske Bühnenspektakel und skandierte plötzlich johlend besonders die biblisch-blumigen Textstellen zur Bühne hinauf. Eine Zeitung schrieb, daß selbst der Autor in der Direktionsloge vor Lachen in ein Taschentuch biß. Die um ihren guten Namen besorgte Familie aber fand das gar nicht lustig. Düpiert und grollend – nachdem die Großmutter auch noch eine wertvolle Brillantbrosche verloren hatte – machte sie sich auf den Heimweg. Ihr Sohn Lion vergnügte sich unterdessen mit der Hauptdarstellerin im Weinlokal. Ein kleiner Trost für die Familie war es immerhin, daß der angesehene Münchner Rezensent Hanns von Gumppenberg schützend seine Hand über ihren Sohn hielt und ihn zum Weitermachen ermunterte. Der sozialistische Kritiker und spätere Führer der bayerischen Räterepublik, Kurt Eisner, hingegen bedachte den jungen Autor mit einer boshaften, aber humorvollen Kritik. Feuchtwanger erinnerte sich später, daß es junge Schriftsteller damals nicht schwer hatten, beachtet zu werden. Auch seine Arbeiten, darunter »ein recht schlechter Roman von mir«, wurden gedruckt. »Der Verleger Georg Müller und seine Lektoren förderten mich nach Kräften, es gab eine Anzahl literarischer Vereine, die meine Stücke spielten oder sie doch von guten Schauspielern rezitieren ließen.«[12]

Einer dieser literarischen Vereine nannte sich nach dem griechischen Sonnengott »Phoebus«. Er existierte seit 1903. Feuchtwanger, der damals gerade mit seinem Studium begann, war einer seiner Gründer und Wortführer. Die Mehrzahl der Mitglieder waren progressiv gesinnte jüdische Studenten, die einem neuen kulturellen Trend huldigten. Sie wollten Bewegung und Unruhe in die nach ihrem Eindruck in idealistische Vaterlandstümelei und Mythologie erstarrte, von Prüderie beherrschte volkstümlich-naive Münchner Kulturszene bringen und provozierten mit der Förderung eines modernen, am Menschen und seiner Psyche interessierten, von Erotik mitbestimmten Theaters:

»Es war klar, daß der Übergang zur Freiheit der Universität in fast allen nicht ganz unbegabten Zöglingen einen Umschlag ins Radikale, Zynische bewirken mußte. In der Weltanschauung, in der Literatur, auf der Bühne jener Jahre waren alle Sexualfragen überbetont. Alle Geschehnisse der Welt wurden auf die Frau bezogen, in einem sehr feindseligen Sinn etwa von Strindberg, pathetisch und doktrinär von Wedekind, leicht sentimental von den Wienern, von Schnitzler und vom jüngeren Hofmannsthal, die es geradezu aussprachen: Liebe, Komödie und Tod seien Sinn und Inhalt des Lebens. Von den Engländern war damals Oscar Wilde der meistgelesene. Salome spielte in der Phantasie der Heranwachsenden eine ungeheure Rolle. Unter den von deutschen Dramatikern geschaffenen Frauentypen herrschte unbestritten auf der Bühne Wedekinds »Erdgeist«, Lulu, die natürlichste und gerade darum am meisten dämonische Frau. Mondän enthusiastisch, ein wenig unter dem Einfluß von d'Annunzio und von Zolas »Nana«, hatte im Roman Heinrich Mann den Typ der »Herzogin von Assy« geschaffen, der Dame ganz großen Stils, und sie in die Mitte eines an Politik, Kunst und Liebe überreichen Lebens gestellt. Die jungen Frauen jener Jahre sahen in Violante von Assy ihr Ideal, und die Jünglinge träumten von ihr als der Begehrenswertesten der Welt. Die jungen Literaten jener Jahre beschäftigten sich ziemlich ausschließlich mit artistischen Fragen und mit Problemen der Erotik. In der Musik herrschte Richard Strauss, auf der Szene triumphierte bunt, sinnlich und sehr gekonnt der Darstellungsstil Max Reinhardts. Und allgemein anerkannt war als künstlerisches Grundprinzip, daß es nicht auf das Was, sondern selbstverständlich nur auf das Wie der Darstellung ankomme. Ich dachte nicht daran, diese Grundsätze anzuzweifeln.«[13]

Feuchtwanger lebte vielmehr nach ihnen, tummelte sich mittendrin in der Münchner Bohème, die Ausdruck des Generationskonfliktes der Jahrhundertwende in den bürgerlichen Familien war. Sie schrieben ihre auf solchen Abwegen wandelnden Kinder resigniert als »mißraten« ab.

Das schillernde Leben in der neugewonnenen Freiheit abseits der Normen der bürgerlichen Gesellschaft hatte seinen Preis. Lion Feuchtwanger ging es in jenen Jahren wirtschaftlich sehr schlecht. Oft hungerte er, manchmal, wenn er das Geld für die Miete nicht zusammenbekam, saß er auf der Straße, oder er flüchtete sich mit seinem Bruder Ludwig in ausgedehnte Fahrradtouren über den Brenner nach Italien. Literarisch schwankte er hin und her zwischen realistischer Darstellung der Gegenwart und romantisch übersteigerter Schilderung der Vergangenheit. Langsam, so fand er selber, entwickelte er sich von Ibsen zu Strindberg, von Turgenjew zu Tolstoi und Gorki. Der Verein »Phoebus«

Frank Wedekind (1864–1918) beherrschte zu keinem geringen Teil die literarische Szene Münchens. Seine Dramen, seine Frauengestalt Lulu, machten Furore. »Er hat, wie kein Dramatiker vor ihm, den superlativischen Mann gezeichnet: den Fanatismus der Idee; und die superlativische Frau: den Fanatismus des Triebes«, schrieb Alfred Polgar. Der Theaterrezensent Feuchtwanger war Wedekind nicht nur wohlgesonnen. So schrieb er einmal, Wedekind hätte sich vom Komödienschreiber zu einem komödiantischen Kultursymboliker erniedrigt.

Lion in München 1909: der junge gefürchtete Theaterkritiker und angehende Dramatiker
Im München der Jahrhundertwende und in den Jahren bis zum Ausbruch des I. Weltkriegs 1916 blühten literarische Vereine. Lion Feuchtwanger gehörte zu den Gründern des Vereins »Phoebus«. 1908 gab er für ihn die 1. Nummer der Halbmonatszeitschrift »Der Spiegel – Blätter für Literatur, Musik und Bühne« heraus. Vom »Spiegel« erschienen nur 15 Ausgaben, bevor er in Siegfried Jacobsohns »Schaubühne«, der späteren »Weltbühne«, aufging.

Tilly und Frank Wedekind im »Erdgeist«

machte unterdessen von sich reden durch die Aufführung von Werken umstrittener Autoren wie Frank Wedekind, August Strindberg und Gerhart Hauptmann, dessen »Und Pippa tanzt!« in München uraufgeführt wurde. Feuchtwanger lud auch prominente Berliner Kritiker ein, und es kamen Alfred Kerr, Siegfried Jacobsohn und Stefan Großmann zu Vorträgen in die bayerische Metropole. Alteingesessene Münchner Schriftsteller und Rezensenten ärgerten sich über die unbefangenen Aktivitäten Feuchtwangers und empfanden sie als Frechheit eines Jungen, der noch nicht ganz trocken hinter den Ohren war. Ende April 1908 gab Feuchtwanger für den Verein »Phoebus« die erste Nummer der Halbmonatsschrift »Der Spiegel – Blätter für Literatur, Musik u. Bühne« heraus. Als Autoren gewann er unter anderem Julius Bab, Otto Falckenberg, Max Halbe, Artur Kutscher, Thomas Mann, seinen einstigen Professor Muncker und Jakob Wassermann. Das Blättchen existierte jedoch nur ein halbes Jahr, nur 15 Ausgaben erschienen. Feuchtwanger nannte es später selbst »überaus geschmäcklerisch«. Ein großes Verdienst aber habe die Zeitschrift gehabt: »Es wurde damals in München mit ziemlich viel Geld und sehr viel Reklame eine recht prätentiöse Bühne gegründet, das ›Münchner Künstlertheater‹, um der ›germanisch-christlichen Kunst zum Sieg zu verhelfen über die jüdisch-berlinische‹, über Reinhardt und Brahm. Mein ›Spiegel‹ griff diese ›Germanen‹ mit wahrem Furor Teutonicus an und nicht ohne Witz, und wenn der Feind, Max Reinhardt, die Bühne, die ihm den Garaus zu machen bestimmt war, schon im Jahr darauf selber übernehmen konnte, so hatte ich mein weniges dazu beigetragen.«[14] »Der Spiegel« ging danach in Siegfried Jacobsohns »Schaubühne«, der späteren »Weltbühne« auf, für die Feuchtwanger seine beim »Spiegel« begonnene Arbeit als Münchner Theaterkritiker mit Unterbrechungen bis 1916 fortsetzen konnte. So wurde Feuchtwanger bereits mit 25 Jahren durch seine Arbeit für die angesehenste Theaterzeitschrift im Deutschen Reich in der Münchner Kulturszene zu einer einflußreichen und zuweilen auch gefürchteten Figur.

Englische Karikatur (etwa 1910): »Richard Strauss und Salome«

Kurt Tucholsky schrieb über Siegfried Jacobsohn: »... obgleich er ein würdiger Mensch war – aber seinen Vollbart hatte er sich schon in früher Jugend abnehmen lassen ...«. 1908 etwa, als dieses Photo Jacobsohns entstand, vereinigte sich Feuchtwangers »Spiegel« mit der »Schaubühne«.

Otto Erich Hartleben und Max Halbe am Mittelmeer. Hartleben (1864–1905) lebte ab 1890 als freier Schriftsteller, der um die Jahrhundertwende von Berlin nach München zog und dort ein energieloses und leichtlebiges Bohemiendasein führte. Mit dem Dramatiker Max Halbe (1865–1944) war er überaus freundschaftlich verbunden. Halbe, der wie auch Feuchtwanger ein Anhänger Hauptmanns war, verband eine innige Freund-Feindbeziehung zu Frank Wedekind.

Feuchtwanger bediente sich bei dieser Arbeit einer Methode, die er sich während seiner Tätigkeit als »Spiegel«-Redakteur angeeignet hatte. Um einem Dichter und seinem Werk – oft auch schmerzliche – Gerechtigkeit widerfahren zu lassen, betrachtete und bewertete er ein Stück nie allein nach den Maßstäben der Literaturwissenschaft. Wichtiger war ihm mitunter die Auseinandersetzung mit der Person des Autors und die Einfühlung in dessen Psyche und Weltbild. So entstanden »nicht selten reizvolle kleine literarische Portraits als Ausgangspunkt oder Endresultat einer Besprechung«, schrieb der Literaturwissenschaftler Wolfgang Berndt, der sich viele Jahre mit Feuchtwanger beschäftigte und 1956 in Abstimmung mit Feuchtwanger im »Greifenverlag«, Rudolstadt, einen Band mit 100 kleinen Werken, Aufsätzen und Theaterkritiken herausgab.[15] Der Ehrgeiz, eine möglichst vollkommene Kunstkritik zu schaffen, ist bereits im »Geleitwort« zur ersten Ausgabe von Feuchtwangers »Spiegel« nachzulesen: »Einen rechten, klaren Spiegel wollen wir bieten, der alle Seiten der Erscheinung wesenstreu, nur vom Körperhaften befreit, zurückstrahlt. Die Kritiken, die wir bringen, sollen unabhängig voneinander immer dem Gegenstand sich anschmiegen, und das Feuer empfänglicher Impression soll die kalte Schärfe der Forschung ergänzen. Die Wissenschaft möge hier lehren, was an einem Kunstwerk sichtbar ist, sein Wesen und seine Art; was an ihm unsichtbar ist, seine Seele, ahnen zu lassen, möge nachschaffende Kunst versuchen. Kunstrichter, die eines Werkes Wesen künden können, weil sie Gelehrte sind, und Kunstrichter, die eines Werkes Seele zu einem Spiegelbild, zu einem dämmernden wenigstens, gestalten können, weil sie Künstler sind, mögen sich einen,

Auf dem Comer See, am 23. Sept. 1910: Ludschi, Lion und Sigbert (v. l.)

1910 besuchte Lion die Schweiz und Italien. Ludschi und Lion auf dem Splügen (v. r.)

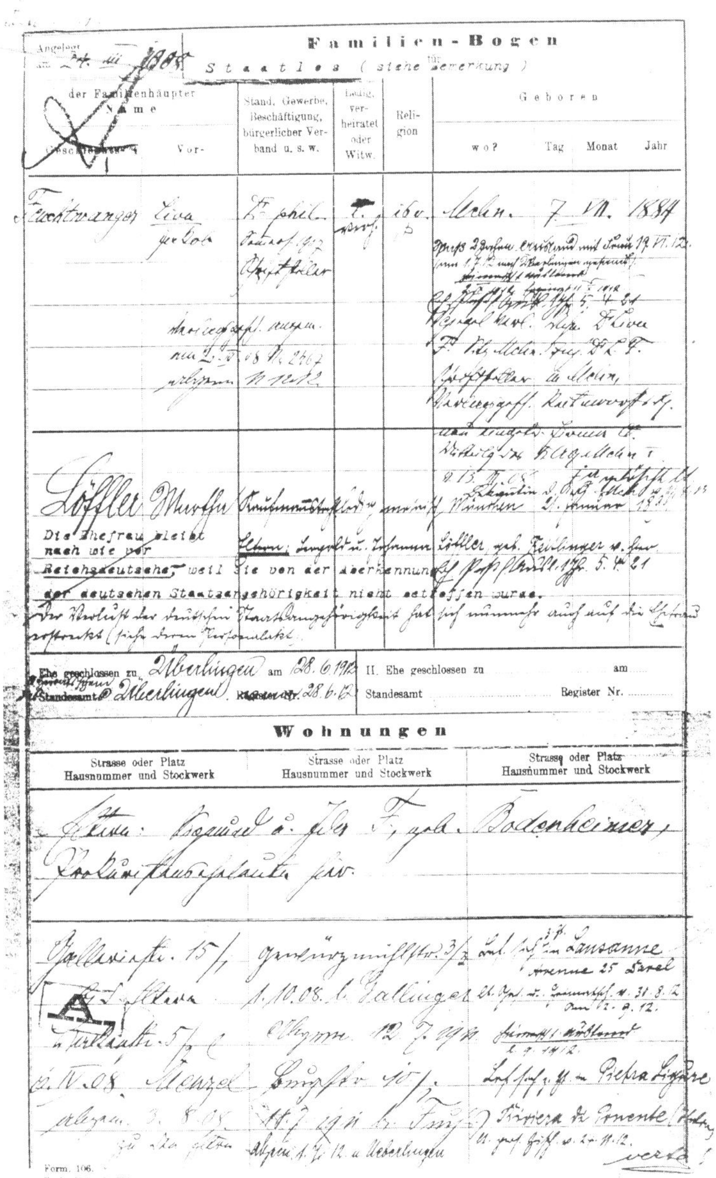

Familien-Bogen

Staatlos (siehe Bemerkung)

der Familienhäupter Name	Vor-	Stand, Gewerbe, Beschäftigung, bürgerlicher Verband u. s. w.	ledig, verheiratet oder Witw.	Religion	Geboren wo?	Tag	Monat	Jahr
Feuchtwanger	Lion	Dr. phil.		isr.	Mchn.	7	VII.	1884
Löffler					München			

Die Ehefrau bleibt nach wie vor Reichsdeutsche, weil sie von der Aberkennung der deutschen Staatsangehörigkeit nicht betroffen wurde.

Ehe geschlossen zu Überlingen am 28. 6. 1912 — Standesamt Überlingen 28. 6. 12 — II. Ehe geschlossen zu … am … Standesamt … Register Nr. …

Wohnungen

Strasse oder Platz Hausnummer und Stockwerk	Strasse oder Platz Hausnummer und Stockwerk	Strasse oder Platz Hausnummer und Stockwerk

Form. 106.

Der »Familienbogen« Lion Feuchtwangers von 1908. Auf ihm wurde später vermerkt: »Staatlos«.

dem Leser zu vermitteln, was die Dichtung, die Musik, die Bühne uns bietet.«[16]

Seine eigenen Rezensionen in der »Schaubühne« verfaßte er damals »in einem reichlich brillanten, fechterischem Stil, ziemlich bösartig. Ich habe manchem Manne weh getan damals; denn ich wußte viel, ich war in den Ästhetiken mancher Epochen gut beschlagen, ich konnte, wenn ich wollte, recht scharf treffen. Heute verstehe ich nicht mehr recht, warum ich treffen wollte. Was wirklich schlecht und treffenswert war, ist längst erledigt, und es ist gerade so, als hätte ich nichts dazu getan. Geblieben ist aus jenen Jahren nur manche Feindschaft«, schrieb Feuchtwanger Jahre später.[17] Auch seinen Förderer aus früherer Zeit, den Kritiker der »Münchner Neuesten Nachrichten«, Hanns von Gumppenberg, ließ er nicht aus, warf ihm vor, seine Rezensionen seien zu kühl, gelassen und langweilig. Ständig attackierte der Protagonist des modernen, »kritizistisch psychologischen« Theaters die in seinen Augen idealistisch-provinziellen Münchner Inszenierungen, sie immer vergleichend mit den Gerühmten im fortschrittlichen Berlin.

Keineswegs aber war die Münchner Bohème, zu der Feuchtwanger sich rechnete, politisch aktiv. Die politischen Tagesereignisse berührten sie kaum, die wachsende Gegnerschaft zwischen dem deutschen Kaiserreich und England, der sich zuspitzende Klassenkampf in den Industrierevieren waren im musischen München Randereignisse. Hier drehte sich die Welt esoterisch ums Theater, die Literatur, die Musik. Den darin aufgehenden Protest gegen das verknöcherte Bürgertum pflegten die Künstler in Lokalen wie dem »Café Stefanie« in Schwabing, dem »Café Prinzregent« oder beim Wein in der »Torggelstube«, gleich neben dem »Hofbräuhaus«. Hier in der »Torggelstube«, wo die hübschen Bedienungen für manchen jungen Künstler Mutterersatz und Sozialhelferin waren, versammelten sich die führenden Köpfe der Szene am Stammtisch von Frank Wedekind. Auch Feuchtwanger zog es hierher. Er verehrte Wedekind, war ein hingebungsvoller Zuhörer in diesem Kreis. Dabei gehörte Wedekind ebenfalls zu den Opfern von Feuchtwangers bösartigen Kritiken. In einem Verriß über Wedekinds Erstlings-Aufführung »Die junge Welt« im Münchner Schauspielhaus stand in Feuchtwangers »Spiegel« noch im Mai 1908 zu lesen: »Wedekinds Kunst ist in ihrem Besten Volkskunst, grobnervige, grobfäustige Volkskunst. Als Straßensänger, als Verfasser herber, roh gezimmerter Volksstücke hätte er vielleicht Ewigkeitswerte schaffen können. Wie er heute ist, gleicht er einer Spottdrossel, die den Adler spielen möchte.«[18] Er hat sein Urteil jedoch korrigiert. Über den Verfasser erfolgreicher Pantomimen, Komödien und Tragödien wie »Frühlingserwachen«, »Erdgeist«, »Die Büchse der Pandora«, den ehemaligen Reklamechef der Firma Maggi, den einst wegen Majestätsbeleidigung zu Festungshaft verurteilten Mitarbeiter des »Simplicissimus« und zeitweiligen Dramaturgen am Münchner Schauspielhaus, schrieb Feuchtwanger später: »Kein Zweiter trägt mit so eiskalter Höflichkeit gewagteste Wahrheiten vor. Seine Balladen und seine Stücke verkünden rebellische Inhalte mit korrekt bürgerlichen Gesten und in präzisen, häufig sententiösen und aphoristischen Sätzen. Es mischen sich in seinem Werk ständig Grausen und Gelächter. Der Mann selber und sein Leben weisen dieses Widersprüchliche auf (...) Wedekind war streitbar und leicht gekränkt, er führte viele private und öffentliche Fehden. (...)

Mit wieviel scharfen, trockenen, clownhaften und tiefen Späßen hat Wedekind uns verblüfft. Was für bizarre, höchst nützliche und höchst absurde Ratschläge hat er mir gegeben, wieviel skurrile Wahrheiten mir gesagt, in diesen Jahren 1908 bis 18.«[19] Feuchtwanger verglich Wedekind mit dem französischen Aufklärer Jean-Jacques Rousseau, dem Feuchtwanger wenige Jahre vor seinem Tod einen seiner historischen Romane widmete.[20] Wie Rousseau »sich gegen den rationalistischen Hedonismus der Zeit auflehnend, ins Wesentliche vordringen wollte, zur Natur, so wollte Wedekind aus der Heuchelei und Künstlerei der bürgerlichen Gesellschaft zurück zu einer natürlichen Lebensführung. Als das letzte Ziel eines jeden seelisch und körperlich geradgewachsenen Menschen empfand er den unverlogenen Sinnengenuß.«[21] Der 20 Jahre ältere, solchermaßen eine radikale Triebbefreiung des Menschen predigende Wedekind wurde ein weiteres Vorbild des jungen Literaten. Er fühlte sich dem untersetzten Mann mit dem eher häßlichen, maskenhaften Gesicht und mal traurig, mal besessenen Augen verwandt. Wie Feuchtwanger, so hatte sich auch Wedekind von frühester Jugend gegen einen strengen Vater aufgelehnt, war dieser ein Rebell gegen die Normen der bürgerlichen Gesellschaft. Wedekind hatte das geschafft, womit Feuchtwanger noch in seinen Anfängen steckte: zu sagen was ist.

Je stiller und ehrfürchtiger Feuchtwanger dem Stammtischgesprächen in der »Torggelstube« lauschte, desto reger pflegte der scheinbar schüchterne Gast sein Sexualleben. Eher Bestätigung als eine tiefere Bindung suchend, stürzte er sich von einem Abenteuer ins andere. Meist waren seine Freundinnen junge Schauspielerinnen.

---

98 **Der Spiegel.**

Die junge Welt.

Komödie von Frank Wedekind*).

Die Hausse in Wedekind hat die theaterbörsenkundige Direktion des münchener Schauspielhaues veranlaßt, einen alten Ladenhüter hervorzuholen: Wedekinds Erstling „Die junge Welt."

Diese Komödie hat versagt. Trotz einer nicht eben schlechten Aufführung.

Und doch ist sie ästhetisch erfreulicher und theaterwirksamer als etwa „Hidalla", „Musik" und „Totentanz." Von der Prätension des späteren Wedekind, von dem Dünkel des „Kulturpredigers", der jede Form zu verachten sich erdreistet, weil es ihm nur um die letzten, innersten Dinge zu tun — sei, von dieser Affektation, in die erst eine überscharfsichtige Kritik Wedekind hineintrieb, ist „die junge Welt" noch frei. Sie versteckt nicht Ohnmacht hinter Pose; sie gibt ein ehrlich Maß Scherz, Satire, Ironie und markiert nicht tiefere Bedeutung, wo keine ist.

Und doch mag der Literarhistoriker mit Glück an diesem Erstling schon alles Wesentliche des Typus Wedekind demonstrieren und mit Leichtigkeit die Keime all der Untugenden nachweisen, die, entwickelt, den Dichter aus einem Komödienschreiber von Rang zu einem komödiantischen Kultursymboliker erniedrigen.**) Klar zeigt sich schon hier seine Unfähigkeit, übers unmittelbar Greifbare hinaus zu philosophieren — zwiefach leidig wirkt solche Ohnmacht, wenn er symbolisieren will — die Seichtigkeit und Oberflächlichkeit seines Erkennens und Empfindens. Ich glaube nicht an die Tragik dieses Franz Ludwig Meier, wenngleich ich gern zugestehe, daß die Verwechslungsszene im 2. Akt (Amor- und Psyche-Verwechslung) weit mehr ist als ein guter Witz, daß sie als beinah ursprüngliches Symbol gewertet werden darf: aber ich fürchte, daß für Wedekind die Tragik Torguto Tassos um nichts tiefer ist als die Tragik seines Franz Ludwig Meier. Klar zeigt sich schon hier seine Unkultur, sein Plebejertum, sein an Haß grenzendes Mißtrauen gegen Wissenschaft und Kunst, sein Mangel an Sinnlichkeit, an Gestaltungsvermögen; dann seine rednerische Ohnmacht, sein linkischer Dialog, der schlecht gehobelte, unbeholfene Leitartikelsätze zu unmöglichen Stichomythien formt und der von Drama zu Drama mehr verholzt. Daneben zeigt sich auch hier schon seine Meisterschaft, Bilderbogen zu zeichnen mit Holzschnitten, die in ihrem Besten an Wilhelm Busch gemahnen. So parador es klingt: Wedekinds Kunst ist in ihrem Besten Volkskunst, grobnervige, grobfäustige Volkskunst. Als Straßensänger, als Verfasser herber roh gezimmerter Volksstücke hätte er vielleicht Ewigkeitswerte schaffen können. Wie er heute ist, gleicht er einer Spottdrossel, die den Adler spielen möchte. Die Literaturgeschichte aber ist nur ein einziges Mal auf solche Mätzchen hereingefallen: als sie um das Haupt des hohlen, schmierigen Vorstadt-Dramatikers Christian Dietrich Grabbe einen Glorienschein wob. —

Die Aufführung des Schauspielhauses war nicht schlecht. Sie betonte mit Glück das Theatralische und ließ alles Weltanschauungsgetue resolut beiseit. Das Publikum hatte seine Freude an Gustav Waldaus possierlichem Poeten, an dem überraschend starklinigen, überlegen charakterisierenden Spiel Alma Linds (Anna Launhardt) und an den hübschen Waden des Eros Nicoletti.

Lion Feuchtwanger.

Julius Bab, geboren 1880 in Berlin, studierte in Berlin und Zürich Literatur- und Theaterwissenschaft. Er war Dramaturg, Regisseur, Herausgeber klassischer Texte, versuchte sich als Stücke- und Gedichteschreiber, war Mitarbeiter der Berliner Volksbühne, deren »Dramaturgische Blätter« er bis 1933 herausgab; er war Dozent an der Berliner Lessing-Hochschule, der Leibnitz-Akademie, der Humboldt-Hochschule; Autor von Schauspieler-Monographien und Theaterkritiker. Und er war Berater Jacobsohns beim Start der »Schaubühne« und in den Theaterjahren. Julius Bab wirkte später (1933 bis 1939) – zusammen mit Fritz Wisten, Arthur Eloesser, Leo Menter, Alfred Dreifuß und anderen – für das Theater im »Kulturbund deutscher Jugend«. Dann mußte Bab Deutschland verlassen, wurde in Frankreich interniert; 1940 erhielt er ein Visum für die USA. In seinem Fluchtgepäck lagen auch Hunderte Briefe und Karten Jacobsohn aus der Zeit von 1902 bis 1926. Nach dem Kriege besuchte Julius Bab die Bundesrepublik. 1954 heißt es in einem Brief: »Nach Deutschland (wo ich viel bequemer leben könnte) will ich nun doch nicht zurück. Zuviel ungehängte Mörder laufen dort herum, und ich möchte nicht in die Lage kommen, unwissentlich dem Mann die Hand zu schütteln, der etwa die kleinen Kinder meiner Nichte in die Gaskammer gestoßen hat. Ich bin überzeugt, er ist heute ein Ehrenmann in Bielefeld oder Gelsenkirchen.« Julius Bab starb 1955 in Rosslyn Heights, USA. Sein Sohn übergab den Nachlaß des Vaters aus dessen Berliner Zeit der Akademie der Künste in Westberlin.

Ein Skandal rückte 1909 den Namen Feuchtwanger auf so peinliche Weise ins Rampenlicht, daß dies den endgültigen Bruch mit der Familie nach sich zog. Die »Münchner Neuesten Nachrichten« berichteten damals von einem Faschingsball, zu dem der literarische Club »Phoebus« eingeladen hatte. Als die Festgäste, darunter ein Minister im Frack, erschienen, wurden sie nicht hereingelassen. Vielmehr waren die Arbeiter gerade damit beschäftigt, die Dekoration herunterzureißen, weil sie für ihre Arbeit nicht bezahlt worden waren. Erst nach einem Polizeieinsatz konnte die Veranstaltung beginnen. Später stellte sich heraus, daß der mit der Durchführung des Festes beauftragte Unternehmer ein Betrüger war. Feuchtwanger half dies wenig. Für die konservative wie sozialistische Presse war dies ein gefundenes Fressen. Voller Häme verbreitete sich die sozialdemokratische »Münchener Post« über das »Margarinebarönchen«, das Arbeiter prellte. Dafür bezahlten die Eltern die Rechnung mit der Konsequenz, daß sie ihren Sohn praktisch enterbten.

Dieser Skandal und die Feuchtwanger in der Seele nicht befriedigenden Liebesabenteuer, seine schwierige wirtschaftliche Lage, die durch die Arbeit für die »Schaubühne« auch nicht rosiger wurde, weil Jacobsohn nicht viel zahlen konnte, machten ihn zeitweise schwermütig und depressiv. Über seine damalige innere Verfassung gibt vielleicht ein Gedicht Aufschluß, das am 18. November 1909 »Aus Lion Feuchtwangers Tagebuch« im Münchner »Kultur-Echo« veröffentlicht wurde und in dem es heißt:

»Immer müder wird mein Glaube,
Immer mehr am Werk verzag ich,
Immer haßerfüllter trag ich
Die zuerst willkommne Last.
  Durch die langen Nächte klag ich
Meines Alltags dumpfe Schwere,
Meiner Feste eitle Leere
Fort und fort.
  Und mein feindlich Ohr versag ich
Meiner Freunde Trosteswort.«

Marta Löffler: Heirat, zweijährige Wanderungen durch Italien, Kriegsgefangenschaft in Tunesien

„Er gab mir die Zähigkeit zu überleben."

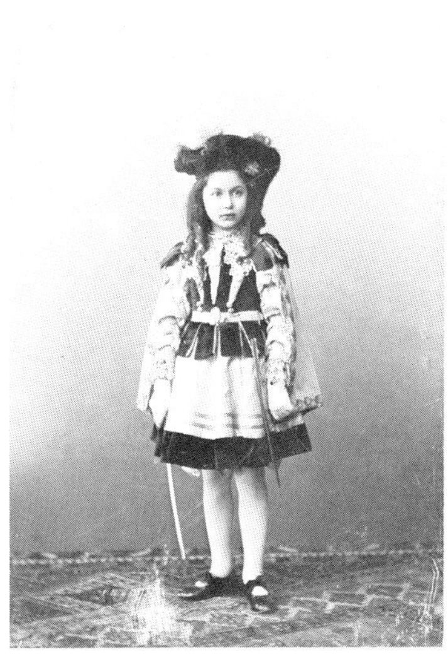

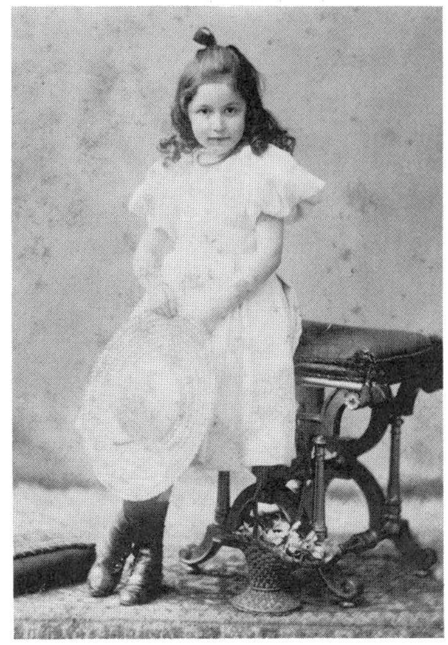

Marta als Page bei einem Hausball in München etwa 1897. Ende des vorigen Jahrhunderts war der Beruf des Fotografen mindestens so angesehen wie der des Apothekers. Die Spezialität der Gebrüder Luetzel, München, die diese beiden Aufnahmen von Marta Feuchtwanger gemacht haben, »unveränderliche, directe Portraits und Vergrößerungen bis Lebensgröße auf Opal, Platin und Kohlepapier«.

Anfang 1912 fand in einer Münchner Wohnung, nicht sehr weit vom St. Anna Platz entfernt, ein Männergespräch zwischen zwei Vätern statt. »Mein Sohn ist ein Lump, und wenn Ihre Tochter ihn heiratet, ist sie auch nicht besser«, sagte der eine, Sigmund Feuchtwanger, zum andern, dem Vater der damals knapp 21jährigen Marta Löffler.[22] Daß ihr Lion ein Lump sei, fand die jüdische Kaufmannstochter nun überhaupt nicht. Hatte sich doch der Bohèmien mit dem zuweilen etwas zweifelhaften Ruf ihr gegenüber in einer äußerst prekären Situation als ein couragierter, anständiger Kerl entpuppt. Als sie nach einem schönen Spaziergang im Isartal am Versöhnungstag, dem höchsten jüdischen Feiertag, statt zu fasten und zu beten den Oktobernachmittag auf Lions schäbigem Treppen-Zimmer in der Gewürzmühlstraße verbrachten und Marta wenig später feststellte, daß sie schwanger sei, zögerte Lion Feuchtwanger keinen Augenblick mit einem Heiratsantrag. Er wurde bei Martas Eltern, dem Stoff- und Kurzwarengroßhändler Leopold Löffler und seiner Frau Hannchen, vorstellig und hielt um die Hand der Tochter an. Das Verhältnis zwischen Marta und ihren Eltern war wie bei Lion und den seinen gespannt. Die Lektüre Nietzsches und Ibsens hatten das junge Mädchen stark beeinflußt und ließ es an allem Herkömmlichen zweifeln. Aus Furcht, ihr jüngstes und einzig überlebendes Kind zu sehr zu verwöhnen, waren die Eltern von großer Strenge. Doch die Aussicht, daß ihre Tochter in die angesehene Familie Feuchtwanger einheiraten könnte, stimmte sie gegen den Bohèmien milde. Lions Eltern hingegen schienen von den Umständen, unter denen ihr Sorgenkind zu einer Ehefrau kam, wenig angetan. So fand die Hochzeit am 12. Mai 1912, fünf Monate vor der Geburt ihres Kindes, im alten Rathaus von Überlingen am Bodensee statt – nur mit den beiden Eltern Löffler und Feuchtwanger. Die Ehe hielt 46 Jahre, bis zu Lion Feuchtwangers Tod.

Kennengelernt hatten sich die beiden auf einem Ball, den Lion Feuchtwangers Schwester Franziska gab, mit der Marta Löffler befreundet war. Von ihr wußte Marta bereits einiges über Lion, kannte seine Probleme mit der Familie und war aus der Zeitung informiert über den »Phoebus«-Skandal des »Margarinebarönchens«. Das machte den knapp sieben Jahre älteren, scheuen, äußerlich auf den ersten Blick unansehnlichen und nur einen Meter fünfundsechzig großen Mann für das noch nicht

Marta Feuchtwangers Eltern Johanna Löffler und Leopold Löffler. Das Bild entstand in der Zeit von Martas Hochzeit mit Lion, 1912.

Adolf Hartmann-Trepka war erster Geiger beim Münchener Hoforchester. Er machte ebenso wie »der kleine Lion« Marta den Hof. 1916 schrieb er die Musik zu Feuchtwangers Pantomime in 5 Bildern »Pierrots Herrentraum«, die in den Münchener Kammerspielen uraufgeführt wurden.

ganz 20jährige Mädchen, das zu den hübschesten und lebhaft umschwärmten Münchner Töchtern gehörte, erst recht interessant; denn aufsässig war sie selber auch. Der Erste Geiger beim Hoforchester, Adolf Hartmann-Trepka, machte die beiden auf dem Ball miteinander bekannt. Hartmann-Trepka hatte sich einige Jahre zuvor mit Feuchtwanger angefreundet, als dieser einen Stammplatz in einer Sofaecke des »Café Prinzregent« hatte und noch »der kleine Lion« war. Sie teilten manches Geheimnis miteinander. Hartmann-Trepka, der 1916 auch die Musik zu Feuchtwangers Pantomime in fünf Bildern »Pierrots Herrentraum« schrieb, war allerdings selber in das dunkelhaarige Mädchen mit den mandelförmigen Augen verliebt. Bei der Begrüßung erzählte Lion sofort, wie er an einem zurückliegenden Sonntag bei einem Promenadenkonzert in einem Park ständig mit dem Geiger hinter ihr und ihren Eltern habe herlaufen müssen, weil dieser sich nicht sattsehen konnte an ihr. Er jedoch, sagte Feuchtwanger, ziehe blonde Frauen vor, doch diesmal habe Hartmann-Trepka einen besseren Geschmack gezeigt als sonst. Und sofort lotsten er und Hartmann-Trepka ihre neue Bekannte vom Ball weg in ein Weinlokal, um sie näher kennenzulernen. Dort fiel Hartmann-Trepka gleich über Martas Hände her, um sie abzuküssen. Sie sprang auf und lief empört davon. Wenige Tage später, am 21. Januar 1911 erhielt Marta Löffler zu ihrem 20. Geburtstag von Lion Feuchtwanger einen großen Strauß teurer Parma-Veilchen, den er aus dem Honorar für ein kurz darauf in der Münchner »Jugend« erschienenes Gedicht finanzierte, das Marta gewidmet war und in dem er ihr bescheinigte, daß sie zwar hübsch aber töricht sei. Bald merkte er jedoch, daß sie keineswegs töricht war. Sie konnte sich in Gesprächen mit Lions intellektuellen Freunden gut behaupten. Sie begleitete ihn oft zu Premieren, und bald lernte er ihr Urteil zu schätzen. Sie war eine attraktive, sportliche Frau, die ihn manche Selbstzweifel während der zurückliegenden Jahre vergessen ließ. Er wiederum übte eine unerklärliche Anziehungskraft auf sie aus, und sie bewunderte ihn bei der Arbeit. Seine finanzielle Lage war freilich nach wie vor miserabel. Erst eine Neubearbeitung des alten Stücks von Arthur Müller »Ein' feste Burg ist unser Gott«, das mit großem Erfolg am Münchner Volkstheater aufgeführt wurde, brachte etwas Geld herein, mit dem zunächst einmal Schulden bezahlt werden mußten. Mit dem Rest des Geldes wollten er und Marta heimlich eine Italien-Reise unternehmen. Doch als er am Tag vor der Reise die Kasse noch mit Kartenspielen aufbessern wollte, verlor er alles. Ein Geheimrat in der Runde, so stellte sich danach heraus, war ein geübter Falschspieler. Lion und Marta mußten in München bleiben.

Kurz bevor er Marta kennenlernte, hatte er seinen ersten Roman beendet, den er seiner neuen Freundin widmete: »Der tönerne Gott«. Er nannte das Werk später selbstkritisch einen »wirksamen, hochmütigen und sehr artistischen Roman, darstellend das reiche, spielerische und gewissenlose Leben eines jungen Mannes aus der Gesellschaft«,[23] eine romantisch-erotische Handlung, in deren Verlauf sich ein junges Mädchen aus unglücklicher Liebe zu dem Mann, einem weltfremden Dichter, in der Isar ertränkt. In dem Roman macht sich Feuchtwanger zum Kritiker der exzessiven Lebensweisen der Bohème. Selbstkritisch bezieht er sogar vorsichtig Position für gewisse moralische Werte des Bürgertums. Das bedeutete aber nicht, daß er auch in der Kunst dem Ausbruch aus den verkrusteten Strukturen entsagte. Feuchtwanger erscheint in dieser Zeit als ein Suchender, der dabei ist, mit einer Reihe innerer Widersprüche fertig zu werden. Ein Bekannter aus der Bohème-Szene bemerkte zu dem Buch nur, dies sei nicht mehr als ein verkitschter und verkoscherter Heinrich Mann. Tatsächlich diente Heinrich Manns Roman »Die Göttinnen« mit ihrer Herzogin Violante von Assy als Vorbild für Feuchtwangers ersten Romanversuch. Sein eigener Held darin, Heinrich Friedländer, ist ein Leser Heinrich Manns. So, wie der Nachwuchsautor Feuchtwanger Wedekind verehrte, so bewunderte er Heinrich Mann: »Zu Beginn des Jahrhunderts, als überall in der Welt ein reiner, hochmütiger Ästhetizismus herrschte, scheute er sich nicht, aus seinen Büchern politische Werkzeuge zu machen, ohne indes die Anforderungen an seine Kunst um einen Zoll herunterzuschrauben.«[24] 1911 lernten sich die beiden näher kennen und begründeten eine lebenslange Freundschaft. »Es waren glückliche Tage, oder die Erinnerung machen sie mehr oder weniger glücklich (...) Er für mich, ich für ihn, sind ein geliebtes Andenken. Wie wir aus dem Vollen produzierten, lebten, in den Tag lebten, aber unsere Zukunft, die Dauer unseres Werkes und Namens zu sichern meinten! Unsere äußeren Umstände sahen wir mit Vertrauen an. Oder wir fragten gar nicht«, schrieb Heinrich Mann 1944 zu Feuchtwangers 60. Geburtstag.[25]

In jenen Jahren verfaßte Feuchtwanger für die »Schaubühne« Jacobsohns zahlreiche Besprechungen älterer und neuzeitlicher dramatischer Werke, ließ sich über Heimatkunst und Volksdichtung aus. Sein polemischer Verriß der Oberammergauer Passionsspiele, deren »fürchterliche Sprache«, »Knittelverse« und biblische Ungenauigkeiten »Seekrankheit« bei ihm auslösten, brachte ihm eine erbitterte Pressefehde mit Herrn Georg Queri ein, »der sich sonst im lokalen Teil der Münchener Neuesten Nachrichten über amerikanische Milliardäre, Automobilheroen, Ringkämpfer und ähnliche sensationelle Zeitgenossen« verbreitete.[26] Ab Mai 1912, als Lion Feuchtwanger mit seiner schwangeren Braut nach Überlingen fuhr, um dort in aller Stille zu heiraten, hatte der Münchner Kulturbetrieb für mehr als zwei Jahre Ruhe vor der spitzen Feder Feuchtwangers. Erst nach Ausbruch des Ersten Weltkrieges tauchte sie wieder auf.

Auf einem schmalen Boot setzten nach der Trauung in Überlingen Lion und Marta Feuchtwanger zum romantischen Insel-Hotel, einem ehemaligen Kloster, über und verbrachten dort die

Heinrich Mann mit seiner Tochter Leonie, auch Goschie genannt, in der Münchener Leopoldstraße

Marta Löffler ebenfalls 1910

Bei einem Maiausflug mit ihren Schulkameradinnen 1905. Marta steht links.

Hochzeitsnacht. Vom Bodensee aus ging es dann zu Fuß oder per Pferdefuhrwerk auf einsamen Straßen und Waldwegen übers Gebirge, vorbei an einsamen Seen nach Lausanne, wo am 11. September 1912 ihre Tochter Marianne geboren wurde. Marta Feuchtwanger bekam Kindbettfieber und schwebte längere Zeit in Lebensgefahr. Lion Feuchtwanger wachte ständig an ihrer Seite. »Ich war fest davon überzeugt, daß er es war, der mir die Zähigkeit gab, das Fieber zu überleben«, schrieb sie in ihren Memoiren.[27] Das Kind jedoch überlebte nicht. Es starb einen Monat nach der Geburt und wurde auf dem Friedhof des kleinen Dorfes Pietra Ligure an der italienischen Adria begraben. Sie blieben noch einige Monate in dem Ort in einem feuchten Haus am Strand und führten ein karges Leben, in sich selbst Trost suchend. Martas Kampf auf Leben und Tod, der Verlust ihres Kindes machte ihnen schwer zu schaffen. Feuchtwangers sollten danach nie wieder ein Kind haben. Das Trauma von der verlorenen Tochter spielte später in vielen Romanen Feuchtwangers – von seinem ersten, dem »Jud Süß« bis zu seinem letzten, »Jefta und seine Tochter« – eine wichtige Rolle, so, wie sich in den Söhnen oder Freunden seiner Helden in der »Josephus«-Trilogie, in »Exil« oder »Narrenweisheit oder Tod und Verklärung des

Lion Feuchtwanger, München, 1909. Nach der Vereinigung seines »Spiegel« mit der »Schaubühne«, steht der Name Feuchtwanger nur bis in dieses Jahr 1909 im Impressum der »Schaubühne« als Münchner Redakteur. Aber er und Erich Mühsam berichten weiter über das Münchener Theaterleben.

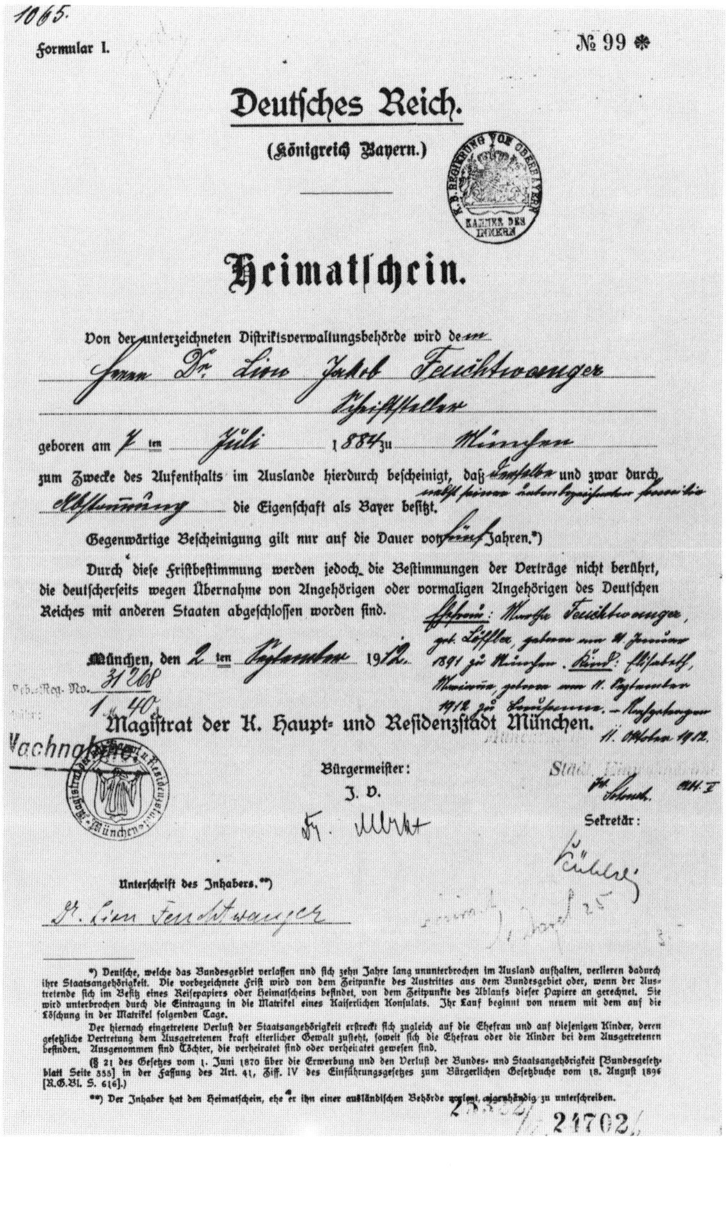

1065.

Formular I.

№ 99

Deutsches Reich.

(Königreich Bayern.)

Heimatschein.

Von der unterzeichneten Distriktsverwaltungsbehörde wird de

Herrn Dr. Lion Jakob Feuchtwanger

Schriftsteller

geboren am 7 ten Juli 1884 zu München

zum Zwecke des Aufenthalts im Auslande hierdurch bescheinigt, daß und zwar durch Abstammung die Eigenschaft als Bayer besitzt.

Gegenwärtige Bescheinigung gilt nur auf die Dauer von fünf Jahren.*)

Durch diese Fristbestimmung werden jedoch die Bestimmungen der Verträge nicht berührt, die deutscherseits wegen Übernahme von Angehörigen oder vormaligen Angehörigen des Deutschen Reiches mit anderen Staaten abgeschlossen worden sind.

Ehefrau: Marta Feuchtwanger, geb. Löffler, geboren am 21. Januar 1891 zu München. Kind: Elisabeth Marianne, geboren am 11. September 1912 zu Lausanne. – Aufgehoben 11. Oktober 1912.

München, den 2 ten September 1912.

Reg.-No. 31268

1 M 40

Magistrat der K. Haupt- und Residenzstadt München.

Bürgermeister:

J. V.

Sekretär:

Unterschrift des Inhabers.**)

Dr. Lion Feuchtwanger

*) Deutsche, welche das Bundesgebiet verlassen und sich zehn Jahre lang ununterbrochen im Ausland aufhalten, verlieren dadurch ihre Staatsangehörigkeit. Die vorbezeichnete Frist wird von dem Zeitpunkte des Austrittes aus dem Bundesgebiet oder, wenn der Austretende sich im Besitz eines Reisepapiers oder Heimatscheins befindet, von dem Zeitpunkte des Ablaufs dieser Papiere an gerechnet. Sie wird unterbrochen durch die Eintragung in die Matrikel eines Kaiserlichen Konsulats. Ihr Lauf beginnt von neuem mit dem auf die Löschung in der Matrikel folgenden Tage.

Der hiernach eingetretene Verlust der Staatsangehörigkeit erstreckt sich zugleich auf die Ehefrau und auf diejenigen Kinder, deren gesetzliche Vertretung dem Ausgetretenen kraft elterlicher Gewalt zusteht, soweit sich die Ehefrau oder die Kinder bei dem Ausgetretenen befinden. Ausgenommen sind Töchter, die verheiratet sind oder verheiratet gewesen sind.

(§ 21 des Gesetzes vom 1. Juni 1870 über die Erwerbung und den Verlust der Bundes- und Staatsangehörigkeit [Bundesgesetzblatt Seite 355] in der Fassung des Art. 41, Ziff. IV des Einführungsgesetzes zum Bürgerlichen Gesetzbuche vom 18. August 1896 [R.G.Bl. S. 616].)

**) Der Inhaber hat den Heimatschein, ehe er ihn einer ausländischen Behörde vorlegt, eigenhändig zu unterschreiben.

24702

1912 wurde Feuchtwanger vom Königreich Bayern, ein »Heimatschein« ausgestellt, »zum Zwecke des Aufenthalts im Auslande …«.

Jean-Jacques Rousseau« der Wunsch nach einem eigenen Sohn auszudrücken scheint.

Dem primitiven Leben folgte die große Welt. Sie zogen nach Menton an der Côte d'Azur, Marta holte ihre eleganten Kleider aus dem Koffer, sie gingen groß aus und verspielten im Casino von Monte Carlo ihr ganzes Geld, versetzten schließlich Kleider, Schmuck und Eheringe, kauften sich Rucksäcke und zogen vergnügt wieder nach Italien, zunächst nach Pietra Ligure. Von hier aus erkundeten sie zu Fuß und mit dem Zug ganz Italien, kamen über Florenz nach Rom, wohnten in einem Hotel an der Piazza Navona, sahen den Papst an einem Fenster des Vatikan; sie reisten nach Neapel, wo sie eine Weile blieben – Lion hatte zwischendurch eine schwere Typhusinfektion zu überstehen – und sie faulenzten auf Ischia und Capri. Dort schlich Feuchtwanger um die Villa Serafina des von ihm verehrten russischen Dichters Maxim Gorki und lauschte dem Schreibmaschinengeklapper, traute sich aber nicht hinein. Wieder angekommen in Neapel hatten sie ihre erste Ehekrise. Lion bekam plötzlich Besuch von einer früheren Freundin, die er nach Rom zurückbegleitete, um seinen Militärpaß erneuern zu lassen. Marta ließ sich derweil auf ein Abenteuer mit einem Grafen aus Capri ein.

Während der Reise bis zu ihrer Rückkehr nach Deutschland hatten die jungen Eheleute nur sehr wenig Geld zur Verfügung. Gelegentlich kamen Honorarüberweisungen von Zeitungen und Zeitschriften aus Frankfurt, Berlin und München, unter anderem von der »Schaubühne«, für die Feuchtwanger Reise- und Kulturberichte schrieb. »Ich arbeitete wenig in dieser Zeit. Meine Hauptbeschäftigung war, den ungeheuren Wust, den ich gelernt hatte, zu vergessen«, erinnerte er sich später.[28] Weiter ging es von Neapel über das wilde, einsame und winterliche Sila-Gebirge nach Kalabrien: »Calabrien war wirklich sehr billig, prachtvoll und schrecklich primitiv. Wir gingen ungeheure Strecken zu Fuß, nur mit Rucksäcken, hin und her zwischen dem tyrrhenischen und dem ijonischen Meer, und es war eine gute Zeit. Die Herbergen hatten wenig Ähnlichkeit mit dem, was man gemeinhin in Europa Hotel nennt. Man schlief auf Maisstroh. Die Zahl derjenigen, die lesen und schreiben konnten, war gering. Man aß viel Obst und trank schweren, guten Wein, auch viel Ziegenmilch, gemischt mit Marsala. Da hinein wurde schwarzes Brot gebrockt. Man aß Fleisch von Schafen und Ziegen, am offenen Feuer geröstet. Es schmeckte herrlich, wenn es von jungen, und scheußlich, wenn es von alten Tieren stammte.«[29]

Sie setzten mit dem Schiff nach Sizilien über, zogen von Messina nach Catania, stiegen von hier aus auf den 3300 Meter hohen Ätna und standen gerade am Kraterrand des Vulkans, als ein Erdbeben die Insel erschütterte. Beim Abstieg kamen sie durch ein völlig verwüstetes Dorf. Zahlreiche Menschen lagen unter Trümmern begraben. Nach einer abenteuerlichen Wanderung durch das Innere Siziliens setzten sie nach Nordafrika über. Sie weilten in Hammamet bei Tunis, das unter französischer Herrschaft stand. In diesen Wochen brach der erste Weltkrieg aus. Zusammen mit etwa 120 anderen, damals in Tunis lebenden männlichen Deutschen über 18 Jahren, geriet Lion Feuchtwanger sofort in französische Kriegsgefangenschaft.

Marta Feuchtwanger versuchte, ihren Mann freizubekommen: sie marschierte am nächsten Tag unerschrocken an den Wachen vorbei ins französische Hauptquartier, wo sie unter allerlei Vor-

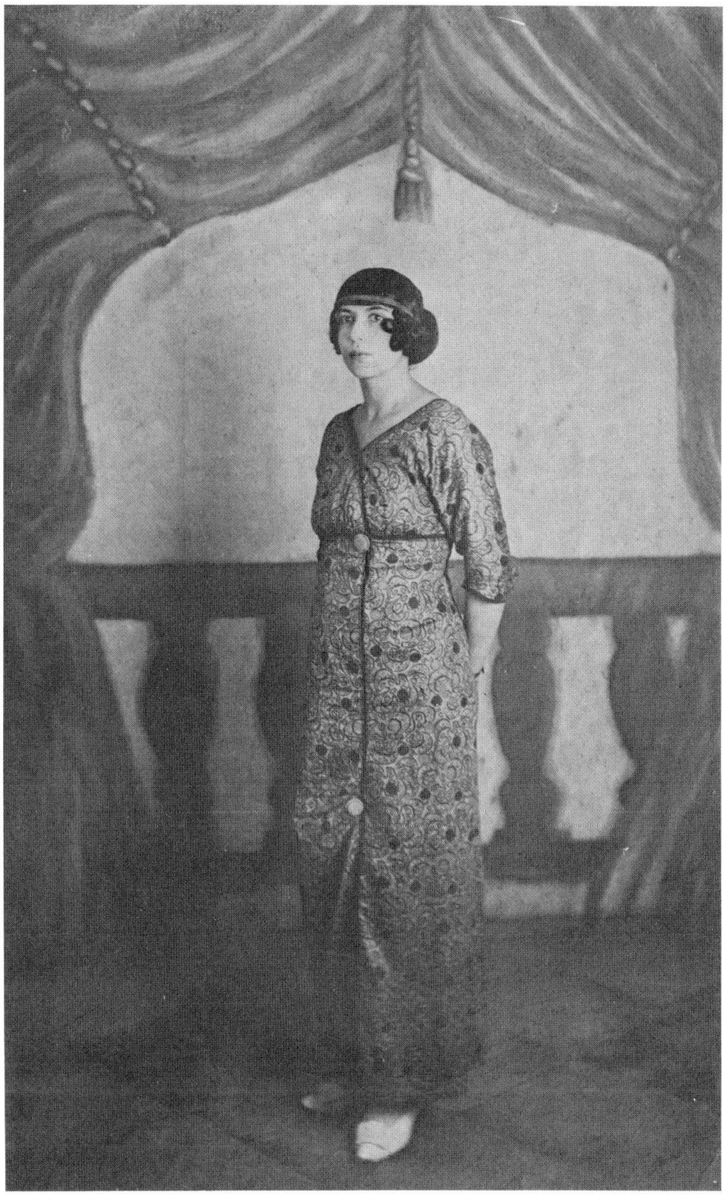

Nach dem Tod ihrer 1912 geborenen Tochter Marianne, die nur einen Monat nach der Geburt verstarb, reisten Feuchtwangers nach Italien, Frankreich und Monaco. Von Pietra Lugura im Norden starteten sie einen großen Fußmarsch durch ganz Italien. Marta Feuchtwanger in Neapel 1913/14

Marta Feuchtwanger 1914 nach der Rückkehr aus Tunis, wo Lion kurze Zeit, zusammen mit etwa 120 Deutschen, in französische Kriegsgefangenschaft geriet.

wänden einem höheren Offizier das Versprechen abrang, nach Rücksprache mit dem General ihren Lion am nächsten Tag für kurze Zeit zur Regelung persönlicher Angelegenheiten freizulassen. Tatsächlich bekam er am nächsten Tag Gefangenenurlaub auf Ehrenwort. Sofort flüchtete Marta mit Lion aus dem Hotel an Bord des italienischen Dampfers »Città di Messina«. Feuchtwangers couragierte Frau hatte nicht nur Schiffskarten, sondern für ihren Mann den Paß eines maltesischen Kellners beschafft, mit dem er die Kontrollsperren passieren konnte. Angehörige der deutschfreundlichen Besatzung versteckten Feuchtwanger unter Seilen und Tauen in einer unbenutzten Kajüte, während Marta zu einer großen Gruppe lärmender italienischer Frauen gesteckt wurde. Die Franzosen hatten Wind von der Flucht bekommen und durchsuchten unter dem Protest des Kapitäns das Schiff. Einige andere Deutsche, die sich ebenfalls versteckt hielten, wurden entdeckt, einer sogleich erschossen. Feuchtwanger zählte die Stunden bis zum Ablegen, »die angstvollsten meines Lebens«.[30] Die Soldaten fanden ihn nicht, glücklich kamen er und seine Frau in Palermo an. Von hier aus schlugen sie sich durch das kriegsaufgewühlte Italien nach Deutschland durch. Als sie in München eintrafen, besaßen sie nur noch das, was sie auf dem Leibe trugen. Feuchtwanger hatte durch die Gefangennahme und Flucht nicht nur seine Papiere und sein Gepäck verloren, sondern auch »sämtliche Manuskripte, die Frucht zweijährigen, mühsamen Studiums im Innern Siziliens und Nordafrikas«.

Zurück in München: Erst Held, dann Soldat, dann Kriegsgegner

„Der Krieg stürzte mein ganzes Weltbild um."

Wieder in München war der gerade 30jährige Rückkehrer Feuchtwanger zuerst Held, dann wurde er Soldat. Die Zeitungen glorifizierten seine abenteuerliche Flucht aus der französischen Kriegsgefangenschaft in Tunis wie einen kleinen militärischen Sieg über den verhaßten Nachbarn. Großzügig gewährte ihm das Militär zunächst längeren Urlaub. Feuchtwanger begann sofort wieder mit seiner Arbeit als Theaterkritiker für Jacobsohns »Schaubühne«. Der Krieg und die politischen Verhältnisse zwangen den bisher eher unpolitischen Bayern aber alsbald heraus aus seinem Elfenbeinturm. Im wahrsten Sinne des Wortes hautnah bekamen Lion und Marta Feuchtwanger den grotesken Hurra-Patriotismus ihrer aufgehetzten Landsleute zu spüren, als sie noch braungebrannt von ihrer Reise mit französischen Hutcreationen als Kopfschmuck auf der Straße als »fremdländisches Gesindel«, »Serben« und »Spione« angepöbelt, verfolgt, umringt und bedroht wurden. »Ich hatte durchaus nicht an den Krieg glauben wollen, und daß der Krieg kommen konnte, stürzte mein ganzes Weltbild um. Es wühlte mich auf, daß in dem allgemeinen Irrsinn ringsum so wenige vernünftig blieben.«[31] Hatte er anfangs das militaristische Gehabe um sich noch gelassen hingenommen und keinen rechten Platz für sich in den Ereignissen gefunden, ja durch den in Tunesien erfahrenen Deutschenhaß patriotische Neigungen verspürt, so verfaßte er bereits im November 1914 einen Aufsatz in der »Schaubühne« über »München und der Krieg«, in dem es hieß, Freunde hätten ihm erzählt, die ersten Tage der Mobilmachung in München seien »groß und schön« gewesen:

»Aber als ich in meine Vaterstadt zurückkam, hatte jedenfalls ein großer Teil der Bevölkerung den Schritt vom Erhabenen zum Lächerlichen bereits getan. Wer nicht gut münchnerisch sprach, durfte nicht wagen, ohne mancherlei Legitimationen über die Straße zu gehen, wenn er nicht als Spion verdächtigt werden wollte. Wer keine Uniform trug, mußte immer darauf gefaßt sein, verhaftet zu werden. An allen Ecken und Enden hörte man mehrmals des Tags das Feldgeschrei: ›An Russ'n hamms!‹ oder: ›An Belg hamms!‹ und sah irgendeinen harmlosen Passanten inmitten einer drohenden Menge mit aufgeregten Gesten beteuern, er sei ja Cinna der Poet. Vor allem für die etwas auffälligen Stammgäste des Café Stefanie waren es kritische Tage, und Erich Mühsam entging nur durch die tatkräftige Intervention einer Kellnerin der Volkswut. Besonders der Damen Schicksal war beklagenswert: trugen sie weite Röcke, so galten sie als verkleidete männliche Spione; trugen sie enge Röcke, so waren sie

1914 veröffentlichte Erich Mühsam, im Gegensatz zu Feuchtwanger kein »Schreibtischtäter«, unter dem Einfluß Wedekinds seine Stücke »Im Nachthemd durchs Leben« und »Die Freivermählten«.

Mühsam verkehrte vorzugsweise im Café Stefanie; der schreibende und politisch ambivalente Advocat Dr. Ludwig Thoma verbrachte seine Kaffeezeit lieber im Café Heck am Odeonplatz.

Lion Feuchtwangers und Bruno Franks Verhältnis war nicht immer ungetrübt. 1945 sagte Feuchtwanger: »Zuletzt spülte immer wieder Franks starke, strömende Liebenswürdigkeit alle Bitterkeit fort.«

»Der Stolz der Familie«: Berthold Feuchtwanger mit dem Eisernen Kreuz I. Klasse (1915)

Anhängerinnen französischer Mode. In jedem Fall wurden sie, und oft tätlich, verunglimpft. Es zeigte sich bei dieser Gelegenheit, daß der vielgerühmte Kunstsinn der Münchener etwas Legendäres ist (...) Ich selbst mußte, als ich in der Trambahn Gundolfs Shakespeare-Übersetzung las, von meinem Nachbar mir sagen lassen, dies beleidige sein patriotisches Empfinden. (...) München ist der Herd jener Bewegung, die gegen die Kunstschöpfungen fremder Nationen den heiligen Krieg predigt. In München zuerst erschien jener Aufruf, den zu werten unsrer Sprache das Adjektiv fehlt, jener Aufruf an die deutschen Kritiker, fürderhin kein französisches, russisches und englisches Werk mehr zu besprechen. In München zuerst traten jene Leute auf, die behaupteten, eigentlich hätten sie's schon längst gewußt, aber jetzt erst dürfe man es sagen: daß Shaw und Maeterlinck und Hodler nämlich Bluffer seien, (...) Und in München schrieb Ludwig Thoma jenen unseligen Aufsatz: ›Hodlerei‹ und verquickte seinen ehrlichen und großen Patriotismus mit einem noch größeren Mangel an Kritik.«[32]

Im Oktober mußte Feuchtwanger ins Infanterieregiment »König« einrücken. Er hatte, obwohl er selber fand, nicht schlecht behandelt worden zu sein, eine schwere Zeit durchzumachen. »Es war grauenvoll, den Befehlen anderer unterworfen, sinnlose Dinge zu tun, die meiste Zeit zwecklos auf dem Kasernenhof herumzustehen, aus schmutzigen Häfen Zeug zu essen, das mir nicht gut bekam.«[33] Der Soldat Feuchtwanger mit der schlotternden Uniform, der viel zu großen Mütze, den mit Papier ausgestopften Militärstiefeln, der beim Übungsschießen wegen seiner Kurzsichtigkeit allenfalls zufällig einmal ins Schwarze traf, wurde krank, bekam Magenbluten. Im Lazarett, wo sie ihn kurierten, wurden ihm dann die Schrecken des Krieges besonders anschaulich vorgeführt, wenn verwundete und verstümmelte Soldaten vom Schlachtfeld eintrafen und viele von ihnen kurz darauf starben. Seine körperlichen Unzulänglichkeiten und seine Ungeschicklichkeit in praktischen Dingen retteten ihm damals vielleicht das Leben. Im Dezember, einen Tag bevor sein Regiment an die Front abkommandiert wurde, wurde er von den Militärärzten als »kriegsverwendungsunfähig« zurückgestellt und aus dem Dienst fürs Vaterland entlassen. Sein Bruder Berthold wurde unterdessen ein richtiger Held. Aus purer Langeweile, so erinnert sich Marta Feuchtwanger, hatte er nach einer Wette mit einem Offizier allein einen feindlichen Schützengraben erobert und dafür das Eiserne Kreuz Erster Klasse bekommen. Eigentlich stand ihm der Maximilian-Ritterorden zu, so habe der vorgesetzte Offizier später der Mutter erklärt, Juden bekämen den freilich nicht. Feuchtwanger dachte nach seinen Eindrücken im Lazarett eher an die Opfer jenes militärischen Wahnsinns. 1915 erschien in der »Schaubühne« sein »Lied der Gefallenen«.[34] Darin singen die toten Soldaten davon, wie ihnen die Haut von der Stirn dorre, das Fleisch zu Ackergrund verwese, aber eine Frage nicht einschlafe, nicht stumm, nicht satt werde: »Warum? Warum?« Feuchtwanger litt darunter, daß viele damals dieses Gedicht als einen patriotischen Reim mißverstanden. Nachdem er es in den dramatischen Roman »Thomas Wendt« über das Scheitern eines intellektuellen Revolutionärs eingebaut hatte, wurde es als das früheste Gedicht der deutschen Revolution bezeichnet.

Zuflucht vor dem gespenstischen Treiben des deutschtümelnden Nationalgeistes auf Münchens Straßen bot in jenen Tagen die »Torggelstube«. Dort hockte wie eh und je Frank Wedekind an seinem Stammtisch und ketzerte gegen das breite Volksempfinden. »Ich fürchte«, so verriet er Lion Feuchtwanger, »die Deutschen werden den Krieg verlieren. Und das wird gut sein für die Menschheit – oder können Sie sich ein siegreiches, militaristisches Deutschland über alles vorstellen?« 1915 tauchte in der »Torggelstube« eine breitschultrige, hünenhafte Gestalt in stattlicher Ulanenuniform, mit dicken, buschigen Augenbrauen und einem stetigen Lächeln auf den Lippen an Wedekinds Stammtisch auf: Bruno Frank, ein von Stefan George, Rainer Maria Rilke und Hugo von Hofmannsthal beeinflußter Schriftsteller, Meldereiter des Herzogs von Urach-Württemberg, den ein Asthmaleiden von der russischen Front an den Starnberger See bei München verschlagen hatte, ein Ästhet, dem die Frauen zuflogen. Er schätzte Feuchtwangers klaren Verstand, suchte die Freundschaft des zunächst zurückhaltenden kleinen Theaterkritikers, der gerade wieder angefangen hatte, Stücke zu schreiben. Zwischen den beiden entwickelte sich eine lebenslange, zeitweise aber distanzierte Freundschaft. Auch wenn Feuchtwanger die Freundschaft mit anderen Zeitgenossen eingehender pflegte, so war Frank neben Hartmann-Trepka der einzige, mit dem er sich Zeit seines Lebens duzte. Die beiden hatten es »mit Enthusiasmus verlangt«.[35]

Joachim Ringelnatz (1883–1934) war einer der Kollegen von Lion Feuchtwanger in München – allerdings bei der »Konkurrenz«. Ringelnatz schrieb als Hausdichter des Münchner »Simplizissimus« und später nach seiner Übersiedlung nach Berlin für die dortige Kleinkunstbühne »Schall und Rauch«. Das Foto entstand um 1932.

Karl Valentin und Liesl Karstadt in »Der Firmling«

Frank Wedekind. Marta Feuchtwanger nannte ihn ein »Mittelding aus einem Clown und einem Teufel«.

Gleich neben Wedekind, den Marta Feuchtwanger als ein »Mittelding zwischen einem Clown und einem Teufel« beschrieb, hatte dessen Freundfeind, der Dramatiker Max Halbe, ebenfalls einen Stammtisch aufgemacht. Dazwischen verlief eine unsichtbare Grenze – überbrückt oft nur durch scharfzüngige, lautstarke Hänseleien Wedekinds gegen Halbe. Lediglich dem allgemein beliebten, weil im Grunde als harmlos eingeschätzten Anarchisten und Utopisten Erich Mühsam war es erlaubt, hin- und herzupendeln. Mit an Wedekinds Stammtisch saßen auch Heinrich Mann, Max Reinhardt, der Schriftsteller Alfred Polgar, der Philosoph und Essayist Egon Friedell und der Schauspieler Albert Steinrück. Ein weiterer Treffpunkt der Münchner Künstlerkreise in Schwabing war der »Simplicissimus« der dicken Katie Kobus, in deren Kabarett ebenfalls Wedekind – wie schon im Vorgängerlokal »Die elf Scharfrichter« – mit der Laute seine boshaften, die bürgerliche Moral untergrabenden Verse vortrug. Joachim Ringelnatz trat hier auf und Karl Valentin mit Liesl Karstadt. Auch in diesen Kriegszeiten war Schwabing erfüllt vom sprühenden Geist der Bohème. Schriftsteller, Maler, Schauspieler lebten hier in geräumigen Ateliers, in armseligen Stuben, in palastartigen Bürgerhäusern, in Cafés und Bierlokalen. Erfolg und Mißerfolg wohnten oft Tür an Tür, man haßte sich, intrigierte, stritt, diskutierte, soff, feierte, liebte zuweilen wild durcheinander und schottete sich ab gegen das engstirnige Bürger- und Spießertum, das erst vor Begeisterung und dann in wachsendem Entsetzen durch die Kriegsjahre immer tiefer in Not und Inflation taumelte. Hier, am Rande Schwabings in der Georgenstraße, mieteten sich die Feuchtwangers 1915 eine größere Wohnung. Sie gehörte einem General, der gerade in Frankreich für den Kaiser Krieg führte. Vorn hinaus blickte man auf den Park der Akademie und nach hinten sah man den Garten des Leopold-Palais. Die erfolgreiche Aufführung einiger Theaterstücke bescherte den Feuchtwangers kurz bescheidenen Wohlstand.

Feuchtwanger als Dramatiker: Abschied vom Elfenbeinturm

„Das Buch von dem Menschen, gestellt zwischen Macht und Erkenntnis."

Während der Kriegsjahre traf Feuchtwanger oft mit Heinrich Mann, Wedekind und dem Schauspieler Albert Steinrück zusammen. »Erst in diesen Jahren und durch die Gespräche mit diesen Männern klärte sich mir das Bild der Zeit, und von da an konnte ich auch allmählich Ordnung bringen in die vielen historischen Fakten, die ich gelernt hatte.«[36] Rückblickend gewann Feuchtwanger den Eindruck, daß der erste Weltkrieg »starke dynamische Veränderungen« in seiner Schriftstellerei hervorgebracht hatte. »Er hat mir das Geschmäcklerische weggeschliffen, mich von der Überschätzung des Ästhetisch-Formalen, der Nuance, zum Wesenhaften geführt. (...) Auch eine tiefe Skepsis den Kompromissen gegenüber, die das Drama fordert, hat mich der Krieg gelehrt. Er hat mir den Blick geweitet, mich davon abgebracht, fortgesetzt krampfig in das eigene Ich zu starren«, bekannte er.[37] Was er während des Krieges schrieb, zeigte nach seinem eigenen Eindruck noch die Form seines Vorkriegswerkes. »Aber in seinem Wesen setzt es sich, scheint mir, nicht mehr mit mehr oder minder peripherischen Dingen auseinander wie diese, sondern trifft näher an den Kern. Jedenfalls wurden meine Stücke, selbst wenn ihnen äußerlich eine revolutionäre Tendenz nicht ohne weiteres nachzuweisen war, immer wieder verboten.«[38] Die Einflüsse des Krieges und die daraus für sich entwickelten persönlich-geistigen Wandlungen führten dazu, daß Feuchtwanger immer weniger über das Werk anderer, sondern vielmehr selbst schreiben wollte. Nach der Entlassung vom Militär trat er denn auch zunehmend seltener als Theaterkritiker, öfter dagegen als Verfasser eigener Stükke in den Vordergrund. Er, der sich oft voller Boshaftigkeit über die Arbeit anderer hergemacht hatte, setzte sich nun selber dem Urteil der Kritik aus und wartete nach den Uraufführungen seiner Stücke nervös auf das Erscheinen der Zeitungen.

Bis Ende der Zwanziger Jahre veröffentlichte Feuchtwanger – die frühen Vorkriegswerke mitgezählt – über zwei Dutzend Schauspiele. Danach schrieb er nur noch vier Stücke. Drei davon erschienen ausnahmslos in den Vierziger Jahren. Einige Dramen verfaßte oder bearbeitete er zusammen mit Bertolt Brecht. Feuchtwanger war, was vielen Lesern seiner Romane heute nicht bewußt ist, sogar ein recht erfolgreicher Dramatiker. Seine Stücke erlebten allein in den Zwanziger Jahren an deutschen Bühnen rund 5000 Aufführungen. Nach dem Zweiten Weltkrieg wurden ein paar seiner Dramen nur an wenigen Bühnen gespielt, wie in Frankfurt, Nürnberg und Ost-Berlin.

1911 erscheint »Pierrots Herrentraum – Eine Pantomime in fünf Bildern«, 1914, in einer Neuübersetzung, das Bühnenstück »Die Perser des Aischylos«, 1915 das Schauspiel in vier Akten und einem Vorspiel »Warren Hastings, Gouverneur von Indien«. 1915 vollendet Feuchtwanger die Nachdichtung des indischen Stückes »Vasantasena«, nach König Sudraka und 1916 schreibt er das Spiel in ebenfalls vier Akten »Der König und die Tänzerin«.

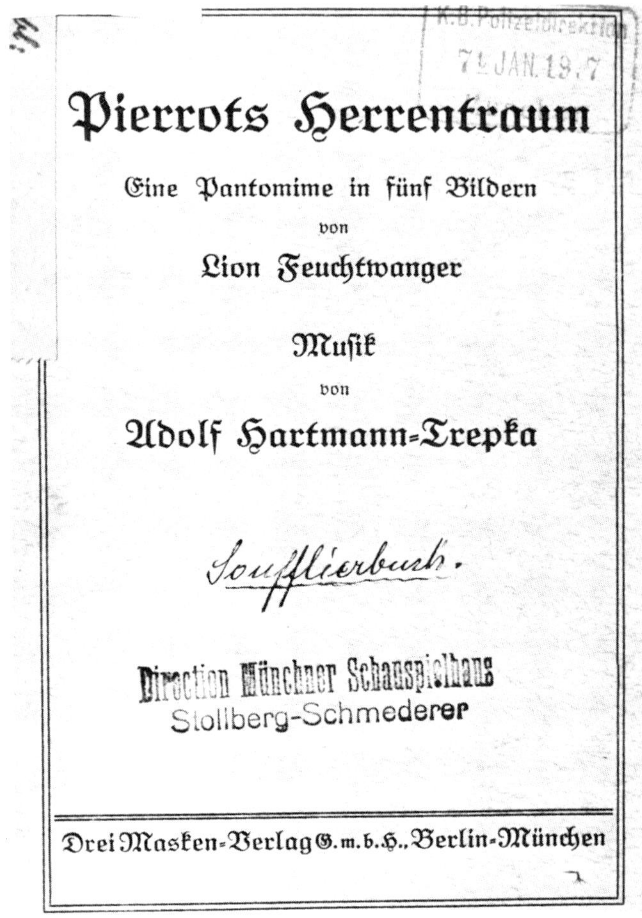
Pierrots Herrentraum

Eine Pantomime in fünf Bildern

von

Lion Feuchtwanger

Musik

von

Adolf Hartmann-Trepka

Soufflierbuch.

Direction Münchner Schauspielhaus
Stollberg-Schmederer

Drei Masken-Verlag G.m.b.H., Berlin-München

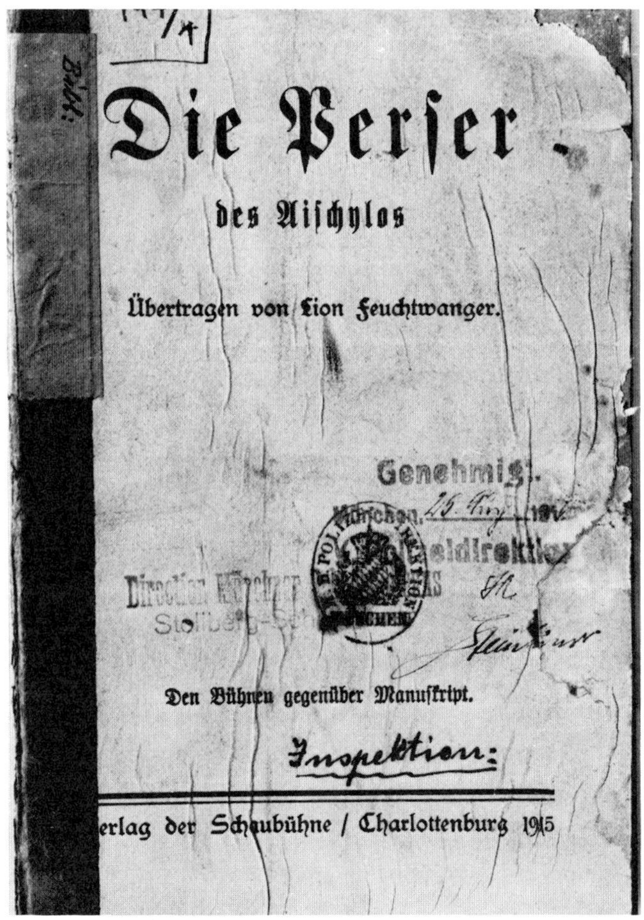
Die Perser

des Aischylos

Übertragen von Lion Feuchtwanger.

Genehmigt.

Den Bühnen gegenüber Manuskript.

Inspektion:

erlag der Schaubühne / Charlottenburg 1915

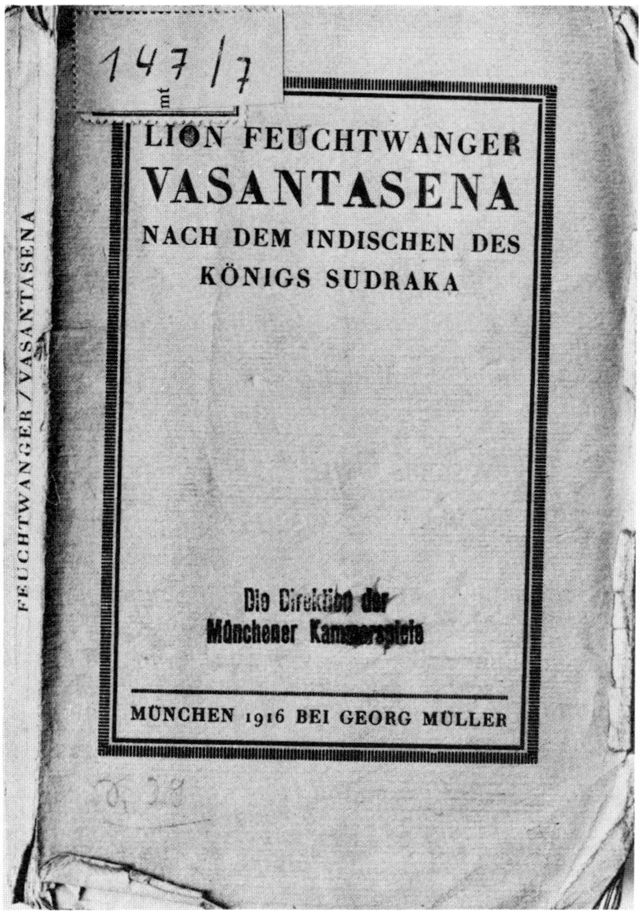
FEUCHTWANGER / VASANTASENA
LION FEUCHTWANGER
VASANTASENA
NACH DEM INDISCHEN DES
KÖNIGS SUDRAKA
Die Direktion der
Münchener Kammerspiele
MÜNCHEN 1916 BEI GEORG MÜLLER

DER KÖNIG
UND DIE TÄNZERIN
EIN SPIEL IN VIER AKTEN
VON
LION FEUCHTWANGER
GEORG MÜLLER VERLAG MÜNCHEN

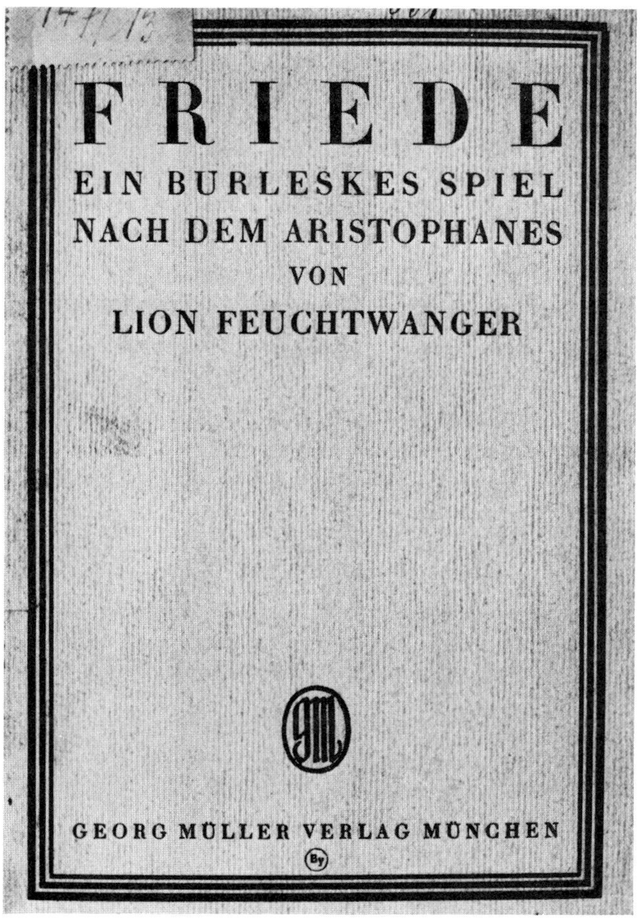
FRIEDE
EIN BURLESKES SPIEL
NACH DEM ARISTOPHANES
VON
LION FEUCHTWANGER
GEORG MÜLLER VERLAG MÜNCHEN

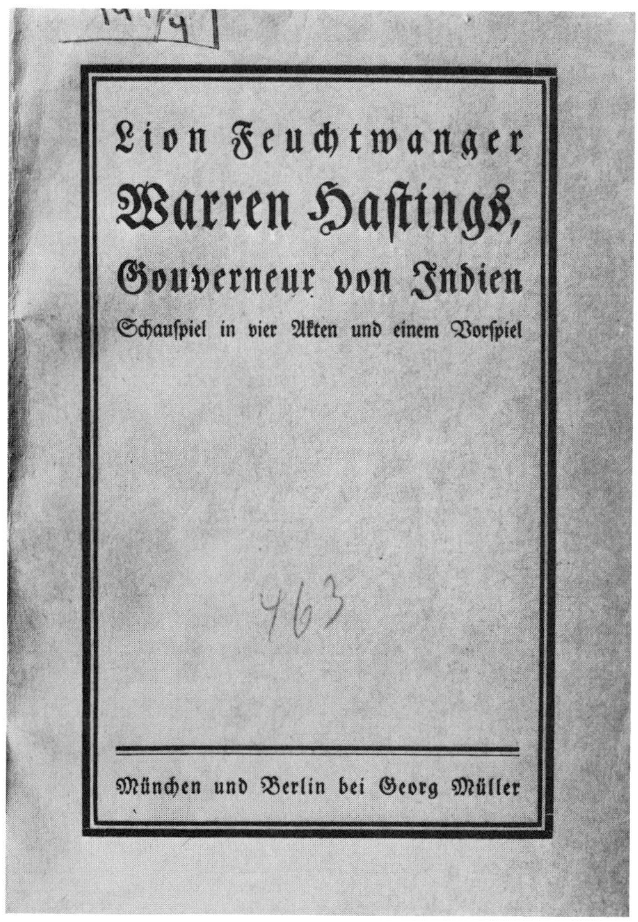
Lion Feuchtwanger
Warren Hastings,
Gouverneur von Indien
Schauspiel in vier Akten und einem Vorspiel
München und Berlin bei Georg Müller

Vasantasena

1915 beginnt Feuchtwanger mit der Nachdichtung des indischen Dramas „Das irdene Wägelchen". „Vasantasena", so der spätere Titel des Bühnenwerks, bedeutet Feuchtwangers Hinwendung zur Philosophie des Verzichts. „Vasantasena" behandelt die Liebe der Kurtisane Vasantasena zu dem verarmten Brahmanen Tscharudatta. Asiatische Lebensphilosophie ist gerade Mode. Romain Rolland in Frankreich oder Alfred Döblin in Deutschland gehören zu den Bewunderern Indiens und des Ostens. 1916 vollendet Feuchtwanger „Vasantasena". Im gleichen Jahr wird es in Mannheim uraufgeführt. Leo Pasetti, der Meister impressionistischer Farben und Kostüm-Dramaturgie, entwarf Figurinen zu „Vasantasena" für die Aufführung am Münchner Residenztheater 1924.

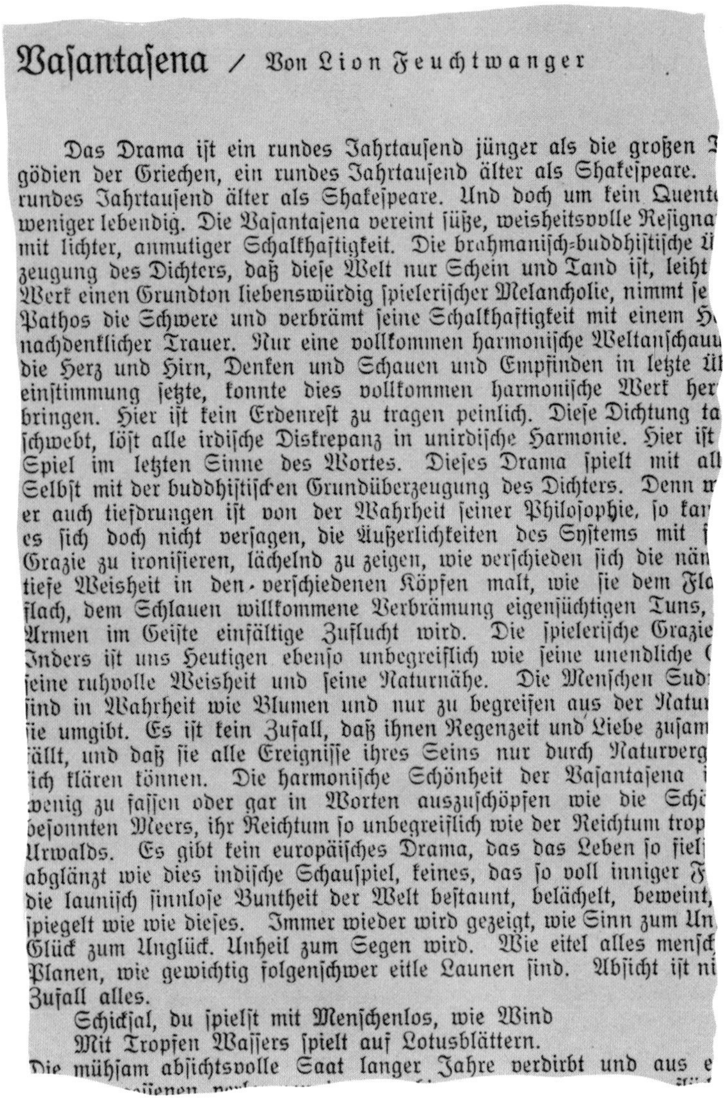

Vasantasena / Von Lion Feuchtwanger

Das Drama ist ein rundes Jahrtausend jünger als die großen T
gödien der Griechen, ein rundes Jahrtausend älter als Shakespeare.
rundes Jahrtausend älter als Shakespeare. Und doch um kein Quent
weniger lebendig. Die Vasantasena vereint süße, weisheitsvolle Resigna
mit lichter, anmutiger Schalkhaftigkeit. Die brahmanisch-buddhistische Ü
zeugung des Dichters, daß diese Welt nur Schein und Tand ist, leiht
Werk einen Grundton liebenswürdig spielerischer Melancholie, nimmt se
Pathos die Schwere und verbrämt seine Schalkhaftigkeit mit einem H
nachdenklicher Trauer. Nur eine vollkommen harmonische Weltanschauu
die Herz und Hirn, Denken und Schauen und Empfinden in letzte Üb
einstimmung setzte, konnte dies vollkommen harmonische Werk her
bringen. Hier ist kein Erdenrest zu tragen peinlich. Diese Dichtung ta
schwebt, löst alle irdische Diskrepanz in unirdische Harmonie. Hier ist
Spiel im letzten Sinne des Wortes. Dieses Drama spielt mit all
Selbst mit der buddhistischen Grundüberzeugung des Dichters. Denn m
er auch tiefdrungen ist von der Wahrheit seiner Philosophie, so kan
es sich doch nicht versagen, die Äußerlichkeiten des Systems mit f
Grazie zu ironisieren, lächelnd zu zeigen, wie verschieden sich die nän
tiefe Weisheit in den verschiedenen Köpfen malt, wie sie dem Fla
flach, dem Schlauen willkommene Verbrämung eigensüchtigen Tuns,
Armen im Geiste einfältige Zuflucht wird. Die spielerische Grazie
Inders ist uns Heutigen ebenso unbegreiflich wie seine unendliche
seine ruhvolle Weisheit und seine Naturnähe. Die Menschen Sud
sind in Wahrheit wie Blumen und nur zu begreifen aus der Natu
sie umgibt. Es ist kein Zufall, daß ihnen Regenzeit und Liebe zusam
fällt, und daß sie alle Ereignisse ihres Seins nur durch Naturverg
sich klären können. Die harmonische Schönheit der Vasantasena i
wenig zu fassen oder gar in Worten auszuschöpfen wie die Schö
besonnten Meers, ihr Reichtum so unbegreiflich wie der Reichtum trop
Urwalds. Es gibt kein europäisches Drama, das das Leben so fiel
abglänzt wie dies indische Schauspiel, keines, das so voll inniger F
die launisch sinnlose Buntheit der Welt bestaunt, belächelt, beweint,
spiegelt wie wie dieses. Immer wieder wird gezeigt, wie Sinn zum Un
Glück zum Unglück. Unheil zum Segen wird. Wie eitel alles mensch
Planen, wie gewichtig folgenschwer eitle Launen sind. Absicht ist ni
Zufall alles.

Schicksal, du spielst mit Menschenlos, wie Wind
Mit Tropfen Wassers spielt auf Lotusblättern.

Die mühsam absichtsvolle Saat langer Jahre verdirbt und aus e

In seinem »Spiegel« schreibt Feuchtwanger über »Vasantasena«, das im März 1916 in Mannheim uraufgeführt wurde.

Während seiner Zeit als Theaterrezensent in München und als Herausgeber des »Spiegel« hatte Feuchtwanger gute Beziehungen zu den Theaterregisseuren jener Zeit, zu Leopold Jessner (Bild), Max Reinhardt, Erich Engel, Erwin Piscator und Jürgen Fehling.

Sein 1915 herausgegebenes Stück »Julia Farnese« bedeutete für ihn die allmähliche, wenn auch noch verhaltene Abkehr von seinem elitären Ästhetizismus. Er hatte die Tragödie bereits während der Italienreise konzipiert. Es ist »ein wirksames Drama, darstellend einen Maler der Renaissance, der kein Bedenken trägt, einen jungen Schüler in Wirklichkeit zu kreuzigen, um ein naturalistisches Modell zu einem Kruzifix zu haben, und eine überaus dämonische Dame aus der Gesellschaft der Borgia«. Er schafft zwar ein großes Kunstwerk, zerstört dabei aber sein Leben. »Es war nicht einmal ein schlechtes Stück, aber ich habe zu dem Manne, der es schrieb, heute absolut kein Verhältnis mehr«, fand Feuchtwanger später.[39] Vielleicht weil in »Julia Farnese« wie im »tönernen Gott« eine zu offensichtliche Bewunderung für Macht- und Unterwerfungsverhältnisse zum Ausdruck kam.

Noch im selben Jahr nahm er nach eigenen Worten endgültig Abschied von seiner »Elfenbeinturmperiode« und schrieb »ein Werk der Liebe«[40]: »Vasantasena«, eine Bearbeitung des indischen Stückes »Das irdene Wägelchen«, das für Feuchtwanger zum Schönsten gehörte, was je gedichtet wurde. Das Stück handelt vom Spiel der Liebe zwischen dem edlen, jedoch armen Kaufmann Tscharudatta und der schönen Kurtisane Vasantasena und entstand vermutlich vor 1300 bis 1500 Jahren. Feuchtwanger schrieb dazu: »Nur eine vollkommene harmonische Weltanschauung, die Herz und Hirn, Denken, Schauen und Empfinden in letzte Übereinstimmung setzte, konnte dies vollkommen harmonische Werk hervorbringen. (...) Es gibt kein europäisches Drama, das das Leben so vielfarbig abglänzt wie dies indische Schauspiel, keines, das so voll inniger Freude die launisch sinnlose Buntheit der Welt bestaunt, belächelt, beweint, bespiegelt. Auf immer neue Art offenbart sich, wie Sinn Unsinn, Glück Unglück, Unheil Segen wird. Wie eitel alles menschliche Planen, wie gewichtig folgenschwer eitle Launen sind. Absicht ist nichts, Zufall alles.«[41]

Der Dreiakter in sieben Bildern wurde ein großer Erfolg. Am 4. März 1916 unter der Regie von Carl Hagemann am Großherzoglichen Hof- und Nationaltheater Mannheim uraufgeführt, wurde das Stück im übrigen Deutschland in mehreren hundert Vorstellungen gezeigt. In den Münchner Kammerspielen verkörperte die mit dem Direktor und Regisseur Otto Falckenberg verheiratete bildschöne Schauspielerin Sybille Binder die »Vasantasena«.

Leopold Jessner, der Generalintendant der Berliner Staatstheater in den Zwanziger Jahren, erinnerte später in einem Brief an Feuchtwanger daran, daß »Vasantasena« zu jener Zeit, bevor Feuchtwanger sich des Stoffes annahm, noch ganz unter dem Einfluß der Wilhelminischen Ära ein »reißerisches Repertoirestück« war: »Was Farben- und Beleuchtungseffekte an Wirkung erreichen konnten, wurde benutzt, um die Zuschauer in die Märchenpracht Indiens einzuspinnen –, der Inhalt des Stückes wurde dementsprechend auf opernhaft theatralische Effekte ausgespielt. Jahre später erschien Ihre Bearbeitung des indischen Schauspieles ›Vasantasena‹, die unter Weglassung der opernhaften Effekte den sozialen, weltanschaulichen Inhalt unterstrich mit der ausdrücklichen Bedingung der scenischen Vereinfachung: nicht die Fabel, sondern die Idee der Fabel war das Essentielle. – Sie haben als junger Dramatiker diese neue Forderung der Bühne erfaßt, ehe von repräsentativer Stelle in solchem Sinne gespielt worden war. Es gehörte dann zu den Kreditposten des republikanischen Staatstheaters in Berlin, sein Repertoire durch Ihre sämtlichen Dramen bereichert zu haben.«[42] In diesem Brief kommt sehr klar die durch den späteren Romanerfolg in den Hintergrund gedrängte Bedeutung Feuchtwangers als Stückeschreiber auch bei Theaterleuten zum Ausdruck.

Das Erlebnis eines unbegreiflichen und sinnlosen Krieges erzeugte unter den Intellektuellen eine Sehnsucht nach geistiger Befreiung aus den traumatischen Erfahrungen jener Zeit. Viele flüchteten in eine – zuweilen auch modische – Begeisterung für die asiatische Geisteshaltung. In der Hinwendung zur Weisheit des Ostens sahen viele europäische Intellektuelle wie Romain Roland, Hermann Hesse und Alfred Döblin einen Ausweg für die von den Militärs aufs Spiel gesetzte Zivilisation. »Vielleicht bedeutet dieser Krieg nichts anderes«, so schrieb Feuchtwanger 1916, »als einen Schritt weiter auf dem Weg Europas zu Buddha.«[43]

Bei Feuchtwanger führten die Lehren aus dem schon an der Universität begonnenen Sanskrit-Studium vor allem durch die Eindrücke während der Kriegszeit zu Selbsterkenntnissen, die entscheidend sein weiteres Leben und Werk beeinflußten. Während viele seiner Zeitgenossen die Interpretation und Aneignung indischer Lehren als modisch und nicht übertragbar für europäische Verhältnisse abtaten, spielten die östlichen Lebensweisheiten für Feuchtwanger in seinem Verhältnis zur Umwelt und als Protest gegen Krieg und Machtpolitik eine entscheidende Rolle. Die daraus vor allem für sich persönlich entwickelte und von vielen Zeit seines Lebens bewunderte, an Fatalismus grenzende innere Ruhe half ihm, selbst schwierigste oder gar existenzbedrohende Situationen zu überstehen – vor allem in einem französischen Internierungslager. »Wenn ich betrachte, was ich bisher gemacht habe«, so schrieb er mit 42 Jahren, »versuchend, ein Gemeinsames zu finden, eine Linie, die meine Bücher an mich, an mein Leben und aneinander bindet, einen Generalnenner: dann glaube ich, trotz aller scheinbaren Differenz doch immer nur ein Buch geschrieben zu haben: das Buch von dem Menschen, gestellt zwischen Tun und Nichttun, zwischen Macht und Erkenntnis.«[44]

Der erste Weltkrieg war für ihn ein Musterbeispiel für die Sinnlosigkeit allen Tuns. Viele seiner Freunde und Leser hatten wenig Verständnis dafür, wie jemand die Tat für unsinnig, die untätige Betrachtung aber für Weisheit ausgeben konnte. Diese Lebensphilosophie ist nicht nur in seinen Dramen, sondern vor allem in seinen ersten Romanen wiederzufinden. Sie wurde aber oft nur widerwillig zur Kenntnis genommen oder aber in ihrer populären Roman-Verpackung gar nicht oder nur unterschwellig verstanden. Später, im Exil, hat sich seine Einstellung geändert. Da sah er ein, daß etwas gegen die Nazis getan werden mußte. Doch war er für sich bemüht, sein eigenes »Tun« auf die Rolle des Betrachters zu beschränken, nur mit dem Wort als Waffe zu wirken.

Mißverstanden wurde beispielsweise sein »Jud Süß«, der, 1916 geschrieben, zunächst als Bühnenbearbeitung erschien, dessen Aufführung aus religiösen Gründen erst verboten, im Oktober 1917 schließlich erlaubt wurde. Das Stück beschreibt das Schicksal des 1738 unter dem Einfluß eines judenfeindlichen Klimas hingerichteten württembergischen Hof- und Finanzjuden Josef Süß Oppenheimer unter Herzog Karl Alexander. Eine nebensächliche Anmerkung in einer Biographie animierte Feuchtwan-

Rainer Maria Rilke (1875–1926) verbrachte die Zeit des 1. Weltkriegs vorwiegend in München. Die letzten Kriegsjahre dort bringen ihn mit jungen, pazifistisch und revolutionär gesinnten Autoren zusammen. Er nimmt Kontakt auf zu politischen Persönlichkeiten, die an der Herbeiführung des Friedens mitarbeiten: Kurt Eisner und Walther Rathenau. Rilke war mit Sophie Liebknecht bekannt und wurde so in den politischen Lebenskreis von Rosa Luxenburg und Karl Liebknecht hineingezogen. Die Ermordung des bayerischen Ministerpräsidenten Kurt Eisner schmerzte ihn sehr. Rilke, der Haussuchungen über sich ergehen lassen mußte, wurde wegen seiner Freundschaft zu Ernst Toller als »Bolschewist« verdächtigt. Entnervt verließ er München und ließ sich, Deutschland meidend, in der Schweiz nieder.

Der Schauspieler Siegfried Raabe, München 1917. Ihm widmete Feuchtwanger seine aristophanische Nachdichtung »Friede«. Raabe spielte unter anderem den Warren Hastings.

ger zu seiner Arbeit: sein Ende am Galgen vor Augen, weigerte sich Jud Süß, der es mit den rituellen Vorschriften nie sehr genau genommen hatte, zum Christentum überzutreten, obwohl er damit wahrscheinlich sein Leben hätte retten können. Hierin sah Feuchtwanger den Weg und das Bild jenes Mannes, der hätte handeln können, es aber unterließ und sich in sein Schicksal fügte. Indem er den Weg und das Ende des Jud Süß aufgriff, wollte Feuchtwanger im Sinne der östlichen Lehren »den Weg des Menschen weißer Haut zeichnen, den Weg über die enge europäische Lehre von der Macht über die ägyptische Lehre vom Willen zur Unsterblichkeit bis hin zu der Lehre Asiens vom Nichtwollen und Nichttun. Daß ich einen Juden diesen Weg gehen ließ, geschah deshalb, weil sich in Wesen und Schicksal des Juden die Entwicklung des weißen Menschen nach Asien hin besonders deutlich zeichnet. Schon die geographische Lage seines Ursprungslandes gibt ihm jene Mischung von Asien und Europa. (...) Das Gleichnis dieses westöstlichen Menschen erblickte ich in dem Manne Josef Süß, in seinem heftigen Ergreifen und in seinem überzeugten Sichfallenlassen«.[45] Als Bühnenstück empfand Feuchtwanger den »Jud Süß« bald jedoch als schlecht. Ihm schien, er habe darin nicht ausdrücken können, was er wollte. Er zog das von Heinrich Mann geschätzte und beim Publikum beliebte, von Kritikern vieler Richtungen, unter anderem aber als »Schokolade mit Knoblauch« und als »wahres Kinodrama, voll bunter billiger Spannungen« verrissene Stück zurück. Er beschloß, das, was er sagen wollte, in einem Buch darzustellen.

Ähnlich erfolgreich, aber selbst unter Feuchtwangers Freunden nicht unumstritten, war das Schauspiel »Warren Hastings«. Es zählte zu den insgesamt neun Dramen, die Feuchtwanger in den vier Kriegsjahren verfaßte. Es handelt von dem Verlust des eigenen Glücks, der persönlichen Tragödie des ersten englischen Generalgouverneurs in Indien, Warren Hastings (1732 – 1818), der durch brutale Unterdrückung »äußerlich Indien den Engländern, Asien den Europäern unterwarf«, zugleich durch den faszinierenden Einfluß des Sanskrit »dem besiegten Osten den Weg bahnte, das siegreiche Europa geistig zu unterjochen«.[46] Feuchtwanger hat dem Drama eines seiner Lieblingszitate von Goethe vorangestellt: »Der Handelnde ist immer gewissenlos. Es hat niemand Gewissen als der Betrachtende.« Siegfried Jacobsohn ärgerte sich über das Stück seines Mitarbeiters. In der von ihm herausgegebenen »Schaubühne« nannte er die These von der geistigen Unterjochung Europas durch die östliche Lehre »mit Verlaub (...) falsch«: »Inwiefern hat denn der Osten geistig den Westen unterjocht? Die Auflagen des Rabindranat und die Neuübersetzung des Sudraka sind kaum Symptome, geschweige Beweise. Herrschte über uns Buddha: es wäre nicht Krieg. Und schließlich, stimmte das selbst mit der Unterjochung: welche Dichterkraft wäre nötig, um mich im Leben des Warren Hastings eine Tragik fühlen zu lassen«, schrieb Jacobsohn. Auf den Goethe-Satz anspielend fragte er: »Was denn soll Warren Hastings tun? Man verlangt von ihm, daß er vereine: den politischen Vorteil Englands, die kulturelle Förderung Indiens und die finanziellen Interessen der Handelskompanie. Unmöglich. Geld oder Humanität: (...) Hastings entscheidet sich für das Geld, das aus Indien zu holen ist. (...) Er befleckt sich. Er geht über Leichen. (...) Er watet durch Blut und Kot, um Britannien ein Kolonialreich zu schaffen. Und bezahlt den Erfolg seines Landes mit seinem persönlichen Glück.« Immerhin war Jacobsohn »entschlossen«, an dem Stück wenigstens »ein gutes Haar zu lassen. Es ist auf anständige Art aktuell. Man setze Hastings gleich Kitchener, des Einen Indien gleich des Anderen Ägypten (...)«.[47] Auch der Berliner Kritiker Alfred Kerr schrieb einen scharfen Verriß: »In jedem Fall bleibt etwas unklar an Herrn Feuchtwangers Schauspiel: ist Herr Warren sein Held? oder sein Abscheu? Packt man jedoch als Dichter einen solchen Stoff der widereinanderkollernden Gewalten – so nehme man Stellung. (...) Herr F. bot nur den Abendfüller eines kaum Beteiligten.«[48] Die von Jacobsohn gesehenen aktuellen Bezugsmöglichkeiten waren es denn auch, die den Zensor alarmierten. Die Aufführung des Stückes wurde verboten. Erst nachdem sich Georg Stollberg vom Münchner Schauspielhaus mit anderen einflußreichen Persönlichkeiten beim Polizeipräsidenten dafür eingesetzt hatte, konnte das Drama am 23. September 1916 unter der Regie Stollbergs uraufgeführt werden. In den ersten Reaktionen darauf wurde es als ausgesprochen freundlich gegenüber dem Kriegsgegner England kritisiert und in mehreren Städten verboten, während die Engländer es »als Produkt eines typischen Hunnenpoeten«[49] verdammten, was sie nicht hinderte, in den Zwanziger Jahren eine Londoner Nachkriegs-Inszenierung zu feiern.

Was Feuchtwanger nicht begreifen konnte, war der Haß gegen die Feinde. Er »versuchte, den Feinden gerecht zu werden« und übersetzte schon in den ersten Kriegswochen und während seiner Militärdienstzeit die »Perser« des Aischylos, »jenes Werk, das dem Feinde so großartig gerecht wird und welches auf der anderen Seite den Übermut des Machtgierigen und die Strafe dieses Übermuts in so mächtigen Versen darstellt«.[50] In diesem Stück gegen den Krieg läßt der griechische Dichter Aischylos statt in patriotisches Siegesgeschrei über den Erfolg der Griechen auszubrechen, die geschlagenen Perser ihre eigene Niederlage schildern. Wie schon sein »Lied der Gefallenen«, so wurde auch diese Nachdichtung gründlich mißverstanden. Nach dem Abdruck in Jacobsohns »Schaubühne« feierte die Kritik das Ganze als patriotisches Werk, weil man in den Persern nicht etwa wie von Feuchtwanger beabsichtigt die Deutschen, sondern die Engländer und Franzosen sah. Wohl deshalb durfte es noch während des ersten Weltkrieges vom 17. Januar 1917 an im Münchner Schauspielhaus gezeigt werden.

Verboten wurde indes das 1917 entstandene Stück »Die Kriegsgefangenen«. Dieses Werk war in seiner Eindeutigkeit allerdings auch nicht mehr mißzuverstehen. »Es drängte den Autor, seinen Ekel an der Mentalität des Krieges Wort werden zu lassen«, schrieb Feuchtwanger.[51] Die Handlung: In einem Klima nationalen Chauvinismus' liebt Mechthild, die Tochter eines preußischen Barons heimlich den französischen Kriegsgefangenen Gaston, der als Ingenieur beim Kanalbau auf dem Gut ihres Vaters arbeitet. Gaston wird der Sabotage verdächtigt und auf der Flucht vor dem drohenden Kriegsgericht erschossen – von dem Offizier, dem das Mädchen einst versprochen war. Mechthild bekennt sich offen zu ihrer Liebe und lehnt sich gegen den Haß schürenden Nationalismus auf. Mitten im Krieg setzte sich Feuchtwanger mit diesem Werk für Völkerverständigung ein – damals ein mutiges Unternehmen. Es wurde heftig angepöbelt. Nach dem Krieg war es das erste literarische Werk aus Deutschland, das in Frankreich publiziert wurde, im »Le Journal du Peuple«.

Mela Schwarz in der 1917 uraufgeführten Bühnenbearbeitung von »Jud Süß« als Graziella

»Über das Theater schreiben, das war der Inhalt des Lebens von Herbert Ihering (1888–1977). Er begann damit, als am Gendarmenmarkt im ehemaligen Königlichen Schauspielhaus Adalbert Matkowsky die schweren Helden spielte. Einundzwanzig Jahre alt war er damals, und seine erste Theaterkritik erschien (1909) in Siegfried Jacobsohns »Schaubühne«. Merkwürdig, von den Theaterwissenschaftlern hielt er nicht viel. Nannte die Hörsäle der theaterwissenschaftlichen Institute »die Schreckenskammern der Theater«. Welch wunderbares Paradoxon! Eine Generation von Theaterwissenschaftlern lebt von seinen Erkenntnissen, kommende Generationen werden, wenn auch von anderen Voraussetzungen ausgehend, von ihm leben, leben müssen. Dem linken Bürger Ihering hat eine sozialistische Kritiker-Phallanx nachzueifern im Wissen um das Theater, in der Unbestechlichkeit des Urteils, in der Liebe zu jener Kunst des teatrum mundi, des Theaters der Welt . . . Nach 1945 war er mehrere Jahre der Mann, der an Wolfgang Langhoffs Seite dem Deutschen Theater in der Schumannstraße den Weg zum sozialistischen Theater wies.« Alfred Dreyfuss.

Als das bittere Ende des Krieges immer näher rückte, der militärische Zusammenbruch sich immer deutlicher abzeichnete, und die Katastrophe, in die der Kaiser, der Adel und die Generäle ihr Volk geführt hatten, auch dem kleinen Mann auf der Straße immer bewußter wurde, war Feuchtwanger durch seine literarische Opposition gegen das sinnlose Völkermorden eine populäre Figur vor allem im liberalen, kritischen Bürgertum und innerhalb der politischen Linken geworden. Mit 34 Jahren genoß der Dramatiker in Theater- und Literaturkreisen Respekt und Ansehen. Vorübergehend war der Stückeschreiber sogar selbst als Regisseur tätig. 1918 inszenierte er am Münchner Volkstheater mehrere Dramen, darunter Gorkis »Nachtasyl« und Eduard Graf Keyserlings' »Ein Frühlingsopfer«. Seine eigenen Werke und Bearbeitungen wurden gut gespielt, hatten trotz einiger Verbote und heftiger Kritik von Seiten der politischen Rechten meist großen Erfolg. Doch ging es Feuchtwanger gesundheitlich und wirtschaftlich schlecht. Die mit Kriegsende hereinbrechende Inflation ließ sein Einkommen, die Honorare und Tantiemen zwischen den Fingern zerrinnen. Das Geld, das man morgens ausgezahlt bekam, war wenige Stunden später kaum noch etwas wert. Wie so viele andere hatten er und seine Frau oft kaum mehr als Kohlrüben und Brot aus Kleie und Sägemehl zu essen. Die Lage der beiden war so trostlos, daß Lion Feuchtwanger zu seiner Frau sogar von gemeinsamem Selbstmord sprach.[52] Marta Feuchtwanger war schließlich völlig abgemagert. Ein Arzt setzte zum Glück eine Kur auf dem Land für sie durch. Dort gab es mehr zu essen. Zusammen mit Lion fuhr sie nach Eisenstein, am Rande des Böhmerwaldes. Doch schon bald kehrten sie zurück nach München. Lion Feuchtwanger mußte wegen eines Leistenbruchs, an dem er seit seiner kurzen Militärzeit litt, operiert werden.

Bertolt Brecht vor der Schaubude Karl Valentins. Am 30. September 1922 stand Valentin mit Brecht und Klabund auf der Bühne der Kammerspiele in der von Brecht arrangierten Mitternachtsaufführung »Die rote Zibebe« mit Liedern und Gedichten von Brecht und Klabund. Brecht schrieb über Valentin ganz im Sinne Feuchtwangers: »Dieser Mensch ist ein durchaus komplizierter, blutiger Witz. Er ist von einer ganz trockenen innerlichen Komik, bei der man rauchen und trinken kann und unaufhörlich von einem innerlichen Lächeln geschüttelt wird, das nichts besonders Gutartiges hat ...«.

Revolution in München: Das Scheitern der Intellektuellen

„Der Handelnde ist immer gewissenlos. Es hat niemand Gewissen als der Betrachtende."

Kurt Eisner, der Bayerische Ministerpräsident, wurde am 21. Februar 1919 in München auf offener Straße von dem Grafen Arco-Valley ermordet. Feuchtwanger kannte den Wortführer der Räterepublik persönlich. Eisner hatte Feuchtwanger einst in Anspielung auf die elterliche Speisefettfabrik das »Margarinebarönchen« genannt.

Als am 7. November 1918, zwei Tage früher als in Berlin, die Revolution in Bayern ausbrach, lag Lion Feuchtwanger im Bett. In einem Krankenhaus kurierte er eine Infektion aus, die ihm nach seiner Leistenbruchoperation zu schaffen machte. Seine Frau hatte ihn gerade in der Klinik besucht, als sie auf dem Weg in eine gewaltige Menschenmasse geriet, die sich nach einer sozialistischen Friedenskundgebung auf der Theresienwiese Parolen rufend und rote Fahnen schwenkend vor die königliche Residenz wälzte, an der Spitze, mit einem schlaffen Rucksack auf dem Buckel und im Gehrock, der Redakteur und Kulturkritiker der sozialistischen »Münchner Post«, frühere Mitarbeiter des sozialdemokratischen »Vorwärts« und überzeugte Pazifist, Kurt Eisner. Dort sah Marta Feuchtwanger, wie der greise König Ludwig III. im Schutze der Dunkelheit die Residenz durch eine kleine Pforte auf der Gebäuderückseite verließ, mit seiner Frau und seinen Töchtern eine wartende Equipage bestieg, um zunächst nach Schloß Wildenwarth im Chiemgau zu flüchten.[53] Noch in der selben Nacht proklamierte Eisner, der Feuchtwanger einst »Margarinebarönchen« getauft hatte, den »Freien Volksstaat Bayern«. Er wurde Vorsitzender eines Arbeiter-, Bauern- und Soldatenrates sowie Ministerpräsident einer mit dem Sozialdemokraten Erhart Auer gebildeten Koalitions-Regierung von Mehrheitssozialisten und Unabhängigen Sozialisten, deren Mitglied Eisner war.

Feuchtwanger kannte zwar die Wortführer der Revolution und der Räterepublik persönlich. Er selbst hielt sich aus dem revolutionären Getriebe jedoch heraus, blieb getreu seinen Grundsätzen ein »Betrachtender«. Sein Beitrag zur Revolution war der skeptisch-pessimistische »dramatische Roman« »Thomas Wendt«, der Feuchtwangers Übergang vom Dramatiker zum Erzähler markiert. Mit offenbar sicherem Instinkt hatte er bereits Anfang 1918, lange bevor die Revolution wirklich ausbrach, mit der Arbeit an dem Buch begonnen. Er schloß es im April 1919, kurz vor dem Zusammenbruch der Räterepublik ab. Sein Held, ein Anarchist mit sehr deutlichen Charaktermerkmalen des schwärmerischen Ernst Toller, aber auch mit Eigenschaften des idealistischen Eisner und des Shakespeare-Forschers Gustav Landauer sowie mit autobiographischen Zügen ist ein Schriftsteller, der die Revolution führt, in der Konsequenz aber vor der Erkenntnis »Gewalt herrscht in der Welt, ein wenig mehr Gewalt und der Geist wird herrschen«, »zurückschreckt und schließlich angewidert zu seiner Schriftstellerei zurückkehrt«. Dieses Buch, von der Wirklichkeit wenig später schmerzlich bestätigt, ist Glaubensbekenntnis eines betrachtenden Schriftstellers. Es geht von der These aus, daß der »Handelnde niemals Gewissen hat, sondern nur der Betrachtende«, schrieb Feuchtwanger.[54] Durch Betrachten und Aufzeigen allenfalls sollte der Schriftsteller Einfluß auf den Gang der Geschichte nehmen. Er bekräftigte seine Skepsis gegenüber einer aktiven Rolle des Schriftstellers in der revolutionären Auseinandersetzung noch einmal 1934 in einer im Exil überarbeiteten, vor allem vom sprachlichen Pathos befreiten Fassung seines »Thomas Wendt«, die er in »Neunzehnhundertachtzehn« umbenannte. Er begründete den Titelwechsel damit, daß das Werk »über die Person des Helden hinaus Anschauungen und Gefühle fotografisch treu wiedergibt, von denen die deutschen Intellektuellen gegen Ende des Krieges und während der ersten Monate der deutschen Republik erfüllt waren, wirklichkeitsfremde, idealistische Anschauungen, die leider auf die deutsche Revolution bestimmend einwirkten und an ihrem Scheitern einen erheblichen Teil der Schuld tragen«.[55] Nicht eine einzige Person sollte daher Held sein, sondern der Kreis aller in die Auseinandersetzungen Verstrickten.

In Feuchtwangers »Thomas Wendt« zeigt sich nach dem Urteil von Literaturhistorikern am deutlichsten sein in der Zeit des ersten Weltkrieges eingeleiteter Übergang von Problemen der Kunst und Psychologie zu Fragen der gesellschaftlichen Verantwortung des Menschen, zumal des Schriftstellers.[56] Feuchtwanger stattete seine Titelgestalt »mit vielen Zügen wirklicher expressionistischer Schriftsteller und ihrer poetischen Gestalten aus und stellte ihn von vornherein in den antagonistischen Gegensatz zwischen Proletariat und Bourgeoisie«.[57] Nach Hans Kaufmann zeigt das Stück »in den zahlreichen Stationen des Weges von Thomas Wendt den Bruch mit dem Ästhetizismus, die Politisierung der Literatur und die verstärkte Aufmerksamkeit auf soziale Faktoren, die aktive Rolle einiger Schriftsteller im Antikriegskampf, die Beteiligung des Dichters an sozialen und politischen Kämpfen vor und während der Revolution, sein Scheitern und seine Desillusionierung, die Absage an die Politik und schließlich den ratlosen Rückzug. Es wird in dem Stück deutlich, daß der Klassenkampf außerordentlich hart, kompliziert und unversöhnlich verläuft und daß der Dichter-Tribun, der in erster Linie dem Volk helfen, aber dabei ständig den Klassenkampf ›vermenschlichen‹, zwischen den Gegensätzen vermitteln will, scheitern muß (...), schließlich dem skrupellosen Rüstungsindustriellen Lebrecht Schulz zur Macht verhilft«.[58] »Thomas Wendt« ist nach Ansicht von Wulf Köpke in Form und Inhalt gleichwohl »das aufschlußreichste Werk Lion Feuchtwangers in dieser Epoche, wenn auch kaum das gelungenste.«[59] Es gilt als Vorläufer der in den Dreißiger Jahren erschienenen »Wartesaal«-Romane. Alfred Kantorowicz, der Feuchtwanger seit jener Münchner Zeit kannte und zu jenen in der jüngeren Generation zählte, auf die der »Thomas Wendt« eine tiefe Wirkung hatte, fand: »In keinem seiner anderen Werke enthüllt der scheinbar so überlegen vernünftige, verhalten-distanzierende Feuchtwanger ein von so hilfloser Menschenliebe überquellendes, gequältes und zerrissenes Herz.«[60] Unmittelbar nach der Fertigstellung wurde das Manuskript von einer Münchner Bühne erworben. Die Proben waren nach den Worten Feuchtwangers »schon weit fortgeschritten, als der Putsch des Nationalisten Kapp die Aufführung verhinderte. (...) Als schließlich eine mutige Provinzdirektion im Rheinland

Die Beisetzung Kurt Eisners am 26. Februar 1919 auf dem östlichen Friedhof wurde eine machtvolle Demonstration für ein vom Volk gewünschtes freies und republikanisches Bayern. Am Trauerzug für Kurt Eisner nahmen auch russische Kriegsgefangene teil. Auf Eisner trifft das Gedicht zu, das Bertolt Brecht 1935 für Lion Feuchtwanger schrieb »Wer die Unwahrheit sagt, wird auf Händen getragen/Wer dagegen die Wahrheit sagt/Der braucht eine Leibwache/Aber er findet keine«.

Ernst Toller diskutiert 1919 mit Max Weber Tagesaktualitäten der Räterepublik.

Aus der Geschichte der Stadt München

In jenen Jahren war eines der beliebtesten Mittel, den politischen Gegner zu widerlegen, seine Ermordung. In Deutschland waren es vornehmlich Anhänger der Rechtsparteien, die, den Führern der Linken in der Handhabung geistiger Waffen nicht gewachsen, sich dieses Mittels bedienten.

In München war die Widerlegung der Argumente der Linksparteien durch Tötung derer, die sie propagierten, besonders beliebt. Führer der Münchner Revolution am 7. November des letzten Kriegsjahrs war ein gewisser Kurt Eisner, ein in Berlin geborener jüdischer Schriftsteller. Am 21. Februar des nächsten Jahres, nachdem dieser Eisner als Ministerpräsident in Bayern Ordnung geschafft hatte, schoß nach der Lektüre klerikaler Zeitungen ein junger Leutnant, ein gewisser Graf Arco, ihn nieder. Das geschah auf dem Weg zum Parlament, in dessen Hände Eisner sein Amt zurückgeben wollte. Soldaten umzäunten die Pflastersteine, die rot waren von dem vergossenen Blut des Mannes Eisner, mit einer Pyramide von Gewehren, die sie mit Blumen schmückten. Viele weinten. Fünfzigtausend Münchner brachten den Ermordeten zu Grabe. Acht Monate später war der Mörder sehr populär. Er wurde zum Tode verurteilt, zu Festungshaft begnadigt, während der Haft tagsüber als Praktikant auf einem Gut in der Nähe Landsbergs beschäftigt. Auch ein Flugzeug wurde ihm zur Verfügung gestellt. Kurze Zeit später wurde er von einer vom Staate subventionierten Gesellschaft in eine führende Stellung berufen.

Im Gefolge der Ermordung jenes Mannes Eisner übernahm in München eine linksgerichtete Regierung die Macht. Sie wurde von den Konservativen mit Waffengewalt niedergeworfen. Als die Nachrichten sich mehrten, daß die anrückenden konservativen Soldaten alle Gefangenen der roten Armee an die Wand stellten, erschossen als Repressalie die roten Truppen in München ohne Urteil sechs Angehörige der nationalistischen Thule-Gesellschaft, weil sie Stempel der roten Regierung gefälscht hatten, sowie vier andere Gefangene. Die einrückenden konservativen Regierungstruppen ihrerseits töteten in München anläßlich der sogenannten Befreiung der Stadt nach den amtlichen Angaben fünfhundertsiebenundvierzig Menschen. Die Sozialisten erklärten diese Zahl für zu niedrig und errechneten aus ihren Akten eine Zahl zwischen achthundertzwölf und tausendsiebenhundertachtundvierzig. Von den Soldaten der Regierung fielen achtunddreißig. Nach den amtlichen Angaben sind bei den Kämpfen in München hundertvierundachtzig Zivilpersonen »tödlich verunglückt«. Eine große Zahl der Erschossenen, Erschlagenen, tödlich Verunglückten wurde ihrer Habe und ihrer Kleider beraubt.

Das Jahr darauf übernahm in Berlin eine Rechtsregierung unter der Führung eines gewissen Kapp die Macht. Dieser Rechtsputsch mißglückte ebenso wie der bayrische Linksputsch ein Jahr zuvor. Gegen siebenhundertfünf amtlich bekanntgewordene Hochverräter des Rechtsputsches wurde eine Gesamtstrafe von fünf Jahren Haft ausgesprochen. Gegen die hundertzwölf amtlich bekanntgewordenen Hochverräter des bayrischen Linksputsches wurde eine Gesamtstrafe von vierhundertachtzig Jahren und acht Monaten Einsperrung sowie von zwei Erschießungen verhängt. Daß die Zahl der prozessierten Hochverräter des bayrischen Linksputsches so verhältnismäßig niedrig ist, rührt daher, daß die meisten während der Kämpfe erschossen, erschlagen oder tödlich verunglückt waren. Von den Teilnehmern des Rechtsputsches war bei Übernahme der Macht keiner umgekommen.

Unter den tödlich verunglückten anläßlich der Befreiung Münchens durch die Konservativen befand sich auch der Sozialist Gustav Landauer, einer der ersten Schriftsteller seiner Zeit. Über die Art, wie er zu Tode kam, liegen mehrere Berichte von Augenzeugen vor. Der pazifistische Schriftsteller Landauer wurde außerhalb Münchens verhaftet, zunächst in das Amtsgericht Starnberg gebracht, dann auf einem Lastauto durch den Forstenrieder Park nach dem bei München gelegenen Gefängnis Stadelheim. In Stadelheim wurden Landauer und seine Mitgefangenen von einem Trupp Soldaten in die Mitte genommen. Der Schriftsteller äußerte einiges über Militarismus, den Militarismus von links wie von rechts verurteilend. Daraufhin wurde Landauer von den Soldaten geschlagen, ein Major, ein gewisser von Gagern, schlug ihm mit umgekehrter Reitpeitsche ins Gesicht. Ein Soldat, dessen Name unbekannt ist, sowie ein gewisser Soldat Digele schossen daraufhin Landauer mit einer Pistole in den Rücken, so daß er vom Boden wegschnellte. Da er noch zuckte, wurde er zu Tode getreten. Als sein Freund den Leichnam ermittelte, fehlten Rock, Hose, Stiefel, Mantel, Uhr. Dem Major von Gagern wurde vom Amtsgericht München ein Strafbefehl über dreihundert Mark gleich achtundvierzig Goldmark zugestellt. Der Soldat Digele, der geschossen und sich die Uhr angeeignet hatte, wurde von dem Kriegsgericht in Freiburg, da er nur einen Befehl seines Vorgesetzten ausgeführt habe, von der Anklage des Totschlags freigesprochen, wegen der Sache mit der Uhr zu fünf Wochen Gefängnis verurteilt, verbüßt durch die Untersuchungshaft; er war nach der Tötung Landauers zum Unteroffizier befördert worden.

Ein gewisser Dr. Karl Horn, Professor für Mathematik und Physik, wurde von zwei Soldaten der Konservativen verhaftet, erhielt dann einen Passierschein, diese Verhaftung sei irrtümlich erfolgt. Andern Tages wurde er abermals von zwei Bewaffneten verhaftet, zu einer Befehlsstelle des Stabs gebracht, von dem diensttuenden Leutnant Dingelreiter ohne Verhör mit den Worten »Ab nach Stadelheim« drei Soldaten zum Transport übergeben. Er versuchte umsonst, seinen Passierschein vorzuzeigen. Auf dem Weg nach Stadelheim, auf einer Wiese, wurde er von der

Begleitmannschaft durch einen Schuß von rückwärts getötet. Einige Stunden später wurde die Leiche, quer über den Fußweg liegend, von der Gattin und dem neunjährigen Sohn gefunden. Schuhe, Uhr mit Kette und Anhänger, Tascheninhalt fehlten. Ein Verfahren gegen den Leutnant und die Soldaten fand nicht statt. Die Ansprüche der Witwe an den Staat wurden vom Landgericht und Oberlandesgericht München abgewiesen mit der Begründung, der tödlich Verunglückte habe zu einem sozialistischen, aufrührerischen Kreis von Leuten gehört und dadurch mittelbar die Ausschreitungen der Soldaten selber erzeugt.

Georg Kling und seine Tochter Marie Kling taten freiwillig Sanitätsdienste für die Linkstruppen. Marie Kling wurde vor ein Standgericht gestellt, freigesprochen, sollte den Tag darauf entlassen werden. Als der Vater sie am Entlassungstag abholen wollte, war sie in das Gefängnis Stadelheim überführt und dort als Zielscheibe verwendet worden. Man hatte sie zuerst ins Fußgelenk, dann in die Wade, dann in den Oberschenkel, dann in den Kopf geschossen. Da die Akten über den Fall der Militärgerichtsbarkeit verlorengingen, fand eine Verhandlung nicht statt.

Als die Truppen des konservativen Freikorps Lützow in den kleinen Ort Perlach bei München einrückten, verhafteten sie zwölf Arbeiter aus den Betten heraus, teils Parteilose, teils Rechtssozialisten. Keiner hatte sich an den Kämpfen beteiligt, bei keinem wurden Waffen gefunden. Der Perlacher Wirt wollte den Verhafteten Kaffee geben lassen; es wurde ihm erwidert, die bräuchten nichts mehr. Die Gefangenen, nachdem sie sehr um ihr Leben gebeten hatten, wurden auf einem Kohlenhaufen des Hofbräukellers zu zweien und dreien in Abständen erschossen und ihrer Wertgegenstände und Papiere beraubt. Verhandelt gegen die Täter wurde nicht. Die Ansprüche der zwölf Frauen und fünfunddreißig Kinder, die sie hinterließen, wurden vom Reichswirtschaftsgericht abgewiesen.

Über die geplante, doch nicht vollzogene Exekution eines gewissen Schleusinger aus Starnberg bei München liegen Berichte aller Beteiligten vor. Dieser Schleusinger wurde zusammen mit einigen zwanzig andern jungen Menschen der Exekutionsstätte zugeführt. Ihnen voraus fuhr ein großer, grauer Wagen mit Chlorkalk und Karbol. Sie gelangten auf eine Wiese, die durch einen Bahndamm abgeschlossen war. Hundert Meter entfernt standen dicht Neugierige. Die zur Tötung Bestimmten wurden mit dem Rücken an den Bahndamm gestellt, die Soldaten standen etwa acht Meter entfernt. Einer von den Gefangenen brach im letzten Augenblick durch die Kette der Soldaten. Schüsse ihm nach. Soldaten ihm nach. Der Flüchtige, in Todesangst, wird schnell, läuft den Sümpfen zu, schlägt einen sich Entgegenstellenden nieder, erreicht das deckende hohe Schilf. Der kommandierende Offizier, dadurch gereizt, bestimmt, daß der »Rädelsführer« Schleusinger vor seiner Erledigung zusehen müsse, wie eine solche Erledigung vor sich gehe. Da er den Kopf halb wegwenden will, wird ihm links und rechts ein Revolver an die Schläfen gesetzt: er muß zuschauen, wie seine Genossen wie Säcke hintenüberfallen. Allein wie jetzt er erledigt werden soll, keucht einer heran, winkt von weitem schon aus Leibeskräften mit einem weißen Zettel: der Ortsvorsteher. Der Offizier liest, befiehlt enttäuscht, den Schleusinger ins Gefängnis zurückzuführen. Der ist grauhaarig und nervenkrank seit jenem Tag; aber die andern sind tot.

Auch einundzwanzig Angehörige der konservativen Parteien kamen zu Tode. Ein Verein Katholischer Gesellen hielt einige Tage nach der Befreiung Münchens eine Versammlung ab, um die Vereinsaufführung eines frommen Stückes zu besprechen. Irgendwer, ein Spaßvogel wahrscheinlich, denunzierte die Versammlung als bolschewistisch. Daraufhin ließ ein gewisser Hauptmann von Alt-Sutterheim die Katholischen Gesellen verhaften. Sie wurden nach dem Karolinenplatz geführt, einem schönen, vornehmen und stillen Platz, wo ein Obelisk zweiunddreißig Meter hoch das Gedächtnis der dreißigtausend Bayern feiert, die, Napoleon als Preis für die Erhebung Bayerns zum Königreich zur Verfügung gestellt, in seinem russischen Feldzug umkamen. Fünf von den einundzwanzig Katholischen Gesellen wurden im Angesicht des Obelisten erschossen, die übrigen wurden in einen Keller gebracht. Dort machten sich die Soldaten an die Erledigung der Gefangenen, wobei ein Seitengewehr sich verbog. Einem von den Erledigten fehle der halbe Hinterkopf, allen die Wertgegenstände, einem war die Nase ins Gesicht hineingetreten. Die Soldaten, auf den Leichen, tanzten einen der damals in Mode kommenden Negertänze. Dann meldeten sie sich dienstlich von der »Erschießung der einundzwanzig Bolschewisten« zurück. Die Namen der Ermordeten waren: J. Lachenmaier, J. Stadler, F. Adler, J. Bachhuber, S. Ballat, A. Businger, J. Fischer, M. Fischer, F. Grammann, M. Grünbauer, J. Hamberger, J. Krapf, J. Lang, B. Pichler, P. Prachtl, L. Ruth, K. Samberger, F. Schönberger, A. Stadler, F. Stöger, K. Wimmer. Da diesmal die tödlich Verunglückten der regierenden katholischen Partei angehörten, wurden von den Soldaten, die den Unglücksfall verursacht hatten, einige zu hohen Zuchthausstrafen verurteilt. Gegen die verantwortlichen Offiziere der Gardedivision wurde nicht verfahren.

Die Hymne der Stadt München besagte nach diesen Unglücksfällen wie vorher: solange die grüne Isar noch durch die Stadt gehe, so lange höre dort die Gemütlichkeit nicht auf.

Lion Feuchtwanger

»Der tapfere Toller forcht sich nit«, sagt Alfred Kerr 1919. Kerr meinte den Dramatiker Toller, der in der Theaterszene der zwanziger Jahre einen harten Bühnenkonkurrenzkampf mit seinen Dramatikerkollegen Wedekind, Sternheim und Brecht focht. Toller besaß eindeutig weniger dichterische Begabung, Sprache und Dialogschliff. Und doch besaßen seine literarischen Arbeiten das, was die amerikanische Journalistin Dorothy Thompson einmal »emotionale Potenz« nannte. Sie ermöglichte ihm den großen Erfolg in der politischen Öffentlichkeit und ließ ihn zur Legende Toller werden, eine der maßgeblichen Persönlichkeiten der Räterepublik Münchens. Ein lange verschollenes Gedicht Else Lasker-Schülers über Toller beginnt:
»Er ist schön und klug/Und gut/
Und betet wie ein Kind noch:
Lieber Gott, mach mich fromm/
daß ich in den Himmel komm/
Ein Magnolienbaum ist er/Mit
lauter weißen Flammen/Die
Sonne scheint/Kinder spielen
immer um ihn/Fangen.«

die Aufführung allen Hindernissen zum Trotz durchsetzte, kam es zu Ruhestörungen. Die Polizei griff ein, es gab Verwundete, die Aufführung konnte nicht wiederholt werden«.[61]

Manche seiner Zeitgenossen nahmen es Feuchtwanger übel, daß er scheinbar unbeteiligt durch jene Monate großer gesellschaftlicher Umwälzungen wandelte. Nur einmal trat er aus diesem Hintergrund, als Eisner ihn und die Schriftsteller Heinrich Mann und Georg Kaiser sowie andere Künstler – darunter auch seinen zum neuen Intendanten des Staatstheaters ernannten Schauspieler-Freund Albert Steinrück – zu einem Gespräch über die künftige Kulturpolitik in die Residenz lud. Feuchtwanger kehrte wenig begeistert von der Sitzung zurück, weil offenbar einige der Anwesenden das Treffen einzig zur Förderung eigener Karrierepläne hatten ausnutzen wollen. Georg Kaiser habe zunächst einmal alle Klassiker von der Bühne verbannen wollen, wie sich Marta Feuchtwanger an den Bericht ihres Mannes erinnert, und auf die Frage, was stattdessen gespielt werden solle, geantwortet: »Georg Kaiser!«

Feuchtwanger, der bürgerliche Humanist, stand trotz seiner Zurückhaltung den Zielen der Revolution sehr nahe, die an die russische Oktoberrevolution anknüpften. Doch hatte er nicht zuletzt aufgrund seiner Herkunft, seiner persönlichen Entwicklung als Bohèmien wenig praktische Erfahrungen mit den Bedürfnissen und Interessen der kleinen Leute, allenfalls noch eine theoretische Identifikation mit ihnen durch seine Arbeit und Literatur – oder durch den Hunger in jener Zeit. So ging es offenbar auch vielen Handelnden auf der politischen Bühne, weshalb Feuchtwanger ihr Scheitern vorausahnte. Die idealistischen Vorstellungen der ihm so sympathischen Zeitgefährten Eisner, Mühsam, Toller und Landauer von freien demokratischen Wahlen, Frauenwahlrecht und Pressefreiheit kollidierten schnell mit der harten Wirklichkeit eines kalten, von Hunger und Not, von wirtschaftlichen Problemen und Versorgungsschwierigkeiten begleiteten Nachkriegswinters. Die leeren Mägen, die kalten Wohnungen, die Auseinandersetzung über den künftigen politischen Kurs und der Streit vor allem über das Abhalten von Wahlen zwischen den Radikalen, den Anarchisten und den gemäßigteren Sozialisten in der Revolutionsregierung, die offene Feindschaft des Klerus im tiefkatholischen Bayern und der von außerhalb Bayerns verstärkte politische Druck von rechts ließen die Karnevalsstimmung zu Beginn der Revolution und die Sympathien bei der im Grunde konservativen Bevölkerung schnell verschwinden. Die öffentliche Meinung, kaum daß ihr auch Pressefreiheit gewährt worden war, kehrte sich zunehmend gegen die Befreier, weil das politische Bewußtsein der Massen schwach entwickelt und immer noch stark nationalistisch geprägt war. Ihre intellektuelle Abgehobenheit bekamen die Führer der Revolution bei den Wahlen am 12. Januar 1919 zu spüren. Wegen seines Vorschlags, die Deutschen sollten die Kriegsschuld übernehmen, um so bei den Friedensverhandlungen in Versailles gnädigere Bedingungen diktiert zu bekommen, mußte Eisner eine vernichtende Niederlage einstecken. Auf dem Weg zu seiner Abdankung ermordete ihn der junge Infanterie-Leutnant Anton Graf von Arco auf Valley. Zwei Stunden später schoß ein fanatischer Anhänger Eisners den Chef der Sozialdemokraten, Erhard Auer, nieder und verletzte ihn schwer. Der Täter glaubte, Auer stecke hinter dem Mord an Eisner. Die während der folgenden politischen Wirren mit Unterstützung der bürgerlichen Parteien gebildete rein sozialistische Regierung unter dem bisherigen Kulturminister Johannes Hoffmann mußte mitsamt dem Landtag wenige Wochen später nach Nordbayern ausweichen. In München wurde am 7. April die erste Räterepublik ausgerufen. Für kurze Zeit wurde sie angeführt von den Literaten und »Volksbeauftragten« Gustav Landauer, Ernst Toller und Erich Mühsam. Feuchtwangers Freund Bruno Frank half im Ernährungsamt aus, das im Wittelsbacher Palais einquartiert worden war, und versuchte, dem Prälaten Nuntius Pacelli und späteren Papst Pius XII. als einem von vielen Bittstellern auch weiterhin eine regelmäßige Butterration zu sichern.[62] Führer der zweiten Räterepublik wurden kurz darauf die Kommunisten Eugen Leviné und Max Levien.

Vom 1. zum 2. Mai 1919 marschierte – mit Unterstützung württembergischer und preußischer Truppen – das bayerische Freikorps des Ritters von Epp nach mehreren, am Widerstand der von Toller geführten »Roten Armee« gescheiterten Versuchen in München ein. Sie setzten der chaotischen Räterepublik ein ebenso chaotisches wie blutiges Ende. Unter den zahlreichen Toten befand sich auch Landauer, von Soldaten zu Tode getrampelt. Mühsam und Toller wurden zu mehreren Jahren Festungshaft verurteilt. Mühsam, den Marta Feuchtwanger in der Erinnerung als gutmütigen Mann mit wildem roten Haar und Bart beschreibt, war aus ihrer Sicht ein Agitator und Anarchist des Wortes, aber nicht der Tat. Rainer Maria Rilke hatte er mit einem Zettel an der

Räterepublik 1918/1919 in München. Soldaten der Roten Armee vor dem Hauptbahnhof. Die Revolutionstruppen wurden von Ernst Toller angeführt und schließlich vom Bayerischen Freikorps des Ritters von Epp blutig niedergeschlagen.

Während der kurzen Zeit der Räterepublik half Feuchtwangers Freund Bruno Frank im Münchener Ernährungsamt aus.

»Über seine Geburt hatte Roda-Roda (1872–1945) selbst einmal berichtet: ›Am 13. April 1872, frühmorgens, schlug der Blitz in den Schafseingang der Puszta Zdenci ein, und das Feuer griff aufs Herrenhaus über. Darob erschrak meine Mutter und gebar mich.‹ Ein unernster Mensch eben, und nach Herkunft und Werdegang ein typischer Vertreter der verrotteten und vertrottelten Donaumonarchie ... ›Er hat der deutschen Anekdote Gestalt und Gehalt gegeben.‹ Und: ›Er hat den Witz überhaupt erst literaturfähig gemacht ...‹ So Tucholsky 1922 zum fünfzigsten Geburtstag Roda Rodas. Und Tucholskys Herzlichkeit hat nicht nur ihre Ursache darin, daß Roda Roda ebenfalls zum Mitarbeiterkreis der alten Weltbühne gehörte. Die Mitarbeiter dieses Blattes haben einander oft, einträchtig versammelt in ein und demselben Heft, gehörig befetzt. Roda Roda trug einen Monokel und eine rote Weste. Die Weste war allerdings das einzig Rote an ihm. Er war ein Spötter, gewiß; und sein Spott war elegant und treffend. Ich wage aber nicht zu sagen, er sei ein Gesellschaftskritiker gewesen, ... der grundgescheite Dichter konnte der Dummheit nicht zürnen. Er konnte mit einem Satz, mit einer Dialektfarbe einen Menschen, eine Kaste entlarven, aber er tat es schmerzlos. Am 20. April 1945 starb in New York ein unernster namens Sandor Friedrich Rosenfeld, der sich als Schriftsteller Alexander Roda Roda nannte.« Lothar Creutz.

Tür: »Bei dem Dichter Rilke darf nicht geplündert werden. Die Revolution!« vor Übergriffen geschützt. Die Nationalsozialisten ermordeten Mühsam 1934 im Konzentrationslager Oranienburg.

Der expressionistische Dramatiker und Lyriker Toller, ein brillanter Redner, war im Exil in Frankreich und England einer der Wortführer im Kampf gegen die Nationalsozialisten. 1936 emigrierte er in die Vereinigten Staaten, wo er zunehmend vereinsamte. Am 22. Mai 1939 im Alter von 45 Jahren erhängte er sich in einem New Yorker Hotelzimmer. In einem Nachruf schrieb Feuchtwanger »Dem toten Ernst Toller«: »Er war zu hilfsbereit, er war zu menschlich, er verzehrte sich in Taten der Menschenliebe, und darüber verlor er die Zeit, die großen Werke zu schreiben, die in seinem Hirn fertig waren. (...) Wenn einer, dann war er eine Kerze, die, an beiden Enden angezündet, verbrannte.«[63]

Die brutale Niederschlagung der Revolution und die dann heraufdämmernden düster-dumpfen Jahre der politischen Reaktion in Bayern hat Feuchtwanger später in seinem heute als Schlüsselroman verstandenen Buch »Erfolg« verarbeitet, in dem er das Hochkommen der Nazis im München zu Anfang der Zwanziger Jahre nachzeichnet.

Feuchtwangers waren Augenzeugen, als die Truppen der Weißen Garde durchs Münchner Siegestor zogen. Mit an der Spitze ritt Fritz Kampers, ein Schauspieler, der in der Feuchtwanger-Inszenierung von Keyserlings »Frühlingsopfer« als jugendlicher Liebhaber die männliche Hauptrolle gespielt hatte und deshalb vom Militärdienst befreit worden war. Feuchtwanger kommentierte diesen Anblick doppeldeutig mit den Worten: »Vier Jahre führten sie Krieg, und jetzt haben sie München erobert.«[64] Die Räteregierung verflüchtigte sich schnell. Toller hatte noch versucht, Feuchtwangers im Kriege ausgezeichneten jüngsten Bruder Berthold, genannt »Bubi«, als General der Räterepublik für die Verteidigung der Stadt zu gewinnen. Der sah das jedoch als aussichtsloses Unternehmen an und winkte ab.

Für die Bewohner der bayerischen Landeshauptstadt war es in jenen unruhigen Tagen gefährlich, sich auf die Straße zu wagen. Überall waren Schüsse zu hören. Menschen wurden aus privaten oder politischen Gründen denunziert, abgeführt, ins Gefängnis gesteckt, auf offener Straße und in Parks umgebracht. Nachdem Feuchtwangers einmal mit dem Dichter Alfred Wolfenstein und dem Essayisten Friedrich Burschell unterwegs waren, sich dann trennten, forderten bewaffnete Bürger Lion und Marta auf, sich ebenfalls mit Gewehren ausrüsten zu lassen und einer Bürgerwehr beizutreten. Sie stellten die Waffen jedoch sogleich wieder hinter einer Tür am Ausgang des Waffendepots ab und machten sich davon. Unterdessen wurde Wolfenstein plötzlich auf der Straße als »Oberkommunist« denunziert und von Reichswehrsoldaten abgeführt. Ein belesener Reichswehroffizier, der Wolfenstein kannte, bewahrte ihn offensichtlich vor Schlimmerem, indem er den Dichter mit den groben Worten: »Der gehört mir, der Schlawiner, den lasse ich gleich an die Wand stellen«, aus den Händen der über sein Schicksal beratenden Soldaten befreite und laufenließ. Der Offizier war ein Wohnungsnachbar der Feuchtwangers.

Auch wenn die Feuchtwangers die Revolutionszeit passiv als »Betrachtende« verfolgten, so war doch ihre Wohnung in der Georgenstraße gerade in den sehr unsicheren Tagen Zufluchtsort für politisch Gefährdete aller Schattierungen. Prominente und viele Namenlose, Monarchisten und Revolutionsanhänger hielten sich zeitweise in der großen Wohnung auf. Einer war der Rechtsanwalt Adolf Kaufmann, ein Vertrauter Eisners, dem während der Räteregierung das Justizministerium angeboten worden war, was er jedoch auf Anraten Feuchtwangers abgelehnt hatte. Aus Gründen der »Objektivität« verteidigte Kaufmann nach Erinnerung Marta Feuchtwangers wenig später erfolgreich Soldaten der Gegenrevolution, die wegen eines Mordes an Mitgliedern der rechtsgerichteten Thule-Gesellschaft durch linke Revolutionäre aus Rache junge Mitglieder eines katholischen Gesellenvereins umgebracht hatten. Man hatte sie für Kommunisten gehalten und war auf ihren verstümmelten Leichen herumgetanzt. Kaufmann sah die Mörder als Opfer der allgemeinen Verhetzung in jener Zeit. Auch bei Lion Feuchtwangers Bruder Ludwig, genannt »Ludschi«, fanden manche Gefährdete einen vorübergehenden Aufenthalt. Der Zweitälteste in der Familie, zu dem Lion Feuchtwanger noch das beste Verhältnis hatte, war Leiter des wissenschaftlichen Verlages Duncker & Humblot. In Ludschis Haus trafen Lion und Marta auch den Philosophen Max Scheler, dessen Mutter aus der weitläufigen Feuchtwanger-Familie stammte. Und sie begegneten einem hochgewachsenen, blonden Poeten und Verehrer Feuchtwangers, der später, nach dem Zweiten Weltkrieg als überzeugter Kommunist Kulturminister der DDR wurde: Johannes R. Becher.

Kleine, oft wöchentliche Maskenfeste in einem hinteren Raum der Schwabinger Buchhandlung Steinicke trösteten die Künstler über die trüben Tage zu Beginn der Zwanziger Jahre hinweg. Marta Feuchtwanger war dort eine so manchen Mann betörende Erscheinung. Lion wurde respektvoll um diese Frau beneidet. Sie war voller Humor, lebenslustig, klug, kam in den phantasievollsten Kostümen, mal als Pferdedieb, mal als dämonisch wirkende »Königin der Nacht«. Hier trafen sich die kleine und große Bohème, waren Namen versammelt, die später zu den Großen der Literatur und der Bühne zählten. Feuchtwangers lernten die Schriftstellerinnen Ricarda Huch und Annette Kolb kennen, Marta tanzte mit dem hünenhaften Oskar Maria Graf, flirtete mit Arnold Zweig, brachte diesen 1921 mit ihrem Mann zusammen und stiftete so eine lebenslange Freundschaft. Auf den Festen und in den Cafés, im Hofgarten, auf Theaterpremieren, tauchten auch Autoren wie Heinrich Mann, Thomas Mann, René Schickele, Otto Flake, Roda Roda, sowie die oftmals noch wenig bekannten Schauspielerinnen und Schauspieler Elisabeth Bergner, Sybille Binder, Maria Koppenhöfer, Carola Neher, Erwin Kalser, Kurt Horwitz, Albert Steinrück auf. Sie spielten unter Regisseuren wie Otto Falckenberg, Erich Engel und Hans Schweickart in Stücken von Klabund, Bruno Frank, Walter Hasenclever, Hugo von Hofmannsthal, Alfred Wolfenstein, Lion Feuchtwanger und in denen des 20jährigen Augsburger Fabrikantensohnes und einstigen Medizinstudenten Bertolt Brecht, der gerade in München die ersten Gehversuche unternahm. »Brecht war Onkel Feuchtwangers Lieblingsneffe, dessen Freunde auch Onkels Freunde waren«, erinnerte sich Brechts einstiger Weggefährte Arnolt Bronnen.[65]

Anders als zu ihren späteren Jahren in Berlin und im Exil liebten die Feuchtwangers in ihrer Münchner Zeit gern größere Gesellschaften. Feuchtwanger galt als »Schnittpunkt von Theater, Literatur und Publizistik«. »Man« ging zu Feuchtwangers da-

Der Dichter Johannes R. Becher ging am Ende des ersten Weltkrieges den einzigen konsequenten Weg, den andere expressionistische Dichter nicht erkannten: den Weg von der unklaren, anarchistischen Revolte gegen eine bürgerliche Welt, deren Moral verlogen, deren Kunst leblos war und die den Wahnwitz des imperialistischen Krieges beschert hatte, in das Lager der kämpfenden Arbeiterklasse.

In den »Blättern der Münchener Kammerspiele«, die von Otto von Falckenberg herausgegeben wurden, schrieb im März 1922 Feuchtwanger einen vielbeachteten Essay »Über Calderon«.

mals. »Der kleine, vitale Mann mit dem humorvoll resignierenden Gesicht eines süddeutschen Landpfarrers (...) führte zusammen mit seiner ihn um mehr als Haupteslänge überragenden, an ägyptische Statuen erinnernden Gattin ein üppiges und offenes Haus. (...) Die Gastmähler in der Georgenstraße waren an der Isar berühmt: Es wurde gut gegessen, gut getrunken und gut gedacht.«[66] Zuweilen ging es dabei hoch her. Das in Zusammenarbeit mit Feuchtwanger zu einem großen Erfolg umgearbeitete Marlowe-Stück von Brecht »Das Leben Eduards des Zweiten von England«, hatte am 19. März 1924 in den Münchner Kammerspielen Premiere. Darin spielte der später sehr populäre Oskar Homolka mit etwas zuviel Kognak gegen Lampenfieber in Blut und Kopf den finsteren Mortimer, Erwin Faber den Eduard und Maria Koppenhöfer die Königin. Nach der Aufführung trafen sich die Mitwirkenden und Freunde bei Feuchtwangers zur Premierenfeier. Außer der Münchner Szene waren aus Berlin der damalige Generalintendant Leopold Jessner und der Kulturkritiker Herbert Ihering, ein großer Förderer Brechts und scharfer Kritiker Jessners, gekommen. Zu vorgerückter Stunde bildete sich Brechts völlig betrunkener Augsburger Freund Caspar Neher, der das Bühnenbild zu »Eduard« gemacht hatte, ein, eine abfällige Bemerkung Bronnens über Brecht gehört zu haben. Er wollte dem ihm sowieso unsympathischen Kollegen dafür eine Flasche französischen Sektes über das Haupt ziehen. Feuchtwanger sah im letzten Moment, wie Neher zuschlagen wollte, sprang auf und entriß ihm die Flasche. Zu Bronnen sagte er erleichtert: »Ich konnte es gerade noch verhindern. Der hätte Sie zweifellos erschlagen, und mich hätte man eingelocht; ich bin für den ›Miesbacher Anzeiger‹ und den ›Völkischen Beobachter‹ zu allem fähig. (...)«[67]

Über Calderon / Von Lion Feuchtwanger

Eine Zeit, die in hundert Ideen auseinandergerissen ist, ein Publikum, das in lauter Einzelne zerspalten ist, die nie zu einer Ganzheit, einer Masse, einer einheitlich willigen Hörerschaft zusammengeschweißt werden können: hier ist kein Drama möglich, hier muß jeder Ansatz, jeder Wille mißdeutet werden. Was dem einen groß ist, ist dem andern grotesk, Zartheit wirkt als Schwäche, Ausweichung und Takt als Impotenz, Können, Rundung als kalte Glätte, dann wieder Kraft als Krampf. Kein Vorgang ist in seiner Wirkung berechenbar, das Detail wird aus der Totalität gerissen, ohne Rücksicht auf die Absicht des Dichters rein stofflich gewertet, bespien, gefeiert, überall spielt Politik herein, Karikatur wird nicht erkannt, ernst genommen, jede andere als Plakat-Wirkung ist auf der heutigen Bühne unmöglich, Schwebendes, Gleitendes, Getöntes wird unter allen Umständen gröblich mißverstanden, jeder Begriff, jedes Wort, jeder Klang bedeutet jedem Einzelnen Grundverschiedenes.

Überlegen lächelnd und voll bewundernden Neides blickt man aus solcher Zeit auf eine Kunst, die frei war von all diesen Skrupeln, Hemmungen, Zerklüftungen, wie ein Erwachsener, vertan, zerbeult, zerrieben auf ein gläubiges, gerad gewachsenes, unverdorbenes Kind blickt.

Das Theater Calderons basiert auf einer durchaus einheitlichen, unbeirrbaren Weltanschauung, es steckt in einer bis ins Kleinste geregelten Konvention wie die Hand im Handschuh. Aus solcher Sicherheit wächst die für uns abenteuerliche Souveränität des Spielerischen. Wer auf so festem Grund baut, kann vergnüglich bis in die Wolken bauen. Wer inmitten einer so fest gefügten Anschauungs- und Gefühlswelt angesiedelt ist, kann alles wagen, jeden Spaß, jede Parodie, den jähesten Übergang vom Grotesken ins Tragische, ohne Furcht vor Mißdeutung. In solcher Luft ist letzte Rundheit möglich, letzte Ausgewogenheit im Rhythmischen, eine uns unglaubhafte Leichtigkeit, Schwerlosigkeit, Schweißlosigkeit der Arbeit. Stoff und Form, Gedanke, Gefühl und Technik werden Eins, sind Eins, Gefühl wird Technik, das Unbeschreibliche, hier ist es getan: Fertigkeit wird Dichtung, der Schreibtisch flügelt sich und trägt den Schreiber zum Parnaß.

Das ist es, was uns Beschwerte, Beladene, Skeptische, Unnaive, Zersplitterte an Calderon so reizt und entzückt: die Einheit von Leben und Dichtung, von Lebensform und theatralischer Form, die Ganzheit, die seiltänzerische Sicherheit, die Unbedenklichkeit, aus der heraus dieser Spanier sein schillerndes, funkelndes, wirbelndes Theater macht.

Was mich am „Frauenverkäufer" so besonders reizt, ist dies: Die erste Hälfte der Komödie ist kaum mehr als der Anfang eines freilich virtuosen Mantel- und Degenstückes; diese Eingangsszenen sind Spiegel und Prüfstein dessen, was Goethe an Calderon als bretterrecht so sehr schätzte, sie haben fabelhaftes Tempo, eine außerordentlich komplizierte, mit leichtester Hand gefügte Verwicklung, eine entzückende Parallelisierung in der Szenenführung und über allem die Ironie eines Dichters, der über sich selber und was er da angerichtet hat, zufrieden lächelt. Sie sind somit die Eingangsszenen eines außerordentlich gekonnten, schlanken, reizvoll verschnörkelten, entzückenden Stückes: aber kaum viel mehr. In der zweiten Hälfte auf einmal verändert das Werk auf eine seltsame und zauberhafte Art sein Gesicht, und von diesen späteren Szenen her erhalten plötzlich auch die früheren ihre verwirrende und schillernde Sonderart. War nämlich Calderon bisher im wesentlichen von der Fabel ausgegangen, waren bisher seine Personen eigentlich nur Träger einer Handlung, so gewinnt jetzt das von ihm Geschaffene Macht über ihn, er gestaltet seine Menschen über die Fabel hinaus, sie fangen an, weit über das Stück und den Abend hinaus sich und den toten Calderon in uns zu leben. Weil aber dieser Calderon ein so virtuoser Könner ist, weil er eine so eminent tragfähige Fabel gebaut hat, weil er außerdem im Rahmen einer Konvention steht, der so fest ist, daß er auf keine Weise gesprengt werden kann, darf nun dieser Spanier sich erlauben, mit seinen lebendigen Menschen auf eine seiltänzerische, blendende und höchst verwirrende Art zu spielen. Wenn er etwa das Flehen der Dorotea, vielleicht das Schönste und Ergreifendste, was er geschaffen hat, unmittelbar darauf durch den Jammer des Dieners

daß er unter Tausenden nur einen Begreifer fand und von den anderen grotesk ins Gegenteil mißverstanden wurde.)

Sehr seltsam ist, wie das Werk vertieft wird durch die offenkundige Sympathie des (priesterlichen) Dichters mit seinem Helden, dem Verbrecher aus Sinnlichkeit. Dieser Über-Don Juan trägt seinen Spruch:

Nichts herrlicher als Schönheit, die uns lockt,
Nichts schäbiger als Schönheit, die genossen

wie ein vom Dichter durchaus gebilligtes Wappen vor sich her; der sonst so ziervolle Calderon läßt aus seinem Mund Strindbergtöne klingen, die weit mehr als ein Charakterisierungsmerkmal, die offenbar ein intensives, überzeugtes Spüren und Erkennen des Dichters darstellen. Ja, er hält seinen galanten, draufgäugerischen Söldner-Offizier zweifellos für einen vollgiltigen Kavalier, und wenn er ihn auf die rhetorische Frage: Welch wildes Tier blieb kalt vor soviel Qual? mit großartiger Spruchband-Naivetät erwidern läßt: Ich! den sein Stern zum Folterknecht der Liebe schuf, so hört aus solchen Worten jeder, der Ohren hat zu hören, die Liebe und Bewnnderung Calderons zu diesem seinem Geschöpf.

Nur ein Dichter, der im Schoß einer tausendjährigen Weltanschauung so warm und sicher gebettet ist wie Calderon, kann sich eine so freche fromme und unverhohlene Parteinahme für seinen Helden gestatten und darf dann doch verlangen, daß man die gelassene Verurteilung eben dieses sympathtschen Kavaliers am Schluß ernst nimmt, ja als moralische Notwendigkeit (vom Dichter her) empfindet.

Bedenkt man, was für gefährliche und zweideutige Erkenntnisse und Probleme Calderon in den spielerischen Rahmen dieser Komödie gesteckt hat, so gewinnt „Der Frauenverkäufer" ein sehr sonderbares und einmaliges Gesicht. Er hebt sich in den Bereich von Mozarts Don Juan, wo galantes Getändel und Posaunenton des Weltgerichts zu einer neuen, organischen Einheit zusammenschmelzen.

Der Dichter Alfred Wolfenstein (1883–1945) war ein Wohnungsnachbar der Feuchtwangers. Er wäre nach dem Ende der Räterepublik beinahe der politischen Willkür – Denunziation, Gefängnis und Mord waren an der Tagsordnung – zum Opfer gefallen. Wolfenstein stellte 1931 in seinem Buch »Hier schreibt Paris« französische Autoren in Deutschland vor. Er übersetzte Gedichte Verlaines und Rimbauds. 1940 verhaftete ihn die Gestapo. Nahezu vergessen, nahm er sich 1945 in Paris das Leben.

Der einstige Medizinstudent Bertolt Brecht, der die »Provinz« Augsburg verließ und gerade in München seine ersten Gehversuche unternahm. In Feuchtwanger fand er einen Freund und aufmerksamen Zuhörer, einen Kritiker, Förderer und Weggefährten. »Brecht war Onkel Feuchtwangers Lieblingsneffe« (Arnoldt Bronnen).
Im Oktober 1922 war Bertolt Brecht als Dramaturg an die Kammerspiele verpflichtet worden. Er inszenierte seine gemeinsam mit Feuchtwanger erarbeitete Adaption von C. Marlowes »Leben Eduard des Zweiten von England«. Über München schrieb Brecht 1923: »In der Stadt kann man sich nicht umdrehen und die Leute sind so dumm, daß man soviel Humor braucht, daß man schlechter Laune wird. Das kommt vom schlechten Wetter ...«.

»Ich lese viel und bin abends am liebsten zu Hause« ... und: »Ich bin fast zuviel allein und freue mich auf unsere Abende ...« schrieb Heinrich Mann. Frank Wedekind, Gustav Meyrink, Erich Mühsam, Joachim Friedenthal oder Kurt Martens trafen Heinrich Mann meist im Café Luitpold, wo auch Lion Feuchtwanger verkehrte.

1919 kam Marieluise Fleisser als Studentin der Germanistik und Theaterwissenschaften aus Ingolstadt nach München. Auf einem Faschingsfest lernte sie Lion Feuchtwanger kennen, durch dessen Vermittlung Bertolt Brecht, der entscheidenden Einfluß auf sie hatte und dem sie später nach Berlin folgte.

Das Buch „Jud Süß", „Gespräche mit den Ewigen Juden" und der Weltruhm

„In München öffnen sich die Gräber der Weltgeschichte."

Ein Welterfolg! **Jud Süß** Von **Lion Feuchtwanger**

68.—80. Tausend 68.—80. Tausend

Übersetzungen erschienen in

England, Amerika, Frankreich, Italien, Ungarn, Holland, Schweden, Norwegen, Dänemark, Polen, Finnland, Tschechoslovakei und Palästina

. . . Den großen Aufbau erfüllt Lion Feuchtwanger mit reichster Bildhaftigkeit; und dieses große Können wird gespeist von erfinderischer Phantasie und klug durchdringender Geschichtsanschauung, so gibt er einen in seiner Art vollendeten historischen Roman. *Otto Zarek in „Das Tagebuch", Berlin*

. . . Mit fliegendem Atem ist das Buch geschrieben, schier unmeßbare Vielseitigkeit erzaubert fieberhaftes Leben, hält stets unser Herz wie unsere Nerven in Hochspannung; einfacher, aber wuchtiger, Überflüssiges meidender Stil ebnet und verschönt uns den langen Weg der Lektüre. *Breslauer Zeitung*

. . . Dieser Roman ist, was so wenige Romane sein können, ein wirkliches Kunstwerk durch seinen straffen Aufbau, die Rhythmik seines Ganges, das harmonische Verhältnis der einzelnen Teile, die Notwendigkeit, die in ihm herrscht. Oder vielmehr ist es gar kein Roman — es ist ein Epos, ein Epos von Christen und Juden und vom deutschen Leben im fürstlichen und bürgerlichen Rokoko des achtzehnten Jahrhunderts. *Neue Freie Presse, Wien*

Dieses hervorragende Buch ist einer der bedeutendsten historischen Romane seit vielen Jahren . . . Es rückt Feuchtwanger in die vorderste Reihe der zeitgenössischen Romandichter. *Daily Herald, New-York*

Drei Masken Verlag / München-Berlin

Eine Anzeige des Drei-Masken-Verlags, München-Berlin, der in den Blättern der Max Reinhardt-Bühnen für den sensationellen Bucherfolg von Feuchtwangers »Jud Süß« warb.

Die erste handgeschriebene Manuskriptseite des Romans »Jud Süß«, der erst 1925 publiziert wurde.

Es war Anfang der Zwanziger Jahre, als Lion Feuchtwanger mit seiner Frau Marta, seinem Freund Bruno Frank und Leonhardt Adelt, dem Korrespondenten des »Berliner Tageblatt«, wie so häufig im »Café Odeon« im Münchner Hofgarten saß. Feuchtwanger hatte eine andere Verabredung und mußte früher gehen. Als er sich von seinem Gartenstuhl erhob, stand am Nachbartisch, gleich neben ihm, ein eher unscheinbarer Mann mit einem kleinen, dunklen Schnauzer und pomadigem Haar ebenfalls auf und half ihm beflissen in den Mantel. Feuchtwanger war überrascht und bedankte sich freundlich. Zu jenem Zeitpunkt kannten sich die beiden noch nicht persönlich, obwohl die Feuchtwangers dem Mann hier häufiger begegnet waren. Allenfalls hatten sie – zumindest Feuchtwanger – einer vom anderen gehört: die unerwartete Geste blieb die einzige persönliche Berührung der beiden. Später haben Lion und Marta Feuchtwanger ihren damaligen freundlichen Tischnachbarn »immer nur bellen gehört« und »aus einiger Entfernung gesehen, wie er auf Kundgebungen in den Münchner Bierkellern, die wie große Zirkusveranstaltungen waren, mit einer Pistole in die Luft schoß«. Der Mann hieß Adolf Hitler. Der einstige Postkartenmaler und Weltkriegssoldat mit demagogischer Rednergabe und seine kleinbürgerlichen Anhänger waren es, die nach dem verlorenen Weltkrieg und nach der Niederschlagung der Revolution den ohnehin vorhandenen Antisemitismus in München schürten. Um von ihrer eigenen Verantwortung für den Ausgang des ersten Weltkrieges abzulenken, machte die politische Rechte das »internationale jüdische Großkapital« und den »jüdischen Weltkommunismus« als Sündenbock für die Niederlage, für Not und Inflation verantwortlich.

Die braune Saat ging schnell auf, nachdem Hitler 1921 die Führung der NSDAP übernommen hatte und prominente Münchner Großbürger nicht nur ihn und seine Bewegung, sondern auch das nationalsozialistische Hetzblatt »Völkischer Beobachter« und den unflätigen »Miesbacher Anzeiger« finanzierten. Anfangs nahmen viele Juden die Nazis in München nicht ernst: »Die Juden hatten oft, wenn sie am Feierabend auf die Elektrische warteten, den ›Völkischen Beobachter‹ unter den Arm geklemmt, um ihn zu Hause zu lesen und sich über das dumme Zeug zu amüsieren,« erinnert sich Marta Feuchtwanger.[68] Zwischen dem Ehepaar Adelt und Feuchtwangers kam es damals sogar zu Spannungen: Als der »Berliner Tageblatt«-Korrespondent Leonhardt Adelt nach der Teilnahme an einer

Ein Netz von Adern spannten sich Straßen über das Land, sich gabelnd, verzweigend, vereinigend. Sie waren verwahrlost, ~~von Hecken gesäumt~~, voll von Steinen, Löchern, zerrissen, überwachsen, bodenloser Sumpf, wenn es regnete, dazu überall von Schlagbäumen unterbunden. Im Süden, in den Bergen, verengten sie sich zu Saumpfaden, verloren sich. Alles Blut des Landes floß durch diese Adern. Die schwierigen, ~~die~~ in der Sonne staubig dastehenden, im Regen verschlammten Straßen waren des Landes Bewegung, Leben und Atem und Herzschlag.

Es zogen auf ihnen gewöhnliche Postwagen, derbe Karren, ohne Polster, ohne Federn, holpernd, oft zusammengeflickt, und die schnelleren Wagen der Extrapost, viersitzige, mit fünf Pferden, die bis zu zwanzig Meilen am Tag fahren konnten. Es zogen auf ihnen die Kuriere der Höfe und Gesandten, auf guten Pferden, oft wechselnd, mit versiegelten Taschen, und die langsameren Boten der Thurn- und Taxisschen Post. Es zogen Handwerksburschen mit Ranzen, bieder und gefährliche, und Studenten, froher und frecher die einen, die andern fest und verwegen, und auch schwarze Mönche, verschwitzt in ihren Kutten. Es zogen die Planwagen der großen Kaufleute und die Handkarren hausierender Juden. Es zog in festlichen Kleidern, etwas schäbigen Kutschen der König von Preußen und sein Gefolge, der den süddeutschen Höfen Besuch gemacht hatte. Es zogen, ein endloser Strom von Mensch und Vieh und Wagen, die Protestanten, die der Salzburger Fürstbischof geifernd aus seinem Land verjagt. Es zogen bunte Komödianten

Hitler-Versammlung beeindruckt vor der hypnotischen Rednergabe und Wirkungskraft des Anführers der Nationalsozialisten warnte, verließ Marta Feuchtwanger, die ihn offenkundig mißverstanden hatte, empört das Haus, Adelt vorwerfend, er sei wohl auch unter die Antisemiten gegangen. Nachdem Adelt eine schlaflose Nacht verbracht hatte, wurde das Zerwürfnis jedoch schnell bereinigt. Feuchtwanger bekam die Macht des Antisemitismus jener Zeit schon früh an der eigenen Arbeit zu spüren. Sein Drama »Der holländische Kaufmann«, ein Bekenntnis des Autors zum Individualismus »nach einem vergeblichen Versuch, in den Gefühlen der Masse unterzutauchen«, wurde vom Bayerischen Staatstheater 1920 nach wenigen erfolgreichen Aufführungen unter dem Druck nationalsozialistischer Demonstrationen vom Spielplan abgesetzt.[69]

Auf die in jenen Jahren wachsende politische Finsternis in Bayern, auf die immer beklemmendere Judenfeindlichkeit reagierte Feuchtwanger unter anderem mit den 1920 erschienenen, wenig bekannten »Gesprächen mit dem Ewigen Juden«. Sie gelten als »die allererste Spottdichtung, die gegen die Nazibewegung gerichtet ist«.[70] Außerdem schrieb er in den folgenden Jahren die beiden Romane »Die häßliche Herzogin Margarete Maultasch« und »Jud Süß«, die Romangestaltung seines 1918 erschienenen, aber trotz erfolgreicher Aufführungen vom Autor als zu wenig aussagekräftig zurückgezogenen Dramas. Der Roman begründete schließlich seinen literarischen Welterfolg.

In seiner langen Satire »Gespräche mit dem Ewigen Juden« führt Feuchtwanger als aufgeklärter Bürger in scharfsinnigen Dialogen eine brillante Auseinandersetzung über das Wesen des aus niederen Instinkten erwachsenen Antisemitismus. Er kommt zu dem Schluß, daß das mittlerweile zivilisierte deutsche Volk der Dichter und Denker in seiner Gesamtheit ernsthaft nicht mehr auf den neu erblühenden Rasse-Unfug hereinfällt, der sich im Bierdunst von Hinterzimmern mit obskuren Figuren und Vereinen wie den »Stemmklub Schwarz-Weiß-Rot vom Sirius bis zur Jungfrau« entfaltete. Feuchtwanger gibt die Bewegung der alldeutschen Nationalisten in den »Gesprächen« der Lächerlichkeit preis und läßt sie schnell als Treppenwitz im Orkus der Geschichte verschwinden. Sein »Ewiger Jude«, eine bisher rastlos durch die Weltgeschichte getriebene Ausgeburt des Antisemitismus, kommt endlich in München zur Ruhe, setzt Fett an, wird ein Bürger, aussehend wie alle anderen, denen man »im Theater, auf dem Rennplatz, im Restaurant oftmals begegnet«, weil die Mehrheit der aufgeklärten Mitmenschen nichts mehr mit mittelalterlich anmutenden Greuelmärchen anzufangen weiß. Der »Ewige Jude« ist nicht mehr gefragt: »Die zunehmende Zivilisation untergräbt meine Existenzberechtigung. Die Analphabeten werden weniger, der Judenhaß nimmt ab. Gerade in Deutschland, das solange mein festestes Bollwerk war. (...) Seitdem die Rassentheorie abgewirtschaftet hat, seitdem erwiesen ist, daß die hübschen Sätze von Rasse und Eigentümlichkeit des Blutes Nonsens sind und es kein anderes Kriterium völkischer Zusammengehörigkeit gibt als die Sprache, seitdem ist es keine Lust mehr zu leben.«[71] Auch in München gibt er dem Judenhaß keine Chance, freilich kaum, weil der hiesige Bürger plötzlich von aufgeklärtem Geist durchdrungen ist: »Gewiß, wir sind keine literarische Stadt. Schillers ›Horen‹ haben hier nur drei Abonnenten gehabt und der Roman ›König Ludwig II. oder Der Märtyrer im Purpurhermelin‹ hun-

Adolf Hitler, der einstige Postkartenmaler und Weltkriegssoldat, den Feuchtwangers nicht mochten und immer nur »bellen hörten«, hält hier eine Ansprache an die SA nach einer feldmäßigen Übung in der Umgebung von München, 1923.
Der Mann mit dem dunklen Schnauzer und pomadigen Haar half Feuchtwanger im »Cafe Odeon« in den Mantel.

derttausend. Aber dafür fallen wir auch auf nichts herein. Wir können gar nicht hereinfallen, denn wir merken nichts, wir kümmern uns nicht darum. Sehen Sie, wir haben hier schon so viel gegründet: die Stilbühne und den Achtstundentag, die Renaissance des Kunstgewerbes, die Elf Scharfrichter und die Salzbrezeln, das neue Pathos und das helle Bier. Aber der Münchner hat von alledem nichts gemerkt, nur die Salzbrezeln und das helle Bier,« formuliert Feuchtwangers »Ewiger Jude« boshaft. Dem Antisemitismus gibt er in seiner Vaterstadt eben deshalb aus einem ganz simplem Grund keine Chance: »Der Münchner wird einfach nichts merken.« Obwohl Feuchtwanger frühzeitig die Gefährlichkeit der nationalsozialistischen Bewegung sah, wollte er nicht daran glauben, daß im 20. Jahrhundert jene kurz aus dem Nebel der Vergangenheit auftauchende schreckliche Vision aus den »Gesprächen mit dem Ewigen Juden« Wirklichkeit werden könnte:

»Lanzknechte saßen am Tisch mit dröhnenden Gebärden und roten, gutmütigen, unendlich rohen Gesichtern, und der Ewige Jude trank ihnen zu. Was war das für merkwürdiges Volk, mit dem er zechte? Immer mehr drängten um den Tisch. Kahle, hagere, fanatische Pfaffen und dicke Popen mit Bulldoggengesichtern und Gelichter mit tierischen Zügen und von stumpfem Gehabe (...). Es war offenbar, daß alle sprachen, sie rissen die Münder weit auf, sie zeterten, sie bellten, sie schrien, sie grölten. Aber alles ohne Laut. Und dann erweiterte sich das Zimmer und wurde zu einem ungeheuern Platz, der erfüllt war von Rauch und Blut. Türme von hebräischen Büchern brannten, und Scheiterhaufen waren aufgerichtet, hoch bis in die Wolken, und Menschen verkohlten, zahllose, und Priesterstimmen sangen dazu: Gloria in excelsis Deo. Züge von Männern, Frauen, Kindern schleppten sich über den Platz, von allen Seiten; sie waren nackt oder in Lumpen, und sie hatten nichts mit sich als Leichen, verkohlte, zerstückte, geräderte, gehenkte, nichts als Leichen und die Fetzen von Bücherrollen, von zerrissenen, geschändeten, mit Kot besudelten Bücherrollen. Und ihnen folgten Männer im Kaftan und Frauen und Kinder in den Kleidern unserer Tage, zahllos, endlos.«[71a]

Im Juli 1921 begann Feuchtwanger mit der Arbeit zu seinem ersten großen historischen Roman. »Jud Süß« entstand. Er glaubte, die in der nachrevolutionären Phase sehr heterogen, orientierungslos scheinenden Leser, diese »zusammengewürfelte Zufallsmasse«[72], mit einem spannenden, farbigen Roman eher fesseln und seine Idee von der Darstellung einer Übergangsepoche zwischen Antisemitismus und Toleranz auf dem Weg vom Feudalismus zu bürgerlich-kapitalistischen Lebensformen in einem Roman leichter einem breiten Leserkreis zugänglich machen zu können, als in Form eines Schauspiels. Es ging ihm darum, gleichnishaft den schicksalhaften Weg des Juden Josef Süß Oppenheimer (1692–1738) vom Ghettobewohner zum Finanzmann des württembergischen Herzogs Karl Alexander darzustellen, der hingerichtet wurde, nachdem er sich geweigert hatte, zum Christentum überzutreten. »Das Eindringen von Josef Süß Oppenheimer in eine feindliche Gesellschaft wird letzten Endes als ein Irrweg gezeigt: er besinnt sich auf seine geistige Natur und Herkunft und wird ein Opfer des Antisemitismus, als er zur jüdischen Selbstbehauptung und Lebensweise zurückkehrt.«[73] Der Konflikt von Macht und Geist, der Weg vom Tun zum Nichttun, vom Machtstreben der Herrschenden in Europa zu den Lebensweisen nach der östlichen

1920 schrieb Feuchtwanger »Gespräche mit dem Ewigen Juden«, die erste Spottdichtung gegen die Nazibewegung. Später waren diffamierende Ausstellungen und Judenhatz an der Tagesordnung.

Der junge Veit Harlan war Regisseur des Rassenfilmes »Jud Süß«. Nach dem 2. Weltkrieg wurde er unter Anklage gestellt, Verbrechen gegen die Menschlichkeit begangen zu haben. Nach langen Gerichtsverhandlungen wurde er 1949 von dem Hanseatischen Schwurgericht in Hamburg freigesprochen. Die Oberstaatsanwaltschaft legte gegen dieses Urteil Berufung ein.

Feuchtwanger sah in Walther Rathenau einen aktuellen Jud Süß. Rathenau wurde am 29. September 1867 in Berlin geboren. Er trat 1899 in den Vorstand der AEG ein und wurde 1915 deren Aufsichtsratsvorsitzender. 1918 trat er der DDP bei. Als wirtschaftspolitischer Sachverständiger der Reichsregierung verhandelte er bei den Konferenzen von Versailles 1919, Spa 1920, London 1921 und Spa 1920. Rathenau hatte maßgeblichen Einfluß auf die Außenpolitik des 2. Kabinetts Wirth. Ab 1. Februar 1922 wurde Rathenau von 2 antisemitischen, rechtsradikalen, ehemaligen Offizieren der Organisation Consul ermordet.

Philosophie, von der Aktion zur Betrachtung, war die Botschaft des Romans. »Es lag nahe«, so schrieb Feuchtwanger später, »diese Idee der Entwicklung eines Mannes aus der Zeitgeschichte zu gestalten: Walther Rathenaus. Ich versuchte es: es mißlang. Ich legte den Stoff zwei Jahrhunderte zurück und versuchte, den Weg des Juden Süß Oppenheimer darzustellen: ich kam meinem Ziel näher.«[74] Feuchtwanger sah in Rathenau einen aktuellen »Jud Süß«. Der jüdische Finanzmann hatte sich der Regierung als Außenminister zur Verfügung gestellt und wurde im Juni 1922, noch während der Entstehungszeit des im September abgeschlossenen »Jud Süß« in Berlin-Grunewald von Rechtsradikalen ermordet. Für Feuchtwanger handelte Rathenau seiner geistigen Bestimmung zuwider, als er sich zum »Handelnden« machte.

Feuchtwanger hat in seinem Roman die intrigenreiche, höfische Rokokowelt in ein buntes historisches Kostüm gepackt. Mit Hilfe Freud'scher Psychologie wendet er große Energie auf, den Leser von seiner Auffassung von Absolutismus und Aufklärung, Toleranz und Antisemitismus, Glanz und Elend der politischen Macht, Rückkehr zum eigentlichen Selbst und von der »Infragestellung des europäischen Aktivismus« zu überzeugen. »Der Leser wird in die Vergangenheit hineingerissen, er lebt sozusagen in ihren Gefühlen, Ängsten, Wünschen, Genüssen und Leiden. Feuchtwanger hat sich später seinen Prinzipien gemäß um mehr Distanzierung auch der Erzählweise bemüht, aber immer wieder mit wechselndem Erfolg um die erwünschte Mitte gerungen zwischen emotionaler Beteiligung des (Erzählers und) Lesers und der zur Erkenntnis notwendigen Distanz. Ein Grundproblem seines Erzählens, das seine Nähe zu Brecht zeigt«, schreibt Köpke.[75] Immer wieder auch wird der Leser sanft gezwungen, mit seinen Gedanken fast unbewußt in die Gegenwart abzuschweifen. Die Vergegenwärtigung der Gefühle des vergangenen Zeitalters mache den Stoff historisch glaubhaft, bringe aber auch die Gefahr mit sich, die historische Dimension, auf die es Feuchtwanger ja ankommt, zu verkürzen, ja ganz abzuschneiden: »Es geht ihm eben doch um mehr als um einfache Parallelen mit der Gegenwart; vielmehr will er diese Gegenwart durch Parallelen und Kontraste historisch erklären, und vor allem Beispiele für den Gang der Geschichte überhaupt geben.«[76]

Die jüdische Problematik jedoch und die Entwicklung des Jud Süß »vom Opportunisten und Politiker zum Weltüberwinder, also die Überwindung der Macht durch den Geist« als offensichtliches Hauptanliegen veranlaßten einige der großen Verlage, die das Manuskript angeboten bekamen, es abzulehnen. Daß das Buch aber dennoch im Buchhandel ankam und binnen kurzem Feuchtwangers Weltruhm begründete, lag an der Verpackung der Romanhandlung, die den Leser geschickt in das historische Geschehen am württembergischen Hofe lockte, ihn einband. Wie in seinen späteren Romanen vermochte Feuchtwanger durch die Dynamik seiner Sprache dem Leser das Gefühl zu geben, selbst mitten in den Ereignissen zu stehen, darin zu leben, zu intrigieren, Glanz und Elend der kleinen und großen Helden zu durchleben. Auch darin sah Feuchtwanger den Erfolg des Buches: »Es war seit Jahrzehnten kein historischer Roman erschienen, in welchem lebendige Menschen handelten, Erfolg hatten, stürzten, litten und starben, und nun sah man, daß die Probleme dieses längst verwesten Menschen genau die gleichen waren wie die unsrigen.«[77] Durch diese Form, einem breiten Publikum etwas mitzuteilen, riskierte Feuchtwanger natürlich, daß seine Bücher in erster Linie wegen ihres Stils, wegen des prickelnden Handlungsablaufes gekauft wurden und nicht so sehr wegen ihrer Botschaft. Feuchtwanger gab sich der Hoffnung hin, daß diese beim Leser schon ihre subtile Wirkung tun werde. Dadurch unterschied sich seine Arbeit sehr deutlich von den platten, im Grunde inhaltlosen historischen Fabeln und Gesellschaftsromanen. Das Interesse des Lesers von »Jud Süß« wird nach Ansicht des Literaturhistorikers Hans Kaufmann viel weniger von der Besinnung des Juden auf seine Herkunft bestimmt, »als vielmehr von seinem widerspruchsvollen Weg durch die Gesellschaft, der ihn am Ende das Schicksal so vieler Angehöriger seines Volkes teilen läßt: für alle Schandtaten der herrschenden Klasse herhalten zu müssen«.[78] Nur vor solchem Hintergrund ist es zu verstehen, daß Feuchtwanger dem Käuferkreis des »Jud Süß« in einem Aufsatz über das Buch scheinbar unbekümmert mitteilte: »Wenn Sie aber aus den Menschen und Geschehnissen meines Werkes einen anderen Sinn und ein anderes Leben herausgelesen haben, dann lassen Sie sich bitte ja nicht beirren (...). Halten Sie vielmehr den von Ihnen gefundenen Sinn für den rechten. Ein Buch, ein richtiges, gewachsenes Buch, wird fertig erst durch den Leser. Es hat nicht einen einzigen Sinn, es hat so viele Sinne, als es Leser hat.«[79] Dieses weitgehende, ja fast schon opportunistische Zugeständnis an ein Massenpublikum ließ manchen Kollegen und Kritiker die Nase rümpfen. Die Literaturwissenschaft verschloß sich danach lange seinem Werk.

Da lag also nun im September 1922 das Manuskript des »Jud Süß« und es schien, als bliebe Feuchtwanger darauf sitzen. Den namhaften Verlagen war das Thema wegen des finsteren politischen Klimas und des herrschenden schlimmen Antisemitismus zu heiß. Sie trauten sich nicht, ein solches Buch auf den Markt zu bringen. Ein anderer Grund für die verlegerische Zurückhaltung war der von den Kitschautoren beschädigte Ruf des historischen Romans. Hoffnung konnte sich Feuchtwanger erst machen, als sein Freund Bruno Frank den Großindustriellen Achenbach darauf aufmerksam machte. Achenbach gönnte sich aus Liebe zur Literatur das Hobby eines eigenen Verlages, den er nach dem ersten Weltkrieg unter dem Namen »Volksverband der Bücherfreunde« gegründet hatte. Er war auf der Suche nach Manuskripten und Autoren. So erschien er, aussehend wie ein Rittmeister, mit gewichstem Schnurrbart, bei Feuchtwangers zum Tee und nahm das Manuskript mit. Seinen Lektoren und ihm ging es mit der Arbeit wie später den Lesern des Buches: sie lasen es in einem Zuge und waren begeistert. Doch war schließlich auch Achenbach das Projekt politisch zu riskant. Er bestellte bei Feuchtwanger stattdessen ein anderes Manuskript.

So entstand in nur sieben Monaten zwischen Oktober 1922 und April 1923 »Die häßliche Herzogin Margarete Maultasch«. »Das Buch schildert den Kampf eines Menschen gegen die ungünstigen Bedingungen der Konstitution, die ihm die Natur gegeben hat. Ein Drittel aller Leser also können daraus Trost und Belehrung schöpfen, zwei Drittel freuen sich über ihre besseren körperlichen Bedingungen«, schrieb Feuchtwanger einige Jahre später.[80] Er hatte bei der psychologisch geschickten Herausarbeitung der Probleme der einstigen Herrscherin über Tirol und Kärnten, die von 1318 bis 1369 lebte, offensichtlich auch seine persönliche Geschichte vor Augen. Dieser Kampf der Margarete Maultasch mit ihrer abstoßenden Häßlichkeit gegen ihre schöne Rivalin

Karikaturen über »volksgefährdende Juden« machten die Runde. Unter den beiden Karikaturen über Lion Feuchtwanger stand zu lesen: »Als Jud Süß in Deutschland – als Jud Mieß im Ausland«.

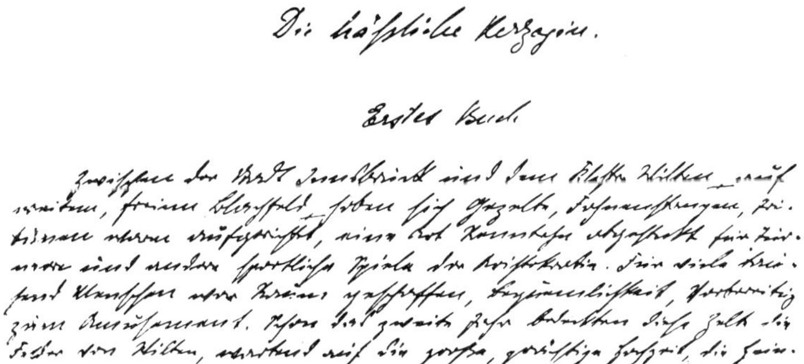
Die häßliche Herzogin.

Erstes Buch

Die handgeschriebene erste Manuskriptseite von »Die häßliche Herzogin Margarete Maultausch«. Das Buch schildert den Lebenskampf der einstigen Herrscherin über Tirol und Kärnten, die von 1318 bis 1369 lebte und unter ihrer körperlichen Konstitution litt.

Agnes von Flavon ist eingebettet in eine Zeit des historischen Umbruchs, des Übergangs vom Mittelalter zur Renaissance, der Entwicklung der Städte, des Bürgertums, der Geldwirtschaft. Und auch diese Entwicklung ist von antisemitischen Pogromen begleitet. Die Handlung spielt in einem Landstrich, der an einem bedeutenden Handelsweg von Deutschland nach Italien liegt und den sich die Luxemburger, die Wittelsbacher und die Habsburger gleichermaßen gern einverleibt hätten. In dem Roman, den Feuchtwanger hauptsächlich in der Münchner Staatsbibliothek schrieb, zeichnete er ein einfühlsames Porträt der Herrscherin auch in ihrer zuweilen zum Ausbruch kommenden Grausamkeit. Die Frau scheitert schließlich in ihrem Kampf um Volk und Heimat, tritt Tirol und Kärnten an die Habsburger ab und geht in eine selbstgewählte Verbannung. Das Zufallsprodukt erschien noch im Jahre 1923 im Berliner »Volksverband der Bücherfreunde«. Es wurde ein durchschlagender Erfolg. Feuchtwanger brachte er einen kleinen Geldsegen, der freilich von der Inflation schnell wieder weggespült wurde.

»Jud Süß« lag unterdessen immer noch im Schrank und wurde erst 1925, eher aus Verlegenheit herausgebracht. Feuchtwanger hatte einen Vertrag mit dem Drei Masken Verlag, der Stücke publizierte und vertrieb. »Dieser Vertrag verpflichtete mich, für den Verlag französische und italienische Stücke zu lesen, und sicherte mir ein verhältnismäßig hohes Honorar«, erinnerte sich Feuchtwanger. »Der Verlag hatte nun aus irgendwelchen Gründen sein Interesse an französischen und italienischen Stücken verloren und wollte gern den Vertrag lösen. Die Herren schlugen mir vor, sie würden, wenn ich in die Lösung des Vertrages vor der festgesetzten Frist einwilligte, in Gottes Namen meinen hoffnungslosen Roman ›Jud Süß‹ drucken«.[81] Das Buch wurde lustlos hergestellt und vertrieben. Die Verleger trauten ihren Augen nicht, als schon nach wenigen Tagen die erste Auflage von 6000 Exemplaren vergriffen war und das Buch von Lesern und Rezensenten begeistert aufgenommen wurde. Der Drei Masken Verlag stellte zögernd immer neue und verhältnismäßig kleine Auflagen her, so daß das Buch die meiste Zeit nicht zu haben war. Immerhin jedoch erschienen im Jahre 1925 insgesamt fünf Auflagen mit einer Gesamtauflagenhöhe von 40 000 Exemplaren. Bis 1931 waren 100 000 Stück verkauft. Danach verlegte der Knaur-Verlag bis 1933 weitere 100 000 Stück. Im Ausland wurde man auf das Buch aufmerksam, insbesondere in den angelsächsischen Ländern. Die erste Übersetzung erschien im Oktober 1926 in den Vereinigten Staaten unter dem Titel »Power« und war sofort ausverkauft. Einen Monat später kam das Buch in England als »Jew Suess« heraus, nach anderthalb Jahren wurde die 27. Auflage, wenig später eine erste Billigausgabe ausgeliefert. Seinen Siegeszug im angelsächsischen Raum hatte das Buch angetreten, nachdem im Herbst 1926 in den USA die »New York Times« die »International Herald Tribune« und die »Saturday Review of Literature« und danach in Großbritannien der prominente Kritiker Arnold Bennet im »Evening Standard« zum Teil hymnische Rezensionen veröffentlicht hatten. Bis heute sind von »Jud Süß« weltweit, in rund drei Dutzend Sprachen übersetzt, mehr als drei Millionen Exemplare verkauft worden. Der Roman wurde überdies in zahlreichen Sprachen für Bühne, Radio und Fernsehen bearbeitet.[82]

Und es wurde eine Filmbearbeitung hergestellt. Anfang September 1940 meldete der »Völkische Beobachter«, daß »Jud Süß«

als deutscher Beitrag auf den internationalen Filmfestspielen in Venedig preisgekrönt abgeschnitten habe. Die weltweite Popularität von Feuchtwangers Roman ausnutzend, hatte der Reichspropagandaminister Joseph Goebbels von dem talentierten Regisseur Veit Harlan das subtilste und infamste Propagandamachwerk der nationalsozialistischen Diktatur zur Aufstachelung des Rassenhasses und zur Massenhypnose konstruieren lassen – mit Starbesetzung: Kristina Söderbaum spielte eine von Jud Süß in den Tod getriebene »Inkarnation des faschistischen Frauenbildes (...) mit eindeutigem kindfraulich sexistischem Gestus«[83], Ferdinand Marian, prominenter Frauenherzerweicher des damaligen deutschen Films, verkörperte, als galanter Verführer die »fleischliche Vermengung« mit Nicht-Jüdinnen erschleichend, den Jud Süß. Werner Krauß spielte gleich sieben »Bilderbuch-Juden«, die aus Versatzstücken der Giftküche des Nazi-Agitators Julius Streicher zusammengeflickt sind. Mit dabei waren ein polternder, fluchender und hurender Heinrich George sowie ein väterliche Güte und Autorität ausstrahlender Eugen Klöpfer. Einst waren sie geachtete Schauspieler, jetzt waren sie heruntergekommen zu Prostituierten des nationalsozialistischen Propagandaapparates. Anders als ein bereits 1934 von Lothar Mendes eng nach der Vorlage Feuchtwangers gedrehter und mit Conrad Veit in der Hauptrolle besetzter englischer Film, der immerhin zu einem künstlerischen Erfolg wurde, ist am Schluß »der nazistisch besetzte Süß nach seiner Verhaftung (...) lediglich noch leidendes und jammerndes Objekt der Handlung. (...) Äußerlich zerfallen und heruntergekommen, sprachlich wieder mit dem jiddischen Akzent des einstigen Ghettobewohners, beteuert er seine Unschuld und bittet seine Henker um Gnade: »Ich bin nur e armer Jud. Laßt mer mein Leben!« Die deutschen Kinobesucher wurden schließlich mit einem Pogrom-Aufruf aus der Vorstellung entlassen: Gezeigt wird die Verkündung eines Judenbannes, »gegeben zu Stuttgart am 4. Februar 1738«, der mit den Worten endet: »Mögen unsere Nachfahren an diesem Gesetz ehern festhalten, auf daß ihnen viel Leid erspart bleibe, an ihrem Gut und Leben und an dem Blut ihrer Kinder und Kindeskinder.«[84]

Feuchtwanger reagierte auf das Machwerk 1941 aus dem amerikanischen Exil mit einem »Offenen Brief an sieben Berliner Schauspieler«.[85] Er erinnerte in diesem Brief daran, daß fünf Darsteller in dem Harlan-Film, »sie können es aber auch alle sieben gewesen sein, (...) in Bühnenbearbeitungen dieses meines Romans gespielt« haben. Auch sonst waren sie gut miteinander gestanden, saßen früher manchmal gemeinsam bei Lutter und Wegener beim Wein. »Wenn wir zusammen probierten, meine Herren, dann haben Sie oft anerkannt, es sei angenehm, mit mir zu arbeiten, ich hätte Verständnis für Sie, ich könnte mich gut in Sie einfühlen.« August Strindberg habe dargelegt, daß der menschliche Körper sich im Laufe von sieben Jahren in jeder seiner Zellen ändere, der Geist aber der gleiche bleibe. »Sie, meine Herren, gehen weiter: Sie beweisen durch Ihr Beispiel, daß der ganze Mensch sich verändern kann, das Innen nicht weniger als das Außen.«

In den Jahren der Entstehung und Veröffentlichung seiner beiden ersten großen Romane wurden die politischen Verhältnisse für den Kreis um Feuchtwanger noch enger, bedrohlicher. In der Nacht des 9. November 1923 früh um drei Uhr, wurden Feuchtwangers in ihrer Münchner Wohnung telefonisch von Leonhardt

1940 ließ der Reichspropagandaminister Joseph Goebbels den üblen Propagandafilm »Jud Süß« herstellen. Schamlos nutzte Goebbels die weltweite Popularität von Feuchtwangers Romantitel aus. In dem Film mußte Werner Krauß gleich 7 »Bilderbuch-Juden« spielen.

Bruno Walter, Generalmusikdirektor der Bayerischen Staatsoper von gehörte zu den vielen Intellektuellen, die ab 1923 schikaniert wurden. Walter wurde während Vorstellungen geschmäht, niedergebrüllt und mit Eiern beworfen. Später, nach gelungener Flucht, trafen sich die befreundeten Familien Walter und Feuchtwanger im Exil in den USA wieder. – Bruno Walter mit seiner Frau und seinen Töchtern im Künstlerzimmer der Berliner Philharmonie um 1930.

Adelt mit der Nachricht vom Putschversuch Hitlers geweckt. Adelt empfahl seinen Freunden, sich schnell mit ihren Fahrrädern davonzumachen, da das Gerücht umging, es würden prominente Juden verhaftet. Doch Feuchtwangers nahmen die Nachricht nicht ernst und schliefen weiter. Der Putsch war zu jenem Zeitpunkt zwar schon gescheitert, doch hörten Feuchtwangers später, daß es zu Verhaftungen gekommen war und sowohl sie, wie auch Bertolt Brecht, auf einer Verhaftungsliste der Nationalsozialisten gestanden hätten. Das Ende des Putsches unter den Schüssen der Polizei beeindruckte die Rechtskräfte überhaupt nicht. Sie wurden immer frecher, leisteten sich Übergriffe. Juden hatten es zunehmend schwer. Steuerbeamte schikanierten Feuchtwanger, er sollte Steuern für Summen entrichten, die Stunden nach Erhalt nichts mehr wert waren, sie bekamen zu hören, man hätte sie schon längst ausgewiesen, wenn sie nicht in München geboren wären. Als es in der Münchner Staatsoper offen nationalsozialistische Demonstrationen gegen ihren Freund, den Generalmusikdirektor Bruno Walter, gab und er unter wildem Geschrei mit Eiern beworfen wurde, fürchteten Feuchtwangers, ihre Heimatstadt bald verlassen zu müssen. Viele Freunde, darunter Heinrich Mann und Bertolt Brecht, waren bereits nach Berlin umgezogen, wo man noch freiere Luft atmen konnte. Kurz zuvor hatte Feuchtwanger Brecht und Bronnen davon erzählt, wie Abend für Abend Gruppen von Jugendlichen vor seinem Haus vorbeigezogen seien, antisemitisches Geschrei ausstoßend. Auch Sand und kleinere Steine warfen sie und kündigten an, größere würden folgen. »In München«, so prophezeite sein Schriftstellerkollege Joseph Roth, »öffnen sich die Gräber der Weltgeschichte.«[86]

Nach der Premiere des englischen Films »Jud Süß« von Lothar Mendes in New York 1934. Bertold Viertel, Albert Einstein und Charly Chaplin (v. l.)

Albert Einstein widmete Feuchtwanger die Fotografie: »Dem Meister von det Janze. Lion Feuchtwanger, Albert Einstein 1934«

Berlin 1925 bis 1933

1925 folgte Feuchtwanger Heinrich Mann und Bertolt Brecht nach Berlin, wo man, wie viele meinten, noch freiere Luft atmen konnte. Der Potsdamer Platz um 1925

Umzug nach Berlin: Die Freundschaft Feuchtwanger – Brecht

„Sie steuern das Marxistische bei, ich das Menschliche."

Aschermittwoch 1925, Marta war gerade 34 Jahre alt geworden, Lion war 40 und stand auf der Schwelle zum Welterfolg, zogen die Feuchtwangers nach Berlin um. Die Steuerbeamten, die den Juden so gern hatten loswerden wollen, konnten sich freuen. Es war ein Abschied für immer. Nachdem die meisten ihrer Freunde und Bekannten, die zu den führenden und einfallsreichsten Köpfen der Literatur und des Theaters gehörten, dem einst geliebten München und seiner Umgebung den Rücken gekehrt hatten, war das geistige Klima immer klerikal-kleinbürgerlicher und bedrückender geworden. Große Leere und finstere Reaktion breitete sich aus in der Kulturszene. »Die Stadt«, so schrieb Feuchtwanger voller Sarkasmus, »zählte im letzten Jahr, das der Schriftsteller L. F. in ihr verbrachte, 137 Begabte, 1012 über Mittelmaß, 9002 normal, 537 284 unternormal Veranlagte und 122 963 Voll-Antisemiten. Es beweist die ungewöhnliche Vitalität des Schriftstellers L. F., daß er in der Luft dieser Stadt 407 263 054 Atemzüge tun konnte, ohne an seiner geistigen Gesundheit erkennbaren Schaden zu nehmen.«[1] Ansonsten fiel ihm zu seiner Heimatstadt nur noch ein, daß in ihr »die Feuerwehr von allen Städten der Welt am relativ häufigsten aus bloßem Unfug herbeigerufen« wurde. »Auch produzierte und konsumierte die Stadt von allen Städten der Welt das relativ meiste Bier.«

Helene Weigel zu Besuch bei Feuchtwanger

Es war der 27jährige Augsburger Schwabe Bertolt Brecht, der die beiden Münchener bedrängte und überredete, in Preußen neue Wurzeln zu schlagen. Er selbst hatte bereits im Jahr davor begonnen, in Berlin endgültig Fuß zu fassen, (und es schien, als glückte es ihm diesmal besser als früher) zumal die Situation in München eine Rückkehr ausschloß. Kennengelernt hatten die beiden sich im März 1919. Auf Empfehlung des aus Wedekind-Stücken bekannten Schauspielers Arnold Marlé war Brecht eines Tages bei Feuchtwangers in der Georgenstraße aufgetaucht, mit einem Stück unterm Arm, das er »Spartakus« nannte. In der Wohnungstür stand ein schlecht rasierter, schmächtiger Mensch von 21 Jahren, in verwahrloster Kleidung, »unter dem Jochbogen in dem langen Schädel lagen tiefliegende, brennende Augen. Die Nase war schmal und gebogen, das Haar auf seltsame Art in die Stirn gewachsen. Er sah aus wie die holzgeschnittene Figur eines gotischen Heiligen«.[2] Brecht war freilich alles andere als heilig, er war streitbar und polternd. In Augsburg war er während der Revolution Mitglied des Arbeiter- und Soldatenrates gewesen, und sein Stück »Spartakus« brachte Feuchtwanger wenige Wochen später nach der Liquidierung der Räterepublik in Bedrängnis, als Reichswehrsoldaten mit Revolvern und Handgranaten bewaffnet, eines Tages die Wohnung durchsuchten und im Schreibtisch Brechts Manuskript mit dem mißverständlichen Titel entdeckten. »Man ging um jene Zeit in München nicht gerade sanft mit dem einzelnen um, die Kugeln saßen sehr locker, die Zahl der Getöteten geht hoch in die Hunderte. Die Geschichte mit dem Manuskript »Spartakus« hätte für mich leicht übel ausgehen können, wenn nicht unter den Soldaten einige Düsseldorfer Studenten gewesen wären, die Stücke von mir gesehen und Bücher von mir gelesen hatten, so daß ich ihnen begreiflich machen konnte, daß es sich bei diesem »Spartakus« nicht um Agitationsmaterial handle«, erinnerte sich Feuchtwanger.[3] Er hatte Glück. Die Soldaten waren trotz der jetzt etwas peinlichen Situation stolz darauf, dem bekannten Autor begegnet zu sein. Der »Spartakus«-Aufführung viel Glück wünschend, verließen sie die Wohnung. Marta Feuchtwanger überzeugte Brecht wenig später davon, das Stück in »Trommeln in der Nacht« umzubenennen, was als Titel unverfänglicher für die Zensur klang. Brecht sagte damals ganz offen zu Feuchtwanger, er habe das Stück nur geschrieben, um Geld zu verdienen. Zu Hause habe er ein besseres. Das war »Baal«, den ihm keiner abnahm. Auch Feuchtwanger fand es besser als »Spartakus« – obwohl ihm auch das sehr gut gefiel. »Spartakus« handelt von einem um seine Liebe betrogenen deutschen Weltkriegssoldaten. Er schließt sich – aus Enttäuschung über den Verlust seiner Braut an einen vom Militärdienst befreiten Aufsteiger – der Revolution an und entsagt ihr jedoch schnell wieder, als seine Braut zu ihm zurückkehrt.

Was Feuchtwanger an dieser »zügig hingeworfenen dramatischen Ballade« faszinierte, war die für ihn neue Sprache: »Die Menschen des Manuskripts sprachen eine außermodische, wilde, kräftige, farbige Sprache, nicht aus Büchern zusammengelesen, sondern dem Mund des Volkes abgeschaut«. Und »Baal« erwies sich für ihn »als eine noch viel wildere, wüstere und sehr herrliche Sache«.[4] Für Feuchtwanger war Brechts Deutsch »die Stimme der Zeit, von einer enormen Sachlichkeit und Sinnenfälligkeit, von einer wilden, fanatischen Präzision. Wie da jedes Wort Muskel und Atem hat, gerad' aus dem Heut' herausgesprungen, gerad' aus dem Blut des Dichters erzeugt, kein Wechselbalg aus Mode und Makulatur. Und wie ohne Macherei das alles, wie straff sehnig, selbstverständlich blühend. Die Sprache der Zeit und doch die Sprache eines singulären Menschen«.[5]

Brecht glaubte, bei der Veröffentlichung von Feuchtwangers dramatischem Roman »Thomas Wendt« etwa einen Monat später, daß sein Meister ihn bei der Charakterisierung der Titelfigur aus seinem »Spartakus« »ganz tüchtig bestohlen und nachgeahmt hatte«, zumal Feuchtwanger eine letztlich nicht zustandegekommene Inszenierung des »Thomas Wendt« zunächst unter dem Titel »Thomas Brecht« ankündigen ließ.[6] Doch hatte Feuchtwangers »Thomas Brecht« offenbar nichts mit Bertolt Brecht zu tun. Der Titel war nach Auskunft von Marta Feuchtwanger entstanden, als sie Bertolt Brecht noch gar nicht kannten, jedoch einen anderen Bekannten dieses Namens hatten.[7] Überdies arbeitete Feuchtwanger an seinem »Thomas Wendt« vom Scheitern des intellektuellen Revolutionärs bereits seit einem Jahr. Als er und Brecht sich kennenlernten, war das Buch praktisch fertig. Der Stoff lag außerdem nahe, weil sich die politische Linke jener Jahre nach dem Scheitern der Revolution lebhaft mit den Ursachen

1919 erschien bei Feuchtwanger in der Georgenstraße Bertolt Brecht. »Unter dem Jochbogen in dem langen Schädel lagen tiefliegende, brennende Augen, die Nase war schmal und gebogen, das Haar auf seltsame Art in die Stirn gewachsen. Er sah aus wie die holzgeschnittene Figur eines gotischen Heiligen.«

Kostümentwurf Caspar Nehers zu Bertolt Brechts »Baal«. Das Stück wurde im September 1922 an den Münchner Kammerspielen unter der Regie Falckenbergs uraufgeführt.

auseinandersetzte und die Literaten sich aufgefordert fühlten, Erklärungsversuche zu liefern.

Feuchtwanger, der damals die Kammerspiele nebenbei freundschaftlich beriet, empfahl Brechts »Spartakus« nach der Lektüre dem Theaterdirektor Otto Falckenberg. Es wurde schließlich im September 1922 in den Münchner Kammerspielen unter der Regie Falckenbergs uraufgeführt. Anfangs hatte Brecht zunächst Schwierigkeiten mit seinem Verhältnis zu Feuchtwanger, vor allem seine rebellischen Augsburger Freunde betrachteten den guten Kontakt zu dem prominenten, im Grunde als elitär und bürgerlich empfundenen Autor sehr argwöhnisch. Eines Tages wurde Feuchtwanger zugetragen, Brecht habe im Kollegenkreis erklärt, er betrachte Feuchtwanger nur als ein Sprungbrett, nutze dessen Verbindungen und Ansehen aus, sein Werk sei ihm völlig gleichgültig. Der Ausspruch machte die Runde. Von Feuchtwanger daraufhin zur Rede gestellt, leugnete Brecht nicht. Wenn Feuchtwanger jedoch schnell darüber hinwegging und sich sofort wieder mit gemeinsamen literarischen Plänen beschäftigte, so hat das mit seiner inneren Ruhe und Gelassenheit gegen Anwürfe zu tun, aber auch mit den Sympathien für Brecht, die durch dessen Aufrichtigkeit eher gestärkt wurden. Der Umgang mit Brecht belastete aber das Verhältnis Feuchtwangers zu Bruno Frank, der Brecht nicht leiden konnte und der dessen Arbeit als »hilfloses Gestammel« ansah. Als er Feuchtwanger schließlich zwingen wollte, sich zwischen Brecht und ihm zu entscheiden, geriet Frank an den Falschen. Mit Feuchtwanger blieb er dennoch befreundet, selbst als die freundschaftlichen Bindungen zwischen diesem und Brecht im Laufe der Zeit immer enger wurden – obwohl Feuchtwanger sich mit Brecht niemals wie mit Frank duzte. Zunehmend lernte der temperamentvolle Brecht so die menschlichen Qualitäten seines geduldigen Mentors zu schätzen.

Fast täglich saßen und arbeiteten sie zusammen, wenn Brecht in München war, vor allem, als der zeitweise in einer ärmlichen Bude in der Akademiestraße gleich um die Ecke wohnte. Brecht entwickelte eine immer stärkere Zuneigung zu dem so anders gearteten Freund mit der stillen Autorität. Am 6. Juli 1920 nach einem Besuch bei Feuchtwanger schrieb Brecht voller Wärme in sein Tagebuch: »Feuchtwanger hat sich seine Brille ins Aug gestoßen und hockt im Kimono mit verquollenem Kindergesicht in verdunkelten Zimmern. Der schmerzhafte Makkabäer. Sein achtungsvolles Interesse am ›Galgei‹ tut mir wohl. Es ist ein guter und starker Mensch, sehr klug und vornehm.«[8] »Galgei« gleich »Mann ist Mann« ist eine Komödie von Brecht über einen harmlosen, indischen Packer, einen manipulierbaren Menschen und dessen problemlose Verwandlung in einen gefügigen Soldaten.

Brecht und Feuchtwanger rauften sich auf bayerische Art zusammen. Beide waren sie Sprachfanatiker, jeder auf seine Weise, aus einer durch Herkunft und persönliche Entwicklung gewachsenen Position heraus. In ihrem Wesen so grundverschieden, konnten sie – vor allem Brecht – lautstark miteinander streiten wie kaum mit anderen Freunden. Zuweilen nahmen diese Diskussionen hinter verschlossenen Türen so beängstigende Formen an, daß Lauscher den Eindruck bekommen mußten, gleich würden sich die beiden in die Haare gehen. So kannten auch Feuchtwanger nur wenige. Wenn Feuchtwanger ansonsten außerhalb der Wohnung gegenüber anderen die Bemerkung fallen ließ »Ich bin enttäuscht«, war dies »grad so stark, als wenn der Brecht ›Scheiße‹

sagte,« erinnert sich Feuchtwangers Frau Marta. Gemeinsam rangen die beiden um eine Sprache, die klar, für ein breites Publikum verständlich, einfach, von tiefer Bedeutung, ausdrucksstark war; dabei ging es um einzelne Worte ebenso, wie um Zusammenhänge und Interpretationen.

Einmal jagte die kreischende, sich überschlagende Stimme Brechts, der in seiner Heftigkeit fast bis zur Unverständlichkeit ins Schwäbische verfallen konnte, dem Dienstmädchen der Feuchtwangers einen solchen Schrecken ein, daß es Marta Feuchtwanger, die sich gerade vor dem Haus aufhielt, voller Angst alarmierte: »Kommen Sie schnell. Der Herr Brecht bringt den Herrn Doktor um!« Die Auseinandersetzung drehte sich um ein Komma, das Brecht nicht setzen mochte, während Feuchtwanger meinte, ohne dieses Komma würde der Sinn eines bestimmten Satzes grotesk verdreht. Ohne sich einigen zu können, gingen sie auseinander. Um Mitternacht pfiff plötzlich vor dem Haus jemand Feuchtwanger ans Fenster. Es war Brecht. »Sie haben recht«, rief er nach oben, »ich werde das Komma einsetzen.« Oft zähneknirschend nahm Brecht den Rat des anderen an. Am 24. August 1920 notierte er nach einer Kritik Feuchtwangers an einer Szene im »Baal« in sein Tagebuch: »Das ist richtig, es stinket mir«.[9] Und am 4. April 1921 vermerkt er lapidar: »Feuchtwanger gut wie immer.«[10]

Sie fanden eine Form der konstruktiven Auseinandersetzung, wie sie ein jeder für sich zu brauchen schien. Der eine hatte, was dem anderen fehlte, sie ergänzten sich. Die anfänglichen Schwierigkeiten, die sie miteinander hatten, waren bald überbrückt. Das war die Grundlage für eine enge, lebenslange Freundschaft. Lola Sernau, Feuchtwangers ehemalige Sekretärin, erinnerte sich: »Feuchtwanger hat Brecht sehr geliebt und für ihn getan, was er konnte.« Durch seine guten Kontakte zu den großen Theaterleuten Leopold Jessner, Max Reinhardt, Erich Engel, Erwin Piscator und Jürgen Fehling half Feuchtwanger seinem Brecht in Berlin schließlich auf die Beine. Es hatte Brecht in den Jahren davor immer wieder nach Berlin gezogen, da die hiesigen Theater experimentierfreudiger waren und den Münchener Bühnen längst den Rang abliefen. Scharenweise sammelten sich hier prominente Bühnenleute. Brecht hatte es nicht leicht, pendelte ständig zwischen Bayern und Preußen. Oft kehrte er erschöpft von seinen Gesprächen mit Verlegern und Dramaturgen zurück, denen er versucht hatte, »Baal«, sein erstes Bühnenstück, zu verkaufen. Es handelt von einem gewissenlos seine Mitmenschen verschleißenden Kleinstadt-Lyriker, der als ein Asozialer in einer Gesellschaft von Asozialen lebt. Erst im Dezember 1923 wurde es dann in Leipzig uraufgeführt. Jedesmal, wenn Brecht wieder in München auftauchte, empfing Feuchtwanger »den gescheiterten Berlinbelagerer« mit offenen Armen. »Er hatte seinen ›Hausdichter‹ wieder in unmittelbarer Nähe. An Brecht bewunderte er die unbürgerliche Haltung, den Gestus des rohen Verführers, er hielt ihn wohl für einen in die Großstadt verschlagenen Baal im Monteuranzug: ›Es war gerade so, als ob Feuchtwanger an irgendeinem Menschen auslassen mußte, was in ihm rumorte. Denn dieser Brecht rumorte in ihm. Er war auf Anhieb genial, frech wie ein junger Gott und eines Maschinenzeitalters liebstes Kind.‹ In dem Augsburger sah Feuchtwanger das wilde und ungebundene Genie, den Abenteurer, dem gegenüber er Disziplin und Ordnung verkörperte. Die

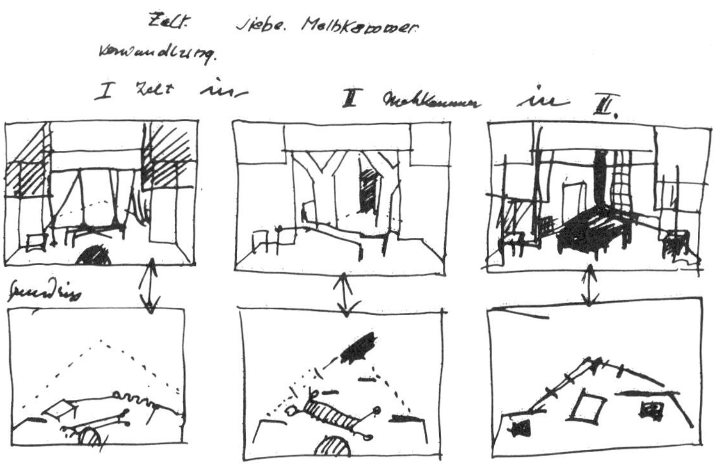

In München entwickelte Brecht seinen Theater-Stil. Die Premiere des Stücks »Das Leben Eduard II. von England«, das am 18. 3. 1924 uraufgeführt wurde, geriet zum Erfolg auch dank der Textmitarbeit Feuchtwangers und der Ausstattung des Brecht-Schulfreundes Caspar Neher.

Bühnenbildentwurf, Skizzen und Aufführungsfoto zu Brechts »Trommeln in der Nacht«. Kammerspiele in der Münchener Augustenstraße, 1922. Otto Reigbert schuf die Bühnenbilder. Regie Otto Falckenberg.

Bertolt Brecht

Anlässlich seines Todes.

Brecht hat es noch erleben duerfen, dass auch ausserhalb Deutschlands viele Kritiker von Rang ihn als den stärksten Dramatiker unserer Epoche anerkannten, und das, wiewohl sich gerade im Ausland der Erkenntnis vom Werte Brechts Schwierigkeiten entgegenstellen. Es lässt sich nämlich aus dem blossen Text der Stücke Brechts ein rechtes Verständnis seiner einzigartigen Kunst kaum gewinnen. Brecht strebte eine Art Gesamtkunstwerk an; das wirkliche Wesen seiner Stücke wird erkennbar erst in der Darstellung, in **seiner** Darstellung, die weit abweicht von jeder üblichen Art Theater.

Gleich Shakespeare und Molière war Brecht der geborene Theatermann. Es drängte ihn, mit lebendigem Material zu arbeiten. Er schrieb dem Bühnenbildner (stage designer) genau vor, wie er sich seine Bühne dachte, und Deutschlands bester Bühnenbildner, Caspar Neher, dankt Brecht das Wesentliche seiner Kunst. Dem Komponisten pfiff Brecht die Weisen vor fuer seine Lieder, sang sie ihm mit seiner gellen Stimme. Ich erinnere mich noch gut, wie er etwa Kurt Weill Melodien vorsang, die er zumeist von Strassensängern in seiner Heimatstadt Augsburg gehört hatte, und die dann in der Dreigroschen-Oper auferstanden. Immer ergänzte in ihm der Dichter den Spielleiter, der Spielleiter den Dichter.

Brecht hielt viel von kollektiver Arbeit, er fand, man müsse ›in breiter Front vorstossen‹. Wo immer er war, sammelten sich um ihn eine Schar von Anhängern, die bedingungslos an ihn glaubten. Im Bunde mit seiner Frau und Gefährtin, der Schauspielerin Helli Weigel, schuf er sich ein Theater-Ensemble, ein Kollektiv, mit Hilfe dessen er nach Lust planen, organisieren, experimentieren konnte. Er bediente sich dieser Gruppe, wie man auf einem Instrumente spielt. (...)

Brecht selber hielt alles, was er geschaffen hatte, für ein Vorläufiges, im Entstehen Begriffenes. Bücher, die er längst hatte drucken lassen, Stücke, die er unzählige Male aufgeführt hatte, waren ihm noch keineswegs fertig, und gerade jene Werke, die ihm am liebsten waren, »Die Heilige Johanna der Schlachthöfe«, »Der Gute Mensch von Sezuan«, »Der Kaukasische Kreidekreis«, betrachtete er als Fragmente. Mit andern grossen Deutschen hatte er gemein, dass ihm die Vollendung des Werkes weniger am Herzen lag als die Arbeit am Werk. Er hörte begierig auf alle Vorschläge und Einwände, er befragte die Zuschauer nach ihren Eindrücken, er machte die Zuhörer zu seinen Mitarbeitern. Wann immer ein Zweifel oder ein Ratschlag ihm einleuchtete, überarbeitete er das Geschaffene, und er liess sichs nicht verdriessen, das zum tausend und ersten Mal Überarbeitete vom Fundament aus neu zu bauen, wenn es sein musste. (...)

Experimente reizten ihn, auch wenn sie wenig oder keinen Erfolg versprachen. Einmal wies ich ihn hin auf das Lehrgedicht des Lukrez: ›De Natura Rerum‹. Die Hexameter, in welchen der Römer die Lehre des Epikur darbot, brachten Brecht auf die Idee, das Kommunistische Manifest in Hexameter umzudichten. Ich machte ihn auf das Schwierige, ja Aussichtslose dieses Unternehmens aufmerksam. Aber er war besessen von der Idee, er liess nicht locker, wir mussten den Versuch machen. Sechs Wochen arbeiteten wir daran, bevor ers aufgab.

Es traf sich glücklich, dass Brechts Experimente in den entscheidenden Jahren seiner künstlerischen Entwicklung von den Bühnen der deutschen Länder und Städte mit allen Mitteln gefördert wurden. So kurzsichtig die Politik der Weimarer Republik war, in ihrer Haltung gegenüber der Literatur und Kunst war sie grosszügig. Viele Politiker von Einfluss waren ernsthaft interessiert an literarischen und künstlerischen Dingen, und die Theater wurden in jenen Zwanziger Jahren von Ländern und Städten noch subventioniert. Die Zeit, in welcher der Dramatiker Brecht am produktivsten war, fiel zusammen mit einer Blütezeit des deutschen Theaters. Gescheite und musische Bühnenleiter stellten dem Dichter ihre Theater für seine Experimente zur Verfügung.

Leopold Jessner, der Leiter des Berliner Staatstheater, ein Mann, der selber kühne Experimente liebte, nahm hohen Anteil an Brecht. Brecht konnte auf dieser sehr reichen und ausgezeichnet organisierten Bühne nach Belieben experimentieren. Er hatte unbegrenzte Zeit für Proben, er konnte umbesetzen, so viel er wollte, alle deutschen Schauspieler von Rang standen ihm zur Verfügung, und wenn er schließlich Szenen und ganze Akte, auf deren Darstellung unendlich viel Mühe und Geld verwandt worden dar, wieder fallen liess, verstand man das und nahm es ihm nicht übel. Sehr förderlich auch war ihm, dass die Berliner Kritik leidenschaftlich um seine Stücke kämpfte. Wenn der angesehenste Berliner Rezensent, Alfred Kerr, ihn scharf und manchmal mit glänzendem Witz verhöhnte, so warb der kaum minder angesehene Kritiker Herbert Ihering mit glühender Begeisterung und mit eindringlichem Verständnis für Brechts neue Kunst. Überall im deutschen Reich nahm man Anteil an diesem Kampf, es gab stürmische Ehrungen für Brecht und wüste Skandale gegen ihn. Er schmunzelte und lachte über das eine wie über das andere und setzte seine Arbeit fort.

Diese beste Epoche Brechts fand ein jähes Ende, als die Nationalsozialisten zur Macht kamen. Brecht, den sie von ihren Anfängen an wüst angefeindet hatten, musste Deutschland und seine Bühnen verlassen. In den Jahren des Exils schrieb er Gedichte von hoher Kraft und Schönheit. Es kam wohl auch vor, dass er Anhänger fand, die ihm zu Aufführungen seiner Stücke verhalfen, selbst wenn sie kaum äussern Erfolg versprachen. So arbeitete etwa der für alles Sprachliche sehr empfängiche Charles Laughton zusammen mit Brecht an einer englischen Fassung von Brechts Lehrstück ›Galilei‹, und es kam eine ausgezeichnete Aufführung dieses Stückes zustande. Aber das blieb ein Einzelfall. Das kommerzielle Theater, das Brecht ausserhalb Deutschlands vorfand, blieb ihm bis zum Ekel fremd. Im Grunde war dieser schöpferische Theatermensch während der ganzen fünfzehn Jahre seines Exils – das war eine sehr lange Spanne seines viel zu kurzen Lebens – ohne ein Theater, auf dem er seine Stücke hätte ausprobieren können. (...)

Unter den Klassikern der Marxisten zog ihn am stärksten Friedrich Hegel an. Gerne zitierte er Sätze der ›Geschichtsphilosophie‹, in denen Hegel auseinandersetzt, warum sich die Römische Republik unausweichlich in die Diktatur eines Caesars entwickeln musste. Es ist kein Zufall, dass Brecht nun nach seinem Wunsch auf dem Dorotheen-Friedhof in Berlin begraben liegt in der Nähe Hegels.

Brecht verlebte seine letzten Jahre in Berlin, in Ost-Berlin, und die ostdeutsche Regierung hat ihm, wie seinerzeit die Weimarer Republik, ein Theater zur Verfügung gestellt. Das hat bewirkt, dass Brecht in West-Deutschland oft und zuweilen recht unflätig angegriffen wurde.

Es war so, dass Brecht, ein echter Dichter, zwar an der Geschichte seiner Zeit interessiert war, nicht aber an Tagespolitik. Manche seiner Werke haben politische Wirkung getan, aber ihre Wirkung reicht weit über den Tag hinaus, und was sie aussagen, liegt jenseits aller Tagespolitik. Wenn einzelne Rezensenten Brecht Stücke als rein politisch ansprechen, so erinnern sie an jene dänischen Matrosen, die in Hamburg eine Aufführung des ›Hamlet‹ unterbrachen, weil sie das Drama für ein Tendenzstück gegen die dänischen Regierung hielten.

Brecht äusserte sich selten unmittelbar zu Ereignissen der Zeit. Wenn ers tat, dann in lapidaren Sätzen. Er strebte in solchen Kundgebungen einen taciteischen Stil an. Die letzte dieser Kundgebungen war ein ›Offener Brief‹ an den Bundestag, das westdeutsche Parlament. Er beschwört die Mitglieder dieser Vereinigung, die Wehrpflicht abzulehnen, und befürwortet ein Plebiszit, das in beiden Hälften Deutschlands abzuhalten wäre. Die harten, monumentalen Sätze dieses ›Offenen Briefes‹ werden unsere Zeit überleben. (...)

Brecht schuf vor allem aus der Gebärde heraus. Er stellte sich zuerst die Gesten seiner Menschen in ihrer jeweiligen Situation vor und suchte dann das entsprechende Wort. Dieses Wort musste treffen, es musste locker, es musste ›elegant‹ sein, und sein Klang musste die Menschen und die Situation malen. Brecht liess sich keine Mühe verdriessen, das rechte Wort, **sein** Wort zu finden. Einmal, während der Arbeit am ›Leben Eduards des Zweiten‹, als wir den ganzen Tag vergeblich nach dem rechten Wort gesucht hatten, lief er mitten in der Nacht zu mir, pfiff unter meinem Fenster, rief triumphierend: »Ich habs!«

Deutschland hat viele grosse Sprachmeister. Sprachsschöpfer hatte es in diesem Zwanzigsten Jahrhundert einen einzigen: Brecht. Brecht hat bewirkt, dass die deutsche Sprache heute Spürungen und Gedanken ausdrücken kann, die sie, als Brecht zu dichten anfing, nicht auszusagen vermochte.

Lavater, in einem Werk, an dem Goethe mitarbeitete, definiert das Wesen des Genies wie folgt: ›Das Ungelernte, Unentlehnte, Unlernbare, Unentlehnbare, Innig-Eigentümliche, Unnachahmliche ist Genie, heisst so bei allen Nationen und wird so heissen, solange Menschen denken, empfinden und reden.‹ Brecht hatte es, dies Ungelernte, Unlernbare, Unnachahmliche.

Brecht brauchte einen grossen Theater-Apparat, um seine Visionen schaubar zu machen. Die grelle Neuheit und unerbittliche Wahrhaftigkeit seiner Kunst forderte den Widerstand der Ewig-Gestrigen heraus. Es war recht schwer, ihn durchzusetzen. Er hatte mit Swift gemein das Genie und die Saeva Indignatio, das wild empörte Gemüt, und er teilte Swifts Erfahrung: ›Erscheint ein genialer Mensch in der Welt, so erkennt man es sogleich daran, dass sich alle Dummköpfe gegen ihn verbünden.‹

Der ungeduldige Dichter Brecht schrieb die ersten Gedichte und die ersten Stücke des Dritten Jahrtausend. Wenigstens durfte ers gerade noch erleben, dass die Zeit ihm langsam nachkam. Aber wenn die Heutigen seine Bedeutung ahnen: die ganze Fülle seines Werkes werden erst die Späteren erkennen.

Lion Feuchtwanger

Der bekannteste deutsche Theaterkritiker der damaligen Zeit war neben Hermann Sinnsheimer, Harry Kahn, Herbert Ihering, Paul Wiegler und Otto Brahm zweifellos Alfred Kerr. Zu der Brecht'schen Aufführung des »Eduard« schrieb Kerr: »Nur wer die Gähnsucht kennt, weiß was ich leide.«

Wohnung Feuchtwangers wurde zum Treffpunkt der Anhänger des Dichters.«[11]

Schauspieler und vor allem Regisseure hatten es nicht leicht mit Brecht und seinen vielen neuen, sprühenden Inszenierungsideen. Kurz nach der Münchner Uraufführung des gemeinsam bearbeiteten »Eduard II.« ließ der Berliner Generalintendant Jessner eine Inszenierung in seinem Staatstheater vorbereiten. Feuchtwanger war gerade mit seiner Frau in Fasano am Gardasee im Urlaub, als ein Telegramm von Jessner ihn dringend nach Berlin rief. Er sollte Brecht bändigen, der die Proben zur Berliner Aufführung des »Eduard« begleitete. Im Berliner Staatstheater traf Feuchtwanger auf verstörte Schauspieler und den entnervten Regisseur Jürgen Fehling, deren Arbeit Brecht vom Parkett aus unentwegt »Scheiße« zur Bühne hinaufkrakeelend begleitete. Feuchtwanger sollte vermitteln und den jungen Autor beruhigen. Er empfahl ihm, anstatt »Scheiße« zu schreien, weniger direkt anzumerken, die Szene sei »stilisiert«. Als Brecht, folgsam, bei nächster Gelegenheit Fehling höflich zurief, das sei nun »schon wieder stilisiert«, warf Fehling die beiden hinaus. Beim Verlassen des Hauses leisteten sie sich als kleine Rache einen Bubenstreich, indem sie hinter der Bühne dem ahnungslosen Schauspieler Werner Krauß eine bestimmte, falsche Betonung eines lateinischen Verses in dem Stück einstudierten. Feixend hockten sie dann in der nach ihrem Eindruck ohnehin mißratenen Vorstellung: Krauß hatte die falsche Betonung gut gelernt. Vergnügt verließen sie das Theater vorzeitig, nachdem ein anderer Besucher sie aufgefordert hatte, doch bitte zu gehen, wenn sie schon das Stück nicht verstünden. Der Kritiker Alfred Kerr besprach die Inszenierung Anfang Dezember im »Berliner Tageblatt« kurz und vernichtend. Er begann mit den Worten: »Nur wer die Gähnsucht kennt, weiß, was ich leide« und fuhr fort, alles sei »willkürlich, sinnschwach, zufällig« gewesen. Und drohend hieß es zum Schluß: »Über Jessners Ziel und Haus ist nächstens Musterung zu halten.« Am schärfsten ging er jedoch mit dem Autor Brecht ins Gericht: »Jemand kann Zitherspieler werden. Jemand kann Möbeltischler werden. Jemand kann Lithograph sein oder im Baugeschäft. Aber warum Dramatiker – wenn ihm just diese Fähigkeit mangelt?« Und boshaft merkte Kerr, der im Gegensatz zu Ihering Brecht ohnehin nicht mochte, an: »Zwei Fragen melden sich: warum ist Lion Feuchtwanger, der an dem ›Werk‹ beteiligt sein soll, auf dem Zettel verschwiegen? Zweitens: sind Stellen aus älteren Autoren sonst ent... verwendet?«[12]

In einem 1927 in Berlin verfaßten Aufsatz »Bertolt Brecht, – dargestellt für Engländer«, warb Feuchtwanger für seinen Freund: »Er schreckt vor keiner Derbheit zurück und nicht vor letztem Realismus. Er ist ein wunderliches Gemisch von Zartheit und Rücksichtslosigkeit. Von Plumpheit und Eleganz, von Verbohrtheit und Logik, von wüstem Geschrei und empfindlicher Musikalität. Er wirkt auf viele abstoßend; aber wer einmal seinen Ton begriffen hat, kommt schwer los von ihm. Er ist widerwärtig und reizvoll, ein sehr schlechter Schriftsteller und ein großer Dichter und unter den jüngeren Deutschen ohne Zweifel der, der die meisten geniehaften Züge trägt.«[13] Brecht habe, so führt Feuchtwanger weiter aus, »eine Erfindung gemacht«, die er »das epische Drama« nenne. »Er wird sehr böse, wenn man diese Erfindung aus seinem eigenen Mangel an konstruktivem Sinn erklärt. Die Erfindung besteht darin, daß er auf jede Spannung im

Drama verzichtet und daß er die Herstellung von Antithese und Spannung, daß er jeden zweckvoll ersonnenen Aufbau einer Handlung für unkünstlerisch ansieht. Vielmehr vernichtet das Brecht'sche epische Drama (...) jede Spannung, indem es die Geschehnisse von vornherein naiv und deutlich ansagen läßt.«

So glücklich es sich in den Augen Feuchtwangers traf, daß »Brechts Experimente in den entscheidenden Jahren seiner künstlerischen Entwicklung von den Bühnen der deutschen Länder und Städte mit allen Mitteln gefördert wurden«, und daß der für ausgefallene Ideen zugängliche Generalintendant des Berliner Staatstheaters, Jessner, Brecht nach Belieben seine Bühne zur Verfügung stellte, so sehr hatte Feuchtwanger Zweifel, ob Brecht sich außerhalb Deutschlands würde durchsetzen können. Zwar trugen für ihn unter den deutschen Dichtern Bertolt Brecht und Alfred Döblin »am sichtbarsten Geniezüge«. Sie hatten es seiner Ansicht nach aber »schwer, Weltgeltung zu erlangen, weil sie sich auf deutsche Art mit Formproblemen herumschlagen, die für das übrige Europa keine Probleme sind, und weil diese eigenbrötlerische Bastelei ihre Werke fragmentarisch und schwer zugänglich macht.«[14] Diese 1927 formulierten Sätze verraten auch etwas von der Ungeduld Feuchtwangers, mit der er nach dem Eindruck von Bekannten in jenen Jahren immer auf das »große« Werk seines experimentierfreudigen Freundes wartete. Der jedoch setzte sich zu der Zeit intensiv mit dem Marxismus auseinander, auch um dem belesenen Feuchtwanger in den Streitgesprächen besser gewachsen zu sein.

Die Diskussionen zwischen den beiden um Brechts episches Theater und Feuchtwangers »dramatischen Roman« blieben vermutlich nicht ohne Einfluß auf den jeweils anderen bei der – mitunter auch gemeinsamen – Arbeit. Bei einigen von Feuchtwangers späteren Stücken, wie den 1927 in Hamburg uraufgeführte »Petroleum-Inseln« (über eine Margarete Maultasch, die auf eine amerikanische Bohrinsel versetzt ist) sind deutlich Brecht'sche Züge enthalten. Bei der gemeinsam geschriebenen Neufassung von Christopher Marlowes »Eduard II.« bestand Feuchtwangers »Anteil hauptsächlich im Überprüfen verstechnischer Probleme«, bemerkte Brecht einmal, »er kritisierte zu ›glatt‹ geratene Stellen, half beim Aufrauhen der Verse, die ›holprig‹ sein sollten.«[15] Doch ist Feuchtwangers inhaltlicher Einfluß deutlich in der Person Mortimers, des Widersachers Eduard II. erkennbar, der als Philosoph »die Nichtigkeit menschlicher Dinge und Taten« erkannt hat und nur widerwillig den Kampf aufnimmt. In dem Stück wird versucht, den objektiven Gang der Geschichte aufzuzeigen, wie durch eine mörderische Fehde zwischen dem König und seinen Lords Land und Leute zugrundegerichtet werden.

Gemeinsam verfaßten sie dann in Berlin eine neue Version von Feuchtwangers »Warren Hastings«. Später in »Kalkutta, 4. Mai« unbenannt, wurde das Stück Feuchtwangers größter dramatischer Erfolg. Die Uraufführung unter der Regie von Erich Engel fand am 12. Juni 1928 im Berliner Staatstheater statt, in den Bühnenbildern des Brecht-Freundes Caspar Neher. Hier taucht erstmals der berühmt gewordene, von Brecht später wiederverwendete und von Kurt Weill vertonte, Song vom »Surabaya-Johnny« auf. Vor allem durch sprachliche, manchmal vom Augsburger Gassenjargon beeinflußte Neuerungen oder Verfremdungen, die manchen Kritikern die Haare zu Berge stehen ließen, haben die beiden Autoren historische Vorgänge mit starken Gegenwartsmerkma-

Im Berliner Lunapark, etwa 1927: Bertolt Brecht, Frank Warschauer, Lion Feuchtwanger, Eduard Diamant (stehend v. l.); Lions Schwester Franziska, Marianne Brecht, Marta Feuchtwanger (sitzend v. l.)

len ausgestattet. Um Lesern und Zuschauern die Botschaft klarer werden zu lassen, verlegten sie ihre Schauplätze oft in andere, entlegene, Weltgegenden – wie beispielsweise im Feuchtwangerstück »Die Petroleum-Inseln« und in Brechts »Kaukasischer Kreidekreis«. Feuchtwangers 1936 erschienener satirischer Roman »Der falsche Nero« über den Aufstieg Hitlers spielt in der römischen Antike, Brechts Parabel »Der unaufhaltsame Aufstieg des Arturo Ui«, der das gleiche Thema zum Inhalt hat, spielt im Chicagoer Gangstermilieu.

Die für beide offenbar fruchtbare Gewohnheit, ihre Arbeiten wechselseitig zu begutachten, behielten sie auch später in Berlin bei. Auch Privates unternahmen sie, trafen sich mit ihren Frauen zum Tee, gingen miteinander aus. Feuchtwanger war auch Trauzeuge, als Brecht im November 1922 die Opernsängerin Marianne Zoff heiratete. Im Sommer vor Feuchtwangers Übersiedlung nach Berlin verbrachten sie einen gemeinsamen Urlaub an der Ostsee. Auf dem Weg dorthin besuchten sie seine in der Reichshauptstadt mit einem reichen Geschäftsmann verheiratete Schwester Franziska Diamand. Feuchtwangers Schwager erwies sich als generöser, liebenswürdiger und amüsanter Gastgeber. Ausgerechnet der sonst so gern herumgiftende Marxismus-Sympathisant Brecht kam mit dem Kapitalisten vorzüglich aus, war bei den unvermeidlichen Streitgesprächen charmant und gut erträglich. Diamand machte den Verwandten den Umzug nach Berlin schmackhaft. Für Touren durch die Stadt und in die Umgebung stellte er ihnen nicht nur einen Wagen mit Chauffeur zur Verfügung, sondern fütterte die Besucher, vor allem den ausgemergelten Brecht, opulent durch. Sie trafen während ihres Aufenthaltes die führenden Berliner Theaterleute, meist alte Bekannte aus München. Brecht brachte Feuchtwanger auch mit seinen Freunden zusammen.

Ludwig Marcuse rezensierte am 29. 12. 1928 eine Aufführung von Feuchtwangers »Petrolium-Inseln« im Schauspielhaus.

Feuchtwanger: Die Petroleum-Inseln.

Schauspielhaus.

Es brechtelt! Nicht uninteressant: romantisch-sachliches Feuerwerk à la mode.

Die Aufführung des Regisseur Traugott Müller: gutes Niveau — trotz einer Reihe unmöglicher Darsteller. Mittelpunkt des Abends: Maria Krahn. Prachtvoll: „ein Schwergewicht".

I.

Eine Insel: irgendwo im amerikanischen Wasser. Die Familie Peruchacha betrieb hier Plantagenbau in großem Maßstab. Der Gouverneur Daniel M. Gray entdeckte hier Petroleum. 1926: Grays Enkelin, Miß Deborah — Präsidentin der Petroleum-Gesellschaft; Miß Peruchacha, Nachkommin des Plantagenbauers — Inhaberin der einzigen Oase dieser braun-schlammigen Insel-Wüste. Deborah Gray: mit ihrem Gesicht einer Aeffin; mit ihrer Macht über die internationale Börse; mit ihrem rasenden Appetit auf Männer und mit ihrer männlichen Intelligenz kämpft gegen Miß Peruchacha: einer „erstklassigen Erscheinung", deren Macht ihr Gesicht ist. Deborah Gray bekämpft in der Miß Peruchacha ihre eigene Häßlichkeit: und sie siegt, indem sie die Gegnerin tötet. (Schlicht und einfach: tötet.) Die New Yorker Börse spielt mit; das Moskauer „Zentralbüro des Geheimen Dienstes" spielt mit (Moskau will der Präsidentin die Oel-Konzession verkaufen); ein Auto-Rennen spielt mit: der Kampf zwischen den Frauen ist das Gerüst eines Feuerwerks.

Brechts Kompagnon (an einigen Stücken) dramatisierte hier in Brecht-Manier: brechtisch ist das Thema („Dickicht"); brechtisch der Stil; brechtisch die Philosophie; und brechtisch Balladen und Spielleiter-Spruch. Das ist sicher: Feuchtwanger kann Brecht; wie ein versierter Versmacher George kann. Feuchtwanger kann aber auch vieles andere (die Könner haben nie so enge Grenzen wie die Schöpfer): und so garniert er den Machtkampf, der — wie er selbst zugibt — in einem „etwas romantisch getönten Amerika" spielt, mit einem etwas romantisch-getönten Moskau ... und mit anderem Zeitgemäßen.

Das Interesse des Zuschauers an dem Kampf der Miß Deborah und der Miß Peruchacha ist ein kaltes Interesse. Feuchtwanger läßt den Spielleiter im Stück erklären: „daß es ein Schicksal ist, wie es die Zeit um 1926 schenkt, und wohl geeignet, Menschen zu erheben, weil man nämlich auf der Bühne weder daran denkt, sich zermalmen zu lassen, noch sich zu ergeben." Weshalb ein Schicksal von 1926? Weil die New Yorker Börse und das Moskauer Geheimkommissariat vorkommt! Weshalb denkt man auf der Bühne nicht daran, sich zermalmen zu lassen oder sich zu ergeben? Weil der Brecht es sagt (der schließlich ein Recht zu seiner Privatphilosophie hat)! Und weshalb ist Feuchtwangers Stück „geeignet, Menschen zu erheben"? Das mag er selber beantworten! Das Interesse an diesem Kampf ist ein kaltes Interesse: weil kaum mehr als vier bis fünf Sätze die Unpersönlichkeit eines Fußball-Kampfes überwinden. Feuchtwangers „Petroleumsinseln" — ein alter Stadtwald mit neuem Plakat: „Dickicht".

II.

Die erste Inszenierung des Berliner Bühnenbildners Traugott Müller. Offenbar war er bei der Besetzung nicht gut beraten über die Darsteller, die ihm noch fremd waren: sonst hätte er (zum Beispiel) dem Charmeur Georg Lengbach kaum einen Geheim-Detektiv anvertraut; Resultat: Lengbach verhaftet eine Todeskandidatin, als handelte es sich um ein Pfänderspiel. Wie weit es möglich gewesen wäre, Biberti (als Zwillingsbruder Ben Spaniers) das Sprechen, und Süßenguth, dem ewig Lächelnden (den man unbegreiflicherweise mit großen Rollen überschüttet), das Theaterspielen beizubringen, ist schwer zu entscheiden. Traugott Müller konnte jedenfalls weder die schwachen Darsteller disziplinieren, noch disziplinierten Darstellern wie Impekoven oder Rewalt oder Koninski (dem man einmal eine größere Rolle geben sollte) ihr Aeußerstes abgewinnen. Wenn die Aufführung trotzdem ein anständiges Niveau erreichte: so durch seine Zusammenarbeit mit Maria Krahn; Ellen Daub; und dem Bühnenbildner Walter Dinse. Es war richtig, diesem ganz auf äußerliche Wirkungen gestellten Spiel möglichst viel Schau-Stücke zu geben: ein Schiff und eine Luft-Jagd; ein Börsen-Redaktionszimmer, eingerahmt von einem New York-Film-Bild ... und so weiter — viel zum Gaffen. (Nur Kurt Weills reizender „Braune Insel"-Schlager kam leider durch die Verstocktheit des (nicht nur in diesem Fall widerspenstigen Grammophons) nicht heraus.

Die zwei besten Szenen: die beiden Duelle Krahn-Daub. Hier spürte man auch Traugott Müller: namentlich in der besten Partie des Stücks, die dem Autorennen folgt. Der erste Zusammenprall der feindlichen Frauen, der (zweimal) jähe Umschlag der Stimmungs-Atmosphäre, die unausgesprochene Vorwegnahme der tödlichen Konsequenzen: das war intensive Regie.

Maria Krahn: Die Aeffin. Eine Citrone mit Himmelfahrts-Nasenlöchern. Von einer schwebenden Konzentration: wenn sie Anordnungen gibt; wenn sie Schläge pariert. Von einer metallischen Lebensferne: wenn sie ihre Häßlichkeit einkalkuliert. Nur der biegsam-gefährliche Körper lebt. Das Gesicht ist die unabreißbare Maske, die ihr die Natur aufgezwungen hat. Und in der Szene, wo das verachtende Lachen des Mannes, den sie liebt, in sie eindringt: erstarrt auch noch der plötzlich steif aufgereckte Körper zur Maske. Sie ist nur noch eine Bildsäule, die auf die Feindin fällt und sie erschlägt. Wo Maria Krahn von dieser Linie abweicht, wo sie psychologisch-manierierend die Augenbrauen hochzieht, wo sie in einem Leidenschafts-Ausbruch mit den Händen trommelt und mit den Füßen stampft, ist sie (wie der Beifall zeigte) zwar wirksam: aber doch leer. Ihre Miß Deborah Gray ist auf Kälte, nicht auf Leidenschaft, auf Gestorbensein, nicht auf Leben angelegt: das schnelle Streichen über das Haar des Lelio hätte ihr äußerster Sinnlichkeits-Ausbruch sein dürfen. (So war es auch falsch: daß Traugott Müller zeigte, wie der Mann sie packt). Als Maria Krahn sich vor zwei Jahren mit ihrer Kriemhild vom Frankfurter Schauspielhaus verabschiedete: wußte, auch wer ihre ungewöhnliche Begabung noch nicht vorher in kleineren Rollen gespürt hatte, daß Frankfurt in dieser Schauspielerin eine Darstellerin von großer Zukunft verliert. Wir hoffen, daß das Schauspielhaus sie jetzt so stark bindet, wie es mit ihren Verpflichtungen gegen die Reinhardt-Bühnen zu vereinigen ist.

Neben der Krahn die Daub: „eine erstklassige Erscheinung"; intelligent bis in das Spiel der Beine. Wie häufig ihr Girren und Flirten stark überakzentuiert. Sie flirtet raketenhaft. So souverän sie die Seelensprache (etwa des „Tasso") spricht, so forciert bringt sie ihre Koketterien. In ihrer Schlußszene aber, wenn sie den Ernst ihrer Situation erfaßt (und nicht nur in dieser Szene), ganz gesammelt: packend.

Das Publikum beklatschte viel: namentlich das Börsen-Redaktionszimmer. Das Filmbild erhielt Beifall in die offene Szene. Das Filmbild, Theater-Deputation, darf unter keinen Umständen gekündigt werden!

Ludwig Marcuse.

Feuchtwangers „Die Petroleum-Inseln" sind in seinem Buch „Drei angelsächsische Stücke" (Propyläen-Verlag) abgedruckt.

Feuchtwanger war vor 1924 lediglich 1906 während seines Studiums ein Semester lang in Berlin gewesen, und zehn Jahre später fuhr er zur Premiere seines »Warren Hastings« dorthin.

An der Ostsee unternahmen die beiden Paare ausgedehnte Ausflüge auf Rügen, ins Baltikum, nach Marienburg, Kranz und Nidden, amüsierten sich, aßen viel Heringe und fuhren zum Fischen hinaus, wobei Marta und Brecht seekrank und grün im Gesicht wurden. Bei ihren Strandspaziergängen verstrickten sich Brecht und Feuchtwanger immer wieder in lange literarisch-politische Debatten, in deren Verlauf Brecht seinem Mentor einmal erregt entgegenschleuderte, er solle doch erst einmal seinen Marx lesen. Feuchtwanger verblüffte Brecht damit, daß er Marx gründlicher kannte als der 13 Jahre jüngere Freund, der gerade begonnen hatte, sich mit Marx eingehender zu beschäftigen als bisher. Für Beobachter muß das ein eigenartiger Anblick gewesen sein. Bei ihren Disputen begegneten sie häufiger einem Mann, der ihnen dadurch auffiel, daß er all seine Taschen mit herauslugenden Zeitungen und Zeitschriften vollgestopft hatte. Brecht bemerkte spöttisch im Vorübergehen: »Dieser Herr überschätzt die Zeitungen wie Karl Kraus«. Wenig später konnten sie in der gefürchteten Wiener Satirezeitschrift von Karl Kraus »Die Fackel« lesen, er sei bei Spaziergängen auf Rügen den Ehepaaren Brecht und Feuchtwanger begegnet und zu der Überzeugung gekommen, die beiden hätten ihre Frauen nicht verdient.

Auch als die Machtübernahme der Nationalsozialisten Feuchtwanger ins Exil nach Südfrankreich und Brecht nach Skandinavien verschlug, hielten sie Verbindung und waren voller Pläne, bei sich bietender Gelegenheit wieder ein gemeinsames Stück zu schreiben. Als Brecht mit dem Gedanken spielte, die Nazis mit einer Darstellung ihres glorifizierten Ahnen »Hermann der Cherusker« zu ärgern, schrieb sein »alter idealistischer Feuchtwanger« 1936 aus dem französischen Exil einen launigen Brief, der neben dem Wunsch nach Fortsetzung der Zusammenarbeit, ein bemerkenswertes, wenn auch knappes Urteil Feuchtwangers über eigene literarische Wesenszüge und insbesondere die von Brecht offenbart: »Hermann den Cherusker zu machen, ist auch ein alter Plan von mir. Wollen wir es zusammen machen? Sie steuern das Marxistische und das Rassische bei, ich das Menschliche, Piscator macht einen Film daraus, Weill schreibt die Musik, und wir teilen die Tantiemen.«[16]

Erst 1943, nachdem ihre Wege sie im amerikanischen Exil wieder zusammengeführt hatten, konnten sie noch einmal ein gemeinsames Stück erarbeiten: »Die Gesichte der Simone Machard.« Es handelt vom Kampf einer modernen Jeanne d'Arc gegen die Kollaboration mit den Nazis in Frankreich. Über seine Arbeit mit Feuchtwanger schrieb Brecht in jenen Tagen in sein »Arbeitsjournal«: »er hat sinn für konstruktion, versteht sprachliche feinheiten zu schätzen, hat auch poetische und dramaturgische einfälle, weiß viel von literatur, respektiert argumente und ist menschlich angenehm, ein guter freund.«[17] Brecht schätzte Feuchtwanger so sehr, daß er – die moderne Literatur, Proust und Joyce praktisch ignorierend – außer Kriminalromanen mit Vorliebe Feuchtwanger las, berichtet der Komponist Hanns Eisler.[18] Zum 60. Geburtstag widmete er dem Freund ein Gedicht und, 1949, als Brecht wieder in Deutschland war, schrieb er einen »Gruß an Feuchtwanger« zu dessen 65. Geburtstag. Darin bezeichnet Brecht ihn als einen seiner »wenigen Lehrmeister«.

»Durch ihn erfuhr ich, welche ästhetischen Gesetze zu verletzen ich mich anschickte, aber so kundig er ist, so weitherzig ist er. Bei Disputen mit solchen, die seine Bücher nicht mochten, geriet ich häufig in Streitigkeiten, wenn ich den Rang, den ich seinen Büchern anwies, mit ihrer Gescheitheit begründete und man ihre Gescheitheit zugab und gerade darum ihren Rang bestritt: Bei den Deutschen wird bekanntlich ein scharfer Unterschied zwischen dem Dichten und dem Denken gemacht.«[19]

Bertolt Brecht

UND IN EUREM LANDE?

Geschrieben 1934 in Dänemark für Lion Feuchtwanger,
der sich in Frankreich aufhielt

In unserem Lande zur Jahreswende
Und wenn eine Arbeit fertig ist und zum Tag der Geburt
Müssen wir dem Guten Glück wünschen
Denn in unserem Lande der Lautere
Braucht Glück.

Wer niemanden schädigt
Kommt in unserem Lande unter die Räder
Aber die Vermögen
Werden nur durch Schurkerei erworben.

Um zu einem Mittagessen zu kommen
Braucht es die Tapferkeit
Mit der sonst Reiche gegründet werden.
Ohne dem Tod ins Auge zu sehen
Hilfe niemand einem Elenden.

Wer die Unwahrheit sagt, wird auf Händen getragen
Wer dagegen die Wahrheit sagt
Der braucht eine Leibwache
Aber er findet keine.

Leben und Arbeiten in Berlin: Der Sozialkritiker gewinnt internationales Ansehen

„It's nearly like Feuchtwanger!"

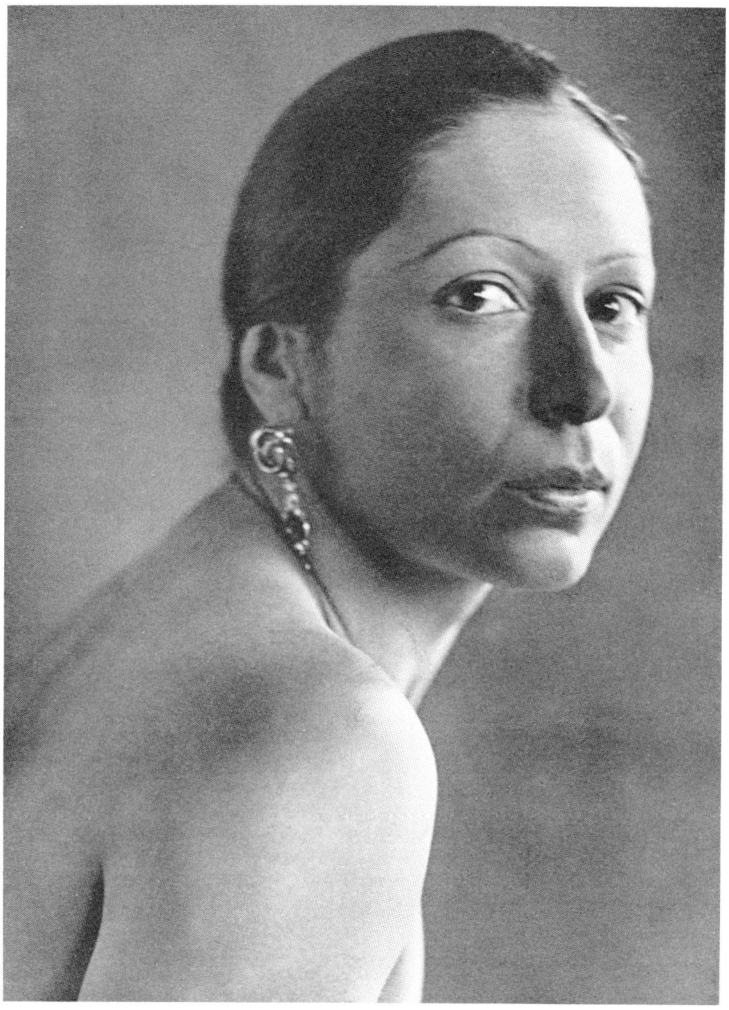

Marta Feuchtwanger Ende der 20er Jahre in Berlin

In Berlin lebten die Feuchtwangers seit 1925 in einer aufgestockten Anderthalb-Zimmer-Wohnung am Fehrbelliner Platz, Ecke Hohenzollerndamm, ehe sie 1931 in ein bescheidenes, aber am Waldesrand nahe dem Grunewald-See gelegenes Haus in der Mahlerstraße, der heutigen Regerstraße, umzogen. Marta, die, wo immer sie auch später lebten, ein großes Talent besaß, für sich und Lion ein behagliches Nest zu bauen, ließ die kleine Wohnung am Fehrbelliner Platz bald gründlich modernisieren und richtete sie geschmackvoll ein. Vor dem Haus waren Tennisplätze, die im Winter zum Schlittschuhlaufen hergerichtet wurden und nach Süden hatten sie einen weiten Ausblick bis zum Botanischen Garten, rechter Hand freilich auf den Kamin des Krematoriums Wilmersdorf. Manchmal standen Lion Feuchtwanger, Brecht und Bronnen auf dem Balkon und versuchten, aus den aufsteigenden fetten Rauchsäulen auf die Höhe der Dividenden der Kommerzienräte zu schließen, »die da zur ewigen Hausse – oder Baisse – zogen«.[20] Anders als in München bildeten Lion und Marta Feuchtwanger in Berlin keinen kulturellen und gesellschaftlichen Mittelpunkt, wo »man« sich traf, wiewohl sie als prominente, aber seltene Partygäste und Gesprächspartner in den literarischen Salons begehrt und beliebt waren. Die kleine Wohnung wäre für eigene Feste auch kaum geeignet gewesen. Aber es hatte andere Gründe, warum sie sich fernhielten vom glitzernden Getriebe der »Goldenen Zwanziger Jahre«: Lion Feuchtwanger arbeitete konzentrierter und fleißiger denn je, sie verreisten viel und er hatte nach einem Blinddarmdurchbruch eine schwere Genesungsphase zu überstehen. Heimisch wurden die beiden in Berlin zwar nie. Dafür hingen sie zu sehr an ihrer bayerischen Heimat, auch die hektische Berliner Mentalität war ihnen wohl zu fremd. Aber immerhin waren ihre engsten Freunde und Bekannten da: Brecht, Arnold Zweig, Heinrich Mann, wie auch Regisseure, Schauspielerinnen und Schauspieler aus ihrem alten Münchner Kreis.

Feuchtwanger hatte einen streng geregelten Tagesablauf mit einem festen Arbeitsprogramm, das er meist am Abend vorher oder beim Frühstück festlegte. Unterbrochen wurde sein Rhythmus nur zu Turnübungen und Mahlzeiten. Mit dem Turnen hatte er 1927 nach seiner schweren Blinddarmoperation begonnen. Marta, die ihn damals des Nachts in rasanter Autofahrt in ein Krankenhaus geschafft hatte, überzeugte ihn schließlich auf Anraten eines Arztes von der Notwendigkeit, sich

Marta Feuchtwanger nach der Rückkehr von einer mehrmonatigen Reise in die USA und nach Kuba. Sie reiste ohne Lion.

körperlich fit zu halten, und besorgte ihm einen Turnlehrer. Die Abende verbrachten die Feuchtwangers meist mit Lesen oder Diskussionen im Kreis von ein, zwei Freunden. Arnold Zweig kam oft. Feuchtwanger begleitete ihn anschließend meist nach Hause. Vor allem, als sie im Grunewald wohnten, kam es gelegentlich vor, daß die beiden den gut über einen Kilometer langen Weg zu Zweigs Haus in Eichkamp mehrmals zurücklegten, wenn sie im Gespräch vertieft waren. Abendessen gaben Feuchtwangers kaum. Gäste luden sie sich fast nur zur Teezeit zwischen halb fünf und sechs Uhr nachmittags ein. Zumeist waren es zwei. Mehr als vier Besucher kamen fast nie. Feuchtwanger mochte keine größeren Gesellschaften, er fühlte sich darin unsicher und verloren. Das dort übliche Händeschütteln und Austauschen höflicher, vielfach unaufrichtiger Komplimente empfand er als Zeitverschwendung. Bei kleinen privaten Treffen hingegen blühte er auf, war er ein charmanter, sprühender Geist, ein humorvoller, witziger Unterhalter, mit klugen Augen hinter dikken Brillengläsern, ein interessanter, einfühlsamer Gesprächspartner.

Vor allem auf Frauen wirkte er anziehend. Seine erotischen Abenteuer, die sich daraus zuweilen ergaben, verheimlichte er jedoch nicht. Feuchtwanger weihte seine Frau ein. Die beiden führten eine »offene« Ehe und auch Marta hatte damals ihre Abenteuer. Gleich in der ersten Berliner Zeit packte sie die Koffer und verreiste mit einem Freund, den sie beim Skifahren kennengelernt hatte, für mehrere Wochen nach Amerika und Kuba. Nach ihrer Rückkehr überraschte Lion seine Frau mit einem kleinen Fiat-Sportcoupé, dem, als die Tantiemen reicher flossen, ein amerikanischer Buick folgte. Marta Feuchtwanger war eine leidenschaftliche Autofahrerin. Er selbst hatte mit viel Mühe zwar auch den Führerschein gemacht, setzte sich aber fast nie ans Steuer. Seine Kurzsichtigkeit machte ihn unsicher, und seine Ungeschicklichkeit in praktischen Dingen ließ ihn zuweilen an den beim Autofahren notwendigen Handgriffen verzweifeln. Roda Roda spießte Feuchtwangers Fahrkünste einst in der »BZ am Mittag« auf: Feuchtwanger fährt in der Kronprinzenallee gegen einen Baum, steigt aus, geht ums Auto herum und fragt sich, wie er wohl den Wagen zu Halten bringt, wenn kein Baum dasteht.[21]

Gelegentlich nur sah man Feuchtwanger mit seiner Frau, mit einer Freundin oder mit Freunden im Romanischen Café, – dem Dichtertreffpunkt –, im Café des Westens am Kurfürstendamm oder in der Weinstube Lutter und Wegener am Gendarmenmarkt, in der E. T. A. Hoffmann schon Stammgast gewesen war. Auch bei Theaterpremieren machten sich die Feuchtwangers rar. Sie erschienen – außer wenn Feuchtwangers eigene Dramen auf dem Spielplan standen – nur bei Uraufführungen von Brecht-Stücken. So auch am 31. August 1928 bei der Premiere der »Dreigroschenoper«, deren Inszenierung durch Erich Engel nach chaotischen, von vielen Tränen und Nervenzusammenbrüchen begleiteten Proben und entgegen allen Erwartungen im Theater am Schiffbauerdamm als größter Erfolg in die Theatergeschichte der Zwanziger Jahre einging. Der Titel »Dreigroschenoper« stammte von Feuchtwanger. Brecht wollte das Stück zunächst »Bettler-Oper« nennen.

Brecht war übrigens ein leidenschaftlicher Kinogänger. Ständig lag er Feuchtwanger in den Ohren, ihn doch einmal zu begleiten. Eine der wenigen Kinoaufführungen, die Feuchtwanger sich anschaute, war die Premiere des proletarischen Filmes »Kuhle Wampe«, an dessen Drehbuch und Produktion Brecht mitgewirkt hatte.

Manche unter den Freunden und Bekannten wunderten sich über die plötzliche Häuslichkeit, die bei den Feuchtwangers in Berlin eingezogen war, vermuteten allerlei Gründe dahinter, sorgten sich oder fürchteten schlicht, der Schriftsteller werde bald in Vergessenheit geraten, wenn er Kontakte nicht mehr pflege und sich stattdessen auf Teestunden, Tête à Têtes, Turnübungen und Spaziergänge beschränke. Doch mit dem wachsenden Erfolg seines 1925 erschienenen »Jud Süß« wuchs auch seine Popularität. Viele Leute, Verleger, prominente Kollegen aus dem In- und Ausland kamen jetzt zu ihm. Mancher staunte allerdings über die für einen prominenten Autor bescheidenen Verhältnisse, in denen Feuchtwanger lebte. Einer der Verleger, die ihn aufsuchten, war Fritz H. Landshoff aus der Direktion des Gustav-Kiepenheuer-Verlages. Kiepenheuer hatte Feuchtwanger neben anderen als Autor verloren, nachdem der Verlag 1925 in finanzielle Schwierigkeiten geraten war. Landshoff hatte nun die Absicht, Feuchtwanger zurückzugewinnen. Er verabredete sich mit ihm in der Wohnung am Fehrbelliner Platz. Die erste Begegnung mit Feuchtwanger war für Landshoff ein für ihn peinliches, Feuchtwanger aber belustigendes Erlebnis. Landshoff kam mit dem Taxi. Erst am Fahrtziel merkte er, daß er seine Brieftasche vergessen hatte. Er eilte die Treppe hinauf, stellte sich Feuchtwanger, der die Tür geöffnet hatte, knapp vor und pumpte ihn erst einmal an, um das Taxi bezahlen zu können. Feuchtwanger amüsierte sich köstlich über diese ungewöhnliche Form, mit der sich der Geschäftspartner einführte. Er lieh Landshoff das Geld und unterschrieb schließlich auch wieder einen Vertrag bei Kiepenheuer.[22] Landshoff und Feuchtwanger standen bis zu Feuchtwangers Tod in enger Verbindung. Später in der Exilzeit leitete Landshoff die deutsche Abteilung des Amsterdamer Querido-Verlags, in dem viele Feuchtwanger-Werke erschienen.

Mit ihm wie mit einigen anderen ging Feuchtwanger bei aller Enthaltsamkeit im Ausgehen gelegentlich zu »Horcher« oder »Borchardt« schlemmen. Dorthin lud er auch seine Sekretärin ein, wenn ein Buch oder eine andere große Arbeit beendet war. Er war ein Feinschmecker, aß gern verschieden zubereitete Süßwasserfische, Austern und Langusten. An Geflügel bevorzugte er gebratene Tauben. Seine besondere Vorliebe galt gedünsteten Schweine- und Kalbsfüßen, die er auch kalt als Sülze mit Zitrone genoß. Seine Frau Marta hatte im Freundeskreis den Ruf einer hervorragenden Köchin. Freilich wachte sie streng darüber, daß ihr Lion nicht zu viel aß und sich den empfindlichen Magen verdarb. Sie mahnte ihn auch ständig, sogar in Briefen, wenn er auf Reisen war, eine tägliche Ration Früchte zu essen. Sie selbst bevorzugte für sich eher eine spartanische Lebensweise. Kollegen, die von Feuchtwangers Magenleiden nichts wußten, amüsierten sich mitunter über Martas Küchenregiment, das für Lion offenbar nicht immer leicht zu ertragen war. Der Schriftsteller Hermann Kesten, der die beiden später im französischen Exil besuchte, beobachtete einmal, wie Marta Feuchtwanger zu Besorgungen das Haus verließ und sich der arme Feuchtwanger sogleich nach der Abfahrt seiner Frau auf alle Teller und Platten stürzte und geschwind und systematisch alle Leckerbissen wegaß.[23] Im Laufe der Jahre schien Marta jedoch die Zügel zu lockern. Als Kesten Feuchtwanger

Gustav Kiepenheuer verlegte 1930 den »Erfolg«.

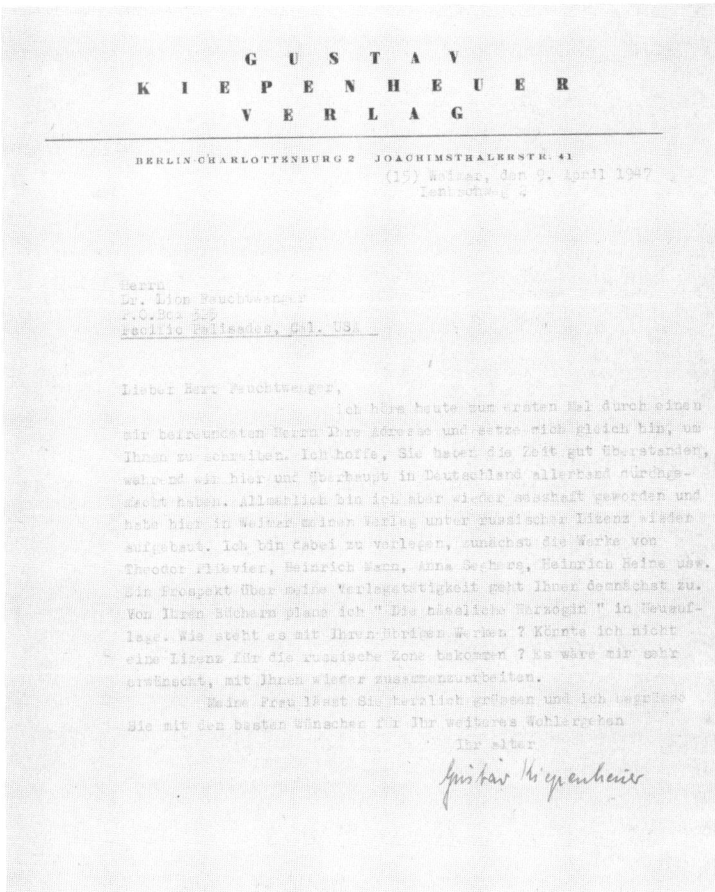

GUSTAV
KIEPENHEUER
VERLAG

BERLIN-CHARLOTTENBURG 2 JOACHIMSTHALERSTR. 41

(15) Weimar, den 9. April 1947
[illegible] 2

Herrn
Dr. Lion Feuchtwanger
P.O.Box [illegible]
Pacific Palisades, Cal. USA

Lieber Herr Feuchtwanger,
ich höre heute zum ersten Mal durch einen mir befreundeten Herrn Ihre Adresse und setze mich gleich hin, um Ihnen zu schreiben. Ich hoffe, Sie haben die Zeit gut überstanden, während wir hier und überhaupt in Deutschland allerhand durchgemacht haben. Allmählich bin ich aber wieder seßhaft geworden und habe hier in Weimar meinen Verlag unter russischer Lizenz wieder aufgebaut. Ich bin dabei zu verlegen, zunächst die Werke von Theodor Plievier, Heinrich Mann, Anna Seghers, Heinrich Heine usw. Ein Prospekt über meine Verlagstätigkeit geht Ihnen demnächst zu. Von Ihren Büchern plane ich " Die hässliche Herzogin " in Neuauflage. Wie steht es mit Ihren übrigen Werken ? Könnte ich nicht eine Lizenz für die russische Zone bekommen ? Es wäre mir sehr erwünscht, mit Ihnen wieder zusammenzuarbeiten.

Meine Frau lässt Sie herzlich grüssen und ich begrüsse Sie mit den besten Wünschen für Ihr weiteres Wohlergehen

Ihr alter

Gustav Kiepenheuer

Am Strand von Biarritz, wo Feuchtwangers Arnolt Bronnen trafen, der sich zum Renegaten entwickelte, mit den Nazis sympathisierte und sich erst Jahre später gegen sie wandte. In diesem Punkt glich er anderen Intellektuellen, wie z. B. Gottfried Benn.

Feuchtwangers italienischer Verleger Gian Dauli und seine Übersetzerin, Frau Giachetti versuchten 1929 Feuchtwanger zu einem Besuch bei Mussolini zu bewegen: »Was soll ich bei Mussolini? Ich kann ihm doch nur sagen, daß ich gegen Faschismus bin,« sagte Feuchtwanger.

Rechte Seite:
Lion Feuchtwanger im Dezember 1927 in London. In der »Daily Mail« vom 19. Dezember 1927 beschrieb Lion seine Eindrücke von London, wo er empfangen und behandelt wurde wie ein Staatsoberhaupt. Die englischen Medien feierten ihn emphatisch, ganz zum Verdruß der nationalsozialistischen Rechten in Deutschland.

1946 in den USA wiedersah, hatte er »ein Bäuchlein und stand nicht unter der strengen Diät. Fröhlich aß er mit uns, ja seine Frau gab ihm die besten Bissen«. Dabei neigte »der Schriftsteller L. F. zur Theorie der Vegetarier« und hatte für die Ernährung der Hindus viel übrig, wie er voller Selbstironie selbst von sich behauptete. »Aber in seiner Praxis war er ein starker Fleischesser. Es unterliegt keinem Zweifel, daß er, hätte er sich des Fleischgenusses enthalten, ein beträchtlich höheres Alter erreicht hätte. So aber hatte er schon in der Blüte seines Lebens Fleisch von 8237 Stück Rindvieh gegessen, von 1712 Stück Wild und von 1432 Stück Geflügel. Fische des Meeres hatte er 6014 verzehrt, Fische aus Flüssen und stehenden Binnengewässern 2738, unzählige Kleintiere, Austern, Muscheln und dergleichen nicht mitgerechnet. All das mit großem Genuß, doch oft bedrückt von der Vorstellung, wieviel Leben umkommen mußte, um das seine zu nähren.«[24]

Feuchtwanger unternahm in jenen Berliner Jahren zwischen den Arbeitsphasen zahlreiche Reisen. Mal mit seiner Frau, mal allein ging es nach Frankreich und Spanien, nach England, Dänemark, Schweden, zweimal nach Italien, an die Ostsee und schließlich über London in die Vereinigten Staaten. Die erste Reise nach Frankreich und Spanien – erste Station war Paris – dauerte zwei Monate. Brecht grantelte und quengelte deswegen. Dieser Urlaub paßte ihm gar nicht. Er wollte die Feuchtwangers davon abbringen und lieber mit Lion arbeiten. Grollend verabschiedete er die beiden schließlich am Bahnhof Zoo. Feuchtwanger schrieb während der Reise nichts und arbeitete dennoch, sammelte vor allem im Gedächtnis Anregungen für spätere Bücher. Einst, 1912/13, inspirierte ihn der Anblick des Titusbogen in Rom, der den Sieg der Römer über das aufständische jüdische Volk und die Zerstörung Jerusalems um das Jahr 70 zeigt, zu der in den Dreißiger Jahren geschriebenen Josephus-Trilogie. Jetzt kam ihm im Prado in Madrid vor den aufwühlenden, sehr politischen Radierungen und Gemälden und vor allem der revolutionären »schwarzen« Wandmalerei des einstigen spanischen Hofmalers Francisco Goya die Idee, über diesen Mann einen historischen Roman zu schreiben. Das Werk entstand 20 Jahre später. Vor allem in Spanien unternahmen Marta und Lion Feuchtwanger ausgedehnte Ausflüge aufs Land, wanderten viel, von Malaga hinauf nach Rondo und über die Hochebene von Madrid, wohnten in kleinen Pensionen, studierten Landschaften und Menschen. In einem kleinen Tal bei Toledo besichtigten sie die Ruinen der »La Galiana«, ein Landsitz, den nach einer Legende Spaniens König Alfons VIII. zur Zeit der Kreuzzüge seiner jüdischen Geliebten Raquel hat bauen lassen, ehe die Jüdin zusammen mit ihrem Vater, dem Hofjuden des Königs dort den Märtyrertod starb – ein Motiv für Feuchtwangers vorletzten, vier Jahre vor seinem Tod erschienenen Roman »Die Jüdin von Toledo«, der auch unter dem Titel »Spanische Ballade« erschien. Sie fuhren nach Sevilla, Gibraltar, setzten über nach Marokko, besuchten San Sebastian und badeten schließlich ausgiebig im französischen Biarritz im Atlantik, wo sie Arnolt Bronnen trafen, mit dem Marta Tennis spielte. Feuchtwanger mochte den Schriftsteller nicht besonders. Er lief später zu den Nazis über und war mit Joseph Goebbels befreundet. Es dauerte viele Jahre, bis er allmählich wieder zu sich fand und dann im Untergrund gegen die Nazis arbeitete. Lion verfiel unter der südlichen Sonne wieder seiner alten Spielleidenschaft, ging in

Biarritz ins Spielcasino, eine wahre Räuberhöhle, verlor natürlich, entspannte sich beim Schwimmen und Faulenzen am Strand. Dort rettete er einmal – als guter Schwimmer, der er war – einer Engländerin, die bei starkem Wellengang hinausgetrieben worden war, das Leben.

Wieder zu Hause erreichten Feuchtwanger die Nachrichten von den ersten schwindelerregenden internationalen Verkaufserfolgen seines »Jud Süß«. Es folgte für den Herbst eine offizielle Einladung der Regierung von Großbritannien. Er reiste vom 24. November bis zum 7. Dezember 1927. Es wurde ein Triumphzug. Sein Empfang in London übertraf seine kühnsten Träume. Die britische Presse, allen voran der angesehene und populäre Kritiker Arnold Bennett im »Evening Standard«, feierte den im ersten Weltkrieg wegen seines »Warren Hastings« noch als »Hunnenpoeten« heruntergeputzten Autor jetzt fast wie einen Staatsbesuch. Zu Hause in Berlin hockte er allenfalls einmal als Beifahrer in Martas kleinem Sportcoupé; jetzt wurde er im Rolls Royce umherchauffiert. Natürlich hatten Einladung und Besuch auch eine politische Dimension. Kein Deutscher war seit Ende des Krieges so herzlich willkommen geheißen worden. Zum Ärger der in Deutschland immer stärker die Weimarer Republik unterwühlenden politischen Rechten wurde der Jude Feuchtwanger als jemand gepriesen und herumgereicht, der den guten Deutschen verkörpert, als Friedenskämpfer, der für eine internationale Zusammenarbeit eintrat. Das stimmte zwar mit Feuchtwangers Selbsteinschätzung überein, doch dürfte es dem vor großem Auditorium eher scheuen Gast unangenehm gewesen sein, plötzlich in eine aktive öffentliche Rolle gedrängt zu werden. Es widersprach seinen Lebensgrundsätzen. Diese Rolle hätte eher zu Heinrich Mann gepaßt, der immer gern den Diplomaten spielte und auch den Umgang mit zahlreichen Diplomaten pflegte. Andererseits wird es dem im eigenen Land arg angefeindeten Romancier auch geschmeichelt haben, einmal auf Händen getragen zu werden. Die volle Sympathie der Engländer eroberte er sich am 30. November mit einem in der Presse und im Funk angekündigten Vortrag im Rundfunksender BBC. Darin verteidigte er diplomatisch und humorvoll den Literaturgeschmack des englischen Lesers gegen eine Herabsetzung durch englische und ausländische Sachverständige und verglich ihn mit dem unterschiedlichen, aber für ihn keineswegs besseren deutschen. Nach der Rundfunkrede, die mit den Worten endete: »Sicherlich ist er nicht jedermanns Geschmack, der Geschmack Ihrer Insel; aber mir gefällt er,« mußte er vor seinem Hotel durch einen Polizisten vor begeisterten Fans und Lesern geschützt werden. Er erhielt eine Einladung des Königs nach Windsor Castle, wo ihm die Majestät eine Zeichnung der »Häßlichen Herzogin Margarete Maultasch« von Quentin Matsys zeigen wollte. Doch Feuchtwanger mußte absagen, ein schwerer Grippeanfall hatte ihn ins Bett geworfen. Auch ein Festbankett der Labour Party zu seinen Ehren mußte ohne ihn stattfinden. So besuchte der britische Premierminister und Labour-Politiker Ramsey MacDonald Feuchtwanger am Krankenbett im Hotelzimmer.

Nachdem der Termin beim König ausgefallen war, gab der Vizekönig von Indien, Lord Reading, Feuchtwanger zu Ehren einen Empfang, bei dem sich allerlei Prominenz aus der englischen Gesellschaft versammelte. Den Spitzen der britischen Politik begegnete er auch bei einem Empfang des Chemiekonzernchefs

...ly Mail DECEMBER 19, 1927.

STRANGE THINGS THAT IMPRESSED ME IN LONDON.

D. MAIL

By Dr. LION FEUCHTWANGER.

Dr. Feuchtwanger, the brilliant German novelist and dramatist, whose "Jew Süss" was the book of the year, both in Germany and England, left London this week for his native land. Now, after reflection, he has written for *The Daily Mail* this picturesque account of the things that impressed him most in London.

19 DEC 1927

The endless rows of large red omnibuses in the grey streets of London, chasing one another, passing one another, leave a very strong impression to be found nowhere else.

But the next moment one asks oneself, Why red? Isn't it very unpractical? Doesn't it distract the eye from other obstacles in the way of traffic? Does it not confuse and hinder the driver? Was red chosen on account of the fog? Or because it makes a better background for advertising posters? Or simply because it creates a pageant?

The quiet way in which the traffic is controlled, the absence of street cries, the quick understanding between the various drivers, the ... to show to the foreigner the size, the solidity of their houses, their city, and their mode of life?

A great source of wonder in London is the theatre. It is not that there is a shortage of good plays and good actors. But it is surprising that a public that has reached such a high average standard in its reading matter should not be able to take its theatre seriously. What pretty little senseless things: trifles, boudoir pieces, porcelain! Everything under glass without any connection with life. Our theatres played like that thirty years ago in the better court theatres of the provinces. Everybody complains about this state of affairs: the public, the author, the ... seriously seems to con-

...ly Mail NOVEMBER 25, 1927.

GERMANY'S PASSION FOR BRITISH PLAYWRIGHTS.

D. MAIL

By LION FEUCHTWANGER.

Herr Feuchtwanger is the brilliant German dramatist and novelist whose "Jew Süss" has been one of the literary sensations of the year. He is visiting London.

John Galsworthy. Eugene O'Neill. Lion Feuchtwanger. Somerset Maugham.

When I recently argued in a German newspaper that the influence of French literature on Germany had waned as much as Anglo-Saxon influence had grown, I was passionately attacked in many quarters. I challenged one of my most violent opponents to examine with me the displays of any of the Berlin booksellers that he cared to choose and the posters of the Berlin theatres. We found that three times as many Anglo-Saxon books were displayed as French, and that on that evening, in 17 German theatres which may roughly be called serious, two Shakespearean plays were given, two by Shaw, two by other English authors, and one by an American.

There is no question that since the war German taste has distinctly turned away from French literature and towards Anglo-Saxon. You may welcome that, you may deplore it, you may see in it a sign that the feeling for artistic form is disappearing and that there is a far greater appetite for substance and novelty. You may ascribe this to quite external reasons—to the simple fact that to-day London and New York are in every respect much less distant from us than they were before the war. At any rate, the fact is incontestable.

Further, if you argue that the question is not one of the number of readers but of the intensity of the influence, even then you cannot deny the enormous sway of Anglo-Saxon ... very limited place in the repertoire of the German theatre, Bernard Shaw since the war reigns supreme.

Numerous poor English pieces are also produced here with great love and more art than they deserve. Indeed, it looks as if Germany is the only country in the world that still takes its theatre seriously. I believe many English authors would be surprised to find how seriously they are taken on our stage. In an age which everywhere has long lost the thirst for real drama and has long divorced literature from the stage, there are still serious and respectable people in Germany who, though exhausted with a day's more or less useful activity, still hurry in every evening to the theatre keen to find something that they may take home again. The workman, after the sweat and harassing troubles of the day, employs his scanty savings to create for himself a well-equipped theatre run by his own great drama leagues. From these institutions English playwrights draw a revenue quite unexpected by them.

It is a little touching and, indeed, comic to see with what reverence the lower middle class or working class man in the provinces hears a play by one Englishman—a play that the author has written mechanically and insincerely. For this author's heart is in his novels, in which he shows himself a true artist. The stage is for him too doubtful a mechanism for him to put into it anything so precious as his art.

Höhenflugrekord (1929)

Am 2. Juli, einem sehr heißen Tage, morgens um 10 Uhr 20 Minuten, stieg der Leutnant Victor Crecy auf, um den bisherigen Weltrekord von 11 702 Metern Höhe zu brechen. Die Grenze, die für Flugzeuge erreichbar ist, war mathematisch festgestellt. Nicht aber, trotz vieler Versuche im Laboratorium, gab es eine sichere Formel für die Höhe, bis zu der Menschen lebend gelangen können. Fünf Flieger hatten sich bis jetzt ernsthaft und aussichtsvoll an dem Kampf um den Höhenflugrekord beteiligt. Leutnant Crecy war der sechste.

Langsam schraubte sich sein Flugzeug »Marie Lemaire« (S A III 26) hinauf in die dünne, von sausendem Wind durchhetzte Atmosphäre. Denn dauernd fegt vom Rand des luftleeren Raumes ein sehr starker Ostwind. In gleicher Höhe mit dem Flugzeug »Marie Lemaire« stieg der Horizont, wurde weiter, undeutlicher. Leutnant Crecy steuerte sein Flugzeug höher, langsam, vorsichtig, wohl wissend, daß der menschliche Körper, unvermittelt in solche Höhen gebracht, bersten müßte; denn es saugt der Raum an jeder Zelle des Leibes um ihr Quentchen Luft, zieht durch die Haut hindurch, das Blut heraus. In kurzer Zeit, doch ihm schien es langsam, gelangte der Leutnant in die eisige Dünne der ganz großen Höhe. Ein paar Wolken, ein Schneesturm, kommend von nirgendwoher, den Boden nie erreichend. So fegte der einsame Mann dahin.

Die Hebelarme seines 280-Ps-Motors tanzten, ab und zu wurden die Propellerflügel sichtbar. Sonst sah der Flieger nichts außer den schmalen Zeigern seiner Instrumente. Längst waren die Städte zu handbreiten Flecken geschrumpft und verschwunden, längst die Ströme zu dünnen Drähten geschrumpft und verschwunden. Kein Echo war, nur das Surren des Motors. Nichts war im Raum außer dem Leutnant und seiner Maschine.

Leutnant Crecy war 28 Jahre alt, während des Krieges infolge außerordentlicher Leistungen im Tagesbericht der französischen Heeresleitung zweimal genannt. Jetzt hatte er das Ziel, der Internationalen Aeronautischen Föderation in Paris versiegelte Instrumente vorzulegen mit so beschaffenen Lesungen und Ergebnissen, daß dieses Institut sie als Rekord aushängen könnte. Er kannte von elf Höhenflügen und von den Versuchen im Laboratorium her die Wirkungen der dünnen Luft. Er wußte von der weißen Mittsommersonne, die ihn, da ihn die Atmosphäre nicht schützte, mit gleichmäßiger Unbarmherzigkeit bestrahlte. Er kannte gut den Winter, der in diesen Höhen auch im Juli friert. Crecy war dicht in Pelze gewickelt, schwere Pelzhandschuhe trug er an den Händen; elektrische Heizkörper wärmten überdies das eine Bein, das infolge einer Steifheit gegen Kälte rasch empfindlich war. Das Gesicht war dick mit Fett beschmiert. Die Augen, ins linke war ein Monokel geklemmt, waren durch eine mächtige Brille abgeschlossen und geschützt.

Er stieg höher. Trotz aller Vorsicht schnitt der Wind wie eine Säge in seine Knochen. Mehrere Stellen seines Gesichtes, trotz des Fettschutzes, bedeckten sich unter der Sonne mit Blasen. Unter der

Kälte zogen sich die Metallteile seines Flugzeuges zusammen, einzelne brachen durch die Vibrationen des Motors ab wie spröder Schiefer. Durch eine kleine Röhre, gleich als ob er rauchte, atmete er Sauerstoff ein.

Der Leutnant Victor Crecy, in der Höhe zwischen 9000 und 9500 Metern, freute sich an dem Bewußtsein, daß er das erste atmende Wesen war, das in diesen Teil des Raumes vorstieß. Er war ein mutiger Mann. Er hatte Nahkämpfe mit sehr gefürchteten Gegnern hinter sich, er war eine lange, ewige Weile, gestürzt, spritzendes Blei um sich, zwischen Graben und Drahtverhau gelegen. Sein unbewegtes, scharfzügiges Gesicht, ein Pokergesicht nannten es seine Freunde, war die Freude der Photographen; Millionen von Menschen war es, mit dem Flugzeug »Marie Lemaire« als Folie, bestätigendes Sinnbild der Kühnheit der Generation. Dann aber, in der Höhe von 10 300 Metern, verzerrte sich plötzlich unter der dicken Fettschicht dieses Gesicht, der Mund schnappte hilflos auf und zu. Der Leutnant hörte den Motor nicht mehr, die Sonne wurde undeutlich. Zunge und Gaumen waren peinigend trocken, er war erschöpft vor Hunger. Es wurde dunkler, gleich wird es Nacht sein. Er begann mit sich selbst zu reden. Dies hatte er noch nie getan. Er sagte: »10 982 Meter unter dem Meeresspiegel. Meine Mutter ist eigentlich nicht schwarz, sondern eher braun. Jetzt klettere ich schon 2900 Stunden und bin immer erst 11 Meter hoch. Ich möchte jetzt ein Beefsteak. Es ist verflucht, wie die Zeit vergeht. Ich habe doch 29 gelesen, es ist aber 92.«

Im Begriff, das Bewußtsein zu verlieren, während die Sonne in seltsame Ausbuchtungen zerfloß und komisch zu wackeln begann, merkte er, daß in dem gefrorenen automatischen Apparat sein Sauerstoff ausgegangen war. Mit mechanischer Bewegung griff er zur Ersatzflasche. Im Bruchteil eines Augenblicks waren alle anderen Gedanken weggefegt durch den Befehl: Kontrolle! Kontrolle! Die Sonne bekam ihren Glanz zurück, der Motor surrte seinen alten Rhythmus. Der Hunger war fort. Er wußte, daß seine Mutter blond war und daß er um 10 Uhr 20 Minuten gestartet, also noch nicht 70 Minuten unterwegs war. Da lachte der Leutnant Crecy, er lachte laut, jung, schallend, aber so hoch im Raum war es kein lauter Schall.

Er sah auf den Registrierapparat und sah, daß er 11 404 Meter erreicht hatte.

Die nächsten 100 Höhenmeter erzielte er gleichmäßig und sicher wie in einer Höhe von 4000 Metern. Dann aber von neuem begann das Flugzeug »Marie Lemaire« zu schwanken, schwamm willkürlich, ungehorsam dem Steuer, in der dünnen Luft. Kälter als die Kälte des leeren Raumes drang der Gedanke in ihn, daß sein Sauerstoffapparat nicht vorhalten werde. Wird er die 11 702 Meter unter sich lassen, die John Macready erreicht hat? Die Zeit schlich grauenvoll langsam. Schon wieder schnappte er, spürte er sein Herz, kämpfte er um Luft. Er bemühte sich angespannt, an die Versuche im Laboratorium zu denken und daß dies ein frühes Stadium sei ohne Gefahr. Aber es schnellten so viele Fische um ihn herum, große und kleine, glasäugig, dumm, ihrem Element entgegen. Zwischendurch wußte er, daß er in sehr großer Höhe flog, und daß irgend etwas falsch war. Er wußte auch, daß man dem durch einen einfachen Handgriff abhelfen konnte. Aber der qualvoll um Luft japsende Mann konnte auf diesen Handgriff nicht kommen. Es waren die vielen herumschnellenden Fische, die ihn behinderten.

Jetzt hatte er es. Mit dem mittleren Hebel mußte er etwas vornehmen. Er hob die Hand. Da raste der Hebel weg von ihm, wich nach vorne aus, nach links, er konnte den verdammten Hebel nicht finden. Er lüftete, vermutlich um die schnellenden Fische zu vertreiben, die mächtige Brille, daß seine Augen, das linke unter dem geklemmten Monokel, bloßlagen. Er spürte einen sich ins Hirn drehenden Stich, dann nichts mehr.

Das Flugzeug »Marie Lemaire« (SA III 26) wurde noch am gleichen Tage aufgefischt, auf einem Wasser treibend. Es war seltsamerweise nicht übermäßig beschädigt. Der tote Leutnant Crecy saß am Steuer, seine Hand war ans Steuer festgefroren; auch die Augen waren gefroren, vors linke war noch immer das Monokel geklemmt. Die versiegelten Instrumente zeigten, daß die erreichte Höhe 12 149 Meter betrug, 447 Meter mehr als der letzte Rekord.

Lion Feuchtwanger

Thomas Mann, der 1929 den Nobelpreis für Literatur erhielt. Bei einem Besuch in England mußte er erfahren, daß Feuchtwangers Ruhm dort größer war als sein eigener. Ihn wurmte der Satz: »It's nearly like Feuchtwanger!«, der als Maßstab für literarische Qualität gebraucht wurde.

Lord Melchett. Melchett stammte von Frankfurter Juden ab und war ein enger Freund des Israel-Gründers Chaim Weizmann.

Schließlich traf Feuchtwanger die von ihm geschätzten englischen Kollegen: Georg Bernard Shaw, John Galsworthy, Arnold Bennet, H. G. Wells und dessen Freundin Rebecca West. Sie waren für Feuchtwanger diejenigen, die, wie er ein Jahr später in einem Aufsatz schrieb, ihre Leser besser über den Engländer von heute informierten »als ganze Bibliotheken wissenschaftlicher und essayistischer Werke«. Die angelsächsische Literatur, so fand er, gebe wenig Tiefe und Romantik, liefere Poesie nur als Zutat. »Ihre Hauptbestandteile sind Tatsachen, geordnet und gestaltet von gesundem Menschenverstand.«[25] Feuchtwanger fühlte sich dieser Literatur mit seinen eigenen historischen Romanen verwandt, die in angelsächsischen Ländern Zeit seines Lebens und auch nach dem Zweiten Weltkrieg immer eine stärkere Beachtung fanden als in seinem eigenen Land. Dabei spielten natürlich auch die politischen Konstellationen eine erhebliche Rolle. Seinen Hang zur angelsächsischen Literatur machten ihm denn auch viele deutsche Literaturkritiker zum Vorwurf, weil ihnen die von Feuchtwanger bevorzugten Werke als zu anspruchslos erschienen. Einer urteilte über Feuchtwangers Bücher boshaft: »Wie es so oft mit populären Büchern von mäßiger Qualität vorkommt, waren seine Romane durch Übersetzungen in viele Sprachen verbessert worden.«[26] Feuchtwanger reagierte jedoch schon damals auf Kritik dieser Art mit einem Gegenangriff: »Es ist im Nachkriegsdeutschland schrecklich viel von Sachlichkeit die Rede. Berlin rühmt sich, Europas amerikanischste Stadt zu sein. In der Literatur ist Sachlichkeit rasch zu einem Schimpfwort geworden, mit dem billiges Ästhetentum von gestern sich gegen das lebendige Heute wehrt. Es wäre besser, zu studieren, warum das angelsächsische Schrifttum heute so stark wirkt, statt sinnlos gegen diese Wirkung anzurennen. Begeisterung läßt sich nach dem Wort eines nicht unsachlichen deutschen Dichters nicht einpökeln: Fakten lassen sich konservieren.«[27]

Die britischen Kollegen verziehen ihm denn auch großzügig, daß er ausgerechnet auf einer Party bei H. G. Wells in einen der größten Fettnäpfe trat, die zu jener Zeit herumstanden, als er auf die Frage nach seinem englischen Lieblingsautor antwortete: »Rudyard Kipling!« Die Antwort löste eisiges Schweigen aus. Man bezweifelte, so mußte Feuchtwanger erfahren, nicht dessen literarische Gestaltungskraft, Kipling galt jedoch als Reaktionär und Militarist, weil er den Einsatz der Engländer in den Kolonien als Heldentum glorifizierte. Der Kritiker Arnold Bennett, der entscheidend zu Feuchtwangers Ruhm in England und damit auch in Amerika beigetragen hatte, war im übrigen mit dem Besucher sehr einverstanden. Befriedigt notierte er in sein Tagebuch, Feuchtwanger, der aussehe wie eine außerordentlich intelligente Katze, habe bei einem Dinner des PEN-Club im Gegensatz zur Vorsitzenden Rebecca West eine hervorragende Rede gehalten – allerdings »in sehr schlechtem Englisch«. Thomas Mann mußte wenig später in England erfahren, daß das höchste Lob, das hier ein Schriftsteller einheimsen konnte, schlicht lautete: »It's nearly like Feuchtwanger!« – Fast so gut wie Feuchtwanger. Wobei sich »Feuchtwanger« auf der britischen Insel ungefähr anhörte wie: »Fuschtwänscher«. »Nie war ein Name namhafter und zugleich unaussprechlicher«, schrieb Thomas Mann.[28] Zwei Jahre später wurde Feuchtwanger zu einer ähnlichen Reise nach Dänemark und Schweden eingeladen. Mitglieder des Nobelpreiskomitees wollten ihn kennenlernen. Nach Angaben Marta Feuchtwangers zählte er zu den Kandidaten für den Literatur-Nobelpreis. Bekommen hat ihn 1929 aber Thomas Mann.

Feuchtwanger kam krank aus Schweden zurück, sein altes Magenleiden machte ihm wieder zu schaffen. Sein Arzt verordnete ihm wärmeres Klima. Mit Marta fuhr er wieder nach Fasano an den Gardasee, wo sie Besuch von Lions italienischer Übersetzerin und seinem italienischen Verleger Gian Dauli bekamen. Sie versuchten, ihn zu einem Besuch bei Mussolini zu überreden. Feuchtwanger wehrte ab. Er wüßte nicht, was er Mussolini zu sagen hätte, außer daß er ein Gegner des Faschismus sei. Aber obwohl die Faschisten Italien regierten, konnten seine Bücher hier erscheinen. Zunächst waren sie verboten worden. Inzwischen schwärmten auch die Italiener für ihn, bemerkte die Londoner »Westminster Gazette« verwundert bereits am 13. Mai 1927.

Unter den prominenten ausländischen Besuchern jener Jahre am Fehrbelliner Platz aus Großbritannien, inzwischen auch aus der Sowjetunion und aus den Vereinigten Staaten, waren der von Feuchtwanger hoch geschätzte Sinclair Lewis mit seiner Gefährtin Dorothy Thompson, einer prominenten Journalistin, die später nach einem Besuch beim »Führer« Ende 1932 ein vernichtendes Porträt über Adolf Hitler schrieb, das in den USA als Buch unter dem Titel »I saw Hitler« erschien. Sinclair Lewis gehörte für Feuchtwanger übrigens wie auch Upton Sinclair und Jack London zu jener von ihm so gepriesenen neuen angelsächsischen Schriftstellergeneration, zu der er auf deutscher Seite neben sich selber vor allem seine Freunde Arnold Zweig und Heinrich Mann sowie Erich Maria Remarque zählte. Diese bevorzugten Namen drükken auch sehr klar Feuchtwangers literarischen Entwicklungsprozeß weg von der romantischen und hin zur realistischen, faktenund spannungsorientierten sozialkritischen Darstellung aus. Die Zeit, da Feuchtwangers Amerika-Bild von Mark Twain, Hawthorne, Edgar Allen Poe und Walt Whitman geprägt wurde, war vorbei. Jetzt bestimmte Literatur wie Sinclair Lewis' »Babbitt« dieses Bild. »Babbitt«, 1922 erschienen und schon wenig später zu den amerikanischen Klassikern gezählt, ist eine Satire auf den amerikanischen Spießbürger in der Person eines fortschrittsgläubigen, wohlhabenden und einflußreichen Immobilienmaklers, der in einer Kleinstadt des mittleren Westens lebt und ein Opfer des Konformismus der modernen Gesellschaft ist. Feuchtwanger ließ sich von »Babbitt« zu einer Serie satirischer Gedichte inspirieren, die in den Jahren zwischen 1924 und 1928 entstanden. Über längere Zeit, jeweils am Sonntag, erschienen sie unter Pseudonym als »Pep. J. L. Wetcheeks amerikanisches Liederbuch« im »Berliner Tageblatt«. 1928 wurden sie erstmals als Buch mit Illustrationen des Brecht-Freundes und Bühnenbildners Caspar Neher veröffentlicht, nachdem das simple Geheimnis des Pseudonyms gelüftet worden war: Feuchtwanger hatte seinen Namen ins Englische übersetzt und die Anfangsbuchstaben seiner beiden Vornamen Lion Jacob vertauscht vorangestellt. Im Mittelpunkt steht die Figur des Dachziegelfabrikanten B. W. Smith, eine Art Zwillingsbruder von Lewis' Babbitt. »Pep« ist das Motto von Babbitts' Club und bedeutet Energie, Schlagfertigkeit und klare Intelligenz. Bei Feuchtwanger steht es für: »Stimmung! Kopf hoch! Hurra! Kurasche!« Das »Liederbuch« ist nur vordergründig eine Karikatur des amerikanischen »Way of Life«. Es ist eine Art Spiegel, den

Illustration Caspar Nehers zur ersten Ausgabe des Gedichtbandes »PEP, Wetcheeks amerikanisches Liederbuch«, 1924/1925

Lotte Lenya spielte eine der Hauptrollen in Feuchtwangers »Petroliuminseln« in der Berliner Aufführung im November 1928.

Im Juni 1928 inszenierte Erich Engel am Schauspielhaus Berlin »Kalkutta 4. Mai« mit Sybille Binder und Rudolf Forster in den Hauptrollen. Erich Engel (1892 bis 1966) wurde von Max Reinhardt nach Berlin engagiert und später, auf Wunsch Bertolt Brechts, Leiter des Theaters am Schiffbauer Damm. Berühmt waren Engels realistische Inszenierungen expressionistischer Stücke. Seine Bearbeitungen und Neuinterpretationen Shakespearscher Dramen erregten Aufsehen. 1928 besorgte er die Uraufführung von Brechts »Dreigroschenoper«. Der Filmregisseur Engel wurde vor allem durch seine Regien von »Wer nimmt die Liebe ernst« (1930), »Der Maulkorb« (1938) und »Die Affäire Blum« (1948), in dem Engels mit dem Faschismus abrechnete, bekannt.

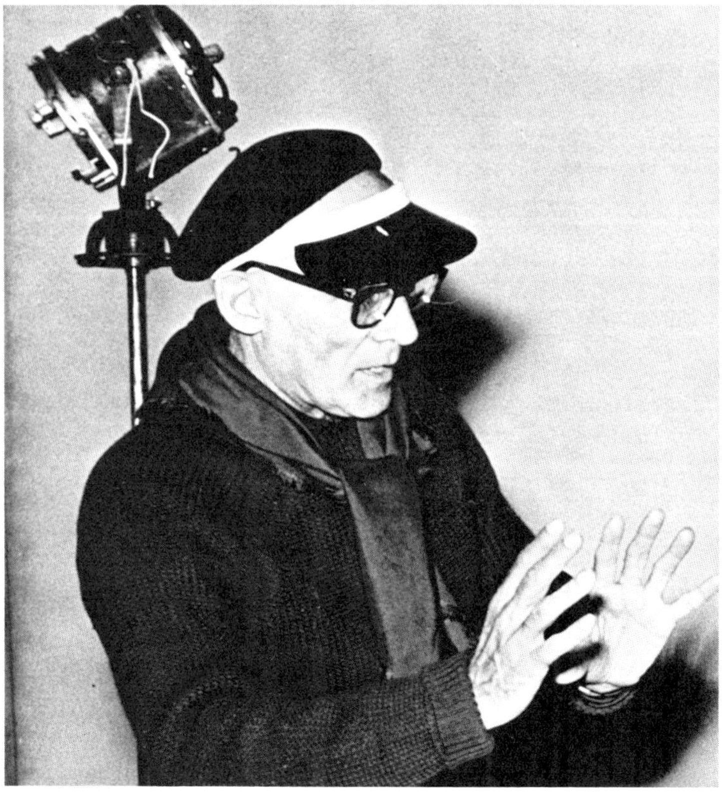

er der europäischen Gesellschaft vorhält, die sich abmüht, diesen »Way of Life«, in dem nur noch das ökonomische Prinzip und das Fortschrittsdenken des Spießbürgers gilt, nachzuvollziehen. »Nicht Henry Ford ist der Typ des Amerikaners oder Thomas Edison, sondern Babbitt«, sagte Feuchtwanger im November 1927 in einer Rundfunkrede über Sinclair Lewis.[29] Den von Feuchtwangers B. W. Smith verkörperten, kulturverachtenden, Homo Americanisatus gibt es folglich überall dort, wo Massenproduktionen und das Geld herrschen. Dies sollten die Pep-Gedichte ins Bewußtsein rücken. Feuchtwanger widmete das Buch, das in einer Übersetzung von Dorothy Thompson auch in den USA erschien, Sinclair Lewis.

Mit dieser Umbruchphase in der Literatur, mit ihrer »Anglisierung«, setzte sich Feuchtwanger in seinem im November 1927 in »Berliner Tageblatt« veröffentlichten Aufsatz »Konstellation der Literatur« auseinander: Er schrieb: »Die Literatur der weißhäutigen Völker, seit etwa zwanzig Jahren sinn- und zwecklose Spielerei, ohne Zusammenhang mit dem Leben, Beschäftigung für Zeittotschläger, beginnt allmählich, die Inhalte aufzunehmen, die Krieg, Revolution, gesteigerte Technik ins Licht rücken. Produzierende und Konsumenten haben formalistischen, ästhetisch tändelnden Kram ebenso satt wie alles Ekstatische, gefühlsmäßig Überbetonte. Was Schreibende und Leser suchen, ist nicht Übertragung subjektiven Gefühls, sondern Anschauung des Objekts: anschaulich gemachtes Leben der Zeit, dargeboten in einleuchtender Form. Erotisches rückt an die Peripherie, Soziologisches, Wirtschaftliches, Politisches in die Mitte. Don Juan in seinen endlosen Varianten hat abgewirtschaftet, an seine Stelle tritt der kämpfende Mensch, Politiker, Sportler, Geschäftsmann. Den Schreiber und den Leser fesselt Gestaltung des unmittelbar Greifbaren: Sitten und Gebräuche des heraufkommenden Proletariats, die Institutionen Amerikas, Fabriken, Konzerne, Autos, Sport, Petroleum, Sowjetrußland.«[30] Doch bald schon schien ihm der Export angelsächsischer Denkformen und angelsächsischen Sprachgutes »ins Maßlose ausgewuchert«. In der »Literarischen Welt« stellte Feuchtwanger im Januar 1929 durchaus boshaft fest: »Der Anglosaxonismus, den zu verbreiten ich selber meinen Teil beigetragen habe, ist ins Übel-Modische ausgeartet. Bücher vierten und fünften Ranges werden überall auf der Welt übersetzt und überschätzt, bloß, weil sie angelsächsisch sind, und in allen Literaturen blähen sich schmächtige Schreiberlein in ungeheuer weiten amerikanischen und englischen Anzügen.«[31]

In der zweiten Hälfte der Zwanziger Jahre wurden die drei angelsächsischen Stücke Feuchtwangers uraufgeführt: »Die Petroleum-Inseln« kamen 1927 im Hamburger Schauspielhaus heraus. Bekannter wurde jedoch die Berliner Aufführung ab November 1928 im Schauspielhaus unter der Regie von Jürgen Fehling. Die Hauptrollen waren mit Maria Koppenhöfer, Lotte Lenya, Eugen Klöpfer und Albert Florath besetzt. Lotte Lenya, die Frau von Kurt Weill, Sybille Binder, Elisabeth Bergner und Helene Weigel waren übrigens Feuchtwangers Lieblingsschauspielerinnen. Wenige Monate zuvor, im Juni 1928, hatte am Schauspielhaus Berlin im Juni 1928 unter der Regie von Erich Engel das von Feuchtwanger zusammen mit Brecht überarbeitete »Warren Hastings«-Thema »Kalkutta 4. Mai« Premiere, mit Sybille Binder, Rudolf Forster, Walter Franck in den Hauptrollen. Und im April 1930 war die Uraufführung der von Leopold Jessner im Staatstheater Berlin inszenierten Komödie »Wird Hill amnestiert?« mit Lucie Mannheim, Hans Leibelt, Aribert Wäscher und Paul Bildt in der Besetzung. In dem Stück kämpft eine Frau um ihren unschuldig verurteilten Freund, einen hohen englischen Regierungsbeamten in einer afrikanischen Kolonie, dem vorgeworfen wurde, bei einem Eingeborenenaufstand nicht eingegriffen zu haben. Seine Freundin versucht, ihn durch Appelle an die Menschlichkeit und Gerechtigkeit freizubekommen und erreicht schließlich seine Begnadigung: das aber nur, weil die angesprochenen Herren mehr an ihr als an dem Schicksal des Freundes interessiert sind. Das Stück war vom Handlungsschema der »Probelauf« zu Feuchtwangers Roman »Erfolg«.

Die Kritiker hatten es schwer mit Feuchtwangers angelsächsischen Stücken. Obwohl »Kalkutta 4. Mai« recht erfolgreich war, fand Fritz Engel im »Berliner Tageblatt«, es sei »eine schwere Exposition« gewesen und Paul Friedländer beurteilte es in der »Roten Fahne« lediglich als »genießbar, ja sogar interessant«. Regelrecht verrissen aber wurden seine »Petroleum-Inseln« von Engel wie von Herbert Ihering, der im Berliner »Börsen-Courier« schrieb. Engel sagte in seiner Kritik: »Bei den Inseln bedarf es gar zweier Drittel des Abends, bis die Aufblätterung groß genug ist, daß wir den besonderen Duft und die eigene Art der Blüte entdecken können ... Bei aller Verehrung für Feuchtwanger, der ein Tambour deutschen Schriftgeistes draußen in der Welt ist: hier hat er die Form nicht getroffen.« Immerhin bemerkte Engel »auf diesem krausen und bunten, auseinandergleitenden Hintergrund starke Darstellerleistungen« und registrierte: »Ein Teil des Publikums war offenbar stark bewegt und sehr beifallslustig.«[32] Herbert Ihering ging mit dem Stück über die moderne Margarete

Theaterzettel zu »Warren Hastings«, Münchner Schauspielhaus 1918, und »Petroliuminseln«, Frankfurter Schauspielhaus 1925

Münchner Schauspielhaus.
Maximilianstraße 34 35.
Leitung: J. G. Stollberg — C. Schmederer.
Sonntag, den 19. Mai 1918, nachmittags 3 ½ Uhr
Warren Hastings
Gouverneur von Indien.
Schauspiel in vier Akten und einem Vorspiel von Lion Feuchtwanger.
Spielleiter: Dr. Endemann.
Personen:

Sir Warren Hastings, Generalgouverneur von Indien		Franz Scharwenka
Mr. Barwell	Mitglieder des Obersten Rats der Ostindischen Compagnie	Siegfried Raabe
Mr. Philip Francis		August Weigert
General Clavering		Ludwig Heller
Colonel Monson		Max Weydner
Mr Cowper, Gouvernementssekretär		Paul Marr
Kapitän Elliott, Adjutant des Gouverneurs		Adolf Grell
Kapitän Scott	in Diensten der Compagnie	Reinhold Bauer
Leutnant Burney		Fritz Hortmann
Marianne Baronin Imhoff		Hilde Herterich
Der Maharadscha Nenkomar		Kurt Gerdes
Der Sprecher der Gesandten von Audh		Robert Rummel
Der Sprecher der Gesandten von Rohilkund		Theodor Auzinger
Ein alter Eingeborner		Fritz Krampert
Ein Diener des Gouverneurs		Robert Schmidt
Haushofmeister der Baronin Imhoff		Georg Burghardt

Ein Sheriff des Obersten Gerichtshofes, zwei Gesandte von Audh, zwei Gesandte von Rohilkund, Herren und Damen der englischen Kolonie, eingeborne Standespersonen, Soldaten der ostindischen Compagnie, weiße und farbige Dienerschaft der Baronin Imhoff, ein Fächerträger und sonstiges Gefolge des Maharadscha Nenkomar.
Ort der Handlung: Kalkutta. Zeit: 1775.

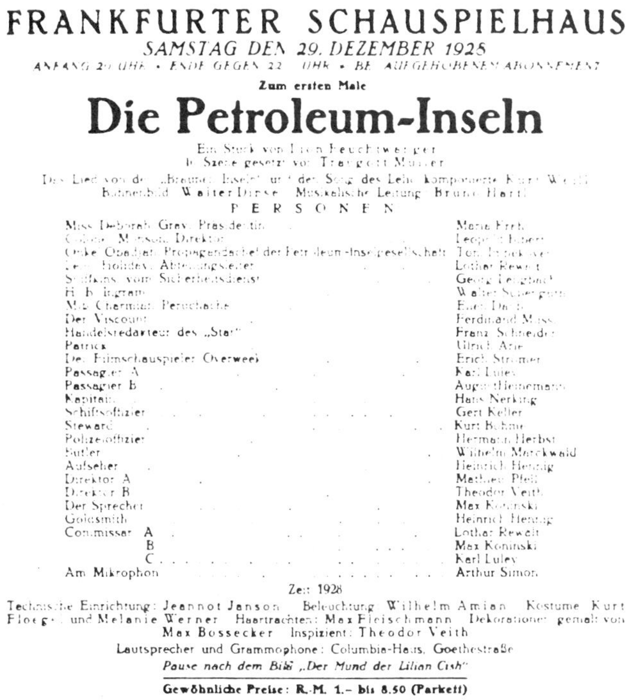
FRANKFURTER SCHAUSPIELHAUS
SAMSTAG DEN 29. DEZEMBER 1928
ANFANG 20 UHR • ENDE GEGEN 22 UHR • BEI AUFGEHOBENEM ABONNEMENT
Zum ersten Male
Die Petroleum-Inseln
Ein Stück von Lion Feuchtwanger
In Szene gesetzt von Traugott Müller
Das Lied von den „Braunen Inseln" und der Song des Lehr komponierte Kurt Weill
Bühnenbild Walter Dinse Musikalische Leitung Bruno Hartl
PERSONEN

Miss Deborah Gray, Präsidentin	Maria Frey
[illegible] Morrison, Direktor	Leopold [illegible]
Onkel Obadjah, Propagandachef der Petroleum-Inselgesellschaft	Toni [illegible]
[illegible] Holiday, Abteilungsleiter	Lothar Rewalt
[illegible] vom Sicherheitsdienst	Georg Lengbach
H. B. Ingram	Walter [illegible]
Mrs. Charmian Peruchacha	[illegible]
Der Viscount	Ferdinand [illegible]
Handelsredakteur des „Star"	Franz Schneider
Patrick	Ulrich Arie
Der Filmschauspieler Overweel	Erich Stromer
Passagier A	Karl Luley
Passagier B	August Heinemann
Kapitän	Hans Nerking
Schiffsoffizier	Gert Keller
Steward	Kurt Böhme
Polizeioffizier	Hermann Herbst
Butler	Wilhelm Marckwald
Aufseher	Heinrich Hennig
Direktor A	Mathias Pfeil
Direktor B	Theodor Veith
Der Sprecher	Max Koninski
Goldsmith	Heinrich Hennig
Commissar A	Lothar Rewalt
B	Max Koninski
C	Karl Luley
Am Mikrophon	Arthur Simon

Zeit: 1928
Technische Einrichtung: Jeannot Janson Beleuchtung: Wilhelm Amian Kostume Kurt Floege und Melanie Werner Haartrachten: Max Fleischmann Dekorationen gemalt von Max Bossecker Inspizient: Theodor Veith
Lautsprecher und Grammophone: Columbia-Haus, Goethestraße
Pause nach dem Bild „Der Mund der Lilian Gish"
Gewöhnliche Preise: R.M. 1.– bis 8.50 (Parkett)

Lion Feuchtwanger: „Warren Hastings".

Kleines Theater.

I.

Paten dieser nirgends unvornehmen, doch langwierigen und kalt gemachten Arbeit sind: Scribe, Machiavell, Morpheus. (Für den Machiavell geht auch Nietzsche zu setzen.)

Cecil Rhodes hat einen Erdteil für England gewonnen ... und zwischendurch mit einem verschwenderisch-aristokratischen Weibstück Unannehmlichkeiten geschluckt. Ein wilderer Cecil Rhodes steht hier in der Mitte: Warren Hastings, der indisches Gut für die traute Heimat stiehlt, mit Tod und Folter wirtschaftet, durch eine Liebschaft mit der Baronin Imhoff den Knacks kriegt (weil sie Perlen vom indischen Feind nimmt), diesen Knacks kittet, die Frau kaltstellt.

Es lockt mich nicht, einen während des Krieges entstandenen Satz über England hinzuschreiben. Ein Lustrum vor dem Ausbruch sprach ich von der „blonden reingeherzten Inselrasse, welche den wilden Völkern das Christentum bringt ... ihnen aber sonst auch alles abnimmt; und verzehrt". Es steckt keine neue Wahrheit hierin. Aber auch keine allerneueste. „Sorgenruhig ist dies Land — welches nebenher Zeit hatte, die Welt zu stehlen" schrieb ich 1913.

II.

In jedem Fall bleibt etwas unklar an Herrn Feuchtwangers Schauspiel: Ist Herr Warren sein Held? oder sein Abscheu? Dieser Hastings arbeitet mehr für England als für sich. Sein Beutel bleibt leer. Ist er herrschsüchtig? Bismarck hat einmal gesagt: „Es ist mir immer viel wertvoller gewesen, niemandem zu gehorchen, als andern zu befehlen" — und hierin liegt eine Wahrheit für hochstehende Menschen. Auch Hastings wirkt im Grunde mehr diensteifrig als herrschertoll.

Sein Wesen bestrahlt Feuchtwanger durch die sogenannte Kontrastcharakteristik. Er stellt zur Belichtung eines Charakters ihm abweichende Charaktere schräg-über. Hart vor dem Gewaltburschen stehn mildere Staatsmänner, als Prüfungsausschuß, ihn zu überwachen .... Vorneweg jener vielgenannte, nie gelesene Verfasser der Juniusbriefe, mit Namen Francis. Der Mann war (falls ein in meiner Bücherei stehendes Nachschlagewerk nicht schamlos lügt) zugleich sachverständig und zugleich menschlich.

III.

Das zweite Mittel zur Kontrastcharakteristik: der Schriftführer des Helden. Ein Mr. Cowper. Ebenfalls menschlich. Bewundert Hastings ... und rückt von ihm dennoch ab. Er ist von Beruf (wenn man ihm bloß glauben darf!) Dichter.

Ungefähr die Stellung vertritt er, welche der betrübte Gewissenspoet Paul Bourget am schärfsten verdammt: er sitzt als Zuschauer da; nimmt nicht für oder gegen Partei. Solchen Leuten flucht jener Bourget — (während Gorki sie verherrlicht).

Nicht einzugreifen ist aber, wi: ich glaube, beispielshalber in rasenden Zeitläuften, solange die Wildheit noch hoffnungslos im Schuß ist, der sinnvollste Standpunkt für solche, die glauben, daß man bloß einmal dies Leben lebt ... und daß es vom Tun irrender Menschen in der Reise nicht verschandelt werden soll. Wer einen festen Jenseitsglauben hat, wird anders denken. Ob dieser Cowper einen besitzt, wird nicht klar, — der Poet zieht nach London. Er will keine Gemeinschaft mehr und sagt zum Statthalter, gewissermaßen wie Shrewsbury zur Elisabeth:

Maultasch noch härter ins Gericht: »Feuchtwanger diskreditiert die Sachlichkeit und Klarheit, zu denen Drama und Theater hinwollen.« Feuchtwangers Experimente mit Brecht, sein Versuch, ein wenig von Brecht zu lernen und etwas von dessen Form des Dramas in die »Petroleum-Inseln« einfließen zu lassen, schienen Ihering gründlich mißglückt: »Niemals wirkt Unechtheit aufreizender, als wenn sie die persönliche Sprache eines anderen übernimmt. Feuchtwanger dekoriert sich mit brechtischen Songs, mit brechtischen Redewendungen – er putzt sie auf und fälscht sie damit. (...) Feuchtwanger trägt Brecht und begibt sich in diesem Kostüm auf den Bühnenball. Nein, man kann diese Schmockerei, diesen Snobismus nicht ertragen.«[33] Wohl ahnend, daß man mit seinem Stück einige Schwierigkeiten haben werde, schrieb Feuchtwanger bereits ein Jahr zuvor in einem Aufsatz, die Idealform eines solchen Dramas könne er »heute noch nicht liefern« und wüßte auch keinen, der es könnte. Allerdings mache »ein gewisser Bertolt Brecht in seinem Berliner und in seinem Augsburger Laboratorium vielversprechende Experimente auf diesem Gebiet. Gedulden Sie sich also, wie Sie sich ja auch gedulden müssen, bis Ihre berechtigten Ansprüche auf einen regelmäßigen Flugverkehr über den Ozean erfüllt sind.«[34] Aus der Feder Feuchtwangers sind diese Worte ungewöhnlich scharf, sie lesen sich wie eine wütende Rechtfertigung eines sich unverstanden fühlenden Autors.

Mit diesen drei angelsächsischen Stücken ging praktisch seine Periode als Dramatiker zu Ende. Den Anspruch, den er an das moderne Drama richtete, erfüllte jetzt Brecht besser – so mag er vielleicht empfunden und eingesehen haben. Besser im Sinne auch von anders. Brecht versuchte nicht wie Feuchtwanger, seine Handlungen und Personen als Darstellung einer historischen Wirklichkeit dem Zuschauer oder Leser nahezubringen. Brechts Handlungen sollen Deutungen sein und keine psychologisierenden Abläufe, in die der Zuschauer sich einfühlt. »Das Schmarotzenwollen am Schicksal und am Leben eines anderen muß, nach Brecht, dem Publikum ausgetrieben werden«, urteilte Feuchtwanger.[35] Nur noch dreimal versuchte Feuchtwanger sich an Bühnenstücken – nach langer Pause in Amerika: 1943 schrieb er – gemeinsam mit Brecht – »Die Gesichte der Simone Machard«, 1946 entstand »Wahn oder der Teufel in Boston« und 1947 »Die Witwe Capet«. Trotz vieler dramatischer Erfolge schien Feuchtwanger zu der Einsicht gelangt, daß der epische, historische Roman seine eigentliche Begabung war. In all den Jahren seit seiner Übersiedlung nach Berlin arbeitete er bereits, immer wieder unterbrochen durch Reisen und Krankheiten – Blinddarmoperation, Magenprobleme und Zahnbehandlungen – sowie durch seine offiziellen Verpflichtungen als angesehener Autor an einem Roman über seine geliebte und verlorene Heimat. Das »Buch Bayern«, wie er es nannte, sollte eine Vergangenheitsaufbereitung der politischen Verhältnisse in München sein, die ihn von dort vertrieben hatten. Es wurde ein Roman, den viele Feuchtwanger-Kenner heute als sein größtes Werk ansehen. Der Schlüsselroman »Erfolg« entstand.

Mir aber, große Königin, erlaube,
Daß ich das Siegel, das du mir zwölf Jahre
Vertraut, zurück in deine Hände gebe.

IV.

Ja, wer von der gelegentlichen Torheit menschlichen Daseins durchdrungen ist, darf den reißenden Knäuel an sich dahinstürmen lassen, so lange der Eingriff nutzlos ist. Packt man jedoch als Dichter einen solchen Stoff der widereinanderkollernden Gewalten, — so nehme man Stellung.

Ein späterer Statthalter Indiens, Lord Lytton, hat in der Glasgower Universität 1888 geäußert: der Unterschied zwischen dem Staat und einem Privatmann sei „ein derartiger, daß für beide niemals dieselben Regeln des Handelns in Anwendung kämen". Will sagen: der einzelne dürfe nicht gewissenlos handeln, der Staat wohl.

Ich weiß von Lyttons Rede nur aus der Erwiderung eines amerikanischen Staatsmannes. Es war nicht Wilson, der Gewissensschwächling, welcher noble Worte zugleich mit Schießvorrat verschickt und um elenden Blutgewinn ein hochentwickeltes Land an den Galgen liefern möchte. Sondern der frühere Botschafter in Berlin: Hill. Er baute fest und ehrlich ein Bollwerk für den Gedanken, daß „die Staatspolitik in Übereinstimmung mit dem Moralgesetz stehen soll". Das war 1911 (in einem Buch über den modernen Staat und die Völkerorganisation).

Ich bin seiner Ansicht. Eine solche Forderung wird als verwirklicht erlebt werden... wenn auch kein heut Atmender sie erlebt. Nicht einmal vom Berge sehn wir das gelobte Land. Aber so unvermeidlich betritt es der Fuß glücklicherer Menschen — wie aus drei Dutzend deutschen Staaten ein für unmöglich verschrienes Ganzes nach tausend Irrungen dennoch erwuchs.

V.

Ich will nicht von meinem Standpunkt sprechen, sondern von Feuchtwangers. Hat er einen?

Er sagt gewissermaßen: „Wozu? Ich bin doch ein Dichter! Mit Allseitigkeit!" Er ist zwar kein Dichter; wenigstens vorläufig; aber die Allseitigkeit wird geliefert.

Etliche Schätzung bringt er für den Junius-Briefsteller auf, der einen menschlicheren (also vermutlich auf die Länge praktischeren) Pfad verficht . . . und zugleich bringt er doch Bewunderung für den blutigen Hastings auf. Der Feuchtwanger steht auf einer höheren Warte als auf den Zinnen der Partei — weil er halt, was soll man machen, ein Poet ist, wie gesagt.

Die er vielleicht für die Förderlichen hält, stuppst er in den Schatten . . . und einen Knix knixt er vor dem englischen Pizarro, indem sein Literatensinn juchzt: „Aber was für ein herrlich grauses Ungetüm!"

In der Färbung des Spielordners Altmann wenigstens war der britische Heros zum Schlusse recht beliebt und wegen seiner, huch, unbeirrten Grausamkeit allgemein geschätzt.

VI.

Dennoch stammt eben dieser, ernstlichste, Teil der Arbeit von einem klugen, versachlichenden Menschen, der nur in keinem Punkt ein vollblütig Herz öffnet. Von mir aus darf jemand ein Zyniker sein, das schon, — aber nicht allzuviel Takt haben.

Bestimmt nicht in der Dichter-Brangsche.

Wer ein Zyniker ist: noch der muß durch Weh über Nichtzuänderndes dahin gelangt sein.

Herr F. bot vorläufig nur den Abendfüller eines kaum Beteiligten.

VII.

Gegensätze des indischen und des britischen Fühlens sind . . . na, hineingebracht. Gegenüber dem schmerzverbreitenden Hastings steht auch ein schon halb daseinsabgewandter Asiat. Dieser Maharadschah rüstet sich, mit einer Buddhakarte versehen, zur Fahrt in das unentdeckte Land (aus deß Bezirk, wie Hamlet vorgibt, kein Wanderer wiederkehrt, abschon der Geist seines Vaters doch eben wiedergekehrt ist) . . . wollte sagen: der Inderfürst redet von der großen Stille, während der andere so scharf rumfuhrwerkt. Es kommt also auch ein bißchen Nirwana und ein bißchen Sansara vor. Do feit si nix.

Ein Sockelbuddha wird geziemend von einem Europäer angeguckt, und Feuchtwanger hat etwas Entsprechendes hierzu aufgeschrieben. Als gebildeter Mensch (nicht als bildnerischer Mensch).

Als einer, der „sich solch fesselnden Kontrast nicht entgehen lassen kann". Klug und nicht störend, aber fühllos. Der Kontrast ist . . . berücksichtigt.

Dies gilt für das ganze Werk. Der Autor hat sich der im Plan vorgesehenen Punkte entledigt, ohne mit dem Aug' zu rollen. Von dem Land Indien (das einst Krankenhäuser für Tiere besaß), von seinem Geblüh, von seinem tragischen Kastengewese — worin der Grund für die Unterwerfbarkeit liegt (abgesehen von der Pflanzenkost; bei zweihundertfünfzig Gramm Fleisch werd' ich schon Tag für Tag sanfter) — von alledem gab der Ausarbeiter nichts.

VIII.

Altmanns Spielordnung: gut im raschen Sprechen. Gut in zweckmäßiger Aufmachung für den Blick. Nicht entschlossen genug im Streichen des Unwesentlichen.

Entschlossen war Abel. Klug, kaltblütig, liebenswert. Nein, dieser Künstler ist nicht, wie es schien, bloß glaubhaft, wenn er Unterkittige verleiblicht. Er war echt — als entschieden handelnder Mensch.

Entschieden auch im Lapsus, wenn er, den Sinn offenbar verkehrend, rief: „Schlafen ist besser als tot sein".

Bildt war der Poet Cowper. Er gab ihn bar von Empfindsamkeit — mit gutem Pendeln zwischen Bewunderung und Ablehnung . . . und doch wie voll Danks für den „gelieferten Stoff" zum Schreiben.

Den Junius machte mit zuviel Wurstigkeit in der Stimme Lupu Pick — einer der einprägsamsten Schauspieler, mit keinem andern zu verwechseln.

Den Maharadschah: Rodegg menschlich und schmucklos als Geopferten, Verstummenden.

Die einzige Frau des Stücks, Johanna Zimmermann, sah aus wie von Reynolds gemalt. Mehr brauchte sie nicht; denn Feuchtwanger arbeitet sogar ihre Trennung recht kaltherzig — während Abschiede (bei nur etwas gutem Willen) sonst allemal ziehen.

Alfred Kerr.

Der Roman „Erfolg"

„Das einzige Mittel, die Welt zu verändern, ist, sie zu erklären."

Im November 1928 war in einer Ausgabe des »Berliner Tageblatt« neben Polizeimeldungen über »Einbrecher im Polizeipräsidium« und »Das Ende einer Kneiptour« ein kleiner Kulturbericht zu lesen, in dem es hieß: »Der Verband deutscher Erzähler hatte in den Plenarsaal des Herrenhauses Lion Feuchtwanger und Arnold Zweig zur Vorlesung aus ihren Werken geladen. Georg Engel begrüßte als erster Vorsitzender die Dichter und begründete ihre Zusammengehörigkeit mit ihrer gemeinsamen Tendenz zu Wirklichkeitsschilderungen. Lion Feuchtwanger vermittelte den Hörern zwei Kapitel aus seinem bisher unveröffentlichten Romanmanuskript: ›Erfolg‹, das im Jahre 1930 in fast allen Weltsprachen gleichzeitig erscheinen soll. Im ersten, betitelt ›Tod und Verklärung des Chauffeurs Xaver Ratzenberger‹, freut man sich über die Beobachtungsschärfe, Wahrheitstreue und behagliche Ironie des Dichters, der hier einige, von den Schlagworten Hitlers betörte Münchner Kleinbürger, Stammtisch- und Maulhelden, mit starker Plastik veranschaulicht und den Diskussionsverlauf zwischen einem antisemitelnden Chauffeur und einem judenfreundlichen Bäcker in Flüchen von echt bajuvarischer Kernhaftigkeit, zuletzt in tätlichen Angriffen mit Maßkrügen ausklingen läßt. Im zweiten Kapitel dieses Romans vermag man den Volkstypenschilderer auch als einen sicheren Zeichner von Gesellschaftsmenschen unserer Zeit kennen zu lernen; hier fesselten besonders die feinen Charakterstudien eines Barons und eines Ingenieurs und die farbigen Impressionen einer Kaffeehausszene.[36]

Mit einer für seine damalige Sekretärin Lola Sernau »ermüdenden Zähigkeit und Gewissenhaftigkeit«[37] brachte Feuchtwanger in der zweiten Hälfte der Zwanziger Jahre den Roman »Erfolg – Drei Jahre Geschichte einer Provinz« zu Papier. Es war eine »langwierige, immer wieder mißglückende, immer wieder von vorn beginnende, neu zu feilende, von ihm und mir mit hundert Mühseligkeiten zu erkämpfende, meine Geduld auf eine harte Probe stellende« Arbeit, erinnert sie sich später: »Es war eine Schinderei.« Umfangreiche Nachforschungen in Bibliotheken und Archiven mußten angestellt, Berge alter Zeitungen ausgewertet werden, wobei insbesondere die sozialdemokratischen Blätter gutes, faktenreiches Quellenmaterial boten. Neben Lola Sernau, die seit 1927 bei ihm arbeitete, spannte Feuchtwanger auch seine Frau und den jungen, brotlosen Studenten Werner Kahn-Bieker als wissenschaftlichen Assistenten für die Materialbeschaffung ein. Herauskam 1930 in zwei Bänden, verlegt im Gustav-Kiepenheuer-Verlag, der erste Anti-Hitler-Roman. Auf über 800 Seiten entwirft Feuchtwanger darin aus der Sicht des Jahres 2000 ein präzises Psychogramm der nationalsozialistischen Bewegung und ihres historisch-politischen Umfeldes, wobei er den persönlichen Erfolg als Motor ihres Handelns vorführt. Mit geradezu seherischer Schärfe seziert er die kleinbürgerlichen Verhältnisse im nachrevolutionären Bayern zwischen 1921 und 1924, die gegen die Weimarer Republik gerichteten wirtschaftlichen und politischen Interessen sowie den damit zusammenhängenden, von den Herrschenden selber beschleunigten Verfall der Rechtsordnung und betont diese Zusammenhänge als Ursachen für das Emporkommen der Nazis. Kritiker und Historiker bescheinigen Feuchtwanger inzwischen, er habe in diesem Roman bereits spätere Forschungsresultate mit erschreckender Genauigkeit vorweggenommen.[38]

Zentrales Thema ist die politische Entwicklung hin zum Hitler-Putsch im November 1923. Vordergründig wird die Handlung bestimmt vom Schicksal des Förderers moderner Kunst, des Münchener Museumsdirektors Dr. Martin Krüger, dessen Ankaufs- und Ausstellungspolitik angeblich das »gesunde Volksempfinden« stört. Um den Mann loszuwerden, wird er in einem von höchsten politischen Stellen forcierten Verfahren von einem manipulierten Gericht mit Hilfe eines Meineides verurteilt. Eine Gruppe von Personen – Krügers Freundin Johanna Krain, der Schriftsteller Jacques Tüverlin, der Rechtsanwalt und sozialdemokratische Abgeordnete Dr. Siegbert Geyer und der Ingenieur Kaspar Pröckl – kämpfen um die Freilassung und Rehabilitierung Krügers. Auf der anderen Seite stehen die Minister Franz Flaucher und Otto Klenk als Angehörige der nach dem Kapp-Putsch 1920 eingesetzten Rechts-Regierung, sowie die Industriellen Baron Andreas von Reindl und Paul Heßreiter, der Bauernführer Geheimrat Bichler, und ein »kaninchenmäuliger« Gefängnisdirektor. Hier ringen Menschen, die an Fortschritt und Vernunft glauben, mit einer Gruppe von Leuten, die konservativ, ja reaktionär und machtpolitisch opportunistisch ausgerichtet ist. Von der Reaktion gefördert und von anderen geduldet oder für eigene Zwecke benutzt, spielt der wachsende Einfluß der vom Kleinbürgertum emporgetragenen antisemitischen und nationalsozialistischen »Wahrhaft Deutschen« und ihres fanatischen Führers Rupert Kutzner hinein. Kutzner putscht schließlich, scheitert, weil das einigen »Großkopfeten« denn doch zu weit geht, wird aber von einem freundlich gesonnenen Gericht zu einer milden Haftstrafe verurteilt und von seinen Anhängern groß gefeiert. Unterdessen taucht ein weltläufiger reicher amerikanischer Unternehmer auf einer Europareise in München auf, hört hier zufällig von dem Justizskandal Krüger, kommt mit dessen Freundeskreis in Berührung und knüpft eine von der bayerischen Regierung von ihm erbetene Anleihe zum Ausbau der Elektrizität im Lande an die Bedingung, Krüger freizulassen. Doch kurz vor der Entlassung stirbt der zu Unrecht Verurteilte in der Haft.

Obwohl Feuchtwanger in der Handlung neben den zentralen Figuren eine Reihe weiterer Charaktere herausstellt, sind sie für ihn nicht die Helden des Romanes: »Das Land Bayern ist der eigentliche Held meines Romans.«[39] Es ist das Bayern, in dem für ihn und seine Freunde kein Platz mehr war, in dem die Kunst eines Otto Dix, eines George Grosz und eines Ernst Ludwig Kirchner und ein jeder, der ihr wie der Museumsdirektor Krüger nahestand, als »bolschewistisch« verdammt wurde. Was nach seinem Gefühl da heraufdämmerte, läßt Feuchtwanger seinen Schriftsteller Tüverlin ausdrücken. Dem durch die Münchener politischen Verhältnisse irritierten amerikanischen Unternehmer Daniel W. Potter prophezeit und erklärt er in ahnungsvoll düsteren Worten: »Die Zivilisation der Weißhäutigen sei durch den Einbruch der germanischen Barbaren in die griechisch-römische Gesittung um tausend Jahre zurückgeworfen worden. Jetzt, nachdem man notdürftige vierhundert Jahre an jene Zivilisation angeflickt habe, drohe ein neuer Einbruch der Minderentwickelten in die Schöpfungen der Zivilisierten. Eine Phase dieses Barbarentums sei die patriotische Bewegung. Überall auf dem Planeten gebe es Individuen, in denen der Tötungsinstinkt nicht durch Sport abreagiert werden könne. Die Forderung, solche Individuen unter ständiger ärztlicher Überwachung zu halten, finde nicht die gebührende Beachtung. Wo zum Beispiel in den Kutzner-Versammlungen bleibe der psychiatrische Überwachungsdienst?«[40] An anderer Stelle liefert Feuchtwanger dem Leser aus seiner selbstgewählten Perspektive des Jahres 2000 als Erklärung eine ebenso einfache wie verblüffende Beobachtung: Was »die Politik der Weißhäutigen« jener Jahre, in denen sein Roman handelt, anlange, heißt es da, »so bevorzugten die Länder mit einer geringen Analphabetenziffer demokratische Staatsformen, die Länder mit hoher Analphabetenziffer Diktaturen. In dem demokratisch verwalteten Deutschland waren die Anhänger des feudalen Autoritätsgedankens, die Rechtsparteien, den Anhängern eines mehr sozial betonten Staatsgefüges, den Linksparteien, ziffernmäßig um ein geringes überlegen. Die materiell Minderbemittelten waren zumeist in den Linksparteien, die geistig Minderbemittelten in den Rechtsparteien organisiert. Unter den Schriftstellern deutscher Zunge, die auch außerhalb ihrer Sprachgrenzen Namen hatten, waren 27 links-, 1 rechtsgerichtet. (...) Geborene Idioten und Kretins gab es in Deutschland 36461, davon in Bayern 11209. (...) Die prozentuale Beteiligung Bayerns an Rohheitsverbrechen war die stärkste unter den deutschen Ländern.«[41]

Zu diesem Bild gehört auch Tüverlins Erschrecken vor der eigenen Erkenntnis, als er eines Tages zunächst fröhlich in einem Kasperltheater inmitten von Kindern hockt und ihm bei der Kasperl's Frage: »Seid ihr auch alle da?« plötzlich das Lachen vergeht: »Er beschaut sich die Gesichter der Kinder ringsum. Ja, hoffnungslos alle waren sie da. Die Eltern waren da in den Kindern, deutlich in den Gesichtern der Kinder waren die Züge der Alten. Wo immer er hinschaut, nichts hat sich geändert, alle sind sie noch da. Krieg war, Revolution war, und dann das letzte Jahrfünft mit seinem Blut und seiner Lächerlichkeit, mit der ›Befreiung Münchens‹ am Anfang und der Inflation in der Mitte und dem Kutznerputsch am Schluß. Aber die gleichen Leute sitzen in den Ämtern, im Nürnberger Bratwurstglöckl, im Herrenclub, in der Tiroler Weinstube (...). Nach Haus fahrend spürte er ein neues, unmißverständliches Gefühl. Es war Haß.«[42]

Feuchtwangers »Erfolg« ist Warnung und Abrechnung zugleich. Das Buch, von spannender und brillanter, freilich bei Germanisten nicht unumstrittener Sprachtechnik, ist böse, erbittert, steckt voller Sarkasmus und enttäuschter Liebe. Diese Liebe zu seiner Heimat wird nicht nur dort offensichtlich, wo er über den Schriftsteller Tüverlin (der Feuchtwangers Züge trägt) sagt: »Er möchte am liebsten aus der bayerischen Hochebene mit allem, was darauf lebt, säuft, hurt, in den Kirchen kniet, rauft, Justiz, Politik, Bilder, Fasching und Kinder macht, er möchte am liebsten aus diesem Land mit seinen Bergen, Flüssen, Seen, seinem Getier und seinem Gemensch einen Naturschutzpark machen.«

Seine Zuneigung zu Bayern drückt er an anderer Stelle mit der differenzierenden Bemerkung aus, dieses große Breitwand-Panorama der Münchner bürgerlichen Gesellschaft sei nicht nur aus patriotischen Finsterlingen zusammengesetzt. Es kommt auch das andere Bayern zu Wort. Selbst einige der Finsterlinge haben liebenswert-sympathische Eigenschaften – ausgenommen freilich Kutzner/Hitler, der bei Feuchtwanger nur eine dumme, lächerliche Figur ist.

Feuchtwanger fügte dem Buch eine »Information« bei, in der es heißt: »Kein einziger von den Menschen dieses Buches existierte aktenmäßig in der Stadt München in den Jahren 1921/24: wohl aber in ihrer Gesamtheit. Um die bildnishafte Wahrheit des Typus zu erreichen, mußte der Autor die photografische Realität des Einzelgesichts tilgen. Das Buch ›Erfolg‹ gibt nicht wirkliche, sondern historische Menschen.« Gleichwohl war die Entschlüsselung der Hauptpersonen nicht schwierig. Zwar variierte er seine Charaktere, mischte sie mit den Eigenschaften mehrerer Personen, doch so, daß sie leicht identifizierbar bleiben. Martin Krüger als Direktor der staatlichen Sammlungen München war aus mehreren Figuren zusammengesetzt. Direktes Vorbild war der von den Rechten attackierte und unter deren Druck 1931 aus dem Amt geschiedene Kurator der staatlichen Sammlungen August Liebmann Mayer. Krügers manipulierte Verurteilung und seine Erfahrungen in der Haft hat Feuchtwanger zusammengesetzt aus den Schicksalen von Felix Fechenbach, Max Hoelz, Ernst Toller und Erich Mühsam. Felix Fechenbach wurde in einem skandalösen Justizverfahren zu elf Jahren Haft verurteilt (und 1933 von den Nationalsozialisten »auf der Flucht« erschossen). Er war ehemals Sekretär von Kurt Eisner. Max Hoelz war wegen seiner führenden Rolle bei Arbeiteraufständen in Mitteldeutschland 1923 zu lebenslänglich Zuchthaus verurteilt worden. Erich Mühsam kam in den Jahren der Entstehung des »Erfolg« häufig mit seiner Frau Zenzi zum Tee und beriet Feuchtwanger. Krügers Tod in der Zelle hatte seine tatsächliche Parallele im Tod des zu Zuchthaus verurteilten, herzleidenden und als Simulant eingestuften Innenministers der Räteregierung, August Hagemeister. In Kultusminister Franz Flaucher, der hinter der Intrige gegen Krüger steckt, ist der spätere Generalstaatskommissar des Landes Bayern Gustav Ritter von Kahr literarisch verewigt. Der reaktionäre ehemalige bayerische Justizminister Christian Roth findet sich im Klenk, der Bauernführer Georg Heim im Geheimrat Bichler wieder. Der Großindustrielle Andreas von Reindl, Inhaber der Bayerischen Kraftfahrzeugindustrie und eigentlicher politischer Drahtzieher hat Züge des einstigen Hauptgeschäftsführers des Bayerischen Industriellenverbandes Alfred Kuhlo und des Hitler-Finanziers Fritz Thyssen. Neben Kutzner alias Hitler taucht in der Person des »verrückten« General Vesemann der Feldherr und Putschist Erich Ludendorff auf. Krügers Anwalt, der sozialdemokratische Politiker Siegbert Geyer fand sein Vorbild in dem sozialdemokratischen Abgeordneten Erhard Auer, und der Komiker Hierl ist niemand anders als der von Feuchtwanger verehrte Karl Valentin. Krügers und später Tüverlins couragierte Freundin Johanna Krain hat deutliche Eigenschaften von Marta Feuchtwanger. Auch zwei Kollegen Feuchtwangers, beliebte Volksschriftsteller, tauchen im »Erfolg« auf: Ludwig Thoma als der gegen die Demokratie hetzende Lorenz Matthäi mit dem »zerhackten, bösartigen Mopsgesicht« und der als Josef Pfisterer etwas sanfter behandelte Ludwig

Ganghofer. Und es erscheint als eine der positiven Hauptpersonen, mit zuweilen etwas verqueren marxistischen Ansichten, Feuchtwangers Freund Bertolt Brecht als der bei Reindl beschäftigte und von diesem tolerant behandelte Dichter-Ingenieur Kaspar Pröckl.

Die durchaus von Sympathie getragene, aber wenig schmeichelhafte Schilderung seiner Person mit einem unrasierten, hageren Gesicht, die Darstellung als »Kerl«, der roch »wie Soldaten auf dem Marsch«, mit einer »schrillen, schreienden Stimme«, »hundsordinäre Balladen« singend und »voll von Fanatismus und heftigem Willen«, brachte Brecht bei der Lektüre des Manuskripts 1929 so auf, daß er sofort zu Feuchtwanger in den Urlaub nach Fasano eilte und Streichungen und Änderungen verlangte. Sie machten lange Spaziergänge, nach denen sich Brecht bei Feuchtwangers Frau beklagte, ihr Mann unternehme nur deshalb so lange Märsche, damit er als der ungeübtere Spaziergänger ermüde und seine Argumente gegenüber denen Feuchtwangers dann immer schwächer würden. Erfolglos, aber dennoch versöhnt und mit dem Trost versehen, der Pröckl verkörpere ja nur eine Seite von ihm, reiste Brecht schließlich zurück nach Berlin. Die Spitzen gegen ihn waren auch eine kleine Rache für seine einstige Äußerung, er benutze Feuchtwanger nur als Sprungbrett. Fast wie nachträglich eingefügt liest sich dann jene Stelle im »Erfolg«, wo das Verhältnis und die Form der Auseinandersetzungen zwischen Feuchtwanger und Brecht auf die Personen Tüverlin und Pröckl übertragen wird: »Tüverlin konnte sich nicht versagen, den Kaspar Pröckl zu necken, ihn durch halbernst gemeinte Aussprüche aufzuziehen. Einmal etwa setzte er ihm auseinander, wie sein Marxismus bedingt sei ausschließlich durch sein individuelles Temperament. Den Pröckl erbitterten derartige Halbwahrheiten bis aufs Blut. Gröblich mit seiner gellenden Stimme schrie er auf Jacques Tüverlin ein, der quetschte zurück. Unvermittelt dann machten sie sich wieder an die Arbeit, sich über praktische Details rasch verständigend.«[43]

Die beiden unterschiedlichen Roman-Figuren spiegelten die zunehmende Beschäftigung der Intellektuellen und der Arbeiterschaft mit dem Marxismus vor allem seit der russischen Oktoberrevolution und dem Ende des ersten Weltkrieges wider. Feuchtwanger drückt in diesen Streitgesprächen seine eigene Position aus und verteidigt sie gegenüber Pröckl. Er lehnt hier noch, Ende der Zwanziger Jahre, im Gegensatz zu Pröckl eine Veränderung der Gesellschaft über den revolutionären Weg des Marxismus ab. Ein Schlüsselzitat findet sich gegen Ende des Buches, wo Tüverlin dem reaktionären Otto Klenk sagt: »Ein großer Mann, den Sie nicht leiden können, ich übrigens auch nicht, er heißt Karl Marx, meinte: die Philosophen haben die Welt erklärt, es kommt darauf an, sie zu ändern. Ich für meine Person glaube, das einzige Mittel, sie zu ändern, ist, sie zu erklären. Erklärt man sie plausibel, so ändert man sie auf stille Art, durch fortwirkende Vernunft. Sie mit Gewalt zu ändern, versuchen nur diejenigen, die sie nicht plausibel erklären können. Diese lauten Versuche halten nicht vor. Ich glaube mehr an die leisen. Große Reiche vergehen, ein gutes Buch bleibt. Ich glaube an gutbeschriebenes Papier mehr als an Maschinengewehre.«[44] Den Ausweg Bayerns aus seiner patriotischen Verstocktheit scheint Feuchtwanger eher in Form eines Bündnisses zwischen einem »milden« Sozialismus mit dem aufgeschlossenen, liberalen Kapitalismus, der von dem amerikanischen Unternehmer Potter verkörpert wird, zu sehen. Doch wird deutlich, daß Feuchtwanger sich letztlich nicht berufen fühlt, Rezepte anzubieten. Seine Ansichten stellt er allenfalls zur Diskussion. Getreu seiner Rolle als Betrachtender läßt er den Tüverlin, der sich über Pröckl ärgert, wie zur Mahnung eine an sich selbst geschriebene Postkarte an die Wand über der Schreibmaschine heften, auf der steht: »Lieber Herr Jacques Tüverlin, vergessen Sie nie, daß Sie nicht anlehnungsbedürftig sind und es also nicht nötig haben, klassenbewußt zu sein. Vergessen Sie nie, daß Sie nur dazu da sind, sich selbst und nur sich selbst auszudrücken. In aufrichtiger Verehrung Ihr redlichster Freund Jacques Tüverlin.«[45]

Bei dieser im Grunde ablehnenden Haltung Feuchtwangers gegenüber dem Marxismus und seiner politischen Anwendung in der Sowjetunion, die sich später ändern sollte, ist es leicht vorstellbar, daß Brecht 1929 aus einem viel gewichtigeren Grund an den Gardasee reiste, als aus Verärgerung über die ihm von Feuchtwanger verliehenen äußerlichen Charaktereigenschaften. Möglicherweise wollte Brecht, der sich ja damals in Berlin intensiv mit dem Marxismus auseinandersetzte, den mit ihm seit Jahren befreundeten Feuchtwanger zu entscheidenden inhaltlichen Änderungen bewegen. Feuchtwanger hatte nämlich unter anderem im »Erfolg« die Kommunisten mit den Nationalsozialisten in ihrem »Durst nach Kampf und Änderung, nach Revolution, nach Putsch« und Gewalt gegen den politischen Gegner gleichgesetzt,[46] hatte die Intoleranz in der Auslegung der Lehre und die Hinrichtungswillkür zur Einschüchterung des politischen Gegners in der Sowjetunion angeprangert und war mit »positiver Skepsis« zu dem Schluß gelangt, daß der historische Materialismus, »ähnlich wie die Wetterkunde in den Anfängen« stecke. Besonders gewurmt hatte Brecht wohl jene Passage, in der Pröckl in einer allgemeinen Mißlaune »mehr heftig als richtig« den Satz sprach, wegen der Überspannung der Parteidiktatur und der Säuberung der Partei werde Sowjet-Rußland immer mehr zum Klassenstaat, während die westlichen Demokratien behutsam, doch stetig auf den klassenlosen Staat hinarbeiteten, der Marxismus im übrigen nicht die Verteilung des Reichtums, sondern der Armut, nicht die Verbreitung der Freiheit, sondern der produktiven Unfreiheit bezwekke.[47] Diese noch in der Erstausgabe bei Kiepenheuer an mindestens sechs verschiedenen Stellen nachzulesenden Passagen fehlen in den heutigen Ausgaben von »Erfolg«. Als der Aufbau-Verlag in der DDR nach dem Zweiten Weltkrieg die Rechte an seinem Werk erwarb, stimmte Feuchtwanger Streichungen zu, die allerdings nicht mehr als zwei Buchseiten einnehmen. Diese Zustimmung mag auch das Ergebnis bitterer persönlicher Erfahrungen Feuchtwangers sein, der trotz großer Sympathien nie Kommunist war: die Flucht vor der Nazi-Barbarei, die Verfolgungen, denen er als Hitler-Gegner auch während des Exils in den westlichen Demokratien Frankreich und den USA ausgesetzt war, seine Reise 1936/37 in die Sowjetunion und schließlich der Boykott seiner Bücher durch die Händler in der jungen Bundesrepublik.

Damals, als »Erfolg« entstand, hatte der intellektuelle Großbürgersohn und Humanist ein äußerst distanziertes Verhältnis zu dem, was sich da in der fernen Sowjetunion tat; denn die Nachrichten von dort waren alles andere als erfreulich. Gleichwohl fand er, was allein die Figur Pröckl belegt, eine positive kritische Auseinandersetzung mit den Kommunisten für notwendig. Er nahm sie im intellektuellen Sinne ernster als Hitler und die

Nationalsozialisten, weil der Marxismus für ihn anders als der Nazismus eine nach vorn weisende Theorie verkörperte. Er konnte sich auch nicht vorstellen, daß die Nazis vom deutschen Volk eines Tages als Herren anerkannt würden. Feuchtwanger vertraute auf die Vernunft. Die Ergebnisse der Reichstagswahlen von 1928, bei denen die NSDAP nur 2,6 Prozent der Stimmen erhielt, ermutigten ihn in seinem Glauben. Rupert Kutzner und seine »Wahrhaft Deutschen« sind im »Erfolg« nicht viel mehr als ein unheimlicher, ärgerlicher Spuk, wenngleich Feuchtwanger ihre Suggestionskraft auf seine Landsleute nicht unterschätzt, zumal die »Patrioten« im Gegensatz zu den nüchternen Marxisten dem Publikum rechte Gaudi, Hetze und bierselige Kurzweil boten. So beschreibt Feuchtwanger auch eine Kundgebung Kutzners im Münchner Kapuzinerbräukeller:

»Der Rauch wurde dicker, Schweiß und Hitze stärker, die grauen Tonkrüge undeutlicher, die runden Schädel röter. (...) Die Leute lauschten benommen, glücklich. (...) Wie dieser Mann es verstand, ihren Träumen Worte zu geben. Wie seine Hände groß durch die Luft fegten, gewaltig aufs Pult schlugen, sich markig reckten. (...) Glückselig hingen sie an seinen Gesten, zwangen, wenn sie die Maßkrüge auf den Tisch setzten, die schweren Finger zu besonderer Behutsamkeit, damit nicht das Geräusch eines der köstlichen Worte übertöne. Manchmal hob der Führer die Stimme, auf daß die Zuhörer merkten, jetzt sei es an der Zeit zu klatschen. Die Pause des trommelnden Applauses dann benutzte er, den Schweiß von der Stirn zu wischen, den

Ein Zeitungsausschnitt auf dem »Völkischen Beobachter« vom Dezember 1932

Erstes Beiblatt / 290. Ausgabe VÖLKISCHER BEOBACHTE[R]

Der Löwe Juda's, genannt Feuchtwanger

Vor einigen Jahren hauste in München ein gewisser Lion Feuchtwanger, ein sogenannter „deutscher Schriftsteller", mit der Lebensaufgabe, sich die gesamte Weltliteratur tantiemenpflichtig zu machen. In der Tat lebte der Löwe Feuchtwanger lange Jahre von der Bearbeitung fremdsprachiger Schauspiele und Romane. Sein Publikationsdrang ließ ihn vor etwa Jahresfrist einen Roman herausgeben, den er „Erfolg" nannte, und den sein tüchtiger Verleger Kiepenheuer gleich in vierzigtausend Exemplaren drucken ließ. Das war vor den Reichstagswahlen 1930! Trotz des geschäftsverheißenden Titels konnten bisher aber nur achttausend Stück dieser zweibändigen Schwarte abgesetzt werden, und so entschloß man sich, die restlichen zweiunddreißigtausend auf ein harmloses Publikum als „Volksausgabe" loszulassen. Dabei wurde der Preis von M. 14.50 auf M. 4.50 herabgesetzt, was sicherlich kaum einen Teil der Selbstkosten deckt. Aus diesem Grunde wollen wir auch nicht hintanstehen und ihm die gebührende Ehrung widerfahren lassen.

Herr Feuchtwanger hat sich neulich in irgendeinem Blättchen dahin ausgesprochen, daß man heute auf dem Kurfürstendamm auf Schritt und Tritt den Gesichtern zukünftiger Emigranten begegne. Doch dies nur nebenbei. Wollen wir uns zunächst mit seinem hochtrabend „Roman" genannten Pamphlet beschäftigen. Es ist ein in München in den Jahren nach der November-Revolution spielender sogenannter Schlüsselroman, das heißt die Personen tragen Decknamen, hinter denen die wirklichen Figuren leicht zu erraten ist.

Ein angenehmer Zeitgenosse!

Zuerst Feuchtwangers Stellung zu Deutschland und [illegible]. Im ersten Band befindet sich ein Kapitel „Einige historische Daten", dem wir auf Seite [illegible] folgende Sätze entnehmen:

Die materiell Minderbemittelten waren zumeist in den Linksparteien, die geistig Minderbemittelten in den Rechtsparteien organisiert. Unter den Schriftstellern deutscher Zunge, die auch außerhalb ihrer Sprachgrenzen [illegible] hatten, waren 27 links-, 1 rechtsgerichtet. [illegible] Abonnenten rechtsgerichteter Blätter waren von hundert Münchner Studenten [illegible], von hundert Münchner Offizieren [illegible], von hundert Hamburger Arbeitern 2, von hundert eingeschriebenen [illegible]

Gesten, wie er sie predigenden Landpfarrern abgesehen hatte, unterstützte er seine Rede ... Schuld an allem Bösen war das Zinskapital, waren Juda und Rom ... Und alle Dinge werden gut und renken sich ein, sowie man nur die Parasiten ausschwefelt. Schwieg der Monteur Kutzner, so gaben die dünnen Lippen mit dem winzigen dunkeln Schnurrbart und das pomadig gescheitelte Haar über dem fast hinterkopflosen Schädel dem Gesicht eine maskenhafte Leere ... Tat aber der Mann den Mund auf, dann zappelte sein Antlitz in sonderbarer, hysterischer Beweglichkeit ... Gedruckt allerdings nahmen sich diese Ideen dürftig aus ...

(I, 541):

... Es war nämlich vor wenigen Jahren die kurze Kommunistenherrschaft in München blutig niedergeschlagen worden. Nur auf kurze Zeit in Uniform gesteckte Trupps, sogenannte „Zeitfreiwillige", keinem verantwortlich, hatten damals wahllos Männer, Frauen, Kinder in großer Zahl niedergemacht ...

(II, S. 25):

... Seitdem sich Herr Kutzner in München auftue, habe doch die Stadt starken Zustrom. Alles Faule seither, das im übrigen Reich sich nicht mehr halten könne, flüchte nach München, vertrauend auf den bayerischen Mangel an Urteilskraft ...

(II, S. 64):

... Herr Burnouf, ein Spaßvogel von Phantasie, redete dem leichtgläubigen Deutschen (dem Archäologen Schliemann! D. Red.) ein, die alten Arier, um ihr heiliges Feuer zu entfachen, hätten Gestelle in solcher Hakenkreuzform als weibliche Bestandteile ihrer Bohrer verwandt. Der vertrauensselige Herr Schliemann glaubte dem spaßhaften Herrn Burnouf, kommentierte das Hakenkreuz als typisch arisches Phänomen. Die deutschen Patrioten machten diese Erklärung zu einem Eckstein ihrer Rassentheorie ... Dieses Zeichen trugen die großen, blutroten Fahnen der „wahrhaft Deutschen". Dieses Zeichen malten die Bewohner der bayerischen Hochebene an die Wände, vor allem der Bedürfnisanstalten ...

Anwürfe über Anwürfe

Planeten gäbe es Individuen, in denen der Tötungsinstinkt nicht durch Sport abreagiert werden könne. Die Forderung, solche Individuen unter ständiger ärztlicher Überwachung zu halten, finde nicht die gebührende Beachtung. Wo z. B. in den Kutznerversammlungen bleibe der psychiatrische Überwachungsdienst? ...

(II, 161):

... Die wahrhaft Deutschen aber kleideten ihre Beamten und Landsknechte in warmes, dauerhaftes Tuch und nährten sie gut und reichlich. Sie sangen: „Nachts lieg' ich beim Schatz im Bett / Tags schlag' ich den Juden tot / Dabei werd' ich dick und fett / Meine Fahn' ist schwarz-weiß-rot.

Einige der wahrhaft Deutschen, darunter der Bruder Kutzners, begehen einen Fememord an dem Dienstmädchen Amalia Sandhuber.

(II, S. 181):

... Dann kniete er neben sie, betete ein rasches Vaterunser, daß Gott ihm die Kraft verleih, sie vollends zu erledigen, und erwürgte sie.

(II, S. 187):

... Sie haben recht: Es ist ein kleiner Mord, und es ist kindisch, daß wir uns in dieser schweren Stunde des Vaterlandes damit beschäftigen. Aber sehen Sie, meine Herren, diesen kleinen Mord, den decke ich jetzt nicht mehr ... Es sind 3208 Straftaten, die die wahrhaft Deutschen begangen haben in den letzten zwei Jahren, und man mußte 849 Prozesse anhängig machen, wenn man nach dem Gesetz vorgehen wollte ... Davon sind aber nur 92 geführt worden ... Sie haben gemordet, gestohlen und oben zu unten gemacht, daß keiner mehr weiß, was recht ist und was unrecht ist. Sie haben die Denkmäler beschmiert, und wenn sie besoffen waren, sind sie auf die Judenfriedhöfe gegangen und haben auf die Grabsteine gekotzt ...

(II, S. 192):

... Unten zogen demonstrierend wahrhaft Deutsche vorbei ... und sangen ihr Lied: „Arbeiter, ihr Lumpen, wie wird's euch ergehen, Wenn ihr die Brigade Riedler werdet sehn. Die Brigade Riedler schießt [illegible]

gewesen, aber er hatte es gemacht, und jetzt war er in Sicherheit ... Dann ruhiger geworden, säuberte er sich umständlich. Das war eine schwere Arbeit, und sie gelang nicht restlos, denn er hatte sich übel bekleckert ... Dann nahm er die Binde mit dem indischen Fruchtbarkeitsemblem vom Ärmel, warf sie in die Schüssel, zog die Spülvorrichtung. Die Binde wollte nicht hinunter. Er nahm eine Art Besen und stopfte sie vollends hinein. Dann, befriedigt, setzte er sich noch eine Minute ...

*

Nach dieser Leistung bleibt dem Löb Feuchtwanger wohl nur noch zu bescheinigen, daß er sich einen zukünftigen Emigrantenpaß reichlich verdient hat.

Natur – Kultur – Zivilisation

Von Carl Kahle.

Zu jedem Gebilde unseres Menschendaseins gehört im systematischen Aufbau eine [illegible] und darauf entwickelnde Fortbildung und eine Erkenntnis der Auswirkung dieser einzelnen Daseinsmöglichkeit. Es gibt, so lehrt uns die angewandte Geschichte, drei Stufen im [illegible] des Weltgeschehens, die sich zum Teil vermischen. Die ursprünglichste ist die Natur, das unbehinderte Walten der ungehemmten Kämpfe um das Dasein, als zweites folgt die Kultur, die begriffsmäßige Betätigung und [illegible] im Gedanken des Naturnotwendigen. Der [illegible]stieg ist die Zivilisation, die [illegible] Wertung und Ausnutzung der nur [illegible] „materiellen" Vorteile der Augenblick[illegible]keiten.

Das Werden und Vergehen der [illegible] res geschichtlich bekannten [illegible] uns, daß das natürliche Volk [illegible] eine geringe zahlenmäßige Kraft [illegible] Pflege eigener Kultur [illegible] senandrang der sich hinter dem [illegible] verschanzenden Zivilisation [illegible] selbe Werden und Vergehen lehrt uns [illegible] der Kultur geschaffene Werte [illegible] soweit unser Erdenbegriff dieses [illegible] haupt erfassen kann. Dieselben [illegible] sen uns, daß die Zivilisation [illegible] geschehen nur Zeiterscheinung [illegible] phierend sämtliche irdischen [illegible] reißen kann, daß sie aber immer [illegible] urteilt ist, wenn die anderen Mächte [illegible] Schlagkraft zur Geltung bringen.

Es ist eine unumstößliche [illegible] natürlicheren Völker [illegible] selbstverständlich [illegible] erstickte Staatengebilde [illegible]

Dr. Wa[illegible]

Bierkrug, auch das mit großer Geste, zu ergreifen, tief zu trinken. (...) ›Wenn wir an der Macht wären‹, (...) sagte er: ›Wir würden unsre Gegner legal hängen lassen.‹ (...) Alle im Saal lächelten jetzt, das gleiche, nachdenkliche Lächeln wie der Führer. Sie sahen ihre Gegner am Galgen hängen oder an Bäumen, mit blauen, vorquellenden Zungen (...)«[48].

Historisch getreu läßt Feuchtwanger den Kutzner-Putsch vor der Feldherrnhalle scheitern. Er beschreibt diese Niederlage der vor den Kugeln der Polizei auseinanderrennenden »Patrioten« und ihrer Anführer aus der Perspektive des dabei im Dreck liegenden und sich vor Angst in die Hosen machenden Kleinbürgers Cajetan Lechner. Vorher noch im Wohlgefühl des Hasses und in der Stärke der Unterordnung unter den Führer, irrt er jetzt verstört durch die Straßen, säubert sich auf der Toilette einer jüdischen Rechtsanwaltskanzlei, will sich anschließend verzweifelt von einer Brücke stürzen, geht aber dann doch, als ein paar Rotzbuben ihn auslachen, Leberknödelsuppe, Lüngerl, Kalbsbraten essen und Bier trinken. Ernüchtert und geheilt von den »Patrioten« verzieht er sich in sein Bett und will von der Politik und den Händeln der Großkopfeten fortan nichts mehr wissen. Im Schicksal des Cajetan Lechner wird Feuchtwangers zeitweilige Hoffnung auf ein Scheitern der Nationalsozialisten deutlich.

Das große literarisch-politische Gemälde »Drei Jahre Geschichte einer Provinz« mit seinen unzähligen Akteuren, worin Geist und Sprache des damaligen München einfühlsam herausgearbeitet wie gleichermaßen bloßgestellt und benutzt werden, hat Feuchtwanger dramaturgisch mit filmischen Mitteln komponiert. Diese Technik hat er an Sinclair Lewis' »Babbitt« abgeguckt, »skrupellos nachgemacht«, wie Feuchtwanger selber sagte. Da das kleine Ereignis immer wieder in Großaufnahme gezeigt wird, besteht die Gefahr, daß die ringsum sich ereignenden Dinge verlorengehen. Durch das wiederholte Einblenden der Totale, der Übersicht, sorgt er immer wieder dafür, daß die rechten Maße nicht verloren gehen und die Einzelereignisse in die richtigen Größenverhältnisse gesetzt werden.

Es ist Feuchtwanger von Kritikern vorgeworfen worden, daß in diesem Roman weder Arbeiter noch Bauern als herausgehobene Figuren auftreten. Auch die entschiedene Widerstandsrolle der Sozialdemokraten schien manchem zu wenig gewürdigt. Das mag zum einen damit zusammenhängen, daß Feuchtwanger kaum eine Beziehung zu diesen Kreisen hatte. Zum anderen, und vielleicht eher, damit, daß er – wie er selber versicherte – allein »das Lebensgefühl und die Welterklärungsmuster des wirtschaftlich saturierten Bildungsbürgertums und seine Unfähigkeit, angemessen auf die Faschisierung der Gesellschaft zu reagieren«, darstellen wollte.[49] Wissenschaftliche Kritik wurde auch an der dynamischen, häufig eigene neue Regeln aufbauenden Sprache Feuchtwangers im »Erfolg« wie in anderen Romanen geübt. »Der Sprachstil ist ohne lyrische Elemente, journalistisch gehäuft und voll von umgangssprachlichen und volkstümlichen Vulgarismen, wozu die Zusammenarbeit mit Brecht beigetragen haben mag. Er hat wenig ästhetischen Reiz außer dem der Klarheit und Prägnanz«, schrieb Synnøve Clason in einer Arbeit über den »Erfolg«.[50] Diese Feststellung ist so richtig wie sie gleichzeitig fragwürdig ist, weil es Feuchtwanger in all seinen Büchern darauf ankam, den Leser in die Romanhandlung einzubeziehen, ihn darin mitleben zu lassen und den Sprachstil so der Zeit und Umgebung, in der die Handlung spielt, anzupassen. Dabei erlaubte er sich auch, seine künstlerischen Freiheiten zuweilen recht großzügig auszulegen. Wulf Köpke kommt zu dem Schluß: »Als Epochen- und Gesellschaftsanalyse verdient das Buch ohne Zweifel das Lob, das es auch von sehr kritischen Feuchtwanger-Lesern in Deutschland geerntet hat.«[51] Harald Weinrich schrieb 1980 in der »Frankfurter Allgemeinen Zeitung«: »Es darf der deutschen Literatur zur Ehre gereichen, daß diese warnende Analyse« der Nazi-Bewegung »aus der Feder eines Schriftstellers gekommen ist.«[52] Viktor Klemperer hob hervor, daß Feuchtwanger als erster Dichter »das dreigestufte Milieu der faschistischen Bewegung in Deutschland herausgearbeitet« habe: die Anführer, die graue Parteimasse und die Drahtzieher.[53] Thomas Mann – freilich voller Pessimismus – nannte das Buch ein »erheiterndes Labsal für jeden, der litt unter dem, was schauderhaft um sich griff, der politischen Viecherei, die heillos heraufkam, – erstaunliches Beispiel dafür, wie komische Kunst über das Gemeine zu trösten vermag, wo sie doch weiß, und man selber es weiß, daß sie es nur aufzeigen und köstlich bloßstellen, seinen Sieg aber nicht aufhalten kann.«[54] Heute wird Feuchtwangers Schlüsselroman zuweilen gern zum Aufzeigen historischer Parallelen, zur Erklärung aktueller gesellschaftlicher und politischer Verhaltensmuster und auch als Warnung benutzt.

Die Nationalsozialisten damals schäumten, waren außer sich, als 1930 das »Sudelbuch«, das »literarische Dörrgemüse« des inzwischen 46jährigen Schriftstellers erschien. Die »Münchener Neuesten Nachrichten« nannten den Roman »ein Buch des Hasses«.[55] In der rechtslastigen, immer stärker unter dem Einfluß des heraufdräuenden Nationalsozialismus geratenden deutschen Presselandschaft stieß der Roman auf empörte Ablehnung. In der seit dem Tod Siegfried Jacobsohns 1927 von Carl von Ossietzky geleiteten »Weltbühne«, die zu den wenigen positiven Stimmen gehörte, hieß es, die jetzt von vielen Kritikern gemachten Einwände wären von diesen vor ein paar Monaten noch nicht erhoben worden, aber unter dem wachsenden politischen Druck setze sich der Rezensent eben hin und schreibe »mit leerem Herzen und vollen Hosen seine ablehnenden Verdikte«.[56] Viele der Kritiker empfanden das Buch als Nestbeschmutzung. Zu ihnen zählte, wie Feuchtwanger zu seiner Überraschung während eines neuerlichen Italienurlaubs erfuhr, neben seinem Bruder Ludschi auch Bruno Frank, der im Münchener Hotel »Vier Jahreszeiten« über das Buch und über Feuchtwanger, der München doch so viel zu verdanken gehabt habe, lautstark hergezogen sein soll. Die heftigen publizistischen Gegenattacken hatten ihre Wirkung. Der Verkauf lief schlecht. »›Erfolg‹ war nach dem Erscheinen durchaus kein großer Erfolg«, erinnerte sich der ehemalige Kiepenheuer-Verlagsdirektor Landshoff.[57]

Dann kam die Drohung! Im Oktober 1931 beschloß der Rezensent des NSDAP-Zentralorgans »Völkischer Beobachter« seine Besprechung des »Erfolg« mit dem Satz: »Nach dieser Leistung bleibt dem Löb Feuchtwanger wohl nur noch zu bescheinigen, daß er sich einen zukünftigen Emigrantenpaß reichlich verdient hat.«[58]

Letzte Jahre in Berlin: der Nationalsozialismus breitet sich aus

„Berlin kommt mir vor wie eine Stadt voll von zukünftigen Emigranten."

Das Berliner Haus 1932 in der Gustav-Mahler-Straße, die von den Nazis später in Max-Reger-Straße umgetauft wurde.

Auf einer Postkarte vom 2. Mai 1932 schrieb Heinrich Mann an Feuchtwanger: »Sehr verehrter, lieber Herr Doktor, gern wäre ich Ihrer freundlichen Einladung gefolgt, habe mich auch eifrig und lange bemüht, Sie zu finden; aber die Lage der Mahlerstraße war von niemand zu erfahren. In Dahlem selbst kannte kein Angestellter der B. V. G. und kein Schupomann sie; ich bin umgekehrt, als es ohnehin zu spät geworden war. Mit Empfehlung an Ihre verehrte Gattin, Ihr Heinrich Mann.«

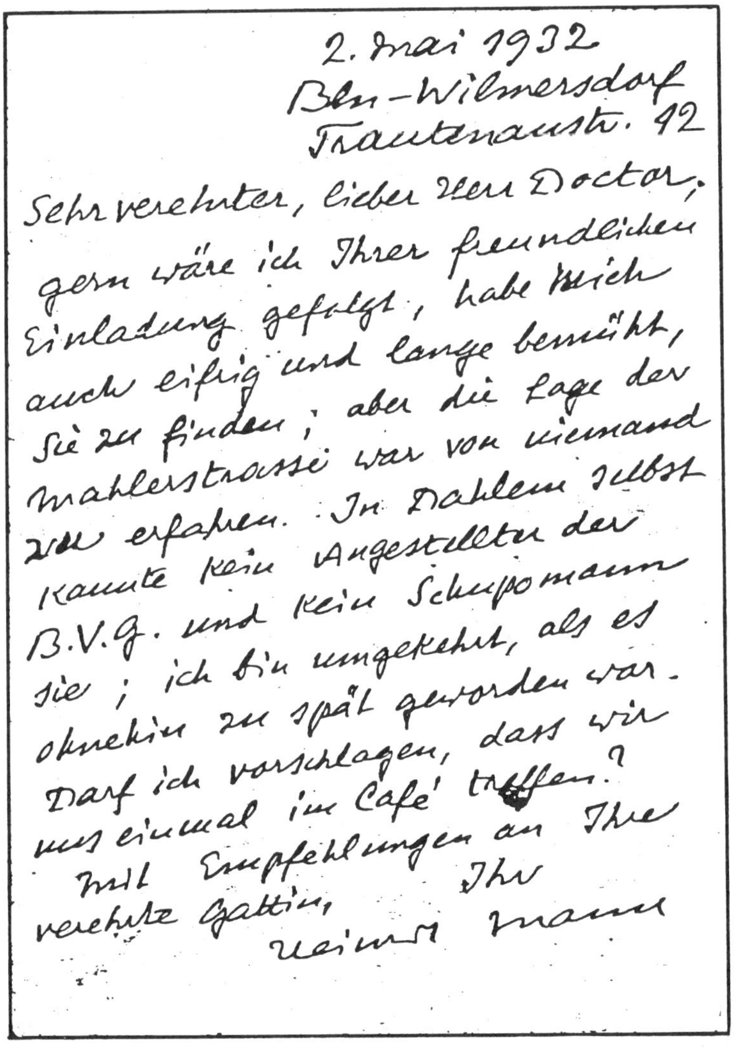

2. Mai 1932
Bln-Wilmersdorf
Trautenaustr. 12

Sehr verehrter, lieber Herr Doctor,
gern wäre ich Ihrer freundlichen
Einladung gefolgt, habe mich
auch eifrig und lange bemüht,
Sie zu finden; aber die Lage der
Mahlerstrasse war von niemand
zu erfahren. In Dahlem selbst
kannte kein Angestellter der
B.V.G. und kein Schupomann
sie; ich bin umgekehrt, als es
ohnehin zu spät geworden war.
Darf ich vorschlagen, dass wir
uns einmal im Café treffen?
Mit Empfehlungen an Ihre
verehrte Gattin, Ihr
Heinrich Mann

Lion Feuchtwanger hat das deutsche Volk in seiner politischen Vernunft und Einsichtsfähigkeit überschätzt. Als »Erfolg« 1930 erschien, rüsteten sich immer mehr seiner Landsleute – die meisten ohne recht zu ahnen, wohin sie der Weg führen könnte – zum Marsch in die nicht nur von Feuchtwanger befürchtete Barbarei. Der Hoffnung, mit dem Ausgang der Reichstagswahlen von 1928 werde die damals gerade mit 2,6 Prozent der Stimmen bedachte nationalsozialistische Bewegung endlich als groteske Episode im Nebel der Geschichte verschwinden, folgte eine schnelle Ernüchterung. Vorgezogene Reichstagswahlen im Herbst 1930 bescherten der NSDAP einen gewaltigen Sprung nach vorn – von 12 auf 107 Sitze. Die Weltwirtschaftskrise, die Notverordnungen der Regierung Brüning zur Bewältigung der Wirtschaftsprobleme mit Hilfe von Steuererhöhungen, Kürzung der Beamtengehälter und Erhöhung der Arbeitslosenversicherungsbeiträge und das Anschwellen der Arbeitslosenzahl auf fast viereinhalb Millionen brachte den Nazi-Agitatoren großen Zulauf. Die »Hitlerei«, wie Feuchtwanger und seine Freunde den Nationalsozialismus nannten, nahm erst richtig ihren Anfang. Bis zur endgültigen Machtergreifung sollte es zwar noch zwei Jahre dauern, doch schon jetzt war Feuchtwanger wieder einmal von einer – im Rückblick geradezu erschreckenden – Weitsicht. Um Weihnachten 1930 sagte er zu Freunden und schrieb dies auch am 21. Januar 1931 (dem 40. Geburtstag seiner Frau), in der Berliner Zeitung »Welt am Abend«: »Was also Intellektuellen und die Künstler zu erwarten haben, wenn erst das Dritte Reich sichtbar errichtet wird, ist klar: Ausrottung. Das erwarten denn auch die meisten, und wer irgend unter den Geistigen es ermöglichen kann, bereitet heute seine Auswanderung vor. Man hat, wann man unter den Intellektuellen Berlins herumgeht, den Eindruck, Berlin sei eine Stadt von lauter zukünftigen Emigranten.«[59] Der nationalsozialistische »Angriff« antwortete Feuchtwanger: »Heil und Sieg, Herr *Feuchtwanger,* und *gute Reise.* Sie sind ein blendender *Prophet.* Das sind doch Worte ungeniertester *Furcht,* das ist Grundeis in höchster Potenz, das ist (...) Bankrott! Das also ist das Niveau der geistigen Asphalttreter.«[60] Aber »es war nicht eine seherische Gabe, die ihn die Gefahr voraussehen ließ, lange bevor sie von anderen erkannt wurde, sondern historische Studien und die Kraft seines Verstandes, die ihn die richtigen Schlüsse aus den Symptomen ziehen machten«, schrieb Alfred Kantorowicz.[61]

Und dennoch kauften sich Feuchtwanger und seine Frau noch im selben Jahr ein hübsches Haus im Grunewald auf Abzahlung und machten sich, anstatt ihre Auswanderung wirklich vorzubereiten, »mit viel Eifer«, wie Kantorowicz beobachtete, daran, es »mit Geschmack komfortabel und prächtig auszustatten als eine Heimstätte für Lebenszeit«. Feuchtwangers Freunden war es unbegreiflich, was er da nach diesen Sätzen in der »Welt am Abend« und nach der unmißverständlichen Erwiderung im »Angriff« in aller Gemütsruhe tat. »Wollte man ihn aber daran hindern«, so versuchte Kantorowicz dieses Verhalten zu erklären, »so würde er mit seinen klugen Augen hinter den dicken Brillengläsern und seinem runzeligen Eulengesicht zu lächeln beginnen, und mit einem fast unhörbaren, nach innen gekehrten Glucksen antworten: ›Was wollen Sie – so ist der Mensch‹.«[62]

Marta hatte das Haus bei ihrer Suche nach einer größeren Wohnung entdeckt. Es war noch im Rohbau. Ihre Unterkunft am Fehrbelliner Platz war ihnen inzwischen zu klein geworden. Feuchtwanger brauchte mehr Platz zum Arbeiten. Vor allem wollte er sich endlich eine größere, eigene Bibliothek einrichten, um nicht weiter von den öffentlichen Büchereien und ihren begrenzten Öffnungszeiten abhängig zu sein. Ein Teil seiner Münchner Büchersammlung lagerte bis dahin noch auf dem Speicher von Martas Elternhaus. Wenn Lion und Marta Feuchtwanger nun trotz der etwas reichlicher fließenden Tantiemen in der darauffolgenden Zeit oft ziemlich knapp bei Kasse waren, so lag das nicht so sehr an den Ratenzahlungen für das Haus und an den Ausgaben für Einrichtungsgegenstände. Vielmehr belasteten Bücherkäufe den Etat. Er erwarb seine Literatur en gros. In knapp zwei Jahren brachte er es auf eine Sammlung von 10 000 Bänden, darunter zahlreiche kostbare Erstausgaben. Feuchtwangers Leidenschaft machten sich manche Kollegen und Freunde zunutze. Sie riefen bei ihm an oder schauten bei ihm herein, wenn sie in anderen Bibliotheken nicht weiterkamen. Während die Arbeiter und Handwerker unter dem Kommando von Marta Feuchtwanger und ihrer engen Freundin Maria Angelika aus Trier im Akkord den Bau vollenden mußten, entspannte sich Feuchtwanger auf dem Land und begann, an seinem nächsten Roman »Der jüdische Krieg« zu arbeiten. Seine Frau sorgte dafür, daß das Haus schließlich behaglich mit vielen von ihr günstig erstandenen Antiquitäten eingerichtet wurde. Während Marta sich aus alten Mahagoni-Betten in ihrem Schlafzimmer eine imposante Liegestatt mit Baldachin zusammenbauen ließ, schlief Feuchtwanger zuweilen lieber auf einem im Arbeitszimmer eingebauten Bett – umgeben von Bücherregalen.

Von seinem Schreibtisch, einem langen, gotischen Eßtisch aus einem Mönchskloster, blickte Feuchtwanger über die Terrasse in den Grunewald. Im Garten standen hohe Kiefern und ganz in der Nähe lag der Grunewaldsee. Morgens waren die beiden Feuchtwangers vom Wald aus auf ihrem Dachbalkon oder im Garten bei der morgendlichen Gymnastik zu sehen, zu der Marta ihn regelmäßig antrieb. Mitunter drehten sie Dauerlaufrunden um den See und im Winter lief Marta auf der gefrorenen Wasseroberfläche Schlittschuh. Ganz in der Nähe wohnten der damalige Direktor der literarischen Abteilung des Ullstein-Verlages, Dr. Emil Herz, sowie eine Ullstein-Tochter. Sie lud mit ihrem Mann gewöhnlich einmal in der Woche Freunde zu einem Gymnastik-Nachmittag

Lion Feuchtwangers Arbeits- und Bibliothekszimmer in Berlin. Die Büchersammlung umfaßte schon damals etwa 10 000 Bände.

Marta und Lion beim Ballspiel

Max Liebermann in seinem Atelier am Pariser Platz, etwa 1930

im Garten ein, mit einem anschließendem Abendessen. Feuchtwanger, dem Kopfarbeiter, tat das Turnen gut: er konnte sich wacker mit anderen messen. Bei der Familie Herz trafen Feuchtwangers häufig Erich Maria Remarque, Vicki Baum, Stefan Großmann und Arnolt Bronnen. Der Lancia-Fahrer und Frauenverehrer Remarque hatte damals gerade mit seinem Anti-Kriegs-Roman »Im Westen nichts Neues« Weltruhm erlangt, Vicki Baum war mit ihrem »Menschen im Hotel« erfolgreich und Großmann war Herausgeber des »Tage-Buch«. Bronnen, lange ein Freund von Brecht, sympathisierte damals schon mit den Nazis und war deshalb in der Literaturszene schräg angesehen. Wegen Bronnen kam es 1930/31 auf einer Neujahrsgesellschaft des Verlegers Ernst Rowohlt zu einem Eklat. Als Bronnen den Raum betrat, wollte der gerade wieder einmal in Berlin weilende, frisch »gekrönte« Literaturnobelpreisträger und Feuchtwanger-Freund Sinclair Lewis die Veranstaltung verlassen. Nur mit Mühe und mit dem Hinweis, daß Bronnen von keinem mehr ernst genommen werde, gelang es Feuchtwanger, den prominenten Gast zum Bleiben zu bewegen.

Zuweilen gaben auch Feuchtwangers kleinere Gesellschaften in ihrem Haus. Selten jedoch am Abend, meist nachmittags zum Tee. Wie schon am Fehrbelliner Platz lebten sie auch im Grunewald zurückgezogen und sehr häuslich. Nur die engsten Freunde oder Bekannten kamen häufiger: Brecht, Zweig, Heinrich Mann, (der im ersten Anlauf sogar Schwierigkeiten hatte, die entlegene Adresse zu finden und nach langem vergeblichen Suchen umkehren mußte), Döblin, der Kritiker Fritz Engel, der Filmproduzent Fritz Lang. Selbst gingen sie auch weiterhin selten aus, allenfalls einmal zu offiziellen Veranstaltungen, Empfängen oder Partys von Verlegern wie Ernst Rowohlt oder zu Zusammenkünften beim PEN-Club-Präsidenten Carl Federn. Feuchtwanger hielt sich dabei jedoch meist im Hintergrund. So still er war, so münchnerisch temperamentvoll war seine Marta. Nur bei der Feier zu Heinrich Manns 60. Geburtstag hielt Feuchtwanger am 27. März 1931 in der Akademie der Künste die Festrede am Tisch des Geehrten. Unter den zahlreichen Gästen befanden sich auch Alfred Döblin, Ricarda Huch, der Maler Max Liebermann und der Preußische Kultusminister Dr. Adolf Grimme.

Zu Hause entspannten sie sich bei Lesen und Rundfunk- oder Grammophonmusik. Mochte Feuchtwanger in seinen zeitweise schwermütigen jungen Jahren Wagner, so hörte er später gern den »Rosenkavalier« von Richard Strauss. Er liebte »Carmen«, »La Traviata« und »Rigoletto«, fand später zu Bach, Beethoven, Mozart, Haydn und Schubert. Von den Operetten bevorzugte er die »Fledermaus« und den »Zigeunerbaron« von Johann Strauß sowie die »Schöne Helena« von Jacques Offenbach. Als moderne Komponisten beeindruckten ihn Kurt Weill und dessen Musik zu Brecht's Dreigroschenoper, Hanns Eisler, der die Musik zu »Kalkutta 4. Mai« geschrieben hatte und sogar einen kleinen Kanon zu Feuchtwangers 60. Geburtstag komponierte, sowie Ernst Toch, der in Kalifornien »in Memoriam« zu Feuchtwangers letztem Roman »Jefta und seine Tochter« seine 5. Symphonie schrieb.

War es in der zweiten Hälfte der Zwanziger Jahre der »Erfolg«, der ihn vom gesellschaftlichen Treiben fernhielt, so war es jetzt, Anfang der Dreißiger Jahre, die Arbeit an »Der jüdische Krieg« über die Zerstörung Jerusalems. Feuchtwanger schrieb das Werk vor dem zeitgeschichtlichen Hintergrund der Auseinanderset-

zung zwischen dem von ihm als zerstörerisch empfundenen Nationalismus, auch des jüdischen und dem in seinen Augen friedenssichernden Internationalismus.

Seit 1926 arbeitete er mit seiner Sekretärin Lola Sernau. Die beiden hatten sich im Hause eines Schwagers von Alfred Wolfenstein am Kurfürstendamm kennengelernt, wo es ein munteres Fest gab, bei dem Lion in einer Ecke saß und durch seine dicke Brille die Tanzenden musterte. Lola Sernau und er wurden einander vorgestellt. Als er erfuhr, daß die aus einer Industriellenfamilie stammende junge Frau gelegentlich für den Malik-Verlag arbeite, bot er ihr an, seine Sekretärin zu werden. Als sie schüchtern meinte, dafür sei sie viel zu dumm, meinte er nur vergnügt: »Dumm? Ich weiß nicht, töricht vielleicht; aber klug bin ja ich, und das genügt. Kommen Sie morgen früh um zehn.«[63] Damit begann eine 14 Jahre dauernde Zusammenarbeit: »Lion Feuchtwanger diktierte, nachdem er sich lange mit seinem Thema beschäftigt hatte, ohne Vorlage; meist saß er dabei neben mir an dem großen Schreibtisch, nur selten stand er auf und diktierte einige Sätze im Auf- und Abgehen. Alles wurde mit Durchschlag geschrieben nach einem von ihm erdachten Farbensystem, so daß er stets sofort erkannte, welche Fassung er vor sich hatte. Mit rosa Papier wurde begonnen, dann kam gelbes, dann grünes, schließlich blaues; danach las ich ihm das Geschriebene laut vor, und es ging ans Korrigieren. Hielt er einige Kapitel für geglückt, schrieb ich sie zu Hause auf schönes weißes Papier, in der Annahme, daß nun der Roman ›stehe‹. Das traf aber nur in den seltensten Fällen zu, meist, vor allem, wenn Lion Feuchtwanger schlecht geschla-

Lola Sernau war von 1926–1940 Feuchtwangers Sekretärin: »Das merkwürdigste an Feuchtwangers Arbeit scheint mir die Beharrlichkeit und die Pedanterie zu sein, mit der er daran festhält, daß das in der ersten Konstruktion gesteckte Ziel genau erreicht werde, mögen noch so viele Umwege nötig sein.«

Zum 60. Geburtstag Heinrich Manns verlas Feuchtwanger die Geburtstagsrede. Heinrich Mann umrahmt von Marta Feuchtwanger und Frau Wedekind.

Berliner Bilderbo
DEPHOT
DEPHOT
Die Weltbühne
Der Schaubühne XXIX. Jahr
Wochenschrift für Politik · Kunst · Wirtschaft
Begründet von Siegfried Jacobsohn
Unter Mitarbeit von Kurt Tucholsky
geleitet von Carl v. Ossietzky
29. Jahrgang
1 9 3 3
Verlag der Weltbühne
Charlottenburg · Kantstrasse 152
MÖBEL-RESERVE-LAGER
M. HIRSCHOWITZ
H. SIMOSSEK
Zur Molle

en
DEPHOT

Karikatur aus dem »Uhu«. Treffen der Sektion Literatur der Akademie der Künste. Berlin, 1929

Präsidiumssitzung der Akademie der Künste, Sektion Literatur: (v. l.) Alfred Döblin, Thomas Mann und Ricarda Huch.
Ricarda Huch (1864—1957) wurde von Feuchtwanger verehrt, und er befand, daß sie »bei weitem nicht genügend gewürdigt« würde. Die Dichterin, eine Hauptvertreterin neuromantischer Literatur, studierte in Zürich und war eine kurze Zeit in Bremen als Lehrerin tätig. In ihren Frühwerken schilderte sie in gefühlvoller und stilisierter Sprache ihre Erlebniswelt, die Feuchtwanger faszinierte. Später bemühte sie sich in ihren Romanen und historischen Werken um die objektive Darstellung weltgeschichtlicher Ereignisse. Aus Protest gegen das nationalsozialistische Regime trat Ricarda Huch 1933 aus der Preußischen Akademie der Wissenschaften aus.

fen hatte, erklärte er mir am Morgen nach der Begrüßung, daß diese oder jene handelnde Person völlig umgeändert werden oder gar ausfallen müsse, und dann begann ein großer Teil der Arbeit von neuem. Eines Tages aber war es doch soweit, und dann wurde der Roman fortgegeben und endgültig ins Reine getippt, in mindestens sechs Exemplaren, da die verschiedensten Übersetzer bereits nervös auf das Manuskript warteten.«[64]

In einem Artikel für das »Berliner Tageblatt« schrieb Lola Sernau 1929 unter der Überschrift »An Lion Feuchtwangers Schreibmaschine – Intimitäten des Diktats«: »Es können während der Arbeit noch so viel Störungen kommen, dringende Telefongespräche, dringend auf Antwort wartende Boten: Feuchtwanger erledigt diese Dinge, ohne seine Gedanken von der eigentlichen Arbeit abzubringen. Er führt etwa, während ich an der Maschine warte, ein dringendes und wichtiges Telefongespräch mit einem ausländischen Manager und kehrt dann ohne Pause und Stockung zu dem halbfertigen Satz zurück, um ihn, gewöhnlich mit einer kleinen Korrektur in der ersten Hälfte, die ihm mittlerweile eingefallen ist, zu Ende zu diktieren. Das Merkwürdigste an Feuchtwangers Arbeit scheint mir die Beharrlichkeit und Pedanterie, mit der er daran festhält, daß das in der ersten Konstruktion gesteckte Ziel ge au erreicht werde, mögen noch so viele Umwege nötig sein.«[65] Aufgefallen ist Lola Sernau Feuchtwangers »innerer Hochmut«. Äußerlich sei er sehr bescheiden, unscheinbar, höflich, schrieb sie. Er hat darauf geachtet, daß die Korrespondenz nicht formelhaft, sondern individuell erledigt wurde. Für sie war das aber »nur die Schale« für diesen »ziemlich unbegrenzten inneren Hochmut«: »Man kann sich schwer vorstellen, mit welch herzlicher, von innen kommender, schallender Heiterkeit Feuchtwanger etwa abfällige Kritiken aufnimmt.« Und sie berichtete davon, »welch herzerquickenden Spaß Feuchtwanger empfindet über die immer neuen, mannigfachen Formen, in denen sich die Dummheit der Menschen manifestiert«.

Während Feuchtwanger draußen im Grunewald diktierte, nahmen in den Schrebergärten und in den dicht besiedelten Arbeitervierteln die politischen Kämpfe zwischen den zunehmend offener von Militär, Polizei und Beamtenschaft unterstützten nationalsozialistischen Kampfverbänden einerseits und den sozialdemokratischen und kommunistischen Gruppen andererseits immer blutigere Formen an; Hitler schrie immer lauter, nachdem es unter Alfred Hugenberg, dem Herrscher über Deutschlands größten Medienkonzern und Vorsitzenden der Deutschnationalen, 1931 zur Bildung der Harzburger Front mit den Nationalsozialisten und dem Stahlhelm gekommen war; die Wirtschaftskrise weitete sich aus; die Arbeitslosenzahl kletterte 1932 auf über sechs Millionen.

Auch wenn Feuchtwanger in diesen Jahren der politischen Auseinandersetzung nicht mit der Masse auf die Straße ging, so hielt er sich dennoch nicht heraus aus den politischen Ereignissen. Der Feuchtwanger der Zwanziger Jahre war zwar in seiner Grundstruktur und der selbstgewählten Rolle als »Betrachtender« immer derselbe geblieben, jedoch drückte sich in seinem Betrachten eine wachsende politische Anteilnahme aus. Sein »Erfolg« ist dafür der deutlichste Beleg. Aber auch sonst engagierte er sich mit seinem Namen und in Worten gegen die zunehmende Willkür und den Abbau des Rechts durch Politik, Militär, Großkapital und Justiz. Seit der Münchner Revolution war ihm die Verknüpfung von Kunst und Politik immer bewußter geworden. Mit Erscheinen seines »Erfolg« galt Feuchtwanger als politischer Schriftsteller, von dem man öffentliche Stellungnahme erwartete. In seinem ahnungsvollen Aufsatz vom Januar 1931 formulierte der sich bedroht fühlende Autor in der »Welt am Abend«: »Es ist also ein Gebot nackter Selbsterhaltung für alle Geistigen, mit ganzer Seele und ganzem Vermögen gegen das Dritte Reich zu kämpfen. Solange es in Deutschland noch einen Winkel gibt, wo die Kunst den Mund auftun darf, wollen wir es unmißverständlich aussprechen und in die Schädel hämmern: Das dritte Reich bedeutet Ausrottung der Wissenschaft, der Kunst, des Geistes.«[66]

Im November 1925 hatte Feuchtwanger neben den Brüdern Thomas und Heinrich Mann, Alfred Döblin, Gerhart Hauptmann, Max Brod und anderen Mitunterzeichnern einen Aufruf gegen die politische Einschüchterung der Kunst unterschrieben. Anfang 1926 wurde Sergej Eisensteins Film »Potemkin«, der den Aufstand der Matrosen des Panzerkreuzers Potemkin im Jahre 1905 zeigt, auf Betreiben der Reichswehr verboten. Erst nach lauten Protesten von Feuchtwanger, Alfred Kerr und anderen wurde er – gekürzt – freigegeben. Eisenstein besuchte Feuchtwanger wenig später in seiner Berliner Wohnung, ein Kapitel über den Film fügte Feuchtwanger in seinen »Erfolg« ein. 1927 kam es nach der Volksbühnen-Premiere von Erwin Piscators Inszenierung von Ehm Welks »Gewitter über Gotland« zu dem wohl größten Theaterskandal der Zwanziger Jahre. Das Stück handelt vom Kampf der einflußreichen Hanse gegen die aufständischen Vitalienbrüder, um 1400. Die allzu deutlich aufgezeigten Parallelen zur Gegenwart brachte die Öffentlichkeit, vor allem das gutsituierte Bürgertum und den Volksbühnenvorstand gegen Piscator auf. Die Aufführung, so hieß es, sei eine einzige »Lenin-Feier«. Eine Solidarisierungswelle mit Piscator setzte ein. Der Schauspieler Heinrich George, Darsteller des Störtebecker, bekannte sich im Namen des Ensembles zu Piscator, Alfred Kerr, der große Kritiker, sprang ihm ebenso bei wie Leopold Jessner, der Generalintendant der Staatlichen Bühnen. Lion Feuchtwanger unterzeichnete mit Johannes R. Becher, Paul Bildt, Ernst Deutsch, Tilla Durieux, Erich Engel, Jürgen Fehling, Samuel Fischer, Alexander Granach, George Grosz, Herbert Ihering, Alfred Kerr, Egon Erwin Kisch, Fritz Kortner, Thomas Mann, Max Pechstein, Alfred Polgar, Ernst Rowohlt, Ernst Toller, Kurt Tucholsky, Alfred Wolfenstein und anderen alten Münchner und neuen Berliner Freunden und Bekannten ein öffentliches Protestschreiben gegen Streichungen und Kürzungen in dem Stück. Fünf Monate später machte Piscator mit Ernst Tollers »Hoppla wir leben« am Nollendorfplatz seine eigene Bühne auf.[67] Im selben Jahr gehörte Feuchtwanger dem »Neutralen Komitee« für die Befreiung des revolutionären Arbeiterführers Max Hoelz an, der als Opfer der Klassenjustiz in der Weimarer Republik galt und dessen Gefangenenschicksal Feuchtwanger in der Person des Martin Krüger im »Erfolg« verarbeitet hat. Dem Komitee gehörten außer Feuchtwanger Thomas Mann, Heinrich Mann, Bertolt Brecht, Albert Einstein, Oskar Maria Graf, Herbert Ihering, Erwin Piscator, Ernst Rowohlt und Kurt Tucholsky an. Zahlreiche politische Stellungnahmen Feuchtwangers waren auch 1932 in der »Welt am Abend« abgedruckt. In den Jahren 1931/32 engagierte sich Feuchtwanger im sogenannten Scheringer-Komitee für den ehemaligen Reichswehrleutnant Richard Scheringer, der sich offen zur Unterstützung der Arbeiterbewegung bekannt hatte.

Im Berlin des Jahres 1929: Erwin Piscator mit der Schauspielerin Franziska Kinz und Franz Mehring. Mehring feierte dort die Uraufführung seines Dramas »Der Kaufmann von Berlin«, das an Piscators »Werkstätten-Bühne« herauskam.

Carl von Ossietzky mußte am 10. Mai 1932, ein Jahr vor der nationalsozialistischen Bücherverbrennung, ins Gefängnis. Arnold Zweig sagte über ihn: »Sein bestes Portrait ist sein Stil. Sein klares und geschmeidiges Deutsch, das sicher sitzende Wort, der knappe und locker schwingende Rhythmus seiner Sätze, die geheime Ironie seiner Anspielungen, oft humorig überglänzt und der unerbittlich sitzende Florettstoß seines Angriffs ...«

Ossietzky wird von Freunden und Kollegen vor dem Gefängnis in Tegel verabschiedet. Erste Reihe von links nach rechts: Lion Feuchtwanger, Alfred Wolfenstein, Ossietzky, ihm gegenüber Ernst Toller, Alfred Apfel, Willi Wolfradt. Laut »Frankfurter Zeitung« vom 11. Mai 1932 waren außerdem anwesend: Leonhard Frank, Arnold Zweig, Erich Mühsam, Ernst Glaeser, Roda Roda, Hermann Kesten, Alfons Goldschmidt, Herbert Ihering, Hellmut von Gerlach, Werner Hegemann, Walther Karsch, Rudolf Olden, Kurt R. Grossmann, Alfred Polgar, Hermann Zucker, Kurt Pinthus, Walter Victor, Bruno Frei.

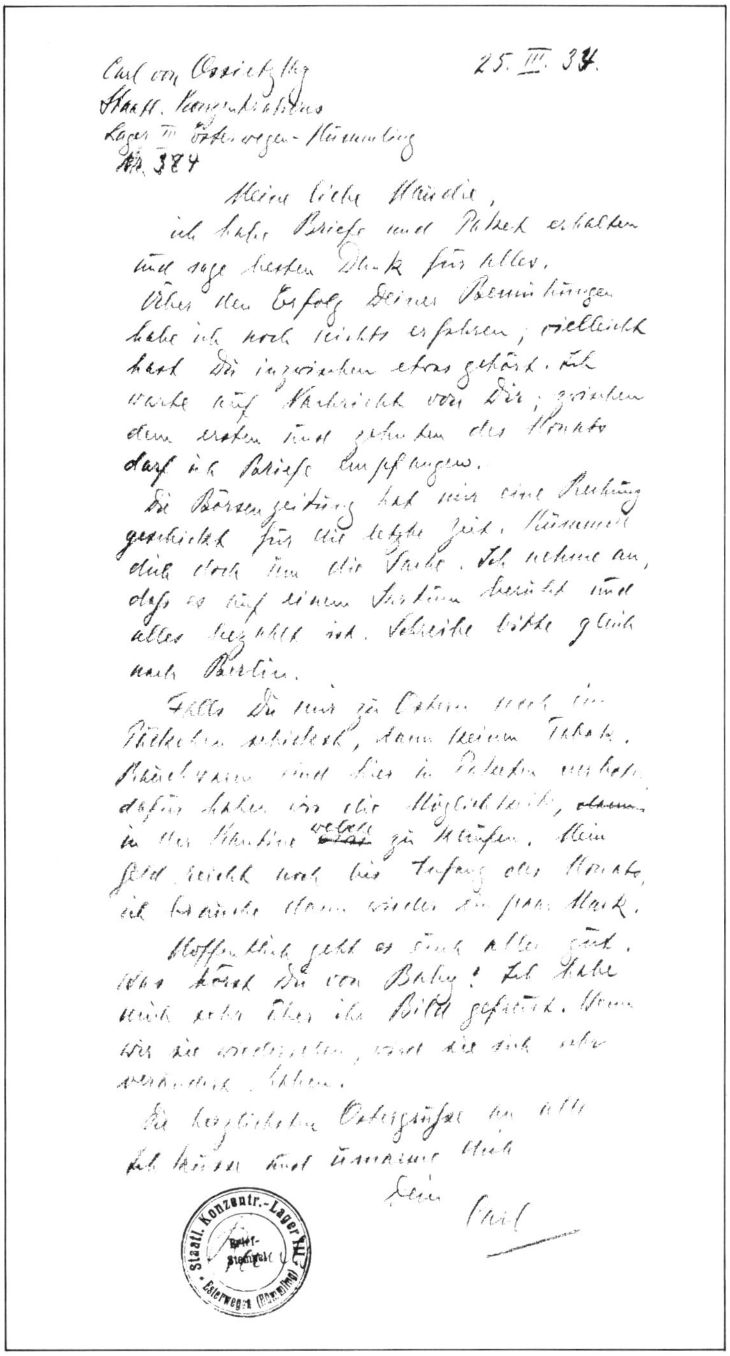
Carl von Ossietzky
Staatl. Konzentrationslager
Lager III Esterwegen-Hümmling
Nr. 384

25. III. 34.

Meine liebe Maudie,
ich habe Briefe und Pakete erhalten und sage besten Dank für alles.
Über den Erfolg Deiner Bemühungen habe ich noch nichts erfahren; vielleicht hast Du inzwischen etwas gehört. Ich warte auf Nachricht von Dir; zwischen dem ersten und zweiten des Monats darf ich Briefe empfangen.
Die Börsenzeitung hat mir eine Rechnung geschickt für die letzte Zeit. Kümmere Dich doch um die Sache. Ich nehme an, daß es sich auf einem Irrtum beruht und alles bezahlt ist. Schreibe bitte gleich nach Berlin.
Falls Du mir zu Ostern noch ein Päckchen schickst, dann keinen Tabak. Rauchwaren sind hier in Paketen verboten, dafür haben wir die Möglichkeit, ~~dann~~ in der Kantine welche zu kaufen. Mein Geld reicht noch bis Anfang des Monats, ich brauche dann wieder ein paar Mark.
Hoffentlich geht es Euch allen gut. Was hörst Du von Baby? Ich habe mich sehr über ihr Bild gefreut. Wenn wir sie wiedersehen, wird sie sich aber verändert haben.
Die herzlichsten Ostergrüße an alle
Ich küsse und umarme Dich
Dein Carl

Brief von Carl von Ossietzky vom 25. 3. 1934 aus dem Konzentrationslager an seine Frau:
»Meine liebe Maudie, ich habe Briefe und Pakete erhalten und sage besten Dank für alles. Über den Erfolg Deiner Bemühungen habe ich noch nichts erfahren; vielleicht hast Du inzwischen etwas gehört. Ich warte auf Nachricht von Dir; zwischen dem ersten und zweiten des Monats darf ich Briefe empfangen. Die Börsenzeitung hat mir eine Rechnung geschickt für die letzte Zeit. Kümmere Dich doch um die Sache. Ich nehme an, daß es sich auf einem Irrtum beruht und alles bezahlt ist. Schreibe bitte gleich nach Berlin. Falls Du mir zu Ostern noch ein Päckchen schickst, dann keinen Tabak. Rauchwaren sind hier in Paketen verboten, dafür haben wir die Möglichkeit, in der Kantine welche zu kaufen. Mein Geld reicht noch bis Anfang des Monats, ich brauche dann wieder ein paar Mark. Hoffentlich geht es Euch allen gut. Was hörst Du von Baby? Ich habe mich sehr über ihr Bild gefreut. Wenn wir sie wiedersehen, wird sie sich aber verändert haben. Die herzlichsten Ostergrüße an alle, ich küsse und umarme Dich, Dein Carl«

Ossietzky verstarb am 4. 5. 1938 an den Folgen der im Konzentrationslager erlittenen Verletzungen. 1932 bereits verurteilte ihn der Reichsgerichtshof zu eineinhalb Jahren Zuchthaus wegen Landesverrats, weil er die heimliche Aufrüstung innerhalb der Reichswehr bloßgestellt hatte. Unter Schleicher wurde er freigelassen. 1933 wurde er von den Nationalsozialisten in ein Konzentrationslager gesperrt und 1935, durch den Erhalt des Friedensnobelpreises, wieder entlassen. Die erlittenen körperlichen Schäden im KZ warfen ihn auf ein Krankenlager, von dem er sich nicht wieder erhob.

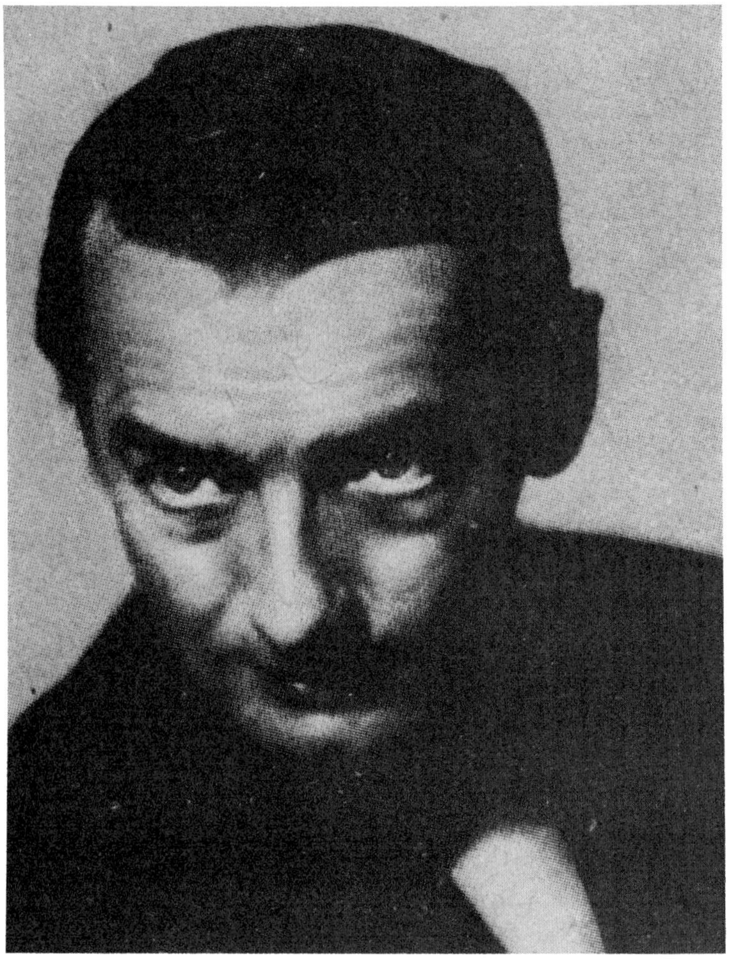

»Rudolf Olden war, ehe er Journalist wurde, Assessor in Bonn gewesen und Oberleutnant in einem Dragonerregiment, eine schmale, aristokratische Erscheinung von manchmal bizarrer Eleganz, ein echter homo erotikon, ein Mann, der gleichermaßen Männer und Frauen bezauberte, eine romantische Figur des großen Journalismus: ein Kerl wie Samt und Seide. Von Wien her stößt er zur Weltbühne vor. Theodor Wolff holt ihn gegen eine vielbemerkte Gage ans Berliner Tageblatt. Der neue Mann zahlt sich aus, wie die Berliner sagen; er ist ungeheuer vielseitig und mischt sich sofort in alle Affären der deutschen Innenpolitik; er durchstreift die Gerichtssäle und sekundiert den Freunden des Friedens.«

Auf dem Schriftstellerkongreß 1932 in Berlin wurde ein öffentlicher Aufruf Feuchtwangers, der dort auf einer Kundgebung zum Thema »Der Schriftsteller und der Krieg« sprach, für Scheringer verlesen. Im selben Jahr protestierte Feuchtwanger gegen das Verbot der »Arbeiter-Illustrierten-Zeitung«. Er rief in der »Welt am Abend« zur Unterstützung der Kinder von Arbeitslosen auf und warnte vor einem zweiten Weltkrieg. Nachdrücklich mischte sich Feuchtwanger auch in die Auseinandersetzung innerhalb des Schutzverbandes Deutscher Schriftsteller ein, dessen Berliner Vorstand wegen Linkslastigkeit vom Vorstand des Gesamtverbandes ausgeschlossen worden war.[68]

Am 10. Mai 1932, ein Jahr vor der nationalsozialistischen Bücherverbrennung, mußte der Pazifist Carl von Ossietzky, Chefredakteur der Berliner Wochenzeitung »Die Weltbühne« wegen seiner politischen Überzeugung ins Gefängnis. Der 4. Strafsenat des Reichsgerichtes in Leipzig, der höchste Gerichtshof der Weimarer Republik, hatte ihn im Jahr zuvor zu 18 Monaten Gefängnis verurteilt, weil er militärische Geheimnisse verraten haben sollte. Diese militärischen Geheimnisse bestanden in einer heimlichen, unter Mißachtung von Bestimmungen des Versailler Vertrages vorangetriebenen Rüstung der deutschen Reichswehr. Ossietzkys »Weltbühne« deckte den Skandal auf. Der Kriegsminister und die deutsche Schwerindustrie waren darüber sehr aufgebracht und sorgten für eine Verurteilung. Freunde rieten Ossietzky, ins Exil zu gehen. Der lehnte ab: »Der Oppositionelle, der über die Grenzen gegangen ist, spricht bald hohl ins Land herein. Wenn man den verseuchten Geist eines Landes wirkungsvoll bekämpfen will, muß man dessen allgemeines Schicksal teilen.«[69] So versammelten sich am Morgen eines sonnigen Frühlingstages in der »Weltbühne«-Redaktion in bedrückter Stimmung die Mitarbeiter Ossietzkys, ihn ins Gefangnis zu begleiten. Vom Nollendorfplatz setzte sich eine demonstrativ mit schwarz-rot-goldenen Flaggen der Republik geschmückte Kolonne aus zwanzig Fahrzeugen, in denen Ossietzkys Freunde saßen, in Bewegung.

Dann standen sie vor dem Gefängnis der Strafanstalt Tegel, unter ihnen Erich Mühsam und Ernst Toller, die solchen Gang aus eigener Erfahrung kannten, der Dichter Alfred Polgar, Arnold Zweig, Ossietzkys Anwälte, der Jurist und prominente liberale Leitartikler des »Berliner Tageblatt« Dr. Rudolf Olden; der ehemalige preußische Justizminister Dr. Kurt Rosenfeld, der konservative Strafverteidiger Dr. Max Alsberg, der bis zuletzt an einen Freispruch geglaubt hatte, sowie der damals bekannte Rechtsanwalt Dr. Alfred Apfel. Unter ihnen war auch Lion Feuchtwanger. Als Ossietzky sich verabschiedete und auf das Gefängnistor zuging, sagte Feuchtwanger, der in der vordersten Reihe stand, zu seinem Freund Arnold Zweig: »Die wahre Republik geht ins Gefängnis.« Dann, »als ob man eine Handvoll Erde über ein frisches, noch offenes Grab werfe«, entfernten die Freunde die schwarz-rot-goldenen Wimpel von den Autos.[70]

Zur Ablenkung vom Gefängnisalltag schickte Feuchtwanger Ossietzky Korrekturfahnen eines Buches in die Zelle. Er erinnerte sich später: »Die Ergriffenheit der Freunde, der schlichte Mut Ossietzkys, das Unbehagen und die Verlegenheit der Polizisten, die das Ganze überwachten, das alles wurde ohne viel Worte durch Gesten und Gesichter so schaubar, daß niemand, der dieses merkwürdige Ereignis erlebte, es je vergessen wird.«[71] Nach der

Im April 1932 war der greise 84jährige Hindenburg erneut zum Reichspräsidenten gewählt worden, mit 19,4 Millionen Stimmen gegen 13,4 Millionen für Adolf Hitler. Das Foto zeigt Wahlplakate für die Präsidentschaftskandidaten Hindenburg und Hitler am Potsdamer Platz in Berlin Anfang März 1932. Auch Feuchtwangers wählten damals Hindenburg »als das kleinere Übel«.

Marta Feuchtwanger in England 1932. Sie begleitete Lion in die britische Hauptstadt, wo er u. a. seinen langjährigen Verleger Ben Huebsch von der Viking-Press New York traf.

Machtergreifung der Nationalsozialisten kam Ossietzky ins Konzentrationslager Esterwegen, wurde mißhandelt, siechte in Krankenhäusern dahin. 1936 erhielt er den Friedensnobelpreis, dessen Annahme ihm die Nazis verboten. Am 4. Mai 1938 starb Ossietzky in einem Berliner Krankenhaus an den Folgen der Folterungen und Mißhandlungen.

»Ossietzkys Leben und Ende«, schrieb Feuchtwanger unmittelbar nach dessen Tod, »galten dem Frieden, dem unbedingten, kompromißlosen Frieden. Für den Frieden schrieb er, für den Frieden lebte er, für den Frieden ging er ins Gefängnis, für den Frieden wurde er gekrönt, für den Frieden starb er.«[72]

Davor, im April 1932, war der 84jährige Hindenburg erneut zum Reichspräsidenten gewählt worden, – mit 19,4 Millionen Stimmen gegen 13,4 Millionen für Hitler. Der Kommunist Ernst Thälmann erhielt 3,7 Millionen Stimmen. Feuchtwangers hatten aber nicht etwa Thälmann, wie es viele von ihnen erwartet hätten, sondern Hindenburg gewählt, »weil er uns als das geringere Übel erschien«, wie Marta Feuchtwanger in ihren Erinnerungen schreibt.[73] Sie hofften, damit Hitler vielleicht doch noch verhindern zu können. Diese Hoffnungen schwanden immer mehr, als Hitlers Nationalsozialisten mit ihren nationalistischen und antisemitischen Parolen bei den Reichstagswahlen Ende Juli desselben Jahres fast 38 Prozent und damit 230 von 608 Sitzen – mehr als doppelt so viele wie zwei Jahre zuvor – erhielten. Feuchtwangers fürchteten während des Wahlkampfes Unruhen und Plünderungen. Sie ließen sich an den Fenstern zur Straße Stahljalousien anbringen und fuhren nach Ost- und Westpreußen sowie nach Litauen in den Urlaub, waren in Königsberg und Marienburg, erholten sich an dem berühmten schönen Strand von Kranz, in den Dünen und in der Ostsee.

Zurückgekehrt nach Berlin erhielt Lion Feuchtwanger eine Einladung zu einer mehrmonatigen Vortragsreise in die Vereinigten Staaten. Er sagte zu und nahm fleißig Englisch-Nachhilfeunterricht, der jedoch nicht seinen starken bayerischen Akzent wegzaubern konnte. Wenn er auch seine Scheu vor öffentlichen Auftritten nicht überwunden hatte, weil seine bayerisch eingefärbte, nicht sehr kräftige, etwas schrille Stimme vor einem größeren Auditorium schlecht trug, so reizte es ihn doch sehr, das Land kennenzulernen, über das er so viel gelesen und mit dem er sich in Bühnen-Stücken und in seinen »Pep«-Gedichten beschäftigt hatte. Er reiste über London. Seine Frau begleitete ihn bis in die britische Hauptstadt.

An einem grauen Novembermorgen des Jahres 1932 brachen sie auf. Ihr Freund Bertolt Brecht begleitete sie zum Bahnhof Zoo und verabschiedete sich von den beiden. Lion Feuchtwanger sollte seine Heimat nie wiedersehen. Es war ein Abschied für immer.

In London traf Feuchtwanger Ben Huebsch von Viking Press, seinem amerikanischen Verlag, und Martin Secker, seinen britischen Verleger. Marta und er wurden zu großen Empfängen und Dinner-Partys eingeladen, an denen auch Mitglieder des Königshauses teilnahmen. Im Hause von Lord Melchett lernten sie den Zionisten-Führer Chaim Weizmann kennen. Wenige Tage später schiffte sich Feuchtwanger in Southampton ein. Marta blieb noch eine Weile in London, reiste dann nach Berlin zurück und fuhr nach der Weihnachtsbescherung für ihr Hausmeisterehepaar nach St. Anton in Österreich in den Skiurlaub. Sie sollte Deutschland

IS B.B.C. TOO EFFICIENT?

In Danger of Becoming a Machine

A PLAIN TALK

Need for Elasticity and More Imagination

Can we get better wireless? To-day our Special Correspondent sums up his investigations in a striking "open letter" to Sir John Reith.

After exploring this question of wireless programmes for over a week, talking to all kinds of people, and penetrating into the secret places behind the microphone, I feel like invoking Sir John Reith very much as follows :—

"Do you not sometimes feel that this institution of which you are the head is in danger of becoming a machine — a wonderfully efficient machine, perhaps the best of its kind in the world, but still a machine?

"The old free-and-easy relation between you at the microphone and us by our firesides has gone. Captain Eckersley alone, when he harangues us, brings back a whiff of the old healthy breeze.

"The programmes contain no surprises. We can forecast with fair accuracy their contents for a week.

"We know that you have analysed our tastes with damnably scientific accuracy, and that we shall be dieted with the correct proportions of carbohydrates (dance music, 12 per cent.), proteins (talks, 15 per cent.), and so on.

"Would it not do us all good if the B.B.C. occasionally went mad for a day or two?

"When you walk into the office of the Children's Hour, for example, are you never seized with a wild desire to dig the Aunts and Uncles out of their schedules and pack them off on top of a bus with instructions to forget for a few hours that children exist?

ALIVE—AND DEAD

"About your Talks. We think they are selected from too academic a point of view. We want to hear people we have heard about. A live lion is worth twenty decaying professors—unless he has an impediment in his roar. If lions run short, for heaven's sake do not deliver us over to be uplifted or schoolmarmed.

"You are not to blame for the news bulletins.

"You are not to blame for the emasculation of programmes by the absence of controversy. You were ready to broadcast the Budget and the main Opposition speech in reply, you gave Shaw as much rope as he cared to take, and if our masters think we shall be the better citizens for not getting ideas into our heads, what can be done about it?

VARIETY

"But whose fault are the variety programmes? If the lack of pep is

A FEUCHTWANGER SECRET

'Jew Suss' Author and Sinclair Lewis

TO UNITE IN SATIRE

"In my next novel I intend to deal with our own times; 1920-22 in Bavaria, but from the point of view of a man living in the year 2000 A.D. This will enable me to pursue the historical method."

So Dr. Lion Feuchtwanger, author of *Jew Süss* and *The Ugly Duchess*, told me yesterday afternoon (writes "Bookmark"), as we sat talking of literature and the drama and of his own immediate plans.

As reported in yesterday's DAILY HERALD, the film rights of *Jew Süss* have been purchased for £8,000. It is noteworthy that a play on the same theme was written by Dr. Feuchtwanger several years ago. "Afterwards," he told me, "I was able to build up the novel from the materials I had collected, and I planned it on a dramatic scale, the five books of the romance representing the five acts of the play."

The Ugly Duchess, he stated, had been even more successful in Germany than the earlier book.

A LITERARY REVELATION

Discussing contemporary writers, he expressed particular admiration for Sinclair Lewis, who is, it appears, very popular with the German reading public.

And this led to a very interesting revelation. Feuchtwanger has written a number of satirical verses over the pen-name of J. L. Wet Cheek (Feuchtwanger means Wet Cheek), and they are to be translated by Lewis for publication in England and America. This is a literary partnership which will arouse eager anticipation. There is piquancy in the fact that both *Elmer Gantry* and *Jew Suss* have been banned by certain Scottish libraries.

The quiet, unassuming manner, the pleasant smile and hesitant, low-spoken words—he speaks English very well, but rather slowly—gave real charm to his talk on books and writers. Several of the author's plays, I learned, are being published in English next year, and the largest of all British audiences will have an opportunity of hearing his views of modern literature when he broadcasts from 2LO on November 30.

He will probably remain in England for two or three weeks.

ILLEGAL STRIKE

Action Against Tramway Workers in Alexandria

The tramway strike in Alexandria has been declared illegal, and the Government is drafting in police from Cairo, says Reuter.

The company has invited strikers to sign on for the resumption of the service, and is preparing to run a partial service. The response has been small.

News Flashes

DICKERY, DICKERY DOCK

How a mouse ran up his leg on one occasion when playing the organ at a church service is recalled by Mr. J. Inwood, organist of Ravenstone Church, Leicestershire, who to-morrow completes 50 years as chorister and organist.

On another occasion he got no sound when a new boy was blowing the organ, and found the boy, with a dust-covered face, blowing with his mouth down the pipes.

Surrey County Council has again refused permission for the Sunday opening of cinemas.

Mr. Ramsay MacDonald will attend the opening to-day of the new Labour Hall at Woking.

Falling from an hotel roof at Northampton, George Horton, 49, a painter, fractured his skull.

Young men of Totternhoe, Beds, are giving 1s. weekly for 12 months towards buying a village hall.

Surrey County Council is conducting tours of the highways to ascertain objectionable hoardings that ought to be removed.

Winner of sprint races at Doncaster, Grantham, Lincoln, Sleaford and Sheffield, Mr. "Pompy" Wood has died at Gainsborough.

It is understood (says Reuter) that the British Co-operative Wholesale Society will operate this season as a buyer in the New Zealand meat market.

Wage-earners' contributions to the Hospital Saving Association, based on a weekly contribution of 3d. per head, has increased from £128,762 in 1926 to £179,759 in 1927.

On the ground that money is not now worth what it was in 1912 Birmingham University has asked the city's Education Committee to increase its grant of £15,000.

Mr. Mansfield Markham, son of the late Sir Arthur Markham, has recigned the position of prospective Liberal candidate for Mansfield in view of the fact that he now has extensive interests in Kenya Colony.

A valuable carpet, measuring 9ft. by 6ft., has been stolen from the war memorial chapel in Oatlands Park Church, Surrey. Two years ago a carpet was stolen from the same church.

Lady Victoria Bullock, daughter of Lord Derby, was severely injured while hunting with the Quorn Hounds from Hungerton, Leicestershire, yesterday. Her horse galloped under a low archway, which caught her head.

A microscopic examination of the body of Doris Ethel Perkins, aged 2 years 3 months, of Twilley-street, Wandsworth, is to be made by Sir Bernard Spilsbury. The child, the only survivor of triplets, was taken suddenly ill, frothed at the mouth, and died within a few hours.

A GERMAN VIEW OF G.B.S. AND H.G. WELLS

SHAW'S "INEFFECTIVE BACKGROUNDS."

By DR. LION FEUCHTWANGER.

(Author of "Jew Süss," the most discussed novel of recent years, who is visiting London.)

ONE of my objects in coming to London on this fortnight's holiday is to meet Mr. Galsworthy and Mr. Arnold Bennett. Both of these authors, among others, have written to me very kindly, and I know that we are much in sympathy in our general ideas, as well as in many points of craftsmanship.

I have made a special endeavour to follow the work of British and of American authors, because contemporary novels from both England and America are widely read in Germany to-day. While I regard Kipling as the most important living British poet, because he is not only a great lyrist, but a distinguished novelist, too, I believe that Shaw exercises the most influence.

This influence of Shaw, I may say, deduces mainly from his dexterous dialogue. He is quite unable to create an effective background in his plays, "Saint Joan" not excepted.

Mention of "Saint Joan" reminds me that my own perception of history is rather different. I am inclined to agree with Shaw's philosophy of the story, but leaving that aside, I should focus on the history in order to emphasise in it what we have in common with the past.

This is more the Shakespearian idea. There may have been no sea coast of Bohemia when Shakespeare wrote, but nevertheless men could and did then act as if there had been. All characterisation in novels to-day should be historical.

POLITICIANS' STYLE.

Mr. Lloyd George is a literary figure to be reckoned with. I like his style. I can see his Welsh temperament deep within it, and I can see his dominating personality pushing through whatever he writes. He is vivid and direct, very different in style from our German politicians. Herr Stresemann's style, for example, is sometimes too abstract.

I am peculiarly sensitive on this point of style, because it has taken me so long to develop any that I can call my own.

Twenty-four years ago, when I began to write, as a student at the University of Berlin, I did a play, a romantic tragedy. It was a dreadful failure.

I knew I had an idea in it, but I was also sure that there was a great deal wrong with the way I had written my lines. I worked ten years, travelling also during that time through Italy, Spain, North Africa, and Greece.

Then I published a novel. That, too, turned out to be bad. I still had not learned how to say well enough what I had to say.

I was then only twenty-nine, and

A NOVELIST HISTORIAN LOOKS US OVER

Lion Feuchtwanger Finds That the Babbitts of America Bear Close Resemblance to the Babbitts of Germany

By S. J. WOOLF

SINCE those early days in the 1840s when Charles Dickens visited these shores and then returned to his native heath later to depict our weaknesses and our foibles in "American Notes" and "Martin Chuzzlewit," foreign authors have come to visit us and then to write about us. Today we have with us a glaring exception—an author who, instead of coming, seeing and writing, first wrote, then came and is now seeing.

A few years ago there appeared in the Berliner Tageblatt a series of poems presumably written by J. L. Wetcheek, an American. Though the author was unknown, the translation was credited to L. J. Feuchtwanger, a writer who had gained recognition through his historical novels, notably "Power" and "The Ugly Duchess."

The poems described a speeding, rushing, efficient country whose watchword was "Pep."

Pep is the goods for any situation,
to use with folks or dogs, with cars or cops;
a substitute and no punk imitation
for chewing gum or pipes or even schnapps.
In fact, it's mighty useful anywhere—
Oh, maybe not for prayer.

Ford cars, hoofing chorus girls, cracker kings, roof manufacturers, were all described in a rhymed unrhythmical verse. Speed was a mania and dollars and percentages were gods. Babbitts babbled over their possessions and scientists worked over their problems with the dollar mark ever before their eyes. Tired business men were carried away by painted chorines only to discover that the charmers were "painted skinny grandmammas." Breach-of-promise suits were mixed up with statistics, and experiments on rats were used as a basis for reducing the checks which tired business men gave to their lady friends.

It was some time before any one noticed that "Wetcheek" was German for "Feuchtwanger," and it was not until the poems had appeared in various Continental countries as American verse that the hoax was discovered. Dr. Feuchtwanger's confidence in writing about the United States was not abated a bit because of the fact that he had never seen the country.

While the joke lasted a tiny gnomelike man sat in his study in Grunewald, a suburb of Berlin, and shook with laughter. Like Till Eulenspiegel, he howled at the pranks he was playing. High up above the surrounding roof tops, the sun pouring in upon a polished desk, he sat dressed in wide brown corduroy trousers which fastened almost under his arm pits over a wool sweater. Around the walls of the room bookshelves were built, shelves which housed learned volumes of history into which this curious little man had peered as he gathered details for his novel.

* * *

CLAD in his strange costume, Lion Feuchtwanger posed for me the other day. I had drawn Gerhart Hauptmann a few months before in the same hotel, and as I looked at the diminutive figure of Feuchtwanger, who is but a few inches over five feet tall and quick and elflike in his movements, I was struck by the contrast the little man in informal clothes presented with the old white-haired German, who was dressed like Goethe, whose voice was deep and sonorous and whose measured manner imparted a classical dignity. The one stood for the old Germany, the Germany of Weimar; the other for the country of the Kurfürstendam. The influence of antiquity and the Renaissance had made way for speed and "pep."

Lightly, quickly, gayly, Dr. Feuchtwanger poured forth his impressions of America. As he leaned back in a great armchair his feet hardly touched the ground. His nose is large and pointed, his lower lip heavy and his chin small. His glasses are so thick and powerful that they cast blobs of reflections and make it difficult to see his small, blue, twinkling eyes, set obliquely in their orbits.

I mentioned his book of poems and his face lighted up.

"Those poems," he said, "were written for relaxation, to get rid of what you Americans call 'pep.' I gave the book that title, for even before I came here it seemed to me that 'pep' is an American characteristic; since I have traveled about the country I have not changed my mind.

"I do not want you to think that I honestly believed that America was exclusively the country I described in my book. No one is perfect. Brutus had some features less praiseworthy than others. Moses had tantrums. I hoped then, and now I am sure, that America would laugh at one who dared to mock the pimples on its nose. Perhaps some of my ideas about America have been altered; but I am not sure that the impression of the country and the people which I received from books is not the truer one.

"Many have the notion that a man must live in a country in order to write about it, but it seems to me that living in a place makes one think unimportant details important. I lived in Munich thirty years, but when I wanted to write about it I left it in order to get the true perspective. I am sure that a man on a mountain cannot describe it as well as the man who sees it from a distance and can get a view of its great outlines. I have written books about bygone ages, though I did not live in those ages. With few exceptions, true history is not written until some time after the events have occurred. The men in the trenches who were doing the actual fighting knew little about the World War.

"Before I came here," he continued, "I had read much about America. We Germans keep our eyes upon you. I studied America's history and I read its novels and its newspapers. With these as a basis I suppose I unconsciously formed an idea in my mind that every man I should meet would be either a Babbitt, a Ford or an Edison. Of course, I knew this was not so, yet somewhere in the depths of my consciousness I thought of Americans as one of these three types—the commonplace business man, the mechanical marvel or the great inventor. Now that I have met so many Americans my mental picture of them has, of course, changed. What I had in my mind was a caricature; yet, after all, a caricature is an exaggeration of things that really exist.

"I have found Americans much like our own people. Some Germans are more American than Americans. By this I mean that, admiring many of your traits, they have adopted the traits and carried them to extremes. There are no more Babbitts here than there are in Germany. The fact is that human nature is very much the same the world over; it has not changed much during historical times. The Jew Suss [the hero of "Power"] lived in Egypt and in Rome just as he now lives in New York, London and Berlin. At the present time there are financiers who are playing the same rôle he played during his life.

"You must remember that although I wrote my book as a result of reading about America, nevertheless had I not been acquainted with certain types of Germans I could never have written it. B. W. Smith of South Fitzborough, who is proud of the wealth he has accumulated in selling roofing material, is not very different from Schmidt of Augsburg, who made a fortune in boxes. Their desires and pleasures are the same, and when Smith comes to New York he does about the same things that Schmidt does when he goes to Berlin. In fact, when Schmidt goes to a music hall in Berlin he sees many of the same performers that Smith sees in New York.

"Human nature has always been much the same, and modern inventions are now making all countries more or less alike—communication by radio will undoubtedly make for some universal language. Already in certain lines of endeavor you find the same words in all languages and many of your economic terms are commonly used in my country."

* * *

WHEN Dr. Feuchtwanger spoke of his country I asked him to tell me something of his life. He was born in Munich and grew up in that picturesque Catholic city of South Germany. Education was prudish. He read the classics in "purified" editions.

"Discipline," said he, "supported by respectability, plaster antiques and hypocrisy, ruled."

It was as a result of this that there came a reaction, he thinks, so that in literature and the drama sex questions were overemphasized. Under the new influence he wrote his first works. Then came a period of travel. At times he lived at fashionable hotels on the Riviera; at other times he and his wife were glad to share a box of sardines under the shadow of a broken column in Sicily.

"I worked very little," he said, "and I think my principal occupation was trying to forget the vast waste of knowledge which I had acquired."

The war found him in Tunis. After he was released from a prison into which he was thrown at the outbreak, he got back to his fatherland in time to carry a rifle, to stand around barracks a great part of the time and to eat things he did not like out of dirty earthen pots.

His wife managed to obtain his release from the army as she had done from prison, and again he took up writing. Superficially his work took the same form as before, but it was no longer concerned with the analysis of more or less trivial matters. His "Warren Hastings" and his "Power" were suppressed; so was his novel of the post-war revolution, "Success." Several of his plays were closed.

* * *

TODAY Dr. Feuchtwanger is one of Germany's leading novelists. As a direct result of the war, he thinks, his works concern themselves with sociology and politics rather than with sentimentality.

In his high-pitched voice he told me that he had lived for a short time in both Paris and London. "To me," he said, "Paris is a city of the past. London is partly of the past and partly of the present. New York is of the present and of the future, and in this it resembles Berlin. I feel at home here. Nothing is strange to me except a feeling of peace; any one who has lived in Germany for the last few years is not accustomed to that. One feels there that a riot may break out at any moment. Here one experiences peace."

A broad grin suffused his face as he continued:

"It is peace but it is a peace that is tinged with sadness, for wherever I have gone the first thing brought to my attention has been the fact that a depression was gripping the country. In large cities and small towns the depression is the first subject of conversation.

"It appears to me that in some ways this economic disaster has had a greater effect upon the people here than upon those on the other side. This is probably due to

(Continued on Page 18.)

Drawn From Life by S. J. Woolf.

"We Have German Arrowsmiths and Gantrys as Well as Babbitts."

1932: Lion Feuchtwanger verläßt in San Francisco seinen Zug. Während der Reise durch den Staat Georgia 1933 sitzt er im Aussichtswagen des Süd-Express.

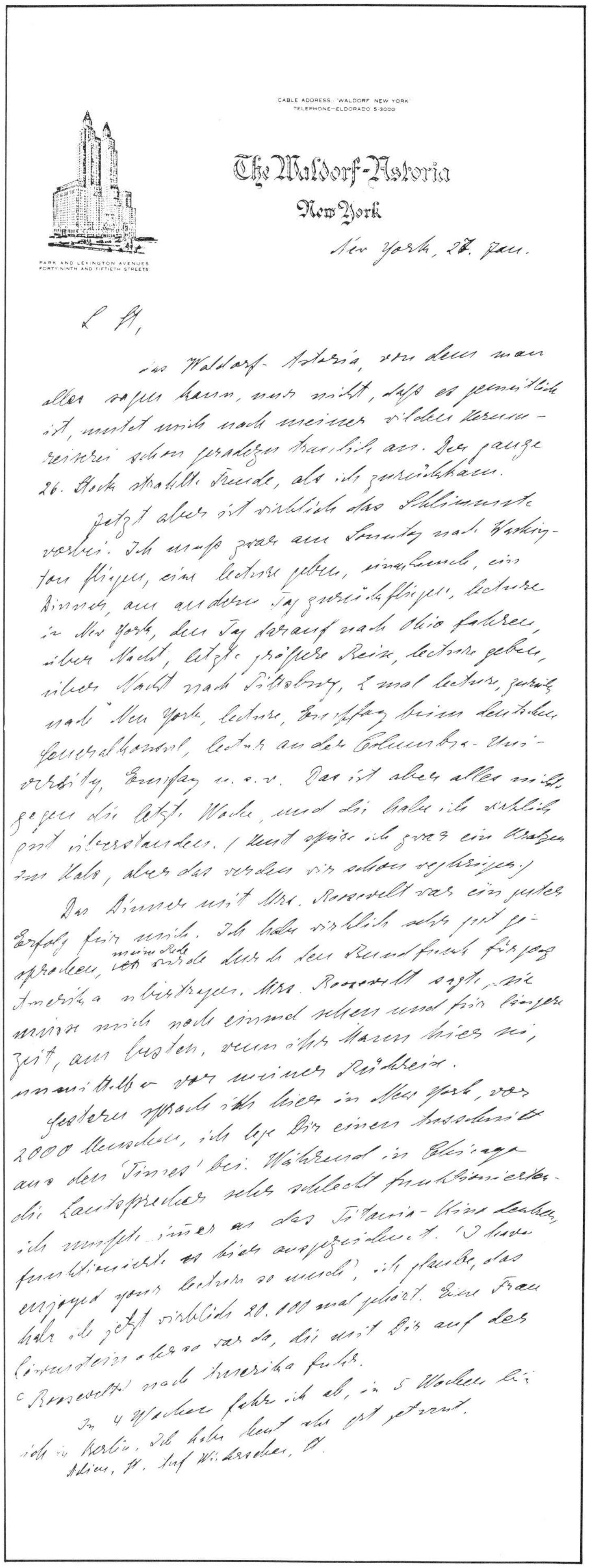

CABLE ADDRESS: "WALDORF NEW YORK"
TELEPHONE–ELDORADO 5-3000

The Waldorf-Astoria
New York

PARK AND LEXINGTON AVENUES
FORTY-NINTH AND FIFTIETH STREETS

New York, 27. Jan.

L. M.,

das Waldorf-Astoria, von dem man alles sagen kann, nur nicht, daß es gemütlich ist, mutet mich nach meiner wilden Herumreiserei schon geradezu traulich an. Der ganze 26. Stock strahlte Freude, als ich zurückkam.

Jetzt aber ist wirklich das Schlimmste vorbei. Ich muß zwar am Sonntag nach Washington fliegen, eine lecture geben, einen lunch, ein Dinner, am andern Tag zurückfliegen, lecture in New York, den Tag darauf nach Ohio fahren, über Nacht, letzte größere Reise, lecture geben, über Nacht nach Pittsburg, 2 mal lecture, zurück nach New York, lecture, Empfang beim deutschen Generalkonsul, lecture an der Columbia-University, Empfang u.s.w. Das ist aber alles nichts gegen die letzte Woche, und die habe ich schließlich gut überstanden. (Heut spüre ich zwar ein Kratzen im Hals, aber das werden wir schon wegkriegen.)

Das Dinner mit Mrs. Roosevelt war ein guter Erfolg für mich. Ich habe wirklich sehr gut gesprochen, [illegible] wurde durch den Rundfunk für ganz Amerika übertragen. Mrs. Roosevelt sagt, sie müsse mich noch einmal sehen und für längere Zeit, am besten, wenn ihr Mann hier sei, unmittelbar vor meiner Rückreise.

Gestern sprach ich hier in New York, vor 2000 Menschen, ich lege Dir einen Ausschnitt aus den 'Times' bei. Während in Chicago die Lautsprecher sehr schlecht funktionierten – ich mußte immer an das [illegible]-Kino denken – funktionierten sie hier ausgezeichnet. 'I have enjoyed your lecture so much', ich glaube, das habe ich jetzt wirklich 20.000 mal gehört. Eine Frau war da, die mit Dir auf der [illegible] nach Amerika fuhr.

In 4 Wochen fahre ich ab, in 5 Wochen bin ich in Berlin. Ich habe heut [illegible]

Adieu, M. Auf Wiedersehen, L.

Aus dem Waldorf-Astoria schreibt Lion Feuchtwanger seine Erlebnisse an Marta.

NEW YORK HERALD TRIBUNE, SUNDAY, FE

Authors at a Literary Dinner in New York City

Branch Cabell and Mrs. Julia Peterkin

Hendrik Willem van Loon

All photos Herald Tribune—Acme

Lion Feuchtwanger and Grand Duchess Marie of Russia

Carl Van Doren

1933 5

Clarence Budington Kelland and William McFee

Burton Rascoe, Mrs. Isabel Paterson and Stuart Chase

In New York wurde Lion Feuchtwanger auf Parties herumgereicht. Etwa drei Jahre vor seinem Moskau-Besuch bewies Feuchtwanger bereits in New York nicht unbedingt ein sicheres politisches Gespür. So schwankte er zwischen Äußerungen »Hitler is over« und »Hitler means war« hin und her.

Der Dichter im Flugzeug, New York, 1932

erst 1969, nach 37 Jahren wiedersehen.

Am 17. November kam Lion Feuchtwanger an Bord der »S. S. Europa« in New York an. Inzwischen war nach »Häßliche Herzogin«, »Jud Süß« und »Erfolg« mit »Der jüdische Krieg« Feuchtwangers vierter historischer Roman erschienen. Wie in England, so war Feuchtwanger auch in den USA mittlerweile eine Berühmtheit. Ein Jahr vorher hatte er in Berlin für die Rundfunkgesellschaft Columbia einen Vortrag auf Englisch über den historischen Roman gehalten, der in den Vereinigten Staaten von 76 Sendern übernommen wurde und so den Namen Lion Feuchtwanger populär machte. Doch wer nun erwartet hatte, der von »Babbitt« so beeinflußte linke Schriftsteller werde nun sogleich den amerikanischen Way of Life aufs Korn nehmen, wurde enttäuscht. Feuchtwanger fiel sehr zum Ärger amerikanischer Schriftstellerkollegen durch brave, nichtssagende, teilweise platte Statements auf. Ja, er bestritt auch die ihm über den New Yorker Lichterglanz nachgesagte Bemerkung, solches Geflimmer könne es nur in einer Gesellschaft von Nicht-Literaten geben. Herumgereicht wurde er viel. In seinem New Yorker Hotel, dem »Waldorf Astoria«, traf er auch mit Eleanor Roosevelt zusammen, der Frau des gerade zum Präsidenten gewählten Franklin D. Roosevelt. Sie schenkte ihm ein Bild mit einer persönlichen Widmung, das Feuchtwanger sogleich nach Europa verschiffen ließ. Er reiste quer durchs Land von New York über Chicago nach San Francisco und Los Angeles und hielt zahlreiche Vorträge, vor allem vor jüdischen Gruppen. Hatte er sich anfangs auch mit politischen Äußerungen zurückgehalten, so ließ er sich irgendwann doch zu der Bemerkung hinreißen, »Hitler is over«, weil die Nationalsozialisten bei den neuerlichen Reichstagswahlen Anfang November von 230 auf 196 Sitze zurückgefallen waren. Schließlich mokierte er sich bei vielen Gelegenheiten über Hitlers Deutsch, sagte und schrieb danach auch, unter den 164 000 Worten, die Hitlers Buch »Mein Kampf« enthalte, befänden sich 164 000 Verstöße gegen die deutsche Grammatik oder die deutsche Stillehre.[74]

Doch dann, am 30. Januar 1933, wurde Hitler plötzlich Reichskanzler: Feuchtwanger war schockiert. Auf einem Empfang, den der deutsche Botschafter Freiherr von Prittwitz ihm zu Ehren gab, sagte Feuchtwanger – nun wieder einmal in seiner schon unheimlichen Weitsicht: »Hitler means war!« (Hitler bedeutet Krieg). Der Satz ging um die Welt. Feuchtwanger mußte sich mit dem Gedanken abfinden, daß er jetzt nicht mehr in sein Haus nach Berlin zurückkehren konnte. Am 2. März 1933 schiffte er sich nach Europa ein und reiste über Paris nach Österreich, um seine Frau zu treffen. Das Exil begann.

Hitler und sein Kabinett am 30. 1. 1933. Sitzend v. l.: H. Göring, Reichskanzler Hitler und Vizekanzler von Papen

Feuchtwanger über Nationalismus und Judentum: Sein Roman „Der jüdische Krieg"

„Mein Hirn denkt kosmopolitisch, mein Herz schlägt jüdisch."

Während die Weimarer Republik zerfiel, fanatischer, »arischer« Chauvinismus und Antisemitismus sich von München aus über das ganze Reich verbreiteten und schließlich auch in der ehedem so toleranten Reichshauptstadt Berlin ein Klima dumpfer, bedrückender geistiger Enge erzeugten, hatte der Ullstein/Propyläen-Verlag noch 1932 den Mut, Feuchtwangers literarisches Bekenntnis zum Internationalismus, seinen gegen Nationalismus und Antisemitismus gerichteten Roman »Der jüdische Krieg« herauszubringen. Die Handlung führt den Leser zu dem Schluß, daß verbissener Nationalismus unweigerlich in den Krieg führt. Und er beschreibt dies ausgerechnet am Schicksal des eigenen Volkes, dessen Nationalismus in seinen Augen um das Jahr 70 in einen irrwitzigen und verlustreichen Krieg gegen die Römer mündete und mit der Zerstörung Jerusalems und des Tempels der Juden durch die Truppen des späteren römischen Kaisers Titus endete. Das Buch enthält zugleich die Warnung an die eigenen Glaubensbrüder, dem »Faschismus der andern, sei er deutsch oder polnisch oder wie immer, einen jüdischen Faschismus entgegenzusetzen«.[75] In einem Aufsatz über »Nationalismus und Judentum«, den Feuchtwanger 1933 in Paris gleichzeitig mit einem Aufsatz von Arnold Zweig herausgab, und den man als Kommentar zum »Jüdischen Krieg« verstehen kann, erinnert Feuchtwanger daran, daß in den letzten Jahrzehnten »nicht einmal wir Juden uns völlig frei von der Torheit des regional-politischen Nationalismus« gehalten haben. »Es gibt unter den Zionisten Anhänger dieses sinnlosen Nationalismus: es gibt eine Art jüdischer Hitlerei. Glücklicherweise aber hat die Mehrheit der Juden die Überzeugung von der Sinnlosigkeit solcher Bestrebungen tief in ihrem Blut.«[76]

Die Juden von heute, so meint Feuchtwanger in dem Aufsatz, haben aus ihren geschichtlichen Erfahrungen gelernt, sind Weltbürger, leben unter anderen Völkern als Gleiche unter Gleichen, sind assimiliert durch Geburt, Sprache und Geschichte: »Wer deutsch spricht, denkt deutsch. (...) Die Vorstellung, daß ein einzelner oder eine Gruppe einer Literatur, einer Sprache ihren Geist ›aufprägen‹ könnte, ist absurd.«[77] Was sie untereinander, völkerübergreifend, international, verbindet, sei etwas anderes. Judentum sei keine gemeinsame Rasse, kein gemeinsamer Boden, keine gemeinsame Lebensform, keine gemeinsame Sprache: Judentum sei eine gemeinsame Mentalität, eine gemeinsame geistige Haltung. Der echte jüdische Nationalismus unterscheidet sich für Feuchtwanger vom Nationalismus anderer Völker dadurch, »daß er keine materialistische Grundlage hat, sondern lediglich in dem Bekenntnis zu einem geistigen Prinzip besteht«. Einzig die Kontinuität dieses geistigen Prinzips, die Ehrfurcht vor der Literatur und der sie seit zweieinhalbtausend Jahren zusammenhaltenden Bibel, das Wissen um die Macht des Geistes und die Erkenntnis, daß die »gruppenbildende Kraft eines Buches manchmal stärker sein kann als die gemeinsame Scholle«, bildete für Feuchtwanger den Unterschied zwischen jüdischer Mentalität und der der anderen weißen Völker. Das Ziel des wahren jüdischen Nationalismus ist für ihn die Durchdringung der Materie mit Geist. Der wahre jüdische Nationalismus sei eben daher kosmopolitisch. Der wüste Haß, der im Antisemitismus der Nationalsozialisten zum Ausbruch kam, war in Feuchtwangers Augen der Widerstand der Materialisten gegen das im Judentum verkörperte geistige Prinzip. Die Grundlehre des Judentums brachte Feuchtwanger auf die einfache Formel des frommen Juden Hillel, der, als man ihn aufforderte, das jüdische Prinzip zu erklären, sagte: »Was Du nicht willst, das man Dir tu', das füg auch keinem andern zu. Das ist alles.«

Für Feuchtwanger waren die Juden in ihrem Bewußtsein weiter als andere Völker weißer Hautfarbe. Sie bildeten mit ihrem Kosmopolitismus bereits den Übergang, die Brücke vom Okzident zum Orient, zur Herrschaft des Geistes und der Vernunft. Es mußte die Nationalsozialisten besonders ärgern, daß der ihnen so verhaßte Feuchtwanger raffinierterweise das historische Schicksal seiner eigenen Glaubensgenossen und ihr damaliges verheerendes Scheitern in seinem anschaulichen »Jüdischen Krieg« ihnen wie einen Spiegel vorhielt. »Es gab zu jener Zeit keinen Nationalismus,« urteilte Feuchtwanger. »Die Vereinigten Staaten von Europa waren Wirklichkeit geworden. Es waren – seltsam genug – die Juden, die zu Beginn unseres Zeitalters den Nationalismus in die damals völlig kosmopolitische Welt hineintrugen. (...) Man weiß, wie bitter sie hierfür bestraft worden sind. Was die Mehrzahl der Weißhäutigen erst aus dem Weltkrieg gelernt hat oder vielleicht erst aus einem zweiten Weltkrieg wird lernen müssen – nämlich die Sinnlosigkeit eines regional-politischen Nationalismus –, das ist uns Juden vor achtzehnhundert Jahren auf eine sehr bittere, unvergeßliche Weise eingehämmert worden.«[78] Für den Leser des Buches erweist sich Feuchtwanger aus heutiger Sicht dabei wieder einmal als ein unheimlicher Prophet, der seine Schlüsse und seine Befürchtungen vor einer historischen Parallele allein aus der Kenntnis der Geschichte zog. Im »Jüdischen Krieg« endet der sinnlose Kampf der Juden gegen die Römer – die zunächst zögernd und erst dann massiv eingreifen, als sie um den Bestand ihrer »Vereinigten Staaten von Europa« fürchten – mit der Belagerung und Eroberung Jerusalems und der Zerstörung des jüdischen Allerheiligsten, des Tempels, in den sich die geistigen und geistlichen Anführer zurückgezogen haben, dort Selbstmord begehen oder wie tausende von Männern, Frauen und Kindern von den römischen Soldaten im Blutrausch niedergemacht werden.

Das Beklemmende an dem Roman ist aus heutiger Sicht, daß den Nationalsozialisten und ihren verblendeten Anhängern 13 Jahre nach Erscheinen des Buches mit dem von ihnen errichteten Dritten Reich in ähnlicher Weise das Schicksal jenes Volkes

widerfuhr, dessen Nachkommen sie gerade erst zu Millionen in Konzentrationslagern umgebracht hatten. Für Feuchtwanger muß dies im Rückblick eine traurige und grimmige Bestätigung seiner Erkenntnisse gewesen sein. Im Roman nimmt das Verhängnis seinen Lauf, als den Juden wegen ihres Guerillakrieges gegen die Machthaber in Rom die Herrschaft über ihre Hauptstadt aberkannt wird. Dies führt aber nur zu einer Verhärtung des Widerstandes: »Bisher hatten zumindest in Jerusalem die beiden Parteien der Ordnung, die aristokratischen Unentwegt Rechtlichen und bürgerlichen Wahrhaft Schriftgläubigen, Gewalttätigkeiten gegen die Römer verhindern können: jetzt, (...) bekam die dritte Partei die Oberhand, die Rächer Israels. Immer mehr Leute von den ›Wahrhaft Schriftgläubigen‹ fielen ihnen jetzt zu, selbst der Chef der Tempelverwaltung (...) ging öffentlich zu ihnen über. Überall sah man ihr Zeichen, das Wort Makkabi, (...) die Parole des Aufstandes. In Galiläa tauchte mit einemmal der Agitator Nachum auf, (...). Er war fast ein Jahrzehnt lang verschollen gewesen, man hatte geglaubt, er sei umgekommen, nun plötzlich zog er durch die Städte und Dörfer der Nordprovinz, überall liefen die Massen ihm zu. ›Worauf wollt ihr denn noch warten?‹ beschwor er inbrünstig, fanatisch die dumpf und erbittert Lauschenden. (...) Die bewaffneten Verbände der ›Rächer Israels‹, die ausgetilgt schienen, tauchten im ganzen Land wieder auf. In Jerusalem kam es zu wilden Kundgebungen. In der Provinz wurden Römer, die sich ohne militärischen Schutz auf die Landstraßen wagten, überfallen, als Geiseln verschleppt.«[79]

Erlebt wird dies alles von dem Priester Josef Ben Matthias, der zunächst selber zu den Aufständischen gehört. Er wird als einer ihrer Anführer von dem Feldherrn und Nachfolger Kaiser Neros, Vespasian, vernichtend geschlagen. Er gerät in Gefangenschaft und wendet sich dort plötzlich unter dem Einfluß der toleranten griechisch-römischen Kultur vom Nationalismus ab, aber immer vom Mißtrauen, von Verachtung und Anfeindungen der Juden und der Römer gleichermaßen begleitet. Er wird römischer Geschichtsschreiber und nimmt den Namen Flavius Josephus an. Als solcher wird er von allen Seiten als ein Mittler benutzt. Er führt eine widersprüchliche Existenz zwischen den Fronten, will zweierlei zugleich sein: Jude und Römer, Israelit und Weltbürger. Der nach der Niederlage der Makkabäer gegenüber den Juden tolerante Vespasian erschien ihm wie ein Erlöser, der – inzwischen selbst Kaiser – »die Schale des Judentums zerschlug, auf daß ihr Inhalt über die Erde verströmte und Griechentum und Judentum ineinanderschmolzen. In Josefs Leben und Weltbild drang immer mehr von dem hellen, skeptischen Geist dieser östlichen Griechen. Er verstand nicht mehr, wie er früher hatte Abscheu spüren können vor allem Nichtjüdischen. Die Heroen des griechischen Mythos und die Propheten der Bibel schlossen einander nicht aus, es war kein Gegensatz zwischen den Himmeln Jahves und dem Olymp des Homer. Josef begann, die Grenzen zu hassen, die ihm früher Auszeichnung, Auserwähltheit bedeutet hatten. (...) Er war der erste Mensch, eine solche Weltanschauung beispielhaft vorzuleben. Er war eine neue Art Mensch, nicht mehr Jude, nicht Grieche, nicht Römer: ein Bürger des ganzen Erdkreises, soweit er gesittet war.«[80] Und so schrieb er den Psalm des Weltbürgers, in dem es schließlich heißt: »Lobet Gott und verschwendet Euch über die Länder./Lobet Gott und vergeudet Euch über die Meere./Ein Knecht ist, wer sich festbindet an ein einziges Land./

Nicht Zion heißt das Reich, das ich euch gelobte,/Sein Name heißt: Erdkreis. So machte sich Josef aus einem Bürger Judäas zum Bürger der Welt und aus dem Priester Josef Ben Matthias zu dem Schriftsteller Flavius Josephus.«[81]

Der Schriftsteller Flavius Josephus ist eine Verkörperung Lion Feuchtwangers. »Der Jüdische Krieg« trägt am ausgeprägtesten von allen Werken autobiographische Züge. Sein ganzes Leben mit seinen Widersprüchen und Konflikten, seinen Kämpfen ist in diesem Flavius Josephus und in der Person seines geistigen Widersachers Justus von Tiberias ausgedrückt, der den Flavius Josephus immer wieder in Frage stellt. Als das Buch erschien, war Feuchtwanger 48 Jahre alt. Es bündelt seine Lebensziele und seine persönliche Entwicklung, den konsequenten Einsatz für Vernunft, Toleranz und geistige Freiheiten, gegen Dummheit, Gewalt und einengenden Nationalismus – auch gegen die Orthodoxie im Judentum.

Wie in seinen anderen Romanen lebt die Handlung von einem farbigen und spannenden Zusammenspiel von Liebe, Haß, Intrigen, Politik und Krieg. Das Ensemble der Personen besteht aus markanten Charakterköpfen, feingliedrigen, schlauen Aristokraten, würdigen alten Herren, sehr selbstbewußten, starken Frauen und zähen Schwächlingen. Um die historischen Fakten rankt sich die Legende. »Die gute historische Dichtung«, so Feuchtwanger in seinem in Amerika ausgestrahlten und im »Berliner Tageblatt« 1931 veröffentlichten Vortrag »Historischer Roman – Roman von heute«, »benützt nämlich Fakten gewissermaßen nur als Sauce: das Wesentliche des guten historischen Romans ist das ›Erfundene‹, seine ›Lügen‹«.[82] Dabei ignorierte Feuchtwanger, daß die Römer keineswegs Internationalisten aus fürsorglichen idealistischen Motiven, sondern aus einem antiken (Wirtschafts-)-Imperialismus heraus waren. Ihre geistige Toleranz, soweit es sie überhaupt gab, war allenfalls eine taktische Begleiterscheinung ihres Regimes. Die brutale und blutige Unterdrückung von Aufständen, ihre Sklavenhalterei hatte in erster Linie ökonomische und damit machtpolitische Gründe. Feuchtwanger sah die Rolle der Römer gleichwohl als positive Kraft. Er versuchte, seinen Standpunkt mit dem Argument zu untermauern, sie hätten schließlich zur Beherrschung ihres Reiches mit 100 Millionen Menschen nur insgesamt 200000 Soldaten benötigt.

Feuchtwanger trägt der ökonomischen Komponente immerhin im zweiten, 1935 erschienenen Band zum »Jüdischen Krieg« Rechnung. Das Werk wuchs schließlich zu einer erst 1940 unter dramatischen Umständen im Exil beendeten Trilogie aus. Im zweiten Band »Die Söhne« kommt es zu einem Streitgespräch, in dem einer der Kritiker, ein Bauer, dem Josef Ben Matthias/Flavius Josephus vorwirft, er habe in seiner römischen Geschichte des »Jüdischen Krieges« das Wichtigste leider ausgelassen: es sei in dem Krieg »nicht um Jahve und nicht um Jupiter« gegangen: »Es ging um den Preis des Öls, des Weins, des Korns und der Feigen. (...) Wenn man sich das nicht klarmacht (...) dann weiß man von den Ursachen des Kriegs, auf gut galiläisch, einen Dreck«.[83] Doch für den Angegriffenen blieben es trotzdem immer Gedanken, religiöse Ideen, die Schicksale der Nationen geformt haben. Er habe die Entstehung des Krieges aus der Entwicklung eines ganzen Jahrhunderts erklärt und nicht aus ein paar zufälligen Ziffern: »Sind Preise und Statistiken in den historischen Büchern der Bibel? Sind Preise und Statistiken bei Homer?« rechtfertigt er sich und seine Theorie.

Hier hakten auch viele Kritiker ein. Doch Feuchtwanger fühlte sich damit unverstanden. Schließlich ging es ihm darum, nur ganz bestimmte historische Aspekte und kein Gesamt-Bild aus der Geschichte herauszufiltern und auf Gegenwartsverhältnisse zu projizieren. Warum wählte er diesen Weg?

»Wer sich in Lion Feuchtwangers geistiger Behausung zurechtfinden will«, so schrieb Max Horkheimer, »muß etwas von den süddeutschen Juden wissen, wie sie nicht nur in München zu finden sind, sondern auch in Stuttgart oder im Baden Johann Peter Hebels. Ihr Dasein stand, bis Hitler den Einheitsstaat grauenvoll verwirklichte, unter einer freundlichen Paradoxie. Sie waren nicht im gleichen Sinn assimiliert wie in Berlin oder in Frankfurt, sondern hielten mit einem Eigensinn, nicht unähnlich dem der christlichen Süddeutschen, an der religiösen Orthodoxie fest. Aber sie wurden dadurch nicht von der anderen Bevölkerung isoliert wie im Osten. Die Reste vorkapitalistischer Unmittelbarkeit und universalistischer Denkweise, die in jenen Gegenden überlebten, erlaubten es den seit Menschengedenken ansässigen Juden, sich ihr Eigenes zu erhalten und zugleich ihren Platz im Leben aller einzunehmen, weithin unversehrt von Haß. Sie durften verschieden sein und doch an der Nähe und Wärme der ländlichen Städte teilhaben. Die ökonomische Zurückgebliebenheit der Landschaft hatte sich ihnen gegenüber in fortgeschrittene Humanität umgesetzt. Feuchtwanger spiegelt diese Humanität wider.«[84] Feuchtwangers starker Drang, sich mit der jüdischen Problematik auseinanderzusetzen wie kein anderer Schriftstellerkollege seiner Zeit, hängt sehr mit seinem eigenen Erleben, letztendlich mit dem Entsetzen über das zusammen, was sich da – nach seinen historischen Studien, nach der Arbeit über den Rabbi von Bacherach – vor seinen Augen, ihn selbst bedrohend, plötzlich wieder zusammenbraute. Etwas, von dem er glaubte, daß es in einer modernen Zivilisation wachsender internationaler wirtschaftlicher, politischer und geistiger Verflechtungen allenfalls noch im anachronistischen Repertoire einer Handvoll von Stammtischpolitikern auftauche: ein Antisemitismus, wie er ihn in seiner Satire »Gespräche mit dem Ewigen Juden« dargestellt hatte und der sich jetzt zur Ruhe setzte, weil niemand mehr etwas vom Judenhaß wissen will. Aber dieser »Ewige Jude« starb nicht aus, er feierte plötzlich Wiederauferstehung.

Bis in seine Mittdreißiger war Feuchtwanger selbst nicht mit einem spürbar belastenden Antisemitismus konfrontiert worden, auch in seiner Kindheit nicht. Das Zusammensein mit seinen überwiegend katholischen Spielkameraden ließ ihn keinerlei Ressentiments spüren. Man akzeptierte die religiösen Bräuche. Zu schaffen machte ihm erst der Wandel in den Zwanziger Jahren, da er als deutscher Jude doch selbst schon viel weiter und sogar über die strenge Orthodoxie seines Elternhauses hinaus war. Der Anstoß, die Kraft für die Befreiung aus dieser Orthodoxie waren die modernen Aufklärer wie Lessing und Mendelssohn, deren Bildnisse in seinem Elternhaus als Lithographie an der Wand gehangen hatten, und schließlich die Lehre des niederländischen Philosophen und Juden Baruch Spinoza. Spinoza entwickelte im 17. Jahrhundert, von seinen eigenen Glaubensgenossen als Ketzer verfolgt, die als atheistisch angesehene Theorie des Monismus von der Identität Gottes mit der Natur. Entgegen der christlichen Lehre existiert Gott darin nicht neben der Natur als ihr Erschaffer, er ist vielmehr die Natur selbst. Feuchtwanger verknüpfte diese dem Judentum verwandte Lehre mit seinem aufgeklärten Standpunkt, der die Grundlage für seinen »Internationalismus« bildete: »Ich bin«, so formulierte er, »ein deutscher Schriftsteller, mein Herz schlägt jüdisch, mein Denken gehört der Welt«.[85]

In seinem Aufsatz über »Nationalismus und Judentum« erinnert er jene, die die Gründung eines israelischen Nationalstaates vorantrieben, warnend daran, daß Länder bisher immer nur mit Gewalt erobert und Staaten immer nur mit Gewalt errichtet wurden. »Wir Juden, als wir Palästina das erste Mal eroberten, taten das gleiche. Wir vernichteten und versklavten die Urbevölkerung und wohnten in Städten, die wir nicht gebaut hatten. Später haben wir sehr bittere Erfahrungen machen müssen, als die anderen uns ausrotteten und uns versklavten und sich in die Städte setzten, die wir gebaut hatten. Heute stehen wir mitten in der dritten Eroberung von Palästina. Soll diese Eroberung erfolgen, soll sie Sinn haben, dann muß sie mit andern Mitteln durchgeführt werden, als mit denen der Gewalt. Das Dritte Israel hat nichts gemein mit dem Dritten Italien, nichts mit dem Dritten Reich der Deutschen.«[86]

1940, als er unter dem Eindruck der grausamen Judenverfolgungen in Deutschland, dem Überfall Hitlers auf Nachbarländer, der eigenen Internierung in Frankreich und seiner Flucht aus dem Lager den dritten Band der Josephus-Trilogie beendete, da war sein Flavius Josephus aber wieder mehr der alte Josef Ben Matthias. Er kehrt unter den Judenverfolgungen des Titus-Nachfolgers Domitian nach Judäa zurück, wo ein neuerlicher, von ihm im Grunde als wahnwitzig empfundener Aufstand gegen drückende römische Last und wirtschaftliche Auspressung durch die Römer vorbereitet wird. Jetzt sieht er die Identität seines Volkes gefährdet. Da läßt er plötzlich sein Vernunftgebot fallen, sympathisiert mit den Aufständischen, gibt seinen bisherigen Kritikern recht: »Und nicht recht hatte die Universalgeschichte des Flavius Josephus.« Das Lebenswerk von der erträumten Herrschaft über den Erdkreis erscheint ihm auf einmal, wo römischer Nationalismus an die Stelle einstiger Aufgeschlossenheit getreten ist, zu vage. Zweifel kommen in ihm hoch und er fühlt: »Einverstanden mit mir selber, glücklich bin ich nur dann gewesen, wenn ich gegen die Vernunft gehandelt habe. Schöne Zeit, herrliche Zeit, da ich ganz meinem Trieb gefolgt bin.« Und dann im Sterben kommt er zu der Erkenntnis: »Er hatte die Welt gesucht, aber gefunden hatte er nur sein Land; denn er hatte die Welt zu früh gesucht.«[87]

Exil in Frankreich

und in eurem lande?

in unserem lande zur jetzigen stunde
und wenn eine arbeit fertig ist nur jeden tag der geburt
müssen wir dem guten glück wünschen
denn in unserem lande der bauer
braucht glück.

wer niemanden schädigt
kommt in unserem lande unter die räder
aber die vermögen
werden nur durch schurkerei erworben.
um zu einem mittagessen zu kommen
braucht es der tapferkeit, mit der sonst reiche gegründet werden.
ohne dem tod ins auge zu schauen
hilft niemand einem elenden.

wer die unwahrheit sagt, wird auf händen getragen
wer dagegen die wahrheit sagt
der braucht eine leibwache
aber er findet keine.

für lion feuchtwanger
zum 7. juli 44

bertolt brecht.

Der Weg in die Emigration, die Bücherverbrennung und Ausbürgerung

„Sie können mir die Staatsbürgerschaft nehmen und den Doktortitel, mein Haus und mein Vermögen, nicht aber meinen bayerischen Dialekt."

Wohin jetzt? Am 11. März 1933, neun Tage nachdem Lion Feuchtwanger mit dem Schiff New York Richtung Europa verlassen hatte, saßen er und seine Frau in einem Hotel in Arlberg in Tirol, unschlüssig, wie es nun nach Hitlers Machtergreifung weitergehen sollte. Nach Deutschland zurückzugehen, war unmöglich. In einem Brief, den er an diesem Tag an Arnold Zweig schrieb, meinte Feuchtwanger, er werde sich wohl »im Laufe der nächsten Woche entschließen«, was er anfangen werde. »Ich glaube vorläufig nicht, daß Österreich das Rechte für mich ist.«[1] Er hatte Marta in ihrem Skiort St. Anton getroffen, wo sie seit Jahren ihren Winterurlaub verbrachte und nach den Ereignissen in Berlin sicherheitshalber geblieben war, um auf Lion zu warten. Sie wohnte dort bis zu seiner Ankunft im Dachzimmer eines Bauernhauses, in dem sich übrigens auch Leni Riefenstahl eingemietet hatte, die, immer wenn am Skifahrerstammtisch von Hitler die Rede war, »in Verzückung die Augen verdrehte«.[2] Bald trafen die ersten Freunde aus Berlin ein. Eva Boy, eine ehemalige Tänzerin, Journalistin und einst ein Flirt von Lion Feuchtwanger, kam mit ihrem Mann, dem Musikhistoriker Anthony van Hoboken nach Tirol. Auch Bertolt Brecht kam. Der hatte in den letzten Februartagen 1933 nach einem kleinen Eingriff in einer Berliner Klinik gelegen, als der Reichstag angezündet wurde. Am Morgen nach dem Brand, als

Feuchtwanger mit seiner Frau im Hotel Post in Arlberg in Tirol. Von hier schrieb er auch an Arnold Zweig. »Lieber Zweig, Ihr Brief war mir sehr angenehm. Wenn es ›nur‹ um Erfolg wäre, säße ich auch in Berlin. Aber sie haben soviel anderes anzuführen, daß es bestimmt klüger ist, noch zuzuwarten. Ich bin relativ sehr frisch und deshalb doppelt ärgerlich, daß ich nicht an die Arbeit gehen kann. Was meine verlegerischen Erfahrungen anlangt, so sind – bei gleich günstigen anderen Voraussetzungen – die englischen Verkäufe doppelt so hoch als die amerikanischen. Im allgemeinen ist die Nachfrage nach Büchern schmaler aber intensiver. Ich werde mich im Lauf der nächsten Woche entschließen, was ich anfangen werden. Ich glaube vorläufig nicht, daß Österreich recht für mich ist. Vielleicht verschiebe ich auch den zweiten Josephus und gehe an etwas, das von Quellensuchen absolut unabhängig ist. Es ist natürlich scheußlich, daß man durch so läppische Dinge behindert ist; aber wir sind heil durch viel gefährlicheres durchgegangen. ›Trage auch dieses mein Herz, du hast soviel schon ertragen.‹ Ich hatte ein paar Stunden Aufenthalt in Paris. Ich setzte mich in die Rotonde und ins Dome in der vagen Hoffnung, ... vielleicht zu sehen. Ihre Adresse war ärgerlicherweise in einem Koffer, der irgendwo zwischen Cherbourg und Sankt Anton herumfuhr und jedenfalls nicht aufzutreiben war. Grüßen Sie Lilly sehr herzlich. Ich hoffe sicher, daß sie es werden ... können, daß ich Sie und sie auf dem Weg nach Wien sehe. Ihr rastender L. F.«

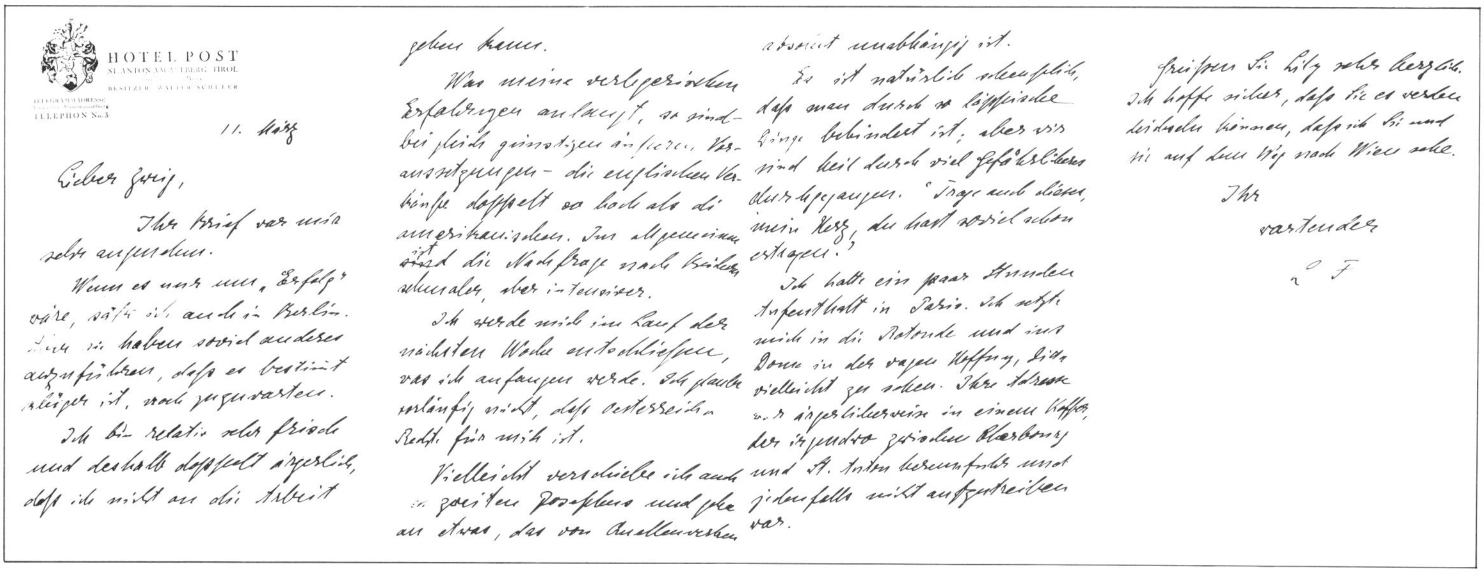

Auf dem Balkon des Waldhäusl in Arlberg, März 1933. Feuchtwangers erste Station im Exil.

Marta Feuchtwanger war gerade im Skiurlaub, als die Nazis an die Macht kamen.

die Kommunistenjagd durch Hitlers Sturmabteilungen einsetzte, floh er mit seiner zweiten Frau Helene Weigel, ohne noch einmal in seine Wohnung zurückzukehren, nach Prag und reiste von dort über Österreich in die Schweiz weiter. Auch Feuchtwangers entschlossen sich, zunächst in die Schweiz zu gehen, nachdem die Inhaber des Hotels sie vor herumstreunenden SA-Banden gewarnt hatten, die wiederholt über die nahegelegene Grenze nach Österreich eingedrungen seien und geflüchtete Nazi-Gegner entführten oder gar ermordeten. Zwei Wochen nach dem Brief an Zweig waren Feuchtwangers in Wengen bei Bern und wollten in der darauffolgenden Woche nach Lugano fahren, sich dort noch einmal mit Brecht treffen und dann nach Südfrankreich weiterreisen.

In Bern trafen Feuchtwangers Lola Sernau, die einige Tage zuvor über Basel in die Schweiz gekommen war, wo ihre Schwester lebte. Die Sekretärin brachte schlimme Nachrichten aus Berlin mit: wenige Tage nach dem Reichstagsbrand, Anfang März, bekam sie eines Nachts vom Hausmeister der Feuchtwangers einen Anruf. Voller Angst flüsterte er ins Telefon: »Sie sind da!« Dann wurde aufgelegt. »Sie«, das waren fünf SA-Leute, die in das Haus eingedrungen waren und stundenlang darin wüteten und plünderten. Sie rissen Bilder von den Wänden, zertraten sie, warfen die Bücher aus den Regalen, zerstörten Fotos, schmierten quer über das inzwischen eingetroffene Bild mit der Widmung der amerikanischen First Lady, Eleanor Roosevelt, das Wort »Judenhure«. Lola Sernau, am nächsten Morgen hingeeilt, fand eine unvorstellbare Verwüstung vor. Den Portier hatten die Randalierer übel zugerichtet und vor den Augen seiner Frau und seiner Mutter mit den Worten in den Garten geführt: »So, jetzt erschießen wir Dich.« Er konnte sich jedoch losreißen und in der Dunkelheit durch eine kleine rückwärtige Pforte in den Wald flüchten. Sie schossen zwar noch hinter ihm her, trafen aber nicht. Während Lola Sernau daraufhin brav bei der Polizei Anzeige erstattete, bevor sie in die Schweiz flüchtete, kamen die Nazis wieder und beschlagnahmten Vermögen und Haus. Unterdessen tauchte Feuchtwangers wissenschaftlicher Mitarbeiter Werner Kahn-Bieker auf. Als er auf die mißtrauische Frage eines der neuen »Herren« geistesgegenwärtig antwortete, der Feuchtwanger, das Schwein, schulde ihm noch Geld, bekam er zur Antwort: »Dann nimm Dir, was Du brauchen kannst.« Das ließ er sich nicht zweimal sagen. Mit einer Schubkarre transportierte er schnell einiges an Büchern und Notizen aus dem Haus ab, wenn auch nicht viel. Das meiste war verloren, darunter das ganze Material und die Vorarbeiten für den zweiten Band des Josephus-Romans und zahlreiche Manuskripte junger Autoren, deren Arbeiten Feuchtwanger begutachten sollte. Später hörten Feuchtwangers, daß sich ein höherer Nazi in dem Haus breitgemacht habe. In einem »Offenen Brief an den Bewohner meines Hauses Mahlerstraße 8 in Berlin« schrieb Feuchtwanger ironisch:

»Wie gefällt Ihnen mein Haus, Herr X? Lebt es sich angenehm darin? Hat der silbergraue Teppichbelag der oberen Räume bei der Plünderung durch die SA-Leute sehr gelitten? Mein Portier hat sich damals in diese oberen Räume geflüchtet, die Herren wollten sich, da ich in Amerika war, an ihm schadlos halten, der Teppichbelag ist sehr empfindlich, und Rot ist eine kräftige Farbe, die schwer herauszubringen ist. (...) Was fangen Sie wohl mit den beiden Räumen an, die meine Bibliothek enthielten? Bücher, habe ich mir sagen lassen, sind nicht sehr beliebt in dem Reich, in dem Sie leben, Herr X, und wer sich damit befaßt, gerät leicht in Unannehmlichkeiten. (...) Manchmal denke ich darüber nach, wofür man wohl im Dritten Reich die Büchergestelle verwenden könnte. (...) Und was haben Sie mit dem Terrarium angefangen, im Fenster der Längswand meines Arbeitszimmers? Hat man wirklich meine Schildkröten und meine Eidechsen totgeschlagen, weil ihr Besitzer ›fremdrassig‹ war? (...) Lassen Sie mein Haus nicht verkommen, Herr X. (...) Ich sage das auch in Ihrem Interesse. Ihr ›Führer‹ hat versprochen, daß seine Herrschaft tausend Jahre dauern wird: ich nehme also an, Sie werden bald in der Lage sein, sich mit mir über die Rückgabe des Hauses auseinanderzusetzen.«[3]

Während Marta Feuchtwanger nach dem Treffen mit Brecht im Autobus von einem Ort zum nächsten die Riviera abklapperte, um ein Quartier zu finden, versuchte Feuchtwanger, über einen Anwalt und die Trierer Freundin Martas, Maria Angelika Kunz, einen Teil seines bei der Feuchtwanger-Bank in München deponierten Vermögens zu retten. Doch die Inhaber der Bank, seine Verwandten, sträubten sich. Sie fürchteten Repressalien. Die Infamie der Nationalsozialisten ging unterdessen so weit, daß sie Feuchtwanger nach der Beschlagnahme seiner Guthaben und Sachwerte aufforderten, die noch bestehende Hypothek auf sein

Neue Zürcher Zeitung

Morgenausgabe

Jüdische Krieg

Ein französisches Urteil

Die »Neue Züricher Zeitung« berichtete in ihrer Ausgabe vom 1. April 1933 über den »Jüdischen Krieg« in Berlin, von der sich ausweitenden antisemitischen Stimmung Boykottbewegung und den Progromen. Sie schrieb über Professor Albert Einstein, aber auch über Lion Feuchtwanger: (...) »Die ›Vossische Zeitung‹ meldet lakonisch: ›Die bekannten Auslassungen von Lion Feuchtwanger in einer englischen Zeitung über die augenblickliche Lage in Deutschland haben dem Propyläen-Verlag Veranlassung gegeben, den Vertrieb von Feuchtwangers Roman ›Der jüdische Krieg‹ einzustellen, obwohl dieses zur Zeit Neros spielende Werk in keiner Weise Beziehungen zur Gegenwart hat.« Die »Neue Züricher Zeitung« endete ihren Bericht: »Juden (gemeint ist in Berlin, Hrsg.) wurden geprügelt, weil sie Juden sind, und das geschah im Jahre 1933 im Lande, wo Immanuel Kant verehrt wurde. Die Geschichte hält solche Auswüchse gewöhnlich als Zeichen einer Verwirrung des Geistes fest. Deutschland will sich erneuern – ist es sicher, daß es sich nicht verkleinert? Es ist mehr als ein Verbrechen, das die nationalsozialistische Regierung durch Duldung dieser Auswüchse geschehen ließ, es ist ein politischer Fehler«.

»Signierstunde« am Arlberg

An der französischen Riviera

Marta Feuchtwanger und Bertolt Brecht 1933 in Carona bei Lugano. Beide, Feuchtwanger als auch Brecht hatten kurz darüber nachgedacht, ob sie sich in der Schweiz niederlassen sollten.

Haus in Höhe von 63214 Mark aus künftigen Einkommen zu bezahlen; und das Finanzamt klagte ihn wegen »Kapitalflucht« an, nachdem von den konfiszierten Konten keine Steuern mehr eingingen. Immerhin aber ließ sich im Ausland mit seinem Namen noch ein Geschäft machen. Wie er auf Umwegen erfuhr, hatte der Ullstein-/Propyläen-Verlag einige Wochen nach der Machtergreifung hohe Restbestände der Bücher »Jud Süß« und »Der jüdische Krieg«, deren Vertrieb in Deutschland eingestellt worden war, für 13000 Dollar nach Basel verkauft. Dennoch saßen Feuchtwangers finanziell nicht ganz auf dem Trockenen. Die Regierung Brüning hatte im Rahmen ihrer Notverordnungen Inhaber von Auslandskonten gezwungen, ihr Geld nach Deutschland zu transferieren, und Feuchtwanger mußte seine Tantiemen aus den Auslandsauflagen in Deutschland anlegen, seine Sekretärin hatte jedoch für ihn unter dem Namen ihrer Schwester sowie eines skandinavischen Freundes weiterhin Not-Konten in der Schweiz und in Schweden unterhalten. Außerdem gelang es Marta Feuchtwanger über einen Freund, wenigstens von ihrem Berliner Sparkonto 3000 Mark herauszubekommen. So verfügten sie immer noch über genügend Geld, mit dem sie auch noch einige Freunde unterstützten.

Noch im April 1933 folgte auch er seiner Frau an die französische Riviera. Lola Sernau kam etwa zwei Wocher später nach. Brecht blieb mit Helene Weigel noch bis August auf Einladung von Kurt Kläber, einem der Herausgeber der »Linkskurve«, in dessen Haus in Carona bei Lugano, ehe er über Frankreich, wo er Feuchtwangers besuchte, nach Dänemark ging. Brecht und Feuchtwanger hatten kurz überlegt, ob sie sich nicht gleich in der Schweiz niederlassen sollten. Doch war die Schweiz für Emigranten auf die Dauer zu teuer. Für Feuchtwanger war noch ein anderer Grund entscheidend: er hatte Drohbriefe ins Hotel erhalten und fühlte sich gefährdet. Diesen Briefen vorausgegangen war ein umfangreicher Aufsatz in der »Neuen Zürcher Zeitung«, aus dem wenig Sympathie für die Emigranten sprach. Ihm wurde bei der Lektüre schnell klar, wie wenig willkommen er und seinesgleichen in der Schweiz waren. Der Artikel war eine Woche nach Durchsetzung des Ermächtigungsgesetzes erschienen. (Die Kommunisten waren von der Abstimmung ausgeschlossen worden, die Sozialdemokraten hatten dagegen gestimmt.) Der anonym gezeichnete Beitrag aus Berlin handelte von der »wachsenden Entrüstung« der neuen Machthaber in Deutschland über die »faustdikken Lügenberichte in der Auslandspresse« von angeblichen antisemitischen Ausschreitungen. Als solche Lügenpropagandisten nannte der anonyme Autor namentlich – dabei das »Berliner Tageblatt« und die »Vossische Zeitung« zitierend – den damals in Paris weilenden Naturwissenschaftler Professor Albert Einstein und Lion Feuchtwanger. Feuchtwangers »Auslassungen« in einer englischen Zeitung über die augenblickliche Lage in Deutschland hätten dem Propyläen-Verlag »Veranlassung gegeben, den Vertrieb seines Romans ›Der jüdische Krieg‹ einzustellen, obwohl dieses zur Zeit Neros spielende Werk in keiner Weise Beziehungen zur Gegenwart hat«. Einen Bezug zur Gegenwart stellte dafür die »Neue Zürcher Zeitung« selbst umso deutlicher her, indem sie den Artikel mit der Überschrift »Der ›jüdische Krieg‹« versah. Gemeint war aber nicht etwa jüdischer Widerstand gegen die Nationalsozialisten. Es war vielmehr eine Anspielung auf Differenzen zwischen den im Reich und den im Ausland lebenden Juden in jenen turbulenten Tagen: »In der deutschen Judenschaft

Der Propyläen-Verlag warb mit seinen jungen Autoren. Nahezu alle wurden ausgebürgert und mußten ins Exil gehen: Bert Brecht, Erich Maria Remarque, Walter Hasenclever, Carl Zuckmayer, Lion Feuchtwanger und Leonard Frank.

Thomas Mann mit Hermann Hesse und Jacob Wassermann beim Skiurlaub in Lenzerheide, 1933

Volksverräter

ausgestoßen aus der deutschen Volksgemeinschaft!

Auf Grund des § 2 des Gesetzes über den Widerruf von Einbürgerungen und die Aberkennung der deutschen Staatsangehörigkeit vom 14. Juli 1933 hat der Reichsminister des Innern im Einvernehmen mit dem Reichsminister des Auswärtigen durch eine im „Reichsanzeiger" veröffentlichte Bekanntmachung vom 23. August 1933 zunächst folgende im Ausland befindliche Reichsangehörigen der deutschen Staatsangehörigkeit für verlustig erklärt, weil sie durch ein Verhalten, das gegen die Pflicht zur Treue gegen Reich und Volk verstößt, die deutschen Belange geschädigt haben:

Philipp Scheidemann

Otto Wels

Wilhelm Pieck

Dr. Robert Weißmann

Dr. Rudolf Breitscheid

Heinz Werner Neumann

Albert Grzesinski

Bernhard Weiß

Dr. Joh. Werthauer

Dr. Alfred Apfel

Friedrich Stampfer

Ruth Fischer

Dr. Friedr. W. Foerster

Emil Gumbel

Helmuth v. Gerlach

Leopold Schwarzschild

Dr. Kurt Tucholski

Max Hölz

Willi Münzenberg

Ernst Toller

Georg Bernhard

Alfred Kerr

Heinrich Mann

Lion Feuchtwanger

hat inzwischen die zu ihren Gunsten unternommene Greuelpropaganda von Glaubensfreunden im Auslande, vornehmlich in London und New York, die lebhafteste Besorgnis erregt, daß sie daheim in Deutschland auszubaden haben würden, was ihre draußen im Auslande weit vom Schuß befindlichen jüdischen Stammesgenossen mit ihrer Propaganda Uebles anrichten. (...) Inzwischen haben der Zentralverband deutscher Staatsangehöriger jüdischen Glaubens, der Bund jüdischer Frontsoldaten usw. öffentlich die Greuelpropaganda des Auslandes gegen Deutschland als unberechtigt scharf zurückgewiesen.«[4] Was die Schweizer Zeitung über das Verhältnis seiner im Reich lebenden Glaubensbrüder zu den Nazis berichtete, war auch Feuchtwanger bereits zu Ohren gekommen. Er war fassungslos. »Ich habe immer geglaubt, daß die Dummheit der Menschen weit und tief ist, aber ich habe nicht geglaubt, daß die deutschen Juden daran in solchem Maße teilnehmen,«[5] kommentierte er deren Haltung in einem Brief an Zweig. Arnold Zweig hatte Deutschland am 14. März verlassen. Er hielt sich danach bis Mitte Mai in Prag und Wien auf, reiste nach Frankreich weiter und siedelte Mitte Dezember nach Palästina über.

Mit dem Ermächtigungsgesetz in der Hand begannen die Nationalsozialisten das wahrzumachen, was Feuchtwanger schon drei Jahre zuvor befürchtet hatte: die Ausrottung fortschrittlichen Geistes in Kultur und Wissenschaft. Am 13. Mai 1933 erschien das »Sofortprogramm des deutschen Buchhandels« im verbandseigenen Börsenblatt. Darin hieß es: »Der deutsche Buchhandel begrüßt die nationalsozialistische Erhebung. Er hat seine Bereitwilligkeit zur Mitarbeit an ihren Zielen alsbald zum Ausdruck gebracht.« Und es folgte der Abdruck einer Liste von zwölf Autoren, die angeblich das »deutsche Ansehen« des Buchhandels schädigten. Ihre Namen waren: Lion Feuchtwanger, Ernst Glaeser, Arthur Holitscher, Alfred Kerr, Egon Erwin Kisch, Emil Ludwig, Heinrich Mann, Ernst Ottwald, Theodor Plivier, Erich Maria Remarque, Kurt Tucholsky, Arnold Zweig. Drei Tage zuvor waren ihre und anderer Werke auf die Scheiterhaufen geflogen, die der Reichspropagandaminister Joseph Goebbels und Zehntausende von Handlangern überall im Reich, vor allem in den Universitätsstädten, zur Vernichtung »undeutschen Geistes« errichtet hatten. Die zentrale Aktion fand am Abend dieses 10. Mai auf dem Berliner Opernplatz beim alten Schloß statt. Dummheit und Barbarentum demonstrierten ihre Macht. Auf den ersten Bücher-Verbrennungslisten fanden sich außer den Genannten noch Namen wie Henri Barbusse, Bertolt Brecht, Max Brod, Alfred Döblin, Ilja Ehrenburg, Albert Einstein, Sigmund Freud, Ivan Goll, Jaroslav Hasek, Walter Hasenclever, Klaus Mann, Robert Neumann, Kurt Pinthus, Ludwig Renn, Arthur Schnitzler, Ernst Toller, Stefan Zweig. Und es wurden aus den Regalen der Buchhandlungen und Büchereien auch Heinrich Heine, Gotthold Ephraim Lessing, Voltaire und Gorki gerissen. Eine ungeheure Säuberungsmaschinerie von deutscher Gründlichkeit rollte durchs Land, erfaßte immer mehr von jenen in der Literatur, der Wissenschaft, der Malerei, der Theaterwelt, die das Deutschland der Dichter und Denker des 20. Jahrhunderts repräsentierten. Die verbrannten Bücher seien »Asphaltliteratur«, keifte Goebbels, der in einem selbstverfaßten »Roman« Sätze verbreitet hatte, wie: »Der Intellekt hat unser Volk vergiftet« und: »Der Intellekt ist eine Gefahr für die Bildung des Charakters«. Feucht-

(Sonderabdruck aus dem Börsenblatt für den Deutschen Buchhandel Nr. 110 vom 13. Mai 1933)

Bekanntmachung.

Der Vorstand des Börsenvereins der Deutschen Buchhändler ist sich mit der Reichsleitung des Kampfbundes für deutsche Kultur und der Zentralstelle für das deutsche Bibliothekswesen darin einig geworden, daß die zwölf Schriftsteller

Lion Feuchtwanger — Ernst Glaeser — Arthur Holitscher — Alfred Kerr — Egon Erwin Kisch
Emil Ludwig — Heinrich Mann — Ernst Ottwalt — Theodor Plivier — Erich Maria Remarque
Kurt Tucholsky alias Theobald Tiger, Peter Panter, Ignaz Wrobel, Kaspar Hauser — Arnold Zweig

für das deutsche Ansehen als schädigend zu erachten sind. Der Vorstand erwartet, daß der Buchhandel die Werke dieser Schriftsteller nicht weiter verbreitet.

Leipzig, den 11. Mai 1933.

Der Gesamtvorstand des Börsenvereins der Deutschen Buchhändler zu Leipzig
Dr. Friedrich Oldenbourg Heinrich Boysen Dr. Hellmuth v. Hase Ernst Reinhardt
Paul Nitschmann Friedrich Alt Herbert Hoffmann Albert Diederich

Der Gesamtvorstand des Börsenvereins der Deutschen Buchhändler zu Leipzig bekannte sich spätestens vom Zeitpunkt dieser Bekanntmachung am 13. Mai 1933 an offiziell zum Nationalsozialismus.

Am 10. Mai 1933 wurden auf dem Platz vor der Berliner Oper, gegenüber der Universität, die Werke nahezu aller pazifistischer und jüdischer Schriftsteller verbrannt, deren Namen hohen Rang in Geistesleben Deutschlands bedeuteten.

wanger stempelte er in einer Rundfunkrede zum »ärgsten Feind des deutschen Volkes«, zum »Volksfeind Nummer eins«, dessen Bücher Giftstoff seien. Einige Monate später, am 23. August 1933, fand sich Feuchtwangers Name auf der ersten im »Reichsanzeiger« veröffentlichten Ausbürgerungsliste, die 33 Namen enthielt. »Weil sie durch ein Verhalten, das gegen die Pflicht zur Treue gegen Volk und Reich verstößt, die deutschen Belange geschädigt haben,« tauchten außer Feuchtwanger auch der Mathematiker und wegen seiner Bücher über Fememorde der Freikorps verfolgte Nazi-Gegner Emil Gumbel – ein lebenslanger Freund von Lola Sernau –, Max Hoelz, Alfred Kerr, Heinrich Mann, die Kommunisten Wilhelm Münzenberg und Wilhelm Pieck, die Sozialdemokraten Rudolf Breitscheid, Philipp Scheidemann und Otto Wels sowie Ernst Toller in der amtlichen Bekanntmachung über die Aberkennung der deutschen Staatsangehörigkeit auf. Unzählige andere Namen folgten später. Thomas Mann und Marta Feuchtwanger wurden 1936 ausgebürgert. Thomas Mann lebte seit 1933 in der Schweiz. Auf der ersten Liste fehlte Feuchtwangers und Tollers Freund, der sanfte Anarchist Erich Mühsam. Ihn hatten die Nationalsozialisten bereits verhaftet. Er wurde ein Jahr später im Juli 1934 nach langen Folterungen im Konzentrationslager Oranienburg erhängt aufgefunden.

Vor der Ausbürgerung hatte die Ludwig-Maximilians-Universität in München Feuchtwanger bereits den Doktortitel aberkannt. Feuchtwanger reagierte auf all diese Haßausbrüche gelassen und bemerkte zu den Maßnahmen gegen ihn nur, die Nationalsozialisten könnten ihm seine Staatsbürgerschaft nehmen, seinen Doktor-Titel, sein Haus und sein Vermögen. Was sie ihm aber nicht nehmen könnten, sei sein bayerischer Dialekt.[6] In einem Brief an Feuchtwanger reagierte Brecht voller Hohn auf die Bezeichnung ihrer Arbeit als »Asphaltliteratur«. Er schrieb: »Lieber Feuchtwanger ... Warum sollen wir also nicht das Wort ›Asphaltliteratur‹ ruhig akzeptieren? (...) Nur der Sumpf erhebt Anklage gegen seinen großen, schwarzen Bruder, den Asphalt, den geduldigen, sauberen und nützlichen. (...) Wir müßten natürlich den Titel ›Asphaltliteratur‹ nur verleihen solchen Werken, die wenigstens ein bestimmtes *Minimum* jener bürgerlichen rationellen Vernünftigkeit enthalten, welche die Werke der Swift, Voltaire, Lessing, Goethe usw. in so hohem Maße auszeichnet. (...) Von allem Schrecklichen, Verkrampften, Unvernünftigen, Formlosen, Unbegabten würde man sagen müssen, es habe mit Asphaltliteratur nichts zu tun. Die gegenwärtigen legalen Druckerzeugnisse des Dritten Reiches, dieser kümmerliche Zweig des internationalen Rauschgifthandels, könnte natürlich in keinem einzigen Exemplar zur Asphaltliteratur gerechnet werden. Alles, was mit diesem ›Blut‹ zusammenhängt, das vergossen wird und vergossen werden soll (...) ist nie und nimmer Asphaltliteratur.«[7]

Eine verkohlte Seite aus den verbrannten Büchern: Lion Feuchtwangers »Jud Süß«

Amtliches.

Deutsches Reich.

Bekanntmachung.

Auf Grund des § 2 des Gesetzes über den Widerruf von Einbürgerungen und die Aberkennung der deutschen Staatsangehörigkeit vom 14. Juli 1933 (RGBl. I S. 480) erkläre ich im Einvernehmen mit dem Reichsminister des Auswärtigen folgende Reichsangehörige der deutschen Staatsangehörigkeit für verlustig, weil sie durch ein Verhalten, das gegen die Pflicht zur Treue gegen Reich und Volk verstößt, die deutschen Belange geschädigt haben:

Dr. Apfel, Alfred, geb. am 12. März 1882;
Bernhard, Georg, geb. am 20. Oktober 1875;
Dr. Breitscheid, Rudolf, geb. am 2. November 1874;
Eppstein, Eugen, geb. am 25. Juni 1878;
Falk, Alfred, geb. am 4. Februar 1896;
Feuchtwanger, Lion, geb. am 7. Juli 1884;
Dr. Foerster, Friedrich-Wilhelm, geb. am 2. Juni 1869;
v. Gerlach, Helmuth, geb. am 2. Februar 1866;
Gohlke, Elfriede, gen. Ruth Fischer, geb. am 11. Dezember 1895;
Großmann, Kurt, geb. am 21. Mai 1897;
Grzesinski, Albert, geb. am 28. Juli 1879;
Gumbel, Emil, geb. am 18. Juli 1891;
Hansmann, Wilhelm, geb. am 29. Oktober 1886;
Heckert, Friedrich, geb. am 28. März 1884;
Hölz, Max, geb. am 14. Oktober 1889;
Dr. Kerr, Alfred, geb. am 25. Dezember 1867;
Lehmann-Rußbüldt, Otto, geb. am 1. Januar 1873.
Mann, Heinrich, geb. am 27. März 1871;
Maslowski, Peter, geb. am 25. April 1893;
Münzenberg, Wilhelm, geb. am 14. August 1889;
Neumann, Heinz-Werner, geb. am 6. Juli 1902;
Pieck, Wilhelm, geb. am 3. Januar 1876;
Salomon, Berthold, gen. Jacob, geb. am 12. Dezember 1898;
Scheidemann, Philipp, geb. am 26. Juli 1865;
Schwarzschild, Leopold, geb. am 8. Dezember 1891;
Sievers, Max, geb. am 11. Juli 1887;
Stampfer, Friedrich, geb. am 8. September 1874;
Toller, Ernst, geb. am 1. Dezember 1893;
Dr. Tucholski, Kurt, geb. am 9. Januar 1890;
Weiß, Bernhard, geb. am 30. Juli 1880;
Weißmann, Robert, geb. am 3. Juni 1869;
Wels, Otto, geb. am 19. September 1873;
Dr. Werthauer, Johann, geb. am 20. Januar 1866.

Das Vermögen dieser Personen wird hiermit beschlagnahmt.

Die Entscheidung darüber, inwieweit der Verlust der deutschen Staatsangehörigkeit auf Familienangehörige ausgedehnt wird, bleibt vorbehalten.

Berlin, den 23. August 1933.

Der Reichsminister des Innern
J. V.: Pfundtner.

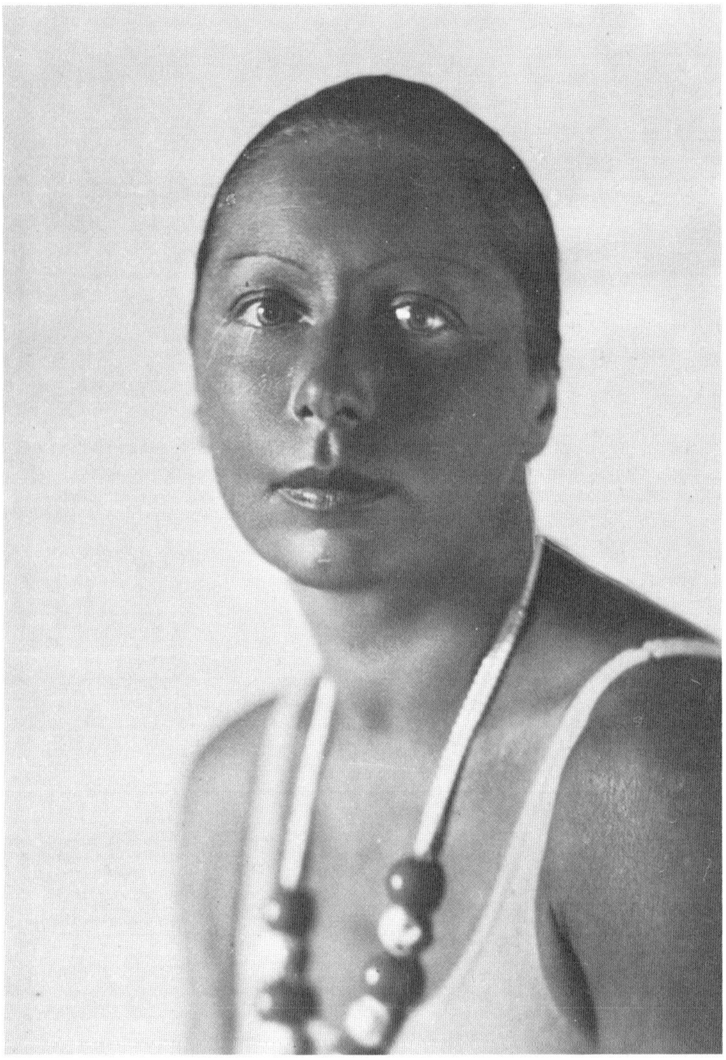

Marta Feuchtwanger in Sanary, 1934

Leben und Arbeiten im südfranzösischen Sanary-sur-Mer: Der Wartesaal

„Sanary war ein sehr umfangreiches Romanisches Café, im Sommer überfüllt von literarischen Kaisern."

»Ich habe während der sieben Jahre meines Aufenthalts an der französischen Küste des Mittelmeeres die Schönheit der Landschaft und die Heiterkeit des Lebens dort mit allen Sinnen genossen. Wenn ich etwa, von Paris mit dem Nachtzug zurückkommend, des Morgens das blaue Ufer wiedersah, die Berge, das Meer, die Pinien und Ölbäume, wie sie die Hänge hinaufkletterten, wenn ich die aufgeschlossene Behaglichkeit der Mittelmeermenschen wieder um mich fühlte, dann atmete ich tief auf und freute mich, daß ich mir diesen Himmel gewählt hatte, unter ihm zu leben. Und wenn ich dann den kleinen Hügel hinauffuhr zu meinem weißen, besonnten Haus, wenn ich meinen Garten wiedersah in seiner tiefen Ruhe und mein großes, helles Arbeitszimmer und das Meer davor und den launischen Umriß seiner Küste und seiner Inseln und die endlose Weite dahinter und wenn ich meine lieben Bücher wieder hatte, dann spürte ich mit all meinem Wesen: hier gehörst du hin, das ist deine Welt. Oder wenn ich etwa den Tag über gut gearbeitet hatte und mich nun in der Stille meines abendlichen Gartens erging, in welcher nichts war als das Auf und Ab des Meeres und vielleicht ein kleiner Vogelschrei, dann war ich ausgefüllt von Einverstandensein, von Glück.«[8] Einverstandensein und Glück im Exil: Gedanken, die Feuchtwanger durch den Kopf gingen, während er, der Nazi-Gegner, sich sieben Jahre, nachdem er den Nazis gerade noch entwischt war, darauf vorbereiten mußte, als »feindlicher Ausländer« in einem französischen Konzentrationslager interniert und möglicherweise an die Truppen der Nationalsozialisten ausgeliefert zu werden, die im Mai 1940 über Frankreich hergefallen waren. Daß sie darauf aus waren, seiner habhaft zu werden, konnte er sich leicht ausrechnen. Er hatte die Zeit wohl genossen im französischen Exil, aber er hatte auch mit viel Einfallsreichtum die Nationalsozialisten in der Heimat unermüdlich bekämpft, mit seinen Büchern und zahlreichen, sehr klugen, ironischen, entlarvenden Aufsätzen, die er in dieser Zeit geschrieben hatte.

Und er war mit seinem prominenten Namen in den Exilorganisationen vertreten: im »Schutzverband Deutscher Schriftsteller im Exil«, in der »Bibliothek der verbrannten Bücher«, auf dem »Schriftstellerkongreß zur Verteidigung der Kultur« 1935 in Paris, in der Volksfront, und zusammen mit Brecht und Willi Bredel als Herausgeber der in Moskau erscheinenden Exil-Literaturzeitschrift »Das Wort«. Feuchtwangers Rückblende 1940 umfaßte eine arbeitsreiche Zeit.

Seine erste Station nach seiner Abreise aus der Schweiz Mitte April 1933 war das kleine Hotel »La Reserve« im südfranzösischen Bandol, zwischen Marseille und Toulon auf einem Felsvorsprung über dem Meer gelegen. Seine Frau Marta hatte die Unterkunft gefunden, die jetzt im Frühjahr, außerhalb der Saison fast leerstand. Sie konnten so für wenig Geld mehrere Räume beziehen, da inzwischen auch die Sekretärin eingetroffen war. Noch in Bern hatte Feuchtwanger einen Vertrag mit dem Agenten einer britischen Filmgesellschaft über einen Anti-Nazi-Film abgeschlossen, der auf Wunsch des britischen Premierministers Ramsay MacDonald gedreht werden sollte. Während die Nationalsozialisten seine und seiner Zeitgenossen Bücher verbrannten und die Bibliotheken von ihnen »säuberten«, schrieb er in dem Hotelzimmer mit dem prominenten britischen Drehbuchautor Sidney Gilliat innerhalb von zwei Monaten die Filmfassung der »Geschwister Oppermann«. Er stützte sich dabei auf umfangreiches Material wie Zeitungsausschnitte über die ersten Wochen nach der Machtergreifung, die Lola Sernau aus der Schweiz mitgebracht hatte. Der beste Augenzeuge aber war Kahn-Bieher, der zunächst von den Nazis unbehelligt geblieben war. Mit diesen Informationen diktierte Feuchtwanger aus dem Drehbuch in aller Eile eine Romanfassung für den Querido-Verlag in Amsterdam, der nach der Machtergreifung unter der Leitung des ehemaligen Kiepenheuer-Verlagsleiters Fritz Landshoff eine deutsche Abteilung gegründet hatte und so für die meisten emigrierten Schriftsteller zum Exilverlag wurde. Feuchtwanger war über das Buch nicht sehr glücklich. Als es abgeschickt war, fand er, jetzt müßte es eigentlich noch einmal gründlich überarbeitet werden. Während der Film nie gedreht wurde, weil die britische Regierung Hitler mit einem gemäßigteren politischen Kurs entgegenkam, wurde das Buch ein unerwarteter Erfolg. Nur fünf Monate nach Erscheinen des Romans betrug die internationale Auflage bereits über eine viertel Million Exemplare.[9] Dabei hatte es anfangs noch große Schwierigkeiten gegeben, weil der erste fertige Satz wieder eingestampft werden mußte. Der Inhaber eines Korrespondenzverlages in Hannover, ein höherer SA-Mann mit dem Namen Oppermann, fühlte sich durch die Namensgleichheit in seiner Ehre verletzt und hatte Lion Feuchtwangers Bruder Martin, dem ebenfalls ein Verlag gehörte, mit dem Konzentrationslager gedroht, falls das Buch wie angekündigt unter dem Titel »Geschwister Oppermann« erscheinen sollte. Auf Drängen des Bruders wurde daraufhin der Name während der Nazizeit in »Oppenheim« geändert und das ganze Buch neu hergestellt.

Der Roman handelt vom Schicksal der gutsituierten und zum deutschen Bildungsbürgertum zählenden Erben eines jüdischen Möbelhauses in Berlin in der kurzen Zeitspanne zwischen November 1932 und Spätsommer 1933. Da ist der Geschäftsmann Martin Oppermann, der die Firma führt, sein Bruder, der Oberarzt Edgar, die Schwester Klara mit ihrem Mann Jacques Lavendel und der Bruder Gustav, ein Schriftsteller und Humanist. Die nächste Generation ist vertreten durch Ruth, Tochter Edgars und eine militant-chauvinistisch denkende und die Nationalsozialisten am ehesten durchschauende Zionistin; Heinrich Lavendel, ihren Cousin, der einen heranwachsenden Weltbürger verkörpert und sich überall zu Hause fühlen könnte; und schließlich Martin Oppermanns Sohn Berthold. Er, in preußischer Tradition humanistisch erzogen, wird als Unterprimaner plötzlich mit einem

Antisemitische Karrikatur von F. A. Sindel aus der »Brennessel« vom Februar 1935

Walter Hasenclever mit dem Schauspieler Paul Wegener in Nizza, 1926

Für die meisten Emigranten bedeutete der kleine Fischerort Sanary-sur-Mer ein vorläufiger Fluchtpunkt. Feuchtwangers erstes Domizil war die Villa »Lazare«, die einen privaten Badestrand hatte.

»völkisch gesinnten« Lehrer konfrontiert, zerbricht daran und begeht Selbstmord. Der in die drei Bücher »Gestern«, »Heute« und »Morgen« gegliederte Roman beschreibt die Arglosigkeit, mit der die Oppermanns wie viele Juden dem zur Macht drängenden Nationalsozialismus begegneten. Sie nahmen Warnungen nicht ernst. So, wenn Feuchtwanger Freunde der Familie etwa sagen läßt: »Wir haben den entfesselten Proletarier gesehen, das war nicht schön. Wir haben den entfesselten Großbürger gesehen, den Großagrarier und Militaristen, das war scheußlich. Aber alles das wird ein Paradies gewesen sein, wenn wir erst den entfesselten Kleinbürger erleben, die Völkischen und ihren Führer.« Und wieder läßt »Prophet« Feuchtwanger einen Warner hinzufügen: »Ich glaube, der Krieg ist nur ein Vorspiel gewesen. Das Jahrhundert der großen Schlachten hat erst begonnen. Ein Jahrhundert der Vernichtung wird es sein. Die Endgeschlechter der weißen Rasse werden unerbittlich aneinandergehen. Der Donner wird sich mit dem Meer, das Feuer mit der Erde begatten.«[10] Dann aber bekommen es die Oppermanns hautnah zu spüren. Sie werden von der Machtergreifung und dem immer rüder werdenden Antisemitismus überrascht. Das Möbelhaus wird »arisiert« (so wie damals mit Erpressung der Verlag von Lion Feuchtwangers Bruder). Edgar Oppermann verliert seine Stellung als Oberarzt im Krankenhaus und der Schriftsteller Gustav flüchtet nach dem Reichstagsbrand ins Exil, weil er zuvor eine Manifestation gegen die Nationalsozialisten unterschrieben hatte und nun gefährdet war. Als er im Exil von Bertholds Selbstmord erfährt, entschließt sich Gustav Oppermann zur Rückkehr nach Deutschland, um individuellen Widerstand zu leisten, fällt den Nationalsozialisten jedoch in die Hände, kommt in ein Konzentrationslager und stirbt schließlich an den erlittenen Qualen, für deren Schilderung Feuchtwanger schon damals detaillierte Berichte von Betroffenen vorlagen.

Das Buch »Geschwister Oppermann« und darin insbesondere die Person des Gustav ist auch eine Auseinandersetzung Feuchtwangers mit der Problematik seiner eigenen Person und mit der Frage nach dem Sinn isolierten politischen Handelns von Intellektuellen, das er ablehnt. Es ist vielleicht auch eine Rechtfertigung seines persönlichen Weges ins Exil gegenüber jenen, die wie Ossietzky offenbar annahmen, auch als Einzelkämpfer von innen heraus das nationalsozialistische Regime destabilisieren zu können. Aber es wird in dem Buch auch die Existenz einer politisch nicht näher definierten organisierten Gegenbewegung angedeutet, die in der Hoffnung lebt, ein immer größerer Teil des deutschen Volkes werde sich diesem Widerstand anschließen. Da das Buch zwangsläufig für Leser außerhalb Deutschlands geschrieben und übersetzt worden war, knüpfte Feuchtwanger daran auch die Hoffnung auf eine Unterstützung und Stärkung dieser Gegenbewegung durch das Ausland. Als er 1939 seinen Roman »Exil« über das Schicksal der Emigranten in Paris beendete, faßte er dieses Buch und die beiden Romane »Erfolg« und »Geschwister Oppermann« zu dem Romanzyklus »Der Wartesaal« zusammen, den er hoffte, mit einem Epilog »Rückkehr« abschließen zu können.

Über die »Geschwister Oppermann« befand Feuchtwanger später selbstkritisch, er habe sich in einigen Kapiteln zu sehr von den Eindrücken des Augenblicks hinreißen lassen, so daß diese Kapitel zu naturalistisch, zu photographisch wurden und nicht jenen Charakter des »bildhaften tragen«, den er anstrebte. Dadurch sei das Buch am wenigsten der historische Roman geworden, der in seinen Augen jeder gute Gegenwartsroman sein mußte. Kurt Tucholsky urteilte in einem Brief an Walter Hasenclever, daß Feuchtwangers Buch »ein gutes Werk tun« würde. Künstlerisch war es für ihn jedoch »ganz schlecht – strohig, aus Pappe«. Tucholsky hielt Feuchtwanger »für sinnlos überschätzt«. Dessen politische Haltung war in seinen Augen jedoch »tausendmal anständiger als die Thomas Manns. Von Döblin nicht zu reden«.[11] (Thomas Mann und Alfred Döblin wurden von vielen exilierten Schriftstellern wie Tucholsky oder Brecht kritisiert, weil sie mit Rücksicht auf ihre selbst nach der Bücherverbrennung im deutschen Buchhandel noch erhältlichen Werke zunächst nicht ihre Stimme gegen die Nationalsozialisten erhoben und sich weigerten, an Emigrantenpublikationen mitzuarbeiten.) Im Urteil von Klaus Mann dagegen waren die »Geschwister Oppermann« »die wirkungsvollste, meistgelesene erzählerische Darstellung der deutschen Kalamität«.[12]

Nelly und Heinrich Mann in Nizza, 1930

Zweig hingegen kritisierte, das deutsche Volk komme insgesamt noch zu gut in dem Buch weg. Im Gegensatz zu Feuchtwanger, der nach seinem Eindruck in den »Oppermanns« zu sehr in den Ruf ausbrach: »Der (deutsche) Mensch ist gut«, so kündigte er an, werde er in seinem Roman »Erziehung vor Verdun« die »Gemeinheit, die Besitzgier, die Herrschgelüste, den schäbigen Irrsinn dieser Alldeutschen zeigen, den Untergang alles anständigen Deutschtums in ihrer Nähe, die fahrlässige Naivität der deutschen Juden, die scharfsinnige Ohnmacht des klassenbewußten Proletariats«.[13] Dahinter steht die von Zweig und anderen häufiger geübte Kritik, daß die Masse, die Arbeiter in Feuchtwangers Werk allenfalls marginal eine Rolle spielten. Doch Feuchtwanger ging es gerade in den Oppermanns darum, die Lähmung des in einem humanistischen, vernunftorientierten Weltbild lebenden bürgerlichen Intellektuellen darzustellen und dessen Unvermögen, auf die nationalsozialistische Bedrohung zu reagieren. Er suchte nach einem sinnvollen Standpunkt für Angehörige dieser Schicht in der Opposition. Feuchtwanger fand ihn für sich persönlich in seiner Arbeit, die er als Warner mit seinem Engagement in den Exilantenorganisationen und -publikationen verknüpfte. Bruno Frank prophezeite Feuchtwanger, daß die »Geschwister Oppermann« »den Spuk dort hinten solid überdauern« werden.[14] Er sollte Recht behalten: zum 50. Jahrestag der nationalsozialistischen Machtergreifung ließ das deutsche Fernsehen die »Geschwister Oppermann« von dem ehemaligen Brecht-Assistenten Egon Monk verfilmen. Dieser Film wurde in zahlreichen Ländern gesendet und von schätzungsweise über 80 Millionen Menschen gesehen. Schon 1938 wurde in der Sowjetunion eine Filmfassung gedreht, wo die »Geschwister Oppermann« in einer Auflage von 50000 Exemplaren erschienen waren und dort Feuchtwangers Ruhm begründeten.

Unterdessen, während Feuchtwanger an seinem ersten Exilwerk schrieb, hatte seine Frau Marta in der Nähe des eine Autostunde westlich von Toulon gelegenen Ortes Sanary-sur-Mer, nicht weit von Bandol, für wenig Geld ein Haus gemietet, die Villa Lazare. Sie stand auf einer Klippe über dem Meer, von der man auf beiden Seiten in blaue Buchten sehen und über Felsen zu einem kleinen Privatstrand hinabklettern konnte. Noch während seiner Arbeit an den »Oppermanns« zogen Feuchtwangers hierher um. So schön das Haus lag, so primitiv war es jedoch ausgestattet. Von

Lion Feuchtwanger in Sanary. Zeichnung von Lou Albert-Lasard

einer Villa im herkömmlichen Verständnis konnte keine Rede sein. Sie hatte eine Küche, aber keine Heizung für die kalten Wintermonate, sondern nur einen Wohnraum mit einer offenen Feuerstelle. Daneben gab es drei kleinere Schlafzimmer und einen langgestreckten Arbeitsraum, zu dem allerdings eine große Terrasse gehörte. Sie richteten es notdürftig mit ein paar alten zusammengesuchten Möbeln ein. Der Hausbesitzer, ein Rechtsanwalt aus Toulon, der Deutsche eigentlich nicht leiden konnte, überließ ihnen noch ein paar alte Matratzen, einige wackelige Stühle und einen aus rohen Brettern zusammengeleimten und von zwei Holzgestellen getragenen Arbeitstisch. Dennoch fühlten sich beide sehr glücklich in ihrem neuen Zuhause mit der weiten Aussicht, der Seeluft, dem Rauschen des Meeres und dem Duft von Rosmarin, Thymian und Salbei ums Haus herum, der sie an ihre Wanderungen durch Kalabrien erinnerte. Das monatelange Vagabundieren, das Leben aus Koffern hatte jetzt ein Ende. Marta Feuchtwanger hing bald mehr an der Villa Lazare als an ihrem Haus im Grunewald. Sie vermißte weder die Berliner Bequemlichkeit noch den gepflegten Garten und auch nicht ihren Buick. Marta kurvte stattdessen in einem alten, für fünzig Franc billig erstandenen Renault über die Küstenstraßen. Während die Nationalsozialisten im Reich gegen Feuchtwanger und seine Freunde hetzten, fühlte er sich trotz des Arbeitsdrucks »von goethescher Abgeklärtheit«.[15] Was er jedoch vermißte, war seine Bibliothek. Immerhin war inzwischen sein Berliner Mitarbeiter Werner Kahn-Bieker mit dem Wenigen, was er hatte retten können, eingetroffen. Und sobald wieder etwas Geld hereinkam durch den Verkauf der »Geschwister Oppermann«, reiste Feuchtwanger nach Paris, ging in die dortigen Buchhandlungen und füllte so allmählich seine Bestände wieder auf. Später schickten die Buchhändler dem »Großkunden« ihre Angebote gleich ins Haus.

Der verschlafene kleine Fischerort Sanary und seine Umgebung entwickelten sich bald neben Paris zu einer Art provisorischer Hauptstadt der deutschen Literatur. Noch in Bandol, während der Arbeit an den Oppermanns im Hotel »La Reserve«, hörte Feuchtwanger durchs Fenster plötzlich deutsche Stimmen, die seinen Namen erwähnten. Seine Sekretärin fürchtete sogleich, es seien nationalsozialistische Agenten, die sie hier aufgestöbert hätten. Doch zu ihrer Überraschung standen plötzlich Heinrich Mann und Thomas Mann mit seinem Sohn Golo vor der Tür. Sie waren zufällig gekommen, um ihre bereits seit einigen Jahren in dieser Gegend lebenden Bekannten, den deutsch-elsässischen Schriftsteller René Schickele und den Kunsthistoriker und Autor Julius Meyer-Graefe zu besuchen. Von ihnen hatten sie gehört, daß auch Feuchtwangers hier lebten. Die Besucher waren fasziniert von der Landschaft an der französischen Riviera. Heinrich Mann ließ sich zunächst in Bandol, dann in Nizza nieder, während Thomas Mann vor allem wegen der Schulausbildung seiner Kinder vorerst in der Schweiz blieb, aber die Sommermonate meist in Sanary verbrachte, bis er 1938 einen Ruf an die Universität Princeton erhielt und nach Amerika übersiedelte. Nach und nach kamen immer mehr Kollegen, Bekannte, Freunde der Feuchtwangers in den kleinen Ort. Für manche war Sanary nur Durchgangsstation, sie blieben kurz auf Besuch, verbrachten ein paar Wochen oder Monate während des Sommers hier. Andere ließen sich länger nieder, manch einer für ein paar Jahre, einige, wie Feuchtwangers, bis zum bitteren Ende, dem Einmarsch der

deutschen Truppen 1940. Bisweilen, so erinnerte sich Ludwig Marcuse, war ein gutteil der besten Vertreter deutscher Literatur im Dorf und saß am Kai, im »Café de la Marine« oder nebenan bei der »Witwe Schwab«: »Sanary war ein sehr umfangreiches Romanisches Café, mit Marmor-Tischen und Badehosen. Namentlich im Sommer wurde das Nest überfüllt von literarischen Kaisern. Die Luft war geschwängert mit originellen Aperçus, Indiskretionen und Krächen.«[16] Es trafen sich die Malerin Loulou Albert-Lazard, die Feuchtwanger in Sanary porträtierte, Sibylle Binder, der Philosoph Ernst Bloch, Eva Boy und ihr Mann Anthony van Hoboken, Ferdinand Bruckner, Bruno Frank, Emil Gumbel, die amerikanische Karikaturistin Eva Herrmann und ihre Freundin, die deutsche Generalstochter Sibylle von Schoenebeck, Wilhelm Herzog, Feuchtwangers amerikanischer Verleger Ben Huebsch, der Maler Gert Kaden, Alfred Kantorowicz, Alfred Kerr, Hermann Kesten, Annette Kolb, Fritz Landshoff vom Querido-Verlag, Rudolf Leonhard, Emil Ludwig, Thomas Manns Kinder Klaus und Erika, Ludwig Marcuse, die Grande Dame der Goldenen Zwanziger und Schwiegermutter von Bruno Frank, die Sängerin Fritzi Massary sowie ihr Mann, der Komiker Max Pallenberg, Erwin Piscator, der »entartete« Maler Anton Räderscheidt, Joseph Roth, Ernst Toller, Paul Valéry, Franz Werfel und seine Frau Alma Mahler-Werfel, der Arzt und Dramatiker Friedrich Wolf. Die ersten Kollegen, mit denen Feuchtwanger gleich nach seiner Ankunft in Bandol zusammenkam, waren der wild aussehende amerikanische Reiseschriftsteller William B. Seabrock, der von aufregenden Abenteuern unter südamerikanischen Menschenfressern erzählte, und der englische Autor Aldous Huxley, der schon seit Jahren mit seiner Familie in einem Haus bei Sanary, mitten in einem Pinienwäldchen, lebte: Huxley lud die Neuankömmlinge zu einem Nachmittagstee in seinen Garten ein. Als Feuchtwangers in die benachbarte Villa Lazare umgezogen waren, vergnügte sich Huxley morgens damit, durch sein Fernglas zuzusehen, wie Feuchtwanger in der Badehose, »angefeuert und kontrolliert« von seiner Frau, dreißig Dauerlaufrunden ums Haus drehte.[17]

Im Oktober 1933 besuchten Arnold Zweig und Bertolt Brecht die Feuchtwangers in Sanary. Während ihres Aufenthaltes passierte ein Unglück, bei dem um ein Haar mit Feuchtwanger, Brecht und Zweig drei der bekanntesten deutschen Schriftsteller hinweggerafft worden wären. Marta hatte Zweig und Brecht in ihrem Wagen aus dem Hotel abgeholt und zur Villa Lazare gefahren. Es war bereits dunkel und die drei Freunde standen unten am Fuße der Klippe, einen gerade niedergehenden Sternschnuppenregen bestaunend, als sich der oben geparkte alte Renault plötzlich in Bewegung setzte. Er rollte auf dem zur Klippe abfallenden Hang direkt auf die kleine Gruppe zu und hätte sie mit in den Abgrund gerissen, wäre Marta nicht im letzten Augenblick geistesgegenwärtig auf das Trittbrett gesprungen und hätte durchs offene Wagenfenster nach dem Lenkrad gegriffen. Dabei geriet das Vorderrad jedoch in eine Furche. Der Wagen überschlug sich sofort. Obwohl Marta Feuchtwanger schnell abgesprungen war, rollte das Hinterteil des Autos über ihr linkes Bein hinweg. Sie erlitt einen stark blutenden Bein- und Knöchelbruch. Die drei Männer stürzten herbei und Brecht, der einstige Medizinstudent, band sogleich mit einem Gürtel das Bein ab. Zusammen mit Zweig eilte Brecht zu Huxleys, die ein Telefon besaßen. Lion Feucht-

Die weltreisenden Geschwister Klaus und Erika Mann.
Klaus Mann über den Exilort in Südfrankreich: »Sanary-sur-Mer, zwischen Toulon und Marseille gelegen, ist ein malerisches Fischerdorf mit einem Hotel, zwei, oder drei Cafés und ein paar schmucken Villen. In der stattlichen Villa haust, wie sich's gehört, Lion Feuchtwanger, ein zäher Arbeiter, dabei immer munter und guter Dinge. Warum sollte er nicht lustig sein? Er glaubt an den Fortschritt und schreitet übrigens seinerseits von einem Erfolg zum anderen. ›Die Geschwister Oppenheim‹, die er gerade bei Querido hat erscheinen lassen, sind die wirkungsvollste, meistgelesene erzählerische Darstellung der deutschen Kalamität. Jetzt ist er wieder mit seiner großen historischen Komposition, dem ›Jüdischen Krieg‹, beschäftigt. Schwere Arbeit! Feuchtwanger berichtet, wie sauer er sichs werden läßt, lacht aber beim Erzählen. Überhaupt lacht er gerne, nicht selten über sich selbst. Z. B. kommt es ihm ulkig vor, daß er unlängst 50 geworden ist. Ich brachte zu diesem Anlaß in der ›Sammlung‹ eine Reihe von Glückwünschen und preisenden Äußerungen. Die kürzeste kam von Emil Ludwig: ›Talent und Charakter!‹ – sonst nichts. Es genügt. Feuchtwanger hat sich seine schöne Villa verdient.«

wanger blieb bei seiner Frau. Verzweifelt legte er ihren Kopf in seinen Schoß, und versuchte, obwohl er das Ärgste befürchtete, sie in der Dunkelheit mit den Worten zu trösten, sie solle aushalten, schließlich hätten sie doch schon Schlimmeres durchgestanden. Daß Marta Feuchtwanger überlebte und nicht verblutete, verdankte sie auch Maria Huxley, die schnell einen Arzt und einen Krankenwagen alarmierte sowie das Krankenhaus in Toulon auf den Notfall vorbereitete. Die Ärzte wollten Marta zunächst das Bein abnehmen. Glücklicherweise fiel jedoch das Fieber, und sie blieb von einer Infektion verschont. Es dauerte mehrere Monate, bis die Verletzungen einigermaßen verheilt waren. Als der Winter kam und es in der Villa Lazare zu kalt und feucht wurde, siedelte Marta Feuchtwanger in ein Sanatorium nach Bandol über, während Lion Feuchtwanger für einige Zeit nach Paris ging, um dort seine nächsten Arbeiten vorzubereiten.

Zurück in Sanary machten sich er und seine Frau, die einigermaßen wiederhergestellt war, auf die Suche nach einem größeren, etwas komfortableren Haus. Der Besitzer der Villa Lazare hatte

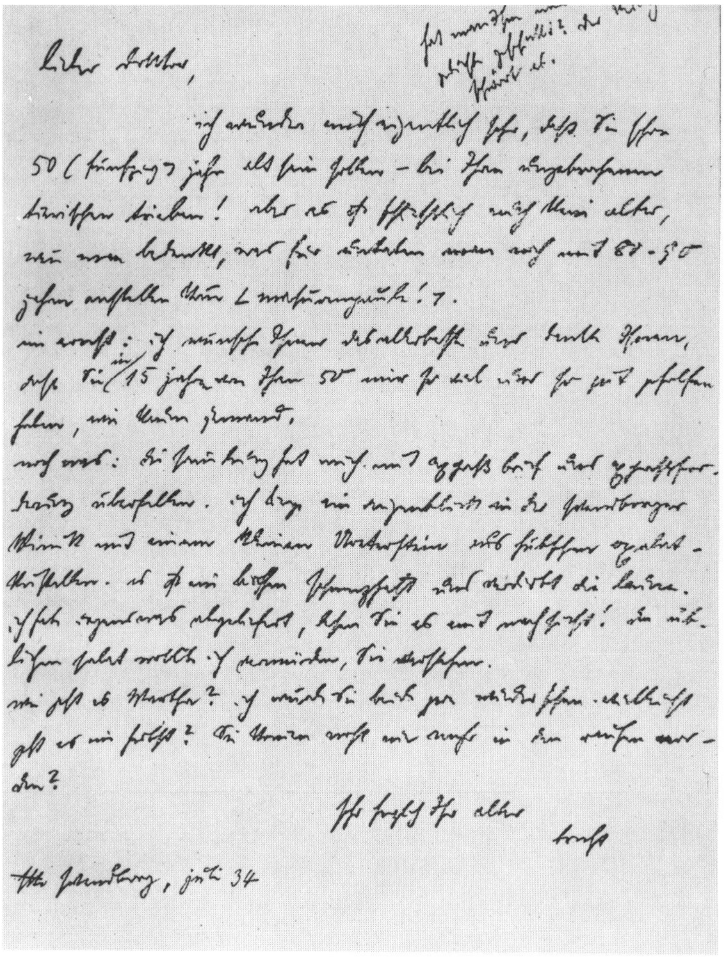

Lieber Doktor,

Zum 50. Geburtstag am 7. Juli 1934 erhielt Lion Feuchtwanger von Bert Brecht einen Geburtstagsbrief. Darin heißt es: »Lieber Doktor, ich wundere mich eigentlich sehr, daß Sie schon 50 Jahre alt sein sollen, bei Ihren ungebrochenen tierischen Trieben! Aber es ist schließlich auch kein Alter, wenn man bedenkt, was für Untaten man noch mit 80 bis 90 Jahren anstellen kann (Masurengäule!) (damit meint Brecht Hindenburg, Hrsg.). Im Ernst, ich wünsche Ihnen das Allerbeste und danke Ihnen, daß Sie in 15 Jahren von Ihren 50 mir so viel und so gut geholfen haben, wie kaum jemand. (...) Wie geht es Marta? Ich würde Sie beide gern wiedersehen. Vielleicht geht es im Herbst? Sie kommen wohl nicht mehr in den rauhen Norden? Sehr herzlich, Ihr alter Brecht«.

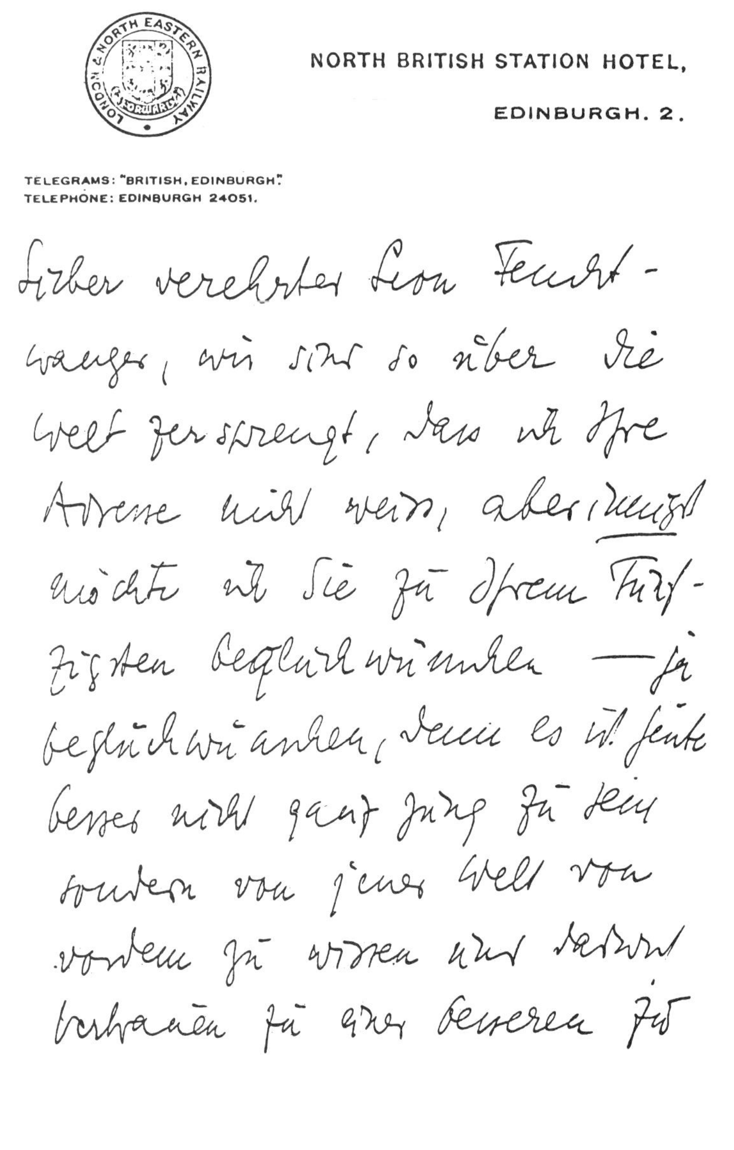

LONDON & NORTH EASTERN RAILWAY

NORTH BRITISH STATION HOTEL,
EDINBURGH. 2.

TELEGRAMS: "BRITISH, EDINBURGH."
TELEPHONE: EDINBURGH 24051.

Lieber verehrter Lion Feucht-wanger, wir sind so über die Welt zersprengt, dass ich Ihre Adresse nicht weiss, aber [illegible] möchte ich Sie zu Ihrem Fünfzigsten beglückwünschen — ja beglückwünschen, denn es ist heute besser nicht ganz jung zu sein sondern von jener Welt von vordem zu wissen und dadurch vertrauen zu einer besseren Zeit sich geweigert, eine Heizung einbauen zu lassen. Sie mieteten ebenfalls nahe Sanary die Villa Valmer, nicht direkt am Ufer, sondern auf einem Hügel gelegen, jedoch mit weiter Aussicht übers Meer. In diesem Haus blieben sie sechs Jahre, bis zum Einmarsch der Nationalsozialisten in Frankreich.

Beide machten sich sofort an die Arbeit: Lion schrieb am zweiten Band des Josephus, Marta richtete in mühevoller Arbeit das neue Haus her und ein, beschaffte Regale für die mittlerweile bereits wieder auf 2000 Bände angewachsene Büchersammlung, baute sich und ihrem Mann wieder einmal ein gemütliches, komfortables, ein »prächtiges« Nest, wie Freunde fanden. Dabei glaubten sie immer noch, daß dies alles nur vorübergehend sei. Feuchtwangers konnten sich nicht vorstellen, daß sich Hitler lange in Deutschland würde halten können. Sie nahmen immer noch an, daß sich das deutsche Volk das Barbarentum der Nationalsozialisten nicht lange würde bieten lassen. Und Ende Oktober 1934 hörte er die Pariser bereits von einem bevorstehenden Krieg sprechen.[18]

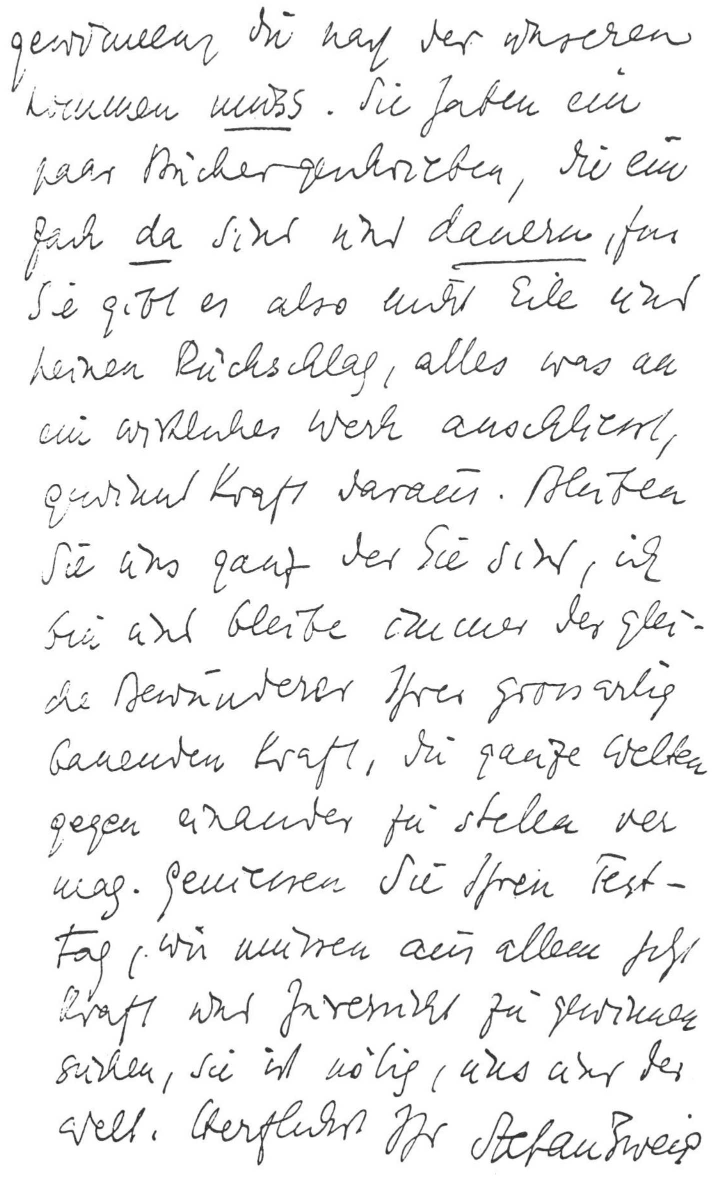

gewinnen, die nach der unseren kommen muss. Sie haben ein paar Bücher geschrieben, die einfach da sind und dauern, für Sie gibt es also nicht Eile und keinen Rückschlag, alles was an ein wirkliches Werk anschliesst, gewinnt Kraft daraus. Bleiben Sie uns ganz der Sie sind, ich bin und bleibe immer der gleiche Bewunderer Ihrer grossartig bauenden Kraft, die ganze Welten gegen einander zu stellen vermag. Geniessen Sie Ihren Festtag, wir müssen aus allem jetzt Kraft und Zuversicht zu gewinnen suchen, sie ist nötig, uns und der Welt. Herzlichst Ihr Stefan Zweig

Stefan Zweig, der 1935 von Salzburg nach England emigrierte und 1940 nach Brasilien, schrieb während seiner englischen Emigrationszeit Lion Feuchtwanger von Edinburg: »Lieber verehrter Lion Feuchtwanger, wir sind so über die Welt zersprengt, daß ich Ihre Adresse nicht weiß, aber zuerst möchte ich Sie zu ihrem 50. beglückwünschen – ja beglückwünschen, denn es ist heute besser, nicht ganz jung zu sein, sondern von jener Welt von vordem zu wissen, um darum Vertrauen zu einer besseren zu gewinnen, die nach der unseren kommen muß. Sie haben ein paar Bücher geschrieben, die einfach da sind und dauern, für Sie gibt es also nicht Eile, nur keinen Rückschlag, alles was an ein wirkliches Werk anschließt, gewinnt Kraft daraus. Bleiben Sie uns ganz der Sie sind, ich bin und bleibe immer der gleiche Bewunderer Ihrer großartig (...) Kraft, die ganze Welten gegeneinander zu stellen vermag. Genießen Sie Ihren Festtag, wir müssen aus allem jetzt Kraft und Zuversicht zu gewinnen suchen, sie ist nötig (...) Herzlichst, Ihr Stefan Zweig«

Ben Huebsch, der Verleger von Viking Press, New York, der anläßlich einer Europa-Reise Lion Feuchtwanger bereits in Sanary besucht hatte, und der zuvor bei Stefan Zweig in Salzburg weilte, verhalf sehr vielen deutschsprachigen Autoren in den angelsächsischen Ländern zum Erfolg. Huebsch, selbst auch Übersetzer von Stefan Zweigs »Schachnovelle«, half Feuchtwanger in Amerika wieder auf die Beine zu kommen.

Arnold Zweig kam vor seiner Übersiedelung nach Palestina oft in die Villa »Lazare«.
Zu Besuch bei Aldous Huxley, zusammen mit dem amerikanischen Reiseschriftsteller William B. Seabrock. Huxley (1894–1963) entstammte einer bedeutenden englischen Gelehrtenfamilie, und wurde einer der bekanntesten englischen Romanschriftsteller, Essayist und Kulturkritiker. Bevor er sich in Sanary niederließ, lebte er sieben Jahre in Italien, wo er Freundschaft mit D. H. Lawrence schloß. Später emigrierte auch er nach Hollywood.

Marta Feuchtwanger am Steuer ihres Achtzylinder-Talbot, mit dem sie Kollegen, Bekannte und Freunde aus Bandol, Nizza oder nahegelegenen Hotels in die Feuchtwanger-Villen Lazare und später Valmer abholte.

Doch ließ Feuchtwanger sich davon nicht aus der Ruhe bringen. Weder konnten ihm die Nazi die gute Laune und sein heiteres Gemüt nehmen, noch konnten sie ihm den Schlaf rauben. Er arbeitete fleißig, stöhnte im Gespräch mit Freunden, wie schwer er sich die Arbeit mache und lachte dabei. Zuweilen faulenzte er, trieb sich in seinem großen, hügeligen Garten zwischen Mandel-, Feigen- Orangen- und Zitronenbäumchen herum und genoß den Duft der Rosen, Narzissen, Hyazinthen, saß auf der von blühenden Bougainvilleas eingesäumten Terrasse oder spielte wie ein kleiner Bub mit den beiden grauen Hauskatzen Ling-Lang und Muschi und mit der wilden getigerten Sauvage. Im Juli 1934 wurde Feuchtwanger 50 Jahre alt, was er selber sehr komisch fand. Arnold Zweig schrieb ihm dazu voller Zuneigung: »Ach, Feuchtwanger, ich freue mich so an der Tatsache, daß es Sie gibt, ich bewundere so gerne die stille und zähe Kraft, mit der Sie ›Erfolg‹ durchhielten trotz Nierenkoliken und Zahnarzt, ich freue mich so an der stoischen Ruhe, mit der Sie Verluste ertrugen, die jeden andern erschreckt hätten – lachend ertrugen. Innerlich sind Sie ja kein Fünfziger, Feuchtwanger, das ist glatte Irreführung und Lausbüberei. Thomas Mann, der in Sanary so reizend und menschlich war, war mit 50 fünfzig, und Gerhard Hauptmann war mit 50 schon 70, und Wassermann, der Arme, war immer 50. Sie sind aber in einer Ecke Ihres Wesens, dort wo Pep los ist, ein Jugendlicher.«[19] Ludwig Marcuse, der Feuchtwanger an jenem Tage kennengelernt hatte, da sie Ossietzky zur Haftanstalt begleiteten, und der jetzt in Sanary sein Nachbar war, versuchte zu ergründen, woraus der »mächtige Wall« bestand, der den kleinen Bayern Feuchtwanger mit dem Chinesen-Lächeln umgab und ihn gewissermaßen vor den Widerwärtigkeiten des Lebens schützte:

»Es war ein vierfacher Wall. Innerste, stärkste Linie: ein unerschütterliches Selbstbewußtsein, das ihn immun machte gegen kleinere und grössere Gehässigkeiten – und Zweifel nicht einließ. Der Welterfolg bestätigte ihm die hohe Meinung, die er von sich hatte; gegen jede Kritik führte er eine Statistik ins Feld, nach der in jeder Stunde soundso viel Leser auf dem Erdenrund vor einem seiner vielen Bücher säßen. Der zweite Gürtel der Festung bestand aus dem Stolz auf seine Zugehörigkeit zum ältesten Kulturvolk, das schon gelesen und geklärt habe, als die Jüngeren, die sich jetzt so mausig machten, noch auf den Bäumen herumkletterten. Dann kam eine ganz dicke Mauer: eine sehr stabile, sehr unproblematische Weltanschauung. Flavius Josephus spricht sie aus, am Ende des zweiten Bandes der Trilogie des Jüdischen Krieges, ›Die Söhne‹ genannt: ›Es ist nicht leicht, vernünftig zu sein, und es bringt keinen Dank. Aber die Vernunft ist Gottes erstgeborenes Kind, und ihr hänge ich an‹ (...) Den vierten Wall der Festung Feuchtwanger habe ich mit eigenen Augen bestaunt. (...) Er lebte wortwörtlich innerhalb der Welt-Literatur. Er umgab sich, wohin er auch verschlagen wurde, sofort mit Scharen von verehrten Toten aller Vergangenheiten. Er war kein Bücherwurm, sondern ein bürgerlicher Epikureer, mit einem besonders empfänglichen Gaumen für das wohlzubereitete Wort. Auch aß er gern und gut, liebte gern und viel und war gemütlich-gesellig, ein leise vergnügter Anekdoten-Erzähler, der sein bester Zuhörer war. Er lachte, wenn er etwas zum besten gab, aus sich heraus und in sich hinein.«[20]

Manche Kollegen freilich mokierten sich über Feuchtwanger, über seine wundersamen Arbeitsmethoden, seinen Lebensstil mit repräsentativem Haus, einer Sekretärin und dem Auto seiner Frau, inzwischen ein viersitziges Achtzylinder-Talbot-Cabriolet. Dabei gehörte Feuchtwanger keineswegs zu den »Großschriftstellern« und Spitzenverdienern im Exil wie Thomas Mann, Franz Werfel oder Stefan Zweig. Er wurde in die Kategorie der gutverdienenden »kleinen Meister« eingeordnet. Was die »kleinen Meister« trotz manchen Neides, der sie verfolgte, von den größeren Berühmtheiten außer den Einkünften noch unterschied, war, daß sie weniger politische Zurückhaltung übten und wiederholt bis zum Ende der Exil-Zeit ihre Existenz riskierten. Als Feuchtwangers Einkommen durch die »Oppermann«-Verkäufe etwas üppiger war, unterstützte er Kollegen, die kaum Geld und keine gutzahlenden Verleger hatten. Er gab auch Geld an die Spanien-Kämpfer. Manchmal schien es, als würde diese Großzügigkeit auch ausgenutzt. Bei Arnold Zweig beklagte sich Marta Feuchtwanger einmal: »Lion wird von allen Seiten angepumpt. Wenn er schüchtern mahnt, sind die Leute empört. Aber er kann's nicht lassen, das Verleihen mein ich. Mich ärgert nur, daß es meist Leute sind, die nicht ohne Zimmer mit Bad im Hotel wohnen. Wirklich Hilfsbedürftigen hilft man viel zu selten, die sind schüchtern und begnügen sich mit 20 M.«[21] Seine Sekretärin machte die Erfahrung, daß, »wenn er neun Leuten Geld gegeben hatte und einen zehnten abwies, dieser herumerzählte, Feuchtwanger sei geizig«.[22]

Worüber sich die Emigranten in den Cafes von Sanary hin und wieder auch den Mund zerrissen, wurde von Marcuse angedeutet: Es waren Feuchtwangers tatsächliche oder vermeintliche Liebesabenteuer, die die Phantasie mancher Kollegen beflügelten, bis hin zu Gerüchten von einer bevorstehenden Scheidung zu Beginn der Exil-Zeit. Anlaß zu Redereien gab Feuchtwanger durch seine gelegentlichen Reisen nach Paris. Oder wenn er aus dem Arbeitsdruck ausbrach, sich fallen ließ, entspannte, mit Eva Herrmann, Bruno und Liesl Frank und anderen Freunden nach Monte Carlo fuhr, in Casinos spielte, natürlich verlor, zuviel und das Falsche aß, Champagner trank und schließlich meist krank in die Abgeschiedenheit seines Hauses zurückkehrte, wo seine nachsichtige Frau den übernächtigten, nunmehr mißlaunigen, nörgelnden »Grantler« wieder aufpäppelte. Über längere Zeit unterhielt Lion Feuchtwanger in Sanary eine Liason zu der amerikanischen Zeichnerin Eva Herrmann, die mit ihrer Freundin Sibylle von Schoenebeck in Sanary zusammenlebte.

Wie schon in Berlin, so waren Feuchtwangers ansonsten in Sanary sehr häuslich und gingen kaum noch auf Reisen. Marta Feuchtwanger fuhr lediglich in ihren jährlichen Skiurlaub, und Lion Feuchtwanger reiste allenfalls »dienstlich«. So nach London, unter anderem zur Premiere des englischen »Jud Süß«-Filmes, nach Amsterdam, im Winter 1936/37 rund zwei Monate in die Sowjetunion und ansonsten ein- bis zweimal jährlich zu Schriftstellertreffen nach Paris, wohin ihn seine Frau Marta aber nur einmal 1937 zur PEN-Club-Tagung begleitete. Zwei Anläufe machten Feuchtwangers allerdings zu einem Besucht bei Arnold Zweig in Palästina. Die erste Reise platzte wegen Martas Unfall 1933. Dann planten sie 1935, nach Haifa zu fahren. Damals beabsichtigte er, zunächst nach Moskau und von dort nach Palästina zu reisen. Marta wollte er dann bei den Zweigs treffen. Aber die Arbeit hinderte ihn an einer solchen langen Reise. Möglicherweise gab es aber noch einen anderen Grund: zu einem früheren

Bruno Frank und seine Frau Liesl. Bruno Frank, guter Freund von Thomas Mann, emigrierte 1933 über Österreich und die Schweiz nach Frankreich, wo er sich ebenfalls in Sanary niederließ. Er gehörte mit zu den Förderern einer »Deutschen Freiheitsbibliothek« im Exil, die 1934 gegründet wurde. In ihr standen 13 000 in Deutschland verbrannte Bücher. Die Bibliothek war eine Gründung des »Welthilfskommitees für die Opfer des Hitler-Faschismus«. Ihre Ehrenpräsidenten wurden neben Lion Feuchtwanger, André Gide und Romain Roland; ihr Präsident Heinrich Mann. Bruno Frank emigrierte 1939 ebenfalls nach Kalifornien, wo er 1945 in Beverly-Hills verstarb.

Alma Mahler-Werfel und Franz Werfel gehörten ebenso wie Franks zum Kreis in Sanary.

УСПЕХ

ИУДЕИСКАЯ
ВОИНА

THE JEWESS
OF TOLEDO
BY LION FEUCHTWANGER

ЛИОН ФЕИХТВАНГЕР

Eva Herrmann entwarf für
Lion Feuchtwanger's Buchausgaben
Schutzumschläge. Hier einige
Beispiele: Titelentwürfe zu

„Erfolg“
„Der jüdische Krieg“
„Die Jüdin von Toledo“
„Die häßliche Herzogin“
„Jud Süß“
„Paris Gazette“

Die hier abgebildeten Schutzumschlagentwürfe befinden sich als Originale im Besitz der Deutschen Bibliothek, Frankfurt/Main.

Die Malerin Eva Herrmann, die Feuchtwanger in Sanary kennengelernt hatte, und die ihn auf seiner Moskau-Reise begleitete. Brecht nannte sie »Gemmengesicht«.

Lion und Marta in ihrer Bibliothek. Sanary, 1935

Zeitpunkt, im November 1934, als er am zweiten Josephus-Band arbeitete, hatte Feuchtwanger eine Einladung Zweigs mit der Begründung abgelehnt, er wolle sich seine »Grundanschauung von dem Land nicht verderben lassen, durch die zufällige Augenblickswirklichkeit seiner Bewohner«.[23]

Von zuhause in Sanary erledigte Feuchtwanger auch einen Großteil seiner Arbeit für die Emigrantenorganisationen, denen er seinen Namen zur Verfügung gestellt hatte. Die gesellschaftlichen Aktivitäten beschränkten sich auf gelegentliche gegenseitige Besuche von Freunden und Kollegen. Wenn im Sommer Thomas Mann mit seiner Familie in Sanary war, traf man sich in dessen Villa Colline oder in Feuchtwangers Villa Valmer zum Tee, zum Abendessen oder zu kleinen Sommergartenfesten. Zu den schönsten Abenden zählten freilich die wenigen mit Brecht. Dann saßen sie mit ein paar Freunden im Garten um ein Feuer und Brecht krähte mit stets krächzender Stimme zur Gitarre seine unter die Haut gehenden frechen Lieder gegen die Machthaber des Dritten Reiches.

Feuchtwanger befolgte auch in Sanary streng einen genau unterteilten Tagesplan. »Wir hier in Sanary leben nun völlig bewegungslos, höchstens, daß ich alle paar Monate einmal nach dem Ort Sanary komme,« schrieb er an Zweig.[24] »Besucher, die vom Café ›Marine‹ ihn antelefonierten, erhielten die Auskunft: Herr Feuchtwanger würde sich freuen, wenn Sie von 4 Uhr 30 bis 6 Uhr 15 zu ihm kämen.« Und es kamen »die gesammelten deutschen Dichter und Denker der Gegend«.[25] Zu den Gästen zählten auch Baron Rothschild und dessen Frau aus Paris, die häufig über gute Informationen aus Nazi-Deutschland verfügten. Schließlich kam es bei einem solchen Teenachmittag auch zu einer denkwürdigen Begegnung zwischen dem ehemaligen ungarischen Ministerpräsidenten, dem »roten Grafen« Julius Karolyi und dem ehemaligen italienischen Außenminister Graf Carlo Sforza, der nicht unter einem Mussolini dienen wollte und sich in der Nähe von Toulon angesiedelt hatte. Als Karolyi den Italiener erblickte, begrüßte er ihn mit gekreuzten Handgelenken – zur Erinnerung daran, daß Sforza den Ungarn auf dessen Flucht in Italien hatte festnehmen lassen. Nun trafen sie sich beide im Exil.

Gelegentlich las Feuchtwanger auch aus seinen neuesten Arbeiten vor. Besucher führte er nach der Begrüßung in der Regel sogleich hinauf in den ersten Stock ins Arbeitszimmer, wo er mit einem geradezu kindlichen Stolz von seinen Erfolgen, Auflagenhöhen, Übersetzungen, Tantiemen, Bestsellerlisten und Arbeitsmethoden schwärmte. Die oftmals verblüfften Zuhörer bekamen wie Hermann Kesten einen »ganzen literarischen Kriegsbericht« über Feuchtwangers »Kampf mit den Musen« zu hören.[26] Feuchtwanger merkte nicht oder mochte es nicht wahrhaben, daß Besucher ihn hinterher oft wegen seiner Mitteilsamkeit aufzogen. Die ihn näher kannten, wußten, daß ihm nicht daran lag, mit seinen Erfolgen zu prahlen: »Er nahm an, so wie er sich auch immer wieder über die Erfolge von Kollegen freute, deren Manuskripte begutachtete und vielen von ihnen half, Verleger zu finden, so würden sie sich mit ihm auch über seine Erfolge freuen. Er fand das ganz selbstverständlich.«[27] Marta Feuchtwanger und Lola Sernau versuchten wiederholt, ihn darauf hinzuweisen, daß seine Erfolgsbilanzen bei vielen womöglich ganz anders ankämen, als er glaubte. »Doch es war ihm nicht abzugewöhnen. Da war er wie ein kleiner Junge mit der Spielzeugeisenbahn.«[28] Die Kollegen, die ihn deshalb belächelten, nahmen gleichwohl gern seine Unterstützung in Anspruch. Auch Ludwig Marcuse, der sich verkannt fühlte, dem es in Sanary nicht so rosig ging und der oft von seiner Veranda aus erleben mußte, wie die Wagen mit Verlegern darinnen an seinem Haus vorbei zu Feuchtwanger fuhren, ließ sich helfen. Mit etwas neidvoller Ironie schrieb er dann in seinen Erinnerungen: »Der Nachbar Feuchtwanger hatte den Ruf, im Abfassen von Verlagsverträgen unfehlbar zu sein. So bestellte ich meinen holländisch-amerikanischen Agenten zum kleinen Meister (wie ihn Thomas Mann nannte). Der Behende kam hereingefegt, rieb sich die Hände und quietschte vor Wonne: ›Kinder, Kinder, habt ihr es gut.‹ Das also war amerikanisch. Feuchtwanger las mit scharfen Gläsern. Dann sagte er: ›Das können Sie unterschreiben‹.«[29] Sehr anschaulich und leicht pikiert schilderte Hermann Kesten eine Szene, bei der sich des kleinen Meisters Erfolgsstatistik über ihn ergoß: »Ich ging mit meinem Nürnberger Schulfreund Fritz Felheim, einem Bewunderer von Stefan George, zwischen den Weinfeldern und unter den Ölbäumen von Sanary bis Bandol spazieren, an einem silbernen Morgen; als wir plötzlich Feuchtwanger trafen, der eine Stunde lang zu meinem Freund in Zahlen redete, in den Auflagenzahlen von Feuchtwangers Werken, 130000 die ›Häßliche Herzogin‹, 240000 der ›Jud Süß‹, 350000 Exemplare der ›Erfolg‹, wie hoch die Tantiemen waren, wic viele Monate er auf der Bestsellerliste gestanden, und die albanische Ausgabe, oder die vierte andalusische, oder neunte koptische Ausgabe, oder die Literary Guild und der Book of the Month Club, und Huebsch von der Viking Press, und Dr. Landshoff vom Querido-Verlag und Hutchinson in London und Mondadori in Milano, 790000 und 34000 Dollar, oder Pfunde? Als mein georgianischer Schulfreund und ich, alleingeblieben, dem Dichter nachblickten, wie er immer kleiner wurde, unter den Ölbäumen und zwischen den Weinfeldern, stand mein Freund bleich und betreten da und fragte: ›Ist das ein großer Dichter?‹ ›Ein sehr berühmter, sehr erfolgreicher‹, sagte ich. Die Ziffern stimmten.«[30]

Hermann Kesten (geb. 1900) war mit Lion Feuchtwanger befreundet. Er porträtierte ihn in »Meine Freunde die Poeten«.

Feuchtwanger machte ausgiebige Spaziergänge zwischen den Weinfeldern und unter den Ölbäumen von Sanary. Hier konnte er in Ruhe über die Auflagenzahlen seiner Bücher nachdenken, die bei Viking-Press, New York, bei Querido, Amsterdam, bei Hutchinson, London und bei Mondadori, Mailand, erfolgreich erschienen.

Politisches Engagement im Exil: Der Schutzverband Deutscher Schriftsteller, die Bibliothek der verbrannten Bücher und der Schriftstellerkongreß

„Ist physischer Mut eine ziemlich weitverbreitete Eigenschaft, so ist in dieser unserer Welt von heute geistige Tapferkeit, Zivilcourage um so spärlicher."

Die Nationalsozialisten in Deutschland festigten ihre Macht. Am 16. März 1935 führten sie die mit dem Friedensvertrag von Versailles aufgehobene allgemeine Wehrpflicht in ihrem Reich wieder ein. Lion und Marta Feuchtwanger hörten es im Radio mit. »Wir hören hier viel Deutsches im Rundfunk,« schrieb er am nächsten Tag an Arnold Zweig, »Hitler und Goebbels und sonst viel Barbarisches. Ich will den Ton im Ohr haben für den Roman über den Einbruch der Barbaren, den ich einmal schreiben will.«[31] Der Roman erschien 1940 bei Querido in Amsterdam, kurz vor dem Einfall der deutschen Truppen und hieß »Exil«. Es war der dritte Band des »Wartesaal«-Zyklus. Was Feuchtwanger damals vor dem Lautsprecher sitzend gehört hatte, fand sich in dem Kapitel »Blick in eine neue Welt« wieder: »Es waren deutsche Worte, die aus dem Apparat schnarrten, eine militärische Stimme hielt eine Ansprache. In peitschenden Sätzen prasselte es von Wehrwillen, Wehrpflicht, Überwindung der Ichsucht.«[32] Seiner im Pariser Exil lebenden Romanfigur »bereitete es grimmigen Spaß, sich immer einmal wieder den idealistisch verblasenen Quatsch anzuhören, mit dem die deutschen Machthaber ihre Raubgier und Brutalität verbrämten. (...) Der Nazi scheint mit seiner moralischen Aufrüstung überhaupt nicht mehr Schluß machen zu wollen. Es geht wie aus einem Entenpopo. Das haben sie von ihrem Führer«. Die Romanhandlung in »Exil« war auf das Jahr 1935 beschränkt. Feuchtwanger hat aber viele seiner persönlich politischen und künstlerischen Entwicklungsprozesse in der Zeitspanne bis 1939 darin verarbeitet. Seine nicht zuletzt aus der Arbeit in verschiedenen Emigrantenorganisationen und im Zusammenhang mit den Auseinandersetzungen um seine Reise nach Moskau gewonnenen Erfahrungen münden nach einer fast achthundert Seiten umfassenden, fesselnden Schilderung in der Erkenntnis, daß im Kampf gegen die Nationalsozialisten die geistige Waffe allein nicht mehr ausreiche, weil sich der Geist ohne Gewalt nicht mehr durchzusetzen vermöge. Zwar sieht er die Aufgabe des Künstlers nach wie vor in der Rolle des Betrachtenden, der dem Publikum mittels seiner Arbeit Vernunft und Einsicht nahebringt, empfiehlt jedoch eine Art arbeitsteiliges Bündnis mit den politisch Handelnden. Er sieht darin eine Chance, die grauenvolle nationalsozialistische Episode in der Weltgeschichte rasch zu überwinden und den Weg freizumachen für das Wirken von Frieden und Vernunft. Sehr klar kommt Feuchtwanger in dem Buch auch zu dem Schluß, daß reiner Pazifismus die Herrschaft der Gewalt in Deutschland nicht überwinden könne, sie eher stabilisiert.

Äußerlich behandelt Feuchtwanger in »Exil« die Entführung des Publizisten Bertold Jacob – der im Roman Friedrich Benjamin heißt – Anfang März 1935 durch nationalsozialistische Agenten aus dem schweizerischen Basel nach Deutschland, seine qualvolle Haft und schließlich seine Freilassung unter dem spektakulären Druck der demokratischen Öffentlichkeit und der Schweizer Regierung im September 1935. Er verknüpft dieses Ereignis mit den Auseinandersetzungen um das »Pariser Tageblatt«, der einzigen Tageszeitung der deutschen Emigranten, die in »Exil« als »Pariser Nachrichten« auftaucht und zu deren Mitarbeiter Feuchtwanger seinen Journalisten Benjamin macht. Das pluralistische »Pariser Tageblatt« war seit 1933 von dem früheren Chefredakteur der bei Ullstein erschienenen und von den Nazis liquidierten »Vossischen Zeitung«, Georg Bernhard, geleitet worden. Es geriet allerdings in den Verdacht, durch Druck der Nationalsozialisten auf den Verleger manipuliert und aufgekauft zu werden. Dies führte damals nach heftigem politischen Streit unter den Emigranten zur Neugründung der »Pariser Tageszeitung«. Im Mittelpunkt des Romans steht der exilierte Münchner Komponist Sepp Trautwein (alias Feuchtwanger), der Benjamin nach der Entführung in der Redaktion der »Pariser Nachrichten« vertritt. Von Benjamins Schreibtisch aus organisiert Trautwein den Kampf um dessen Freilassung. Sein Gegenspieler ist der bei den Nationalsozialisten in hoher Gunst stehende Korrespondent der »Westdeutschen Zeitung«, Erich Wiesener. Er war unschwer als der damalige Korrespondent der »Frankfurter Zeitung«, Friedrich Sieburg, zu identifizieren, der nach dem Zweiten Weltkrieg als Feuilletonist bei der »Frankfurter Allgemeinen Zeitung« eine führende Rolle spielte. Eher nebenbei enttarnte Feuchtwanger die Deutsche Botschaft in Paris auch noch als Gestapozentrale.

Feuchtwanger kannte die Verhältnisse in Paris recht gut, auch wenn er nicht ständig dort lebte, sondern nur ein- bis zweimal im Jahr hier auftauchte, mitunter allerdings für mehrere Wochen. Viele in Paris lebende Emigranten kamen während der Sommermonate auch nach Sanary, ihm zu berichten, und mit den führenden Köpfen der Exilorganisationen stand er in Korrespondenz. Er hat die Emigrantenszene in der französischen Hauptstadt anschaulich in dem mehrfach veröffentlichten Aufsatz »Größe und Erbärmlichkeit des Exils« geschildert. Dieser Aufsatz, mit dem Kapitel »Trübe Gäste« aus dem Roman »Exil« identisch, ist eine eher deprimierende Beschreibung dieser hier gestrandeten Schicksalsgemeinschaft potentieller Gestapo- und KZ-Opfer. Obwohl Feuchtwanger auch mit »Exil« einen historischen Roman für die Nachwelt zu schreiben bemüht war, hielt er sich bei der Schilderung des politischen Tagesaktivismus der Emigrantenszene offenbar zurück. Im Juli 1937, während der Arbeit an dem Buch, schrieb er freimütig an Zweig: »An die wirklichen Emigranten, die mir in Paris über den Weg liefen, darf man freilich nicht

Anna Seghers wurde 1935 in den Vorstand des »Schutzverbandes deutscher Schriftsteller« (SDS) berufen. Außer ihr Ludwig Marcuse, Johannes R. Becher, Alfred Kantorowicz, Egon Erwin Kisch, Heinrich Mann und Lion Feuchtwanger.

Lion Feuchtwanger mit Anna Seghers und Bodo Uhse 1936 in der »Bibliothek der verbrannten Bücher in Paris«. Obwohl im Grunde Antifaschist, arbeitete Bodo Uhse zwischen 1927 und 1930 aktiv in der NSDAP mit, ehe er Kommunist wurde und 1933 nach Paris emigrierte. 1948 kehrte er nach Ostberlin zurück und wurde 1949 Chefredakteur der literarischen Zeitschrift »Aufbau«.

Schriftsteller-Kongress 1935 in Paris. Feuchtwanger (l.) im Gespräch mit den Journalisten Renard und de Jouvenel (r.).

denken; sonst würde der Roman statt einer schauerlichen Tragikomödie ein erbärmlicher Flohzirkus.«[33]

Die Emigranten hingen fast allen politischen Richtungen und Glaubensgemeinschaften an und hatten in ihrer Zusammensetzung wenig gemeinsam, außer der Ablehnung der Hitler-Herrschaft. Doch die Ablehnung allein reichte nicht aus, eine einheitliche politische Kraft zu formen. Der mit der Exilanten-»Volksfront« 1937 unternommene Versuch dazu scheiterte denn auch. Zu unterschiedlich waren die Interessenlagen, zu aufreibend war der tägliche persönliche Kampf ums Überleben, um Essen und Aufenthaltserlaubnis. Nur wenigen ging es materiell so gut wie Feuchtwanger, der zwar vielen half, aber dem doch manche ankreideten, daß er in Paris in der Regel in teuren Hotels abstieg und es sich gut gehen ließ. Hinzu kamen die instabilen politischen Verhältnisse in Paris, wo die martialisch aufscheinende Mussolini-Hitler-Imitation Oberst de la Rocque und seine Schlägertruppe sich aufspielten, eine Regierungskrise der nächsten folgte und schließlich die 1936 gebildete linke Volksfrontregierung unter Léon Blum im Juni 1937 unter dem Druck der politischen Rechten scheiterte. Dies alles ging einher mit der westlichen Appeasement-Politik, die in dem Münchner Treffen Hitlers mit dem britischen Premierminister Neville Chamberlain gipfelte. Vor allem aus amerikanischen, britischen und französischen Wirtschaftskreisen, die Geschäftsinteressen mit dem Dritten Reich verbanden, kam die Bereitschaft, Hitler hinzunehmen und durch immer größere Zugeständnisse dessen unersättlichen Machthunger zu stillen. Dies hatte natürlich Auswirkungen auf die Existenz der Emigranten, die jetzt häufiger als Störenfriede angesehen, 1940 schließlich von der Vichy-Presse für Ausbruch und Ausgang des Krieges mitverantwortlich gemacht wurden. Den Schriftstellern, die keine Verleger in angelsächsischen Ländern hatten, ging es wirtschaftlich sehr schlecht, da die Emigrantenliteratur in Frankreich keinen großen Markt fand. Überdies, so klagte Alfred Kerr schon 1935, reichten »die Arme Goebbels' bis in die Direktionszimmer der französischen Verlage«.[34] Das Gastland Frankreich empfanden viele als zunehmend ungastlich. Feuchtwanger erbitterten die Nachrichten über die Appeasement-Politik. Er hatte schon früh bestürzende Erfahrungen mit dem politischen Opportunismus in jener Zeit machen müssen, als 1933 amerikanische Abgeordnete in Washington seinen Warnungen vor Hitler entgegenhielten, »Give him a chance«, so schlimm werde es mit den Nazis schon nicht kommen; oder als sein »Oppermann«-Film in England nicht gedreht wurde, weil er den Auftraggebern zu düster zeichnete und der Film daher nicht mehr in die politische Landschaft gepaßt hätte.

Feuchtwanger war also von Anfang an dabei, wenn es darum ging, den Nationalsozialisten das bessere Deutschland entgegenzusetzen. Gleich im Sommer 1933 wurde in Paris der Schutzverband Deutscher Schriftsteller (SDS) wiedergegründet. Initiator war der Lyriker und Dramatiker Rudolf Leonhard, der bis zum Verbot der Organisation durch die französischen Behörden im Herbst 1939 trotz politischer Richtungskämpfe im Verband erster Vorsitzender blieb. Feuchtwanger war zunächst Mitglied, wurde aber 1935 zusammen mit Heinrich Mann in den Vorstand berufen, dem außerdem Ludwig Marcuse, Johannes R. Becher, Alfred Kantorowicz, Egon Erwin Kisch und Anna Seghers angehörten. 1938 wurde er zusammen mit Heinrich Mann, Brecht, Becher,

ПРИЕЗД ЛИОНА ФЕЙХТВАНГЕРА
ВЕЧЕР В ГОСУДАРСТВЕННОМ
Речь Лиона
L.F. mit Tretjakov
(Moskau 1937)
Известия-Москва
72 ДЕК 36
ЛИОН ФЕЙХТВАНГЕР В МОСКВЕ
Журнал 23
Литературное Обозрение
Москва
1037
ИНОСТРАННАЯ ЛИТЕР
„ЕВРЕЙ ЗЮСС"
Е. КНИПОВИЧ
Вечерняя Москва-Москва
71-ДЕК 36
ЛИОН ФЕЙХТВАНГЕР
Сектор газетных и журнальных
Мосгорсправка
Лион Фейхтв

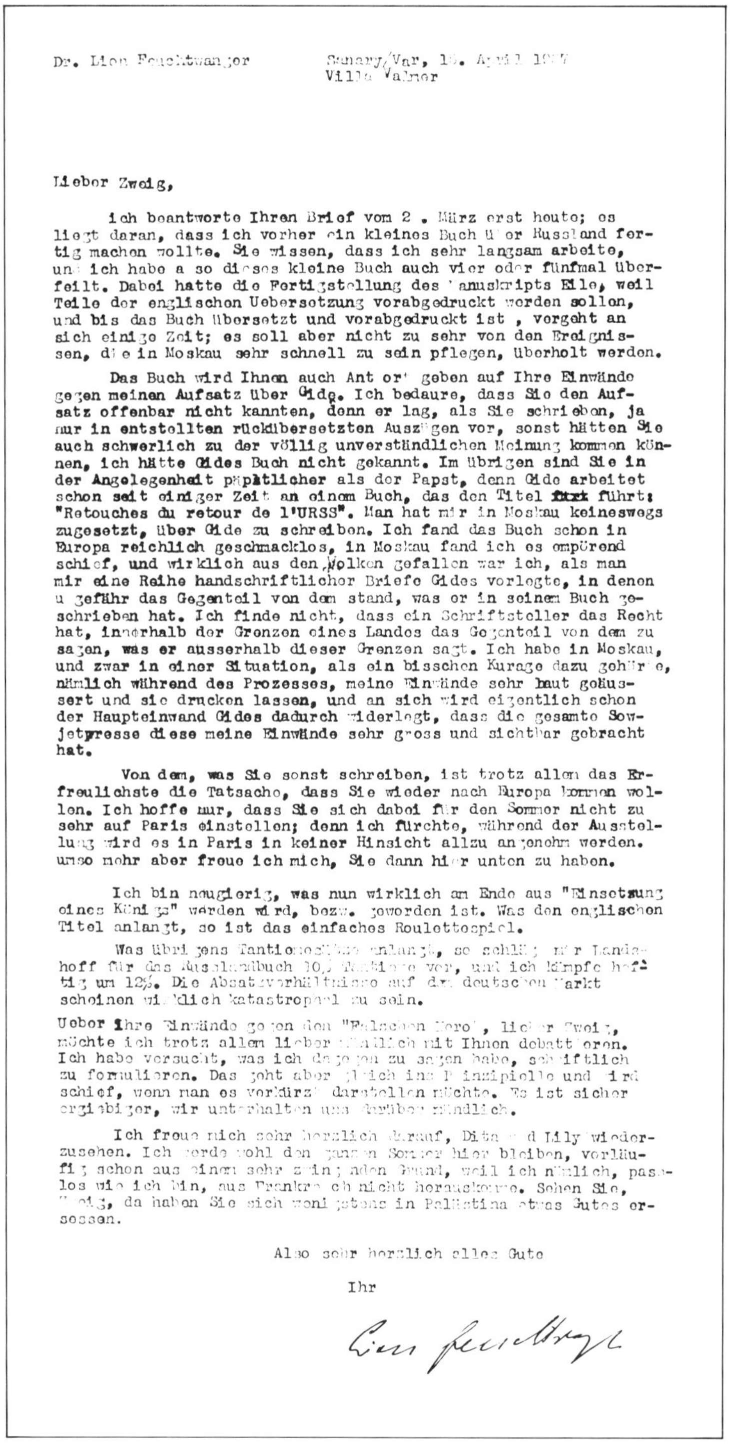

Dr. Lion Feuchtwanger Sanary/Var, 15. April 1937
Villa Valmer

Lieber Zweig,

ich beantworte Ihren Brief vom 2. März erst heute; es liegt daran, dass ich vorher ein kleines Buch über Russland fertig machen wollte. Sie wissen, dass ich sehr langsam arbeite, und ich habe also dieses kleine Buch auch vier oder fünfmal überfeilt. Dabei hatte die Fertigstellung des Manuskripts Eile, weil Teile der englischen Uebersetzung vorabgedruckt werden sollen, und bis das Buch übersetzt und vorabgedruckt ist, vergeht an sich einige Zeit; es soll aber nicht zu sehr von den Ereignissen, die in Moskau sehr schnell zu sein pflegen, überholt werden.

Das Buch wird Ihnen auch Antwort geben auf Ihre Einwände gegen meinen Aufsatz über Gide. Ich bedaure, dass Sie den Aufsatz offenbar nicht kannten, denn er lag, als Sie schrieben, ja nur in entstellten rückübersetzten Auszügen vor, sonst hätten Sie auch schwerlich zu der völlig unverständlichen Meinung kommen können, ich hätte Gides Buch nicht gekannt. Im übrigen sind Sie in der Angelegenheit päpstlicher als der Papst, denn Gide arbeitet schon seit einiger Zeit an einem Buch, das den Titel führt: "Retouches du retour de l'URSS". Man hat mir in Moskau keineswegs zugesetzt, über Gide zu schreiben. Ich fand das Buch schon in Europa reichlich geschmacklos, in Moskau fand ich es empörend schief, und wirklich aus den Wolken gefallen war ich, als man mir eine Reihe handschriftlicher Briefe Gides vorlegte, in denen ungefähr das Gegenteil von dem stand, was er in seinem Buch geschrieben hat. Ich finde nicht, dass ein Schriftsteller das Recht hat, innerhalb der Grenzen eines Landes das Gegenteil von dem zu sagen, was er ausserhalb dieser Grenzen sagt. Ich habe in Moskau, und zwar in einer Situation, als ein bisschen Kurage dazu gehörte, nämlich während des Prozesses, meine Einwände sehr laut geäussert und sie drucken lassen, und an sich wird eigentlich schon der Haupteinwand Gides dadurch widerlegt, dass die gesamte Sowjetpresse diese meine Einwände sehr gross und sichtbar gebracht hat.

Von dem, was Sie sonst schreiben, ist trotz allem das Erfreulichste die Tatsache, dass Sie wieder nach Europa kommen wollen. Ich hoffe nur, dass Sie sich dabei für den Sommer nicht zu sehr auf Paris einstellen; denn ich fürchte, während der Ausstellung wird es in Paris in keiner Hinsicht allzu angenehm werden. Umso mehr aber freue ich mich, Sie dann hier unten zu haben.

Ich bin neugierig, was nun wirklich am Ende aus "Einsetzung eines Königs" werden wird, bezw. geworden ist. Was den englischen Titel anlangt, so ist das einfaches Roulettespiel.

Was übrigens Tantiemensätze anlangt, so schlägt mir Landshoff für das Russlandbuch 10% Tantieme vor, und ich kämpfe heftig um 12%. Die Absatzverhältnisse auf dem deutschen Markt scheinen wirklich katastrophal zu sein.

Ueber Ihre Einwände gegen den "Falschen Nero", lieber Zweig, möchte ich trotz allem lieber mündlich mit Ihnen debattieren. Ich habe versucht, was ich dagegen zu sagen habe, schriftlich zu formulieren. Das geht aber gleich ins Prinzipielle und wird schief, wenn man es verkürzt darstellen möchte. Es ist sicher ergiebiger, wir unterhalten uns darüber mündlich.

Ich freue mich sehr herzlich darauf, Dita und Lily wiederzusehen. Ich werde wohl den ganzen Sommer hier bleiben, vorläufig schon aus einem sehr zwingenden Grund, weil ich nämlich, passlos wie ich bin, aus Frankreich nicht [illegible]. Sehen Sie, Zweig, da haben Sie sich wenigstens in Palästina etwas Gutes ersessen.

Also sehr herzlich alles Gute

Ihr

Lion Feuchtwanger

Unter dem Einfluß seiner Moskau-Reise schrieb Feuchtwanger am 15. April 1937 an Arnold Zweig.

daß heute ein Urteil über die Sowjetunion mehr über den Betrachter aussagt als über das Betrachtete. (...) Gide hat es vorgezogen, sein Augenmerk in jeder Hinsicht auf den Mangel an Klosettpapier zu richten. (...)«[55] Feuchtwanger unterstellte Gide westliche Überheblichkeit, üble Launen, Unsachlichkeiten und bösen Willen. Der Kollege sei als »übersättigter Ästhet« in die Sowjetunion gekommen und habe eine »Hilfleistung für die Gegner« erbracht.

Als Fritz Landshoff vom Querido-Verlag in Amsterdam das Manuskript von »Moskau 1937« gelesen hatte, riet er Feuchtwanger dringend ab, das Buch zu veröffentlichen.[56] Doch Rückzieher waren nicht Feuchtwangers Sache. Überdies hatte er ja nur einen nach seinem Gefühl ehrlichen, subjektiven Bericht geschrieben, voller Sympathie für das sowjetische Experiment, aber auch mit einer Reihe kritischer Anmerkungen, auch über den Personenkult um Stalin. Er sah daher auch keinen Grund für irgendwelche politische Rücksichtnahmen. Gerade er sei »an Politik durchaus nicht interessiert,« so schrieb Feuchtwanger später in einer rückblickenden Selbstbetrachtung. »Ich bin kein aktiver Mensch, Geschäftigkeit, Betriebsamkeit, ohne die doch nun einmal Politik nicht zu denken ist, widert mich an. Was mir Freude macht, ist Betrachtung, Darstellung.«[57]

Seine Moskauer Betrachtungen, Darstellungen erschienen also im Sommer 1937 bei Querido. Sie brachten Feuchtwanger erwartungsgemäß heftigste Angriffe ein, die weitgehend die differenzierte Resonanz auf das aus damaliger Sicht keineswegs undifferenzierte Buch überdeckten. Die negativen Reaktionen überdauerten den Krieg und haben ihre Nachwirkungen bis in die Gegenwart. Feuchtwanger war sich sehr wohl bewußt, was er mit der Veröffentlichung bewirkte: »Daß das Russlandbüchlein starke Attacken hervorrufen werde, war vorauszusehen. Die Deutschen schreien natürlich, ich sei bestochen. Ach, wenn sie wüßten, wie kostspielig in jeder Hinsicht es ist, sich für die Sowjets einzusetzen«, schrieb er nach der Publikation der Schrift an Heinrich Mann.[58] Um zu Feuchtwangers »Moskau 1937« ein einigermaßen objektives Verhältnis zu gewinnen, ist es notwendig, sich den zeitgeschichtlichen Hintergrund und die persönliche Lage des damals 53jährigen zu vergegenwärtigen: In Deutschland legte einer großtönend einen Weltenbrand, drohte mit Mord und kultivierte den Terror als Mittel der Innenpolitik; in den westlichen Nachbarländern, in denen nicht wenige dem Faschismus mit Sympathie gegenüberstanden, beschränkte man sich offiziell auf das »Beschwichtigen«. Feuchtwanger selbst wie viele seiner Familienangehörigen, Freunde, Bekannten, mußten sich bedroht fühlen. Einen Hinweis auf die Gefühls- und Bewußtseinslage des Autors gibt der Schluß des Buches, wo es heißt: »Die Luft, die man im Westen atmet, ist verbraucht und schlecht. Es gibt innerhalb der westlichen Zivilisation keine Klarheit und Entschiedenheit mehr. Man wagt nicht, sich gegen den andrängenden Barbarismus mit der Faust zu wehren oder auch nur mit starken Worten, man tut es mit halbem Herzen, mit vagen Gesten, und die Erklärungen der Verantwortlichen gegen den Faschismus sind verzuckert und verklausuliert. (...) Man atmet auf, wenn man aus dieser drückenden Atmosphäre einer verfälschten Demokratie und eines heuchlerischen Humanismus in die strenge Luft der Sowjetunion kommt.«[59] Was sah also der vom Westen enttäuschte Autor des »Jüdischen Kriegs«, der bürgerliche Intellektuelle mit seinem enzyklopädischen Geschichtswissen und -verstand, der

jüdische Internationalist, der auch persönlich von der Hitlere Bedrohte? Er glaubte zu sehen, daß seine Träume von der Herrschaft einer Majorität der Vernünftigen gegen Dummheit, Barbarei und Gewalt Gestalt annahmen – als ob er ein Stück plötzlich lebendig gewordenen Romans vor sich hatte: »Noch ist überall Schutt und schmutziges Gerüst, aber schon hebt sich rein und deutlich der Umriß des gewaltigen Baus. Es ist ein wahrer Turm von Babel, doch ein solcher, der nicht die Menschen dem Himmel, sondern den Himmel den Menschen näherbringen will. Und das Werk ist geglückt, sie haben sich ihre Sprache nicht verwirren lassen, sie verstehen sich untereinander.«[60]

Beim Tode Maxim Gorkis im Juni 1936, hielt André Gide eine Trauerrede. Auch Stalin und Molotow waren unter den Trauergästen.

Betrachtet man dieses Buch aus einer historischen Perspektive, wie Feuchtwanger es gerne tat und auch den Lesern seiner Romane anbot, weil er um die Gefahren aktuell bedingter Verzerrungen wußte, so erscheint »Moskau 1937« vor allem wegen seiner Bewunderung für Stalin und wegen der Verharmlosung der Trotzkistenprozesse als Produkt naiver Sichtweise und selektiver Wahrnehmung. Vielleicht ist er bewußt getäuscht worden, vielleicht hat er sich blenden lassen, nicht zuletzt durch die Verehrung, die ihm selbst zuteil wurde. Es dürfte ihn weniger »sein Dogma«, wie Reisebegleiter Marcuse Jahre später urteilte, »vor der Aufdringlichkeit des Faktums« geschützt haben –[61] Feuchtwanger tat sich nie als ideologisierender Dogmatiker hervor. Er kam als Sympathisierender und ließ in dem Buch sicherlich seine Wünsche Wirklichkeit werden. Was ihm imponierte, war, daß die Sowjetunion das drückende Nationalitätenproblem anscheinend gelöst und erwiesen hatte, daß es möglich war, georgische, turkmenische, usbekische, kirgisische, tadschikische, kalmückische, jakutische Köpfe und den größten Teil der fünf Millionen Juden, also Nationalismus und Internationalismus unter Hammer und Sichel zu vereinigen: ein »römisches« Reich in der Sowjetunion. Aus dieser Leistung kommt wohl auch seine Bewunderung für

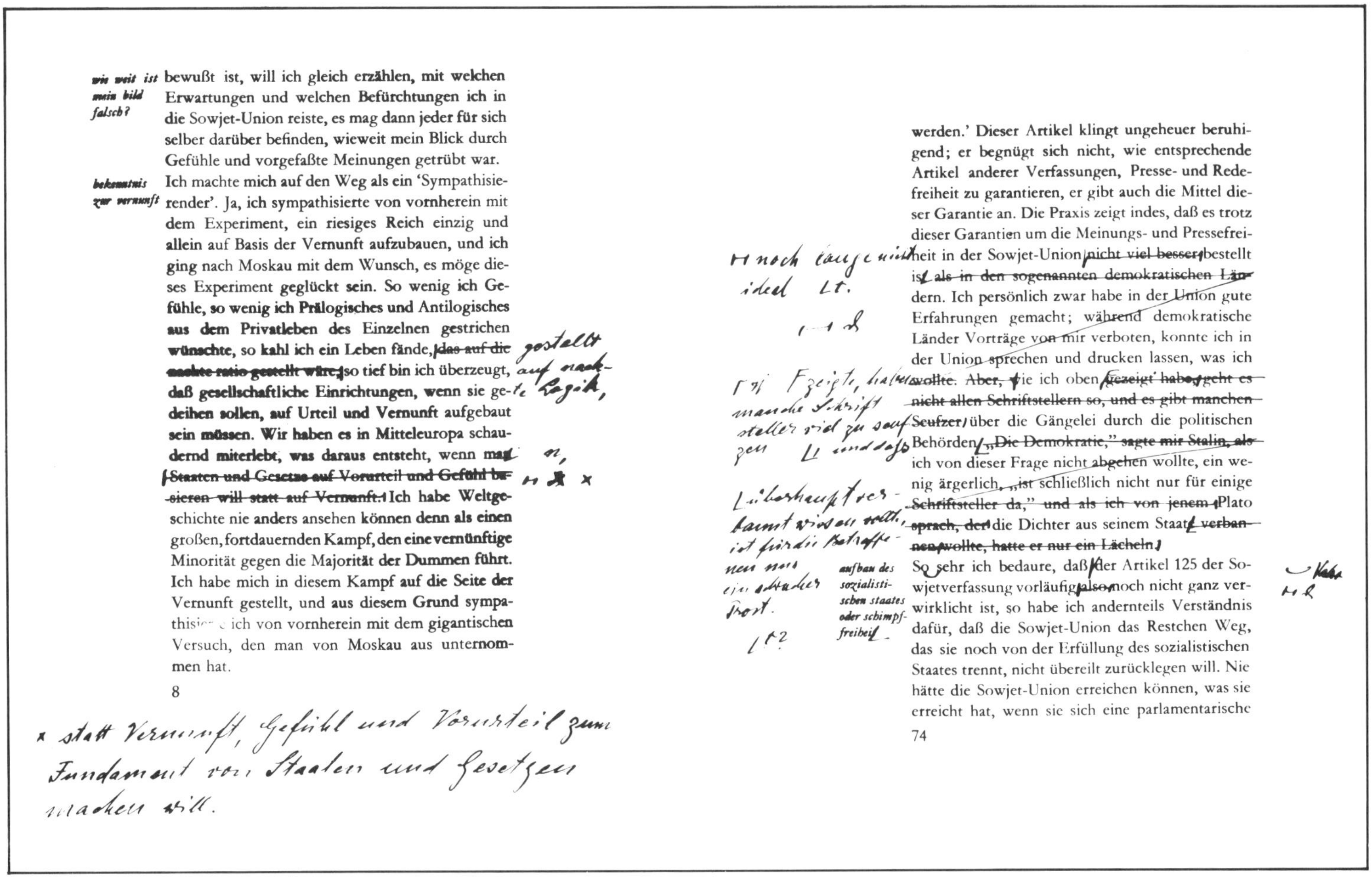
wie weit ist mein bild falsch?

bewußt ist, will ich gleich erzählen, mit welchen Erwartungen und welchen Befürchtungen ich in die Sowjet-Union reiste, es mag dann jeder für sich selber darüber befinden, wieweit mein Blick durch Gefühle und vorgefaßte Meinungen getrübt war.

bekenntnis zur vernunft

Ich machte mich auf den Weg als ein 'Sympathisierender'. Ja, ich sympathisierte von vornherein mit dem Experiment, ein riesiges Reich einzig und allein auf Basis der Vernunft aufzubauen, und ich ging nach Moskau mit dem Wunsch, es möge dieses Experiment geglückt sein. So wenig ich Gefühle, so wenig ich Prälogisches und Antilogisches aus dem Privatleben des Einzelnen gestrichen wünschte, so kahl ich ein Leben fände, ~~das auf die nackte ratio gestellt wäre~~ gestellt auf nackte Logik, so tief bin ich überzeugt, daß gesellschaftliche Einrichtungen, wenn sie gedeihen sollen, auf Urteil und Vernunft aufgebaut sein müssen. Wir haben es in Mitteleuropa schaudernd miterlebt, was daraus entsteht, wenn man ~~Staaten und Gesetze auf Vorurteil und Gefühl basieren will statt auf Vernunft.~~ x Ich habe Weltgeschichte nie anders ansehen können denn als einen großen, fortdauernden Kampf, den eine vernünftige Minorität gegen die Majorität der Dummen führt. Ich habe mich in diesem Kampf auf die Seite der Vernunft gestellt, und aus diesem Grund sympathisierte ich von vornherein mit dem gigantischen Versuch, den man von Moskau aus unternommen hat.

8

x statt Vernunft, Gefühl und Vorurteil zum Fundament von Staaten und Gesetzen machen will.

werden.' Dieser Artikel klingt ungeheuer beruhigend; er begnügt sich nicht, wie entsprechende Artikel anderer Verfassungen, Presse- und Redefreiheit zu garantieren, er gibt auch die Mittel dieser Garantie an. Die Praxis zeigt indes, daß es trotz dieser Garantien um die Meinungs- und Pressefreiheit in der Sowjet-Union ~~nicht viel besser~~ bestellt is~~t als in den sogenannten demokratischen Ländern~~. Ich persönlich zwar habe in der Union gute Erfahrungen gemacht; während demokratische Länder Vorträge von mir verboten, konnte ich in der Union sprechen und drucken lassen, was ich wollte. ~~Aber,~~ wie ich oben ~~gezeigt habe, geht es nicht allen Schriftstellern so, und es gibt manchen Seufzer~~ über die Gängelei durch die politischen Behörden. ~~„Die Demokratie," sagte mir Stalin, als~~ ich von dieser Frage nicht abgehen wollte, ein wenig ärgerlich, „ist schließlich nicht nur für einige ~~Schriftsteller da," und als ich von jenem~~ Plato ~~sprach, der~~ die Dichter aus seinem Staat ~~verbannen wollte, hatte er nur ein Lächeln.~~

aufbau des sozialistischen staates oder schimpffreiheit

So sehr ich bedaure, daß der Artikel 125 der Sowjetverfassung vorläufig ~~also~~ noch nicht ganz verwirklicht ist, so habe ich anderenteils Verständnis dafür, daß die Sowjet-Union das Restchen Weg, das sie noch von der Erfüllung des sozialistischen Staates trennt, nicht übereilt zurücklegen will. Nie hätte die Sowjet-Union erreichen können, was sie erreicht hat, wenn sie sich eine parlamentarische

74

2 Korrekturseiten aus seinem Reisebericht »Moskau 1937«.

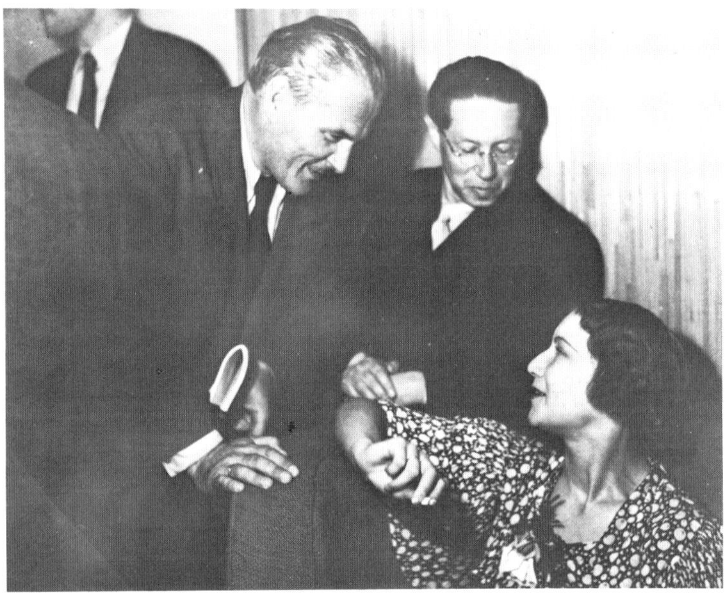

Hat sich Feuchtwanger bei seinem Moskau-Besuch politisch blenden lassen?

Stalin, dessen Schreckensherrschaft für Feuchtwanger unsichtbar war, obwohl sie sich damals schon längst zu entwickeln begonnen hatte. Ihr wahres Ausmaß wurde ja tatsächlich erst später offensichtlich.

Feuchtwanger hat dann allerdings auch nie widerrufen, oder seine Haltung aktualisiert. Während des kalten Krieges wären solche Äußerungen ohnehin nicht mehr wert gewesen als billiges Propagandamaterial, auf das seine Gegner nur warteten. Außerdem war er nicht sicher, ob die Greuelnachrichten aus der Sowjetunion in ihrem Ausmaße zweifelsfrei stimmten. Also schwieg er. Aber er sandte aus dem amerikanischen Exil weiterhin Glückwunschtelegramme zum Jahrestag der Oktoberrevolution nach Moskau. An seiner grundsätzlichen positiven Haltung gegenüber dem historischen Versuch, aus einer Revolution von unten ein »fortschrittliches« System zu errichten, hatte sich auch nichts geändert. Oft wird bei der Kritik an Feuchtwangers nicht unproblematischer Haltung zur Sowjetunion übersehen, daß er der französischen Revolution und der Gründung der Vereinigten Staaten nach deren Unabhängigkeitskrieg gegen die Engländer mit seinen Romanen »Narrenweisheit – oder die Verklärung des Jean-Jacques Rousseau« und »Waffen für Amerika« (auch: »Die Füchse im Weinberg«) den gleichen Respekt erwies.

»Waffen für Amerika« wurde ihm übrigens in der Sowjetunion übelgenommen, was Feuchtwanger ziemlich irritierte. In einem im Frühjahr 1949 in der sowjetischen Literaturzeitschrift »Nowyi Mir« erschienenen Artikel wurde ihm unterstellt, er habe sich dem amerikanischen Imperialismus verkauft. Als die Militäradministration in der damaligen sowjetischen Besatzungszone in Deutschland von Alfred Kantorowicz, dem Herausgeber der

Zeitschrift »Ost und West« verlangte, den »Nowyi Mir«-Artikel auch in seinem Blatt abzudrucken, weigerte er sich und rief Brecht und Heinrich Mann zu Hilfe. Die kam prompt und die sowjetische Militäradministration gab klein bei.

Heinrich Mann schrieb eine Huldigung auf »Erfolg« und »Waffen für Amerika« unter der Überschrift »Der Roman Typ Feuchtwanger« und Brecht schickte einen »Gruß an Feuchtwanger«, in dem er diesen als einen seiner wenigen Lehrmeister bezeichnete. Darin kommt Brecht auch geschickt auf Feuchtwangers »tazitäischen Bericht« über die Moskaureise zu sprechen. Dieser Bericht ist Brecht »immer als ein kleines Wunder erschienen«: Für einen Skeptiker wie Feuchtwanger sei es »schwer zu loben; er ist geradezu gezwungen, seinen Stil zu ändern. Und wie selten ist es, daß der Kenner alter Kulturen eine neue zu erkennen weiß«.[62] Es sollte nicht übersehen werden: Feuchtwanger wechselte in »Moskau 1937« vom Schriftsteller historischer Romane plötzlich zum Journalisten – mit allen Folgen aktueller Zwänge, für einen, der es gewohnt war, politische Ereignisse aus geschichtlicher Distanz zu betrachten.

Lion Feuchtwanger im Kreise seiner Gastgeber, russischen Schriftstellern und Kulturfunktionären, in Moskau.

Was Feuchtwanger während seines Aufenthaltes in der Sowjetunion von Dezember 1936 bis Februar 1937 erkannte, was sich ihm bot, war, daß man ihm seine Zweifel, seine Offenheit nicht übelnahm, sie sogar in der sowjetischen Presse druckte. Er sah, daß es sich dort nicht leicht lebte, daß jedoch die Jahre des Hungers vorbei waren. Ihm fiel der Mangel an Dingen des täglichen Gebrauchs auf und manches Geschmacklose in den Läden. »Auch der Bürokratismus trägt das Seine dazu bei, den Moskauern das Leben sauer zu machen. (...) Am drückendsten aber ist die Wohnungsnot.« Doch die für ihn einleuchtende Planmäßigkeit der Wirtschaft, der Fortschritt auf vielen Gebieten trösteten aus seiner Sicht den Einzelnen über die Mängel des privaten Lebens hinweg. Am deutlichsten hätten den Unterschied zwischen dem trostlosen Früher und dem glücklichen Heute die Bauern verspürt (obwohl bis etwa 1932 Millionen Kulaken – sogenannte Großbauern – liquidiert worden waren). Er freute sich über Kindersportplätze, Kinderkinos, Kindertheater, über Klubs und Parks und er nörgelte über den Eklektizismus und den Klassizismus in der stalinschen Architektur, bewunderte Restaurationsarbeiten am Stadtbild und die Anlage eines neuen Verkehrssystems, war beeindruckt von der Verfassung, in der das Recht auf Bildung, auf Arbeit, auf Erholung, auf materielle Versorgung im Alter und bei Krankheit als Grundrechte verankert waren. Er staunte über die offene Kritik in Versammlungen und in Zeitungen über Mißstände und an führenden Genossen. Er kam zu der Ansicht, daß die Sowjetunion einen großen Teil des Weges zur sozialistischen Demokratie zurückgelegt hatte.

Befremdet zeigte sich Feuchtwanger jedoch über die politische Praxis auf einem Gebiet, in dem er zu Hause war und auf dem er eine ausgewiesene Kompetenz besaß: in der Literatur und im Theater. Er kritisierte die »Gängelung und Bevormundung der Künstler durch den Staat«, »die Politik der Planwirtschaft, die man den zeitgenössischen Sowjetautoren gegenüber befolgt« und die Bevorzugung jener Schriftsteller, »die das Leitmotiv des heroischen Optimismus in allen ihren Werken so oft und so unverkennbar wie möglich anschlagen«. »Eine Erzählung zum Beispiel, die einen bekannten Schriftsteller zum Autor hat, und in welcher ein Flieger einen Rekord erzielt und abstürzt, wurde aus der Samm-

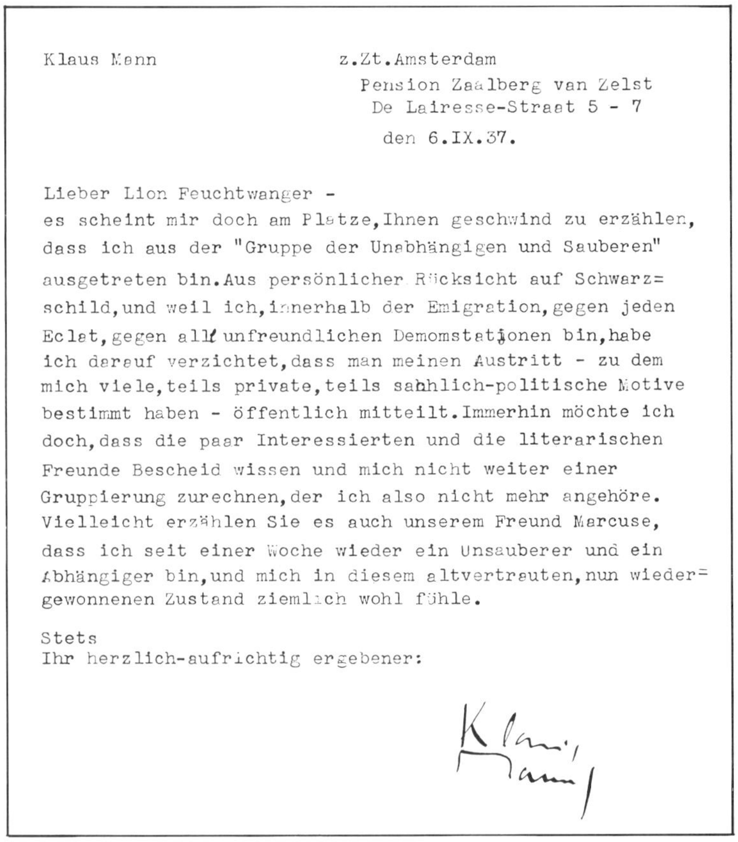

Klaus Mann — z.Zt. Amsterdam

Pension Zaalberg van Zelst
De Lairesse-Straat 5 - 7
den 6.IX.37.

Lieber Lion Feuchtwanger -
es scheint mir doch am Platze, Ihnen geschwind zu erzählen, dass ich aus der "Gruppe der Unabhängigen und Sauberen" ausgetreten bin. Aus persönlicher Rücksicht auf Schwarzschild, und weil ich, innerhalb der Emigration, gegen jeden Eclat, gegen alle unfreundlichen Demomstationen bin, habe ich darauf verzichtet, dass man meinen Austritt - zu dem mich viele, teils private, teils sahhlich-politische Motive bestimmt haben - öffentlich mitteilt. Immerhin möchte ich doch, dass die paar Interessierten und die literarischen Freunde Bescheid wissen und mich nicht weiter einer Gruppierung zurechnen, der ich also nicht mehr angehöre. Vielleicht erzählen Sie es auch unserem Freund Marcuse, dass ich seit einer Woche wieder ein Unsauberer und ein Abhängiger bin, und mich in diesem altvertrauten, nun wiedergewonnenen Zustand ziemlich wohl fühle.

Stets
Ihr herzlich-aufrichtig ergebener:

Klaus Mann

Klaus Mann schrieb am 6. September 1937 an Lion Feuchtwanger von seinem Austritt aus der »Gruppe der Unabhängigen und Sauberen«, dem »Verband deutscher Schriftsteller und Journalisten im Exil«, den Leopold Schwarzschild gegründet hatte.

lung von Erzählungen dieses Autors von dem überängstlichen Redakteur als zu ›pessimistisch‹ gestrichen.« Der betroffene Autor war hier niemand anders als Feuchtwanger selbst mit seiner Kurzgeschichte »Höhenflugrekord«. Noch deutlicher als im Buch machte sich nach Ansicht Feuchtwangers »auf der Bühne und am stärksten im Film das Bestreben geltend, von der Generallinie des heroischen Optimismus nicht abzuweichen. Hier greifen überall die politischen Kontrollstellen in die Produktion ein, suchen die politischen Tendenzen der Werke auf Kosten ihrer künstlerischen Qualität zurechtzubiegen, sie zu verstärken, zu vergröbern«.[63]

Ihn störten die »Vergötzung« Stalins, der maßlose Kult, der mit ihm getrieben wurde, die gigantischen Büsten und Bilder an allen Ecken und Enden, an passenden und unpassenden Stellen. Und Feuchtwanger sagte ihm das auch in dem gemeinsamen Gespräch. Sehr offen ließ sich Feuchtwanger dann auch in seinem Buch über die Person Stalins aus, der als Sohn eines bäuerlichen Schusters, klein und schmächtig, für ihn »Fleisch vom Fleische des Volkes« war und auch dessen Sprache sprach: »Er ist bestimmt nicht das, was man einen großen Redner nennt. Er spricht zögernd, keineswegs blendend, mit einer etwas dumpfen Stimme, beschwerlich. Seine Argumente kommen langsam, sie appellieren an den gesunden Menschenverstand von Leuten, die gründlich, aber nicht schnell begreifen. Vor allem aber hat Stalin Humor, einen umständlichen, verschlagenen, behaglichen, manchmal grausamen Bauernhumor. (...) Er liebt keinen Dialog mit kurzen, bewegten Fragen, Antworten, Zwischenreden, sondern zieht es vor, langsame, überlegte Sätze aneinanderzureihen. Er spricht druckreif, manchmal, als ob er diktierte. Er geht, während er spricht, gerne hin und her, kommt dann plötzlich auf einen zu, einen Finger der schönen Hand gegen einen ausgestreckt, deutend, dozierend. Oder er malt, während er seine bedachten Sätze formt, mit blauem und rotem Bleistift Arabesken und Figuren auf ein Blatt Papier.« Stalins Reden lasen sich für Feuchtwanger »streckenweise wie altväterische Kalendergeschichten«.[64] Und Feuchtwangers Beschreibung liest sich wie die Charakterisierung eines seiner Romanhelden vom Schlage des Kaisers Vespasian im »Der jüdische Krieg«.

Und Trotzki? Trotzki war für Feuchtwanger ein Thomas Wendt, ein Gustav Landauer, ein Kurt Eisner, ein Schriftsteller, dessen Tragik darin lag, »daß er sich nicht damit begnügte, Schriftsteller zu sein«. Die ideologischen Meinungsverschiedenheiten zwischen Stalin und Trotzki kamen für Feuchtwanger aus tiefem inneren Zwiespalt, der aus dem unterschiedlichen Wesen der beiden Männer rührte. Trotzki war für Feuchtwanger, der in seinem Roman »Erfolg« noch die Verfolgung der Trotzkisten angeprangert hatte, der Dogmatiker und Nur-Revolutionär, und »nur für kurze Zeit tauglich zu politischem Handeln«. Stalin war Handelnder und in dieser Rolle von Feuchtwanger akzeptiert. Dieser Mann war Pragmatiker, war ein Organisator, hatte Ideen, verstand etwas von Volks- und Massenpsychologie. Er wollte im Gegensatz zu Trotzki, der die Weltrevolution propagierte, erst einmal in einem einzigen Lande den Sozialismus aufbauen. Die Trotzkisten, so sah es Feuchtwanger 1937, waren jene, die diesen Aufbau störten, sabotierten und somit zu Recht vor Gericht standen. Ausführlich beschrieb er den Radek-Prozeß, war verblüfft über die gelöste Atmosphäre im Gerichtssaal, wo mit lässigen Gebärden die gutgepflegten und gutgekleideten Angeklagten Tee tranken und im Konversationston – so klang es ihm in der Übersetzung – ihre meist die Todesstrafe herausfordernden Geständnisse ablegten, Umstürzler, Hochverräter zu sein.

Für den Besucher Feuchtwanger klangen diese Geständnisse keineswegs erpreßt, wie es in Westeuropa vermutet wurde. »Die Sowjet-Union«, so urteilte er aus der Sicht jener Tage, »hat zwei Gesichter. Das Gesicht der kämpfenden Union ist die grausame Strenge, mit welcher sie jede Opposition niedertritt. Das Gesicht der bauenden Union ist die Demokratie, die sie in ihrer Verfassung als ihr letztes Ziel manifestiert hat.«[65] Er beschloß sein Buch mit einem pathetischen Satz, der seither immer wieder zitiert wird, um seine Blauäugigkeit und vermeintliche Kommunismuszugehörigkeit zu belegen: »Es tut wohl,« schrieb er, »nach all der Halbheit des Westens ein solches Werk zu sehen, zu dem man von Herzen Ja, Ja, Ja sagen kann.«[66] So offensichtlich uneingeschränkt »Ja, Ja, Ja« mochten freilich seine Gastgeber zu seinem Buch bald nicht mehr sagen. Es erschien zwar in der Sowjetunion in einer Auflage von 200000 Exemplaren und war schnell vergriffen, wurde jedoch offensichtlich wegen der darin enthaltenen Kritik und der Persönlichkeitsdarstellung Stalins nie mehr aufgelegt. Auch in der DDR ist »Moskau 1937« nie gedruckt worden.

Von Kritikern wird gern übersehen, daß Feuchtwanger mit seinen Eindrücken vor allem von Stalin und vom Radek-Prozeß nicht allein stand. Andere westliche Besucher, die noch weniger als Feuchtwanger im Verdacht standen, Sympathisierende zu sein, waren zu ähnlichen Bewertungen gekommen. Kantorowicz, der in den fünfziger Jahren aus politischen Gründen aus der DDR in die Bundesrepublik übersiedelte, erinnerte in seinem 1978 erschienenen Buch »Literatur im Exil« daran, daß damals »Besuche westlicher Politiker oder Generale bei Stalin und ihre Berichte über den guten Eindruck, den er auf sie gemacht hatte, durchaus nicht so ungeheuerlich erschienen wie heute«. Er nannte als Beispiele den republikanischen Gegenkandidaten von US-Präsident Roosevelt, Wendell L. Willkie, der mit Stalin herumscherzte, Eisenhowers Stabschef General Bedell Smith und den US-Botschafter Davies, der mit Feuchtwanger im Radek-Prozeß war und für Feuchtwanger, der kein Russisch konnte, dolmetschte.[67] Davis, selbst von Beruf Anwalt, war der Ansicht, daß es damals eine weitverzweigte Konspiration gegen Stalin gegeben habe und daß die Angeklagten schuldig waren.[68] Im übrigen empfand Davies, daß das Verfahren nach rechtsstaatlichen Grundsätzen ablief. Das klingt natürlich aus heutiger Sicht, da man um das wahre Ausmaß der stalinschen Schlächtereien an Unschuldigen weiß, makaber.

Am heftigsten angegriffen wurde Feuchtwanger nach Erscheinen des Buches von Leopold Schwarzschild in dessen »Das Neue Tagebuch«. Schwarzschild, ein militanter Antikommunist, war vor der Emigration in Berlin Herausgeber des von Stefan Grossmann begründeten »Tage-Buch«. Feuchtwanger mochte ihn und seine Frau Wally trotz politischer Differenzen und gab den Figuren des von den Nazis entführten Bertold Jacob und seiner Frau in »Exil« die Züge der Schwarzschilds. Er lieh Schwarzschild auch eine größere Summe Geldes. Die Rückzahlung jedoch verweigerte Schwarzschild mit den Worten: »Sie wissen doch, ich bin ein Schwein.«[69] Der Publizist, der sich durch seine Ausfälle gegen Kollegen in der Emigrantenszene im Laufe der Jahre zusehends

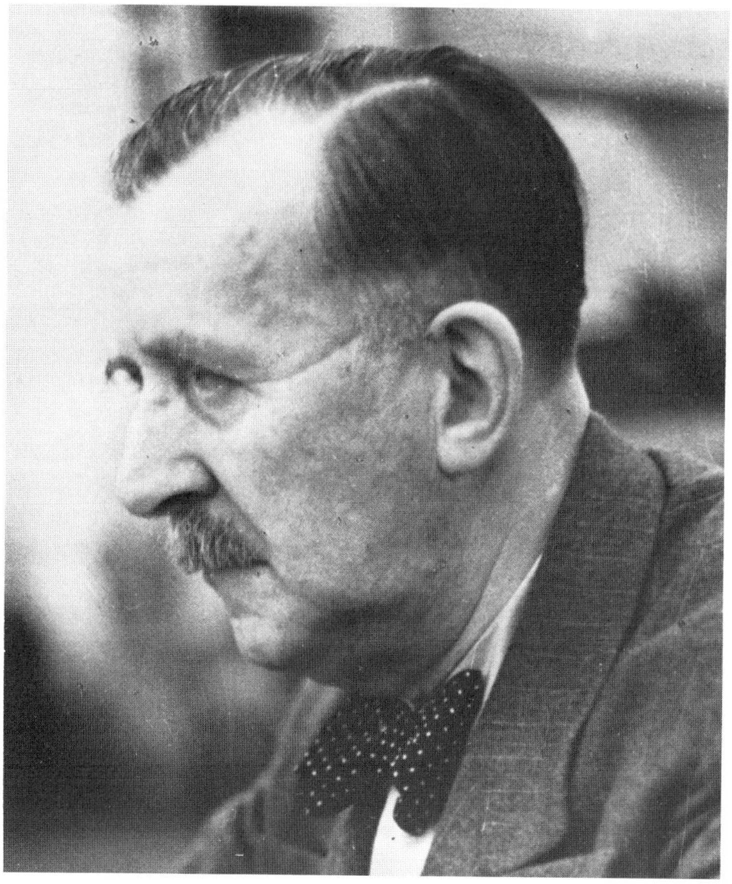

Heinrich Mann, der Gefährte Feuchtwangers in München, Sanary und Los Angeles, prägte von Beginn dieses Jahrhunderts an Feuchtwangers literarisches Schaffen.

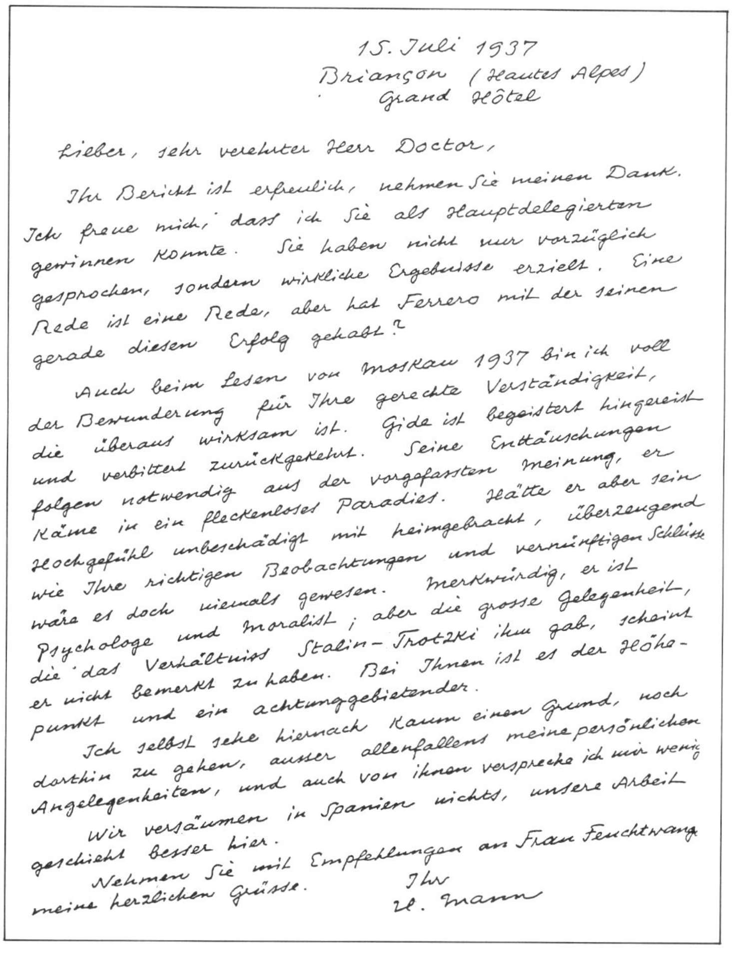

15. Juli 1937
Briançon (Hautes Alpes)
Grand Hôtel

Lieber, sehr verehrter Herr Doctor,

Ihr Bericht ist erfreulich, nehmen Sie meinen Dank.
Ich freue mich, dass ich Sie als Hauptdelegierten
gewinnen konnte. Sie haben nicht nur vorzüglich
gesprochen, sondern wirkliche Ergebnisse erzielt. Eine
Rede ist eine Rede, aber hat Ferrero mit der seinen
gerade diesen Erfolg gehabt?

Auch beim Lesen von Moskau 1937 bin ich voll
der Bewunderung für Ihre gerechte Verständigkeit,
die überaus wirksam ist. Gide ist begeistert hingereist
und verbittert zurückgekehrt. Seine Enttäuschungen
folgen notwendig aus der vorgefassten Meinung, er
käme in ein fleckenloses Paradies. Hätte er aber sein
Hochgefühl unbeschädigt mit heimgebracht, überzeugend
wie Ihre richtigen Beobachtungen und vernünftigen Schlüsse
wäre es doch niemals gewesen. Merkwürdig, er ist
Psychologe und Moralist; aber die grosse Gelegenheit,
die das Verhältniss Stalin–Trotzki ihm gab, scheint
er nicht bemerkt zu haben. Bei Ihnen ist es der Höhe-
punkt und ein achtunggebietender.

Ich selbst sehe hiernach kaum einen Grund, noch
dorthin zu gehen, ausser allenfallens meine persönlichen
Angelegenheiten, und auch von ihnen verspreche ich mir wenig

Wir versäumen in Spanien nichts, unsere Arbeit
geschieht besser hier.

Nehmen Sie mit Empfehlungen an Frau Feuchtwang
meine herzlichen Grüsse. Ihr
H. Mann

Feuchtwanger arbeitet an seiner Josephus-Trilogie.

isolierte, denunzierte sogar Klaus Mann als »alten Sowjet-Agenten«[70] und Feuchtwanger war für Schwarzschild der »Laureatus unter den deutschen Sowjet-Agenten«.[71] Während Feuchtwanger in einem Brief an Maria Osten vermerkte, daß sogar »ausgesprochen sowjetfeindliche Blätter« wie die Londoner »Times« und der »Manchester Guardian« konstatierten, man könne sich der Überzeugungskraft vieler seiner Argumente in »Moskau 1937« nicht verschließen, verfaßte Schwarzschild vier große, durchaus kluge Artikel gegen »Moskau 1937« und dessen Autor.[72] Für Schwarzschild war Feuchtwangers »Reisebericht« Ausdruck einer »Psychose«, unter der für ihn viele Hitler-Gegner litten, und er fragte sich, wie jemand gegen einen Diktaturstaat ankämpfen und einem anderen huldigen könne.[73] Schwarzschilds Replik auf »Moskau 1937« wird auch ausführlich in Pikes »Deutsche Schriftsteller im Sowjetischen Exil« erwähnt, während Feuchtwanger nur mit einigen wenigen und in der Verkürzung besonders peinlichen Sätzen zitiert wird. Ansonsten begnügt sich Pike in seiner sonst so gründlich recherchierten Arbeit damit, geschickt einige Gerüchte zu kolportieren, – durchaus unter Hinweis auf ihre zweifelhaften, teilweise aus dem Agentenmilieu stammenden Quellen –, die geeignet sind, Feuchtwanger zu diskreditieren: So heißt es etwa, Feuchtwanger habe für seinen Bericht möglicherweise eine »ansehnliche Summe« erhalten, und, er habe das Buch als Dank dafür geschrieben, daß in dem Prozeß die jüdischen Angeklagten mit Gefängnisstrafen davongekommen sind. Auch soll Feuchtwanger demnach sogar zweimal bei Stalin gewesen sein – beim ersten Mal habe Stalin nach der Kritik an dessen Personenkult das Gespräch abgebrochen und Feuchtwanger habe »blaß und zitternd« den Kreml verlassen. Für den Leser bleibt ein schaler Nachgeschmack, zumal Pike auch nicht auf Feuchtwangers innere, von den deprimierenden zeitgeschichtlichen Zusammenhängen und seiner literarischen Entwicklung bestimmte Motivlage eingeht.[74] Es entsteht daraus ein schiefes Bild. »Die verschollene kleine Schrift«, vermutete Kantorowicz, »die der 1937 gängigen Selbsttäuschung nicht nur der meisten exilierten deutschen Intellektuellen, sondern vieler durch Bücherverbrennungen, Judenverfolgungen, nationalsozialistischen Terror verschreckter Schriftsteller und Wissenschaftlicher westlicher Länder Ausdruck gab, wird vorzugsweise von jenen aufgespürt, die Feuchtwanger seiner – schwer marxistisch zu nennenden – linksliberalen Haltung wegen abwerten möchten.«[75] Daß Feuchtwanger wie so viele geirrt habe und im Gespräch mit Stalin düpiert worden sei, mache ihn »nicht minderwertiger als die vielen Millionen, die sich guten Glaubens von Hitler täuschen ließen (von jenen zu schweigen, die ihren persönlichen Vorteil dabei fanden). Man muß, wenn von der jüngeren Vergangenheit die Rede ist, wieder und wieder die Gewichte zurechtrücken.«[76] Feuchtwanger, als er seinen »Reisebericht« schrieb, stand offensichtlich auch noch unter dem Eindruck eines Gespräches, das er während seiner Rückreise im Zug mit zwei Führern der französischen Linken, mit Vaillant Couturier und Marcel Cachin geführt hatte. »Diese Männer hatten scharf erkannt, daß der internationale Faschismus fest gewillt war, jetzt, nachdem er Italien, Spanien, Deutschland erobert hatte, auch Frankreich zu verschlingen. Ich nahm mit Schrecken wahr, wie viele Beweise diese Männer in Händen hatten von der zu diesem Zweck gegründeten Allianz des französischen Faschismus mit dem jenseits der Grenzen. Sie waren, diese Männer der Linken, fest entschlossen, den Kampf weiterzuführen, aber ich war bestürzt, wie trüb, wie aussichtslos sie die französische Zukunft sahen.«[77]

Feuchtwangers Moskau-Reise fiel zusammen mit der Veröffentlichung eines Aufrufs zur Bildung der deutschen Volksfront aus Kommunisten, Sozialdemokraten und bürgerlichen Gegnern der Nationalsozialisten im Januar 1937. Der Aufruf trug die Unterschrift Feuchtwangers, der im vorbereitenden Ausschuß mitgewirkt hatte, sowie unter anderem die von Willy Brandt, Rudolf Breitscheid, Willi Münzenberg, Wilhelm Pieck, Walter Ulbricht, Emil Gumbel, Egon Erwin Kisch, Heinrich Mann, Klaus Mann, Ernst Toller und Arnold Zweig. Die Attacken Schwarzschilds hingen auch damit zusammen, daß dieser im Juni 1937 einen eigenen, gegen die Volksfront gerichteten, »Bund Freie Presse und Literatur (Verband deutscher Schriftsteller und Journalisten im Exil)« aufgemacht hatte. Schwarzschilds Verein gehörten anfangs noch Klaus Mann, Alfred Döblin und Feuchtwangers Freund Bruno Frank an. Im Sommer und Herbst bemühten sich Heinrich Mann und Feuchtwanger innerhalb der aus Vertretern der Arbeiterpartei, der Gewerkschaften, der christlichen Konfessionen, der Jugend- und der Frauenorganisationen zusammengesetzten Volksfrontbewegung, eine »freiheitlich sozialistische Vereinigung« zu bilden, in der Literaten und andere Intellektuelle zusammengefaßt werden sollten. Trotz seines »Moskau 1937« und ungeachtet seiner Zuneigung zu dem sozialistischen Experiment in der Sowjetunion waren Feuchtwanger und Heinrich Mann um ein distanziertes Verhältnis zu den Kommunisten bemüht. Sie waren sich darin einig, daß die von den Kommunisten angestrebte Führungsrolle im Volksfrontausschuß verhindert werden mußte. In einem Brief Feuchtwangers an Mann von Ende August 1937 heißt es: »Zu meiner Freude, lieber und sehr verehrter Herr Heinrich Mann, erklären Sie: die Volksfront wird schon jetzt nicht kommunistisch geführt. Ich wäre sehr froh, wenn unsere zu bildende Gruppe dann in jeder Hinsicht auch materiell vollkommen unabhängig von den Kommunisten gemacht werden könnte. Ja, es erscheint mir dies als das Grundproblem.«[78] Der Wunsch schien nicht in Erfüllung zu gehen, der Aufbau einer arbeitsfähigen, einheitlichen Volksfront klappte nicht. Ende Oktober schrieb Feuchtwanger aus Paris an Mann: »Alles in allem finde ich hier leider die Dinge der Volksfront noch verworrener als ich geglaubt habe. Jeder zerrt nach einer anderen Seite, keiner will den andern anhören, und wenn man ein praktisches Programm vorschlagen will, bekommt man nichts zu hören, als verblasenes ideologisches Gerede.«[79] Schon am nächsten Tag antwortet ihm Heinrich Mann, der die Hoffnung nicht aufgegeben hatte: »Das dringlichste ist, den Ulbricht loszuwerden. Er ist nach Schwarzschild der Zweite, der sich bemüht, den Volksfront-Ausschuß zu sprengen. Er agitiert heimlich bei der SPD, um sie an sich zu bringen und den gegenwärtigen Ausschuß zu isolieren. Was er will, ist nichts Geringeres als eine neue Volksfront, die keine mehr wäre, sondern er hätte abgesprengte Bruchstücke unter seinem Befehl. Er ist ein vertracktes Polizeigehirn, sieht über seine persönlichen Intrigen nicht hinaus, und das demokratische Verantwortungsgefühl, das jetzt erlernt werden muß, ist ihm fremd. Will man dort an der Stelle, von der er abhängt, den Sturz Hitlers und begreift man, daß einzig nur die Volksfront auf ihn folgen kann, dann ist es allerhöchste Zeit einzugreifen. (...) Der U. will nur selbst zur Macht, ein in Deutschland aussichtsloses Unternehmen.«[80]

Das Pariser Exil, seine Rolle als entwurzelter Weltbürger, seine Erfahrungen, Erlebnisse, Auseinandersetzungen und Enttäuschungen und die Moskaureise haben bei Feuchtwanger neue Einsichten, aber offensichtlich auch eine mit seiner bürgerlichen Herkunft zusammenhängende Skepsis gegenüber dem Neuen in der Sowjetunion herausgefordert. Er hat dies gegen Ende seines Romans »Exil« aufgeschrieben. Die Sätze, die dort von Sepp Trautwein zu seinem Sohn Hanns gesprochen werden, der gerade nach Moskau reisen will, erläutern wohl am deutlichsten Feuchtwangers damaligen politischen Standpunkt und seine innere, bei all seinem ausgestrahlten Optimismus zweifelnde, schwankende seelische Verfassung: »Es ist leider ein Schmarrn,« sagt Trautwein/Feuchtwanger zu Hanns, »wenn man behauptet, Geist ohne Gewalt könne sich durchsetzen. (...) Diejenigen, die Interesse haben an der ungerechten Ordnung, geben nicht klein bei, wenn man sie nicht mit Gewalt dazu zwingt. Das hab ich mittlerweile begriffen.« Die Emigration hatte Feuchtwanger inzwischen so weit gebracht, daß er nicht mehr allein, wie noch im »Erfolg«, an die Wirkung gutbeschriebenen Papiers glaubte. »Ich kann nicht sagen, daß ich mich behaglich fühlte in meiner neuen Erkenntnis,« windet sich Trautwein. »Ihr andern, ihr habt es gut. Ihr sitzt in eurer Weltanschauung wie der Dotter im Ei, ihr meßt die ganze Welt an euern Prinzipien ab wie an einem Zentimeterstab, alles, was es gibt, ist euch so ausgemacht wie daß zwei mal zwei vier ist, und ihr fühlt euch sauwohl. Ich fühl mich gar nicht wohl. Ich habe begriffen, (...) mein Hirn sieht es ein, aber mein Gefühl geht nicht mit, mein Herz sagt nicht ja. Ich fühle mich nicht heimisch in deiner Welt, in der alles Vernunft und Mathematik ist. Ich möchte in ihr nicht leben. Mir scheint, es haben in ihr die Massen zuviel zu sagen und der einzelne zu wenig. Ich hänge an meiner altmodischen Freiheit. Die Geleise meines Hirns sind zu tief eingefahren, ich komme da nicht mehr heraus. Ich kann höchstens noch in der Theorie umlernen, nicht in der Praxis. (...) In deiner Welt jedenfalls,« läßt Feuchtwanger sich als Trautwein sagen, »würde ich mich schrecklich ungemütlich fühlen, das weiß ich. Ich müßte lauter liebe Gewohnheiten aufgeben, ohne die ich mir mein Leben überhaupt nicht vorstellen kann. Das sind armselige Worte. (...) Das Alte ist doch noch nicht tot, und das Neue ist noch nicht lebendig, es ist eine scheußliche Übergangszeit, es ist halt ein jämmerlicher Wartesaal.«[81]

Trübe Gäste (1938)

Während des Krieges und in den beiden Jahrzehnten hernach hatten in manchen Ländern Revolutionen stattgefunden. Diese Umwälzungen hatten zahlreiche Menschen zur Flucht aus ihrer Heimat getrieben. Es gab also Emigranten vieler Nationen.

Die deutsche Emigaration war zerklüfteter als jede andere. Es gab unter den deutschen Exilanten zahlreiche, die um ihrer politischen Gesinnung willen hatten fliehen müssen, und es gab die große Masse derjenigen, die, nur weil sie selber oder ihre Eltern in den standesamtlichen Registern als Juden geführt wurden, sich zur Auswanderung gezwungen gesehen hatten. Es gab viele, Juden und Nichtjuden, die freiwillig gegangen waren, weil sie die Luft des Dritten Reichs einfach nicht mehr hatten atmen können, und andere, die für ihr Leben gern in Deutschland geblieben wären, hätte man sie dort nur auf irgendeine Art ihren Lebensunterhalt verdienen lassen. Aber eben das war einer der wesentlichen Punkte des nationalsozialistischen Programms und eigentlich der einzige, der sich verwirklichen ließ: den politischen Gegnern, den persönlichen Feinden oder Konkurrenten der neuen Herren und den als Juden Eingetragenen die Lebensmöglichkeit zu nehmen, auf daß sie krepierten wie die Fische eines austrocknenden Gewässers. Viele der deutschen Emigranten waren eingekerkert gewesen, mißhandelt, gedemütigt, schikaniert, viele hatten Freunde und Verwandte, die in Deutschland umgekommen waren; viele arbeiteten außerhalb der Reichsgrenzen am Sturz des verhaßten Regimes. Aber es gab auch solche, die mit der neuen Herrschaft einverstanden waren, die nie gefühlt, ja kaum gewußt hatten, daß sie Juden waren, und die, nachdem sie sich plötzlich infolge irgendeiner standesamtlichen Eintragung als Juden und somit als minderwertig abgestempelt sahen, nur sehr gegen ihren Willen aus ihrer vielhundertjährigen Heimat vertrieben worden waren. Es gab also unter diesen Exilanten Menschen jeder Art, solche, die ihre Gesinnung, und solche, die einfach ihre Geburtsurkunde oder irgendein anderer Zufall aus Deutschland getrieben hatte; es gab freiwillige und es gab Muß-Emigranten.

Auch gab es unter den hundertfünfzigtausend aus Deutschland Verjagten nicht nur Menschen jeder politischen Gesinnung, sondern auch jeder sozialen Stellung und jedes Charakters. Jetzt, ob sie wollten oder nicht, bekamen sie alle die gleiche Etikette aufgeklebt, wurden sie alle im gleichen Topf gekocht. Sie waren in erster Linie Emigranten und erst in zweiter, was sie wirklich waren. Viele sträubten sich gegen eine so äußerliche Einordnung, doch es half ihnen nichts. Die Gruppe war nun einmal da, sie gehörten dazu, die Verknüpfung erwies sich als unlösbar.

Für die meisten bedeutete die freiwillige oder erzwungene Flucht aus Deutschland Preisgabe ihrer Stellung und ihres Vermögens. Denn die Stellung mußte aufgegeben, das Geld zurückgelassen werden. Womit sonst hätte die regierende Partei die Versprechungen halten können, die sie ihren Mitgliedern gemacht hatte, bevor sie ans Ruder kam? So lebten also die deutschen Emigranten zumeist in Dürftigkeit. Es gab Ärzte und Rechtsanwälte, die mit Krawatten hausierten, Büroarbeit verrichteten oder sonstwie, illegal, von der Polizei gehetzt, ihr Wissen an den Mann zu bringen suchten. Es gab Frauen mit Hochschulbildung, die als Verkäuferinnen, Dienstmädchen, Masseusen ihr Brot verdienten.

Wohin immer diese trüben Gäste kamen, waren sie unerwünscht. Der Erdboden und die Arbeit waren verteilt unter Nationen, unter politische und gesellschaftliche Cliquen. Infolge planloser Produktion und sinnloser Verteilung hungerte ein großer Teil der Bevölkerung des Planeten bei gefüllten Vorratskammern und standen trotz Warenhungers und Arbeiterandrangs viele Maschinen still. Länder, in denen neue, fähige Menschen willkommen gewesen wären, gab es nicht mehr. Vielmehr wurden die fremden Kömmlinge, die Brot und Arbeit wollten, überall mit scheelen Augen angesehen.

Man erlaubte ihnen nicht zu arbeiten, kaum zu atmen. Man verlangte »Papiere« von ihnen, Ausweise. Die hatten sie nicht, oder was sie hatten, genügte nicht. Manche waren geflohen, ohne Papiere mitnehmen zu können, die Pässe der meisten liefen allmählich ab und wurden von den Behörden des Dritten Reichs nicht erneuert. So hatten es diese Exilanten schwer, bestätigt zu bekommen, daß sie waren, wer sie waren. Das war manchen Ländern ein gelegener Vorwand, sie abzuschieben. Es kam vor, daß Menschen ohne jegliches Papier eines Nachts von den Gendarmen eines Landes heimlich über die Grenzen des Nachbarlandes und in der nächsten Nacht von den Gendarmen des Nachbarlandes ebenso heimlich wieder zurückgebracht wurden.

Den wenigsten bekamen die Leiden, die sie durchzumachen hatten. Denn es ist so, daß Leiden nur den Starken stärker, den Schwachen aber schwächer macht. Das alte Deutsch kennt für den Vertriebenen, für den Exilanten, zwei Worte: das Wort »Recke«, das nichts anderes bedeutet als eben Vertriebener, Geächteter, und das Wort »Elend«, das wiederum den Mann ohne Land, den aus dem Land Gestoßenen bedeutet. So bezeichnet die Weisheit der deutschen Sprache die beiden Pole, die das Wesen des Emigranten begrenzen. Unter den deutschen Emigranten wurden die meisten Elende und nicht sehr viele Rekken; denn Gesinnung, Prinzipientreue sind Güter, auf die man leichter verzichtet als auf das tägliche Brot und auf die Butter darauf, und wenn es sich darum handelt, Ballast über Bord zu werfen, muß die Moral am ehesten daran glauben. Viele von den Emigranten verkamen. Ihre schlechten Eigenschaften, im Wohlstand versteckt und behütet, drangen zutage, ihre guten schlugen um. Wer vorsichtig gewesen war, wurde feig, der Mutige verbrecherisch, der Sparsame geizig, Großzügigkeit wurde Hochstapelei. Die meisten wurden ichbesessen, verloren Urteil und Maß, unterschieden nicht mehr zwischen Erlaubtem und Unerlaubtem, ihr Elend wurde ihnen Rechtfertigung für Zügellosigkeit und Willkür. Auch wurden sie jammerselig und zänkisch. Aus sicheren Verhältnissen ins Unsichere gestoßen, verzappelten sie sich, wurden frech und servil zugleich, streitsüchtig, anspruchsvoll, besserwisserisch. Sie wurden wie Früchte, die man zu früh vom Baum gerissen hat, nicht reif, sondern trocken und holzig.

Je ranziger ihre Hoffnung wurde auf Rückkehr in die Heimat oder zumindest in gesicherte Verhältnisse, um so tiefer ließen sie sich fallen. Manchen wurde es zu einer Schande, Emigrant zu sein, sie versuchten ängstlich, es zu verbergen, natürlich umsonst. Andere, gerade weil ihnen nichts blieb als ihr Emigrantentum, trugen es arrogant zur Schau und leiteten immer höhere Ansprüche daraus her. War nicht Hannibal Emigrant gewesen, Dante, Victor Hugo, Richard Wagner, Lenin, Masaryk? Sie vergaßen, daß auch der kleine Weißrusse Maximow zu den Emigranten gehörte, der sich vor dem Montmartre-Lokal »Koltschak« als Türsteher und Zuhälter betätigte, und Herr Rosenbaum, der einem kunstseidene Krawatten als reinseidene aufzuschwindeln suchte, und Herr Lembke, der damit umging, sich der deutschen Staatspolizei als Spitzel anzubieten.

Man liebte sie nicht, die deutschen Emigranten, sie mußten, diese Fremden, ihren Umgang zumeist untereinander suchen. Da entlud sich denn häufig ihr Elend und ihre Verzweiflung in läppischem, kleinlichem Gezänk, einer rieb sich am andern, man sah unbewußt im andern das eigene Bild und beschimpfte in der Kleinheit des andern die eigene Unzulänglichkeit. Alle wollten sie das gleiche: Pässe, Arbeitserlaubnis, Geld, eine neue Heimat, am liebsten Rückkehr in die alte, befreite. Doch die Gründe, warum sie das wollten, die Zwecke, wozu, und die Wege, wie sie es erreichen wollten, waren sehr verschieden, und was dem einen herrlich schien, war dem andern ein Greuel. So zerrieben sich durch die ständige Nähe selbst solche, die das gleiche innere Schicksal und die gleichen Ziele hatten, und einer erlebte Enttäuschungen am andern. Es gab Haß, manchmal Todfeindschaft unter den Emigranten, und, mehr oder minder guten Glaubens, verdächtigte einer den andern der Lässigkeit oder der Verräterei an der gemeinsamen Sache.

Ja, Exil zerrieb, machte klein und elend: aber Exil härtete auch und machte groß, reckenhaft. Das Leben des Bodenständigen, des Seßhaften verlangt und verleiht andere Tugenden als das Dasein des Nomaden, des Freizügigen. Im Zeitalter der Maschine aber, im Zeitalter, da die Maschine den größeren Teil der Bauern überflüssig macht, sind die Tugenden des Freizügigen für die Gesellschaft zumindest ebenso wichtig wie die des Seßhaften und geeigneter für den, der sich sein Leben täglich neu erkämpfen muß. Der Emigrant hatte weniger Rechte als die andern, aber viele Beschränkungen, Pflichten und Vorurteile der andern fielen von ihm ab. Er wurde wendiger, schneller, geschmeidiger, härter. »Walzender Stein wird nicht moosig«, heißt es bei dem alten Sebastian Franck; ein Stein, der bewegt wird, setzt kein Moos an. Was diesem deutschen Schriftsteller offenbar als Vorzug galt.

Viele engte das Exil ein, aber den Besseren gab es mehr Weite, Elastizität, es gab ihnen Blick für das Große, Wesentliche und lehrte sie, nicht am Unwesentlichen zu haften. Menschen, von New York nach Moskau geworfen und von Stockholm nach Kapstadt, mußten, wenn sie nicht umkommen wollten, über mehr Dinge nachdenken und tiefer in diese Dinge hineinschauen als solche, die ihr Leben lang in ihrem Berliner Büro festhockten. Viele von diesen Emigranten wurden innerlich reifer, erneuerten sich, wurden jünger: jenes »Stirb und werde«, das den Menschen aus einem trüben zu einem frohen Gast dieser Erde macht, wurde ihnen Erlebnis und Besitz.

An diese Emigranten klammerten sich viele Hoffnungen innerhalb und außerhalb der Grenzen des Dritten Reichs. Diese Vertriebenen, glaubte man, seien berufen und auserwählt, die Barbaren zu vertreiben, die sich ihrer Heimat bemächtigt.

Lion Feuchtwanger

Feuchtwanger und der historische Roman

„Wir wollen aus der Vergangenheit das Feuer übernehmen, nicht die Asche".

Wenn der Schriftsteller Lion Feuchtwanger, der »gläubige Skeptiker«, in seinem Leben wirklich fest an irgendetwas glaubte, dann an seine Berufung und seine Begabung »zu sagen was ist«. Aus diesem Glauben leitete er seinen Optimismus und sein unerschütterliches Selbstbewußtsein ab, um das ihn viele seiner Zeitgenossen insbesondere in ungemütlichen Situationen beneideten. Sein Selbstverständnis faßte er in einem im Oktober 1929 im Berliner Kulturmagazin »Querschnitt« veröffentlichten »Roman-Rezept« zusammen, das zwar nur aus drei launigen, dafür aber in ihrem Witz den Kern treffenden Sätzen bestand: »Man mische 90 Prozent Begabung (Persönlichkeit, Ausdrucksvermögen = Anschauung, + Konstruktionskraft, + Sprachkraft, + Assoziationsfähigkeit) mit 10 Prozent Stoff (objektiven Tatsachen, sogenannter Wirklichkeit, Sachlichkeit). Wenn man dann sehr viel Glück hat, kommt ein Roman zustande. Das Verfahren, 50 Prozent Stoff (Unpersönlichkeit, Sachlichkeit, Sensationsanekdoten) mit 50 Prozent Reklame zu mischen, führt zuweilen auch zum Ziel; aber die auf diese Art erzeugten Produkte haben sich als wenig durabel erwiesen, sie pflegen nach ein bis zwei Jahren einzugehen.«[82] Seine Bücher sollten indessen dauerhafter sein, ja, so hoffte er ganz unbescheiden, Ewigkeitswert haben. Deshalb hat er sich, seit er schrieb, »bemüht, historische Romane für die Vernunft zu schreiben, gegen Dummheit und Gewalt, gegen das, was Marx das Versinken in die Geschichtslosigkeit nennt«.[83] Dieses »Versinken in die Geschichtslosigkeit« aber wurde seiner Ansicht nach gefördert durch eine kurzlebige, flache Belletristik, eine von einem Panorama von Abenteuern, Intrigen und farbenprächtigen Kostümfesten überquellende Unterhaltungsliteratur. Zu ihr zählt Feuchtwanger Bestseller wie »Ben Hur« von Lewis Wallace und »Der Graf von Monte Christo« von Alexandre Dumas. Anders als die »Vulgärschreiber« wollte er aber – Jean Jaurès zitierend – »aus der Vergangenheit das Feuer übernehmen, nicht die Asche«.

Die massenhaft auf den Markt geschleuderten Kitschromane hatten in den Zwanziger und Dreißiger Jahren den historischen Roman in Verruf gebracht, zu dessen seriösen Repräsentanten neben Feuchtwanger auch Döblin und Heinrich Mann zählten. In der Exilzeit waren ihre Werke überdies umstritten, weil Kollegen im Schreiben historischer Romane eine Flucht aus der Gegenwart sahen. Einer der schärfsten Kritiker war der sozialistische Lyriker und Publizist Kurt Hiller, der in einer deftigen Polemik – auch gegen Feuchtwangers »Der falsche Nero« – polterte: »Die Bücherproduktion der emigrierten Deutschen als

Totalität – ein zum Himmel brüllender Skandal! (...) Wenn das Belletristengezücht mit Büchern über Katharina von Rußland, Christine von Schweden, Josephine von Frankreich, über Ferdinand den Ersten, Philipp den Zweiten, Napoleon den Dritten, den falschen Nero und den echten Peter, mit dieser ganzen (du mein Hatvany!) Wissenschaft des Nichtwissenswerten, (...) uns Denkmännern, uns Vorbereitern des Morgen die Luft nimmt, so treffe dies Pack von Gestrigen der saftigste Fluch! Fruchtet er nichts, dann macht nur weiter! Es gibt immer noch einige Isabellas, über die kein Roman vorliegt; und auch Ramses der Vierte, Pippin der Mittlere, Winrich von Kniprode, Sultan Suleiman, Melanie die Ausgefallene von Paphlagonien fanden bisher, soweit ich sehe, ihren Monographen nicht. Hitler wird übermorgen Kaiser von Europa sein, weil ihr heute geldgierig und feige vor der Forderung des Tages flieht (...).«[84] Feuchtwanger beispielsweise sei es nicht einmal wert, einem André Gide die Schreibmaschine zu putzen.[85]

Der marxistische Literaturhistoriker und Philosoph Georg Lukács hingegen nahm Feuchtwanger, dessen Kollegen Heinrich Mann und Gustav Regler in Schutz: Er fand, es wäre völlig falsch, im historischen Roman eine Abkehr von der Gegenwart und von ihren Kämpfen zu erblicken. »Im Gegenteil. Diese historischen Romane sind fast ausnahmslos kriegerische Pamphlete gegen den deutschen Faschismus. Das ist am deutlichsten sichtbar in Feuchtwangers letztem Roman (›Der falsche Nero‹). Das ganze historische Milieu spielt hier sozusagen nur die Rolle von Kostüm und Kulisse: Feuchtwanger entlarvt unmittelbar mit beißender Satire in treffenden Karikaturporträts die menschliche und politische Minderwertigkeit Hitlers und die seiner unmittelbaren Mitarbeiter Göring und Goebbels. (...) Würden diese historischen Romane wirklich nichts weiter bieten als farbig kostümierte politische Pamphlete, dann hätten sie nur eine aktuelle politische Tagesbedeutung. (...) Ein Hauptmoment liegt in der allgemein bekannten Tatsache, daß der historische Roman des deutschen Antifaschismus zur Verteidigung der humanistischen Ideale entstanden ist (...).«[86]

In seiner Rede vor dem Schriftstellerkongreß 1935 in Paris über »Sinn und Unsinn des historischen Romans« verteidigte Feuchtwanger diese Ausdrucksform. Wenn Schriftsteller in ihren historischen Werken ihre Menschen und Ideen zeitlich distanzierten, dann sicher »nur um der besseren Perspektive willen, in der Überzeugung, daß man die Linien eines Gebirges aus der Entfernung besser erkennt als mitten im Gebirge«. Er selber habe im Kostüm, in der historischen Einkleidung immer nur ein Stilisierungsmittel gesehen, ein Mittel, auf die einfachste Art die Illusion der Realität zu erzielen, sagte er. Er konnte sich nicht denken, daß ein ernsthafter Romandichter, der mit geschichtlichen Stoffen arbeitet, in den historischen Fakten etwas anderes sehen könnte als ein Distanzierungsmittel, als ein Gleichnis, um sich selber, sein eigenes Lebensgefühl, seine eigene Zeit, sein Weltbild möglichst treu wiederzugeben.[87]

Der historische Roman war für Feuchtwanger eine Art nobles Vehikel, um eine breite Leserschaft auch im Ausland zu erreichen; ein Mittel zum Zweck, seine aktuellen Botschaften von der Notwendigkeit menschlicher Vernunft im Kampf um den Fortschritt gegen Reaktion, Dummheit und Gewalt zu transportieren. Er kannte die Psyche der Literaturkonsumenten aus eigenem Erleben, er wußte, womit sie zu locken sind. Er fand, »eine gute Legende, ein guter historischer Roman ist in den meisten Fällen glaubwürdiger, bildhaftwahrer, folgenreicher, wirksamer, lebendiger als eine saubere, exakte Darstellung der historischen Fakten«.[88] Feuchtwanger, zeit seines Lebens ein, wie er von sich sagte, »gefräßiger Leser«, verschlang als Knabe selbst am liebsten historische Dichtung. Er glaubte bedingungslos an das, was da stand, und war unglücklich, wenn er erfuhr, daß einzelne Begebenheiten nicht stimmten. Doch bald beruhigte ihn die bei seiner eigenen schriftstellerischen Arbeit während des Quellenstudiums gewonnene Erkenntnis, daß »die Wissenschaftlichkeit dessen, was man heute Geschichtsschreibung nennt, äußerst fragwürdig« ist.[89] Nicht nur in seinem Pariser Vortrag, noch gründlicher in dem kurz vor seinem Tod begonnenen und nicht mehr vollendeten großen Essay »Das Haus der Desdemona oder Größe und Grenzen der historischen Dichtung«, legte er sich mit der Geschichtswissenschaft an. Er machte ihr mutig den historischen Alleinvertretungsanspruch streitig. Die Wissenschaftler, so schrieb er belustigt und nicht ohne Hochmut, »glaubten ehrlich, es sei möglich, den Ablauf historischer Begebenheiten mit der gleichen Sicherheit zu erforschen wie physikalische oder chemische Vorgänge«.[90] Was immer aber sich ereigne, behauptete Feuchtwanger, mische sich im Gedächtnis des Augenzeugen und im Bericht des Erzählers schnell mit bloßen Erzeugnissen der Phantasie. Der Mensch könne nicht leben, ohne zu dichten. Die Späteren mischten in die Berichte der Zeitgenossen ihre eigenen Phantasien hinein, bis die wenigen armseligen »Fakten«, die sich vielleicht im ursprünglichen Bericht gefunden hätten, »völlig verschwinden im wachsenden Dickicht der Märchen und Legenden«. Zur Abstützung seiner – auch in den Augen wohlwollender Kritiker zuweilen kühnen – Gedankenkonstruktion zitiert er schließlich große Namen: So habe Voltaire erklärt, die Geschichte bestehe aus herkömmlichen Dichtungen, bei Schopenhauer heiße es, die Geschichtsmuse Klio sei »mit Lüge so durch und durch infiziert wie eine Gassenhure mit Syphilis«, Talleyrand habe gesagt, nichts ließe »sich leichter arrangieren als Fakten«, und von Aristoteles stamme der Satz: » Die künstlerische Darstellung der Geschichte ist wissenschaftlicher und ernsthafter als die exakte Geschichtsschreibung. Die Dichtkunst nämlich geht auf den Kern und Wesen, während der exakte Bericht nur Einzelheiten aneinanderreiht.« Nein, so schreibt er ironisch, er wolle »ganz und gar nicht die Verdienste der methodischen quellenkritischen Forschung« leugnen, schließlich habe er selber solche Studien betrieben: »Ich folgte oft und gern den geistreichen, manchmal sehr spannenden Erörterungen und Hypothesen der exakten Wissenschaft, ich danke diesem Studium manche gute Stunde.« Aber leider sei ihm immer wieder bewußt geworden, daß diese »reine Wissenschaft« nichts liefern könne als Skelette: »Es sind zuweilen sehr sauber präparierte Skelette, deren Betrachtung eine Art ästhetischer Befriedigung verschafft; aber mit lebendigem Fleisch umgeben kann ein solches Skelett nur dichterische Phantasie.« Und so fragt er beinahe triumphierend: »Wie kommt es, daß allem redlichen Eifer der Wissenschaft zum Trotz die Fakten verschüttet bleiben und die Legenden bestehen?« Als Beispiele für solche Legenden führt er unter anderem die Geschichte von Wilhelm Tell und vor allem biblische Ereignisse an: Die Schilderung, wie Moses die zehn Gebote vom Berg Sinai herunterholt, sei ebenso historische Dichtung wie die Existenz und spätere Enthauptung von Johannes dem Täufer, und zur Legende erklärt Feuchtwanger – in seiner Josephus-Trilogie – auch, daß Jesus jemals gelebt habe.

Brecht schien Feuchtwangers Sichtweise nicht zu teilen und machte sich darüber lustig. In seinem Arbeitsjournal hielt er 1941 fest: »mit feuchtwanger über die omnipotenz der geschichtsschreiber gestritten. er sagt, mit einem gemisch von staunen und triumph, er finde es merkwürdig, wie die beschreiber über die geschichte triumphieren, wie horaz den augustus ›gemacht‹ habe, die propheten der bibel die könige ›aufgebaut‹ hätten.« Feuchtwanger brauche dies offenbar, so merkt Brecht an, »um zu der vorstellung zu gelangen, *er* werde ›am ende‹ die meinung der nachwelt über hitler bestimmen.«[91]

Historische Dichtung freilich war für Feuchtwanger nicht denkbar ohne Gegenwartsbezug. Er machte Friedrich Nietzsche zu seinem Verbündeten, der verlangte, Historie sei nur zum Zweck des Lebens zu treiben. Eine Erkenntnis, die der 1933 in Marienbad von den Nationalsozialisten erschlagene Philosoph Theodor Lessing in dem Satz zusammengefaßt hat: »Geschichte ist die Sinngebung des Sinnlosen.«[92] Diese »Sinngebung des Sinnlosen« verfolgte Feuchtwanger zurück bis in die Antike: »Alle erhaltenen Tragödien der Griechen mit Ausnahme einer einzigen sind in eine ferne, mythologische Frühzeit zurückverlegt. Die Autoren des Alten Testaments, wenn sie von ihren Zeitgenossen Neues, Revolutionäres verlangten, stimulieren sie, indem sie Geschichte schreiben, historische Romane (...). Die Autoren der vier Evangelien fühlten sich bestimmt als Verkünder einer neuen, umwälzenden Wahrheit. Sie begründeten diese ihre Wahrheit mit Ereignissen, die sie sechzig bis neunzig Jahre zurückdatierten. (...) Von den Dramen Shakespeares (sind) fast alle in der Vergangenheit angesiedelt. (...) Ich bin in jedem einzelnen Fall zu dem Schluß gekommen, daß der Künstler nichts anderes beabsichtigte, als sein eigenes (zeitgenössisches) Weltbild so auszudrücken, daß es sich ohne weiteres auf den Leser übertrage. (...) Der Tolstoi, der ›Krieg und Frieden‹ schrieb, wollte bestimmt keine Geschichte der napoleonischen Feldzüge schreiben, sondern einfach seine (zeitgenössischen) Ideen über Krieg und Frieden darstellen (...).«[93]

Die Veröffentlichung von Feuchtwangers ersten beiden historischen Romanen »Die häßliche Herzogin« und »Jud Süß« in den Zwanziger Jahren fiel in eine Zeit gewaltiger kommunikationstechnischer und medienpolitischer Umwälzungen. Das Aufkommen des Rundfunks, die technische Fortentwicklung des modernen Tonfilms und des Buchdrucks ließen auch die Literatur zu einem teilweise von Medienkonzernen wie Hugenberg und Ullstein beherrschten Industriezweig werden. Bestsellerlisten bestimmten ab 1927 mit, was gelesen werden sollte im Reich, und Buchklubs kamen auf, wie der »Volksverband der Bücherfreunde«, in dem »Die häßliche Herzogin« erschien, die »Deutsche Buchgemeinschaft« und die »Buchgemeinde«. Dazu der sozialdemokratische »Bücherkreis« und die von den Buchdruckern gegründete »Büchergilde Gutenberg«, die beide auch anspruchsvollere Werke anboten. Familien-, Ärzte- und Heimatromane, Kriegs- und Abenteuerromantik überschwemmten den Buchmarkt. Dem versuchten seriöse Schriftsteller wie Alfred Döblin und Lion Feuchtwanger, ihre Form des anspruchsvollen historischen Romans entgegenzusetzen. Sie hatten sogar Erfolg. 1932 lag die deutsche Auflage von Feuchtwangers »Häßlicher Herzogin« bei 185000, die Gesamtauflage sogar bei 632000, die seines »Jud Süß« in Deutschland bei 200000, international bei fast 870000 und die internationale Gesamtauflage des »Erfolg« bei annähernd 290000 Exemplaren.[94] Feuchtwanger erforschte für sich sehr genau die Kaufmotivation der Leser und versuchte seine Methode vom Aufbau eines Romanes den neuen Anforderungen anzugleichen. In einem Aufsatz für das »Berliner Tageblatt« ging er darauf ein: »Um die weiter gewordene Welt darzustellen, benötigt der moderne Roman andere Formen als der frühere. Der heutige Mensch ist durch den Film rascher in der Auffassung geworden, wendiger in der Aufnahme schnellwechselnder Bilder und Situationen. Das heutige Prosaepos macht sich das zunutze.«[95] Feuchtwanger benutzte diese Romantechnik, gleichzeitig eine Vielfalt von Handlungen nebeneinanderzustellen und dennoch dies alles in einem Ganzen, einem großen Panorama zusammenzuhalten, erstmals in seinem Roman »Erfolg«. Und er setzte auch die »Neue Sachlichkeit« jener Jahre als literarische Darstellungsmittel für sich um: »Der Autor von heute muß damit rechnen, daß seine Leser aus eigener Anschauung oder durch Film und Rundfunk die äußere Struktur der Welt ziemlich genau kennen. (...) Wenn der Leser dem Autor die äußere Beschaffenheit seiner Welt nicht glaubt, dann glaubt er ihm bestimmt nicht ihre innere.«[96] Als Feuchtwanger Ende der Zwanziger Jahre gefragt wurde, warum er eigentlich keine Filme schreibe, antwortete er: »Beim Buch kann ich neun Zehntel meiner Intensität der Arbeit widmen, beim Drama die Hälfte: die andere Hälfte brauche ich zum Kampf mit Regisseur und Bühne. Will ich ein Filmmanuskript halbwegs rein an den Empfänger heranbringen, dann benötige ich *neun Zehntel* der auf das Gesamte verwandten Intensität und Zeit, um die Produktion zu verhindern, meine Vision ins Gegenteil umzubiegen. Das Leben ist kurz, es zählt siebzig, wenn es hoch kommt, achtzig Jahre, davon nur vierzig Jahre der Vollkraft. Sie sehen: *ich habe keine Zeit, Filme zu schreiben.*«[97] Er konzentrierte sich darauf, sich stilistisch an den Forderungen jener Zeit zu orientieren und einzupassen. Drei enge Weggefährten hatten dabei starken Einfluß auf seine Romangestaltung: »Heinrich Mann hat meine Diktion verändert, Döblin meine epische Form, Brecht meine dramatische,« schrieb er 1927.[98] Heraus kam ein Sprachstil, der »was diese Art Volkstümlichkeit betrifft, in der deutschen Literatur ohne Vorläufer und weitgehend ohne Nachfolger geblieben« ist, wie der Hamburger Literaturkritiker und Schriftsteller Klaus Modick schrieb.[99]

Feuchtwanger sozusagen einmalig? Auffallend ist bei ihm der Sprachrhythmus, mit dem er versuchte, in der Diktion der Neuen Sachlichkeit seine Leser in die Zeit der Romanhandlung hineinzumanövrieren. Mit einer ausdrucksstarken Sprachdynamik voller Verbhäufungen, elliptischer Sätze, zuweilen kräftiger umgangssprachlicher Rhetorik, frech über strenge Regeln der Sprachlehre hinausschießend, wird Spannung erzeugt und über lange Strecken gehalten. Eine geschickte Methode, die auch die Wirkung vieler seiner Bücher ausmacht, weil sie den Leser stark einbindet. Feuchtwanger liebte bunte, dramatische Kontraste, sehr oft wirken seine Handlungsabläufe und Charaktere bewußt stark überzeichnet. Bei ihm ist wenig Verschnörkeltes, seine Sätze sind von klarer Diktion und voll trockenen Witzes.

Für Marcel Reich-Ranicki gehört Feuchtwanger »zu jenen

Erzählern, die alles, was sie zu sagen haben, direkt aussprechen, und das nicht nur einmal: In seinen Büchern wird alles genauestens ausgeführt, nichts ausgespart, nichts angedeutet. Er macht es dem Publikum sehr leicht, wohl allzu leicht.« »Er liebte klare Linien und grelle Farben, starke Töne und mächtige Akkorde, große Bögen und gewaltige Dimensionen. Er hatte eine Schwäche für Pomp, Reichtum und Luxus, für prächtige Dekorationen und prunkvolle Kostüme, für effektvolle Begegnungen und hochdramatische Dialoge, für theatralische Situationen und szenische Arrangements. Aus allen seinen Romanen spricht ein zu kurz gekommener Bühnenautor.« Seine Schreibweise sei bisweilen eindringlich und zugleich aufdringlich, was sich auch in seinen stets ausführlichen Charakterstudien zeige. Allerdings gehöre seine »von der modernen Psychologie profitierende Menschendarstellung zu den stärksten Seiten seiner Epik«.[100]

Max Horkheimer nannte Feuchtwanger »etwas, was es eigentlich gar nicht mehr gibt und was vielleicht niemals wieder sich verwirklichen wird: ein Volksschriftsteller. (...) Der Ton des Autors mit den Riesenauflagen gemahnt an den der ausgestorbenen Almanache, die einmal den Bauern von römischen Kaisern und Sonnenfinsternissen, von wunderlichen Begebenheiten und guten Leuten moralischen Bericht gaben. Gerade jedoch, daß er archaisch und guten Willens für die Leser schreibt, hat ihn der provokatorischen Avantgarde verbunden. Er nimmt die wunderliche Mitte ein zwischen dem Lahrer Hinkenden Boten und der Hauspostille.«[101] Aber genau das ist es, was Feuchtwanger der wissenschaftlichen Literaturkritik suspekt machte.

Dazu mag auch beigetragen haben, daß der Volksschriftsteller, den Horkheimer in Feuchtwanger sah, seit 1933 fern der Heimat leben mußte. Sein Werk erreichte trotz der hohen internationalen Auflagen und der nach wie vor soliden, überdurchschnittlichen Qualität nicht mehr die literarische Größe seines »Erfolg« und seines »Der jüdische Krieg«. Ihm machte die »bittere Erkenntnis« zu schaffen, »abgespalten zu sein vom lebendigen Strom der Muttersprache«. Mit den Jahren der Emigration, so schrieb er 1943, »ist das Leben sehr schnell weitergegangen, es hat für tausend neue Erscheinungen tausend neue Worte und Klänge verlangt. Wir hören die neuen Worte für diese neuen Erscheinungen zuerst in der fremden Sprache. Immer und für alles haben wir den Klang der fremden Sprache im Ohr, ihre Zeichen dringen täglich, stündlich auf uns ein, sie knabbern an unserem eigenen Ausdrucksvermögen.« Und »seltsam« fand er es, die Wirkung seiner Werke auch nicht in der Sprache zu erfahren, in der sie verfaßt waren, sondern von der Übersetzung. »Der Widerhall, den wir hören, ist nicht der Widerhall des eigenen Worts. (...) Da haben wir etwa um einen Satz, um ein Wort gerungen, und nach langem Suchen haben wir den Satz, das Wort gefunden, die glückliche Wendung, die sich unserem Gedanken und Gefühl bis ins Letzte anschmiegte. Und nun ist da das übersetzte Wort, der übersetzte Satz. Er stimmt, es ist alles richtig, aber der Duft ist fort, das Leben ist fort.«[102] Hinter diesen wenigen Sätzen verbirgt sich die ganze Not des sonst immer so optimistischen, unerschütterlichen Feuchtwanger. Hier kommt die Verzweiflung des entwurzelten Weltbürgers zum Ausbruch, dessen Heimat die Muttersprache war. Keine noch so hohe Auflagenzahl konnte diese Begleiterscheinung der »Erbärmlichkeit des Exils« kompensieren. Er versuchte das Abgeschnittensein zu überwinden und in seinen

Entspannung, Arbeit und nahende Verzweiflung eines entwurzelten Weltbürgers.

in Frankreich und Amerika geschriebenen Werken den heimatlichen Tonfall zu erhalten und einzuarbeiten. Aber es wurde oft kaum bemerkt. Er war enttäuscht über die Nivellierung des Sprachgefühls auch auf der anderen Seite, bei den Lesern. Das ließ ihn seine Isolierung spüren. Umso dankbarer war er dann, wenn jemand seine Absichten, seine Worte in seinem Sinne verstand. An den im New Yorker Exil lebenden bayerischen Schriftsteller Oskar Maria Graf, der über Feuchtwangers Roman »Narrenweisheit oder Tod und Verklärung des Jean-Jacques Rousseau« eine Rezension verfaßt hatte, schrieb Feuchtwanger im August 1953 einen Brief, dem Kollegen mitteilend, mit welcher Freude er dessen Beitrag gelesen habe. Zugleich beklagt er sich, daß sonst kaum jemand wahrnehme, wie er bemüht sei, »bayerisch Strotzendes, Gewachsenes organisch in erzählerisches Deutsch einzufügen. Es ist beklemmend, wie nicht nur die Übersetzer dies alles wieder wegwischen, sondern wie es auch von den meisten deutschen Lesern nicht gesehen oder schlechthin mißverstanden wird«.[103]

Wenn er wieder in der Arbeit steckte, verflüchtigten sich diese Enttäuschungen. Er war glücklich zwischen seinen Büchern, Ideen und Notizen, die er seiner Sekretärin diktierte und aus denen schließlich nach mehreren Manuskriptfassungen seine eigenen Werke entstanden. Ihre Verbreitung ermöglichte ihm einen, wenn auch nicht üppigen, so doch materiell gesicherten Rahmen. »Der Schriftsteller L. F. konnte in der Stunde bis zu 7 Seiten Schreibmaschine schreiben, bis zu 30 Zeilen schriftstellern und bis zu 4 Zeilen dichten. Während der Stunde des Dichtens nahm er um 325 Gramm ab,« schrieb er 1935 über sich selbst.[104] Er schlief wenig, wenn er in einer großen Arbeit steckte – und das tat er fast immer. Neben seinem Bett hatte er stets einen Notizblock, und manchmal fand ihn seine Frau des Nachts vor seinem Manuskript sitzen. Vor dem Frühstück, beim Spaziergang diskutierte er mit Marta darüber und wollte ihre Meinung hören, ehe er ans Diktat ging. Thomas Mann sprach ironisch von »eigentümlichen, ja wunderlichen« Arbeitsmethoden Feuchtwangers: »Ich habe nie eine kuriosere Arbeitsweise kennengelernt. Mir, dem das Diktieren an und für sich entsetzlich ist, und der beim Ausdenken eines Romans kein stenographierendes Medium im Zimmer brauchen könnte, ist sie so fremd wie möglich. Aber originell ist sie und muß für Studenten der Literatur höchst interessant sein.«[105]

Internierung und Flucht aus Europa: Feuchtwanger, der feindliche Ausländer

„Der Teufel in Frankreich war ein freundlicher manierlicher Teufel. Das war schlimmer, als wenn er grausam und böse gewesen wäre".

1938 schickte Arnold Zweig aus Haifa herzliche Grüße an Feuchtwanger. Arnold Zweig schrieb zu dieser Zeit gelegentlich Beiträge für das »Pariser Tageblatt«, die »Neue Weltbühne« und »Das Wort«; außerdem für die Tageszeitungen Palästinas, »Jediot Chadaschot« und die »Palestine Post«. Eine weitere Einkommensquelle waren seine zahlreichen literarischen Vorträge in Haifa, Tel Aviv und Jerusalem. Zu seiner Flucht aus Deutschland schrieb er 1937: »Als ich aus Deutschland floh, wußte ich, daß, was ich auch immer aufgebe, meine Leser in der Welt, außerhalb der braunen Pest, meine Bücher weiter lesen würden. Ich hatte ein gewisses Existenzminimum verbürgt.« Zweig war einer jener emigrierten Schriftsteller, deren Bücher in über 10 Sprachen übersetzt wurden. Lion Feuchtwanger gehörte natürlich dazu, Thomas und Heinrich Mann, Vicky Baum, Anna Seghers, Franz Werfel, aber auch Bertolt Brecht und Alfred Döblin.

März 1938. Die Nationalsozialisten hatten Österreich gewaltsam dem Deutschen Reich einverleibt; Krieg lag in der Luft. Man habe »ja von Anfang an gewußt, daß wir da durchmüssen, und daß es ohne ihn nicht abgeht. Je näher der Krieg kommt, so näher kommt auch unsere Rückkehr,« hoffte Feuchtwanger »grantig, doch keineswegs down«, in jenen Tagen in einem Brief an seinen im fernen Palästina sitzenden Freund Zweig.[106] Er rechnete damit, daß die Westmächte Hitler diesen Handstreich nicht würden durchgehen lassen, und bereite sich darauf vor, im Herbst Europa – vorübergehend – den Rücken zu kehren und nach Amerika zu fahren. Er beabsichtigte, nun schnell seine Reisepapiere von den französischen Behörden verlängern zu lassen und sich ein amerikanisches Visum zu sichern. Allerdings wollte er noch abwarten, was ihm sein amerikanischer Verleger Ben Huebsch über die Lebensbedingungen dort mitteilte. Feuchtwanger spielte mit dem Gedanken, sich in dem 2000 Meter hoch gelegenen, von den Spaniern erbauten Santa Fé im US-Bundesstaat New Mexico niederzulassen. Die Stadt liegt am Weg von New York nach Hollywood, damals 36 bis 40 Autostunden von Los Angeles entfernt. Dann überlegte er es sich anders, entschloß sich, »lieber den Ausgang hier in Unsicherheit, aber den Ereignissen nahe, abzuwarten als in Sicherheit und Ferne«. Auf jeden Fall wollte er noch seinen Roman »Exil« in Sanary beenden.[107] Zeitweise verspürte er auch deshalb keine Eile mehr, weil ihm schien, »daß die Machthaber der beiden westlichen Demokratien gewillt sind, Hitler jede Konzession zu machen«, und »die akute Kriegsgefahr mehr und mehr verschwindet«.[108] Im September 1939 brach der Zweite Weltkrieg aus. Feuchtwanger galt plötzlich als »feindlicher Ausländer«. Er, die Kollegen und Freunde waren nur noch »dreckige Deutsche«, und die kleine Literaturhauptstadt an der französischen Mittelmeerküste hieß im Volksmund entsprechend »Sanary la Boche«. Wenige Wochen nach Kriegsausbruch wurden Feuchtwanger und zahllose andere Emigranten in ein Konzentrationslager eingesperrt, das die Franzosen in einer alten Ziegelei in Les Milles, nahe Aix-en-Provence, errichtet hatten.

Marta Feuchtwanger, mit Nachdruck und resolut, intervenierte bei den Behörden, telegrafierte an den Außenminister, den Innenminister und den Präsidenten der französischen Republik, Albert Lebrun. Dieser hatte noch zwei Jahre zuvor im Elysée-Palast für die von Feuchtwanger angeführte deutsche

PEN-Club-Delegation einen Empfang gegeben. Sie mobilisierte französische Schriftstellerkollegen und benachrichtigte seine Verleger im Ausland. In England gab es lautstarke Proteste gegen die Internierung Feuchtwangers. Nach zehn Tagen kam er frei. Die französische Regierung entschuldigte sich, sprach von einem Mißgriff subalterner Organe. Es ging ihm nicht besonders gut danach. Seine Konten waren blockiert, und er hatte keine Bewegungsfreiheit. Über längere Zeit mußte er bis zu dreimal in der Woche zu Verhören auf die Präfektur. Er war verdächtig – nicht als Nazi, sondern als angeblicher Kommunist. Sein Buch »Moskau 1937« und die Denunziation Schwarzschilds, Feuchtwanger sei der »Laureatus unter den deutschen Sowjet-Agenten« taten ihre Wirkung. Durch den deutsch-sowjetischen Nichtangriffsvertrag kamen auch die Antifaschisten im Exil in Bedrängnis. Ihre Kooperation mit Kommunisten geriet ins Zwielicht, weil die Kommunisten nach Unterzeichnung des Hitler-Stalin-Paktes plötzlich ihre Gegnerschaft gegen das Nazi-Reich unterdrückten. Das wurde von den Franzosen als Pro-Hitler-Position ausgelegt. Die Sicherheitspolizisten bei den Vernehmungen stellten immer

Das Bild, das um die Welt ging: Lion Feuchtwanger im Lager Les Milles bei Aix-en-Provence im Mai 1940. Links neben ihm Friedrich Wolf, der vom Lager Le Vernet nach Les Milles verlegt wurde.

wieder dieselben Fragen, deren Antworten sie ohnehin schon wußten. Feuchtwanger gab in stoischer Ruhe immer dieselben Auskünfte, daß er Nazi-Gegner sei.

Amerika! Die Sekretärin drängte, Frankreich zu verlassen. Längst hatte Feuchtwanger ein Besuchervisum, war er im Besitz von Schiffskarten. Er zögerte zu reisen. Um ein Einwanderungsvisum hatte er sich allerdings nicht ernsthaft bemüht. Er ließ die Dinge treiben. In seinem Innersten widerstrebte es ihm, den schönen Ort Sanary zu verlassen, das Haus, die Bibliothek, die Behaglichkeit des Lebens dort aufzugeben. Er hing an seinen Katzen, die er großgezogen hatte, an seinen Schildkröten, klammerte sich an seine Villa Valmer. Er wollte nicht schon wieder aus einer gewohnten Umgebung herausgerissen werden. Seine Frau und er waren glücklich hier – trotz seiner gelegentlichen kleinen »Sünden«. Er schrieb am dritten Band des »Josephus«, auch wenn die Konzentration schwerfiel. Endlich, im Februar 1940 stand doch der Termin für die Amerika-Reise fest. Abreise sollte am 4. April an Bord der »Excambion« sein. Seine Frau Marta sollte jedoch in Sanary bleiben. Er beabsichtigte, in zwei bis drei Monaten zurückzusein. Zuvor wollte er noch die »Josephus-Trilogie« beenden. Plötzlich jedoch sperrten sich die französischen Behörden gegen seine Ausreiseerlaubnis. Er saß vorerst fest. Er glaubte nun nicht mehr, so schrieb er an Zweig, daß er »wenn überhaupt, vor dem Spätsommer nach Amerika kommen werde«.[109] Im September sollte es dann tatsächlich klappen und er auf einem Schiff nach Amerika sein. Dazwischen lagen die wohl bittersten Monate seine Lebens. Beinahe wären es die letzten gewesen.

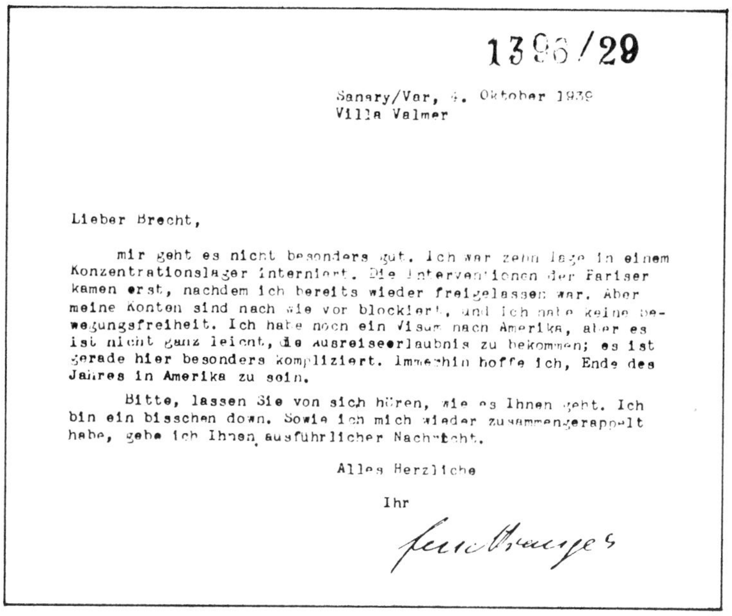

1396/29

Sanary/Var, 4. Oktober 1939
Villa Valmer

Lieber Brecht,

mir geht es nicht besonders gut. Ich war zehn Tage in einem Konzentrationslager interniert. Die Interventionen der Pariser kamen erst, nachdem ich bereits wieder freigelassen war. Aber meine Konten sind nach wie vor blockiert, und ich habe keine Bewegungsfreiheit. Ich habe noch ein Visum nach Amerika, aber es ist nicht ganz leicht, die Ausreiseerlaubnis zu bekommen; es ist gerade hier besonders kompliziert. Immerhin hoffe ich, Ende des Jahres in Amerika zu sein.

Bitte, lassen Sie von sich hören, wie es Ihnen geht. Ich bin ein bisschen down. Sowie ich mich wieder zusammengerappelt habe, gebe ich Ihnen ausführlicher Nachricht.

Alles Herzliche

Ihr

Feuchtwanger

Mitte Mai 1940 griffen die deutschen Truppen die Niederlande, Belgien und Frankreich an. Im Radio hörte er, alle im Bezirk Paris ansässigen deutschen Staatsangehörige oder in Deutschland geborenen staatenlosen Männer und Frauen im Alter von 17 bis 55 Jahren hätten sich zu melden, um interniert zu werden. Die Verfügung wurde auch auf die anderen Departements ausgedehnt, die noch nicht von den deutschen Soldaten besetzt waren. Wenige Wochen vor seinem 56. Geburtstag, am 21. Mai 1940, gegen siebzehn Uhr schleppte sich also der staatenlose Schriftsteller Lion Feuchtwanger mit einem großen und einem kleinen Koffer, mehreren Decken und einem Klappstuhl unterm Arm, eine Dünndruckausgabe mit sechs Romanen von Balcac zwischen der Wäsche, in den Hof der Ziegelei von Les Milles, die sich häßlich rot und verstaubt von der sanften Hügellandschaft der Provence abhob und an die Feuchtwanger durch seinen ersten Aufenthalt ungute Erinnerungen hatte. Er hatte ein Taxi ins Lager genommen, das eine Autostunde von Sanary entfernt lag. Begleitet wurde er von seinem Nachbarn Anton Räderscheidt, dessen Sohn und Feuchtwangers altem Bekannten und Kollegen Kantorowicz, die ebenfalls eingewiesen worden waren. Feuchtwanger bekam die Nummer 187 zugeteilt. Nach wenigen Tagen waren hier in dem von einer Ziegelmauer und Stacheldraht eingefaßten Hauptgebäude und in mehreren Nebengebäuden gut 1200, nach vier Wochen über 3000 Häftlinge zusammengepfercht: Sie waren politische Flüchtlinge, emigrierte deutsche Juden, nach der Saar-Abstimmung in Frankreich lebende saarländische Arbeiter, ehemalige Fremdenlegionäre, die für Frankreich gekämpft hatten, Reisende aus Deutschland, Deutsche, die mit Französinnen verheiratet waren, Geschäftsleute. Später wurde die Verfügung auf

Postkarte von Dr. Alfred Kantorowicz an Marta und Lion Feuchtwanger, datiert vom 19. 12. 1937 nach Sanary.
Das Postkartenfoto zeigt Kantorowicz mit seiner Frau als Offizier in der spanischen Armee der Loyalisten während des Bürgerkrieges.

Tschechen und Österreicher erweitert. Aber auch Skandinavier, Holländer und Belgier waren hier. Und es gab unter ihnen auch ein paar wirklich »feindliche Ausländer« – überzeugte, in Frankreich lebende deutsche Nazianhänger.

Feuchtwanger und Kantorowicz trafen hier Schriftstellerkollegen wie Wilhelm Herzog und Franz Schönberger, den letzten Chefredakteur des »Simplicissimus«, Walter Hasenclever, Franz Hessel. Von den »entarteten« Malern waren neben Räderscheidt Max Ernst, Max Lingner und Gerd Kaden in Les Milles. Ihr Strohlager hatten sie fast alle im großen, dunklen, katakombenartigen Hauptgebäude. Hier verbrachten die Gefangenen die meiste Zeit. In den eigentlich für Ziegelöfen bestimmten Nischen bildete sich im Schimmerlicht von Kerzenstümpfen bald ein blühender Schwarzmarkt, auf dem alles, bis hin zu edlem Wein, Cognac, Zigaretten, Fleisch- und Wurstdelikatessen zu haben war. Es gab ein »Romanisches Café«, voller sentimentaler Erinnerungen, eine Gerüchtebörse, einen Stammtisch und eine bedrückende Enge, erfüllt von dicker, schweißiger, von aufgewirbeltem Ziegelstaub angereicherter Luft. Und es gab Hunger und Krankheit, sinnlose Arbeiten und Angst vor den näherrückenden Deutschen.

Lange Zeit hatten die Lagerinsassen keine Verbindung nach Hause. Angehörige, Freunde lebten in Ungewißheit und Sorge, waren häufig selbst bereits in anderen Lagern wie Le Vernet oder der riesigen Wellblechhüttenstadt Gurs in den Pyrenäen interniert. Postsendungen wurden nicht weitergeleitet, Besucher abgewiesen. Marta Feuchtwanger hatte wie beim ersten Mal gleich nach der Internierung ihres Mannes an den Innenminister, den Präsidenten, Freunde und Kollegen telegrafiert. Diesmal blieben ihre Mühen jedoch ohne Erfolg. Kurz darauf erging es ihr ähnlich wie ihrem Mann: mit 15 Kilo Gepäck wurde sie in Hyère, östlich von Sanary, mit zahlreichen deutschen Frauen in eine umzäunte große Garage gesperrt. Als die deutschen Bombenangriffe auf den nahen französischen Kriegshafen Toulon zunahmen, wurden sie alle nach Gurs deportiert. Lola Sernau unterdessen tippte in der Villa Valmer unter dem Druck täglich schlimmer werdender Nachrichten über die im Norden Frankreichs vorrückenden deutschen Truppen den dritten »Josephus«-Band »Der Tag wird kommen« in großer Eile ins Reine. Ein Exemplar des Manuskripts gelangte an das US-Konsulat nach Marseille, von wo aus es mit Diplomatenpost an Huebsch von Viking Press nach New York ging. Einen weiteren Durchschlag wollte sie Querido in Amsterdam zuleiten. Doch in den Niederlanden hatten bereits deutsche Soldaten die Herrschaft übernommen. Der Verleger Emanuel Querido, der den deutschen Exilautoren wie kaum ein anderer Veröffentlichungsmöglichkeiten geboten hatte, war nach dem Einmarsch gleich umgebracht worden. Landshoff konnte sich nach Amerika retten. Einen Tag, nachdem sie das Manuskript geschrieben hatte, mußte auch Lola Sernau ins Lager. Sie hatte gehofft, der Internierung zu entgehen, nachdem sie bereits einige Zeit zuvor in Sanary den Schweizer Fritz Humm geheiratet hatte. Doch das half ihr jetzt auch nicht. Ausschlaggebend war, daß sie gebürtige Deutsche war. »Die Internierung so vieler Leute, die sich einwandfrei als erbitterte Gegner der Nazis erwiesen hatten, war eine dumme, ärgerliche Komödie,« schrieb Feuchtwanger in seinem Erlebnisbericht »Der Teufel in Frankreich«.[110] Feuchtwanger fand nicht, »daß der Teufel, mit dem wir in Frankreich von 1940 zu tun hatten, ein besonders ausgekochter Teufel war, der seine Freude hatte, an sadistischen Späßen. Ich glaube vielmehr, daß es der Teufel der Schlamperei war, der Gedankenlosigkeit, der Herzensträgheit, der Konvention, der Routine.« So hat Feuchtwanger während seiner Internierung nichts erlebt, »das man als Grausamkeit oder auch nur als schlechte Behandlung hätte bezeichnen können«. Niemals sei geschlagen, gestoßen oder auch nur geschimpft worden. »Der Teufel in Frankreich war ein freundlicher, manierlicher Teufel. Das Teuflische seines Wesens offenbarte sich lediglich in seiner höflichen Gleichgültigkeit den Leiden anderer gegenüber, (...) in seiner Schlamperei, in seiner bürokratischen Langsamkeit. Immer klarer erkannten wir das Wesen dieses Teufels. Daß er solcher Art war, war schlimmer, als wenn er grausam und böse gewesen wäre. Gegen Grausamkeit und Tücke hätte man leichter angehen können als gegen Schematismus und Schlamperei.«[111] Den Häftlingen wurde erzählt, sie seien aus militärtechnischen Gründen eingesperrt; Nazis, Mitglieder der Fünften Kolonne würden unter ihnen vermutet. Doch dies war natürlich Unfug, die meisten waren vielfach gesiebte, vor der Internierung ständig polizeilich überwachte Flüchtlinge. Dies hier war nach Feuchtwangers Eindruck ein Schauspiel zur Ablenkung und Beruhigung der Bevölkerung: »Nein, die maßgebenden Herren wußten genau, daß die Spione und Saboteure, die Freunde der Nazis, die Häupter der Fünften Kolonne, ganz woanders zu suchen waren als unter uns, daß sie sehr hoch oben saßen, mächtig und einflußreich.«[111a]

Feuchtwanger, der wie viele andere in der Ziegelei die Auslieferung an die Nationalsozialisten zu befürchten hatte, war von einer für andere zuweilen rätselhaften Ruhe, schien voller Gelassenheit und Gleichmut. Für zahlreiche Haftgenossen wurde er so zu einer Art Seelendoktor, bei dem sie Trost suchten. Der scheue kleine Intellektuelle wuchs so, ohne daß er es wollte, in die Rolle einer stillen Autorität. Alfred Kantorowicz, der ihn aus der Nähe erlebte, erinnerte sich später in einem Brief an diese Zeit: »Es erwies sich, daß der Besitzer von Luxusvillen im Grunewald und in Sanary die Widerwärtigkeiten und physischen Strapazen des Konzentrationslagers mit einem Humor überkam, der ihn sehr bald zu einem Zentrum aller Gequälten und Geängstigten machte. Sie suchten sich an seiner Ruhe und seinem Rate aufzurichten. Er war vom Morgen bis in die Nacht hinein umlagert von Hilfesuchenden, denen er in seiner leisen, eindringlichen Weise Mut zuzusprechen suchte – wiewohl nur wenige so gefährdet waren wie er selber. Er wurde unser Sprecher beim Kommandanten des Lagers. Es gehört durchaus zu seinem Bilde, daß er sich in dieser recht schweren Probe durchaus als der vernünftige Humanist bewährte, den wir nach der Lektüre seiner Bücher und aus der Erfahrung persönlichen Umganges im Alltagsleben in ihm erkannt hatten.«[112] Franz Schönberger, der Feuchtwanger nicht leiden konnte, empfand das Verhalten des Kollegen hingegen als hochmütig und eitel.

Woher kam diese Haltung, dieser moralische Mut, sich auch für seine Mitgefangenen persönlich einzusetzen, wo er doch eher als ein ängstlicher Typ wirkte? Des Nachts, da er schlaflos auf seinem Stroh lag, versuchte er eine Erklärung dafür in seiner Schicksalsgläubigkeit, einem gewissen Fatalismus zu finden, der ihn seit frühen Jahren durchs Leben begleitete. Er glaubte, eine Art Glückspilz zu sein, dem Gott oder das Schicksal schon wieder heraushelfen würde aus dieser merkwürdigen Situation. Immer

Max Ernst wurde als »entarteter« Maler beurteilt und als Emigrant ebenfalls in Les Milles interniert.

Lola Sernau wurde auch in Frankreich interniert.

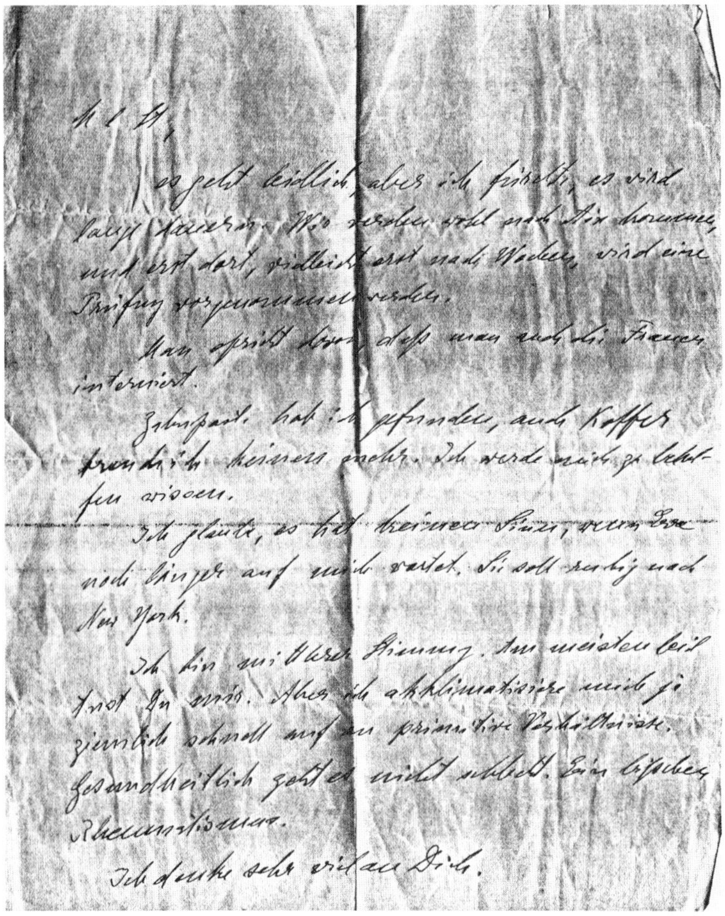

M. l. M.,

es geht leidlich, aber ich fürchte, es wird lange dauern. Wir werden wohl nach Nîmes kommen, und erst dort, vielleicht erst nach Wochen, wird eine Prüfung vorgenommen werden.

Man spricht davon, daß man auch die Frauen interniert.

Zahnpasta hab ich gefunden, auch Koffer brauch ich keinen mehr. Ich werde mich zu behelfen wissen.

Ich glaube, es hat keinen Sinn, wenn Eva noch länger auf mich wartet. Sie soll ruhig nach New York.

Ich bin in übler Stimmung. Am meisten leid tust Du mir. Aber ich akklimatisiere mich ja ziemlich schnell auf an primitive Verhältnisse. Gesundheitlich geht es nicht schlecht. Ein bißchen Rheumatismus.

Ich denke sehr viel an Dich.

Brief aus dem Lager an Marta, in dem Feuchtwanger pessimistisch seine Situation schildert und glaubt, lange interniert bleiben zu müssen.

Harry Bingham, der amerikanische Vizekonsul, fotografierte heimlich Lagergebäude und Hof im Lager Les Milles.

hatte er schließlich Glück gehabt in jenen Dingen, auf die es ankam im Leben, und Unglück nur im Unwesentlichen: »Ja, ich wurde und werde zeitlebens heimgesucht von kleinen, häufig läppischen Leiden. So muß zum Beispiel ich, ein Mensch, der auf Ordnung und Sicherheit hält, nun seit langen Jahren ohne richtige Legitimationspapiere leben, und gerade ich, der ich vor solchen Geschäften eine besondere Scheu habe, muß immerzu mit den Behörden kämpfen um Ausweise, Bestätigungen, Erlaubnisscheine. Ähnlich steht es um meine Finanzen. Ich habe seit etwa zwei Dezennien auf anständige Art, durch produktive Tätigkeit Geld genug verdient, um so leben zu können, wie ich wollte; doch wo immer dieses Geld sich befand, überall wurde es blockiert oder konfisziert. Mein leibliches Befinden untersteht ähnlichen Gesetzen. Ich bin von zäher Konstitution und habe ernsthafte Krankheiten gut überstanden. Allein ich bin schwächlich, anfällig für Erkältungen, ich sehe schlecht, es kostet mich Mühe, deutlich zu sprechen, meine Verdauung funktioniert nicht so, wie sie sollte, und hat mir oft in entscheidenden Situationen unangenehme Streiche gespielt. Kurz auf allen Gebieten und was immer ich anfange, gerate ich in kleine, groteske Schwierigkeiten, von denen die meisten meiner Zeitgenossen verschont bleiben. (...) Immerzu hatte ich Geld, Zeit, Nerven, Leben aufzuwenden für Geschäfte von unsäglicher Albernheit.«[113] Zwei Bücher, so rechnete er sich aus, hätte er mehr schreiben können, wenn er nicht so viel Zeit auf Ämtern und Kasernenhöfen, unnütz auf Unnützes wartend, hätte verbringen müssen.

Diesen Unannehmlichkeiten standen in seinen Augen jedoch entscheidende Glücksumstände gegenüber, wozu gehörte, daß er die Erlebnisse während des ersten Weltkrieges in Erfahrungen ummünzen konnte, die für ihn und sein Werk von entscheidendem Wert waren. Er war glücklich über seine Begabung, seinen Erfolg, freute sich daran, in seinem Leben Frauen und Freunde gefunden zu haben, wie er sie sich wünschte und die zu ihm gehalten haben. Die daraus in ihm gewachsene und auch offen eingestandene Eigenliebe, sein Hochmut und seine Pedanterie brachten ihn im Lager von Les Milles zu der Überzeugung, weil er noch vierzehn Bücher in seinem Leben schreiben müsse und diese wichtig seien für die Welt, würden Gott und das Schicksal es nicht zulassen, daß hier nun Endstation sein sollte für ihn.

Seine hartnäckigen Interventionen beim Lagerkommandanten trugen schließlich dazu bei, daß die Franzosen einen Zug zur Verfügung stellten, um die Gefangenen vor ihren näherrückenden Landsleuten in Sicherheit zu bringen. Schon hatte es um Les Milles gelegentliche Bombardements gegeben. Am Morgen des 22. Juni, dem Abfahrtstermin des Zuges (es war zugleich der Tag des Waffenstillstandsabkommens zwischen dem geschlagenen Frankreich und Deutschland), fanden sie den Dichter Walter Hasenclever bewußtlos röchelnd auf seinem Stroh liegend, neben sich eine leere Röhre, die 20 Veronaltabletten enthalten hatte. Feuchtwanger war schockiert, machte sich Vorwürfe. Am Tage vorher, als bekannt geworden war, daß der ersehnte Zug eintreffen würde, da hatte Hasenclever Feuchtwanger gefragt: »Lieber Feuchtwanger, wir brauchen Mut heute. Wieviel Prozent Hoffnung geben sie uns?« Und Feuchtwanger, sich in diesem Moment selber leer, bedrückt fühlend und zweifelnd, daß der Zug auch wirklich kommen sollte, antwortete: »Wieviel Hoffnung? Fünf Prozent!« Jetzt also pumpten sie Hasenclever den Magen aus, während der Zug tatsächlich ankam und die Lagerinsassen sich in die Güterwaggons zwängten. Feuchtwanger wollte Hasenclever nicht zurücklassen, doch die Ärzte meinten, er sei nicht transportfähig, habe ohnehin kaum eine Überlebenschance. Der Lagerkommandant gab Feuchtwanger sein Ehrenwort, daß man notfalls, wenn die Deutschen kämen, Hasenclever schnell die Papiere eines gefallenen französischen Soldaten unterschieben würde. Doch dazu kam es nicht mehr. Als die Deutschen tatsächlich in Les Milles eintrafen, war Hasenclever bereits tot.

Der Zug mit den Internierten rollte im Schneckentempo Richtung Atlantikküste. Nach Tagen traf er in der Hafenstadt Bayonne ein, man konnte das Meer riechen und Schiffsmasten erkennen. Die Häftlinge spekulierten darüber, ob sie vielleicht in eine der französischen Kolonien verfrachtet würden. Schier endlose, quälende Stunden stand der Zug auf den Geleisen, ehe er sich plötzlich wieder in Bewegung setzte, zurückfuhr, in die Richtung, aus der man gekommen war. Einige packte Panik. Sie versuchten, sich auf eigene Faust durchzuschlagen. So verschwanden Feuchtwangers Nachbarn Räderscheidt und Kantorowicz. Feuchtwanger hätte nicht mitgekonnt. Seine Beine waren geschwollen, er war unbeweglich. Das Gerücht, die Deutschen seien in der Nähe, hatte den Kommandanten veranlaßt, den Zug zurückfahren zu lassen. Es stellte sich später heraus, daß sie vor ihrem eigenen Schatten geflohen waren: die heranrückenden Deutschen, von denen in den Gerüchten der Bevölkerung von Bayonne die Rede war, das waren die Gefangenen selber. Nun war der Geisterzug auf dem Weg nach Nîmes. Bei einem Halt unterwegs in Lourdes stand auf einem der Nachbargleise ein ähnlicher Zug. Die schwer bewachten Waggons waren voller deutscher Frauen. Sie wurden nach Gurs gebracht. Man nahm Kontakt auf, tauschte Zurufe, Briefe, Zettel aus und erfuhr, daß die Frauen Feuchtwangers und seiner Schicksalsgefährten fast alle in Gurs saßen. Außerhalb von Nîmes war die Irrfahrt schließlich zu Ende. Die 2000 Häftlinge mußten den Zug verlassen und in der Nähe eines Gehöftes bei San Nicolà auf einer Wiese eine große Zeltstadt errichten, die mit Stacheldraht eingezäunt wurde. Bald entwickelte das Lager wie schon in Les Milles sein Eigenleben mit allerlei Geschäften, Händlern, »Kaffehäusern« und »Bars«, Kulturveranstaltungen. Begehrtes Handelsobjekt war Blausäure, mit der viele sich für den Fall wappneten, daß sie den Nazis in die Hände fielen.

Inzwischen wurden im Lager die Waffenstillstandsbedingungen bekannt. Paragraph 19 besagte, daß die im unbesetzten Südfrankreich eingesetzte Regierung von Vichy mit Marschall Pétain als Staatsoberhaupt alle von der Gestapo benannten Deutschen auszuliefern habe. Feuchtwanger entschloß sich zur Flucht, wie viele andere auch. Es war nicht schwer, aus dem Lager zu entkommen, die Soldaten drückten meist die Augen zu oder sahen weg. Doch kam man oft nicht weit. Die Vichy-Regierung hatte Straßenkontrollen errichtet. Feuchtwanger schlug sich bis Nîmes durch. In der Tasche hatte er die Adresse einer Madame Lekisch, der Ehefrau eines Lagerinsassen, eines Arztes. Sie besorgte Feuchtwanger einen Unterschlupf in dem von einem verwilderten Garten umgebenen Landhaus eines pensionierten Polizisten, außerhalb der Stadt. Hier ergab sich eine wahrlich seltsame Begegnung: es stellte sich nämlich heraus, daß ausgerechnet dieser alte Polizist bei Kriegsausbruch 1914 in Tunis stationiert gewesen war und zu den Soldaten gehörte, die damals das italienische Schiff

Walter Hasenclever (1890–1940), der sich, verzweifelt über die Exilsituation und die in Südfrankreich eingesetzte Vichy-Regierung des Marschall Pétain, die alle von der Gestapo benannten Deutschen auszuliefern hatte, das Leben nahm. Nach dem deutschen Überfall auf Frankreich sah er für sich keine Chance mehr. Er schrieb: »Wir Verbannten. Wir Heimatlosen. Wir Verfluchten, was haben wir noch für ein Recht zu leben? ... Was wir gedacht und geschrieben haben, was wir, Angehörige eines Volkes, das nie seine Dichter begriffen hat, dennoch glaubten verkünden zu müssen, – es versinkt im Gespensterzug der Dämonen.« Walter Hasenclever gelang, was Lion Feuchtwanger während seiner Münchener und Berliner Zeit in dem Maße versagt geblieben war: Er hatte Erfolg als Dramatiker, und dieser alleine machte ihn finanziell unabhängig. Für sein Antikriegsstück »Antigone« erhielt er 1917 den Kleist-Preis.

Die Lagergebäude von Gurs, wo etwa zehntausend Häftlinge interniert waren, zumeist Frauen. Auch Marta Feuchtwanger gehörte zu ihnen. Zeichnung von Lou Albert-Lasard

»Città di Messina« nach geflohenen Deutschen durchsucht hatten, unter denen sich auch Feuchtwanger und seine Frau befanden.

Auf Umwegen erreichte Feuchtwanger in seinem jetzigen Versteck die Bitte des Lagerkommandanten, die Flucht aufzugeben und ins Lager San Nicolà zurückzukehren. Die Situation war grotesk: in Nimes waren deutsche Kontrollkommissionen eingetroffen. Wenn er ihnen in die Hände fiel, war er verloren, das Internierungslager aber bot mehr Schutz und der Kommandant versprach, Feuchtwanger zu helfen. Es war kein Trick, und so kehrte er zurück. Im Lager aber grassierte die Ruhr, viele Häftlinge starben. Feuchtwanger blieb von der Krankheit nicht verschont. Schwere Fieberanfälle warfen ihn nieder, mühsam schleppte er sich immer wieder zur Latrine, seine Lebensgeister verließen ihn, der scheinbar unerschütterliche Optimist verspürte plötzlich Todessehnsucht. Er freute sich auf den Tod. »Es war ein unnützes Leben gewesen. Oft, solang ich gesund gewesen war und bei voller Vernunft, hatte ich mich in Debatten eingelassen, ob es Sinn habe, Bücher zu schreiben.«[113a] Jetzt, in seiner schwersten Nacht, verfiel er in Nihilismus und gab grimmig jenen recht, »die alle Schreiberei und unser ganzes Leben und alles Große, was je gedacht und getan wurde, für Dreck erklärten und für Unsinn«. Er sehnte sich plötzlich nach seiner Frau, nach seinen Freunden, wollte sie noch einmal sehen und in den Prado von Madrid gehen vor die Bilder Goyas, und »Carmen« wollte er noch einmal in der Moskauer Oper hören. Dann aber wollte er nicht mehr sterben, so kurze Zeit, wie er sich einbildete, vor der endgültigen Niederlage der Barbaren. Er erholte sich langsam. Seine Zeltkameraden, einige von ihnen bereits ältere Herren, päppelten ihn wieder auf. Vor allem Karl, ein österreichischer Sportler, bemühte sich um Feuchtwanger. Er hatte Feuchtwanger schon bei der ersten Internierung in Les Milles getroffen und war ihm am ersten Tag seines zweiten Aufenthaltes wiederbegegnet. Er kannte Feuchtwanger zufällig über Huxleys und bot sich, da er Geld brauchte, als Diener an. Feuchtwanger war dankbar für die Hilfe, da er selbst in allen praktischen Dingen sehr ungeschickt war.

Seine Frau, unterdessen in Gurs, wo etwa Zehntausend interniert waren, ohne Nachricht von ihm, hatte versucht, herauszufinden, wo ihr Mann geblieben war. Eine Postkarte ihrer Haushälterin in Sanary, die mühselige Nachforschungen angestellt hatte, brachte Anfang Juli schließlich die erlösende Nachricht. Als erstes schrieb Marta Feuchtwanger ihm einen Geburtstagsgruß nach San Nicolà, der aber einbehalten wurde. Auch Feuchtwangers Briefe an sie ins Lager Gurs waren nicht ausgehändigt worden. Sie wurden jedoch alle sorgfältig aufbewahrt. Erst nach Kriegsende erhielten sie sie vom Bürgermeisteramt Sanary nach Kalifornien zugestellt.

Jetzt, da sie wußte, wo er war, entschloß Marta Feuchtwanger sich zur Flucht aus Gurs. Irgendwann, als gerade kein Wächter zu sehen war, schlüpfte sie an einer durchlässigen Stelle durch den Stacheldraht, schlich stundenlang durchs Gras bis zu einer von französischen Flüchtlingen bevölkerten Landstraße, mischte sich unter die Menschen und schlug sich nach San Nicolà durch. Eines Tages stand sie da, in derbem Rock, derber Bluse, mit ergrautem Haar, der Mund zitterte ein wenig.

»Mein Herz schlug ihr entgegen. Diesen ganzen ersten Tag waren wir eitel glücklich,« schrieb Feuchtwanger später. »Sie

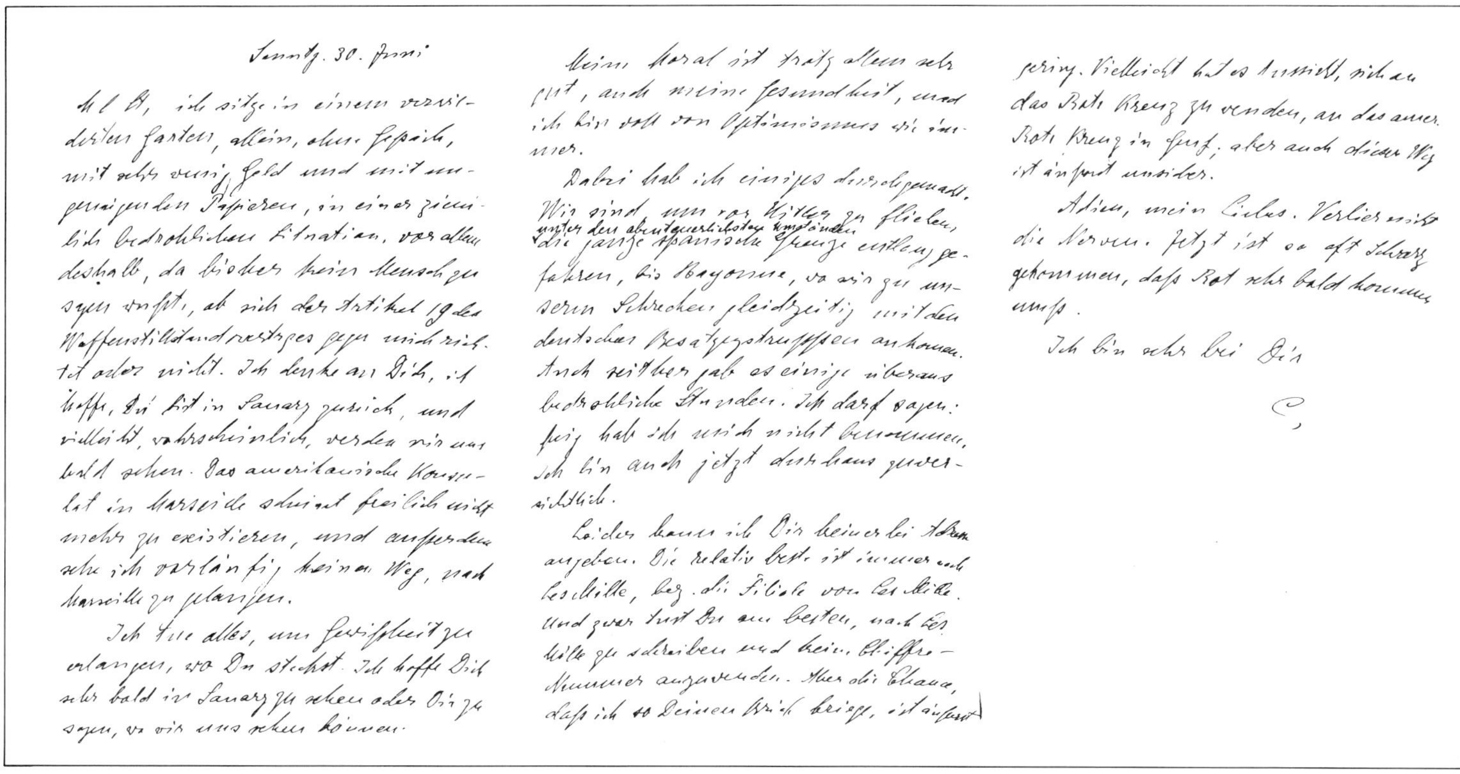

Sonntag 30. Juni

M. l. M., ich sitze in einem verwilderten Garten, allein, ohne Gepäck, mit sehr wenig Geld und mit ungenügenden Papieren, in einer ziemlich bedrohlichen Situation, vor allem deshalb, da bisher kein Mensch zu sagen wusste, ob sich der Artikel 19 des Waffenstillstandsvertrages gegen mich richtet oder nicht. Ich denke an Dich, ich hoffe, Du bist in Sanary zurück, und vielleicht, wahrscheinlich, werden wir uns bald sehen. Das amerikanische Konsulat in Marseille scheint freilich nicht mehr zu existieren, und außerdem sehe ich vorläufig keinen Weg, nach Marseille zu gelangen.

Ich tue alles, um Gewissheit zu erlangen, wo Du steckst. Ich hoffe Dich sehr bald in Sanary zu sehen oder Dir zu sagen, wo wir uns sehen können.

Meine Moral ist trotz allem sehr gut, auch meine Gesundheit, und ich bin voll von Optimismus wie immer.

Dabei hab ich einiges durchgemacht. Wir sind, um vor Hitler zu fliehen, unter den abenteuerlichsten Umständen die ganze spanische Grenze entlang gefahren, bis Bayonne, wo wir zu unserem Schrecken gleichzeitig mit den deutschen Besatzungstruppen ankamen. Auch seither gab es einige überaus bedrohliche Stunden. Ich darf sagen: feig hab ich mich nicht benommen. Ich bin auch jetzt durchaus zuversichtlich.

Leider kann ich Dir keinerlei Adresse angeben. Die relativ beste ist immer noch Les Milles, bez. die Filiale von Les Milles. Und zwar tust Du am besten, nach Les Milles zu schreiben und keine Chiffre-Nummer anzuwenden. Aber die Chance, dass ich so Deinen Brief kriege, ist äußerst gering. Vielleicht hat es Aussicht, sich an das Rote Kreuz zu wenden, an das amer. Rote Kreuz in Genf; aber auch dieser Weg ist äußerst unsicher.

Adieu, mein Liebes. Verlier nicht die Nerven. Jetzt ist so oft Schwarz gekommen, dass Rot sehr bald kommen muss.

Ich bin sehr bei Dir

L.

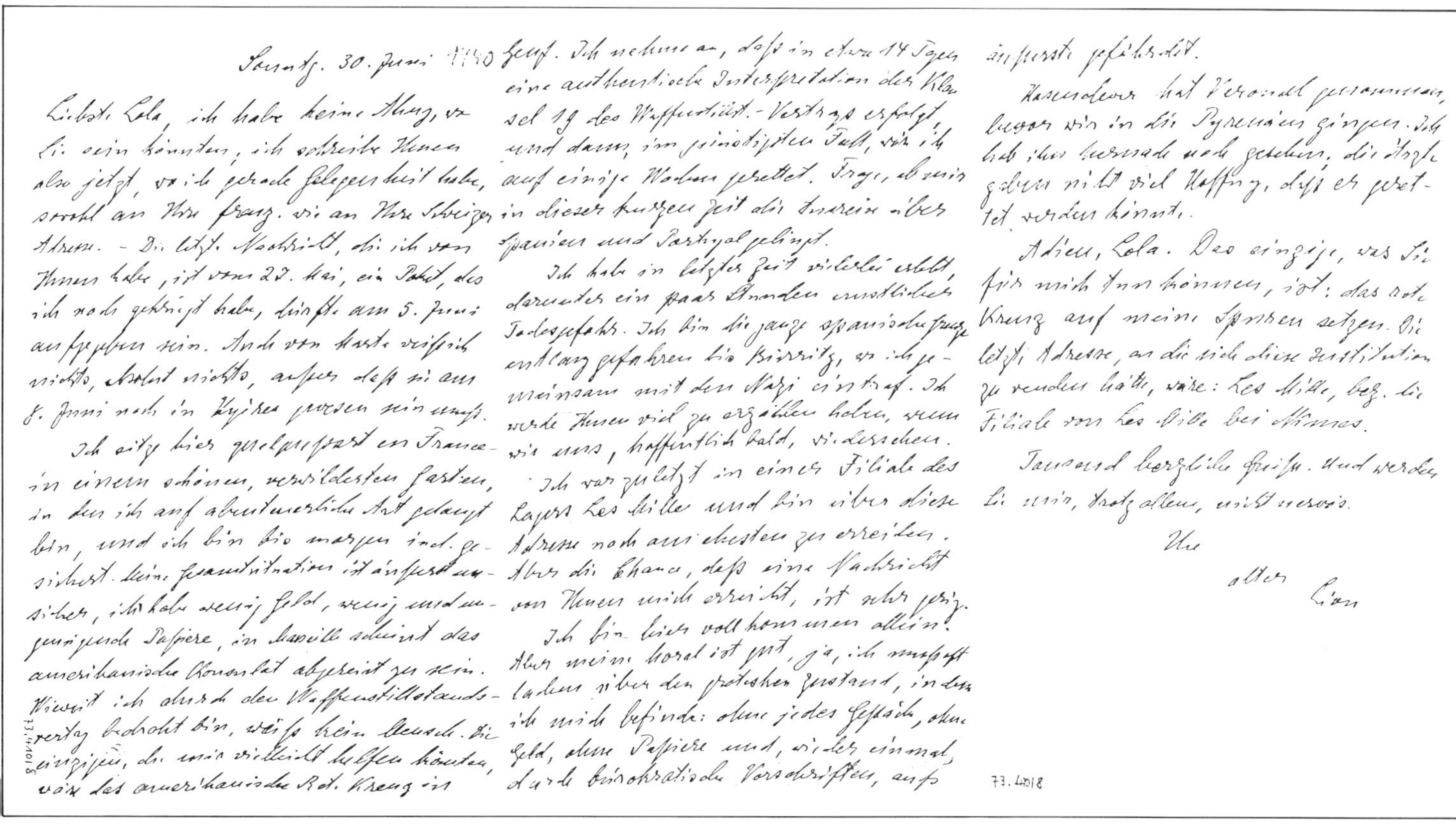

Sonntag 30. Juni 1940

Liebste Lola, ich habe keine Ahnung, wo Sie sein könnten, ich schreibe Ihnen also jetzt, wo ich gerade Gelegenheit habe, sowohl an Ihre Franz. wie an Ihre Schweizer Adresse. – Die letzte Nachricht, die ich von Ihnen habe, ist vom 23. Mai, ein Paket, das ich noch gekriegt habe, dürfte am 5. Juni aufgegeben sein. Auch von Marta weiß ich nichts, Arnold nichts, außer dass sie am 8. Juni noch in Hyères gewesen sein muss.

Ich sitze hier quelque part en France in einem schönen, verwilderten Garten, in den ich auf abenteuerliche Art gelangt bin, und ich bin bis morgen incl. gesichert. Meine Gesamtsituation ist äußerst unsicher, ich habe wenig Geld, wenig und ungenügende Papiere, in Marseille scheint das amerikanische Konsulat abgereist zu sein. Wieweit ich durch den Waffenstillstandsvertrag bedroht bin, weiß kein Mensch. Die einzigen, die mir vielleicht helfen könnten, wär das amerikanische Rot. Kreuz in Genf. Ich nehme an, dass in etwa 14 Tagen eine authentische Interpretation der Klausel 19 des Waffenstillst.-Vertrags erfolgt, und dann, im günstigsten Fall, wär ich auf einige Wochen gerettet. Frage, ob mir in dieser kurzen Zeit die Ausreise über Spanien und Portugal gelingt.

Ich habe in letzter Zeit vielerlei erlebt, darunter ein paar Stunden unmittelbarer Todesgefahr. Ich bin die ganze spanische Grenze entlang gefahren bis Biarritz, wo ich gemeinsam mit den Nazi eintraf. Ich werde Ihnen viel zu erzählen haben, wenn wir uns, hoffentlich bald, wiedersehen.

Ich war zuletzt in einer Filiale des Lagers Les Milles und bin über diese Adresse noch am ehesten zu erreichen. Aber die Chance, dass eine Nachricht von Ihnen mich erreicht, ist sehr gering.

Ich bin hier vollkommen allein. Aber meine Moral ist gut, ja, ich muss oft lachen über den grotesken Zustand, in dem ich mich befinde: ohne jedes Gepäck, ohne Geld, ohne Papiere und, wieder einmal, durch bürokratische Vorschriften, aufs äußerste gefährdet.

Hasenclever hat Veronal genommen, bevor wir in die Pyrenäen gingen. Ich hab ihn liegend noch gesehen, die Ärzte geben nicht viel Hoffnung, dass er gerettet werden könnte.

Adieu, Lola. Das einzige, was Sie für mich tun können, ist: das rote Kreuz auf meine Spuren setzen. Die letzte Adresse, an die sich diese Institution zu wenden hätte, wäre: Les Milles, bez. die Filiale von Les Milles bei Nîmes.

Tausend herzliche Grüße. Und werden Sie mir, trotz allem, nicht nervös.

Ihr

alter

Lion

2 Briefe Lion Feuchtwangers aus dem Lager Les Milles an Marta und Lola Sernau.

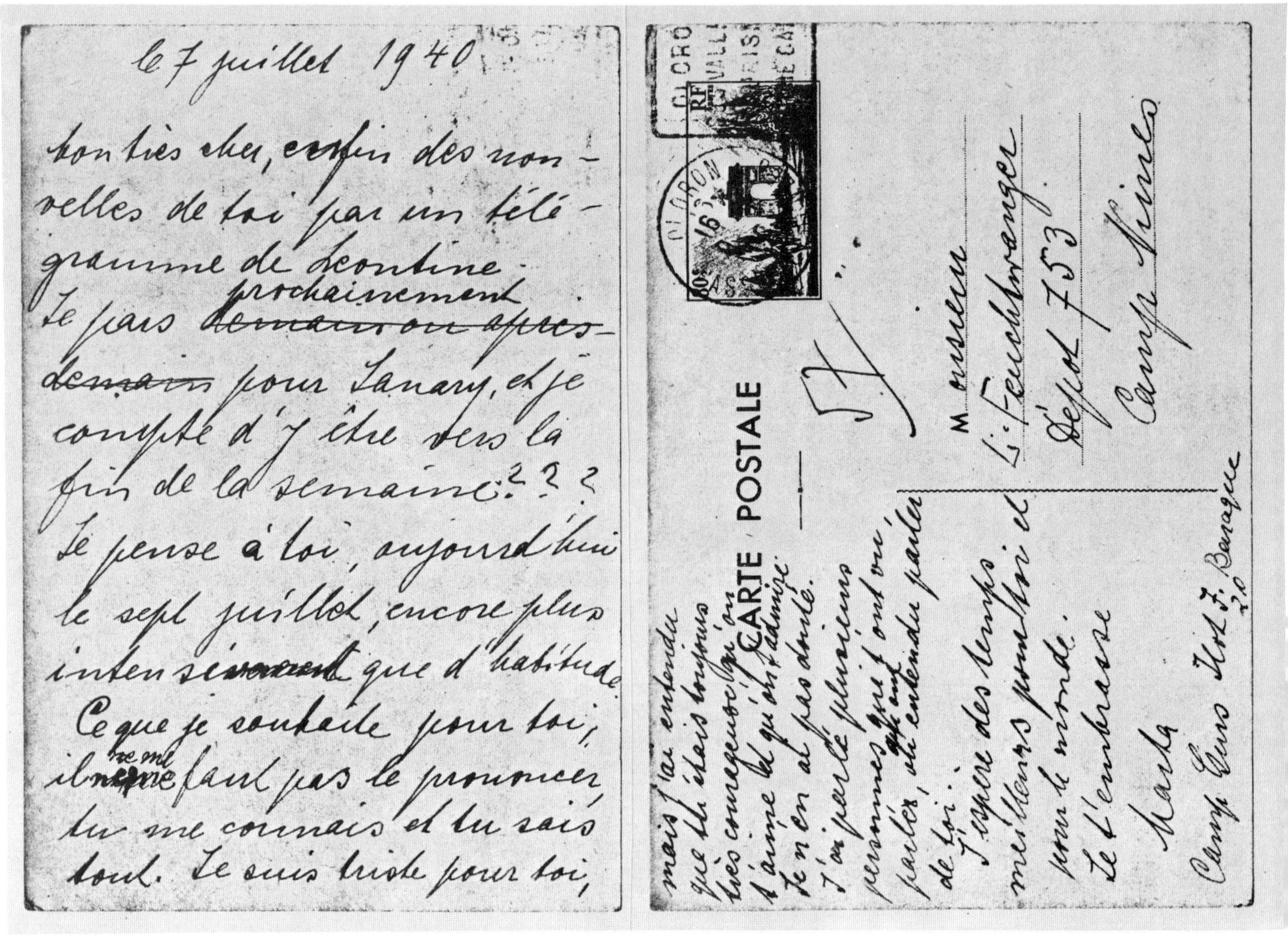
le 7 juillet 1940

mon très cher, enfin des nouvelles de toi par un télégramme de Leontine

Je pars ~~demain ou après-demain~~ prochainement pour Sanary, et je compte d'y être vers la fin de la semaine???

Je pense à toi, aujourd'hui le sept juillet, encore plus intensément que d'habitude.

Ce que je souhaite pour toi, il ne me faut pas le prononcer tu me connais et tu sais tout. Je suis triste pour toi,

mais j'ai entendu que tu étais toujours très courageux, qu'on t'aime et qu'on t'admire. Je n'en ai pas douté. J'ai parlé plusieurs personnes qui t'ont vu, parlé, ont entendu parler de toi. J'espère des temps meilleurs pour toi et le monde. Je t'embrasse Marta

CARTE POSTALE

Monsieur
L. Feuchtwanger
Dépot 753
Camp Nimes

Herrn
L. Feuchtwanger
Depot 753
Lager Nimes

7. Juli 1940

Mein Liebster,

endlich Nachricht von Dir durch ein Telegramm von Leontine.
Ich zahle demnächst für Sanary und schätze, gegen Ende der Woche dort zu sein???
Ich denke an Dich, heute, am 7. Juli noch intensiver als normalerweise.
Was ich für Dich wünsche, brauche ich nicht auszusprechen; Du kennst mich und Du weißt alles.
Ich bin traurig wegen Dir, aber ich habe gehört, daß Du immer sehr mutig warst, daß man Dich mag und daß man Dich bewundert. Dies habe ich nie bezweifelt.
Ich habe mit mehreren Personen gesprochen, die Dich gesehen haben, mit Dir gesprochen haben, und die gehört haben, was man über Dich sagt.
Ich hoffe auf bessere Zeiten für Dich und die ganze Welt.

Ich umarme und küsse Dich. Marta.

lachte viel und übererregt und aß viel von dem, was unsere Händler zu bieten hatten; sie war in ihrem Lager und während der mühseligen Fahrt hierher sehr dünn geworden und furchtbar ausgehungert. Auch schwatzte sie viel und viel durcheinander und viel schwer Verständliches.«[114] Der Lagerkommandant persönlich ermöglichte es, daß die beiden zusammenkamen. Er fragte nicht lange, wie Marta hierhergekommen war.

Nach kurzer Erholung von den Anstrengungen der eigenen Flucht bereitete Marta Feuchtwanger von jetzt an die Flucht ihres Mannes vor. Zu Fuß marschierte sie in das amerikanische Konsulat nach Marseille und wurde von Vizekonsul Hiram Bingham empfangen. Er und Feuchtwanger kannten sich aus unbeschwerteren Zeiten. Bingham hatte schon von Feuchtwangers Internierung gehört. Ein heimlich aufgenommenes Foto aus dem Lager Les Milles war bei Feuchtwangers Verleger Ben Huebsch in New York gelandet. Der alarmierte sofort die Präsidentengattin Eleanor Roosevelt, die über ihren Mann die Anweisung an die Diplomaten ihres Landes in Frankreich erwirkte, Feuchtwanger zu retten. Auch Alfred Kantorowicz hatte die Amerikaner mittlerweile über Feuchtwangers Schicksal informiert. Feuchtwanger hatte ihm damals im Zug zwischen Bayonne und Nîmes eine Nachricht an Bingham mitgegeben. Zusammen mit einem Mitarbeiter Binghams, Miles Standish, wurde die Befreiung Feuchtwangers aus dem Lager San Nicolà organisiert.

An einem warmen Sommernachmittag gingen Feuchtwanger und fünf andere Lagerkameraden in einem nahegelegenen Fluß baden. Solche Ausflüge waren erlaubt, da eine Flucht ziemlich aussichtslos war. Überall streunten deutsche Soldaten herum, da blieb man doch lieber in der Nähe der Franzosen. Auf dem Rückweg tauchte plötzlich Madame Lekisch auf. Sie hatte Feuchtwanger abgepaßt und drückte ihm jetzt einen Brief seiner Frau in die Hand. Darin stand: »Tu, was man Dir sagt, überleg nicht lange, es ist alles durchaus solid und seriös.«[115] Er sollte in einen Wagen am Straßenrand steigen. Er zögerte kurz, begriff dann aber, daß er jetzt als einer von wenigen die Chance hatte, aus dem Machtbereich beider Teufel zu entkommen – des gutmütigen französischen und des barbarischen der Nazis. Schnell verabschiedete er sich von seinen Begleitern, zog einen im Wagen für ihn bereitgelegten Damenmantel über sein schäbiges Hemd und die löcherige Hose, wickelte sich einen Schal um den Kopf und setzte eine dunkle Brille auf. Aussehend wie Charleys Tante, saß er nun mit Madame Lekisch im Fond des Wagens. Am Steuer war Miles Standish. Fast 150 Kilometer Wegs lagen vor ihnen bis zu Binghams Haus, am Stadtrand von Marseille. Bei Straßenkontrollen gab Standish den verkleideten Feuchtwanger als seine Schwiegermutter aus.

Marseille quoll über von Flüchtlingen und Emigranten, die versuchten, aus Frankreich herauszukommen. Doch ohne Ausreisevisum gab es keine legale Möglichkeit, und wer um eine solche Erlaubnis nachsuchte, geriet sogleich in die Mühlen der Gestapo. Für viele hatte das den sicheren Tod bedeutet. Es ging also nur auf illegalem Wege.

Nach dem Einmarsch der deutschen Truppen in Frankreich wurde in den Vereinigten Staaten unter anderem auf Anregung des schon seit 1938 in Amerika lebenden Thomas Mann und seiner Tochter Erika das von Eleanor Roosevelt und zahlreicher Prominenz unterstützte »Emergency Rescue Commitee« gegründet.

Lion Feuchtwanger vor dem amerikanischen Konsulat in Marseille. Feuchtwangers Retter, Harry Bingham, wurde 1941 auf eigenen Wunsch von Marseille zuerst nach Lissabon und dann in das amerikanische Konsulat nach Buenos Aires versetzt. 1945 kehrte er nach Washington zurück. Nur ein Jahr später schied er aus dem Staatsdienst aus. Heute lebt Bingham auf seiner Farm in der Nähe von Salem im Staate Connecticut.

Marseille war zu einer Stadt von Flüchtlingen und Emigranten geworden, die, nach dem Einmarsch der deutschen Truppen in Frankreich, ihr Glück versuchten vom amerikanischen Konsulat ein Visum zu bekommen.

Eleanor Roosevelt, die Präsidentengattin, unterstützte das 1938 gegründete »Emergency Rescue Commitee«. Auch ihr war es zu verdanken, daß am 15. August 1940 ein Mann in Marseille ankommen sollte, der eine der raffiniertesten Fluchtaktionen des 2. Weltkriegs planen und durchführen sollte. Der Mann hieß Varian Fry. Am 23. Mai 1960 schrieb Eleanor Roosevelt an Marta Feuchtwanger: »Liebe Frau Feuchtwanger. Vielen Dank für Ihren freundlichen Brief. Natürlich dürfen Sie über die Rolle, die ich spielte, schreiben. Jedoch war mein Mann derjenige, der für jede gegebene Hilfe verantwortlich war. Ohne ihn hätte ich nichts tun können, aber wenn er mich bat, etwas zu unternehmen, hatte ich seine volle Unterstützung. Ich bin auf Ihr Buch gespannt. Mit sehr herzlichen Grüßen, Ihre Eleanor Roosevelt«

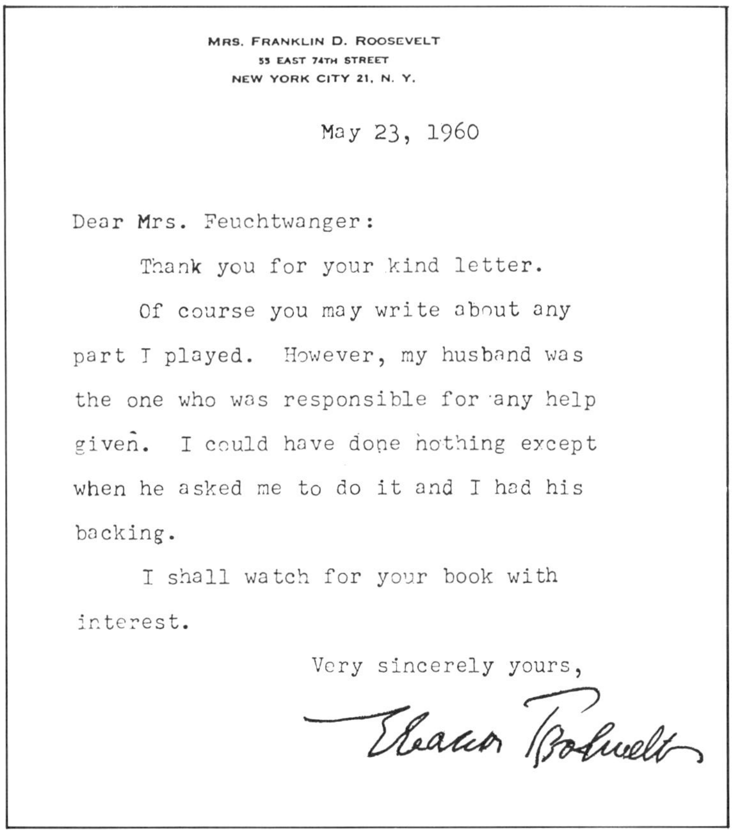

MRS. FRANKLIN D. ROOSEVELT
55 EAST 74TH STREET
NEW YORK CITY 21, N. Y.

May 23, 1960

Dear Mrs. Feuchtwanger:

Thank you for your kind letter.

Of course you may write about any part I played. However, my husband was the one who was responsible for any help given. I could have done nothing except when he asked me to do it and I had his backing.

I shall watch for your book with interest.

Very sincerely yours,

Eleanor Roosevelt

Varian Fry, ein junger Quäker, wurde nach Marseille entsandt, wo er Mitte August eintraf und in aller Stille unter anderem mit Hilfe des damals prominenten sozialdemokratischen Journalisten Johannes Fittko und seiner Frau Lisa eines der größten und erfolgreichsten Fluchthilfeunternehmen für besonders gefährdete Personen aufzog. Hunderten von Schriftstellern, Wissenschaftlern, politischen Flüchtlingen und Juden halfen die Leute um Varian Fry auf diese Weise aus dem Lande. Zu ihnen zählen die Maler Marc Chagall und Max Ernst, der mit Feuchtwanger in Les Milles war, die Schriftsteller Hannah Arendt, André Breton, Leonhard Frank, Hans Habe, Konrad Heiden, der eine Hitler-Biographie geschrieben hatte, Wilhelm Herzog, Walter Mehring, Hertha Pauli und Alfred Polgar, Emil Gumbel und der Biochemiker und Nobelpreisträger Professor Otto Meyerhof.

Feuchtwangers hatten Glück. In Binghams Haus konnten sie sich einigermaßen sicher fühlen, obwohl der Bruder einer Hausangestellten als Nazi-Anhänger bekannt war. Es gab hier einen abgeschlossenen Garten mit einem kleinen Swimmingpool, und während sie sich so allmählich von den Strapazen des Lagers erholten, saß er schon wieder bei der Arbeit und feilte an dem Manuskript von »Der Tag wird kommen«. Zwischendurch besuchten Lilo Damert, die Feuchtwanger nach Moskau begleitet hatte und Lola Sernau, die auf Intervention des Schweizer Konsuls aus Gurs freigekommen war, Feuchtwanger in Binghams Haus und feierten Wiedersehen. Marta fuhr zwischenzeitlich nach Sanary, sah nach dem Haus und suchte einige persönliche Dinge zusammen. Unterdessen bereitete Bingham in Zusammenarbeit mit Frys »Emergency Rescue Comitee« die Flucht Feuchtwangers vor. Auch Heinrich Mann, seine Frau Nelly und ihr Neffe Golo sowie die Werfels waren in Marseille gestrandet. Zunächst wurde erwogen, gemeinsam mit einem kleinen Boot übers Mittelmeer nach Nordafrika zu entkommen. Feuchtwanger schien dagegen zu sein: »Er behandelte das Problem unserer Abreise wie einen seiner Romane, auf Grund sicherer Kenntnisse – der Gegebenheiten, der Personen – und im vernünftigen Hinblick auf das Abenteuer, das endlich eintreten soll«, schrieb Heinrich Mann in seinen Erinnerungen.[116] Feuchtwanger fand das Unternehmen etwas improvisiert. »Was für ein Roman wäre das, wenn auf hoher See unser gemietetes Schiffchen aufgehalten würde von einem feindlichen Fahrzeug und die untersuchte Ladung für Nordafrika ergäbe nur drei geschlachtete Hammel, aber sechs noch lebende Emigranten. Mäßig erfunden, schwach komponiert«, urteilte Mann, Feuchtwanger imitierend. Doch so weit wäre es nicht einmal gekommen: noch während der Vorbereitungen wurde die gemietete Fischerbarke, die immerhin bereits mit Lebensmitteln beladen war, beschlagnahmt. Der sicherste Weg führte zu Fuß über die Pyrenäen. Sicherheitshalber sollten sie jedoch in zwei Gruppen gehen. Als erste überquerten Heinrich und Nelly Mann, Golo Mann und die Werfels, zeitweise in Begleitung von Führern, die Pyrenäen. Der 69jährige Mann und der herzkranke Werfel hielten sich tapfer, mußten aber zeitweise getragen werden. Erschwert wurde das Unternehmen, weil Alma Mahler-Werfel zum Entsetzen Frys zwölf Koffer bei sich hatte. Das Gepäck mußte Fry mit der Bahn auf die spanische Seite bringen. Ausgestattet mit tschechischen Papieren passierte die Gruppe unterdessen ein einsames Zollhäuschen, gelangte mit dem Zug nach Madrid und von dort per Flugzeug nach Lissabon, von wo sie sich im September nach Amerika einschifften.

Einige Tage später folgten Feuchtwangers – nur mit Rucksäkken. Lola Sernau blieb zunächst. Sie sollte später nachkommen. Sie kehrte nach Sanary zurück, wo sie Feuchtwangers Bibliothek, Manuskripte und Notizen in dutzende Überseekisten verpackte und nach Lissabon schaffen ließ, wo alles fürs erste eingelagert wurde. Lion Feuchtwanger hatte auf der Flucht amerikanische Papiere auf den Namen Wetcheek bei sich, seinem Pseudonym aus Berliner Tagen, das nichts weiter war, als eine Übersetzung seines Nachnamens ins Englische. Hastings Waitstill Sharp, ein Pastor der unitarischen Kirche, der mit Fry zusammenarbeitete, brachte die Feuchtwangers nach Cebère, rund 400 Kilometer westlich von Marseille. Von hier folgten sie am nächsten Tag den Spuren der Manns und Werfels und kraxelten durch Weinberge und unwegsames Geröll hinauf zu dem spanischen Zollhäuschen. Sie konnten ohne Probleme passieren, nachdem Marta Feuchtwanger die Beamten mit ein paar Stangen amerikanischer Zigaretten »beschenkt« hatte. Vom spanischen Port Bou fuhren sie mit der Bahn nach Lissabon. Die Stadt war ein gefährliches Pflaster. Es wimmelte von Nazis. Die Emigranten lebten in der Angst, im letzten Moment, bevor sie ein Schiff besteigen konnten, gekidnappt zu werden.

Feuchtwangers Freunde und Bekannte wußten lange Zeit nichts über beider Schicksal. Während sie bereits halbwegs sicher in Lissabon waren, sorgte die »New Yorker Times« mit der Schlagzeile für Aufregung und Verwirrung, Feuchtwanger sei in Berlin in Haft und werde dort von der Polizei verhört. Die Meldung wurde jedoch schnell dementiert. Kurz darauf notierte Bertolt Brecht, der inzwischen in Finnland Zuflucht gefunden und der sich ständig um den verschollenen Freund gesorgt hatte, in sein Arbeitsjournal: »zu meiner großen freude erfahre ich aus stockholm, dass in newyork die ankunft feuchtwangers in lissabon bestätigt wurde. er ist mir keinen tag seit vielen wochen aus dem kopf gewesen.«[117] Im September schließlich schiffte Feuchtwanger sich auf der »S. S. Excalibur« nach New York ein. Sharp, der ebenfalls mitreiste, hatte mit Mühe nur noch eine Schiffskarte beschaffen können. Marta Feuchtwanger mußte zwei Wochen warten. Endlich, unter dem Datum vom 27. September 1940, meldete sich Feuchtwanger von Bord der »Excalibur« auch wieder mit einem Brief bei seinem Freund in Haifa: »Lieber Zweig, da wäre ich also endlich nach vier Monanten heftigen Konzentrationslagers, vielen recht scheußlichen Abenteuern und lächerlichen und erbitternden Kämpfen auf dem Weg zwischen Lissabon und den Bermudas nach New York, ausgestattet nur mit einem Rücksack, recht schäbig angezogen, ohne Geld, aber glücklich. (...). Ihr ziemlich erschöpfter Lion Feuchtwanger.«

Zu der Gruppe Fry's gehörte nicht Walter Benjamin, der am 26. September 1940 entnervt und verzweifelt, an der französisch-spanischen Grenze bei Port Bou, sein Leben beendete.
Anna Seghers schrieb in ihrem Roman »Transit«: »Mein leerer Kopf nahm willenlos ein Gespräch auf, das am Nachbartisch geführt wurde. In einem Hotel (...) jenseits der spanischen Grenze, hatte sich in der Nacht ein Mann erschossen, weil ihn die Behörde am nächsten Morgen nach Frankreich hatte zurückschaffen wollen. Die beiden ältlichen, kränklichen Frauen – die eine hatte zwei kleine Knaben bei sich, vielleicht ihre Enkel, die aufmerksam zuhörten – ergänzten wechselweise diesen Bericht mit lebhaft klingenden Stimmen. Der Vorgang war ihnen weit klarer als mir, weit einleuchtender. Was hatte denn dieser Mann für unermeßliche Hoffnungen an sein Reiseziel geknüpft, daß ihm die Rückkehr unerträglich dünkte? Höllisch, unbewohnbar mußte ihm das Land erschienen sein, in dem wir alle noch stecken, in das man ihn zwingen wollte, zurückzukehren. Man hörte ja wohl von solchen erzählen, die den Tod der Unfreiheit vorzogen«

82

Von dieser Bahnhofstation in Cerbère startete die geheime Fluchtaktion Fry's über die Pyrenäen.

Exil in den USA

Ankunft in New York, über Mexiko nach Los Angeles: Feuchtwangers dritter Neuanfang

„Es ist erstaunlich, wie viele Autoren, deren Leistungen die ganze Welt anerkannt hat, jetzt im Exil trotz ernsthafter Bemühungen völlig hilf- und mittellos dastehen."

Nach geglückter Flucht nach Lissabon schiffte sich Lion Feuchtwanger im September 1940 auf der »S.S. Excalibur« nach New York ein.
Am 5. Oktober 1940 ging die »S.S. Excalibur«, mit einem erschöpften Feuchtwanger an Bord, in Manhattan vor Anker.

Am 5. Oktober 1940 lief der amerikanische Linienfrachter »S. S. Excalibur« mit einer Anzahl von Flüchtlingen aus Europa an Bord in den Hafen von New York ein. Lion Feuchtwangers zweites Exil begann. Von den reaktionären politischen Verhältnissen in Bayern aus seiner Heimatstadt München nach Berlin vertrieben, vor den Nationalsozialisten nach Frankreich emigriert, hier zu Kriegsbeginn plötzlich – obwohl Nazi-Gegner – in Konzentrationslagern interniert und von dort schließlich auf abenteuerlichen, wenngleich von einflußreichen Freunden geebneten Wegen außer Landes geflüchtet, bedeutete die Ankunft in Amerika für den 56jährigen nunmehr den dritten Neuanfang im Leben. Acht Jahre zuvor, als er zu einer mehrmonatigen Vortragsreise das erste Mal in die USA gekommen war und hier aus der Ferne die Machtergreifung durch die Nationalsozialisten erlebt und mit den Worten kommentiert hatte, Hitler bedeute Krieg, war er von einigen Senatoren noch als Schwarzmaler belächelt worden. Weil er damals aber in seinem Innersten immer hoffte, seine Landsleute würden dem barbarischen Spuk alsbald ein schnelles Ende bereiten, war er nicht in Amerika geblieben, sondern nach Europa, in die Nähe Deutschlands, zurückgekehrt. Jetzt jedoch waren Hitlers Armeen darangegangen, sich Europa und Nordafrika einzuverleiben.

Nachdem das Schiff in Manhattan vor Anker gegangen war, stürmten Journalisten an Deck, drängten Feuchtwanger in die Bordbar, um ihn über die näheren Umstände seiner Flucht auszufragen, von der sie gerüchteweise gehört hatten. Der Feuchtwanger, der diesmal der amerikanischen Presse gegenüberstand, war bleich, wirkte verwirrt und deprimiert. Die Spuren der Strapazen während der zurückliegenden Wochen und Monate waren ihm ins Gesicht gezeichnet. Er besaß kaum mehr als das, was er am Leibe trug. Er wirkte heruntergekommen.

Endlich in Sicherheit, bedrückte ihn der Selbstmord seines Lagergefährten und Kollegen Walter Hasenclever, der nicht mehr an die Möglichkeit einer Rettung hatte glauben wollen, umso stärker. Während Feuchtwanger bereits auf dem Schiff nach Amerika war, nahm sich am 26. September 1940 auch der Essayist und Literaturkritiker Walter Benjamin in einem Hotelzimmer im spanischen Port Bou – Feuchtwangers erster Station

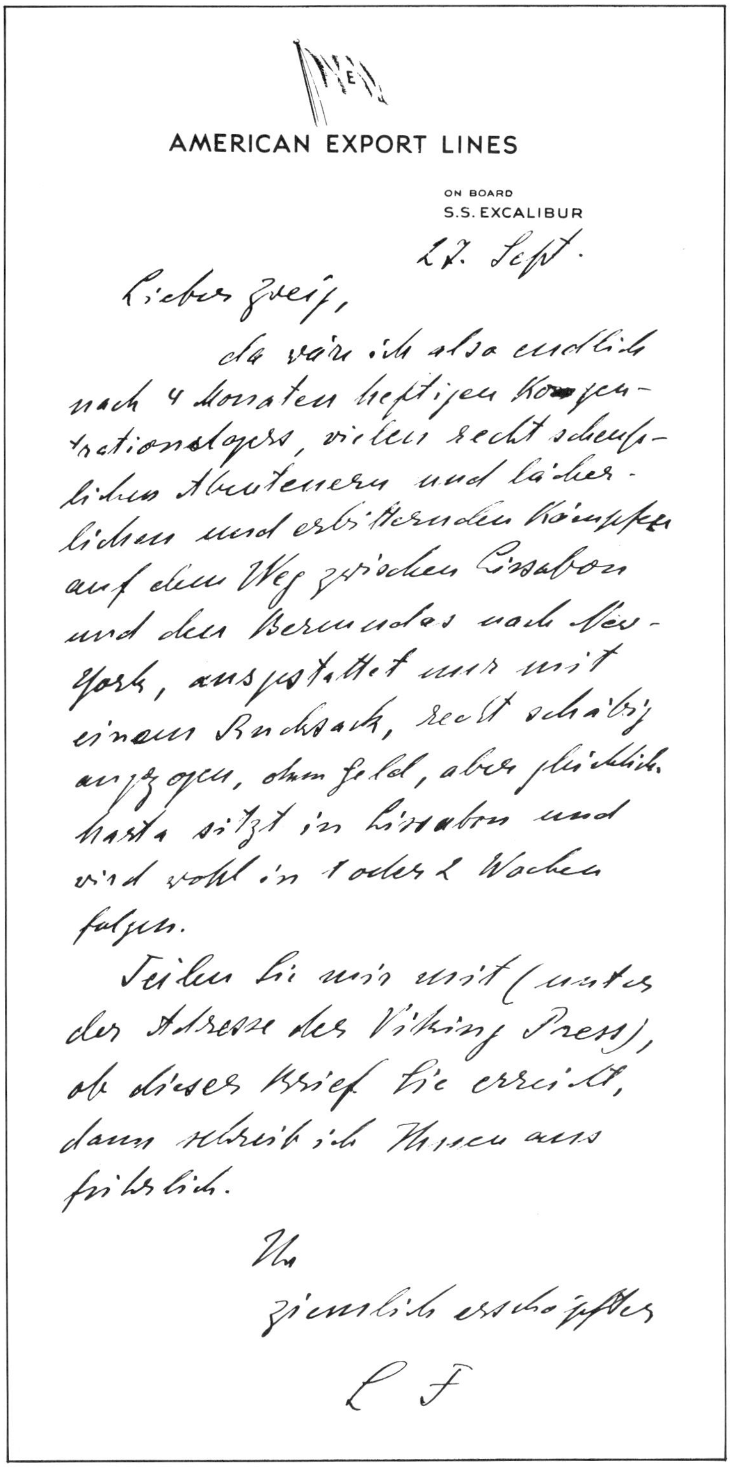

AMERICAN EXPORT LINES

ON BOARD
S.S. EXCALIBUR

27. Sept.

Lieber Zweig,

da wäre ich also endlich nach 4 Monaten heftigen Konzentrationslagers, vielen recht scheußlichen Abenteuern und lächerlichen und erbitternden Kämpfen auf dem Weg zwischen Lissabon und den Bermudas nach New-York, ausgestattet nur mit einem Rucksack, recht schäbig angezogen, ohne Geld, aber glücklich. Marta sitzt in Lissabon und wird wohl in 1 oder 2 Wochen folgen.

Teilen Sie mir mit (unter der Adresse der Viking Press), ob dieser Brief Sie erreicht, dann schreibe ich Ihnen ausführlich.

Ihr
ziemlich erschöpfter

L F

Von Bord der »S. S. Excalibur« schrieb Lion Feuchtwanger an Arnold Zweig am 27. September 1940.

Lion Feuchtwanger bei seiner Ankunft in New York. Die Zeitungen berichteten in Schlagzeilen darüber, insbesondere die »New York Times«. Feuchtwanger blieb eher einsilbig und deutete seine Fluchtpunkte und seine politische Haltung nur an.

Noch von Lourdes aus beschrieb Walter Benjamin in einem Brief vom 2. August 1940 an Theodor W. Adorno: »Mein lieber Teddy, (...) Die völlige Ungewißheit über das, was der nächste Tag, was die nächste Stunde bringt, beherrscht seit vielen Wochen meine Existenz. Ich bin verurteilt, jede Zeitung (sie erscheinen hier nur noch auf einem Blatt) wie eine an mich ergangene Zustellung zu lesen und aus jeder Radiosendung die Stimme des Unglücksboten herauszuhören. Mein Bestreben, Marseille zu erreichen, um dort beim Konsulat meine Sache zu plädieren, war umsonst. Für den Ausländer ist seit längerem keine Ortsveränderung zu erwirken, so bleibe ich auf das angewiesen, was Ihr von draußen bewirken könnt. Mich hat besonders zur Hoffnung bewegt, daß sie mir eine Nachricht vom Konsulat in Marseille in Aussicht stellen. Ein Brief des Konsulats würde mir vermutlich die Erlaubnis eintragen, mich nach Marseille zu begeben (...). Ich hoffe, daß ich Ihnen bisher den Eindruck gegeben habe, auch in schwierigen Augenblicken gefaßt zu bleiben. Glauben Sie nicht, daß sich das geändert hat. Aber ich kann mich dem gefährlichen Charakter der Lage nicht verschließen. Ich fürchte, die, die sich aus ihr haben retten können, werden eines Tages zu zählen sein (...) Und nehmen Sie alles Liebe von Ihrem Walter Benjamin.«

nach dem Fußmarsch über die Pyrenäen – das Leben. Die spanischen Behörden hatten Benjamin zunächst der Gestapo in Südfrankreich überstellen wollen. Als sie ihn dann doch weiterreisen lassen wollten, war er schon tot. Selbstmord begingen auch Ernst Weiss und Carl Einstein. Andere, wie Rudolf Breitscheid, Rudolf Hilferding oder der ehemalige Chefredakteur des »Berliner Tageblatt«, Theodor Wolff, gerieten in die tödlichen Fänge der Gestapo. Auch tausende von Lagerinsassen aus Les Milles, Gurs, Le Vernet und San Nicolà wurden Anfang der Vierziger Jahre nach Deutschland deportiert. Als die Nazis vor allem nur noch Juden in den Camps zusammentrieben, gingen viele Züge direkt nach Auschwitz. Zwei Brüder Feuchtwangers, der Verlagsdirektor Ludschi und Fritz, der die Margarinefabrik vom 1916 verstorbenen Vater übernommen hatte, waren gleich bei den 1938 einsetzenden Judenpogromen ins Konzentrationslager verschleppt worden. Damals gelang es Lion Feuchtwanger noch, die beiden durch Bestechung von Nazifunktionären freizubekommen, wobei sein Schwager, ein Rechtsanwalt, der Mittelsmann war. In den weiteren Jahren der Naziherrschaft kamen dann jedoch etwa 80 Mitglieder der verzweigten Feuchtwanger-Familie in Konzentrationslagern um. Von seinen Geschwistern überlebten alle das »Dritte Reich«, bis auf die Schwester Bella, die im KZ Theresienstadt an Typhus starb. Feuchtwangers Bruder Berthold erlag während des Krieges in Mexiko einem Krebsleiden.[1]

Über seine Rettung erzählte Feuchtwanger den Reportern jedoch nicht viel. Die »New York Times« meldete am nächsten Tag, dem 6. Oktober 1940, der Autor habe zwar wiederholt von amerikanischen Freunden gesprochen, die auf wundersame Weise in kritischen Situationen aufgetaucht seien und ihm und seiner Frau geholfen hätten zu entkommen. Er habe sich jedoch gehütet, die Namen dieser Freunde zu nennen, um weitere Rettungsbemühungen nicht zu gefährden.[2] Allerdings deutete er, wenn auch vage, seine Flucht aus dem Camp von San Nicolà an. Auch sprach er von einem mehrstündigen Fußmarsch über Schmugglerwege nach Spanien. Aber selbst dies wenige wurde ihm später zum Vorwurf gemacht, weil er damit angeblich die weitere Arbeit der amerikanischen Helfer erschwert und gefährdet habe. In einem anonymen Artikel im »Time«-Magazin hieß es einen Monat nach Feuchtwangers Ankunft in New York, er hätte genausogut der Gestapo Mitteilung machen können.

Ein als Fußnote dem Artikel beigefügter kurzer Absatz aus Feuchtwangers »Moskau 1937« offenbarte jedoch die eigentliche Stoßrichtung der Attacke: Nicht als Gegner der Nationalsozialisten wollte man ihn sehen, sondern – vor dem Hintergrund des Hitler-Stalin-Paktes vom September 1939 – als suspekten Kommunisten. Zitiert wurde Feuchtwanger mit den Sätzen: »Es gibt innerhalb der westlichen Zivilisation keine Klarheit und Entschiedenheit mehr. (...) Man atmet auf, wenn man aus dieser drückenden Atmosphäre einer verfälschten Demokratie und eines heuchlerischen Humanismus in die strenge Luft der Sowjet-Union kommt.« Weggelassen wurde dabei jener Satz, in dem Feuchtwanger begründet, was ihn damals, zweieinhalb Jahre vor dem Pakt, zu diesem krassen Urteil bewog: der Westen nämlich wage »nicht, sich gegen den andrängenden Barbarismus mit der Faust zu wehren oder auch nur mit starken Worten, man tut es mit halbem Herzen, mit vagen Gesten, und die Erklärungen der Verantwortlichen gegen den Faschismus sind verzuckert und verklausuliert«.[3] Bei seinen Begegnungen mit Kollegen, aber insbesondere bei Empfängen in Kreisen der einflußreichen New Yorker Geld- und Politikprominenz, wo man sich mit dem populären Autor Feuchtwanger gern schmückte, war man natürlich neugierig, was er denn wohl zum Bündnis Hitler-Stalin zu sagen habe. Und viele zeigten sich pikiert, wenn er gelassen erklärte, seine Meinung über die Rolle der Sowjetunion im Kampf gegen den Nationalsozialismus habe sich nicht geändert: den Pakt mit Hitler habe Stalin nur geschlossen, um einen größeren Spielraum zum Aufbau der Landesverteidigung gegen den trotzdem jederzeit erwarteten Angriff Deutschlands auf die Sowjetunion zu bekommen. Nachdem die Deutschen im Juni 1941 tatsächlich die Sowjetunion überfallen hatten, schrieb Feuchtwanger an Zweig: »Ich brauche Ihnen nicht zu sagen, daß ich allerhand auszustehen hatte deshalb, weil ich bei meiner Meinung über die Russen blieb, und daß ich deshalb von sehr vielen Leuten sehr häufig angefeindet wurde. Jetzt, da sich mein Gesamtbild als richtig zu erweisen scheint, machen sie ringsum Drehungen und Wendungen, die ziemlich possierlich sind, aber auch reichlich degoutant.«[4] Jedoch, durch den »Time«-Artikel und gelegentliche weitere Angriffe gegen seine politische Position in anderen Zeitungen sowie in konservativen politischen und literarischen Kreisen war Feuchtwanger vor allem bei den Behörden bald als »Kommunist« abgestempelt. Dieser Makel blieb bis zu seinem Tode an ihm haften.

Es war sein Verleger Huebsch, der Feuchtwanger half, in Amerika wieder auf die Beine zu kommen. Er hatte seinen Autor beim Einlaufen des Schiffes in New York schon an der Pier erwartet und ihn nach dem Gespräch mit den Journalisten sogleich ins Hotel St. Moritz am Central Park gefahren. Dort waren bereits Zimmer reserviert. Huebsch hatte überdies eine Reihe von namhaften Freunden und Bekannten auf Feuchtwanger vorbereitet und Kontakte für ein angemessenes Entrée in New York geknüpft. Feuchtwanger, anstatt sich erst einmal auszuruhen, begann bereits am nächsten Tag wieder mit der Arbeit. Als erstes stellte er eine Sekretärin ein. Die damals knapp 34jährige Hilde Waldo war ihm von einem Mitarbeiter einer jüdischen Wohlfahrtsorganisation empfohlen worden. Sie war Berlinerin, hatte zeitweise in Großbritannien gelebt und im Verlagswesen gearbeitet, war 1939 als Jüdin vor den Nazis nach Amerika geflüchtet und sprach gut englisch. Und sie war eine Leserin seiner Bücher. Seit sie in Amerika lebte, hatte sie sich mühsam mit verschiedenen kleinen Jobs durchgeschlagen. Es kam ihr vor wie ein Geschenk des Himmels, als der kleine große Romancier sie nach einem kurzen, freundlichen Gespräch sogleich einstellte. Allerdings sollte ihre Tätigkeit zunächst befristet sein. Feuchtwanger hoffte, bald seine frühere Mitarbeiterin Lola Sernau nach Amerika herüberholen zu können. Nach dem knappen Kennenlernen mußte Hilde Waldo sofort ihre Schreibmaschine von zu Hause holen, es wurde ein langer Tisch vor eines der Hotelzimmerfenster mit Blick zum Park gerückt und Feuchtwanger begann zu diktieren: er konzipierte zunächst ein Buch über seine Erlebnisse in den französischen Lagern, »Der Teufel in Frankreich« (auch: »Unholdes Frankreich«). Zwischendurch schloß er die schon im Hause des amerikanischen Vize-Konsuls in Marseille begonnene Überarbeitung des dritten Bandes der »Josephus«-Trilogie ab und verfaßte Vorträge, die er in den darauffolgenden Wochen auf Einladung verschiedener Wohlfahrtsverbände und jüdischer Or-

Auch Franz Werfel war im Oktober 1940 dank des »Rescue Committee« und seines Beauftragten Mr. Fry zusammen mit Heinrich und Golo Mann, Alfred Döblin und Leonhard Frank auf einem griechischen Schiff in Hoboken, auf der Westseite des Hudson River, angekommen. Gottfried Bermann-Fischer erinnert sich: »Franz Werfel, ausgehungert und abgerissen, sank mir in die Arme. Er wies auf seinen Rucksack. ›Weißt Du, was ich da drin habe? – Das Manuskript meines neuen Buches. Das beste, was ich je geschrieben habe.‹ Es war ›Das Lied von Bernadette‹, das ich ein Jahr später in Stockholm herausbrachte und das kurz danach im amerikanischen Verlag ›Viking Press‹ in New York, in englischer Übersetzung erschien.

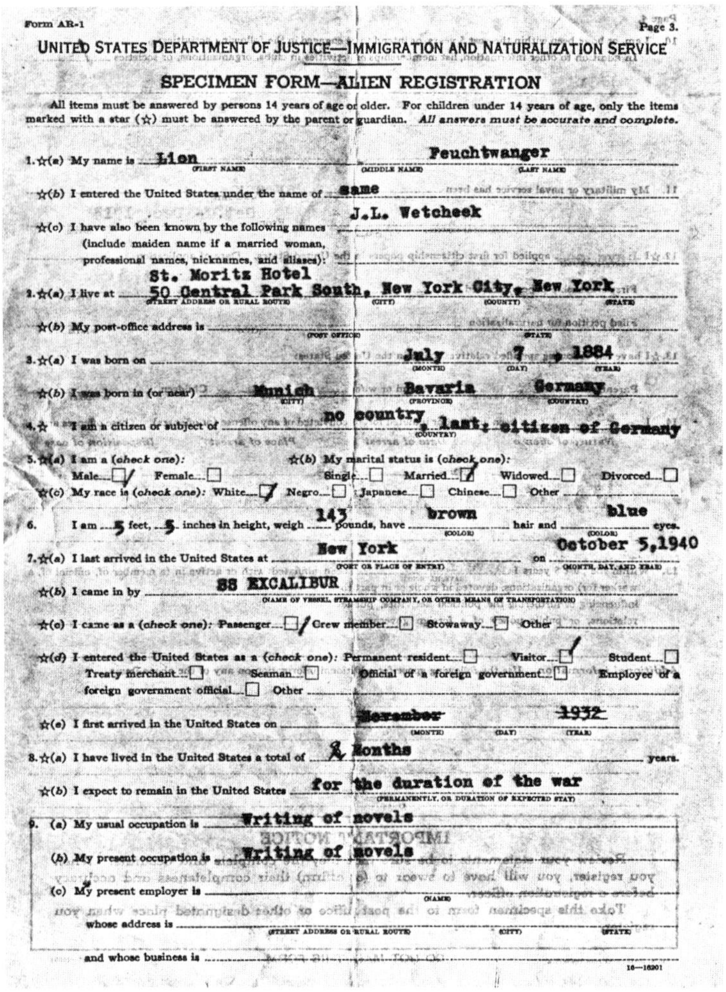

Form AR-1 Page 3.

UNITED STATES DEPARTMENT OF JUSTICE—IMMIGRATION AND NATURALIZATION SERVICE

SPECIMEN FORM—ALIEN REGISTRATION

All items must be answered by persons 14 years of age or older. For children under 14 years of age, only the items marked with a star (☆) must be answered by the parent or guardian. *All answers must be accurate and complete.*

1.☆(a) My name is Lion (FIRST NAME) (MIDDLE NAME) Feuchtwanger (LAST NAME)

☆(b) I entered the United States under the name of same

☆(c) I have also been known by the following names (include maiden name if a married woman, professional names, nicknames, and aliases): J.L. Wetcheek

2.☆(a) I live at St. Moritz Hotel 50 Central Park South, New York City, New York (STREET ADDRESS OR RURAL ROUTE) (CITY) (COUNTY) (STATE)

☆(b) My post-office address is (POST OFFICE) (STATE)

3.☆(a) I was born on July 7, 1884 (MONTH) (DAY) (YEAR)

☆(b) I was born in (or near) Munich (CITY) Bavaria (PROVINCE) Germany (COUNTRY)

4.☆ I am a citizen or subject of no country, last: citizen of Germany (COUNTRY)

5.☆(a) I am a (*check one*): Male ☑ Female ☐

☆(b) My marital status is (*check one*): Single ☐ Married ☑ Widowed ☐ Divorced ☐

☆(c) My race is (*check one*): White ☑ Negro ☐ Japanese ☐ Chinese ☐ Other

6. I am 5 feet, 5 inches in height, weigh 143 pounds, have brown (COLOR) hair and blue (COLOR) eyes.

7.☆(a) I last arrived in the United States at New York (PORT OR PLACE OF ENTRY) on October 5,1940 (MONTH, DAY, AND YEAR)

☆(b) I came in by SS EXCALIBUR (NAME OF VESSEL, STEAMSHIP COMPANY, OR OTHER MEANS OF TRANSPORTATION)

☆(c) I came as a (*check one*): Passenger ☑ Crew member ☐ Stowaway ☐ Other

☆(d) I entered the United States as a (*check one*): Permanent resident ☐ Visitor ☑ Student ☐ Treaty merchant ☐ Seaman ☐ Official of a foreign government ☐ Employee of a foreign government official ☐ Other

☆(e) I first arrived in the United States on ~~November~~ (MONTH) (DAY) ~~1932~~ (YEAR)

8.☆(a) I have lived in the United States a total of 2 Months years.

☆(b) I expect to remain in the United States for the duration of the war (PERMANENTLY, OR DURATION OF EXPECTED STAY)

9. (a) My usual occupation is Writing of novels

(b) My present occupation is Writing of novels

(c) My present employer is (NAME)

whose address is (STREET ADDRESS OR RURAL ROUTE) (CITY) (STATE)

and whose business is

16—16201

Die »Selbstauskunft« Lion Feuchtwangers für das Department of Justice

ganisationen halten mußte. Er fühlte sich nach seiner Rettung in der Pflicht und überwand daher seine Scheu vor solchen Auftritten.

In einer Rede anläßlich der Eröffnung eines Palästina-Pavillons auf der New Yorker Weltausstellung zwei Wochen nach seiner Ankunft in Amerika unterstützte er erstmals offen die Forderung nach Gründung eines eigenen jüdischen Staates in Palästina.[5] Er sah durch die Erfahrungen im Krieg und angesichts der andauernden Judenverfolgungen im Dritten Reich die weitere Existenz und Identität des jüdischen Volkes ohne eigene Heimat mit eigenem Grund und Boden gefährdet. Es war die Position, die er am Ende des dritten »Josephus«-Bandes »Der Tag wird kommen« ausdrückt, da der Weltbürger Josef Ben Matthias/Flavius Josephus wieder ins Land seiner Väter zurückkehrt. Feuchtwangers Befürchtung war jedoch immer, daß mit der Bildung eines eigenen Staates auch ein neuer jüdischer Nationalismus ausbrechen könnte. In den folgenden Jahren hielten ihn seine gemischten Gefühle in dieser Frage vor weiteren öffentlichen Äußerungen zurück. Da zeigte er sich als der alte gläubige Skeptiker – auch seinen eigenen Ideen gegenüber.

In jenen Tagen traf an Bord der »S. S. Exeter« auch seine Frau Marta aus Lissabon ein. Ständig waren die beiden eingeladen, trafen viele Bekannte aus den Tagen in Berlin und Sanary wieder, von denen jetzt eine große Zahl auf dem Weg nach Kalifornien, nach Hollywood, war. Viele Schriftsteller fanden dort zunächst ein Auskommen als Drehbuchautoren bei Filmgesellschaften. Einen Empfang zu Ehren Feuchtwangers sowie seines belgischen Kollegen Maurice Maeterlinck gab der Schriftsteller und ehemalige Präsident des internationalen PEN-Club, Jules Romains. Marta Feuchtwanger hatte in Frankreich nach der Internierung ihres Mannes sogleich auch an ihn einen Hilferuf telegrafiert, jedoch keine Antwort erhalten. Romains berichtete jetzt, er habe das Telegramm zwar bekommen und habe sogleich eine Reihe britischer Schriftstellerkollegen sowie den stellvertretenden britischen Außenminister Clemens Attlee alarmiert. Aber Schwarzschilds Denunziation Feuchtwangers als Kommunisten, so erfuhr er, hatte die diskret angelaufenen Bemühungen um eine Freilassung zunichte gemacht.

Allmählich wurden sie des New Yorker Trubels, der »Fluten von Menschen« müde. Auch bekam ihm das New Yorker Klima nicht besonders gut. Nachdem immer mehr ihrer Bekannten an die Westküste weitergereist waren, beschlossen auch sie, nach Kalifornien umzuziehen. Sich, wie früher einmal erwogen, in Santa Fé niederzulassen, stand nicht mehr zur Diskussion. Während Feuchtwanger noch einige Arbeiten beendete und die Übersiedlung vorbereitete, fuhr seine Frau im Januar 1941 in den Yosemite-Nationalpark in Kalifornien in den Skiurlaub, den Lion ihr alljährlich zum Geburtstag spendierte. Hier traf sie ihre beiden Skilehrer aus St. Anton in Tirol, Luggi Foeger und Hannes Schneider wieder. Beide unterhielten jetzt in Amerika Skischulen.

Da Lion und Marta Feuchtwanger im Oktober 1940 in die Vereinigten Staaten nur mit zeitlich befristeten Besuchervisa eingereist waren, die bald abliefen, mußten sie vor dem Umzug nach Los Angeles offiziell in die USA einwandern. Huebsch und Erich Scudder, ein Feuchtwanger bis zu seinem Tode verbundener, prominenter Rechtsanwalt aus Los Angeles, hatten alles bereits so eingefädelt, daß dies nur noch eine Formsache sein würde. Die

Einwanderung war aber nicht gleichbedeutend mit einer Einbürgerung. Die konnte man frühestens fünf Jahre nach der Einwanderung beantragen. Feuchtwangers waren – nachdem 1936 auch Marta ausgebürgert worden war – staatenlos. Am 28. Januar 1941 reiste Feuchtwanger per Flugzeug aus New York ab. Nach kurzem Aufenthalt in Los Angeles traf er am 9. Februar in der Nähe von Tucson in dem kleinen Grenzort Nogales seine Frau. Sie wechselten auf die mexikanische Seite hinüber, suchten dort das amerikanische Konsulat auf und wanderten anschließend als Immigranten Nummer 20354, mit den nötigen Papieren versehen, zu Fuß in die Vereinigten Staaten ein. Danach, auf einem langen Spaziergang außerhalb der Stadt, in der Morgensonne von Arizona sprach Feuchtwanger zu seiner Frau bereits wieder von seinen

Anzeige der Viking Press in »The New York Times Book Review« vom 28. April 1940

Im Yosemite-Nationalpark in Kalifornien, im Januar 1941, traf Marta Feuchtwanger ihre beiden Skilehrer aus St. Anton, Luggi Foeger und Hannes Schneider.

Plänen: einen Roman über Hitlers Hellseher Jan Hanussen alias Herschmann Steinschneider und dessen Methoden der Scharlatanerie zur Manipulation der Massen und einen über Benjamin Franklin und die amerikanische Revolution wollte er schreiben.

In Los Angeles lebten Feuchtwangers zunächst bis April im Hause ihrer alten Freundin Eva Herrmann, die zwischenzeitlich auch in ihrer amerikanischen Heimat eingetroffen war. Mehrmals zogen sie danach noch um, ehe sie im Herbst 1943 jene alte spanische Villa in Pacific Palisades fanden, in der sie schließlich blieben. Bei den Amerikanern nannte man das Los Angeles der deutschen Emigranten bald »New Weimar« und Feuchtwanger kam es vor wie »eine Art gigantisches Sanary«.[6] Seine Freunde Bruno Frank und Heinrich Mann waren da, dessen Bruder Thomas Mann, Vicky Baum, Alfred Döblin, Leonhard Frank, der gemeinsam mit Marta Feuchtwanger und Friedrich Torberg auf dem Schiff nach New York herübergekommen war, Hans Habe, Emil Ludwig, Ludwig Marcuse, Alfred Neumann, Alfred Polgar, Erich Maria Remarque, Berthold Viertel und Franz Werfel. (Klaus und Erika Mann, Ferdinand Bruckner, Oskar Maria Graf, Hermann Kesten, Alfred Kantorowicz und Leopold Schwarzschild blieben in New York.) Neben den zahlreichen Literaten hatten auch einige Musiker und Komponisten hier unter der Sonne Kaliforniens Zuflucht gesucht: Hanns Eisler, Jakob Gimpel, Otto Klemperer, Gregor Piatigorsky, Arnold Schönberg, Ernst Toch und Bruno Walter. Unter den Theater- und Filmleuten sahen Feuchtwangers auch ihre alten Münchner und Berliner Bekannten Max Reinhardt, Leopold Jessner, Fritz Lang, Fritz Kortner, Ernst Deutsch, Oscar Homolka, Wilhelm Dieterle, Peter Lorre und Elisabeth Bergner wieder.

Einer, der sich besonders auf die Begegnung mit Feuchtwanger gefreut hatte, war der Schauspieler Alexander Granach, der einst bei Max Reinhardt in Berlin engagiert war. Es war ein denkwürdiges und ergreifendes Wiedersehen: Als Granach Feuchtwanger gegenüberstand, fiel er plötzlich auf die Knie und dankte überschwenglich seinem »Retter«: Granach, ein gebürtiger Weißrusse, war in den Dreißiger Jahren aus Berlin in die Sowjetunion emigriert und im November 1937 in Kiew aufgrund einer Denunziation eingesperrt worden. Seine Freunde fürchteten um sein

Leben und hatten sich in Sanary an Feuchtwanger gewandt, der sich sofort in einem Brief an Stalin für Granachs Freilassung einsetzte.[7] Auch ein Brief Feuchtwangers über ein gemeinsames Filmprojekt, den Granach bei seiner Verhaftung bei sich trug, schien geholfen zu haben, daß der Schauspieler wieder freikam.[8] Noch im Dezember 1937 übersiedelte Granach in die USA. Hier wirkte er in einer Reihe von Filmen mit. Eine seiner Rollen in der Verfilmung von Hemingways »Wem die Stunde schlägt« war die des sowjetischen Journalisten Karkow alias Kolzow, Feuchtwangers verschollener russischer Freund. Dessen zunächst auch lange

9. Februar 1941:
Das Foto zeigt Marta und Lion Feuchtwanger mit einem ebenfalls eingewanderten englischen Ehepaar in Nogales an der mexikanischen Grenze.

Ihre erste Neujahrsfeier in der Neuen Welt verbrachten sie in der Gesellschaft Serge Rubinsteins.

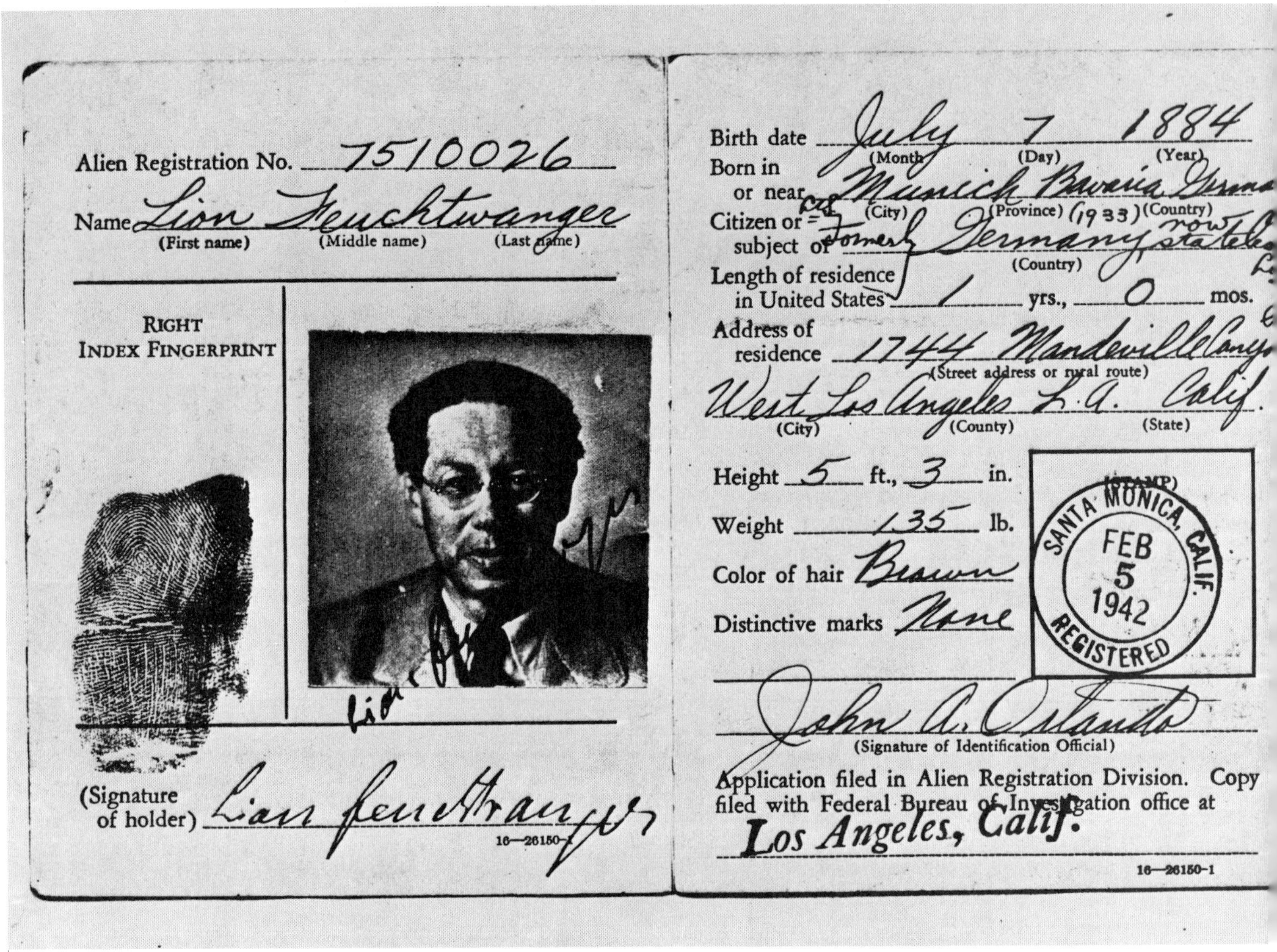

Alien Registration No. 7510026

Name Lion Feuchtwanger
(First name) (Middle name) (Last name)

Right Index Fingerprint

(Signature of holder) Lion Feuchtwanger

16—26150-1

Birth date July 7 1884
(Month) (Day) (Year)

Born in or near Munich Bavaria Germa
(City) (Province) (Country)

Citizen or subject of formerly Germany (1933) now stateless
(Country)

Length of residence in United States 1 yrs., 0 mos.

Address of residence 1744 Mandeville Cany
(Street address or rural route)

West Los Angeles L.A. Calif.
(City) (County) (State)

Height 5 ft., 3 in.

Weight 135 lb.

Color of hair Brown

Distinctive marks None

(Stamp) Santa Monica, Calif. Feb 5 1942 Registered

John A. [illegible]
(Signature of Identification Official)

Application filed in Alien Registration Division. Copy filed with Federal Bureau of Investigation office at Los Angeles, Calif.

16—26150-1

Am 5. Februar 1942 erhielt Feuchtwanger von der Emigrantenbehörde in Los Angeles seinen Paß. Um die amerikanische Staatsbürgerschaft wird er bis zu seinem Tode vergeblich kämpfen.

verschwundene Freundin Maria Osten war, wie Feuchtwanger aber erst 1948 erfuhr, 1941 in einem Moskauer Evakuierungslager an Typhus gestorben.

Und dann, endlich, kam Bertold Brecht mit seiner Familie und seiner Mitarbeiterin und Freundin Ruth Berlau. Sie trafen am 21. Juli 1941 aus der Sowjetunion über Manila kommend an Bord der »Annie Johnson« in San Pedro, im Hafen von Los Angeles ein. Marta Feuchtwanger und Alexander Granach nahmen sie in Empfang. Feuchtwanger und Brecht sahen sich am nächsten Tag. Nach der Begegnung notierte Brecht in sein Arbeitsjournal: »feuchtwanger wohnt in santa monica in einem großen haus in mexikanischem stil. er ist im wesen unverändert, sieht jedoch gealtert aus. er arbeitet an einem stück über einen deutschen astrologen und scharlatan für das hiesige theater. sein rat ist, hier zu bleiben, wo es billiger ist als in NY und wo mehr aussichten zu verdienen bestehen.«[9] Feuchtwanger hatte mit Energie Brechts Übersiedlung nach Amerika betrieben. Nach dem Einrücken der deutschen Truppen in Dänemark und Norwegen war Brecht mit seinem Anhang nach Finnland ausgewichen. Feuchtwanger machte sich große Sorgen, weil er fürchtete, der Freund »hockt recht in der Falle«.[10] Am 18. Mai schrieb er an Brecht: »Lieber Brecht, Ich hoffe, daß dieser Brief Sie nicht mehr erreicht. Wir tun hier wirklich für Sie, was wir können, und vielleicht hilft Ihnen ein bißchen das Bewußtsein, daß Sie eine ganze Reihe und sehr treuer

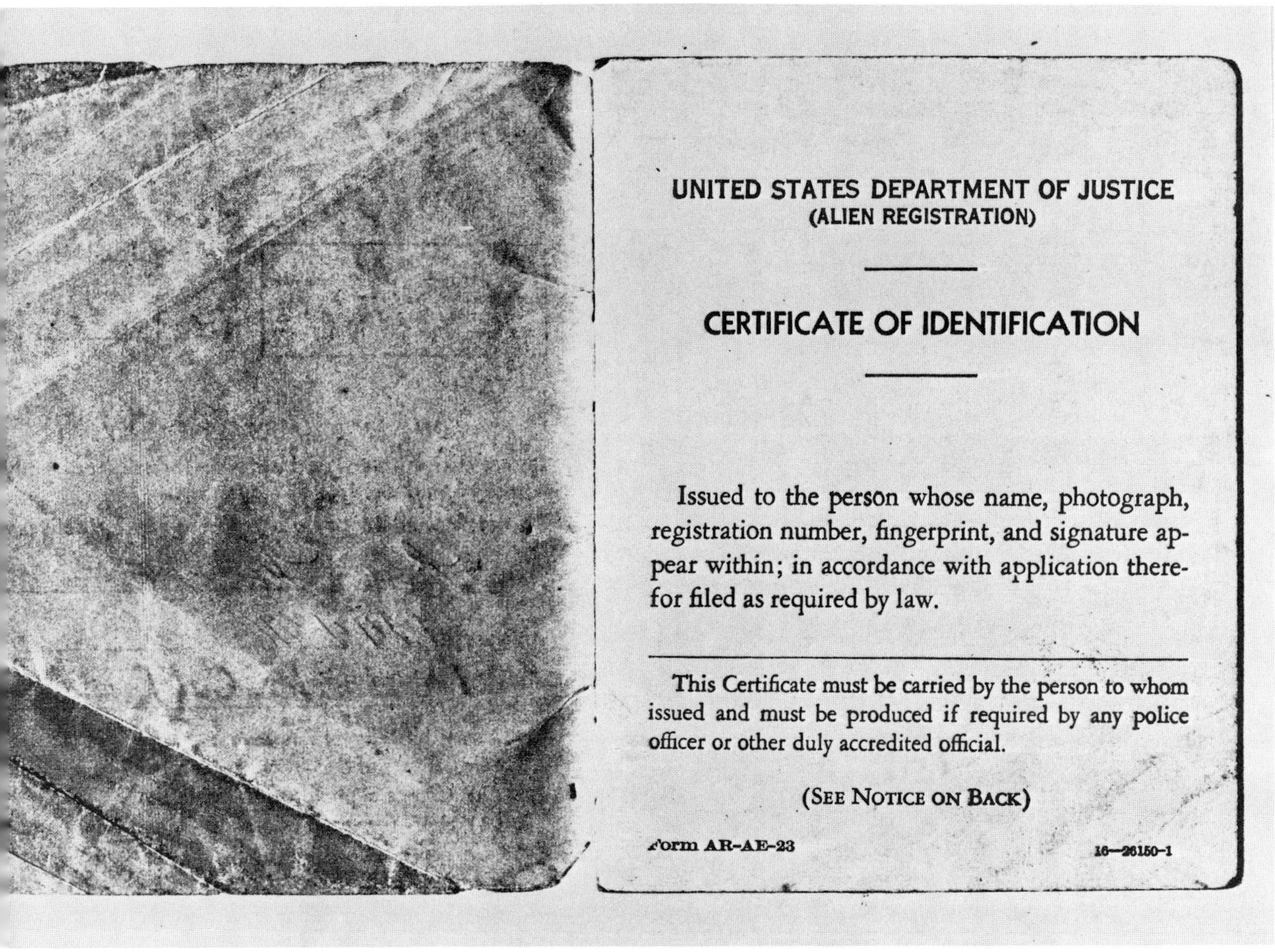
UNITED STATES DEPARTMENT OF JUSTICE
(ALIEN REGISTRATION)

CERTIFICATE OF IDENTIFICATION

Issued to the person whose name, photograph, registration number, fingerprint, and signature appear within; in accordance with application therefor filed as required by law.

This Certificate must be carried by the person to whom issued and must be produced if required by any police officer or other duly accredited official.

(SEE NOTICE ON BACK)

Form AR-AE-23 16—26150-1

Freunde haben.«[11] Vier dieser treuen Freunde – Feuchtwanger, Dieterle, Homolka und Kortner – hatten für Brecht sogenannte »Affidavits« abgegeben, schriftlich beeidigte Erklärungen, in denen sie sich zur materiellen Unterstützung desjenigen bereit erklären, der in die USA einwandern will. Und als Feuchtwanger erfuhr, daß die Brecht-Kinder an Skorbut litten, organisierte er über Freunde den Versand von Lebensmittelpaketen nach Finnland. Feuchtwangers Brief erreichte Brecht tatsächlich nicht mehr. Er war bereits über die Sowjetunion auf dem Weg nach Amerika. Finanziert wurde die Reise von Feuchtwanger. Brecht ließ sich in Moskau einen größeren Betrag aus dessen Tantiemen auszahlen. Von dem Geld konnte Brecht sogar noch eine Weile seinen Lebensunterhalt in Kalifornien bestreiten.

Obwohl vieles in Los Angeles die Emigranten an Sanary erinnerte, fühlten sie sich hier fremd, viel weniger geborgen als damals in Südfrankreich. Brecht und Feuchtwanger hatten Heimweh nach Europa. Feuchtwanger meinte: »Man muß sich schon sehr lebhaft vorstellen, wie scheußlich es in Europa wäre, um das Leben hier angenehm zu finden.«[12] Und Brecht vermerkte in seinem Arbeitsjournal: »fast an keinem ort war mir das leben schwerer als hier in diesem schauhaus des easy going. das haus ist zu hübsch, mein beruf ist hier goldgräbertum, die glückspilze waschen sich aus dem schlamm faustgroße goldklumpen (...).«[13] Tausende von Kilometern von der Heimat entfernt, kamen sich

Bertolt Brecht nach seiner Ankunft in Los Angeles am 21. Juli 1941. Mit ihm kam auch Ruth Berlau seine Mitarbeiterin und Freundin.

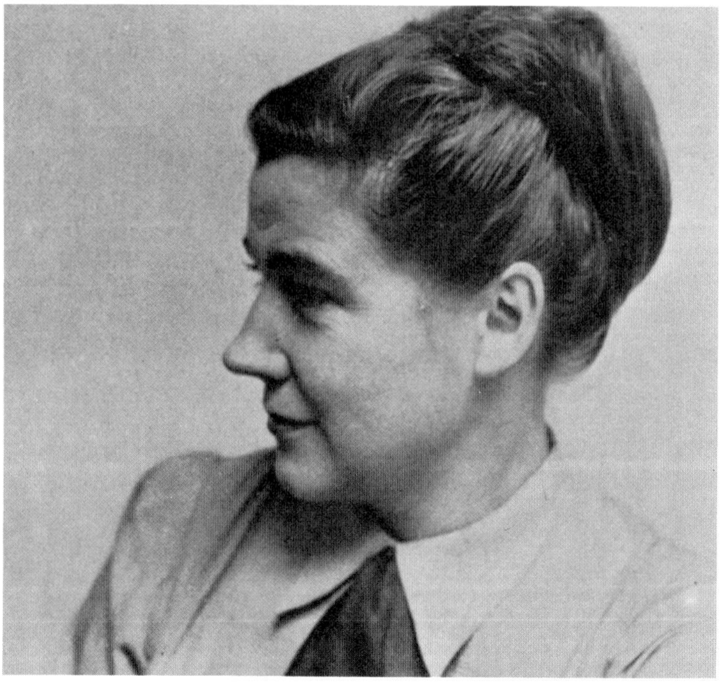

die Emigranten noch abgeschnittener vor, zumal viele auch noch Probleme mit der englischen Sprache hatten. Oft blieb ihnen nichts anderes übrig, als sich als Lohnschreiber für eine Filmgesellschaft zu verkaufen, um existieren zu können. Zu jenen, die für 100-Dollar-Wochenschecks – oft nie verwendete – Filmscripts verfaßten, gehörten neben Brecht Döblin, Alfred Neumann, Leonhard Frank, Torberg und Heinrich Mann. Viele gaben nach kurzer Zeit von selber auf, andere wurden von den Filmgesellschaften vor die Tür gesetzt. Eine Ausnahme war Salka Viertel, die Frau des Schriftstellers Berthold Viertel. Sie setzte sich als Drehbuchautorin vor allem für Greta-Garbo-Filme durch. Von Brecht wurde nur der Film »Hangmen also die« durch Fritz Lang realisiert. Während Feuchtwanger-Bücher bei Viking Press in New York und auf deutsch im Verlag El Libro Libre in Mexiko sowie beim Neuen Verlag in Stockholm erschienen, fanden viele Exilschriftsteller für ihre Arbeiten keinen Verleger und mußten oft von der Unterstützung aus dem von Dieterle und Fritz Lang gegründeten »European Film Fund« leben, in den auch Feuchtwanger, als er anfängliche finanzielle Schwierigkeiten überwunden hatte, einzahlte. In einem Vortrag vor amerikanischen Berufskollegen schilderte Feuchtwanger 1943 die Probleme der Schriftsteller im Exil:

»Der Schriftsteller, der den Leserkreis seines eigenen Landes verliert, verliert mit ihm sehr häufig das Zentrum seiner wirtschaftlichen Existenz. Sehr viele Schriftsteller, die in ihrem eigenen Lande marktfähig waren, sind trotz höchster Begabung im Ausland nicht verkaufbar, sei es, weil ihr Wert vor allem im Sprachlichen liegt und dieses Sprachliche nicht übertragbar ist, sei es, weil ihre Stoffe den ausländischen Leser nicht interessieren. (...) Es ist erstaunlich, wieviele Autoren, deren Leistungen die ganze Welt anerkannt hat, jetzt im Exil trotz ernsthafter Bemühungen völlig hilf- und mittellos dastehen.

Dazu kommt, daß viele Schriftsteller mehr als andere Exilanten leiden unter den läppischen kleinen Miseren, aus denen der Alltag des Exils sich zusammensetzt. Es ist keine große Sache, in einem Hotel wohnen zu müssen und auf Schritt und Tritt bürokratischen Weisungen unterworfen zu sein. Aber einen weitgespannten Roman in einem Hotelzimmer zu schreiben, ist nicht jedem Schriftsteller gegeben, es reißt an den Nerven; es reißt doppelt an den Nerven, wenn der Autor nicht weiß, ob er morgen noch dieses Hotelzimmer wird zahlen können, wenn seine Kinder ihn um Essen bitten, und wenn die Polizei ihm mitteilt, daß binnen drei Tagen seine Aufenthaltsbewilligung abgelaufen sei. (...)

Die ökonomischen Schwierigkeiten und der aufreibende Kampf mit Nichtigkeiten, die nicht aufhören, sind das äußere Kennzeichen des Exils. Viele Schriftsteller sind davon zermürbt worden, viele zogen den Selbstmord dem tragikomischen Leben im Exil vor.«[14]

Es versuchten auch amerikanische Kollegen in jenen Jahren den emigrierten Kollegen zu helfen. Die »New York Herald Tribune« veröffentlichte eine regelmäßige Kolumne, in der die Exil-Autoren vorgestellt wurden. Das amerikanische PEN-Zentrum bildete ein »Foreign Writers Committee« und die »League of American Writers«, ein politisch links gerichteter Zusammenschluß gründete das »Exiled Writers Committee«. Die beiden Organisationen sammelten Geld zur Unterstützung notleidender Autoren. Überdies wurde ein von Jules Romains geleiteter »Eures Times

IN THREE PARTS — 48 PAGES

Part II — LOCAL NEWS — 12 Pages

TIMES OFFICE
202 West First Street

MARCH 21, 1941. CITY NEWS—EDITORIAL—SOCIETY

Feuchtwanger, Refugee From Europe, Gives First Interview on World Affairs

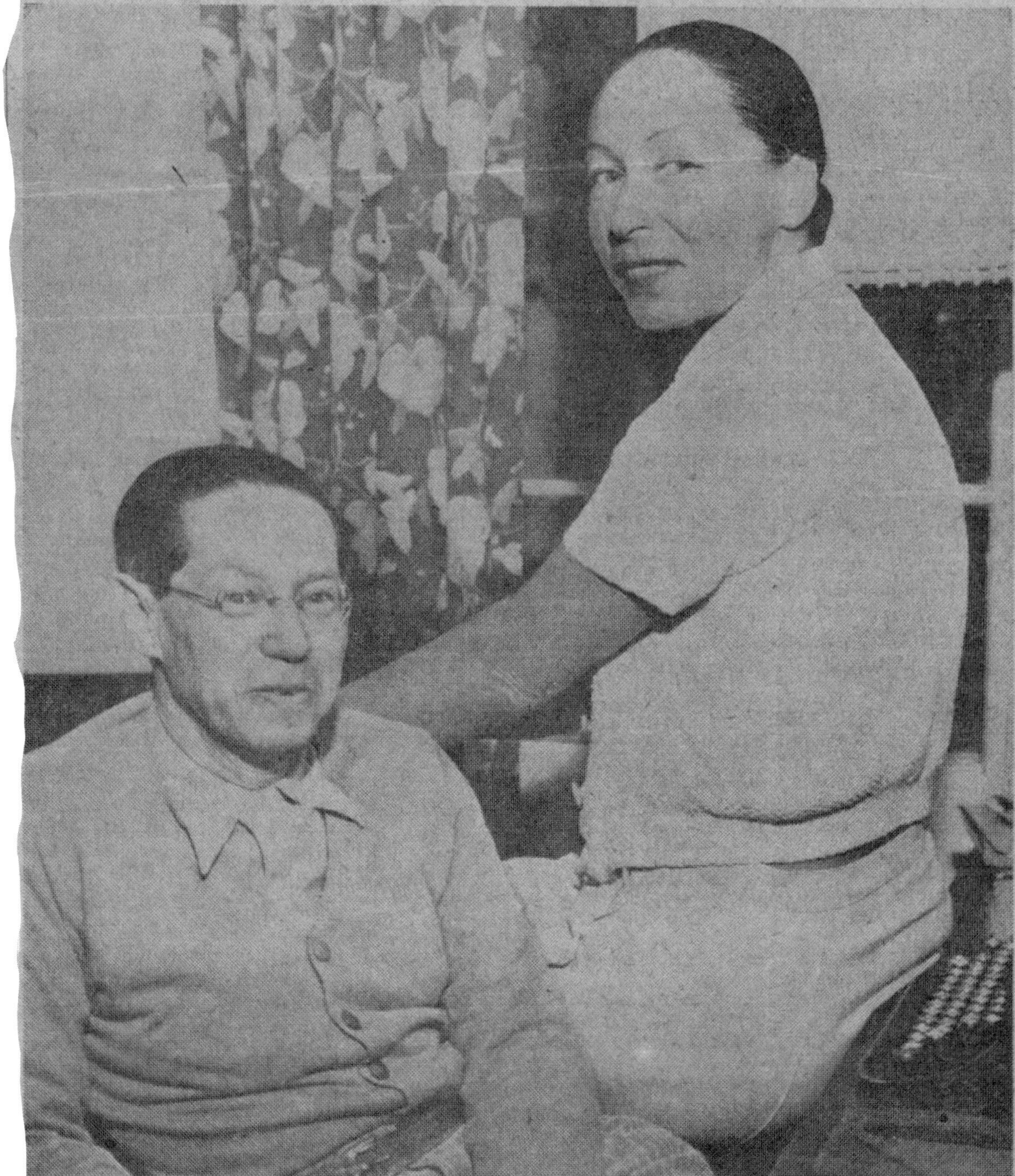

FIND QUIETNESS HERE—Lion Feuchtwanger, famed Jewish writer of Germany, and his wife Marta, shown at ease in their new American home in winding canyon.

Haven Found in Southland

Noted Novelist and Jewish Intellectual Now Here With Wife

Now Lion Feuchtwanger, German novelist, turns up in Southern California. For the first time since his escape from Nazified France he gave his extraordinary views on world political affairs—quite different from those of most European emigres of whatever political faith.

The Jewish intellectual, who escaped from a concentration camp with the aid of undisclosed American friends, arrived in New York in October, remained there a few months, went to Mexico for a week so he could re-enter technically under a quota.

He reappears here in a scene of striking contrast.

In a handsome house on a winding canyon road near Santa Monica he was found dictating to a pretty secretary. His athletic wife, who takes sport and lets her husband have literature all to himself, had just returned from a skiing trip to Lake Arrowhead.

DETOUR FOR HISTORY

She had been in a woman's concentration camp and proudly tells how she was an overseer. Their new American home, where they have been for

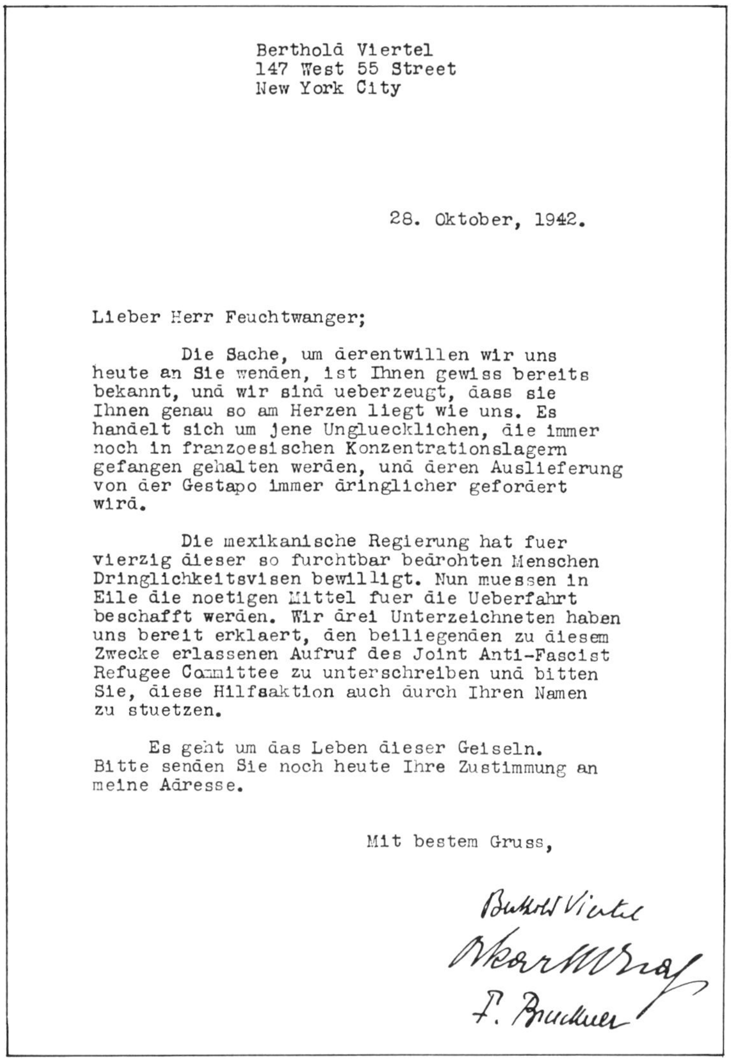

Berthold Viertel
147 West 55 Street
New York City

28. Oktober, 1942.

Lieber Herr Feuchtwanger;

Die Sache, um derentwillen wir uns heute an Sie wenden, ist Ihnen gewiss bereits bekannt, und wir sind ueberzeugt, dass sie Ihnen genau so am Herzen liegt wie uns. Es handelt sich um jene Ungluecklichen, die immer noch in franzoesischen Konzentrationslagern gefangen gehalten werden, und deren Auslieferung von der Gestapo immer dringlicher gefordert wird.

Die mexikanische Regierung hat fuer vierzig dieser so furchtbar bedrohten Menschen Dringlichkeitsvisen bewilligt. Nun muessen in Eile die noetigen Mittel fuer die Ueberfahrt beschafft werden. Wir drei Unterzeichneten haben uns bereit erklaert, den beiliegenden zu diesem Zwecke erlassenen Aufruf des Joint Anti-Fascist Refugee Committee zu unterschreiben und bitten Sie, diese Hilfsaktion auch durch Ihren Namen zu stuetzen.

Es geht um das Leben dieser Geiseln. Bitte senden Sie noch heute Ihre Zustimmung an meine Adresse.

Mit bestem Gruss,

Berthold Viertel
Oskar Maria Graf
F. Bruckner

Am 28. Oktober 1942 bittet Berthold Viertel Lion Feuchtwanger um dringende Hilfe bei dem Versuch, 40 in französischen Konzentrationslagern internierte Menschen auszulösen.

Hilde Waldo siedelte 1942 von New York nach Los Angeles und wurde bis zu seinem Tod Feuchtwangers Sekretärin. Noch heute geht sie Marta Feuchtwanger bei der Verwaltung des Nachlasses zur Hand.

opean P.E.N. Club in America« gegründet.[15]

Auch Feuchtwanger hatte anfangs schwer zu kämpfen, um sein Leben zu organisieren. In einem Brief an Zweig beschrieb er im Juli 1941 anschaulich die Schwierigkeiten seines Daseins als staatenloser Flüchtling, ohne freilich seinen Optimismus aufgegeben zu haben: »Meine äußeren Verhältnisse sind reichlich wirr. Die Amerikaner haben sich großartig bewährt, als sie mir aus Frankreich heraushalfen, doch seitdem ich hier bin, bin ich verwickelt in ungeheuer viel Bürokratismus. Ich habe hier noch ein kleines Konto, aber es ist gesperrt, weil ich erstens Franzose bin, indem ich mich nämlich am 23. Juni, dem Stichtag, in einem französischen Konzentrationslager aufhielt, und zweitens Deutscher, weil ich nämlich in Deutschland geboren und nach dem 14. Juni hier eingewandert bin. Meine Bibliothek ist in Lissabon, sie verschlingt riesige Lagerkosten und ich kann sie nicht herüberkriegen, da es maßlos kompliziert ist, die für die Verschiffung notwendigen Erlaubnispapiere zusammenzukriegen. Geld habe ich nicht viel, doch kann ich halbwegs anständig leben. Aussichten habe ich viele und gute, und so wenig ich ja am günstigen Ausgang des Krieges gezweifelt habe, so wenig zweifle ich an unserer eigenen, nicht unbehaglichen Zukunft. Mit unserer meine ich die Ihre, lieber Zweig, und die Meine.«[16]

Nur langsam entwirrte sich das bürokratische Knäuel. Nach einem, wie er seinem Verleger Huebsch mitteilte, »ungeheuren Schriftwechsel, bestehend aus mehreren hundert Briefen« und nachdem sich auf einen Bittbrief Feuchtwangers hin sogar der amerikanische Finanzminister Henry Morgenthau höchstpersönlich bemüht hatte, bekam Feuchtwanger schließlich Bescheid, er dürfe jetzt über sein Konto frei verfügen. Es war jedoch fast nichts mehr drauf. Anfang 1942 entwickelte sich seine gegenüber Zweig noch so zuversichtlich eingeschätzte Lage auch noch zunehmend ungünstig. In ziemlich deprimierter Verfassung berichtete Feuchtwanger an seine einstige Sekretärin Lola Sernau: »wirtschaftlich ist es mir seit der inflation noch niemals so schlecht gegangen wie jetzt. dabei besteht meine post nach wie vor aus lauter bittbriefen.« Immerhin habe es »in der ganzen blöden misere« einen Lichtblick gegeben: die in 45 Überseekisten verpackten Bücher und persönlichen Gegenstände aus dem Haus in Sanary »sind wirklich angekommen und stehen richtig hier. natürlich war alles zerbrechbare zerbrochen und die hälfte der bücher elend beschädigt. aber lesbar sind sie, und sie stehen vertraut um mich herum, und sie machen mir eine grosse freude. marta hat natürlich endlos geschimpft und marcuse, dessen zeug ja schließlich auch viel mühe gemacht hat – es war hoffnungslos ins andere hineinverstreut und hat schließlich auch einen großen happen geld gekostet – hat kaum ein wort des dankes dafür gehabt.«[17]

Wie verhext kam es Feuchtwanger vor, daß er während der ganzen vergangenen Monate zwar zahlreichen Bekannten und Freunden hat in die Vereinigten Staaten herüberhelfen können, nicht aber – trotz vieler Geldopfer – seiner früheren Mitarbeiterin. In dem Brief von Anfang Januar 1942 schien es ihm, als ob nach vielen Mühen »knapp vor Toresschluß alles zusammengebrochen« sei. Die USA ließ nur eine bestimmte Quote von Emigranten ins Land. Da Lola Sernau über einen Schweizer Paß verfügte, wurde ihr Fall von den Behörden nicht als dringlich eingestuft. Feuchtwanger fürchtete, daß es vor Kriegsende keine Chance geben würde, Lola Sernau noch herüberholen zu können. Nach 1948 gaben es dann beide auf, zumal die ehemalige Mitarbeiterin mittlerweile neue, eigene Wege gegangen war. Sie sollten sich erst ein Jahr vor seinem Tod wiedersehen, als sie ihn in Los Angeles besuchte. Obwohl sie in den Jahren dazwischen in freundschaftlichem Briefwechsel standen und sie zuweilen in Europa seine Interessen wahrnahm, hatten sie sich bei Lola Sernaus Besuch Anfang 1957 nicht mehr viel zu sagen.

Damals, kurz nach seiner Übersiedlung an die Westküste war auf seine Bitte hin auch Hilde Waldo aus New York nachgekommen, (die dann bis zu seinem Tod seine Sekretärin blieb und danach Feuchtwangers Witwe Marta bei der Ordnung und Verwaltung des Nachlasses zur Hand ging). Neben dem scheinbar endlosen Papierkrieg mit den Behörden versuchte Feuchtwanger mit seiner Arbeit voranzukommen, damit wieder etwas Geld aufs Konto kam. Er beendete seinen Erlebnisbericht »Der Teufel in Frankreich«, der auf deutsch bei El Libro Libre in Mexiko erschien, und den Roman »Die Brüder Lautensack«, für den er mit Eva Herrmann sogar an Sitzungen eines »Geistersehers« teilgenommen hatte.

Feuchtwanger, ohnehin ein disziplinierter Arbeiter, bekam in dieser Zeit von unerwarteter Seite Gelegenheit, sich wirklich fast ausschließlich auf seine schriftstellerische Tätigkeit zu konzentrieren: Nach dem Kriegseintritt der Vereinigten Staaten um die Jahreswende 1941/42 widerfuhr den Emigranten nämlich etwas, das sie fatal an ihre schizophrene Situation in Frankreich erinnerte, und von der sie geglaubt hatten, daß sie sich in Amerika nicht wiederholen werde. Die Exilanten wurden plötzlich wieder als »feindliche Ausländer«, als »enemy aliens«, abgestempelt. Das hatte zur Folge, daß gegen sie ab März 1942 eine Ausgangssperre von 20 Uhr bis 6 Uhr verhängt wurde und daß sie sich außerdem nur innerhalb einer Fünf-Meilen-Zone bewegen durften. Es nutzte ihnen wenig, wenn sie darauf aufmerksam machten, daß doch auch sie Gegner der Nationalsozialisten seien. In einem Brief an seinen Verleger Huebsch drückte Feuchtwanger aus, was viele Exilkollegen empfanden: »Es geht uns hier nicht sehr gut. Die Restriktionen gegen die Enemy Aliens sind sehr empfindlich. (...) In dieser sehr ausgedehnten Stadt, wo man sehr verstreut wohnt, heißt das, daß man praktisch mit einer Menge von Freunden nicht mehr zusammenkommen kann; im Grunde ist man ein Gefangener. Aber es ist vorläufig nicht ganz so schlimm wie in Frankreich. Am meisten erbitternd ist die prinzipielle Torheit der Maßnahmen.«[18] Die strengen Einschränkungen wirkten sich vor allem wirtschaftlich auf Exilanten aus, insbesondere auf jene, deren Situation ohnehin nicht rosig war. Im Mai klagte Feuchtwanger gegenüber Huebsch, er sehe auch für sich »wirtschaftlich ziemlich schwarz«: »Vor dem Eintritt Amerikas in den Krieg hatte ich einige außerordentlich günstige Angebote, Hypotheken auf die Filmrechte meiner künftigen Produktion und dergleichen, die mich nicht weiter belastet, mir aber ein ruhiges Weiterarbeiten wie bisher erlaubt hätten. Jetzt haben sich alle diese Angebote verflüchtigt, und ich muß ernstlich daran denken, nach Vollendung der ›ZAUBERER‹ (Arbeitstitel für ›Die Brüder Lautensack‹) irgendwelche albernen Arbeiten für den Film zu übernehmen.«[19]

Otto Klemperer, der 1973 im Alter von 88 Jahren starb, verbrachte sein Exil zwischen 1933 und 1939 in Los Angeles als Chefdirigent des dortigen Philharmonic Orchestra. Eine Anekdote beschreibt die Stimmung von Emigranten aus Deutschland: »Ende der dreißiger Jahre ging es Klemperer in Los Angeles eine zeitlang beruflich nicht sonderlich gut. Ein anderer berühmter Flüchtling aus dem Deutschland Hitlers, Jascha Horenstein, war ebenfalls ganz am Boden. Einmal machten Klemperer und Horenstein einen Spaziergang am Pazific, und Horenstein ließ sich lang und breit über sein Unglück aus. Seine Klage nahm kein Ende. Klemperer hörte ihm voll Anteilnahme zu. Schließlich rief er dem Kollegen: »wenn ich Sie wäre, würde ich mich aufhängen.«

Leben im Schloß am Meer: Die Freunde und Zeitgenossen

„Wir haben Feuchtwanger gern, obgleich er oft brennt wie Salzsäure."

»Ein Lebenskünstler, behaglich in der Arbeitsamkeit, weiß ›der Lion‹ überall das schönste Haus in der schönsten Lage ausfindig zu machen und seinem harten Fleiß – um den geht es im Grunde – die angenehmsten Bedingungen zu sichern. In Californien (...) wie er dort haust, ist fabelhaft. Ein wahres Schloß am Meer ist sein, in den malerischen Hügeln der Santa-Monica-Bucht mit prachtvollem Ausblick gelegen, in dessen weitläufigen Wohnräumen die kostbare Büchersammlung sich reiht, die er stetig vermehrt. Das Studierzimmer aber, im Oberstock, auch mehr ein Saal als ein Zimmer, ist nach Möbeln und Gerät die dienlichste, bestorganisierte literarische Werkstatt, die mir je vorgekommen.«[20] Mit ein wenig neidvoller Ironie zollte der Nachbar Thomas Mann, selbst Besitzer einer stattlichen Villa ganz in der Nähe, dem »kleinen Meister« seinen Respekt. Ging es Feucht-

wanger 1942 wirtschaftlich noch ziemlich schlecht, so änderten sich mit der allgemeinen politischen und militärischen Lage auch seine persönlichen Aussichten so plötzlich, daß er bereits im Herbst 1943 die imposante Villa am Paseo Miramar in Pacific Palisades zwischen Santa Monica und Beverly Hills erwerben konnte – wenn auch mit dem letzten Cent mühsam finanziert. Immerhin hatte ihm die Vergabe der Vorabdruckrechte für »Die Brüder Lautensack« an eine amerikanische Zeitung eine größere Summe eingebracht.

Wieder einmal hatte seine Frau Marta das Haus entdeckt. Es stand zum Notverkauf und war daher im Preis verhältnismäßig günstig. Die in spanischem Stil erbaute Villa am Hang übertraf alles, was die Feuchtwangers bisher zum Wohnen hatten. Das »maurische Schloß«, wie Freunde und Bekannte das Haus nannten, hat etwa 20 Räume, einen Patio mit Laubengang und Brunnen sowie eine weite Terrasse, das Ganze gelegen in einem großen, parkähnlichen Garten. Ludwig Marcuse, Feuchtwangers alter Nachbar aus Sanary, der in Los Angeles einen Lehrauftrag an der Universität hatte, beobachtete, wie der Hausherr sich »nach alter Weise, abermals Wände aus Büchern, ein drittes Mal« baute. »Das war ein gewaltiges Mausoleum aus den Werken der Dichter; ich ging immer zu ihm, wenn die Bibliothek meiner Univeristät versagte.« Darin lebte und arbeitete der Schriftsteller Lion Feuchtwanger bis zu seinem Tod. »Er ging«, so Marcuse, »auch in Gesellschaften, nicht zu oft. Lud auch ein; nicht zu eifrig. (...) Aber lieber war er ungestört. Er hatte so viele erlauchte Dauergäste im Haus, die er zum Sprechen bringen konnte, wann er wollte; er hatte keine Sehnsucht, häufiger als gelegentlich einmal gesellig zu sein. In seinem weiträumigen

Feuchtwangers erwarben im Herbst 1943 eine im spanischen Stil erbaute Villa in Pacific Palisades. »Ein wahres Schloß« hatte es Thomas Mann genannt und George Tabori nannte es eine »Villa von so protzender Vollkommenheit wie Wahnfried«. In diesem Haus, in dieser damals noch unbebauten Landschaft machte sich Lion Feuchtwanger Gedanken über sein Romanprojekt »Waffen für Amerika«. Öfters kam Bertolt Brecht zu Besuch. Feuchtwanger wie Brecht waren von ihrem Denken her unfähig, die englische Sprache so zu benutzen wie die deutsche. Der ebenfalls exilierte Philosoph Ernst Bloch war der Meinung: »Im allgemeinen besteht die Regel, daß einer aus der eigenen Sprache desto schwerer in die andere fallen kann, je vertrauter er in der eigenen sich auskennt, je mehr er in ihr und durch sie erfahren hat.«

November 1943: der erste Tag in seinem neuen Heim in Pacific Palisades, 520 Passeo Miramar

spanischen Monterey-Schlößchen befindet sich übrigens auch eine Orgel. Der Musiker Eisler spielte bei der Einweihung: ›Üb immer Treu und Redlichkeit‹. Und auf den heiligen Fluren rundum tummeln sich gut genährte Schildkröten, Waschbären kommen regelmäßig zu Besuch, ein verletzter Habicht wurde mit rohem Fleisch aufgezogen. So lebte der freundlich-stille Anachoret von Pacific Palisades (...).«[21]

Mehrmals im Jahr luden Feuchtwangers zu Leseabenden ein. Etwa 60 Gäste versammelten sich dann in seinem geräumigen Arbeitszimmer, wenn er aus seinen neuesten Arbeiten vortrug. Feuchtwanger begann – mit Rücksicht auf Thomas Mann, der um elf Uhr zu Hause sein wollte – Punkt acht Uhr. Anschließend wurde diskutiert, und ab elf gab es drunten in der Bibliothek Erfrischungen, einen von Marta zubereiteten italienischen Salat sowie Apfelstrudel mit Schlagsahne. Die Abende verliefen angeregt und harmonisch. Marcuse hatte den Eindruck, »im Hause Feuchtwanger wurde nie üble Nachrede gehalten«.[22] Außerhalb gab es das schon eher. George Tabori, den Thomas Mann einmal zu einem Feuchtwanger-Abend mitgenommen hatte, schrieb in seinen Erinnerungen: »Als ein Akt der Rache, weil er nicht wie Mann den Nobelpreis bekommen hatte, las uns Feuchtwanger zwei extrem lange Kapitel aus seinem Goya-Buch vor, wobei er seine schrille Stimme kaum variierte. Thomas Mann allerdings hatte mit Rache nichts im Sinn und schlief mit halboffenen Augen ein, die kalte Zigarre zwischen seinen Lippen, die stets von den Spuren eines Magenpulvers gezeichnet waren. Als wir später zum Auto zurückgingen, wandte er sich zu mir: ›Junger Mann‹, sagte er, ›haben Sie die Perfektion der Einrichtung bemerkt, die 18 000 ledergebundenen Bücher, alle von ihm nicht nur gelesen, sondern auch verstanden und im Gedächtnis behalten: die abwechslungsreichen Schreibtische, einer, um im Liegen zu schreiben, ein anderer, um sitzend zu schreiben, ein dritter zum Stehen, und die prächtigen Schreibutensilien, die verschiedenen Schreibmaschinen, die Batterie von Federn, Bleistiften, Radiergummis, die erlesene Qualität des Papiers, die raffinierte kleine Nische für die Sekretärin, immer zur Hand, der Blick über den Pazifischen Ozean, der Duft der exotischen Flora, diese riesige, diskrete, immer hilfreiche Frau, die mich an einen Indianerhäuptling erinnert, und was kommt bei all der Vollkommenheit heraus? Reine Scheiße.«[23]

Ein solch krasses, ja vernichtendes Urteil Thomas Manns über Feuchtwangers Arbeit ist bisher – außer bei Tabori – freilich nirgendwo aufgetaucht. Die recht boshafte Bemerkung Manns stünde überdies in einem merkwürdigen Widerspruch zu dem gerade in Kalifornien entwickelten herzlichen, freundschaftlichen Verhältnis zwischen den Manns und den Feuchtwangers und der literarischen Wertschätzung, die Thomas Mann insbesondere Feuchtwangers »Goya« entgegenbrachte. Thomas Manns Frau Katia und Lion Feuchtwanger kannten sich schon seit ihrer Schulzeit am Wilhelms-Gymnasium in München, wo die Tochter des Mathematikers Pringsheim ein Jahr vor Feuchtwanger als erstes Mädchen das Abitur machte. Gegen die Zuverlässigkeit des Zeugen Tabori spricht auch, daß Thomas Mann von seinen Besuchen bei Feuchtwanger genau wußte, daß es dort weder einen Schreibtisch zum Liegen, noch eine Nische für die Sekretärin gab. Als Arbeitsfläche dienten vier von Marta Feuchtwanger ertrödelte, gleich aussehende, zusammengestellte amerikanische Vorzimmerschreibtische. Das Zimmer mit diesen Möbeln existiert heute noch wie zu Lebzeiten Feuchtwangers. Überhaupt war das Haus am 520 Paseo Miramar – im Gegensatz zur äußeren Erscheinung der Villa – gemütlich bescheiden und ohne Luxus eingerichtet.

In Frankreich standen sich Feuchtwangers und Manns trotz häufiger Begegnungen noch eher freundlich-reserviert als herzlich-verbunden gegenüber. In Pacific Palisades aber besuchten sie sich regelmäßig, gaben füreinander alle zwei Wochen Abendessen, feierten zusammen Weihnachten oder Sylvester, bis Thomas Mann mit seiner Frau Katia 1952 nach Europa zurückkehrte und sich bei Zürich ansiedelte. Immer wieder klang in den Briefwechseln an, wie sehr man doch die gemeinsame Zeit in Kalifornien vermißte. Katia Mann, die Feuchtwanger immer als »Lieber Freund und Gevatter« anredete, sehnte sich oft nach Amerika zurück und war voller Traurigkeit, daß die Zeit gemeinsamer Erlebnisse zu Ende war. Herzlich und voller Wärme schilderte man einander nun brieflich die Sorgen und Nöte des Alltags, die Krankheiten und Schaffensprobleme, klagte man über das stickige politische Klima.

Der Literaturnobelpreisträger und als »ungekrönter König der Emigranten« angesehene Thomas Mann, der in Exilantenkreisen zu sagen pflegte: »Europa ist, wo wir sind, Deutschland ist, wo ich bin«[24], mag trotz vieler lobender Worte vielleicht etwas von oben auf die Arbeit des »kleinen Meisters« Feuchtwanger herabgesehen haben. Aber gerade wegen ihrer zunehmenden Übereinstimmung ist es sehr unwahrscheinlich, daß Mann sich in derart respektloser Form gegenüber jemandem äußerte, der, wie Tabori, allenfalls ein flüchtiger Bekannter war. Eine solche Umgangsform war auch sonst nicht Thomas Manns Art. Vielmehr schrieb Mann 1954, ein Jahr vor seinem Tod, fast achtzigjährig, aus der Schweiz zu Feuchtwangers 70. Geburtstag: »In Pacific Palisades (...) entwickelte sich der in Sanary angebahnte, freundschaftliche Verkehr, den ich nun vermisse, die vielen Abende kamen, bei ihm oder bei uns, mit ernsten und heiteren Gesprächen, Erinnerungen, Weltbetrachtungen, gegenseitigen Vorlesungen aus dem, woran wir uns gerade versuchten.« Daß der von ihm so geschätzte »Philolog und firme Historiker« nun nicht mehr sein Nachbar war, empfand er als großen Verlust. Feuchtwanger, so schrieb er, hatte »einem viel zu geben«: »Sein Gespräch, anheimelnd münchnerisch gefärbt, wie es geblieben, sei es literarisch, politisch oder rein menschlich, ist belebend und belehrend, sein Lachen warm und ansteckend, sein Urteil über Welt und Menschen lieber humoristisch als streng.«[25]

Feuchtwanger wiederum gefiel an Thomas Mann, daß dieser mit zunehmendem Alter »umso streitbarer« Stellung nahm, »zu den Fragen der Politik, zu den unmittelbaren Problemen der Zeit, ja, des Tages«. Das war es auch, was sie ihre ursprüngliche Distanz überwinden half und sie einander näher brachte. Streitbar nahm Feuchtwanger den Kollegen gegen Angriffe und politische Vorbehalte in Schutz, die insbesondere Brecht offen äußerte, der Thomas Mann überhaupt nicht ausstehen konnte: »Glücklicherweise aber«, so schrieb Feuchtwanger, »ist Thomas Mann keine jener Korkseelen, die stets auf der Oberfläche ihrer einmal vorgefaßten Meinung schwimmen, und seine Haltung wandelte sich in den Jahren der Weimarer Republik. (...) Der jüngere Thomas Mann hatte erklärt, die politischen und gesellschaftlichen Zusammenhänge interessierten ihn nicht sehr, ihm gehe es um das

Ludwig Marcuse emigrierte 1933 nach Frankreich. Im Herbst 1938 wurde im Pariser Exil die Deutsche Wochenschrift »Die Zukunft« gegründet. Es sollte eine unabhängige deutschsprachige Wochenschrift sein, die sich zur Aufgabe setzte, Propaganda gegen die Nazis zu machen und sich für verschiedene Emigrantengruppen einzusetzen. In ihr schrieben Thomas Mann, Sigmund Freud, Manès Sperber, und Arthur Koestler. Redakteur der literarischen Beiträge war Ludwig Marcuse. Zuvor reiste er mit Lion Feuchtwanger nach Leningrad, Moskau und die Ukraine als Gast der Sowjetunion. Danach, 1937, wurde auch er ausgebürgert und emigriert 1939 über New York nach Los Angeles.

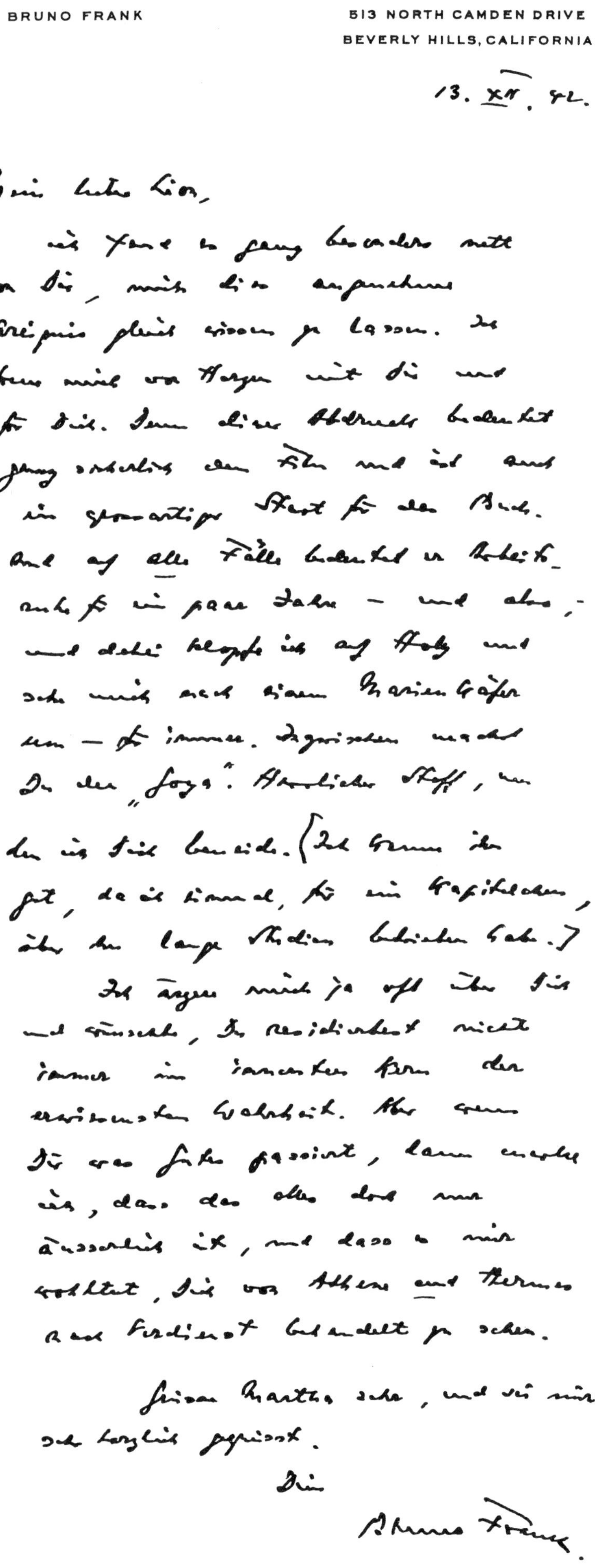
BRUNO FRANK

513 NORTH CAMDEN DRIVE
BEVERLY HILLS, CALIFORNIA

13. XII. 42.

Mein lieber Lion,

es war so ganz besonders nett von Dir, mich dies angenehme Ereignis gleich wissen zu lassen. Ich freue mich von Herzen mit Dir und für Dich. Denn dieser Abdruck bedeutet ganz sicherlich den Film und ist auch ein grossartiger Start für das Buch. Und auf alle Fälle bedeutet er Arbeits-ruhe für ein paar Jahre – und also, – und dabei klopfe ich auf Holz und sehe mich nach einem Marienkäfer um – für immer. Inzwischen machst Du den „Goya". Herrlicher Stoff, um den ich Dich beneide. (Ich kenne ihn gut, da ich einmal, für ein Kapitelchen, über ihn lange Studien betrieben habe.)

Ich ärgere mich ja oft über Dich und wünsche, Du residiertest nicht immer im innersten Kern der erwiesensten Wahrheit. Aber wenn Dir was Echtes passiert, dann erwäge ich, dass das alles doch nur äusserlich ist, und dass es mir wohltut, Dich von Athene und Hermes nach Verdienst behandelt zu sehen.

Grüsse Marta sehr, und sei mir sehr herzlich gegrüsst.

Dein

Bruno Frank.

Moralische, das Geistige, das Künstlerische. Der ältere Thomas Mann trat heraus aus dem Elfenbeinturm auf den Marktplatz und sprach.«[26] Feuchtwanger erinnerte daran, daß sich Thomas Mann zusammen mit Albert Einstein und Charlie Chaplin im weitverbreiteten amerikanischen »Life-Magazin« als »Gimpel und Schwachkopf« hatte hinstellen lassen müssen, als er sich »für den Frieden und gegen den Krieg« aussprach und als er während des Kalten Krieges der herrschenden öffentlichen Meinung mit den Worten widersprach, »daß, wenn man den Frieden wahren will, es nicht viel Sinn hat, auf den Tisch zu hauen und zum Krieg zu rüsten«. Feuchtwanger beeindruckte auch, daß Thomas Mann 1949 zu den Goethe-Feiern nach Deutschland reiste und sich »weder von dem dringlichen Rat der amerikanischen Behörden, noch von dem Gekläffe der westdeutschen Zeitungen« abhalten ließ, außer in Frankfurt am Main auch noch im ostdeutschen Weimar zu sprechen. Mann erklärte damals: »Ich kenne keine Zonen. Mein Besuch gilt Deutschland selbst, Deutschland als Ganzem, und keinem Besatzungsgebiet.«[27] Dennoch war Feuchtwanger letztlich der politisch Konsequentere von beiden, Mann war diplomatischer, abwägender, was sich ganz deutlich in ihrer jeweiligen Arbeit zeigte.

An den »Buddenbrocks« schätzte Feuchtwanger, »wie außerordentlich gereift« die Erzählung sei, »und man will es kaum glauben, daß dieses weise, abgeklärte Werk die Schöpfung eines Fünfundzwanzigjährigen ist«. An dem Roman »Joseph und seine Brüder«, der im Exil entstand, bewunderte er 1944 »die Kraft und Frische, mit welcher die ungeheure Fülle des Werkes zusammengehalten ist, die jugendliche Schalkhaftigkeit, die Freude an der Farbe, die Unmittelbarkeit, mit welcher Thomas Mann den schönen Schein der Welt eingefangen hat«.[28] In der inhaltlichen Bewertung von Manns Büchern hielt sich Feuchtwanger auffallend zurück. Mann tat dies umgekehrt zwar auch, sah aber Feuchtwanger immerhin als kenntnisreichen, erfahrenen Mann, »von dem man etwas lernen kann«. Hinter seiner Persönlichkeit stehe ein »vielfältiges, energisches, historisch wohlunterrichtetes und in der Kritik unserer eigenen Epoche klar- und scharfsichtiges Werk, ein glückhaftes Werk«.[29] Er mochte vor allem Feuchtwangers »Erfolg«, war insbesondere von dem 1951 erschienenen »Goya«-Roman beeindruckt, aus dem Feuchtwanger seinerzeit in Anwesenheit Taboris vorgelesen hatte: »Goya's ›Caprichos‹, in Ihrer Schilderung, scheinen mir das beste Gleichnis für das Buch selbst: es ist ›ganz Spanien darin‹, Spanien ganz, wie ich es auf einer Reise einmal schnell und ungefähr erlebt habe – ungeheuer viel genauer und historisch fundierter natürlich, gründlich studiert, ein düster glänzendes Riesengemälde, das den unwandelbaren Charakter des Landes, sein besonderes, halb außer-europäisches Wesen so stark spüren läßt, besonders etwa in der sinistren Rolle, die dort im Jahrhundert Voltaires die Inquisition noch spielt – ein empörend interessantes Kapitel.«[30]

Eine wesentlich tiefere freundschaftliche Beziehung verband Feuchtwanger aber Zeit seines Lebens mit Thomas Manns älterem Bruder Heinrich. So sehr Feuchtwanger Thomas Mann schätzte, so sehr war er jedoch davon überzeugt, Heinrich Mann sei »unter den deutschen Schriftstellern, die sich vorsetzen, unser Jahrhundert nicht nur in ihren Büchern zu gestalten, sondern es durch sie zu verändern, (...) der größte«.[31] Als sie sich nach ihrer abenteuerlichen Flucht in Los Angeles niederließen, kannten sie sich

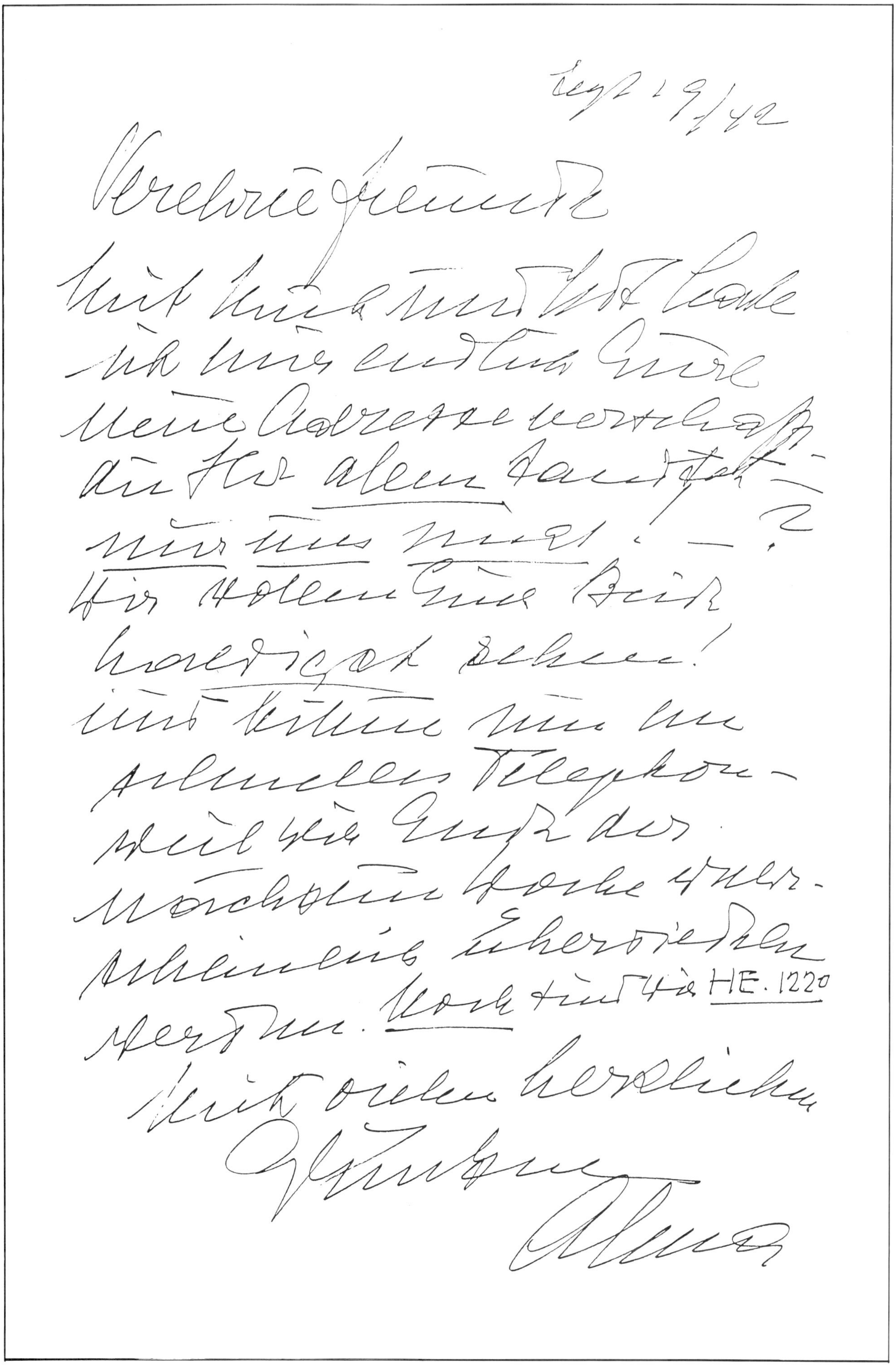

Sept. 19/42

Verehrte Freunde
Mit Mühe und Not habe ich mir endlich Eure neue Adresse verschafft. Seid Ihr allein landschaftlich nur uns nah! —?
Wir wollen Euch Beide baldigst sehen! und bitten Euch um einen schnellen Telephon-ruf, weil wir Ende der nächsten Woche wahrscheinlich übersiedeln werden. Nummer ist die HE. 1220
Mit vielen herzlichen Grüßen
Alma

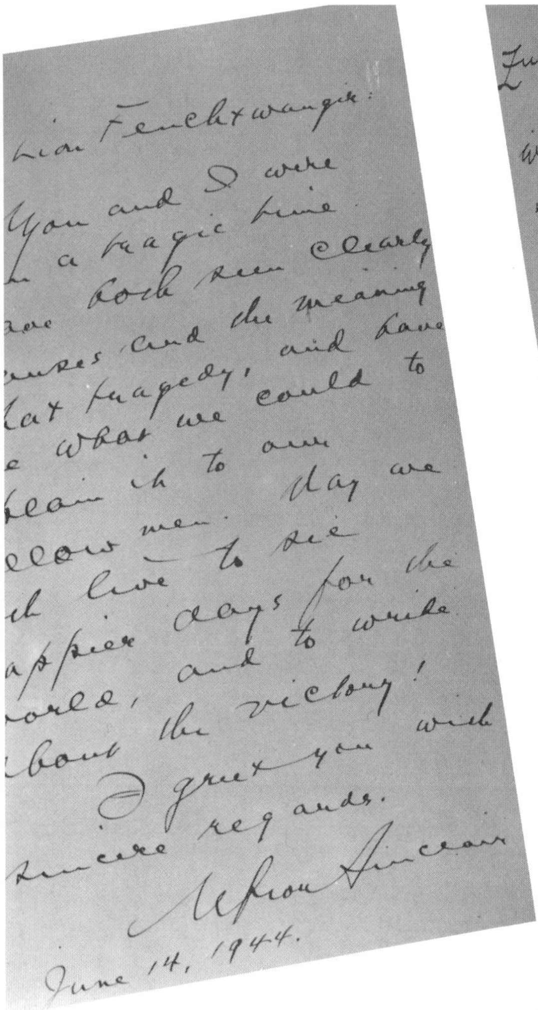

Lion Feuchtwanger:

You and I were
a tragic time
both seen clearly
causes and the meaning
that tragedy, and have
what we could to
plain it to our
fellow men. day we
live to see
happier days for the
world, and to write
about the victory!

I greet you with
sincere regards.

Upton Sinclair

June 14, 1944.

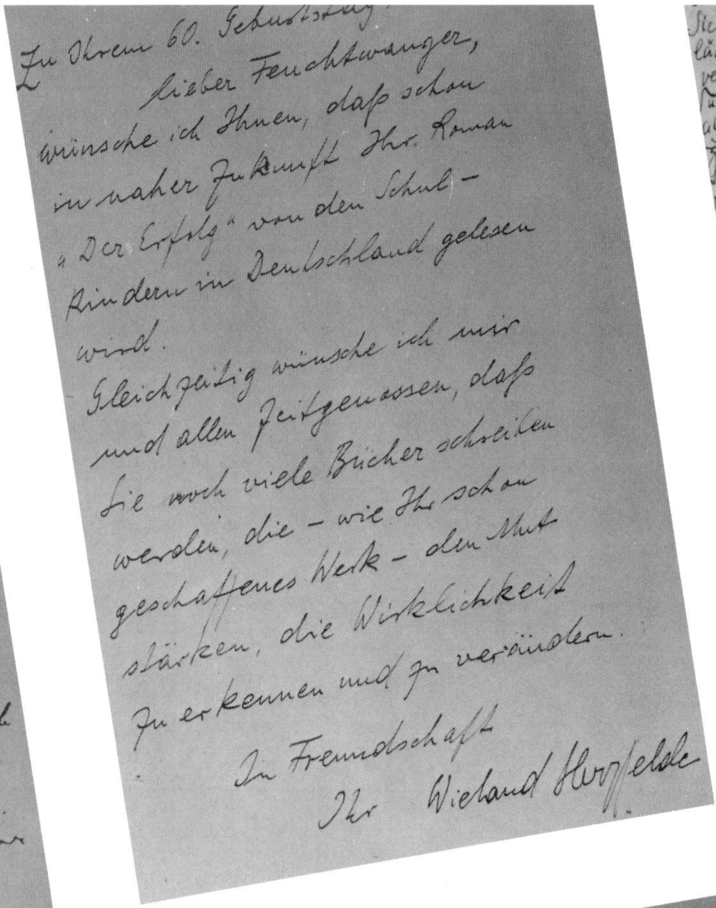

Zu Ihrem 60. Geburtstag,
lieber Feuchtwanger,
wünsche ich Ihnen, daß schon
in naher Zukunft Ihr Roman
„Der Erfolg" von den Schul-
kindern in Deutschland gelesen
wird.

Gleichzeitig wünsche ich mir
und allen Zeitgenossen, daß
Sie noch viele Bücher schreiben
werden, die – wie Ihr schon
geschaffenes Werk – den Mut
stärken, die Wirklichkeit
zu erkennen und zu verändern.

In Freundschaft

Ihr Wieland Herzfelde

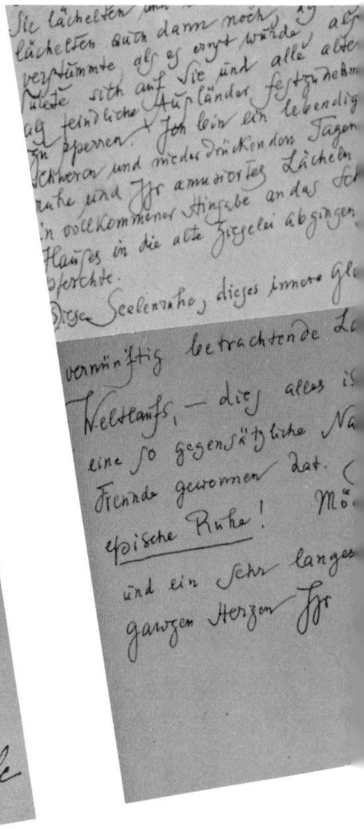

vernünftig betrachtende
Weltanschauung, – dies alles
eine so gegensätzliche
Freunde gewonnen hat.
epische Ruhe!
und ein sehr langes
ganzem Herzen Ihr

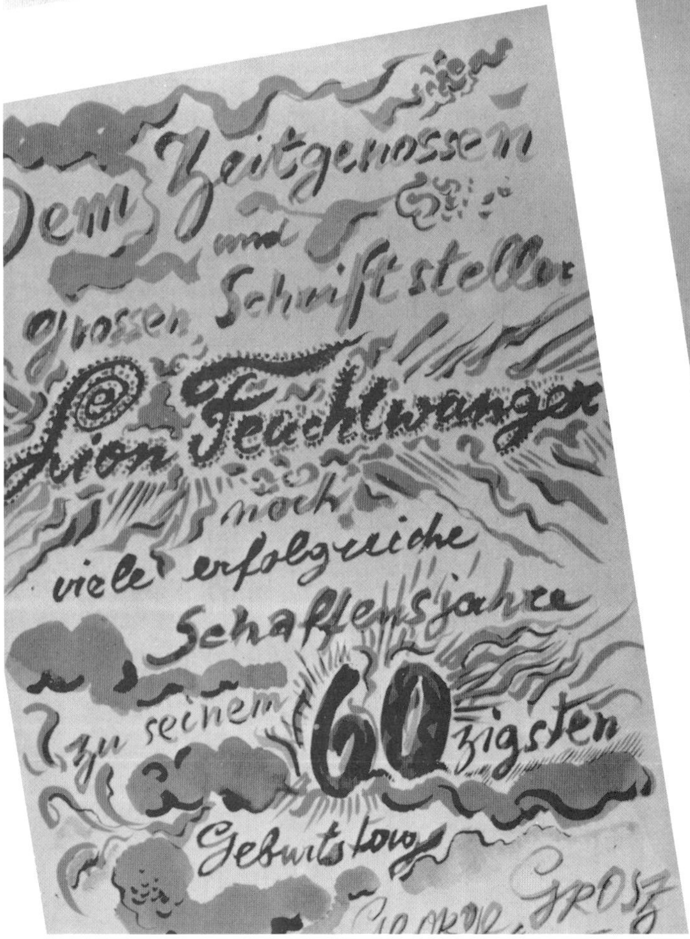

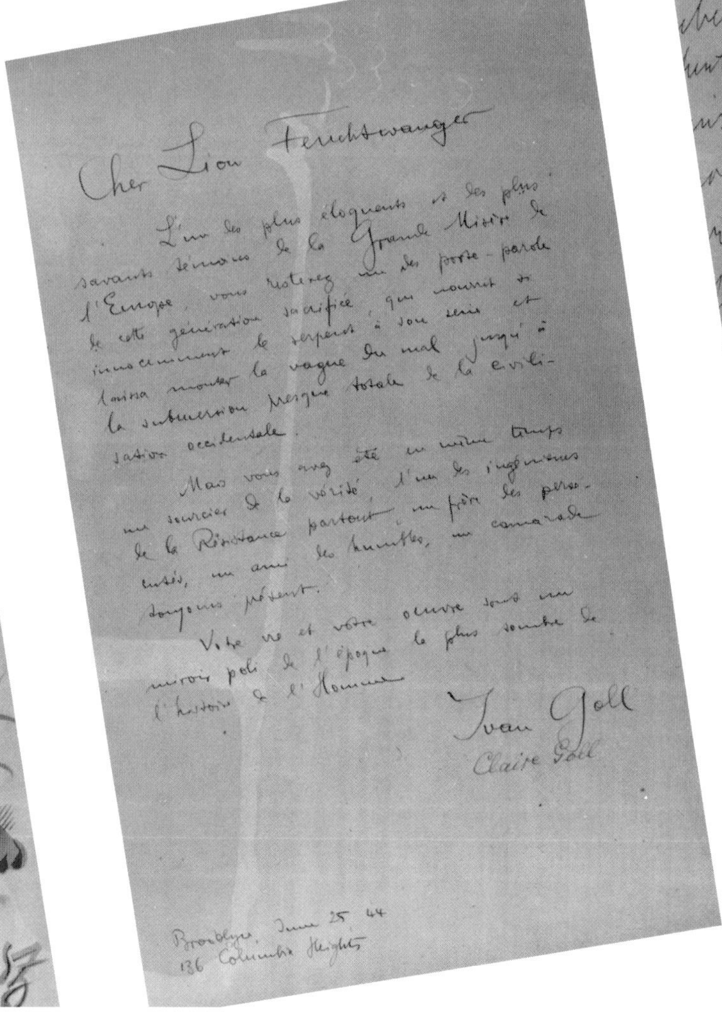

Cher Lion Feuchtwanger

L'un des plus éloquents et des plus savants témoins de la Grande Misère de l'Europe, vous resterez un des porte-parole de cette génération sacrifiée, qui nourrit si innocemment le serpent à son sein et laissa monter la vague du mal jusqu'à la submersion presque totale de la civilisation occidentale.

Mais vous avez été en même temps un sourcier de la vérité, l'un des ingénieurs de la Résistance partout, un frère des persécutés, un ami des humbles, un camarade toujours présent.

Votre vie et votre oeuvre sont un miroir poli de l'époque la plus sombre de l'histoire de l'Homme.

Ivan Goll
Claire Goll

Brooklyn, June 25 44
136 Columbia Heights

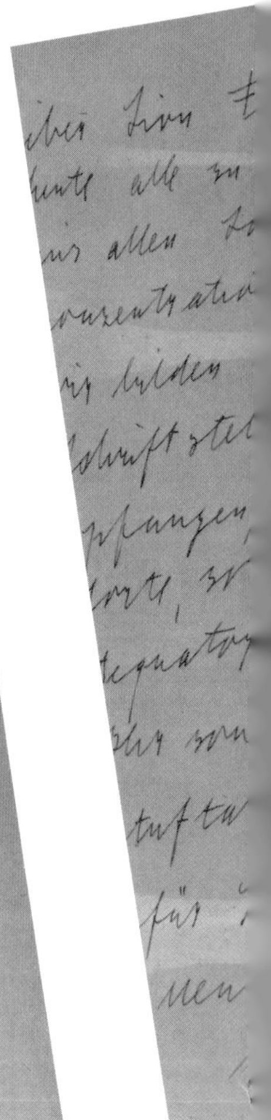

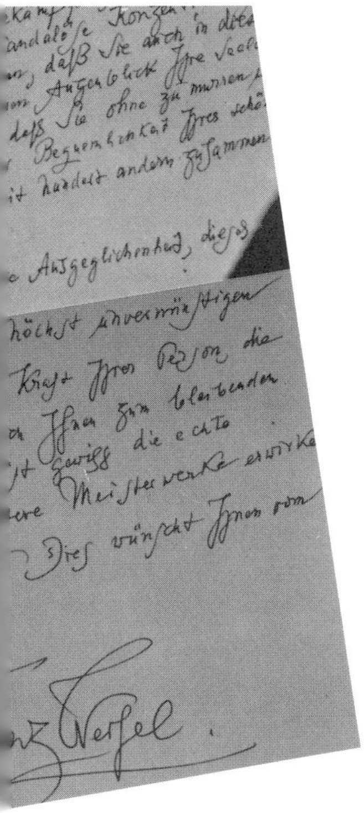
...kampf ... Konzen...
...andalose ...
...ung, daß Sie auch in diese...
...m Augenblick Ihre Seele...
...daß Sie ohne zu müssen...
...Begnadenheit Ihres schö...
...it hundert andern zusammen...
...Ausgeglichenheit, dieses...
...höchst unvernünftigen...
...Kraft Ihrer Person die...
...Ihnen zum bleibenden...
...ist gewiss die echte...
...Meisterwerke erwirke...
...Dies wünscht Ihnen von...
...z Werfel.

7. Juli 1944

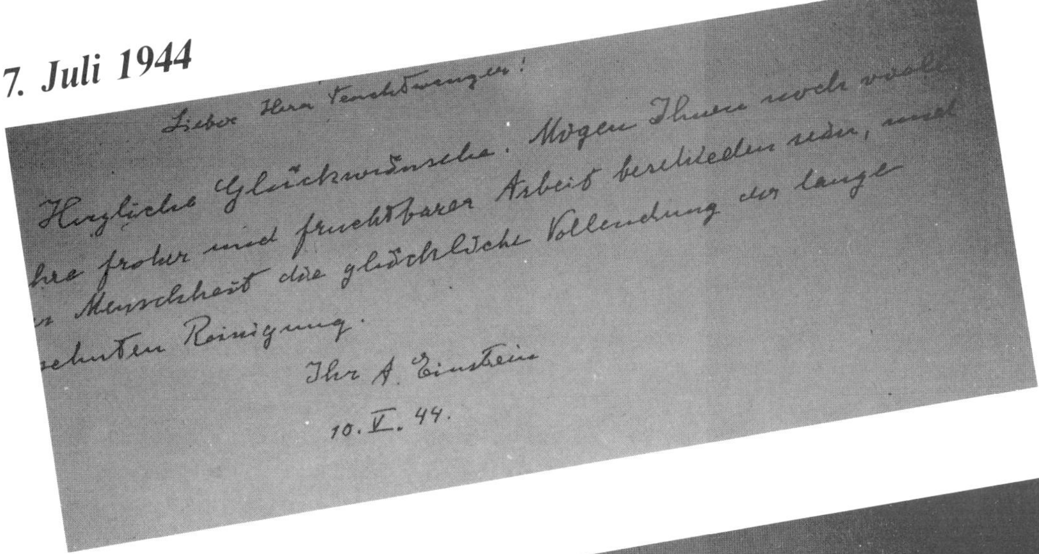
Lieber Herr Feuchtwanger!

Herzliche Glückwünsche. Mögen Ihnen noch viele ...hre froher und fruchtbarer Arbeit beschieden sein, und ...r Menschheit die glückliche Vollendung der lange ...sehnten Reinigung.

Ihr A. Einstein

10. V. 44.

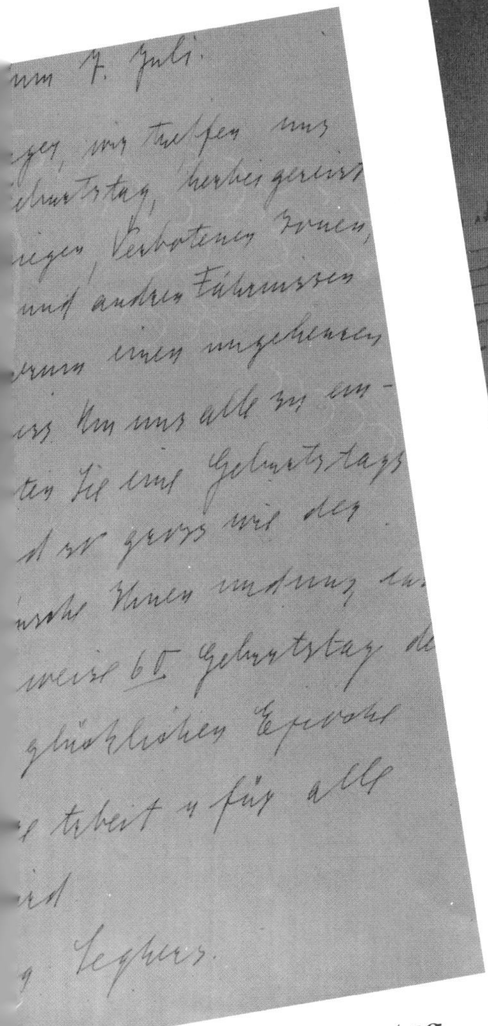
...um 7. Juli.

...ger, wir treffen uns ...burtstag, herbeigereist ...igen, verbotenen Zonen, ...und andren Fährnissen ...rum einen ungeheuren ...ss. Um uns alle zu ...ten Sie uns Geburtstags... ...d er gewiss wie der ...ünsche Ihnen und uns ...weise 60. Geburtstag de... ...glücklichen Epoche ...Arbeit u für alle ...rd

...Seghers.

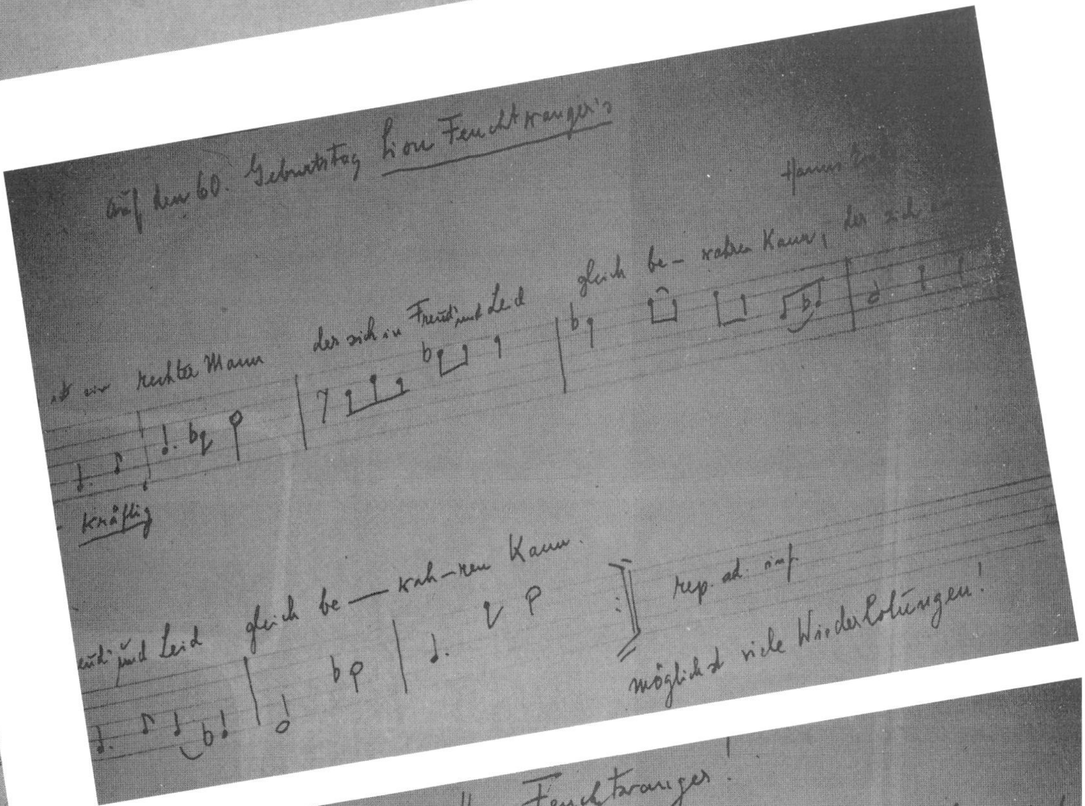

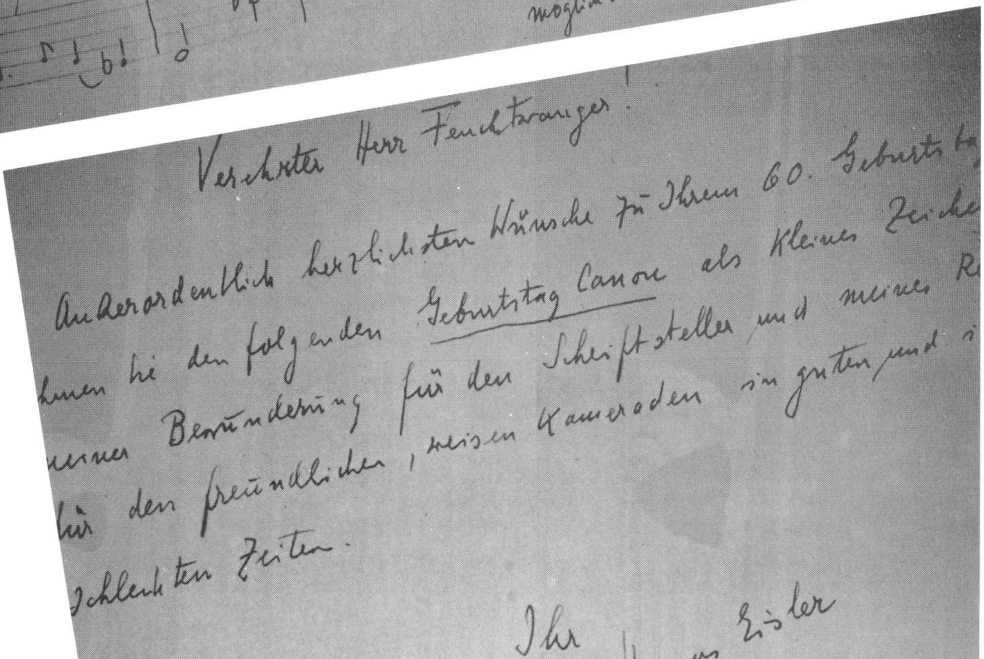
Verehrter Herr Feuchtwanger!

Außerordentlich herzlichsten Wünsche für Ihren 60. Geburtstag ...hnen hier den folgenden Geburtstag Canon als kleines Zeiche... ...meiner Bewunderung für den Schriftsteller und meines Re... ...für den freundlichen, weisen Kameraden in guten und i... ...schlechten Zeiten.

Ihr Hanns Eisler

Zum 60. Geburtstag von Lion Feuchtwanger

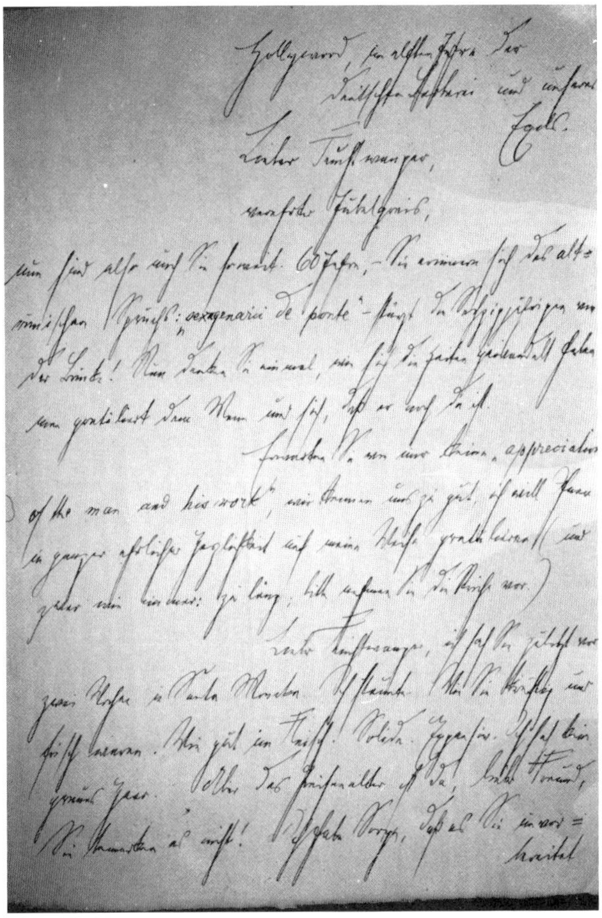
Hollywood, zu ältesten Jahre der Deutschen Dichterei und unserer Epoche.

Lieber Feuchtwanger,

verehrter Jubilar,

nun sind also auch Sie formell 60 Jahre, – Sie erinnern sich des alten römischen Spruchs: „sexagenarii de ponte“ –

… appreciation of the man and his work …

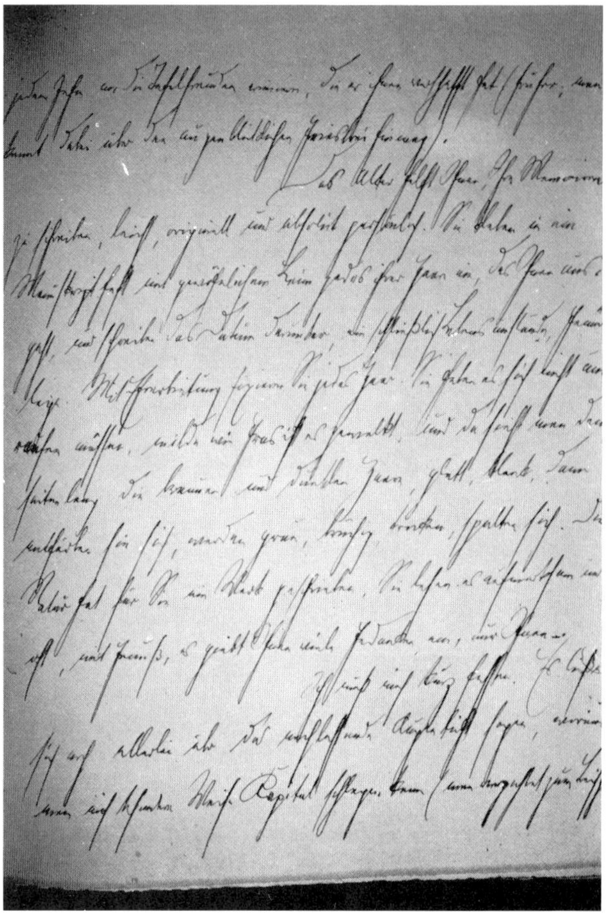

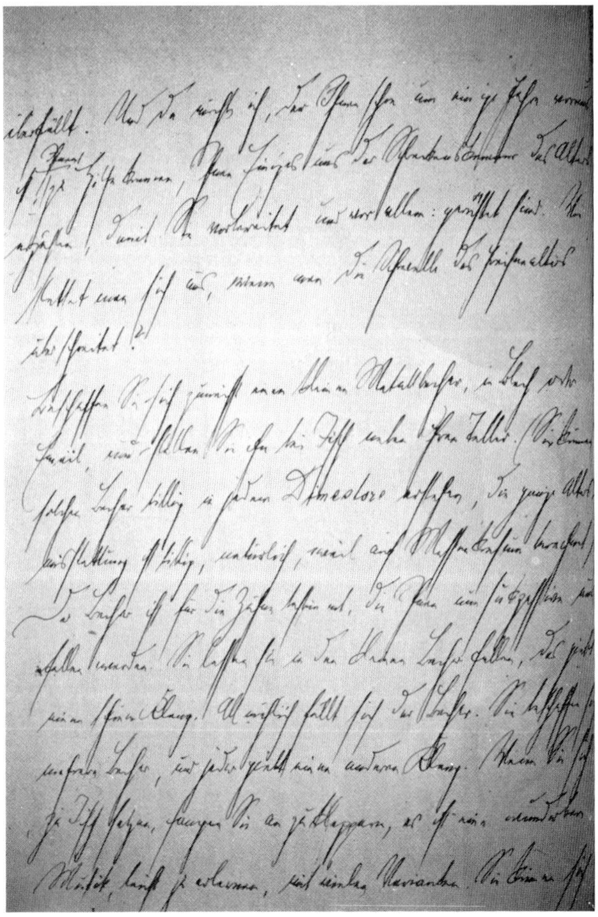

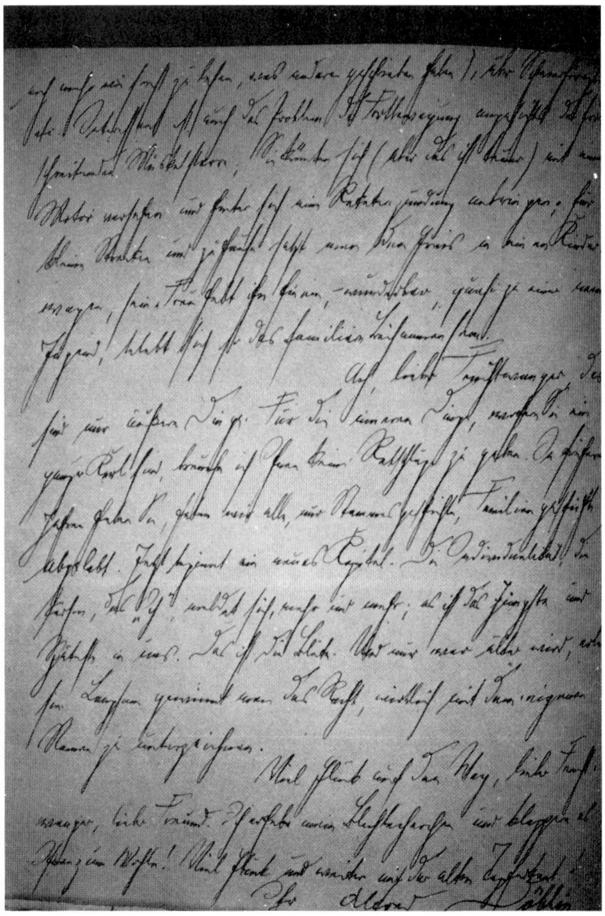
… Ihr Alfred Döblin

Zum 60. Geburtstag von Lion Feuchtwanger

Hollywood, im 11. Jahre der deutschen Barbarei und unseres Exils
Lieber Feuchtwanger, verehrter Jubelgreis,
nun sind also auch Sie so weit. 60 Jahre, – Sie erinnern sich des altroemischen Spruchs: »sexagenarii de ponte« – stuerzt die Sechszigjaehrigen von der Bruecke! Nun denken Sie einmal, wie sich die Zeiten geaendert haben: man gratuliert dem Mann und sich, dass er noch da ist.

Erwarten Sie von mir keine »appreciation of the man and his work«, wir kennen uns zu gut, ich will Ihnen in ganzer Herzlichkeit auf meine Weise gratulieren (und zwar wie immer: zu lang; bitte nehmen Sie die Striche vor.)

Lieber Feuchtwanger, ich sah Sie zuletzt vor zwei Wochen. Ich staunte. Wie sie kraeftig und frisch waren. Wie gut im Fleisch. Solide Expansion. Ich sah kein graues Haar. Aber das Greisenalter war da, lieber Freund, Sie bemerken es nicht! Ich habe Sorgen, dass es Sie unvorbereitet ueberfaellt. Und da muss ich, der Ihnen schon um einige Jahre voraus ist, Ihnen zu Hilfe kommen, Ihnen einiges aus der Schreckenskammer des Alterns erzaehlen, damit Sie vorbereitet und vor allem geruestet sind. Wie stattet man sich aus, wenn man die Schwelle des Greisenalters ueberschreitet? Beschaffen Sie sich zunaechst einen kleinen Metallbecher, in Blech oder Email, und stellen Sie ihn bei Tisch unter Ihren Teller. (Sie koennen solche Becher billig in jedem Dimestore erstehen, die ganze Altersausstattung ist billig, natuerlich, weil auf Massenkonsum berechnet. Der Becher ist fuer die Zaehne bestimmt, die Ihnen in Sukzession ausfallen werden. Sie lassen sie in den Becher fallen, das giebt einen schoenen Klang. Allmaehlich fuellt sich der Becher. Sie beschaffen sich mehrere Becher, und jeder giebt einen anderen Klang. Wenn Sie sich zu Tisch setzen, fangen sie an zu klappern, es ist eine wunderbare Musik, leicht zu erlernen, mit vielen Varianten. Sie koennen sich bei jedem Zahn an die Tafelfreuden erinnern, die er Ihnen verschafft hat (frueher; man kommt dabei ueber den augenblicklichen Griesbrei hinweg).

Und das Alter hilft Ihnen, Ihre Memoiren zu schreiben, leicht, originell und absolut persoenlich. Sie kleben in ein Manuskriptheft mit gewoehnlichem Leim jedes Ihrer Haare ein, das Ihnen ausfaellt, und schreiben das Datum darueber, einschliesslich Lebensumstaende, Gemuetslage. Mit Ehrerbietung fixieren Sie jedes Haar. Sie haben es sich nicht ausraufen muessen, milde wie Gras ist es gewelkt, und da sieht man dann seitenlang die braunen und dunklen Haare, glatt, blank, dann entfaerben Sie sich, werden grau, bruechig, trocken, spalten sich. Die Natur hat fuer Sie ein Werk geschrieben. Sie lesen es aufmerksam und oft, mit Genuss, es gibt Ihnen viele Gedanken ein, nur Ihnen.

Ich muss mich kurz fassen. Es liesse sich noch allerlei ueber das nachlassende Augenlicht sagen, woraus man auf besondere Weise Kapital schlagen kann (man verzichtet zum Beispiel, noch mehr wie sonst zu lesen, was andere geschrieben haben), ueber Schwerhoerigkeit etc. Interessant ist auch das Problem der Fortbewegung angesichts der fortschreitenden Muskelstarre; Sie koennten sich (aber das ist teuer) mit einem Motor vorfahren und hinter sich eine Raketenzuendung; fuer kleine Strecken und zu Hause setzt man den Greis in einen Kinderwagen, seine Frau hebt ihn hinein, – wunderbar, quasi zu einer neuen Jugend, belebt sich das Familien Beisammensein.

Ach, lieber Feuchtwanger, das sind nur aeussere Dinge. Fuer die inneren Dinge, worin Sie ein ganzer Kerl sind, brauche ich Ihnen keine Ratschlaege zu geben. In frueheren Jahren haben Sie, haben wir alle, nur Stammesgefuehle abgelebt. Jetzt beginnt ein neues Kapitel. Die Individualitaet, die Person, das »Ich« meldet sich mehr und mehr; es ist das Juengste und Spaeteste in uns. Das ist die Bluete. Und nur wer aelter wird, erlebt sie. Langsam gewinnt man das Recht, wirklich den eigenen Namen zu unterzeichnen.

Viel Glueck auf den Weg, lieber Feuchtwanger, lieber Freund. Ich erhebe mein Blechbecherchen und klappere es Ihnen zum Wohle! Viel Glueck und weiter mit der alten Tapferkeit!

Ihr
Alfred Doeblin

Thomas Mann, der Nachbar Feuchtwangers in Pacific Palisades, 1550 San Remo Drive, am Schreibtisch und in seinem Bibliothekszimmer

30 Jahre. Der 13 Jahre ältere Autor von »Professor Unrat« und »Der Untertan« hatte früh die literarischen Gehversuche Feuchtwangers beeinflußt: »Zu Beginn unseres Jahrhunderts, als überall in der Welt ein reiner hochmütiger Ästhetizismus herrschte, scheute er sich nicht, aus seinen Büchern politische Werkzeuge zu machen, ohne indes die Anforderungen an seine Kunst um einen Zoll herunterzuschrauben«, schrieb Feuchtwanger 1946 zu Heinrich Manns 75. Geburtstag. Für dessen größtes Werk hielt Feuchtwanger die »Henri Quatre«-Romane über den Humanismus des französischen Königs Heinrich IV., der im Zeitalter der Glaubenskämpfe während des 16. Jahrhunderts das Edikt von Nantes durchsetzt, das seinem Volk Glaubensfreiheit, eine politische Befriedung des Landes und soziale Reformen sichern soll. Diesen 1937 erschienenen historischen Roman verstand Mann als Gleichnis für die Gegenwart: von Hindenburg bis Goebbels erschienen die trüben Zeitgenossen in historischen Masken: »Er hat (...) den Fratzen der ›Führer‹, die rings um uns aufstanden, die Gestalt eines wahren Führers gegenübergestellt. (...) Er hat zudem im Rahmen dieses großen Romanwerks die schönste und stärkste Liebesgeschichte geschrieben, die ein Deutscher in unserem Jahrhundert geschrieben hat, die Geschichte von der romantischen und realistischen Liebe dieses Heinrich zu Gabriele d'Estrées«, schwärmte Feuchtwanger.

Vor allem die politische und schriftstellerische Arbeit im französischen Exil, die Bemühungen um die Volksfront hat die in München und Berlin geknüpften freundschaftlichen Bindungen der beiden gefestigt. Heinrich Mann gehörte zu jenen, die Feuchtwangers »Moskau 1937« verteidigten, und er schätzte die persönliche Zuverlässigkeit und das menschliche Gleichmaß der Person Feuchtwangers, die seinen Romanen in den Augen Heinrich Manns »ihre Vertrauenswürdigkeit«[32] gaben. Zwischen den beiden herrschte immer ein hohes Maß an Übereinstimmung, wenn es darum ging, die Stimme der Exilanten gegen die Nazis zu erheben. So konsequent sie in ihren politischen Positionen waren, so sehr hielten sie sich beide auffallend aus den zermürbenden Grabenkämpfen der Tagespolitik heraus, blieben dabei eher in der Position von Betrachtern passiv im Hintergrund.

Sie waren Nachbarn im kalifornischen Exil. Heinrich Mann lebte nicht weit von Feuchtwanger entfernt, in Santa Monica. Aber hier in Amerika verblaßte seine Autorität als Repräsentant der Emigranten, sie ging an seinen Bruder über, der in Europa immer im Schatten des älteren Heinrich gestanden hatte. Trotz der Fürsorge der Freunde, fern der Heimat, in einem Land, das er nicht und das ihn nicht kannte, vereinsamte Heinrich Mann zunehmend, arbeitete kaum noch – vor allem nach der Selbsttötung seiner Frau Nelly 1944. Er hatte sie abgöttisch geliebt, sie als Freundin des Königs »Henri Quatre« in seinem Roman verewigt. Doch die blonde Fischerstochter aus Norddeutschland wurde von den meisten Kollegen ihres Mannes und deren Frauen gemieden, sie empfanden sie als vulgär und laut. Sie trank. Nach einem Besuch bei Heinrich Mann schrieb Feuchtwanger einmal erschüttert seiner Frau in den Skiurlaub: »es war traurig. die frau war betrunken, sie fiel ihm immerzu ins wort, schrie, er rede lauter unsinn, brachte alles durcheinander, schließlich verließ er das zimmer, es war erbärmlich. auch sonst ist er recht verbittert.«[33] Finanziell ging es Heinrich Mann so schlecht, daß Nelly als Wäscherin, Schneiderin und Krankenpflegerin arbeiten mußte.

Feuchtwanger und andere Kollegen kamen oft für beider Lebensunterhalt, für Arztkosten und Medikamente auf. Die Notlage der Manns, die in einer kleinen, stickigen Wohnung mit billigen Möbeln und wenigen geretteten Büchern in Hollywood hausten, erbitterte vor allem Brecht, der in sein Arbeitsjournal notiert: »er geht allwöchentlich stempeln, holt sich 18 $ 50 arbeitslosenunterstützung ab, (...) er ist über 70. sein bruder thomas baut sich eben eine große villa.«[34] Brecht warf Thomas Mann vor, seinen Bruder »buchstäblich hungern« zu lassen.[35] Thomas Manns Sohn Golo widersprach Brecht. Sein Vater habe dem Bruder monatlich immerhin mindestens 150 Dollar als Rente ausgesetzt und ihn wiederholt länger in seinem Hause wohnen lassen.[36] Auf jeden Fall empfand Heinrich Mann seine Lage in Kalifornien schließlich selbst als so trostlos, daß er sich mit dem Gedanken anfreundete, in das Deutschland des von ihm einst als »vertracktes Polizeigehirn« charakterisierten Walter Ulbricht zu gehen, wo man ihn mit Wohlstand, Ehrungen und einem würdigen Lebensabend als Präsident der Akademie der Künste der DDR lockte. Feuchtwanger war skeptisch: »Heinrich ist geistig sehr rege, aber sein Fleisch ist sehr schwach und besorgniserregend dick,« schrieb er im Juli 1949 an den inzwischen in Ost-Berlin lebenden Brecht.[37] Dennoch faßte Heinrich Mann den Entschluß zur Rückkehr. Sechs Wochen vor der Abreise und zwei Wochen vor seinem 79. Geburtstag, am 12. März 1950, starb er aber nach einem langen Abend, den er ausgelassen zusammen mit Feuchtwangers bei Gesprächen und mit Musik verbracht hatte, im Schlaf an einer Gehirnblutung. Nie hatte Heinrich Mann inmitten all der Trostlosigkeit und Bitterkeit seines Daseins im Exil seine Würde verloren. Auf die Einsamkeit der letzten Jahre des großen Dichters anspielend, schrieb Ludwig Marcuse: »Er wurde nicht aus dem Leben gerissen, als er starb.«[38] Bei der Beerdigung auf dem Woodlawn-Friedhof in Santa Monica hielt Lion Feuchtwanger die Trauerrede.

Das Wohnhaus Thomas Manns in Pacific Palisades. Es war, wie das »Schloß« Feuchtwangers, von einem großen Garten umgeben, in dem die Zitronen blühten.

In Ost-Berlin, wo Mann erwartet wurde und alles für einen ehrenvollen Empfang vorbereitet war, sprach die Gedächtnisrede Arnold Zweig, Feuchtwangers und Manns alter Freund, der nun anstelle von Heinrich Mann Präsident der Akademie der Künste der DDR wurde. Zweig war 1948 enttäuscht über den zionistischen Chauvinismus im neugegründeten Staat Israel nach Deutschland zurückgekehrt. Vergeblich versuchte er auch Feuchtwanger von Pacific Palisades nach Pankow zu locken, um »die paar Lebensjahre, die uns (verflucht nochmal) geblieben sind, in Nachbarschaft und persönlichem und telefonischem Austausch wie einst« verfließen zu lassen.[39] Mit »einst« meinte Zweig die Zeit vor der Machtergreifung durch die Nationalsozialisten, als sie sich 1922 in München kennenlernten und später in Berlin besuchten und über Fragen der Grammatik, des Stils und über den Aufbau von Romanen diskutierend zwischen ihren Häusern in der Mahlerstraße 8 in Grunewald und Am Kühlen Weg 9 in Eichkamp hin- und herspazierten. Nachdem das Exil die Freunde auseinandergerissen, den einen nach Palästina und den anderen nach Südfrankreich verschlagen hatte, pflegten und vertieften sie ihre Freundschaft in einem regen Briefwechsel. Nach 1933 sahen sie sich nur noch zweimal, als Zweig Feuchtwanger in Sanary besuchte.

Mit keinem seiner Zeitgenossen führte Feuchtwanger eine so lange und intensive Korrespondenz wie mit Zweig. Feuchtwanger schrieb nicht gern Briefe. Er fand, sie stahlen ihm nur seine

»Der Literaturhistoriker wird zunächst feststellen, daß Arnold Zweig das Verdienst zufällt, das erste deutsche »Zeitstück« geschrieben zu haben, das Stück »Ritualmord in Ungarn«, und daß weiter Zweig derjenige war, der unter den Deutschen den ersten großen Kriegsroman verfaßte, das Buch »Der Streit um den Serganten Grischa«. Es ist aber mit dieser Feststellung über Zweig nur wenig ausgesagt, denn das, was sein Werk als Ganzes charakterisiert, das ist gerade seine Mannigfaltigkeit, seine Fülle. Zweig hat Tragödien und Lustspiele geschrieben, historische und zeitgenössische Stücke, große und kleine Romane, zahllose kleine Geschichten, Einakter, unzählige Essays, literarische, politische, biographische, er hat Gedichte geschrieben und übersetzt, hat viele Reden gehalten und veröffentlicht. Zweig hat eine strömende Phantasie und eine sehr leichte Hand ... Zweig ist einer der wenigen großen Erzähler der Deutschen; die Kunst des Fabulierens, so wenigen von ihnen verliehen, ihm ist sie eingeboren.« Lion Feuchtwanger (1937/45)

Arnold Zweig mit seiner Frau Beatrice, genannt Dita, in Haifa

kostbare Zeit. Es ist ihnen auch anzumerken: sie sind meist sehr knapp, trocken und präzise gehalten, selten länger als eine maschinenbeschriebene Seite, wirken oftmals eher protokollarisch und geschäftsmäßig, enthalten wenig Persönliches. Die Korrespondenz mit Zweig bildete eine Ausnahme, obwohl Zweig der fleißigere, weitschweifigere, gefühlsbetontere Schreiber war. Das zeigte sich auch, wenn sie sich sahen. Als Zweig Feuchtwanger in Frankreich besuchte, empfand der Gastgeber den Freund bei aller Zuneigung nach einiger Zeit als anstrengend. Ihre Freundschaft lebte eher von der Distanz. Mehr als seine sonstigen Briefe und Aufzeichnungen gibt der Gedankenaustausch mit Zweig Aufschluß über die Arbeits- und Veröffentlichungsprobleme Feuchtwangers. Die Briefe vermitteln einen Einblick in die Entstehungsgeschichte von Werken wie der »Josephus«-Trilogie, »Der falsche Nero« und der in Amerika entstandenen Aufklärungsromane »Die Füchse im Weinberg«, »Narrenweisheit oder Die Verklärung des Jean-Jacques Rousseau« und »Goya«. Sie enthalten eine Auseinandersetzung mit kritischen Anmerkungen Zweigs ebenso wie die Beschäftigung Feuchtwangers mit Zweig-Werken wie »Die Erziehung vor Verdun« und »Das Beil von Wandsbek«, deren Manuskripte Feuchtwanger bearbeitete und an Verlage vermittelte. Alle erhaltenen, mehrere hundert Briefe, Karten und Telegramme, die die beiden in der Zeit von 1933 bis zu Feuchtwangers Tod 1958 austauschten, sind zum 100. Geburtstag Feuchtwangers vom Direktor des »Feuchtwanger Institute for Exile Studies« in Los Angeles, Professor Harold von Hofe, gesichtet und zur Veröffentlichung zusammengestellt worden.[40]

Die Juden Feuchtwanger und Zweig waren in vielen Dingen unterschiedlicher Meinung. So fühlte sich Zweig lange im Lager der Zionisten zu Hause, Feuchtwanger hingegen kaum, auch wenn er unter dem Eindruck der Judenverfolgungen im Dritten Reich die Gründung eines jüdischen Staates unterstützte. Zweig und Feuchtwanger kamen sich in dieser Frage im Laufe der Jahre näher und bekannten sich beide zum Judentum außerhalb religiöser Bindungen. Zweig, der sich in Palästina für eine Integration deutscher und jüdischer Werte einsetzte, erbitterte der zunehmende jüdische Nationalismus. Immer häufiger sprach er in seinen Briefen von Hebrews, Hibrus, Zionisten, Neomakkabäern. Feuchtwanger verstand Zweigs Erbitterung. Im Juli 1946 schrieb er an Zweig: »Wenn man hier aus dem Radio die Nachrichten über Palästina hört, wird einem kalt. (...) Die Lösung der palästinensischen Dinge hängt – so stellt es sich hier dar – gar nicht von den Juden ab und sehr wenig von den Engländern, sondern einzig und allein davon, ob und wie weit sich die amerikanischen Industrialisten und Militärs mit den Sowjet-Leuten verständigen.«[41]

Feuchtwanger und Zweig verkehrten seit 1922 miteinander, nachdem sie sich in der Münchner Buchhandlung Steinicke kennengelernt hatten. Belebt wurde die Freundschaft seit 1925 mit Feuchtwangers Roman »Jud Süß«. Zweig schrieb: »Ich las ihn mit außerordentlicher Aufregung, und ich sah, hier ist der moderne deutsche Roman möglich, ohne daß jemand ein Romane ist, und da sagte ich mir, wenn der Feuchtwanger das kann, dann kann ich mein Spiel um den Sergeanten Grischa in den Roman ›Der Streit um den Sergeanten Grischa‹ verwandeln, das wird gehen.«[42] Es ging. »Als dieses erste große Epos des Krieges erschien«, bemerkte Feuchtwanger, »lief es der Zeit voraus, verkündete Erkenntnisse, die damals noch nicht viele hatten, gestaltete den Krieg, wie ihn damals in Deutschland nur wenige sahen.«[43]

Sie sparten jedoch auch nicht mit deutlicher Kritik am Werk des anderen. Beispielhaft mag die Auseinandersetzung der beiden um Feuchtwangers »Der falsche Nero« und um Zweigs »Das Beil von Wandsbek« sein. »Künstlerisch, Feuchtwanger, haben Sie kaum etwas Besseres gemacht als den Aufbau dieser Handlung, ihre Ökonomie, die Vertiefung der Charaktere, ihr Sich-steigern und Sich-überschlagen, so daß man schließlich mit den drei Kreaturen des Varro Mitleid hat, ihre Qual und ihren Tod bedauert, ihr Andenken von ihren Verbrechen gereinigt erscheint«, schrieb Zweig und kam dann auf die »Einwände« zu sprechen: »Leider sind sie so prinzipieller Natur, daß ich mich am liebsten mit Ihnen nur darüber unterhielte und auseinandersetzte. Denn schwarz auf weiß verletzen und stören Worte, die mündlich nur zur Steigerung einer Beziehung geraten können. Ihr Buch, lieber Feuchtwanger ist mir einfach zu willkürlich und zu individualistisch angefaßt.« Daß der Geschäftsmann Varro fern im Osten des Römischen Reiches »ohne innere Not aus einer Ideenspielerei das Unternehmen des ›Falschen Nero‹« starte und die römische Herrschaft verunsichere, werde in der Handlung »in keiner Weise gestalterisch gerechtfertigt« und »den Gegensatz zwischen Ost und West, an dem wahrscheinlich gar nicht sehr viel liegt, sehe ich durchaus nicht so wichtig wie Sie«, teilte er Feuchtwanger mit. Zweig fand auch, daß alle soziologischen Voraussetzungen des Dritten Reiches entgegengesetzt denen in »Der falsche Nero« seien. »Nicht einmal läßt sich die Parallele Christen-Kommunisten in Ihrem Roman durchführen, weil der soziale Unterbau des römischen Reiches bei Ihnen niemals eine Rolle spielt«, bedauerte Zweig in seiner Kritik.[44] Eine Darstellung der sozialen und ökonomischen Zusammenhänge vermißte Zweig übrigens auch in den ersten beiden Bänden der »Josephus«-Trilogie. Zweig warf Feuchtwanger vor, auch dort die sozialistische Komponente des frühen Christentums nicht berücksichtigt zu haben, was Feuchtwanger mit der polemischen Bemerkung zurückweist, zumindest bis zum Jahr 200 lasse sich »die sozialistische Quintessenz in die Worte zusammenfassen: ›Knecht soll Knecht bleiben‹.«[45] Auf die Kritik an »Der Falsche Nero« indes antwortete Feuchtwanger leicht vergrätzt in hochmütigem Ton: »Ihre Einwände, Zweig, gegen den ›Falschen Nero‹ treffen mich nicht. Ich sehe mit Dank, wie intensiv Sie sich mit dem Buch beschäftigt haben, aber ich konstatiere lächelnd, daß diese Beschäftigung für Sie nur ein innerer Vorwand war, sich auszudenken, wie Sie das Buch geschrieben hätten.« Feuchtwanger mochte die kritischen Anmerkungen nicht gelten lassen: »Ich wollte in möglichst typischer Form die Entwicklung eines Menschen darstellen, der, ohne großes Format, dazu berufen wird, die Schicksale vieler Millionen Menschen zu lenken und zu bestimmen. Ob die politischen Hintergründe des ›Falschen Nero‹ denen des heutigen Deutschlands ähnlich waren oder gänzlich konträr, hat mich wenig gekümmert und schert mich heute nicht.«[46] »Die Füchse im Weinberg« und »Narrenweisheit« zeigten Zweig hingegen 1953 »die wesentliche Achse Ihrer Reifewerke«. Gegen den Rousseau-Roman hatte er jedoch einzuwenden: »Die furchtbare Realität der bürgerlichen und bäuerlichen Misere des ancien régime kommt in keiner Weise zu der Geltung, die die französische Revolution notwendig erscheinen läßt und sie rechtfertigt.«[47]

Der »Literatur-Unternehmer« im Jahre 1950

Regelmäßig saßen Brecht und Feuchtwanger an »Simone«, redeten und schrieben. Am 27. März 1944 verkaufte Feuchtwanger der Gesellschaft von Samuel Goldwyn die Filmrechte für »Simone«. Juristisch war Feuchtwanger nicht gehalten seine Einkünfte mit Brecht zu teilen aber er teilte den Erlös von 50 000 Dollar. Brecht, der gerade in New York weilte, feierte den Gewinn, als er von dem Verkauf unterrichtet wurde, so: »kaufe neue Hose.« Trotz der Einkünfte lebte Brecht, wie gewohnt, spartanisch weiter. Er zahlte sein Haus in Santa Monica ab und hielt bei Bekannten die Vermutung wach, er lebe am äußerstem Existenzminimum.

Das Wohnhaus Bertolt Brechts in Santa Monica, wo er seine Exilzeit verbrachte.

Feuchtwanger befaßte sich eingehend mit Zweigs Romanen »Erziehung vor Verdun« und später mit »Das Beil von Wandsbek«. Urteilte Feuchtwanger 1935 noch, »Erziehung« sei das beste Buch, das die Emigration hervorgebracht habe, so teilte er Zweig zehn Jahre später mit, er habe »überall das Schlagwort verbreitet, das »Beil« sei »das Beste, was Sie seit dem ›Grischa‹ geschrieben haben«. Der Gesamteindruck hinderte ihn jedoch nicht, mal recht ruppig, mal »sachte« Einwände zu erheben, freilich weniger politisch-inhaltliche, wie Zweig, sondern eher stilistische. Bei »Erziehung« fand Feuchtwanger im Manuskript »die erste Seite des Buches, das Bild von dem Leib der Schlacht, entschuldigen Sie das starke Wort, einfach scheußlich«. Und er riet ihm dringend: »Das müssen Sie ändern. (...) warum soll gerade die erste Seite verquatscht und geschwollen sein, wenn alles weitere so klar, gedrungen und in rechtem Maße ist?« Auch hatte Feuchtwanger »bei dem Gemetzel, das Ihr Schluß unter Ihren Personen anrichtet, ein unbehagliches Gefühl, und die Verwandlung des happy end in ein unhappy end erregt in mir ästhetische Zweifel«.[48]

Trotz seines Lobes für das Buch »Das Beil von Wandsbek«, riet er Zweig, es in seiner Handlung gründlich zu überarbeiten, zu vereinfachen und zu beschränken. Vor allem aber störte ihn, daß die Menschen in dem Roman »so schrecklich gebildet sind«. Dies sei, so bemängelte Feuchtwanger, »ein Bildungsroman und häufig ein Verbildungsroman«. Vieles wirke schief, abgesehen davon, daß häufig nicht eine Romanperson, sondern Arnold Zweig rede. Überdies seien lateinische Zitate verwendet worden, die oft nicht einmal stimmten. Feuchtwanger war der Auffassung, »daß sich die politischen Diskussionen im Munde ihrer Menschen häufig sehr seltsam ausnehmen; so kann eben nur Arnold Zweig die Sache sehen und nicht der Schlächtermeister Teetjen«.[49]

Feuchtwanger wurde schließlich ärgerlich, nachdem er über zahllose andere Nachlässigkeiten gestolpert war: »Ich weiß, daß durch den Aufenthalt im fremdsprachlichen Land wir alle zur Schlamperei im Sprachlichen verführt werden. Trotz all dem möchte ich Ihnen herzlich wünschen, daß Sie in künftigeren Romanen kürzere und einfachere Sätze bauen und nicht immerzu eins ins andere schachteln. Der Roman hätte außerordentlich gewonnen, wenn Sie häufiger darauf verzichtet hätten, Gedanken und Gefühle, die Ihnen gerade kamen, in Ihre Sätze hineinzuwursteln. Es entstehen dadurch Relativsätze an Stellen, wo sie grammatikalisch nicht erlaubt sind; manchmal stehen diese Relativsätze von dem Wort, zu dem sie gehören, so weit entfernt, daß sie schlechthin unverständlich werden. Auch die vielen Appositionen und Partizipien – die gegen die Regeln der Grammatik – nicht vom Subjekt des Satzes abhängen, sondern von andern beliebigen Satzteilen, beeinträchtigen die Verständlichkeit des Buches, das Gleiche tun die zahllosen Parenthesen. Ich will wahrhaftig nicht schulmeistern, ich bin von Brecht allerhand gewöhnt, und ich begreife es, wenn ein Schriftsteller sich auf den gleichen Standpunkt stellt wie der Kaiser Sigismund: ›Ego imperator romanus supra grammaticus sto‹. Aber doch in Grenzen und nicht mit jedem Satz. (...) Es spricht außerordentlich für die Stärke der Grundkonzeption des Romans und für Ihr erzählerisches Talent, daß das Buch trotz allem das wurde, was es ist. Aber Sie werden sich und dem Leser außerordentlich viel Mühe sparen, wenn Sie in Ihren künftigen Arbeiten ein wenig auf die Dinge achten, die ich

Brecht mit Florence Homolka. Florence Homolka berichtete, daß Brecht eher ein Kämpfer für Menschenrechte gewesen sei und sich nicht besonders um das Glück derer kümmerte, die ihm nahestanden.

Hans Eisler kolportierte einen Wutausbruch Feuchtwangers während der Zusammenarbeit mit Brecht an »Simone«: »Wissen Sie, Brecht, (es geht um Brecht's episches Prinzip, Hrsg.), damit können Sie mich am Arsch lecken ...«.

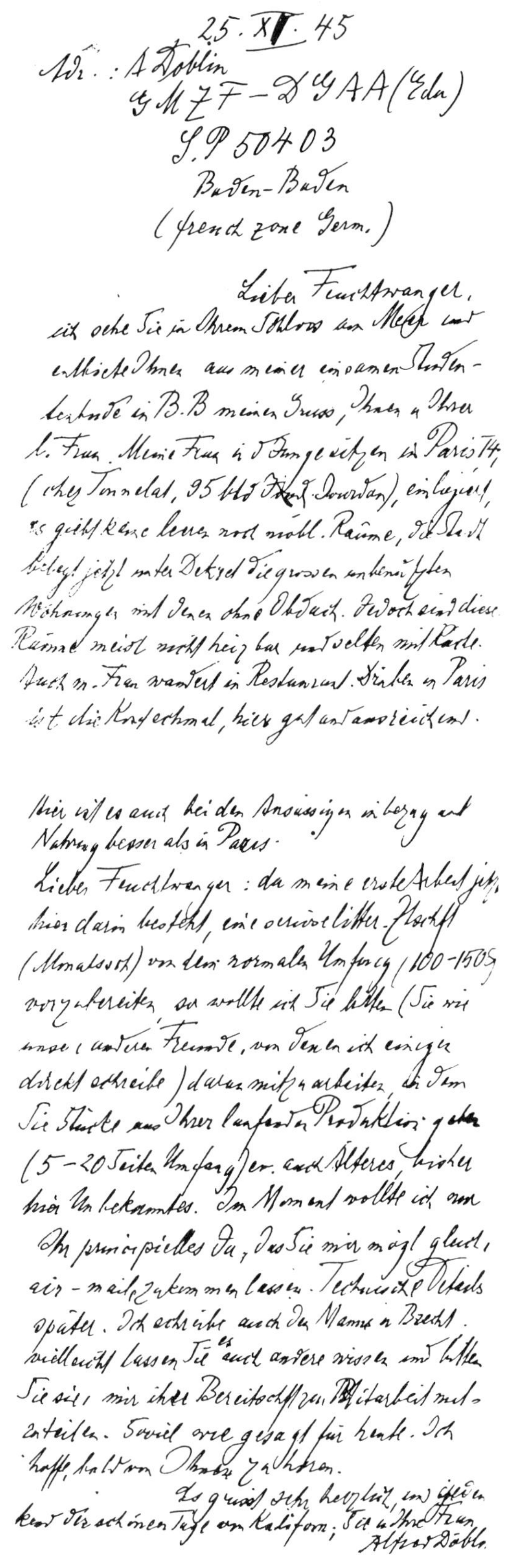

Ihnen so grob und freundschaftlich auseinanderzusetzen versuchte.« Dem Ton des Briefes, der sich wie die ernstliche Ermahnung eines an seinem Musterschüler schier verzagenden Lehrers liest, ist anzumerken, wie sehr Zweig mit seinem Manuskript die Nerven und die Geduld seines Freundes in Kalifornien strapaziert hatte. Es war über die sprachlichen und stilistischen Mängel hinaus kaum lesbar, als es bei Feuchtwanger eintraf. Zweig, der an einer Augenkrankheit litt, konnte zu jener Zeit kaum noch sehen und war aufs Diktieren angewiesen, was ihm offensichtlich schwerfiel und wobei sich auch viele Fehler und Ungereimtheiten einschlichen. In mühsamer Kleinarbeit mußten Feuchtwanger, seine Frau und seine Sekretärin das Manuskript erst einmal ins Reine übertragen, wobei sie unter zeitweiliger Mitarbeit von Brecht bereits erhebliche Korrekturen vornahmen, um es überhaupt Verlegern anbieten zu können. »Nächst der Apokalypse kenne ich kein Werk«, so resümierte Feuchtwanger, »das dem Leser so viele Rätsel stellt.« Trotz Feuchtwangers Einsatz lehnte Huebsch von Viking-Press das Manuskript ab, weil er nicht glaubte, daß es jetzt nach Kriegsende in Amerika viele Leser finden würde. Auch für Deutschland sahen trotz des lange herbeigesehnten Endes der Naziherrschaft die Marktmöglichkeiten für ihre beider Werke zunächst düster aus: »Jetzt wäre es ausgeschlossen, einen Verleger für deutsche Ausgaben von Büchern zu finden, die irgend etwas mit dem Krieg oder mit den Nazis zu tun haben«, teilte Feuchtwanger 1946 in nüchterner Einschätzung nach Palästina mit.[50]

Der umfangreiche Briefwechsel Feuchtwangers mit Zweig gibt Aufschluß darüber, wie gründlich, ernsthaft und offen sich Feuchtwanger mit der eigenen Arbeit und der seines Freundes auseinandersetzte. Die Korrespondenz zeigt überdies einmal mehr Feuchtwangers unerschütterliches Selbstvertrauen, aber auch seine Bereitschaft und sein Bedürfnis, den Freunden Zeit zu widmen und sich für sie einzusetzen. Wie schon in Sanary war Feuchtwanger auch in Amerika durch seine guten Verbindungen zu Verlegern und durch seine geschäftliche Beschlagenheit im Aushandeln von Verträgen für seinen Bekanntenkreis ein hilfreicher und selbstloser Makler. Manch einem konnte er dadurch zumindest zeitweise zur Absicherung einer bescheidenen Existenz verhelfen. Die Briefe mit Zweig vermitteln im übrigen auch ein Gefühl vom lebhaften Stil der literarischen Streitgespräche Feuchtwangers. Der Hinweis auf sprachlich-stilistische Auseinandersetzungen mit Brecht, von dem er »allerhand gewöhnt« sei, macht deutlich, wie sehr sich Feuchtwanger in der Rolle als »Lehrmeister« von Brecht fühlte, obwohl auch er in seinen Büchern zuweilen gegen die Regeln der Grammatik improvisierte.

Während sich die freundschaftlichen Beziehungen seit den Zwanziger Jahren zu Brecht, Zweig, Heinrich Mann und schließlich auch Thomas Mann vertieften, hatten sich Feuchtwanger und Bruno Frank immer weniger zu sagen, obwohl sie sich seit dem ersten Weltkrieg kannten und Frank Feuchtwangers einziger Duz-Freund im Exil war. Frank, der in Sanary wie in Pacific Palisades bis zu seinem plötzlichen Tod 1945 im Alter von erst 58 Jahren immer in der Nähe Feuchtwangers lebte, wurde eher so etwas wie ein guter Bekannter, für den es ein großes Ereignis war, wenn er in Pacific Palisades von »Onkel Feuchtwanger« zum Tee in das »Haus mit den hundert Fenstern« geladen war. Es schien so, als ob Frank mehr als Feuchtwanger den freundschaftlichen

Umgang suchte. Allerdings hatte Frank offensichtlich mehr Schwierigkeiten als die anderen, mit Feuchtwangers Wesen klarzukommen, wie aus einem Brief Franks an Feuchtwanger aus dem Jahre 1942 deutlich wird: »Ich ärgere mich ja oft über Dich und wünschte, Du residiertest nicht immer im innersten Kern der erwiesenen Wahrheit. Aber wenn Dir was Gutes passiert, dann merke ich, daß alles doch nur äußerlich ist, und daß es mir wohltut, Dich von Athene *und* Hermes nach Verdienst behandelt zu sehen.«[51] Sie hatten manchmal sehr heftige, bittere Diskussionen über politische und literarische Streitfragen und Frank konnte Feuchtwanger auf seinem politischen Weg und seinen Sympathien für den Sozialismus nicht immer folgen. Während der Bemühungen Feuchtwangers und Heinrich Manns im französischen Exil um eine literarische Volksfront opponierte Frank in der Gruppe um Leopold Schwarzschild gegen die Einigungsversuche. Zu einer nachhaltigen Verstimmung zwischen den beiden führte Franks Kritik an Feuchtwangers Roman »Erfolg«, den Frank als »Nestbeschmutzung« empfand. Franks zeitweiliger Ärger über Feuchtwanger hatte wohl auch etwas mit dessen immer schon argwöhnisch betrachteter Freundschaft zu Brecht zu tun, den Frank als Eindringling und Störenfried in seinem Verhältnis zu Feuchtwanger sah. Dennoch verloren Frank und Feuchtwanger keine bösen Worte übereinander: »Zuletzt spülte immer wieder Franks starke, strömende Liebenswürdigkeit alle Bitterkeit fort«, sagte Feuchtwanger 1945. Frank hatte für ihn stets eine herzhafte, unwiderstehliche Vitalität, mit der er seine Umgebung mitzureißen wußte. »Er war von höchster Impulsivität, stark im Lieben und stark im Hassen. Lachen konnte er wie kein Zweiter.«[52] Wenngleich Feuchtwanger Frank als Humanisten und gebildeten Schriftsteller altmodischen Typs schätzte, so ging er inhaltlich kaum, eher nur allgemein, freundschaftlich-wohlwollend auf die Aussagekraft von Franks Werk ein. Eine Ausnahme bildete allerdings der »Cervantes« über den Dichter von »Don Quijote« und dessen Hinwendung zum Volk, das Humanität nicht als Donquijotterie, sondern als geschichtliche Aufgabe sieht. Diesen Roman pries Feuchtwanger als eines der bedeutenden historischen Werke in der antifaschistischen Literatur. Frank zieht darin die historische Parallele zu den 1933 von den Nationalsozialisten zerstörten bürgerlich-humanistischen Idealen und Illusionen.

Eine zunehmend distanzierte Beziehung gewann Feuchtwanger im Laufe der Jahre aufgrund der eigenen schriftstellerischen Entwicklung zu Alfred Döblin, wenngleich der persönliche Umgang von Herzlichkeit geprägt blieb, wie Döblins Brief zu Feuchtwangers 60. Geburtstag zeigt. War Döblin in den Zwanziger Jahren aber für Feuchtwanger neben Brecht noch der deutsche Schriftsteller mit den am deutlichsten geniehaften Zügen, unter dessen Einfluß Feuchtwanger seine eigene epische Form erarbeitete, so beurteilte Feuchtwanger rückblickend in seinem Essay über den historischen Roman das Werk des Vorbildes zurückhaltender: »Döblin, durch und durch egozentrisch, strebt nicht zum Ganzen und folgt nur seiner künstlerischen Laune. Er läßt seine Einfälle nicht zu Gedanken werden, er hat eine ans Närrische grenzende Abneigung gegen die geschlossene Form.«[53] Er kannte Döblin seit der Zeit des ersten Weltkriegs. 1916 schrieb Feuchtwanger in Jacobsohns »Schaubühne« einen hymnischen Aufsatz zu dessen Roman »Die drei Sprünge des Wang-lun« über eine Religionsbewegung im China des achtzehnten Jahrhunderts, für

Bruno Frank übte stets Kritik an Feuchtwangers Roman »Erfolg«, den er als »Nestbeschmutzung« empfand. Grundsätzlich aber war es eher ein gewisser Neid, den Frank der Freundschaft Feuchtwangers mit Brecht gegenüber empfand. Feuchtwanger schätzte Frank als Humanisten und Schriftsteller altmodischen Typs.

Brecht und Helene Weigel

Die beiden Schildkröten Wang Lun (l) und »der gute Alte« (r). Marta Feuchtwanger beschreibt das Bild: »Wang Lun ist ein Roman von Döblin, in dem der alte chinesische Kaiser allein und mit seiner Schildkröte ist. Lion Feuchtwanger begegnete in Rußland 1937 dem Schriftsteller Babel. Dieser erzählte in seiner epischen Weise, er erwarte seine Mutter, die in Sibirien lebt. Um zu erfahren, wann er sie erwarten könne, ging er zum Bahnhofsvorsteher und sagte: ›Lieber Herr Bahnhofsvorsteher, wenn die gute Alte am Dienstag von Lekutsk abfährt, wann glauben Sie, daß die gute Alte hier ankommt?‹ Und da die Schildkröte auch so langsam ist, wie die Redeweise von Babel, haben wir die größere Schildkröte ›den guten Alten‹ genannt.«

den Döblin den Fontane-Preis erhalten hatte. Feuchtwanger, Anhänger der den Weg vom Handeln zum Betrachten weisenden indischen Lebensweisheit, fand damals, Döblin habe »östliches Fühlen und Denken in eine vollendete westliche Kunstform gezwungen«. Ihn beeindruckte, mit welch »verblüffender Selbstverständlichkeit« der Experimentator Döblin seine Leser in seine phantastische fremde Welt stellte, »als wäre sie so erschlossen wie Rom oder Paris, und die einzige Krücke, die er unsrer Phantasie leiht, ist die Intensität seiner Sprache und die unbekümmerte Sachlichkeit, womit er östliche Dinge und Menschen mit europäisch modernen Namen nennt.«[54] Und voller Bewunderung war Feuchtwanger auch für den »Wallenstein« über die Geschichte des Dreißigjährigen Krieges: »Döblin packt die Historie da, wo sie Epos wird. Es ist bei aller minutiösesten Anschaulichkeit keine Spur Historizismus in dem Buch.« Er sah »ein großes, ewiges, episches Fluten« darin.

Später, während der Arbeit an seinem Essay »Das Haus der Desdemona« gewahrte Feuchtwanger im »Wallenstein« aber plötzlich leere Stellen: »In dem riesigen Gewimmel fehlen die Bauern, die Kleinbürger der Städte, es fehlen die Durchschnittsmenschen. Döblin interessierte sich nur fürs Interessante.« Jetzt war für Feuchtwanger dieser »Dreißigjährige Krieg« nur noch »ein chaotisches Auf, Nieder, Kreuz, Quer, Für, Gegen, ein zufälliges, sinnloses, tragikomisches Gewühl«. Döblins »Berlin-Alexanderplatz« hielt Feuchtwanger für ein »verhältnismäßig unbedeutendes Buch«, das jedoch wegen seiner erzählbaren Handlung seine Wirkung getan habe, während seine großen Werke durch den Mangel eines erzählbaren komponierten Inhalts »die Leser nur befremdeten und so gut wie ohne Wirkung blieben«.[55] Feuchtwanger hatte offensichtlich den Eindruck, der Kollege habe sich gelegentlich übernommen.

Aus Frankreich im September 1940 nach Amerika geflüchtet, wo er sich ebenfalls in Los Angeles niederließ, erging es Döblin ähnlich wie Heinrich Mann: er mußte sich als Script-Writer bei Metro-Goldwyn-Mayer durchschlagen, lebte von Arbeitslosenunterstützung und privaten Spenden. Brecht und Helene Weigel bemühten sich um Döblin und organisierten 1943 in einem kleinen Theatersaal zu seinem 65. Geburtstag eine Feier, die zur groteskesten ihrer Art in diesen Jahren der Emigration geriet: Plötzlich nämlich wartete Döblin mit einem die Festversammlung verblüffenden wirren Schuldbekenntnis auf: Er fühle sich mitschuldig am Aufstieg der Nationalsozialisten, weil er nicht genügend Zutrauen in Gott gesucht habe. Einsamkeit und Isolation des Exils hatten den Juden Döblin unter dem Einfluß von Jesuiten schon 1941 zum Katholizismus konvertieren lassen – zum Entsetzen der Freunde. Viele der zahlreich erschienenen Gäste der Geburtstagsfeier, die das »gigantische Sanary« in Kalifornien repräsentierten und die alles andere als religiöse Empfindungen verspürten, fühlten sich zum Narren gehalten. Brecht hatte Mühe, nach dem »peinlichen Vorfall« die Festversammlung zusammenzuhalten und die Tragikomödie mit Hilfe von Thomas Mann, der die Laudatio zu halten hatte, zu einem würdigen Abschluß zu bringen. 1945 kehrte Döblin nach West-Deutschland zurück und enttäuschte seine Freunde als Konvertit zumindest in einem nicht: er wehrte sich – um den Preis eigenen Mißerfolgs bei Verlagen und Buchhandel – im Nachkriegsdeutschland gegen den Kalten Krieg des Glaubensbruders Konrad Adenauer.

Religiösen Ehrgeiz in dieser menschlichen Grenzsituation von Verfolgung, Flucht und zufälliger Rettung hatte auch Franz Werfel. Als der Autor von »Der Tod des Kleinbürgers« und »Die vierzig Tage des Musa Dagh« im Juni 1940 auf der Flucht durch Frankreich im Pilgerort Lourdes vorübergehend Zuflucht vor deutschen Truppen fand, ehe er mit Feuchtwangers und Heinrich Manns Hilfe schließlich über die Pyrenäen entkam, gelobte er, im Fall seiner Errettung »die wundersame Geschichte des Mädchens Bernadette Soubirous und die wundersamen Tatsachen der Heilungen von Lourdes« zu »singen«. In Amerika angekommen, erfüllte er sogleich sein Gelübde. Der Roman »Das Lied von Bernadette« erschien bereits 1941 im Neuen Verlag Stockholm, der Emigrantenliteratur in deutscher Sprache verlegte. Das Buch wurde Werfels größter Welterfolg. Es ist weder Heiligenlegende noch Glaubensbekenntnis des Juden Werfel zum Katholizismus, sondern eine persönliche Auseinandersetzung mit dem Verhältnis von Erkenntnis, Wissen und Glauben.

Feuchtwanger und Werfel hatten sich erst 1937 bei der PEN-Club-Tagung in Paris kennengelernt, als Feuchtwanger die deutsche Delegation leitete. Nach einer Rede Feuchtwangers auf dem Abschlußbankett über die Unterdrückung der Meinungsfreiheit im Hitler-Deutschland, stellte sich Werfel ans Rednerpult und griff Feuchtwanger wegen dessen Reise in die Sowjetunion und wegen seines Empfanges bei Stalin heftig an. Feuchtwanger zeigte sich ungerührt und lud Werfel für den nächsten Tag in sein Hotel ein. Dort erging sich Werfel in weiteren Anwürfen, nachdem Marta Feuchtwanger temperamentvoll ihren Mann verteidigt hatte. Während Werfels Frau Alma, die nicht mit in Paris war, in ihr Tagebuch schrieb: »Verärgert über die Anrempelungen von Herrn und Frau Feuchtwanger kam Werfel zurück nach Wien«[56], sah Werfel einige Jahre später in einem Brief zu Feuchtwangers 60. Geburtstag den Disput in einem anderen Licht: »Unsere erste persönliche Begegnung damals in Paris gipfelte in einem philosophischen und politischen Streit. (...) Ich war heftig gewesen, *Sie* aber gelassen, ich aufbrausend erregt, Sie aber die Ruhe selbst, ich verletzend und Sie unerschütterlich gleichmütig. Ein sprachenunkundiger Augenzeuge unserer Auseinandersetzung hätte zweifellos die Wahrheit auf Ihrer Seite gesehen, denn nicht ich, sondern Sie boten das Bild der Überlegenheit, einer liebenswürdigen Überlegenheit; Sie wurden nämlich niemals böse; Sie lächelten und lachten selbst zu den schlimmsten Attacken.«[57] Als Werfels wenig später mit der Einverleibung Österreichs ins Reich ebenfalls nach Sanary übersiedelten, setzten sie ihre lebhaften Gespräche fort. »Feuchtwanger besuchte uns öfters, aber das Beisammensein ist kaum ein ersprießliches. Von den vielen, die wir sehen, ist Feuchtwanger der weitaus interessanteste, trotzdem wir nie seiner Meinung sein konnten«, trug Alma Mahler-Werfel in ihr Tagebuch ein.[58]

Aus dem spannungsreichen Verhältnis in Frankreich wurde in Kalifornien im Laufe der Jahre eine Freundschaft. Wie in Frankreich, so zählten beide auch in Amerika zu den Erfolgsautoren unter den Emigranten, deren Umsätze sogar Thomas Mann vor Neid erblassen ließen: »Nie habe ich gescheffelt wie Feuchtwanger oder Werfel«, schrieb er im Herbst 1946.[59] Trotz ihrer häufigen Sticheleien duzten sich Feuchtwanger und Alma später. Die streitlustige, energische Frau empfand den Kollegen ihres Mannes gleichwohl als »ein kleines komisches Männchen« und nannte ihn

Werfels erste Begegnung mit Feuchtwanger gipfelte in einen heftigen philosophischen und politischen Streit.

Charly Chaplin mit seinen Mitarbeitern von »Limelight«. Feuchtwangers waren zum Teil bei den Dreharbeiten anwesend. Hinter Chaplin Bob Aldrich, Chaplin assistierender Direktor, und im weißen Hemd Buster Keaton. »Limelight« (»Rampenlicht«) erschien 1953 in den amerikanischen Kinos.

»Klein-Zack« nach einem Lied in »Hoffmanns Erzählungen«. Diese »Benamsung« wurde in der kalifornischen Emigrantenkolonie dann »leider«, so meinte sie hintergründig, »ziemlich populär«. Werfel, der 1945 im Alter von 55 Jahren plötzlich starb, und seine Frau hielten Feuchtwanger stets für einen Kommunisten: »Aber wir haben ihn gern«, schrieb sie in ihr Tagebuch, »obgleich er oft brennt wie Salzsäure.«[60]

Neben ihren alten Freunden und Bekannten fanden Feuchtwangers hier in Amerika auch neue. So entwickelte sich eine innige Freundschaft zwischen ihnen und dem Ehepaar Charlie und Oona Chaplin. Die beiden Paare standen sich politisch sehr nahe und beide pflegten sie gern ihren gewohnten großbürgerlichen Lebensstil, was sich nach ihrem Verständnis jedoch nicht ausschloß. Obgleich Chaplin den Behörden wegen seiner politi-

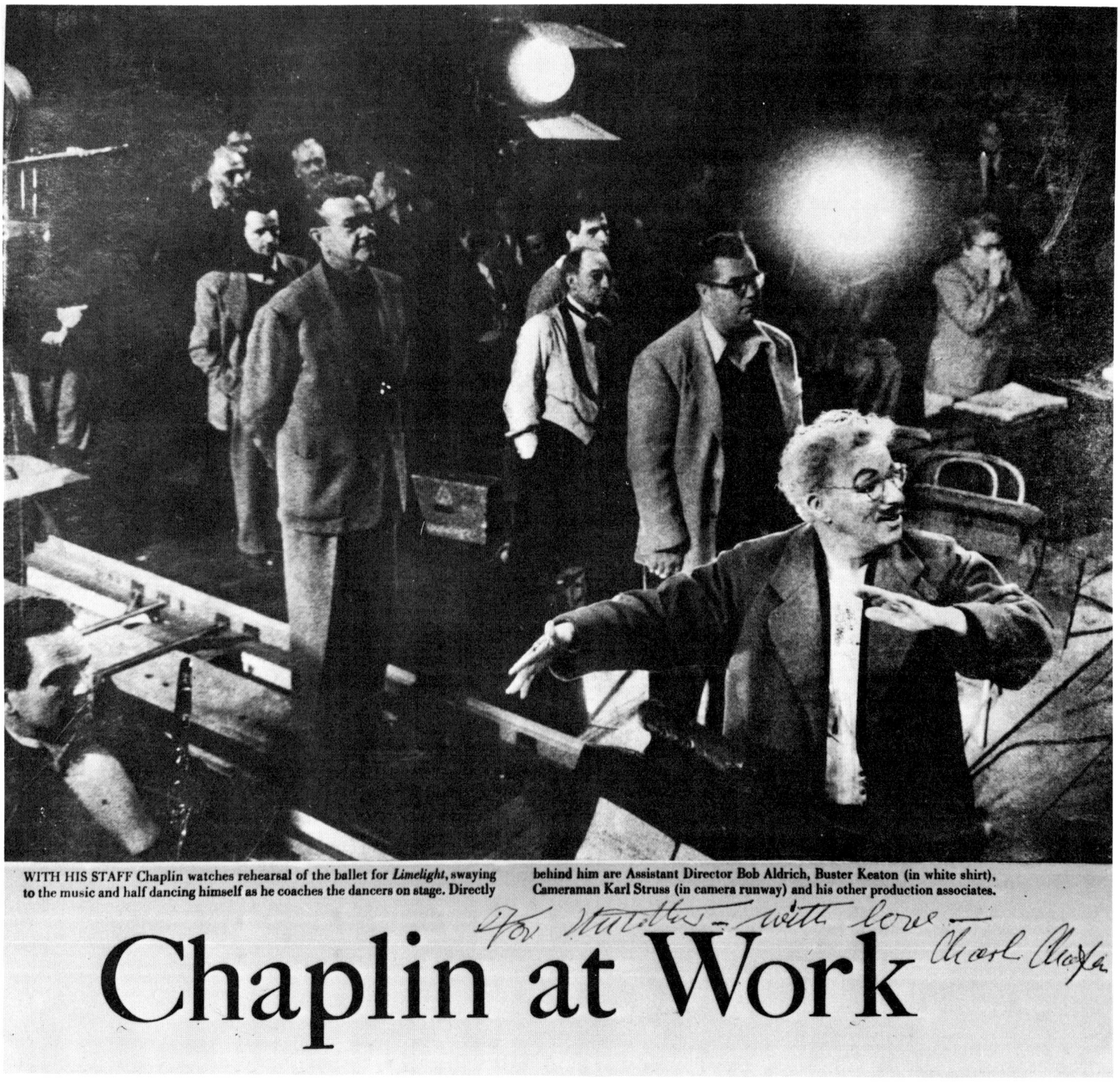
WITH HIS STAFF Chaplin watches rehearsal of the ballet for Limelight, swaying to the music and half dancing himself as he coaches the dancers on stage. Directly behind him are Assistant Director Bob Aldrich, Buster Keaton (in white shirt), Cameraman Karl Struss (in camera runway) and his other production associates.
Chaplin at Work

schen Position und wegen der herben Gesellschaftskritik suspekt war, die er in seinen Filmen mit Komik und Slapstick verpackte, schallten viele große Namen der amerikanischen Gesellschaft durch den Raum, wenn ein würdevoller Butler bei den gelegentlichen Empfängen und Parties im Hause der Chaplins die Ankunft der einzelnen Gäste ausrief. Die Beziehungen zwischen den Chaplins und den Feuchtwangers spielten sich jedoch jenseits des großen Getriebes auf familiärer Ebene ab. Abwechselnd kochten und servierten Marta in Schürze und Spitzenhäubchen oder Charlie Chaplin mit weißem Kochhut zum Abendessen, man führte politische Diskussionen, erzählte sich Anekdoten aus Hollywood, wobei Chaplin über einen unerschöpflichen Erfahrungsschatz verfügte, oder sie sahen sich in der Villa Chaplins am Summit Drive in Beverly Hills die neuesten amerikanischen, zuweilen auch russischen Filme an. Wenn Feuchtwanger von Professor Stanley Townsend von der University of Southern California für englischsprachige Freunde vorlesen ließ, eröffnete Chaplin gewöhnlich die Diskussion. 1952 wurden die Freunde plötzlich auseinandergerissen. Als sich der in Großbritannien geborene Chaplin und seine Frau auf einer Europareise befanden, entzog ihnen aus politischen Gründen wegen angeblich unamerikanischer Haltung die übermächtige Einwanderungsbehörde die Wiedereinreiseerlaubnis. Notgedrungen ließen sie sich in der Schweiz, in Vevey nahe Montreux nieder. Sie blieben mit Feuchtwangers weiter in brieflicher Verbindung und ermunterten sie, doch auch nach Europa zu kommen.

Häufiger sahen Feuchtwangers auch den mit ihnen enger befreundeten Filmschauspieler Edward G. Robinson, der häufig in Gangsterrollen zu sehen war und der zu Hause gerne seine Gemäldesammlung französischer Impressionisten vorzeigte. Regen freundschaftlichen Verkehr mit den Emigranten, vor allem aber mit Brecht, pflegte auch der Schauspieler Charles Laughton. Er lud Feuchtwangers, Brecht und Helene Weigel, Eislers, die Viertels und andere zu Leseabenden ein und trug aus Shakespeares wie aus Brechts Werken, unter anderem den »König Lear« und »Galileo« vor. Zu einem gesellschaftlichen Mittelpunkt für die Emigranten machte die Garbo-Drehbuchautorin Salka Viertel ihr Haus. Die Abende dort erinnerten manche an die alten Berliner Salons. Keineswegs aber verlief das Zusammenleben der Emigranten so harmonisch, wie es unter der kalifornischen Sonne zuweilen schien. »Die Feindschaften gedeihen hier wie die Orangen und haben wie die keine Kerne«, schrieb Brecht einem Bekannten. »Die Juden werfen sich gegenseitig Antisemitismus vor, die arischen Deutschen beschuldigen sich des Philodeutschtums.«[61] An den meisten Leuten, mit denen Feuchtwanger in den Vierziger Jahren zusammenkam, hatte er keine rechte Freude. Die Feindseligkeiten, Streitigkeiten und Intrigen, die in späteren Jahren zuweilen in Denunziationen beim »Ausschuß für unamerikanische Aktivitäten« ausarteten, widerten ihn an. Aus dem »ekelhaftestem Klatsch« und vielen Gezänk[62] versuchte er sich herauszuhalten.

Der arge Weg der Erkenntnis: Romane von Widerstand und Revolution

„Der Held des Romans ist jener unsichtbare Lenker der Geschichte, der, im achtzehnten Jahrhundert entdeckt, im neunzehnten Jahrhundert deutlich erkannt, beschrieben und gepriesen wurde, um dann im zwanzigsten Jahrhundert bitter verleugnet und verleumdet zu werden: der Fortschritt."

Feuchtwanger und Brecht, der im Exil zunächst ziemlich erfolglos war, wurde ein unerwarteter Geldsegen zuteil, als sich Samuel Goldwyn, einer der mächtigsten Filmproduzenten Hollywoods, entschloß, das von Feuchtwanger und Brecht gemeinsam verfaßte Drama »Die Gesichte der Simone Marchard« zu verfilmen. Brecht sollte die Rechte für das Theaterstück behalten, während Feuchtwanger aus dem gleichen Material einen Roman schreiben durfte.

Schlaflos auf dem Stroh des Konzentrationslagers in Südfrankreich liegend, schwebten dem Häftling Lion Feuchtwanger immer wieder 14 Bücher vor, die er unbedingt noch schreiben wollte. Viele Jahre später, mit 60, beschränkte er dieses ehrgeizige Ziel auf acht Bücher und hoffte, daß ihm noch 16 Jahre bleiben würden, sie zu verwirklichen.

Dem Schriftsteller mit seiner selbstironisierenden Affinität zu echter und fiktiver Statistik waren von seiner Internierung bis zu seinem Tod 18 Jahre vergönnt. In dieser Zeit des Exils und der Emigration in den Vereinigten Staaten zwischen 1940 und 1958 brachte er es schließlich auf acht Bücher, drei Dramen, mehrere Kurzgeschichten, Reden und Aufsätze und einen Essay, den er als Fragment hinterließ.

Eines dieser Stücke schrieb er wieder zusammen mit Brecht. 17 Jahre nach der gemeinsamen Überarbeitung und Umbenennung seines »Warren Hastings« in »Kalkutta, 4. Mai« entstand zwischen Oktober 1942 und Februar 1943 »Die Gesichte der Simone Machard« über eine moderne Jeanne d'Arc. Es ist ein Stück, das Feuchtwanger 1944 im »Neuen Verlag Stockholm« auch als Roman »Simone« veröffentlichte. Es handelt von einem Mädchen, das beim Einmarsch der Deutschen 1940 in Frankreich bei ihrem Onkel Planchard, dem Besitzer einer Hostellerie mit Fuhrpark und Tankstelle arbeitet. Sie gerät immer stärker in Widerspruch zu der Familie Planchard, je mehr sie merkt, daß die Wohlhabenden bereit sind, mit den Besetzern zu kollaborieren, um ihre Pfründe zu retten. Angesichts der Not der vor ihren Augen vorüberziehenden flüchtenden Landsleute kämpft Simone darum, den Flüchtlingen Lebensmittel und Wagen aus dem Fuhrpark zur Verfügung zu stellen. Sie träumt nach der Lektüre eines Buches von der Jungfrau von Orleans Jeanne d'Arc, bis sie sich selbst mit ihr identifiziert und nach dem historischen Vorbild handelt: damit den herannahenden Deutschen nicht das Treibstofflager ihres Onkels in die Hände fällt, zündet sie es an. Sie wird dafür von den Einwohnern ihres Ortes geliebt und verehrt, von ihrem Onkel jedoch verraten und von den Kollaborateuren, den Leuten der Vichy-Regierung, verfolgt. Sie gerät in Gefangenschaft und hofft, die »schwarzen Jahre des Wartens« überleben zu können.

In »Simone« verarbeitete Feuchtwanger seine traumatischen Erfahrungen während der letzten Monate seines Exils und seiner Inhaftierung in Frankreich. Das Buch ist eine Abrechnung mit den Umtrieben französischer Faschisten und den ihnen Wohlgesonnenen in den vermögenden, einflußreichen Kreisen des Landes. Es ist zugleich eine Huldigung an die Zweite Front – des aufflammenden Widerstands im Lande. In der Hinwendung Simones zu den kleinen Leuten verbindet Feuchtwanger den nationalen mit dem sozialen Befreiungskampf. Er beschreibt darin auch den Weg vom Erkennen zur Aktion, vom Nichttun zum Handeln, zum aktiven Widerstand, der freilich für ihn zum Scheitern verurteilt ist, solange er – ähnlich wie in seinen »Geschwister Oppermann« – individuell, ohne organisierte Massenbasis stattfindet. Organisiertes Handeln gegen die Eindringlinge in Frankreich setzt aber voraus, daß entweder die Herrschaft der »zweihundert Familien« gebrochen oder das Bürgertum für die Sache des Volkes gewonnen wird. Mit der Person der aus bürgerlichen Verhältnissen kommenden Simone hat Feuchtwanger, mit psychologischen Mitteln ihren Erkenntnisprozeß für den Leser schlüssig herausarbeitend, diese Brücke zu bauen versucht. Der Roman wirkt wie ein einziger Monolog der Simone. Feuchtwanger beabsichtigte mit dieser Technik die inneren Erlebnisse Simones, ihre Lektüre und ihre Träume so ineinander übergehen zu lassen, bis sie in der Romanhandlung einander bedingen und Simones Handeln notwendig erscheinen lassen.

In dem vor dem Roman verfaßten Stück, das in Absprache mit Feuchtwanger Brecht als alleinigen Autor nennt, ist Simone jedoch ein Dienstmädchen des Patrons ohne verwandtschaftliche Bindungen. Klarer als Feuchtwanger konstruiert Brecht damit Klassengegensätze. Brecht, so schrieb Feuchtwanger über die Entstehung des Stückes »Simone«, »haßte alles ›Psychologisieren‹. Ihm kam es darauf an, gleichnishafte Situationen zu schaffen, die ihren Sinn verkündeten, ohne daß der Autor hätte kommentieren müssen. Ihm ging es um die Echtheit des Wortes, die dichterische Wahrheit der Geste und der Situation.«[63] Um die gesellschaftlichen Gegensätze von vornherein klar zu markieren, bestand Brecht darauf, daß seine »Simone« alles aus der Erfahrungswelt eines Kindes erlebt, während Feuchtwangers »Simone« bei der Arbeit am Stück immer älter und im Roman zur jungen Frau wird, die sich aus den herrschenden bürgerlichen Konventionen löst und so zu einem neuen Bewußtsein gelangt.

Das Alter der bei Brecht im Verlauf der Arbeit immer jünger gewordenen Heldin blieb denn auch die einzige Frage, über die sich Brecht und Feuchtwanger nicht einigen konnten. Sie entschieden sich schließlich dafür, sie im Text des Stückes als ›halbwüchsig‹ zu bezeichnen. Der Streit flammte aber immer wieder auf. Noch im Mai 1956, kurz vor seinem Tod, schrieb Brecht als Antwort auf Pläne einer »Simone«-Aufführung in Amerika in einem Brief an Feuchtwanger: »das wichtigste für eine aufführung der ›simone‹ ist, daß die hauptrolle unter überhaupt keinen umständen von einer jungen schauspielerin gespielt werden kann (auch nicht von einer, die wie ein kind aussieht), sondern nur von einer elfjährigen, und zwar einer, die wie ein kind aussieht. ich denke, darin stimmen sie mir zu.«[64] Feuchtwanger stimmte nicht zu. Ihr Streit währte über Brechts Tod hinaus. Selbst gegenüber Brechts Witwe Helene Weigel blieb Feuchtwanger hart. Im August 1957 schrieb er ihr: »Die Aussichten, hier eine Aufführung

Bei der gemeinsamen Arbeit an »Simone« beschreibt Brecht Feuchtwanger: »Er hat Sinn für Konstruktion, versteht sprachliche Feinheiten zu schätzen, hat auch poetische und dramaturgische Einfälle, weiß viel von Literatur, respektiert Argumente und ist menschlich angenehm, ein guter Freund.«

der ›Simone‹ zu erreichen, sind nicht schlecht. Aber ich kann die Leute schwerlich dazu überreden, die Hauptrolle von einem Kind spielen zu lassen. Aber wenn Sie wünschen, daß die Simone den Plänen Brechts entsprechend von einem Kind gespielt wird, dann lasse ich das Ganze eher scheitern, als daß ich in diesem Punkt nachgebe.«[65]

Regelmäßig saßen die beiden an ihrer »Simone«, die zunächst »Die heilige Johanna von Vitry (Die Stimmen)« heißen sollte. Brecht war die Idee zu dem Stück nach Lektüre von Feuchtwangers »Teufel in Frankreich« gekommen. Über ihre Arbeit trug Brecht Ende November 1942 in sein Arbeitsjournal ein: »lediglich konstruktionsarbeit, wobei f(euchtwangers) zähe verteidigung der naturalistischen wahrscheinlichkeit recht nützlich ist. seine veraltete ›biologische‹ psychologie hält uns ein wenig auf. was die marxschen klassenkampfgesetze betrifft, so gelten sie zwar, aber nur für die klassen, dh nicht für die individuen.«[66] Und im Januar 1943 notierte er sich: »die zusammenarbeit geht gut und ist eine erholung nach der filmarbeit, obwohl f(euchtwanger) von allem technischen oder sozialen (epischer darstellung, v-effekt, aufbau der figuren aus sozialem statt ›biologischem‹ material, gestaltung des klassenkampfes in der fabel usw) ganz absieht und das lediglich als meinen persönlichen stil akzeptiert. (...) er hat sinn für konstruktion, versteht sprachliche feinheiten zu schätzen, hat auch poetische und dramaturgische einfälle, weiß viel von literatur, respektiert argumente und ist menschlich angenehm, ein guter freund.«[67] In einem Aufsatz zur Entstehungsgeschichte von »Simone« erinnert sich Feuchtwanger: »Brecht war ein glänzender Debattierer. Dieser brennende Mensch wurde noch lebendiger in der Debatte. Jede Minute brachte ihm neue, kühne, blitzend gescheite Einfälle. Er verstieg sich gern ins Paradoxe, verteidigte seine Thesen, auch wenn sie nicht zu halten waren mit Witz und Schärfe, wurde heftig, griff an, um schließlich schlau und gutmütig lachend seinen Satz fallen zu lassen. Die Arbeit mit ihm war überaus anregend. Das Erlebnis Brecht gehört zu den glücklichsten meines an glücklichen Erlebnissen nicht armen Lebens.«[68] »Simone« wurde für sie schließlich noch ein einträgliches Unternehmen: für 50 000 Dollar verkaufte Feuchtwanger der Gesellschaft von Samuel Goldwyn die Filmrechte für den Roman. Das Stück hatte Goldwyn zuvor abgelehnt. Brecht erhielt 20 000 Dollar. Von seinem Roman »Simone« ließ die »Literary Guild«, einer der größten Buchclubs, eine Auflage von 350 000 Exemplaren drucken.

Ein beiläufiger Hinweis Feuchtwangers, daß Lukrez die Lehre des Epikur in Hexametern gefaßt hatte, brachte Brecht Anfang März 1945 auf eine Idee, die Feuchtwanger verblüffte: Er wollte es Lukrez gleichtun und nichts geringeres als das Kommunistische Manifest in Verse fassen. Feuchtwanger reizte die Sache. Sie unternahmen zahlreiche Versuche. »Die Hauptschwierigkeit war, die technischen Worte des Manifestes in Hexameter zu zwängen«, erinnerte sich Feuchtwanger später, »zum Beispiel die Worte Bourgeois, Bourgeoisie und Proletariat. Als sich ergab, daß diese und ähnliche Worte sich einer Versifizierung nun einmal nicht fügen, schien mir unser Versuch hoffnungslos. Doch Brecht, der eine Idee nicht so bald fahren ließ, bestand darauf, weiterzumachen. Nach hundert oder hundertfünfzig Versen etwa gaben wir den Versuch auf.«[69] Am 3. März 1945 schrieb Brecht in sein Arbeitsjournal: »feuchtwanger erzählt mir, daß die hexameter schlecht sind. das bedeutet viel polierarbeit. tatsächlich weiß ich zu wenig davon.«[70] Feuchtwanger versuchte Brecht über das Mißlingen hinwegzutrösten, indem er zu bedenken gab, daß es eigentlich gar nicht schlimm sei, wenn jemand keine Hexameter schreiben könne. Es verlange doch keiner von ihm, daß er welche schreibe. Aber Brecht hatte sich darin verbissen und experimentierte später sogar in Ost-Berlin weiter. Er brachte es schließlich auf 350 Verse. Doch viel besser als die ersten waren sie immer noch nicht.

Feuchtwanger unterdessen wandte sich einigen jener Romane zu, die er in seinem Leben unbedingt noch schreiben wollte. Aus der Tagesaktualität des Widerstandes von »Simone« blendete er zurück in das Zeitalter der Aufklärung und der Revolutionen im 18. Jahrhundert. Nacheinander entstanden »Waffen für Amerika«, dessen Titel später in »Die Füchse im Weinberg« geändert wurde, »Goya« und »Narrenweisheit oder Tod und Verklärung des Jean-Jacques Rousseau«.

»Waffen für Amerika« schildert das Zusammenspiel so unterschiedlicher historischer Figuren wie Beaumarchais, Benjamin Franklin, Lafayette, Voltaire, König Ludwig XVI. und Marie Antoinette bei der Unterstützung amerikanischer Kolonisten in ihrem Unabhängigkeitskampf gegen England durch umfangreiche französische Waffenlieferungen. Die französische Monarchie verfolgt dabei die Absicht, die See- und Handelsherrschaft Englands zu schwächen und damit Frankreich zu stärken – die Vertreter der Aufklärung wollen in erster Linie der jungen, revolutionären Demokratie in Nordamerika zum Sieg verhelfen. Die daraus entstehenden politischen Wechselwirkungen und Spannungen erschüttern nach dem Erfolg der Amerikanischen Revolution die feudalen Strukturen in Frankreich und münden auch hier in die Revolution. Feuchtwanger betonte, »daß der Held des Romans nicht Benjamin Franklin ist, auch nicht Beaumarchais, auch nicht der König oder Voltaire, sondern jener unsichtbare Lenker der Geschichte, der, im achtzehnten Jahrhundert entdeckt, im neunzehnten Jahrhundert deutlich erkannt, beschrieben und gepriesen wurde, um dann im zwanzigsten Jahrhundert bitter verleugnet und verleumdet zu werden: der Fortschritt.«[71] Zwanzig Jahre lang trug Feuchtwanger den Plan zu diesem Buch mit sich herum, ehe er nach zwei vergeblichen Versuchen das aus jener Zeit in die Gegenwart leuchtende Feuer der Geschichte erkannte und das Projekt verwirklichen konnte: »Als das Amerika Roosevelts in den Krieg gegen den europäischen Faschismus eingriff und den Kampf der Sowjetunion gegen Hitler unterstützte, wurden mir die Geschehnisse im Frankreich des ausgehenden achtzehnten Jahrhunderts leuchtend klar und sie erleuchteten mir die politischen Geschehnisse der eigenen Zeit.«[72] Das Gleichnishafte in den historischen Abläufen war offensichtlich. Im Amerika jener Tage sah Feuchtwanger, »wie alle leitenden Männer erkannten: auch der westliche Erdteil kann von dem Faschismus nur befreit werden durch ein Europa, das sich von Hitler befreite. Sehr deutlich wurde mir durch meine eigenen Erlebnisse die geschichtliche Verbundenheit der beiden Kontinente und insbesondere Frankreichs und Amerikas dokumentiert.«[73]

Das Problem, den Roman zu gestalten, hatte für Feuchtwanger lange Zeit in der Person des Amerika verkörpernden Benjamin Franklin gelegen, wohingegen er mit der Rolle und dem Wesen der europäischen Romanfiguren keine Schwierigkeiten hatte. In

QUERIDO, ~~Inc.~~ VERLAG

Publishers

TELEPHONE:
MURRAY HILL 3-0892

381 FOURTH AVENUE
NEW YORK 16, N. Y.
22. Mai 1945

Mr. Lion Feuchtwanger
520 Paseo Miramar
P. O. Box 525
Pacific Palisades, Cal.

Lieber Doktor Feuchtwanger!

Unmittelbar nach dem Eintreffen Ihres Manuskriptes haeuften sich die Ereignisse so sehr, dass ich anfangs nicht die Ruhe fand, das Manuskript hintereinander zu lesen. Als ich es dann zur Hand nahm, beendigte ich die Lektuere an einem Sonntag. Lassen Sie mich Ihnen sagen, dass ich persoenlich noch nie von einem Buche von Ihnen so stark gefesselt war. Ich glaube aber auch, dass abgesehen von meiner persoenlichen Reaktion, technisch und in seiner Gestaltung es dem Besten, was Sie je geleistet haben, gleich kommt oder es uebertrifft. Ich bin fasziniert von dem Thema und von den Figuren und ich habe die feste Ueberzeugung, dass dieses Buch keineswegs nur in diesem Land einen ausserordentlichen Erfolg haben wird.

Es ist mein dringender Wunsch, dieses Buch als eines der ersten zu sehen, die wieder unter dem alten Querido Imprint erscheinen. Ich wuerde, wie in den guten alten Zeiten, schon fruehzeitig mit dem Satz beginnen, damit Sie Vorlagen fuer die verschiedenen Uebersetzungen haben und um Ihnen die Garantie eines schnellen Erscheinens zu geben. Gleichzeitig will ich Ihnen gern die bestmoeglichen Bedingungen einraeumen. So wie die Verhaeltnisse liegen, ist es ausserordentlich schwierig zu sagen, in welcher Form es wuenschenswert waere, das Buch heraus zu bringen. Das schliesst jedoch nicht aus, dass mit dem Satz begonnen werden kann. Die Frage der Ausstattung kann spaeter entschieden werden.

Wenn Sie mir also schreiben, dass Sie prinzipiell mit einem schnellen Beginn der Herstellung des Buches durch den Querido Verlag einverstanden sind, will ich Ihnen gern einen detaillierten Vorschlag machen.

Mit herzlichen Gruessen an Sie und Ihre Frau,

Ihr
F. H. LANDSHOFF

FHL:as

Das Manuskript von »Waffen für Amerika« sandte Feuchtwanger 1945 an Fritz H. Landshoff an den inzwischen in New York residierenden Querido-Verlag. Fritz Landshoff, einst neben Walter Landauer der für das Programm verantwortliche Direktor des Verlages Gustav Kiepenheuer, Berlin, wurde Verleger des New Yorker Verlages. Emanuel Querido, der Gründer des holländischen Verlages, war von den Nazis in Amsterdam verhaftet, deportiert und umgebracht worden.

dem großen Fresko blieb ihm Franklin, der 1777/78 zur Zeit der Romanhandlung als amerikanischer Emissär in Paris mit Beaumarchais die Allianz knüpfte, fremd, erschien dieser als weißer, leerer Fleck. Erst inmitten der amerikanischen Wirklichkeit, als er den Streit der Parteien innerhalb des Kongresses mit der Regierung und die Auseinandersetzungen unter den gesellschaftlichen Gruppen erlebte, bekam sein Franklin Konturen: »Ich erkannte die ungeheuren Schwierigkeiten, gegen welche der große Mann nicht nur in Europa, sondern auch in Amerika zu kämpfen gehabt hatte. (...) Ich erinnere mich des Tages, da ich zum ersten Mal den alten Franklin ganz deutlich vor mir sah. Das war, als ich die französische Erstausgabe seiner Werke in die Hand bekam, der ein Stich Martinets vorgedruckt ist; der Stich stellt dar einen ungewöhnlich häßlichen alten Franklin, und ihm beigefügt ist ein überschwengliches Gedicht, verfaßt von Franklins Freund und Übersetzer Dubourg, welches den Doktor den Göttern Griechenlands gleichsetzt. Damals zum ersten Mal schaute mich sehr lebendig, mild und ein bißchen ironisch der wirkliche Franklin aus seinen großen, alten, gewölbten Augen an. Jedenfalls, nun war er da, der Franklin, den ich brauchte.«[74]

Beaumarchais, Franklins Partner, der den Amerikanern die Waffen lieferte und ihnen so den Sieg von Saratoga über die Engländer ermöglichte, und Autor der Komödie »Die Hochzeit des Figaro«, die die Französische Revolution einleitete, erscheint bei Feuchtwanger als eine Figur, anziehend, schillernd, gewaltig-pompös, wie er sie in seinen Romanen liebte. Er ist blitzend geistreich, wirft mit tausend fruchtbaren, teils hohlen Ideen um sich, erscheint von Idealen erfüllt, weltmännisch, geltungs- und profitgierig, wird von unwahrscheinlichen Glücksfällen hochgetragen und immer wieder betrogen, dürstet nach den Privilegien des Adels und kämpft mit feuriger Begeisterung für das Bürgertum und die Unterdrückten, wird umjubelt und verhöhnt, sitzt heute im Gefängnis und sieht sich morgens umschmeichelt und auf der Bühne gefeiert. Er ist ein ausgezeichneter Ehemann und Familienvater und immerzu in Liebschaften verstrickt, ein Politiker, ein Geschäftsmann und ein Schriftsteller von Weltrang, dabei windig, leichtsinnig, anrüchig, bereit zu größten Opfern für die Menschheit und für seine Freunde und zu jedem Schwindel und Betrug für sich selber. Seine Marie-Antoinette zeichnet Feuchtwanger königlich-backfischhaft, sie will immer Schicksal spielen und ist als Puppe mal in den Händen ihrer Günstlinge, mal in denen Beaumarchais' und Franklins. Sie setzt schließlich die – von Feuchtwanger vorverlegte – Aufführung des »Figaro« durch. Schauspieler, alle auf Seiten der amerikanischen Revolution und damit treibende Kräfte im Kampf um den Fortschritt im feudalen Frankreich, tauchen auf und supergescheite wie dumme Minister, blasierte Hofschranzen, deren einziges Vergnügen darin besteht, an dem Ast zu sägen, auf dem sie sitzen.[75] Schlüsselperson ist schließlich der dicke, junge Ludwig XVI. mit einem zwar langsamen, aber guten Verstand. »Er ist der einzig Sehende unter lauter Blinden, er weiß, daß er sich durch die Waffenhilfe für Amerika sein eigenes Grab gräbt, er ist absoluter Monarch und immer gezwungen, das zu tun, was er nicht will, und das zu unterlassen, was er tun möchte«,[76] schreibt Feuchtwanger.

Feuchtwanger empfand es als Pflicht gegenüber dem Europa, in dem er zu Hause war, und gegenüber dem Amerika, in dem er lebte, den Roman zu schreiben. »Es steckt«, so gab er zu verstehen, »in diesem Buch viel Liebe und viel Haß zu Frankreich und zu Amerika, viel große Liebe und viel kleiner Haß, aber ein ehrlicher Wille zu objektivem Verständnis.«[77] Als er das Buch 1946 als seinen nunmehr zwölften Roman beendete, war er sehr zufrieden mit dem Ergebnis. Wie von ihm erwartet, wurde es auf dem amerikanischen Markt ein großer Erfolg. Die Literary Guild druckte eine Auflage von 600000 Exemplaren. Zuvor mußte Feuchtwanger jedoch nach New York reisen und dort das umfangreiche Manuskript um gut zwanzig Prozent kürzen. Er veräußerte überdies die Film- und zahlreiche Übersetzungsrechte. Der Film jedoch wurde nie gedreht, weil die Gesellschaft bankrott ging. Auch andere Werke Feuchtwangers wurden in Amerika nie verfilmt, obwohl verschiedene Gesellschaften sich bei dem erfolgreichen Autor oft für hohe Summen die Rechte gesichert hatten. Es blieb lange Zeit bei der englischen Verfilmung des »Jud Süß« und der sowjetischen Verfilmung der »Geschwister Oppermann«. Sie wurden aber, wie erwähnt, inzwischen fürs Fernsehen bearbeitet, ebenso »Exil« und »Jud Süß«. In der DDR wurde überdies in Zusammenarbeit mit sowjetischen Coproduzenten eine Filmfassung seines »Goya« hergestellt.

Wie immer bei seinen Büchern, so fürchtete Feuchtwanger auch bei »Waffen für Amerika«, daß es mißverstanden würde. Da er die Beobachtung gemacht habe, »daß über Wesen und Funktion des historischen Romans die seltsamsten Meinungen umgehen«, äußerte er in einem Brief an seinen Verleger Huebsch den Wunsch, dem Buch ein paar Zitate beizufügen, »geeignet, dem Leser, soweit er nicht ganz stur ist, auf den rechten Weg zu leuchten«.[78] Es sind jene Zitate, mit denen er formelhaft den Sinn seiner historischen Romane zu erklären versuchte. Da findet sich jener Ausspruch von Jaurès: »Wir wollen aus der Vergangenheit das Feuer übernehmen, nicht die Asche« und jener von Aristoteles, wonach die künstlerische Darstellung der Geschichte wissenschaftlicher und ernsthafter sei als die exakte Geschichtsbeschreibung. Diese und zwei weitere dem Buch vorangestellte Zitate wie der Satz Stalins: »Schicksal? Der Begriff ist Mystik, Nonsens«, konnten dennoch nicht verhindern, daß der Roman vor allem in der Sowjetunion und in den osteuropäischen Ländern von den Kulturfunktionären gründlich mißverstanden wurde. Er kam zunächst auf den Index, Feuchtwanger mußte sich (wie vorn in dem Abschnitt »Moskau 1937« bereits erwähnt) heftige Anwürfe in der Moskauer Literaturzeitschrift »Nowy Mir« gefallen lassen. Die marxistische Kritik warf Feuchtwanger vor, opportunistisch dem US-Imperialismus zu huldigen. Feuchtwanger erfuhr nur Ungenaues über das, was in Osteuropa vorging. Die Attacken verwirrten und bedrückten ihn. An Zweig, der noch nicht das Buch kannte, sondern nur von der Kritik daran gehört hatte, schrieb er im März 1951, er bedaure, daß Zweig keine Gelegenheit habe, das Buch einmal richtig als Ganzes zu lesen: »Sie würden sogleich erkennen, daß die Probleme, von denen das Buch handelt, brennende Fragen unserer Zeit sind. Das Buch spricht vom frühesten amerikanischen Imperialismus, es zeigt scharf umrissen die Lee und Adams, die ersten Repräsentanten amerikanischen Größenwahns, und das Buch hat zum Helden jenen Fortschritt, der nur durch friedliche Zusammenarbeit aller Völker erreicht werden kann. In diesem Sinne wurde das Buch auch hier verstanden, und ich glaube, es hat hier in Amerika mehr für den Frieden getan als manche Friedenskonferenz.«[79] In seinen sonstigen Erläu-

Zusammen mit einer Gruppe von Wissenschaftlern rief Albert Einstein zu einer öffentlichen Spende auf, durch die eine Million Dollar aufgebracht werden sollten. Das Geld war zur Unterrichtung der US-Bevölkerung über die sozialen Auswirkungen der Atomenergie und über die notwendigen Maßnahmen zur Verhinderung einer Vernichtung der Zivilisation durch die Atombombe gedacht. Einstein hat die Gefahren, die der gesamten Menschheit durch die Atombombe drohen, in mehreren Punkten zusammengefaßt, die in dem Satz gipfelten: »Es gibt keine andere Lösung des Atomproblems als die internationale Kontrolle der Atomenergie und, als letztes Mittel, die Verhinderung von Kriegen.« Das Datum des Aufrufs war der 27. November 1946.

Hilde Waldo im Arbeitszimmer, der »Dichterwerkstatt«, Lion Feuchtwangers in Pacific Palisades, etwa 1943

terungen, einem Nachwort und einem Aufsatz zu dem Buch hatte er sich nicht so pointiert geäußert, daß er auch den frühen amerikanischen Imperialismus darstellen wollte. Nur allmählich legte sich das östliche Mißtrauen. Dazu trugen neben der Titeländerung in »Die Füchse im Weinberg« auch zwei lobende Aufsätze bei, die Brecht und Heinrich Mann 1949 in Kantorowicz' Zeitschrift »Ost und West« publizierten sowie ein 1952 von Feuchtwanger nachgeschobenes Nachwort zu »Waffen für Amerika«, in dem er vor der »plumpen Mißdeutung« warnt, »das Buch sei zum höheren Ruhme des heutigen Amerika und seiner Führer geschrieben.«[80]

Die marxistischen Kritiker irritierte überdies, daß Feuchtwanger mit der Person des Beaumarchais in erster Linie für die Anerkennung des Bürgertums in Frankreich kämpfte, während das Volk, die »langsame Masse« der »Trägen im Herzen und im Geiste« im Hintergrund bleibt. Man teilte auch nicht die Art und Weise, wie er – nach früheren Mustern – als Auslöser der Revolution das Wirken einer bürgerlich-fortschrittlichen Minorität gegen eine blinde, eher teilnahmslose, Majorität zeichnete. Es wurde ihm eine Überschätzung der List und Allmacht der Vernunft vorgehalten.[81] Doch sah auch Feuchtwanger, daß die Vernunft nur eine Chance behält, wenn sie alle Bevölkerungsschichten durchdringt. In diesem Sinne war Beaumarchais für ihn nur eine Übergangsfigur, das Fortschrittlichere sah er in seinem Franklin, in dessen Verbundenheit mit den bodenständigeren Kolonisten Nordamerikas.

Im letzten Jahrfünft des 18. Jahrhunderts aber »war das Regiment der Französischen Republik dem Volke entglitten und von Geschäftsleuten übernommen worden. (...) Auch in jenem andern Lande, welches versucht hatte, die Ideen der Aufklärung durch Revolution zu verwirklichen, in den Vereinigten Staaten von Amerika, liebäugelten jetzt die führenden Männer mit den alten Ideen. Man sagte sich los von jenem Frankreich, ohne dessen Hilfe man die Unabhängigkeit niemals hätte erkämpfen können, man insultierte den französischen Botschafter und führte kalten Krieg mit seiner Republik. Man erließ ein Fremden- und Aufruhrgesetz, welches den Geist der Verfassung verleugnete, man verwässerte die Prinzipien der Unabhängigkeitserklärung.«[82] In dieser nüchtern-bitteren Bestandsaufnahme in der Einführung zum Dritten Teil des zwischen 1948 und 1950 entstandenen Romans »Goya« verbindet Feuchtwanger wiederum aktuelle Erfahrungen mit historischen Elementen: das Frankreich des ausgehenden 18. Jahrhunderts ist für ihn verwandt mit der Sowjetunion des 20., ohne deren Hilfe die nationalsozialistische Herrschaft niemals hätte abgeschüttelt werden können. Und jetzt, nach dem Zweiten Weltkrieg, nach dem Tode Roosevelts, den die Emigranten als »unseren Präsidenten« verehrt hatten, herrschte Kalter Krieg. Alte, überkommene, reaktionäre Werte wurden wieder hervorgekramt, fortschrittlichen Geist schien man wegsperren zu wollen. Der »Ausschuß für unamerikanische Aktivitäten« schnüffelte überall nach Kommunisten, insbesondere unter den Intellektuellen und Künstlern. Auch Feuchtwanger, Brecht, Eisler, Chaplin und andere aus ihrem Kreis waren in dessen Mühlen geraten. Feuchtwanger sah das Gespenst der heiligen Inquisition wieder aus der Asche der Geschichte hervorkriechen.

In diesem Klima entstand der »Goya-Roman«. Auch hierzu war Feuchtwanger die Idee mehr als zwei Jahrzehnte vorher –

während der Spanienreise mit seiner Frau – gekommen. Er gestaltete darin die künstlerische und politische Entwicklung des spanischen Hofmalers Francisco José de Goya y Lucientes (1746–1828) im Zeitalter der Revolutionen, dessen Wandlung sich äußerlich in der Herausarbeitung einer neuen Stilrichtung zeigte. Er überwand seinerzeit die strenge Linienführung der klassizistischen Malerei und setzte neue Farben und eher zerfließende, schwebende Konturen. Dadurch schien das wesentliche eines Bildes deutlicher hervorzutreten, verlieh ihm eine stärkere Aussagekraft, als es nach der herkömmlichen Schule möglich war. Goya entwickelte in seinen Bildern eine Wirklichkeitssicht, wie sie Feuchtwanger ähnlich für sich in der Literatur beanspruchte. Goya wird dargestellt als ein Mann aus dem Volke mit klarer Sicht und scharfem Verstand. Lange versucht er, sich auf seine Kunst zu beschränken und sich aus der Politik herauszuhalten. Aber die Erfahrungen und Eindrücke in der höfischen Gesellschaft, die politischen Verhältnisse in einem Spanien, wo immer noch das Mittelalter regiert, während sich das übrige Europa in einer – allerdings von Rückschlägen begleiteten – revolutionären Umbruchphase befindet, die ständige eigene Konfrontation mit der mächtigen Inquisition der katholischen Kirche, lassen ihn zu einem Anhänger revolutionärer Strömungen werden. Dieser »arge Weg der Erkenntnis« wird markiert durch die Veröffentlichung der revolutionären Caprichos, in denen Goya ausdrückt, wie sehr Adel und Geistlichkeit – dargestellt als Esel – dem geduldigen spanischen Volke auf dem Rücken hockten und es niederdrückten. Der Zyklus von 80 Radierungen schließt mit einem Blatt, auf dem vier gespenstische Mönche und Granden zu sehen sind und das betitelt ist mit dem Vers: »Ya es hora – Sie ist da, die/Stunde, abgelaufen ist die/Zeit. Und jeder mußte sehen:/sie *war* da, die Stunde. Aus war/Es mit den Gespenstern. Fort, sie/Mußten fort, der automaten-/Hafte Grande, er und seine/Spießgesellen, die Prälaten/Und die Mönche (...)«[83]

In der Serie der Caprichos wird die Revolution perspektivisch angedeutet. Aber die Veränderung hat für Feuchtwanger auch hier von der aufklärerisch gesinnten Mittelschicht, nicht vom Volk auszugehen. Das Volk im Spanien jener Zeit hält stärker noch am Alten fest als selbst der Adel: »Mit ernster Gier übernahm das Volk die Rechte und Pflichten, welche die großen Herren hatten fallenlassen. (..) Und wenn die Granden ihre Manieren lockerten, so wurde die Etikette des Volkes umso strenger. Schuhmacher legten Gewicht darauf, als kleine Adlige, als Hidalgos, angesehen zu werden, und Schneider begrüßten sich mit umständlichen Titeln. Don Quichotte hatte abgedankt.«[84] Die Zeit scheint stillzustehen im Spanien kurz vor Anbruch des 19. Jahrhunderts, nur langsam dringt aufklärerischer Geist in die stickige Atmosphäre: »Die wenigen Gescheiten, Begabten drängten vorwärts, die ungeheure Zahl der andern hielt sie zurüik, feindete sie an, fesselte sie, brachte sie um, suchte sich ihrer auf viele Arten zu entledigen. Und trotzdem kamen sie vorwärts, die wenigen Begabten, unmerklich freilich, mit vielen Listen und vielen Opfern, und mit sich zwangen sie, wuchteten sie die Masse der anderen ein wenig vorwärts.«[85] In Goyas persönlicher Entwicklung zeichnet Feuchtwanger streckenweise seine eigene nach: auch er verharrte bis in die Zwanziger Jahre hinein im Künstlerischen und im apolitischen Ästhetizismus. Die Geschichte ist eingebettet in die stark romantisch-erotisch gefärbte Legende der

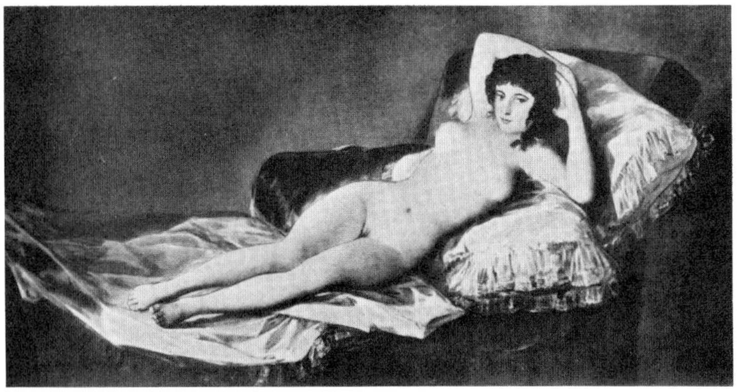

Francisco Goya. »Die nackte Maya«, Gemälde um 1798; Madrid, Museo del Prado

Dona Josefa Bayeu, die Gattin Goyas. Goya hatte den plötzlichen Einfall, sie zu malen. Feuchtwanger: »Sie war ein gutes, geduldiges Modell. Gerade aufgerichtet, wie er sie es geheißen hatte, saß sie auf ihrem Stuhl, einen kostbaren, etwas steifen Schal um die Schultern. Er betonte das aragonesisch-starre, stolze an ihr, gab ihr Haltung und strenge Lieblichkeit. Er sah sie mit Liebe; er verschönte sie nicht, doch verjüngte er sie ein wenig. (...) Wenige Tage nach der Vollendung des Portraits erkrankte Josefa und legte sich nieder. Sie schwand hin, sehr schnell. Die Ursache ihrer tödlichen Erschöpfung war klar. Es war das tückische Klima der Stadt Madrid, es waren die eisigen Winter, die glühenden Sommer, die heftigen Winde; es waren ferner ihre vielen Schwangerschaften.«

Liebesbeziehung Goyas zu Cajetana, der Herzogin von Alba, die Goyas nacktes und bekleidetes Maja-Modell sein sollte. Auch in »Goya« hat Feuchtwanger ein buntes historisches Zeitgemälde geschaffen, voller vitaler Menschen und in einer lebendigen Sprache, die in Klang und Dynamik den Leser anschaulich in die Atmosphäre jener Zeit hineinversetzt. Dem Buch ist deutlich anzumerken, welches Vergnügen der Autor bei der Arbeit hatte. »Goya« wird zu Feuchtwangers packendsten Werken gezählt.

Er plante – worauf er auch am Schluß des Romans verweist – einen zweiten Band über Goyas Zeit im französischen Exil und während der napoleonischen Kriege. Ähnlich wie zuvor in »Waffen für Amerika« hat Feuchtwanger auch in »Goya« Lebensdaten und historische Ereignisse sowie Goyas Entwicklungsprozeß zeitlich komprimiert, um so die Ausdruckskraft seiner Malerei und der Ereignisse stärker wirken lassen zu können. Das Buch lebt mehr von der Legende als von den wenigen historischen Fakten aus Goyas Leben.

Als er um einen Vorabdruck in einer amerikanischen Zeitung gebeten wurde, suchte Feuchtwanger bewußt ein Kapitel über die Rolle der fortschrittshemmenden, volksverdummenden Inquisition aus. »Die Inquisition war Lion Feuchtwanger nicht nur eine geschichtliche Tatsache, sie war für ihn ein Gleichnis unserer Gegenwart, des Nationalsozialismus, und dann hier, in Amerika, der McCarthy-Periode«, erklärte Marta Feuchtwanger.[86] Die Rezensionen der wichtigsten amerikanischen Zeitungen wie der »New York Times« und der »Saturday Review of Literature«, aber auch großer Provinzzeitungen waren, so berichtete Feuchtwanger an Zweig, dennoch »geradezu hymnisch«, zumeist freilich auch »sehr dumm«.[87] Er fühlte sich wieder einmal mißverstanden und ärgerte sich darüber, daß die Rezensenten vor allem auf das einfühlsam beschriebene heftige Liebesverhältnis zwischen Goya und der Herzogin von Alba abgehoben und das, was Feuchtwanger eigentlich mitteilen wollte, kaum wahrgenommen hatten.

Sein Plan zu einem zweiten »Goya«-Band wurde von Feuchtwanger nicht mehr verwirklicht. Gleich nach Abschluß des als erster Band gedachten Buches wandte er sich dem Roman »Narrenweisheit oder Tod und Verklärung des Jean-Jacques Rousseau« und damit direkt der französischen Revolution zu. Feuchtwangers Roman behandelt die Zeitspanne von Rousseaus Übersiedlung nach Ermenonville bei Paris im Jahre 1778 auf das Gut des Marquis de Girardin, seinem plötzlichen Tod im Juli desselben Jahres, bis zur Überführung der Gebeine von der Pappelinsel bei Ermenonville nach Paris und ihre Beisetzung neben denen Voltaires im Panthéon 1794. »Narrenweisheit« beschreibt die revolutionäre Wirkung nur weniger Sätze aus dem Werk des in seinem Wesen weltfremden Eremiten von Ermenonville auf das Volk, vor allem seines »Gesellschaftsvertrag«, der mit dem Satz: »Der Mensch ist frei geboren, und überall liegt er in Ketten« eingeleitet wird und der an die Stelle des absoluten Monarchen das Volk als Souverän des Staates setzt. Die Lehre Rousseaus von der Unterordnung der natürlichen Freiheit des Einzelnen zugunsten des Allgemeinwohls, das die Freiheit und Gleichheit aller Bürger sichern sollte, wird schließlich zur vorwärtstreibenden Kraft unter den aufständischen Massen: »Er war nur ein Schriftsteller gewesen, ein Philosoph, und sie wußten nicht recht, was das war, und kaum einer unter hundert hatte seine Bücher gelesen. Aber ein paar Worte von ihm, ein paar Sätze von ihm hatte man ihnen in die Ohren und ins Herz gerufen in der Stunde ihrer Unschlüssigkeit. Und es waren solche Worte, daß man marschieren und zuschlagen mußte, wenn man sie hörte. Und sie *waren* marschiert, und sie *hatten* zugeschlagen. Und sie hatten gesiegt. Und folglich taugten die Bücher dieses Toten mehr als die Kanonen der Generäle und die Federn der Staatsmänner«, heißt es gegen Ende des Romans, im Kapitel »Jean-Jacques' Verklärung«.[88]

Der Roman ist wieder ein Stück Bewältigung der eigenen Situation Feuchtwangers, des Intellektuellen in der Übergangsepoche. So wie er in »Exil« seinen Trautwein und dessen Sohn Hanns über die Wirkung der neuen Lehre, den Kommunismus, debattieren läßt, zu der Trautwein vom Verstand her ja sagt, sie vom Herzen her aber nicht nachvollziehen kann, so stellt er auch in »Narrenweisheit« diesen Konflikt wieder in den Mittelpunkt eines mühsamen Erkenntnisprozesses. In einem Aufsatz zur englischen Ausgabe des Romans schrieb Feuchtwanger 1952: »Und ich erkannte wieder und wieder mit schmerzhafter Deutlichkeit, daß die Männer des Geistes während der französischen Revolution vor genau den gleichen Problemen standen wie die Intellektuellen von heute. Auch sie mußten erleben, wie anders eine Weltanschauung in der Praxis aussieht als in der Theorie, und wieviel Blut und Grauen die Verwirklichung einer erhabenen Idee mit sich bringt. Ihr Hirn gehörte der Zukunft, ihr Herz gehörte dem Bestehenden.«[89]

Diese selbstquälerische Entwicklung läßt Feuchtwanger in dem Buch Rousseaus Schüler Fernand, einen erfundenen Sohn des Marquis des Girardin, durchleben, der sich schließlich den Jakobinern anschließt, die den Namen Rousseau vor sich hertragen. Wie in »Exil« will Feuchtwanger der neuen Generation, die von Fernand und seinem radikaleren, Brecht-ähnlichen, Freund Martin Catrou verkörpert wird, die Umsetzung und Vollendung dessen überlassen, was die Alten vorgedacht haben. Es steckt auch hier ein Stück Feuchtwanger in der Person Rousseaus wie in der Fernands. In dem Kapitel »Fernand sieht das Licht« legt er ein seine eigene literarisch-politische Existenz kritisch reflektierendes Selbstzeugnis ab, als er den Jungen sagen läßt: »Das ganze Philosophieren und Spintisieren aus dem Innern heraus war ihm fragwürdig geworden. Stillhocken und lesen und meditieren über Welt und Leben und über die eigene Seele, das genügte nicht. Niemand hatte es darin weitergebracht als Jean-Jacques, niemand hatte eine so umfassende Schau getan auf die Welt und ihre Zusammenhänge und einen so tiefen Blick in das eigene Herz: aber die Realität, die ihn umgab, hatte er nicht gesehen. Er hatte fliegen können, gehen hatte er nicht können. Weiter und erschreckender als je tat sich vor Fernand der Widerspruch auf zwischen Jean-Jacques' Leben und seiner Lehre. Man konnte ohne Philosophie nicht wirken, aber die Philosophie, die Theorie allein schaffte es nicht. Sie mußte gemessen werden, geschliffen werden an der Wirklichkeit ringsum. Man mußte die harte, leibhaftige Wirklichkeit betasten, sich an ihr reiben, sich von ihr stoßen und schürfen lassen. Mußte durch eigene bittere und süße Erfahrungen herauskriegen, was bekömmlich war und was nicht.«[90] Aus diesen Sätzen könnte man auch so etwas wie leise Selbstanklage, Bitterkeit und vielleicht auch Resignation des 66jährigen »Eremiten« von Pacific Palisades herauslesen, der nun auf die nachwachsende Generation vertraute.

Jean-Jaques Rousseau (1712–1778). Dem französischen Moralphilosophen, Schriftsteller, Komponisten, Musiktheoretiker, der in seiner politischen Philosophie gleiche Rechte für alle Bürger unter einem demokratischen Modell sozialer Kontrolle forderte, widmete Lion Feuchtwanger seinen 1952 erschienenen Roman »Narrenweisheit oder Tod Verklärung des Jean Jaques Rousseau«.

Stärker als in früheren Romanen Feuchtwangers wird in »Narrenweisheit« aber die Rolle des Volkes betont. Sein Fernand glaubt nicht wie einige freidenkende Intellektuelle um seinen Vater, den Marquis, an eine friedliche, bürgerliche Revolution von oben: »Das Feudalsystem des Reiches mußte von Grund auf beseitigt werden, und das konnte geschehen nur durch diejenigen, die an ihrer Wirtschaft und ihrem Leibe unter dem System litten. Die große Änderung konnte nur von unten kommen, von den Massen, vom Volk.«[91] Aber – so konstruiert Feuchtwanger eine Brücke – erfolgreich kann die Revolution nur sein, wenn neben dem Gefühl der Masse auch die kritische Vernunft der fortschrittlichen Intellektuellen regiert, also der eher als bürgerlich empfundene Geist Voltaires neben dem Rousseaus: »Und es hatte auch, so sehr es ihm, Fernand, das Innere störte, seinen guten Sinn, daß sie jetzt Voltaire und Jean-Jacques nebeneinanderlegten«, heißt es am Ende des Buches, als Rousseaus Gebeine neben denen Voltaires beigesetzt werden. »Wenn nicht der ätzende Verstand des einen und das inbrünstige Gefühl des andern in eine einzige Flamme zusammengeschlagen wären, dann hätte die Revolution nicht gesiegt.«[92]

Nur vor dem politisch-autobiographischen Hintergrund der in dem Roman signalisierten – bisher oft vermißten – Hinwendung Feuchtwangers zum Volk ist die sehr freimütige und willkürliche Änderung historischer Fakten zu verstehen. Manchen Kritikern ging sie zu weit: So an jener Stelle am Schluß des Romans, da Maximilian Robespierre im Oktober 1794 bei der Beisetzung der Gebeine Rousseaus im Panthéon eine Gedenkrede hielt. In Wirklichkeit aber war der Jakobiner bereits im Juli gestürzt worden, was Feuchtwanger ignorierte. Für ihn lebte damit die Revolution fort. Problematisch ist überdies Feuchtwangers weitgehend unkritischer Umgang mit den grausamen Begleiterscheinungen der Revolution, die er im Grunde fast uneingeschränkt als Notwendigkeit im Interesse des Fortschritts anerkennt.

Bestritten wird auch Feuchtwangers These, Rousseau sei von einem Liebhaber seiner Frau Thérèse, die Feuchtwanger überdies um 20 Jahre auf 38 verjüngte, erschlagen worden. Der Obduktionsbericht sprach hingegen von einem Schlaganfall und einer Kopfverletzung infolge des Sturzes. Leser rätseln auch zuweilen darüber, warum Feuchtwanger in dem Roman die Intrige, die schließlich in den Mord mündet, so auffallend breit angelegt hat. Entgegen der historischen Überlieferung wird Thérèse als »eine Verworfene, ein Halbtier« dargestellt, die einen der »erhabensten Denker Frankreichs« auf dem Gewissen hat und sich in animalischer Triebhaftigkeit mit dem Mörder »mischt«. In einem Brief klärte Feuchtwanger 1954, ein Jahr nach Erscheinen des Buches, seinen deshalb neugierigen Kollegen Alfred Kantorowicz darüber auf, daß die Gestalt Rousseaus »aus einem sehr persönlichen Erlebnis entstand, nämlich aus meiner Teilnahme an dem Altersschicksal Heinrich Manns, an seinen Beziehungen zu Nelly, die aus nächster Nähe mitzuerleben ich Gelegenheit hatte.«[93]

»Narrenweisheit« ist anzumerken, daß sich Feuchtwanger mit der Bewältigung des Stoffes sehr quälte. Im August 1951, als die Arbeit schon recht weit gediehen war, schrieb er an den gerade in der Schweiz weilenden Thomas Mann: »Der Jean-Jacques ist nicht so geworden, wie mir vorschwebte, das Buch ist gegen meinen Willen in einen Roman ausgeartet, will sagen, es ist stecken geblieben zwischen Erzählung und Roman. Ich versuche jetzt, das Buch in die Erzählung zurückzudrängen, als die es geplant war. Das ist mühselig und erfordert Opfer, die mir manchmal nicht leicht fallen. Ich freue mich sehr darauf, mit Ihnen über die technischen Probleme zu reden, vor die mich die Arbeit stellt und die mir typisch scheinen für den historischen Roman.«[94] Als das Buch 1952 herauskam, reagierte die Presse in Amerika darauf zwar überwiegend positiv. Gleichwohl wurde »Narrenweisheit« kein Erfolg, vor allem, weil die Buchklubs, die in der Regel sechsstellige Auflagen drucken ließen, den Band als »too controversial« ablehnten. In einer Besprechung zu einer 1978 in der Bundesrepublik erschienenen Ausgabe urteilte der Literaturkritiker Hans Mayer, am Autor des »Gesellschaftsvertrages« und der »neuen Heloise« habe Feuchtwangers spezifische Technik des historischen Romans »mit Notwendigkeit scheitern« müssen: »Scheitern vor allem daran, daß Rousseau niemals ein Mann der Aktion sein wollte: weshalb seine Außenwelt, sogar noch in den obskuren letzten Augenblicken dieses Lebens, belanglos bleiben mußte gegenüber dem eigentlichen Roman des rousseauistischen Denkens und Fühlens.« Erschreckend sei die Sprachlosigkeit dieses späten Romans: »Feuchtwanger hatte es für möglich gehalten, einen Rousseau gleichsam ohne dessen Denken, Fühlen und Schreiben vorzustellen: In Form einer romanhaften ›Wirkungsgeschichte‹«.[95] Enttäuscht schien auch Feuchtwangers Reisegefährte in die Sowjetunion und Wegbegleiter durchs Exil, Ludwig Marcuse, der jetzt als Philosoph eine Professur an der University of Southern California hatte. Er schrieb schon kurz nach Erscheinen des Buches an den Kollegen: »Ich gestehe, daß die Figuren des zweiten Buches mich nicht sehr für sich interessiert haben. Und dann ist die Ideenwelt Rousseaus von Ihnen außerordentlich eingeengt worden, weil Sie sehr viel nicht gebrauchen konnten. Was heute von Rousseau lebendig ist – ist sein Kultur-Pessimismus. Der Ahn des Marxismus aber ist nicht Rousseau, sondern Voltaire und Owen und Kant und Hegel.«[96]

In seinem Rousseau-Roman beschreibt Lion Feuchtwanger die Erotik, Triebhaftigkeit und Gebrochenheit der Bekannten Rousseaus, der Arbeiterin Therese Levasseur, die er nach 25jährigem Zusammenleben endlich heiratete und die sich schließlich, allerdings nur bei Feuchtwanger, umbringt. Bei seiner Beschreibung von Therese Levasseur spielt die Erfahrung mit Nelly Mann, der Frau Heinrich, die ein einfaches Mädchen aus einem norddeutschen Fischerdorf war, eine große Rolle. Das Exil in den unsicheren amerikanischen Verhältnissen hatte Nellys ohnehin labile Physis angegriffen. Als dann noch regelmäßige Honorare für Heinrich Mann ausblieben, sich Arztkosten und Medikamente für Nelly steigerten, war sie gezwungen, zu arbeiten, mal als Schneiderin und zuletzt als Krankenpflegerin. Aus dieser entwürdigenden Lage hat sich Nelly selbst am 16. Dezember 1944 durch die Einnahme einer Überdosis von Schlaftabletten befreit. Es war ihre fünfte Vergiftung. Bei Nelly war der Freudianer Feuchtwanger sicherlich ungerecht mit einer Frau verfahren.

Der Sieg der Alliierten rückt näher: Die Zukunft Deutschlands aus der Perspektive des Exils

„Der Sinn dieses Krieges scheint mir, den Faschismus in der Welt restlos auszutilgen. Es bedeutet aber keineswegs, daß das deutsche Volk als solches gezüchtigt werden müßte."

Während der zehn Jahre, in denen Feuchtwanger an seinen Romanen über Widerstand und Revolution arbeitete, wurde in Europa und Nordafrika der Vormarsch der deutschen Truppen von den Alliierten gestoppt. Das Blatt wendete sich. Das Jahr 1945 brachte das Ende der Nazis und des von ihnen entfachten Zweiten Weltkrieges. Deutschland wurde gevierteilt. Es begann der Kalte Krieg zwischen Ost und West. Die Bundesrepublik Deutschland und die Deutsche Demokratische Republik wurden gegründet. Feuchtwanger ging auf die 70 zu.

Im Jahre 1943, als Feuchtwanger noch an »Simone« arbeitete, Zeitungen und Rundfunk in Kalifornien über die Kapitulation der Deutschen in Stalingrad, den Zusammenbruch ihrer Don-Front, die Kapitulation in Tunis und der Landung der Alliierten auf Sizilien berichteten, trafen sich am Abend des 1. August im Hause von Berthold und Salka Viertel die Brüder Heinrich und Thomas Mann, Bruno Frank, Ludwig Marcuse, Hans Reichenbach, Bertolt Brecht und Lion Feuchtwanger. Nach vierstündiger Debatte unterschrieben sie eine gemeinsame Erklärung: »In diesem Augenblick, da der Sieg der Alliierten Nationen näher rückt, halten es die unterzeichneten Schriftsteller, Wissenschaftler und Künstler deutscher Herkunft für ihre Pflicht, folgendes öffentlich zu erklären: Wir begrüßen die Kundgebung der deutschen Kriegsgefangenen und Emigranten in der Sowjetunion, die das deutsche Volk aufrufen, seine Bedrücker zu bedingungsloser Kapitulation zu zwingen und eine starke Demokratie in Deutschland zu erkämpfen. Auch wir halten es für notwendig, scharf zu unterscheiden zwischen Hitlerregime und den ihm verbundenen Schichten einerseits und dem deutschen Volke andrerseits. Wir sind überzeugt, daß es ohne eine starke deutsche Demokratie einen dauernden Weltfrieden nicht geben kann.«[97]

Die Erklärung wurde jedoch nicht herausgegeben. Am nächsten Tag rief nämlich Thomas Mann bei Lion Feuchtwanger an und zog seine Unterschrift zurück. Er verspürte plötzlich einen »Katzenjammer«, wie Brecht in seinem Arbeitsjournal vermerkte. Dies sei, so habe Thomas Mann seinen Meinungsumschwung begründet, eine »patriotische Erklärung«, mit der man den Alliierten in den Rücken falle. Er könne es jedoch nicht unbillig finden, wenn die Alliierten Deutschland zehn oder zwanzig

Jahre lang züchtigten. »die entschlossene jämmerlichkeit dieser ›kulturträger‹ lähmte selbst mich wieder für einen augenblick, der modergeruch des frankfurter parlaments betäubt einen heute noch«, schrieb Brecht dazu.[98] Zwar war auf ausdrücklichen Wunsch von Thomas Mann noch der erste, auf den näherrükkenden Sieg der alliierten Truppen hinweisende Satz in den Text eingefügt worden. Nachdem Mann das Ganze aber noch einmal überschlafen hatte, muß sich bei ihm die Auffassung durchgesetzt haben, diese Erklärung berge die Gefahr eines zu schnellen Übergangs zur Tagesordnung in sich, wenn die Nazis erst einmal entmachtet seien. Mann war damals sehr wohl bereit, zwischen den Nazis und ihren unmittelbaren Anhängern und dem übrigen deutschen Volk zu differenzieren. Dennoch aber sah er eine gewisse Gesamtverantwortung der Deutschen für das Geschehene. Das Einverstandensein mit einer alliierten Züchtigung Deutschlands nach dem Kriege schien für ihn nach dem Prinzip von Schuld und Sühne eine moralische Selbstverständlichkeit. Brecht und auch Feuchtwanger dachten ihm da möglicherweise zu sehr praktisch-politisch im Sinne der Machthaber in Moskau. Damit hing auch das gespannte Verhältnis zwischen Mann und Brecht zusammen, auf das ein weiterer Eintrag in Brechts Arbeitsjournal vom September 1943, einen Monat nach dem Scheitern der gemeinsamen Erklärung, hindeutet: »THOMAS MANN, höre ich von einem ohrenzeugen, erzählt jetzt herum, ›diese linken wie brecht‹ führten befehle von moskau aus, wenn sie versuchten, ihn zu erklärungen zu veranlassen, daß man einen unterschied zwischen hitler und deutschland machen müsse. das reptil kann sich nicht vorstellen, daß man ohne befehle von irgendwo etwas für deutschland (und gegen hitler) tun kann und daß man überhaupt ganz von sich aus, sagen wir aus überzeugung, in deutschland etwas anderes erblicken kann als ein zahlkräftiges leserpublikum. bemerkenswert ist die perfidie, mit der das paar mann – seine frau ist sehr aktiv dabei – solche verdächtigungen ausstreut, die, wie sie wissen, jedem großen schaden tun können.«[99]

Der Konflikt zwischen den beiden schwelte weiter. Im Dezember schrieb Brecht an Thomas Mann – den er sonst gern als den »talentierten Bruder« des von ihm verehrten Heinrich Mann zu bezeichnen pflegte – da er wisse, »wieviel Sie zu einer Einigung« der Hitlergegner im Exil »beitragen können«, fühle er sich verpflichtet, »Sie von dem schmerzlichsten Erstaunen zu unterrichten, das Ihr so betonter Zweifel an einem starken Gegensatz zwischen dem Hitlerregime und seinem Gefolge und den demokratischen Kräften in Deutschland bei allen erregt hat (...). Ich stelle dann auch eine echte Furcht bei allen unsern Freunden fest, daß Sie, sehr geehrter Herr Mann, der Sie mehr als irgendein anderer von uns das Ohr Amerikas haben, die Zweifel an der Existenz bedeutender demokratischer Kräfte in Deutschland vermehren könnten, denn die Zukunft nicht nur Deutschlands, sondern auch Europas hängt wohl davon ab, daß diesen Kräften zum Sieg verholfen wird.«[100] Brecht bezog sich dabei auf den Vortrag »The War and the Future«, den Thomas Mann Mitte November 1943 in der New Yorker Columbia University vor tausend Zuhörern gehalten hatte. Mann fühlte sich von Brecht jedoch zu Unrecht angegriffen und antwortete ihm wenig später: »Ich habe in dem Vortrag zwar eingeräumt, daß eine gewisse Gesamthaftung für das Geschehene und das, was noch geschehen wird, nicht von der Hand zu weisen sei. Denn irgendwie sei der Mensch und sei ein Volk verantwortlich für das, was er ist und tut. Dann aber habe ich nicht nur genau all die Argumente gegen die Gleichstellung von Deutsch und Nazistisch angeführt, die Sie in Ihrem Brief gebrauchen, sondern ich habe erklärt, Weisheit in der Behandlung des geschlagenen Gegners sei allein schon geboten durch die schwere Mitschuld der Weltdemokratien an dem Aufkommen der fachistischen Diktatur (...). Ich habe mich über diese Mitschuld der kapitalistischen Demokratien in Wendungen geäußert, von denen ich kaum erwartet hätte, daß sie geduldig hingenommen, geschweige denn, wie es der Fall war, mit großem Applaus aufgenommen werden würden. Sogar über die blödsinnige Panik der bürgerlichen Welt vor dem Kommunismus habe ich mich lustig gemacht (...).«[101] Thomas Mann fühlte sich bitter mißverstanden.

Er, den sie zuweilen gern doppeldeutig als »Großschriftsteller« bezeichneten, war unter den exilierten Kollegen umstritten: Die einen sahen in ihm immer wieder die Identifikationsfigur eines zögerlichen Sozialdemokratismus und griffen ihn deshalb an, und die andern bewunderten ihn voller Respekt, weil er sich in den Vereinigten Staaten immer stärker zu einem Wortführer der Gegner des Nationalsozialismus entwickelte. Brecht und er waren in ihren politischen Positionen in der Frage der Entwicklung des Nachkriegsdeutschland eigentlich gar nicht so weit entfernt, wie die zitierte Kontroverse um Manns Vortrag zeigt. Beide wurden sie denn auch Opfer des McCarthyismus, der Brecht 1947 und Mann Ende 1951 aus den USA forttrieb. Die Tatsache, daß Thomas Mann als ein eher mit der exilierten Sozialdemokratie identifizierter Literat eine Sprecherrolle zugeteilt bekam, während seines Bruders Heinrich Autorität nach außen verblaßte, zeigt, wie gering der Einfluß Moskaus auf die Gruppe der Exilanten in den Vereinigten Staaten war im Verhältnis zu früheren Jahren in Europa. Schien bis zum Zweiten Weltkrieg vielen von der westlichen Appeasement-Politik enttäuschten Emigranten die Sowjetunion als der einzig verbliebene Verbündete im Kampf gegen den Nationalsozialismus, so sahen sie nach dem Kriegseintritt der Westmächte plötzlich wieder eine Alternative auch für die Gestaltung des neuen Deutschland. Jene, die wie die Sozialdemokraten der Errichtung eines sozialistischen deutschen Staates nach sowjetischem Vorbild schon immer ablehnend oder skeptisch gegenüberstanden, rechneten nun auf die Unterstützung der westlichen Demokratien beim Aufbau einer nach sozialdemokratischen und bürgerlichen Grundsätzen ausgerichteten Demokratie im Nachkriegsdeutschland. Hier lag der Kern der Meinungsverschiedenheit zwischen Brecht und Thomas Mann.

Feuchtwanger stand als Freund und Kollege zwischen Brecht und Mann. So sehr er Manns zunehmendes politisches Engagement schätzte, unterstützte und öffentlich würdigte, so war er in seiner politischen Position aber doch seinem Freund Brecht sehr nahe und machte dies auch öffentlich deutlich. Von einer Bestrafung des deutschen Volkes hielt er so wenig wie Brecht, weil er dessen Einschätzung teilte, Manns Forderung laufe darauf hinaus, daß dann die Dulder und Opfer des Faschismus auch noch Opfer der Befreiung würden. Unter offensichtlicher Anspielung auf Thomas Mann sagte Feuchtwanger auf einem Schriftstellerkongreß im Oktober 1943 in Los Angeles, den Faschismus auszutilgen und Millionen für immer zu entmachten und unschädlich zu machen, heiße »keineswegs, daß das deutsche Volk als solches gezüchtigt werden müßte«. Den Faschismus restlos zu beseitigen, bedeute vor allem, »rücksichtslos alle die Kräfte vernichten, welche dazu beitrugen, die Nazi in den Sattel zu setzen, nicht nur die Junker und die Generäle, sondern vor allem auch die absolutistischen Wirtschaftsführer, die Führer jener großen Konzerne, die mit Hilfe des Auslands Hitler zur Macht verhalfen und in der Macht hielten. Den Faschismus auszutilgen heißt das deutsche Volk befreien«.[102] Dann werde sich zeigen, daß die »Nazifarbe, welche das Gesicht des deutschen Volkes diese elf Jahre hindurch entstellte, nichts weiter war als Schminke«.

Feuchtwanger zog einen klaren Trennungsstrich zwischen dem deutschen Volk und den Nationalsozialisten: »Wenn die Deutschen eine Schuld trifft am Hochkommen Hitlers, dann ist es (...) Gleichgültigkeit gegen Politik. Sie waren baß erstaunt, als sie eines Tages erfuhren, dieser Mann, den ihre Majorität nie recht ernst genommen hatte, sei ihr Reichskanzler. (...) Die ganzen Jahre hindurch, bis zu Beginn des Krieges, haben die Nazi niemals anders regieren können, als auf den Spitzen der Bajonette. (...) Die Nazi mußten, um sich an der Herrschaft zu halten, Tausende hinrichten, Hunderttausende in Konzentrationslager sperren und Millionen um ihre Existenz bringen.« Feuchtwangers Sätze, so einleuchtend und schlüssig sie klingen mögen, wirken zugleich naiv und hinterlassen eine Reihe von Fragezeichen. Der Gedanke, daß sich beispielsweise das deutsche Volk bei Erkennen der Gefahr Hitlers nach Kräften wehrte, entspringt wohl mehr dem Wunsch als der Wirklichkeit. Es fällt auf, daß der Autor von »Erfolg«, der in seinen Romanen so gern mit den Mitteln der Psychologie arbeitete, sich in diesem Referat nur sehr holzschnittartig mit der Psychologie des deutschen Volkes auseinandersetzte. Thomas Mann neigte dazu, den Nationalsozialismus als aus dem deutschen Wesen kommend zu betrachten. Es ist Feuchtwanger auch vorgeworfen worden, für die Wirkung des Nationalsozialismus zu weitgehend ein irrationales Moment verantwortlich gemacht zu haben.[103] Seine Rede in ihrer simplen Thesenhaftigkeit hatte einen propagandistischen Charakter. Sie zielte ganz offensichtlich darauf ab, das Auditorium der Amerikaner von Rachegelüsten und Züchtigungsgedanken abzubringen – wie sie ja beispielsweise in den Agrarisierungsplänen von Henry Morgenthau existierten – und stattdessen für einen sofortigen Neuanfang mit der Mehrheit des deutschen Volkes nach dem Ende der Naziherrschaft zu gewinnen.

So einig sich Feuchtwanger und Brecht in diesem Punkt waren – wiewohl Brecht die Rolle des Bürgertums als Steigbügelhalter Hitlers stärker betonte – so uneins waren sie sich in der Bewertung der Person Hitlers. Für Feuchtwanger war Hitler stets eine lächerliche Schauspielerfigur, keine »Persönlichkeit«, wie er Brecht gegenüber bemerkte. »ich, der ich allerdings gegen den persönlichkeitskult allerhand habe, lege wert darauf, daß er eine ist«, betonte hingegen Brecht.[104] Ständig, wenn sie sich trafen, flammte die Diskussion über diesen Streitpunkt auf. Ende Februar 1942 notierte Brecht in seinem Arbeitsjournal: »feuchtwanger zum abendessen hier, thema wieder *ist hitler ein hampelmann?* F(euchtwanger) und der meisten hitlergegner konzeption, nach der H(itler) ein völlig unbedeutender mime ist, den die reichswehr engagiert hat, ihre geschäfte zu besorgen. hauptargument: der stil ist der mann. kein plan, keine originelle idee, feindschaft gegen denken usw. nun ganz abgesehen davon, daß hitler mir als großer mann durchaus willkommen ist, dh daß mir eine revision der bürgerlichen vorstellung von *großem Mann* (also von bürgerlicher größe, von dem, was ein großer bürgerlicher politiker ist oder sein kann) akut zu sein scheint, weshalb ich ohne weiteres bereit bin, H(itler) als großen bürgerlichen politiker zu behandeln – scheint mir die feuchtwangersche konzeption, die eben die bürgerliche ist, weder vom propagandistischen noch vom historischen standpunkt aus sinnvoll. man bekämpft hitler nicht, wenn man ihn als besonders unfähig, als auswuchs, perversität, humbug, speziell pathologischen fall hinstellt und ihm die andern bürgerlichen politiker als muster, unerreichte muster, vorhält; wie man ja auch den faschismus nicht bekämpfen kann, wenn man ihn vom ›gesunden‹ bürgertum (reichswehr und industrie) isolieren und ›allein‹ beseitigen will.«[105]

So klar Feuchtwanger schon früh in seinem Roman »Erfolg« die Gefahren des Nationalsozialismus erkannte, so weigerte er sich jedoch, in Hitler mehr als eine maskenhafte Marionette zu sehen. Damit hat er ihn und seine Wirkung unterschätzt. Indem er den Nazi in seinem Roman »Der falsche Nero« der Lächerlichkeit preisgab, (»Wie kann ein kleiner Fisch so stinken?«) glaubte er, daß seine Landsleute dem Spuk alsbald ein Ende bereiten würden und die Exilanten heimkehren könnten. Doch das deutsche Volk in breiter Mehrheit schien einverstanden mit dem »Hampelmann« und gläubig walzten die Soldaten Europa nieder. Aus der Ferne, in Kalifornien muß das Unbegreifliche noch unbegreiflicher gewirkt haben. Im Rückblick erscheint daher ein schon 1942 von Heinrich Mann, Bertolt Brecht und Lion Feuchtwanger publizierter »Aufruf an die Deutschen« geradezu rührend. Zumal, wenn man bedenkt, daß es noch drei Jahre dauerte, bis der Hitlerei endlich durch die Alliierten (und nicht durch das deutsche Volk) ein Ende bereitet und die Gründung der beiden deutschen Staaten weniger aus der Kraft des deutschen Volkes als vielmehr Kraft der westlichen und der sowjetischen Militäradministration eingeleitet wurde: »Dieser Appell ist ein Rettungsruf, für alle und auch für euch, Deutsche«, heißt es in dem Text: »Ihr habt die Welt und Euch selbst in ein Unglück gestürzt: es überschreitet jedes Maß. Bald ist es nicht mehr gutzumachen, es sei denn, daß ihr es beendet. Ihr allein könnt den verderblichsten und sinnlosesten aller Kriege abbrechen. (...) Der Angreifer ist Euer Führer, dem ihr gehorcht habt bis in das augenscheinliche Verderben hinein. Es ist unmöglich, daß ihr sein Verbrechen noch länger überseht. Ihr könnt ihn zwingen, abzutreten. So viel es Euch kosten mag, viel teurer kommt es euch zu stehen, wenn ihr ihm weiter erlaubt, Tod und Vernichtung über die ganze Erde zu verbreiten. (...)«[106]

Der im Februar 1942 für die »German American Emergency Conference« verfaßte Aufruf wurde damals in der New Yorker Emigrantenzeitschrift »Aufbau« veröffentlicht. Der 1924 gegründete »Aufbau« war zunächst ein Vereinsblatt des »Deutsch-Jüdischen Clubs«. Ende der Dreißiger Jahre, mit dem Einsetzen der Emigrantenströme aus dem Deutschen Reich, entwickelte es sich mehr und mehr zur führenden deutschsprachigen literarischen und politischen Publikation im amerikanischen Exil. Bis Februar 1939 ein Monatsblatt, erschien die Zeitschrift dann zunächst alle zwei Wochen und wurde kurz darauf Wochenzeitung. Schließlich wurde Ende 1939 der Umfang von einst zwölf auf 28 bis 40 Seiten erweitert und es stieg die Auflage; von 3000 Exemplaren im Jahre 1939 auf 14000 im Jahre 1941. 1942 lag die Auflage schon bei

26 000 und 1944 erstaunlicherweise bei 850 000.[107] Der Aufstieg des Blattes wird vor allem Manfred George zugerechnet, der als ehemaliger Feuilleton-Chef des Berliner »Tempo« 1939 die Chefredaktion des »Aufbau« übernommen hatte. Ab 1941, als sich neben New York auch Los Angeles zu einem Zentrum der Emigranten entwickelte, erschien der »Aufbau« mit einer Beilage »Westküste«. Im selben Jahr wurde überdies ein Advisory Board gegründet, dem neben Albert Einstein, Bruno Frank, Leopold Jessner, Emil Ludwig, Thomas Mann, Fritz von Unruh und Franz Werfel auch Lion Feuchtwanger zeitweilig angehörte. So sehr der »Aufbau« auf die Probleme der fern ihrer Heimat lebenden Emigranten einging und versuchte, ihnen ein Forum und eine kleine Einkommensquelle zu bieten, so versuchte er, sich doch aus den politischen Auseinandersetzungen wie den Debatten um die Zukunft eines demokratischen Deutschland und dem dabei einzuschlagenden politischen Weg weitgehend herauszuhalten. Erst kurz nach der deutschen Kapitulation im Mai 1945 äußerte sich Chefredakteur George pointierter, forderte er eine gründliche Änderung der Wirtschaftsstruktur, die Junker und IG-Farbendirektoren sollten abgeschafft werden, Arbeiter und Bauern sollten ein neues Deutschland aufbauen. Doch wegen der Vielfalt der politischen Strömungen, denen der »Aufbau« als Sprachrohr diente, beschränkte er sich – außer bei den Eigenbeiträgen prominenter Autoren – auf Berichterstattung und Information über die gegen den Nationalsozialismus gerichteten Aktivitäten der Exilantengruppen in den verschiedenen Ländern, verschiedener Politiker und Militärs.

Ansonsten bot er seinen Lesern Lyrik von Oskar-Maria Graf, Wieland Herzfelde, Walter Mehring, Berthold Viertel, Franz Werfel und anderen. Von Lion Feuchtwanger erschien neben kleinen Aufsätzen wie einem Geburtstagsgruß für Katia Mann als deutschsprachiger Erstdruck sein dritter Band aus der »Josephus«-Trilogie »Der Tag wird kommen« und sein »Offener Brief an sieben Berliner Schauspieler«, die in der Nazi-Verfilmung des in Venedig preisgekrönten »Jud Süß« mitgewirkt hatten. Der »Aufbau« unterstützte aus Loyalität gegenüber Amerika auch Sammelaktionen für Kriegsanleihen, indem er Auktionen veranstaltete, auf denen Bilder, Partituren und Originalmanuskripte prominenter Emigranten wie Albert Einstein, Thomas Mann, George Grosz, Ferdinand Bruckner und Lion Feuchtwanger meistbietend versteigert wurden. Aus den Erlösen kaufte man schließlich ein von der Schauspielerin Elisabeth Bergner auf den Namen »Loyalty« getauftes Kampfflugzeug und schenkte es der US-Luftwaffe. Der »Aufbau« prägte natürlich auch das Profil des »German Jewish Club« in New York, dem viele Exilanten angehörten und aus dem sie vielerlei Integrations- und Überbrükkungshilfen erhielten. Der Club wirkte auch diskret an Rettungsaktionen für gefährdete Persönlichkeiten in Europa mit. Der »German-Jewish Club« organisierte darüber hinaus zahlreiche Kulturveranstaltungen wie Theater- und Autorenabende, Gedenkfeiern und Ehrungen. Ähnlich wirkte an der Westküste der »Jewish Club of 1933«, dessen Präsident 1940 Leopold Jessner geworden war.

Im Mai 1944 wurde unter dem Vorsitz des protestantischen Theologen Professor Paul Tillich, der vom religiösen Sozialismus herkam, das »Council for a Democratic Germany« gegründet. Es sollte so etwas wie eine Art Volksfront im amerikanischen Exil

1947 erschien im Aurora Verlag, New York das Buch »Morgenröte«. »... das Buch soll keine Anthologie sein, es ist weder chronologisch noch den behandelten Gebieten nach angeordnet; das Wort von Zeitgenossen soll darin zusammenklingen mit Stimmen, die über Jahrhunderte über versunkene Machtsysteme hinweg gültig sind, gültig, heil und lebendig geblieben sind.« (...) Es finden sich in dieser Auswahl keine zynischen oder müden, fatalistischen oder gleichgültigen Beiträge, indessen nicht wenige voller Trauer und Ingrimm. Aber »die Bitterkeit der Rede«, sagt Heinrich Mann in der Einführung, »verleugnet nicht die Zuversicht, der Zorn will Mut machen«. Die Autoren »sind alle handelnde Geister von gleichen Grundzügen, Ihre Sorge ist die Menschenwürde, ihre Erhaltung, ihre Erhöhung«.

sein. Die Grundsatzerklärung trug die Unterschriften von Elisabeth Bergner, Bertolt Brecht, Heinrich Mann, Albert Norden, Erwin Piscator, Paul Tillich und zahlreicher anderer. In ihr wurde als Vorbedingung für den Wiederaufbau eines demokratischen Deutschland die Vernichtung des Nationalsozialismus, seiner Träger und seines Geistes verlangt, der Großgrundbesitz sollte aufgelöst, die Großindustrie kontrolliert werden. Letzteres war ein Kompromiß der Marxisten mit den Bürgerlichen. Lieber hätten es einige gesehen, wenn der Großindustrie das gleiche widerfahren sollte wie dem Großgrundbesitz. Thomas Mann trat der Vereinigung nicht bei, obwohl in seinem Haus die Vorgespräche zur Bildung des Council stattgefunden hatten. Er fürchtete, daß diese Organisation als Versuch gedeutet werden könnte, Deutschland vor den Folgen seiner Untaten zu schützen. Prompt regte sich von verschiedensten Seiten Widerstand. Das Council war heftigen Angriffen ausgesetzt. Auch der »Aufbau« veröffentlichte einen scharfen Artikel, in dem es hieß, das Council-Manifest sei »geradezu ekelerregend im Übergehen der Schandtaten, die das deutsche Volk in seiner Gesamtheit begangen hat oder Hitler seit über zehn Jahren im Namen des deutschen Volkes hat begehen lassen«. Der Autor war gegen mildernde Umstände, forderte »Bewährungsfrist in Ketten – die Deutschen müssen sich ihre Freiheit verdienen«.[108] Die Stimmung in der US-amerikanischen Bevölkerung entsprach zu jener Zeit dem Züchtigungsgedanken Thomas Manns. Nach einer im Januar 1944 in der Zeitschrift »Fortune« veröffentlichten Umfrage sprachen sich 73,2 Prozent der Befragten dafür aus, Deutschland für mehrere Jahre mit einer Besatzungsstreitmacht zu regieren. 77,2 Prozent forderten eine völlige, andauernde Entmilitarisierung des Landes. 46,1 Prozent immerhin verlangten, die Deutschen sollten für ein Entgelt, das normalerweise Kriegsgefangene erhielten, zum Wiederaufbau in den von ihnen zerstörten Ländern eingezogen werden. Allerdings waren fast 53 Prozent dagegen, die Deutschen am Wiederaufbau ihrer eigenen Chemie-, Stahl- und Maschinenbauindustrie zu hindern. In einem Kommentar dazu hieß es in »Fortune«, das amerikanische Volk wolle die Deutschen für ihre Untaten zwar streng zur Verantwortung ziehen, das Volk jedoch nicht zugrunderichten, in der Hoffnung, das Gute im deutschen Charakter zu befördern.[109] Viel weniger aber als zuvor die Volksfront in Frankreich spielte das »Council« eine Rolle als Wortführer der Emigranten. Mit dem Ende des Zweiten Weltkrieges und der Rückkehr vieler Exilanten nach Europa schlief seine Tätigkeit ein.

Großen positiven Widerhall hingegen fand in den USA der 10. Jahrestag der Bücherverbrennung. Ein Vortrag von Alfred Kantorowicz im Mai 1942 vor amerikanischen Schriftstellern und kleine Pressenotizen darüber setzten eine Welle der Solidarität in Bewegung. Im Herbst wurde unter der Schirmherrschaft von Eleanor Roosevelt und Albert Einstein in der New York Public Library eine große Ausstellung verbotener und verbrannter Bücher vorbereitet. Landesweit bildeten sich Komitees, eine große Propagandamaschine setzte sich in Bewegung und während Thomas Mann in einer seiner ständigen Sendungen der BBC-London den deutschen Hörern über das breite amerikanische Engagement berichtete, wurden am Jahrestag selbst vor den öffentlichen Bibliotheken die Flaggen auf Halbmast gesetzt.

Zur selben Zeit gab es Bemühungen von Wieland Herzfelde,

AURORA PRESS

FOUNDED BY: ERNST BLOCH / BERTOLT BRECHT / FERDINAND BRUCKNER / ALFRED DOEBLIN / LION FEUCHTWANGER
OSCAR MARIA GRAF / WIELAND HERZFELDE / HEINRICH MANN / BERTHOLD VIERTEL / ERNST WALDINGER / F. C. WEISKOPF

10 West 23rd Street
New York, 10, N. Y.
Tel.: Gramercy 5-8250

Date 26. III. 46

Lieber Lion Feuchtwanger
Dank für die Zeilen vom 23. III. 1946.
Ihr Buch ist fast ausgedruckt. Ich nehme
an, es ist besser, 2 Reindruck-Expl. an Mrs. Gedin
zu schicken. Das geschieht in wenigen Tagen.
Vor einiger Zeit schickte ich einen Büttenpapier-
Bogen an Sie mit der Bitte, darauf eine
Gratulation für H. Mann zu seinem 75. Geburtstag
zu schreiben. Da ich nichts von Ihnen hörte,
sende ich heute nochmals einen solchen Bogen.
Wir wollen die Gratulationen in eine Mappe
binden. Ich schrieb H. Mann, daß diese Gabe
verspätet kommt. Denn auch Döblins Bogen
ist noch nicht eingetroffen.
Sie mögen 1 oder 2 Seiten beschreiben. Ich machte
Bleistiftnummern, wo.
Bloch, Waldinger, Viertel gehen Ihnen von
Cambridge aus zu. Döblin wird Ende der
Woche fertig. Herzl. Grüße Ihr
W. Herzfelde
Bogen geht extra ab.

dem Gründer des Malik-Verlages, einen speziellen Verlag für deutschsprachige Literatur aufzubauen, der sich vor allem um die Werke der Exilautoren zu kümmern hatte. Der Verlag sollte zunächst »Tribüne« heißen, ehe man auf Anregung Brechts und Feuchtwangers auf den Namen »Aurora« kam. Er wurde schließlich 1944 von Ernst Bloch, Bertolt Brecht, Ferdinand Bruckner, Alfred Döblin, Lion Feuchtwanger, Oskar Maria Graf, Wieland Herzfelde, Heinrich Mann, Ernst Waldinger, Berthold Viertel und F. C. Weiskopf gegründet. Es erschienen jedoch nur wenige Bücher in diesem Verlag, von Feuchtwanger war es beispielsweise »Venedig (Texas) und vierzehn andere Erzählungen«. Ende der Vierziger Jahre wurde der Verlag mit der Rückkehr Herzfeldes nach Deutschland aufgelöst. »Einen Allert de Lange, einen Querido, einen Malik-, einen El Libro libre Verlag, der, in Mexico City ansässig, auch zahlreiche deutschsprachige Bücher in den USA vertrieb, hat es in Nordamerika nicht gegeben«, schreibt der Exilforscher Manfred Durzak. »Die im Namen des Aurora Verlages bildlich beschworene Morgenröte blieb eine Wunschvorstellung im amerikanischen Exil – nicht nur auf verlegerischem Gebiet.«[110] Die 1947 von den elf Gründern herausgegebene – und bei Athenäum wieder aufgelegte – Anthologie »Morgenröte – Ein Lesebuch« blieb die bekannteste Publikation des Unternehmens. In der Einleitung schrieb Heinrich Mann mit Blick auf ein neues Deutschland: »›Morgenröte‹ – der Name steht für noch unerfüllte Hoffnungen. Er bezeichnet Ziele, um die gekämpft und gelitten wurde, die weiter eine nie beendete Hingabe fordern. Der Name meint die Reue der Deutschen und ihren guten Willen. Von Triumph und Rechtbehalten sagt er nichts. Was vorherrscht bei

Wieland Herzfelde, der 1896 in der Schweiz geboren wurde und 1917 den Malik-Verlag in Berlin gründete, den er zum Sprachrohr revolutionärer Literatur des Dadaismus machte – mit Hilfe seines Bruders John Heartfield (eigentlich Helmut Herzfelde) und George Grosz – baute 1944 zusammen mit Ernst Bloch, Bertolt Brecht, Ferdinand Bruckner, Alfred Döblin, Lion Feuchtwanger, Oscar Maria Graf, Heinrich Mann, Bertold Viertel, Ernst Waldinger und F. C. Weiskopf einen Verlag für Exilautoren, die »Aurora Press« in New York auf. In seinem Brief an Lion Feuchtwanger vom 26. 3. 1946 schreibt er: »Lieber Lion Feuchtwanger, Dank für die Zeilen vom 23. 3. 1946. Ihr Buch ist fast ausgedruckt. Ich nehme an, es ist besser, zwei Reindruck-Exemplare an Mrs. Gedin zu schicken. Das geschieht in wenigen Tagen. Vor einiger Zeit schickte ich einen Büttenpapierbogen an Sie mit der Bitte, darauf eine Gratulation für Heinrich Mann zu seinem 75. Geburtstag zu schreiben. Da ich nichts von Ihnen hörte, sende ich heute nochmals einen solchen Bogen. Wir wollen die Gratulationen in eine Mappe binden. Ich schrieb Heinrich Mann, daß diese Gabe verspätet kommt. Denn auch Döblins Bogen ist noch nicht eingetroffen. Sie mögen ein oder zwei Seiten beschreiben. (...) Bloch, Waldinger, Viertel gehen Ihnen von Cambrigde aus zu, Döblin wird Ende der Woche fertig. Der Bogen geht extra ab. Herzliche Grüße, Ihr W. Herzfelde«

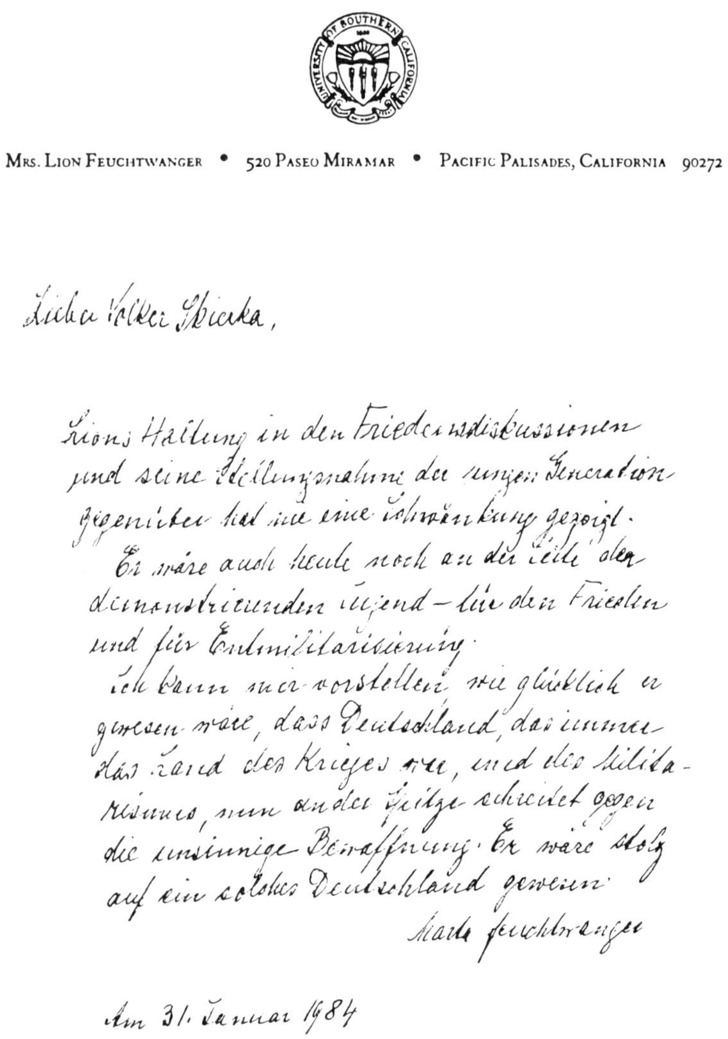
Mrs. Lion Feuchtwanger • 520 Paseo Miramar • Pacific Palisades, California 90272

Liebe Volker Skierka,

Lions Haltung in den Friedensdiskussionen und seine Stellungnahme der jungen Generation gegenüber hat nie eine Schwankung gezeigt.
Er wäre auch heute noch an der Seite der demonstrierenden Jugend – für den Frieden und für Entmilitarisierung.
Ich kann mir vorstellen wie glücklich er gewesen wäre, dass Deutschland, das immer das Land des Krieges war, und des Militarismus, nun an der Spitze schreitet gegen die unsinnige Bewaffnung. Er wäre stolz auf ein solches Deutschland gewesen.
Marta Feuchtwanger

Am 31. Januar 1984

den lebenden Mitarbeitern – und unter den frischen Toten dieses Exils von hoher Sterblichkeit –, das ist ein Zustand schwer erträglicher Gespanntheit.«[111]

Die schwer erträgliche Gespanntheit jener Zeit hing mit einem der Ziele zusammen, für das die Exilautoren kämpften: mit dem Frieden, der durch den wachsenden Kalten Krieg zunehmend gefährdet schien. Als im April 1949 die NATO gegründet wurde (Warschauer Pakt: 1955), herrschte unter den Schriftstellern wie in weiten Teilen der Bevölkerung Europas und den USA große Sorge und Bestürzung. Feuchtwanger unterstützte eine von Thomas Mann, Albert Einstein und zahlreichen anderen Prominenten aus dem öffentlichen Leben Amerikas und der Kirche angeführte Opposition gegen das Bündnis, die im Mai 1949 in Washington eine öffentliche Protestkundgebung abhielt. In einem Brief an Feuchtwanger erklärten die Initiatoren, sie seien nicht bereit, die eine Welt der Vereinten Nationen durch die beiden vom Atlantischen Bündnis geschaffenen Welten zu ersetzen. Die Diplomaten hatten den Pakt im Namen des »Friedens« und der »Stärkung« der Vereinten Nationen unterzeichnet. Das »Wall Street Journal« hingegen habe den Vertrag weitaus realistischer als einen »Triumph des Faustrechts über internationale Zusammenarbeit« bezeichnet. Sie, Einstein, Thomas Mann und andere, seien nicht willens zu glauben, daß nackte Gewalt ein Ersatz für menschliche Vernunft sein könne.[112] Vor allem Einstein litt unter der Entwicklung. Er fühlte sich mitschuldig an der Schaffung der Atombombe und deren ersten Abwurf auf Hiroshima. »Daran ist er letztlich auch zugrunde gegangen. Er hat sich schließlich gehen lassen, nicht einmal mehr einen Arzt gewollt, als er erkrankt war«, berichtete Marta Feuchtwanger. Einstein hatte Feuchtwanger in Kalifornien getroffen. Lion Feuchtwanger und er kannten sich noch aus Berlin. Sie trafen sich dann während Feuchtwangers Amerika-Reise 1932/33 und sahen sich 1941 dort wieder. Es war übrigens Einstein, der Charlie Chaplin mit Feuchtwanger zusammenbrachte. Feuchtwanger schätzte Einstein als einen Mann, der neben logischer, wissenschaftlicher Kühnheit vor allem »unbegrenzte Zivilcourage« besaß. »Er mußte es erleben, wie in Amerika in seinen letzten Jahren ein militärischer und bürokratischer Obskurantismus groß wurde, wie er ihn selbst schon einmal erlebt hatte.« Er sei jedoch nicht ausgewichen, sondern »kämpfte gegen Lügen, Nichtwissen, Falschheit und Heuchelei, obwohl er wußte, wieviel schmutzige Anwürfe diese Haltung ihm bringen mußte«.[113]

In diesen Sätzen spricht Feuchtwanger auch von sich selbst. Die Ziele Einsteins und ihm nahestehender Freunde waren Zeit seines Lebens auch seine: »Lions Haltung in den Friedensdiskussionen«, so schrieb Marta Feuchtwanger im Januar 1984 in einem Brief an den Autor dieses Buches, »und seine Stellungnahme der jungen Generation gegenüber hat nie eine Schwankung gezeigt. Er wäre auch heute noch an der Seite der demonstrierenden Jugend – für den Frieden und für Entmilitarisierung. Ich kann mir vorstellen, wie glücklich er darüber gewesen wäre, daß Deutschland, das immer das Land des Krieges und des Militarismus war, nun an der Spitze schreitet gegen die unsinnige Bewaffnung. Er wäre stolz auf ein solches Deutschland gewesen.«[114]

Die Hexenjäger: „Subject" Feuchtwanger als Kommunist und skrupelloser Feind Amerikas

„Ich möchte unser ein wenig unwirtlich gewordenes Amerika wohl bitten, Feuchtwanger klüglich in Ruhe zu lassen bei seinen Büchern, den Blumen seines Gartens, und bei seiner Arbeit, durch die er das Land ehrt."

Babbitt, der amerikanische Spieß- und Kleinbürger, den Feuchtwanger in den Zwanziger Jahren durch Sinclair Lewis' so betitelten Roman kennengelernt hatte, war in den 18 Jahren amerikanischen Exils des staatenlos gemachten Schriftstellers ständiger Wegbegleiter. Babbitt war sehr anhänglich, wich Feuchtwanger kaum von der Seite und tauchte in Person verschiedener Gestalten auf, meist als Bediensteter irgendeiner Behörde. Babbitt machte sich auch gern unsichtbar, beispielsweise, wenn er sich als Denunziant oder als Special-Agent des Federal Bureau of Investigation (FBI) umtrieb und den vor den Nazis geflohenen Feuchtwanger sowie dessen Freunde verfolgte, unermüdlich beschnüffelte. In den Akten und Agentenberichten wurde Feuchtwanger wie alle Suspekten seiner Sorte als »Subject« geführt. Bis zu seinem Tod.

Dieses »Subject« also hatte »eindeutige Verbindungen zu außerordentlich aktiven Kommunisten«, stellte die »INTERNATIONAL SECURITY-G and C ALIEN ENEMY CONTROL des FEDERAL BUREAU OF INVESTIGATION« in einem Bericht vom 18. November 1942 fest, nachdem sie den Schriftsteller am 12., 15. bis 19. und 28. bis 30. Oktober unter die Lupe genommen hatte. Immerhin fanden die Kontrolleure auch heraus – so ist es in dem auf einem Formblatt festgehaltenen, einstmals vertraulichen Bericht nachzulesen –, daß ihr »Subject has been accepted as one of world's great novelists«, also als »einer der großen Romanschriftsteller der Welt anerkannt« ist. Von seinen Büchern schien sie aber nur eines zu interessieren: »Moskau 1937«. Der Bericht vermerkte überdies, daß »Subject« mächtige und einflußreiche Freunde habe. Er sei ein »entschiedener Anti-Nazi«, von dem »jene, die ihn gut kennen«, aber allgemein annehmen würden, er sei ein Kommunist und Mitläufer. Wer »jene, die ihn gut kennen« waren, enthüllt der Agentenreport nicht.[115]

Ein anderer Informant wußte zu berichten, daß Feuchtwanger ein potentieller Feind der Vereinigten Staaten sei und dem Land, erhielte er dazu Gelegenheit, zweifellos Schaden zufügen würde. Der Schriftsteller diene den sowjetischen Interessen am besten als Propagandist mit dem Stift in der Hand: »Der Informant beschrieb das Subjekt des weiteren als einen skrupellosen, hinterhältigen Anhänger der kommunistischen Ideologie und

JOHN EDGAR HOOVER
DIRECTOR

Federal Bureau of Investigation
United States Department of Justice
Washington, D. C.
December 28, 1940

b7C DOS

MEMORANDUM FOR MR. E. A. TAMM

RE: LION FEUCHTWANGER

b7C

At the request of [redacted] the writer contacted Mr. [redacted] of the State Department on 12-14-40 and requested that the State Department [redacted]

ALL INFORMATION CONTAINED HEREIN IS UNCLASSIFIED DATE 2-24-81 BY SP1/GSK/abh

INDEXED

100-5143-3

FEDERAL BUREAU OF INVESTIGATION
JAN 3 1941
U.S. DEPARTMENT OF JUSTICE

COPIES DESTROYED

OFFICE OF CENSORSHIP
UNITED STATES OF AMERICA

CONFIDENTIAL
POSTAL CENSORSHIP

Record No. MI - 129244 Page 1 of 1 pages

FROM:	TO:
Lion Feuchtwanger 13527 Sunset Blvd. Pacific Palisades California F.B.I. WATCH LIST LIST: None	Dr. Arnold Zweig [redacted] LIST: None

b7C

Date of communication	Date of postmark	Kind of mail	Mail No.	Register No	Serial No
October 14, 1942		A.M.	0	None	None

Language	Previously censored by	Station distribution	Disposal of original communication
German	None	Oct.21,1942 Jamaica Trinidad D.R.	H R. C RB Sent with comment to— 35552
Previous relevant records: None	For interoffice use; To be photographed: No; Photo No	To whom photograph is to be sent	

Division (or section)	Table	Examiner	D. A. C.	Reviewer	Examination date	Typing date
Personal	501 T/2	s/s 4921	4890		Oct.20,1942	Oct.21,1942

DR use only
HY-11-4

COMMENT

POLITICAL

"THE AX IN WANDSBECK" - AN EXPOSE BY ZWEIG

Writer informs addressee that his attempts to interest publisher Huebsch in addressee's new book, entitled "The Ax in Wandsbeck," an expose, have failed. He counsels addressee, however, to send part of the manuscript for the publisher's perusal, and there is a strong possibility that the publisher may consent after all.

ENC: Nil.

SECURITY DIVISION - ROUTING -
Mr. Hunford
Mr. Aldor
Mr. Buckl
Mr. Luston
[redacted]

b7C

ED-1
LC-1
SD-2
IC-2
BIS-1
IRB-1
CES-1
9

FBI-1-N
6/23 EK

DECLASSIFIED ON 2-2-81
BY SP1 GSK/abh
Per NARS Letter 11-14-77

FEDERAL BUREAU OF INVESTIGATION

Form No. 1
THIS CASE ORIGINATED AT LOS ANGELES, CALIFORNIA FILE NO. MI 100-9437

b7C b7D

REPORT MADE AT	DATE WHEN MADE	PERIOD FOR WHICH MADE	REPORT MADE BY
[redacted]	1-8-48	12-19-47; 1-6-48	[redacted] APL/mg

TITLE	CHARACTER OF CASE
LION FEUCHTWANGER, was	INTERNAL SECURITY (R)

SYNOPSIS OF FACTS: [redacted] advised he knew nothing derogatory about LION FEUCHTWANGER [redacted]

b7D

- RUC -

Reference: Bureau file 100-5143.

Report of Special Agent [redacted] dated 10-27-47 at Los Angeles, California.

b7C

Details: [redacted]

b7D

ALL INFORMATION CONTAINED HEREIN IS UNCLASSIFIED DATE 2-5-81 BY SP1GSK/abh

APPROVED AND FORWARDED: HK Johnson SPECIAL AGENT IN CHARGE

DO NOT WRITE IN THESE SPACES

COPIES DESTROYED 7-28-55

COPIES OF THIS REPORT
5-Bureau
3-Los Angeles
2-[redacted]

b7D

100-5143-65

RECORDED INDEXED

F B I
34 10 1948

EX-98

COPY IN FILE

52 FEB 27 1948

FD-204 (Rev. 9-23-68)

UNITED STATES DEPARTMENT OF JUSTICE
FEDERAL BUREAU OF INVESTIGATION

Copy to: 1-INS, Los Angeles

b7C

Report of: [redacted] Office: LOS ANGELES
Date: 1/21/59

File Number: LA 100-6133
BUFILE 100-5143
Title: LION FEUCHTWANGER

Character: INTERNAL SECURITY - R

Synopsis: FEUCHTWANGER died 12/21/58 at Mount Sinai Hospital, Los Angeles, from shock due to gastric hemorrhage.

-C-

DETAILS:

According to an article in the Los Angeles Times, local daily newspaper on December 22, 1958, FEUCHTWANGER passed away on December 21, 1958 at the Mount Sinai Hospital after two serious gastric hemorrhages.

b7C

On January 7, 1959, SE [redacted] ascertained at the Los Angeles City Bureau of Vital Statistics that death certificate Number 23929 reflects the death of LION JACOB FEUCHTWANGER on December 21, 1958. He was described as a male, caucasian; born July 7, 1884 in Germany; age, seventy-four; occupation, writer; wife, MARTA FEUCHTWANGER; place of death Mt. Sinai Hospital, 8720 Beverly Boulevard, Los Angeles, last residence 520 Paseo Miramar, Pacific Palisades, cause of death was shock due to gastric hemorrhage. The signature of the certifying physician was illegible but his address was shown as 414 North Camden Drive, Beverly Hills.

CIA, State, G-2 OSI
2/3/59

ALL INFORMATION CONTAINED HEREIN IS UNCLASSIFIED
DATE 2-10-81 BY SP4 TRM/abh

This document contains neither recommendations nor conclusions of any kind. It is the property of the FBI, and is a loan to your agency; it and/or its contents are not to be distributed outside your agency.

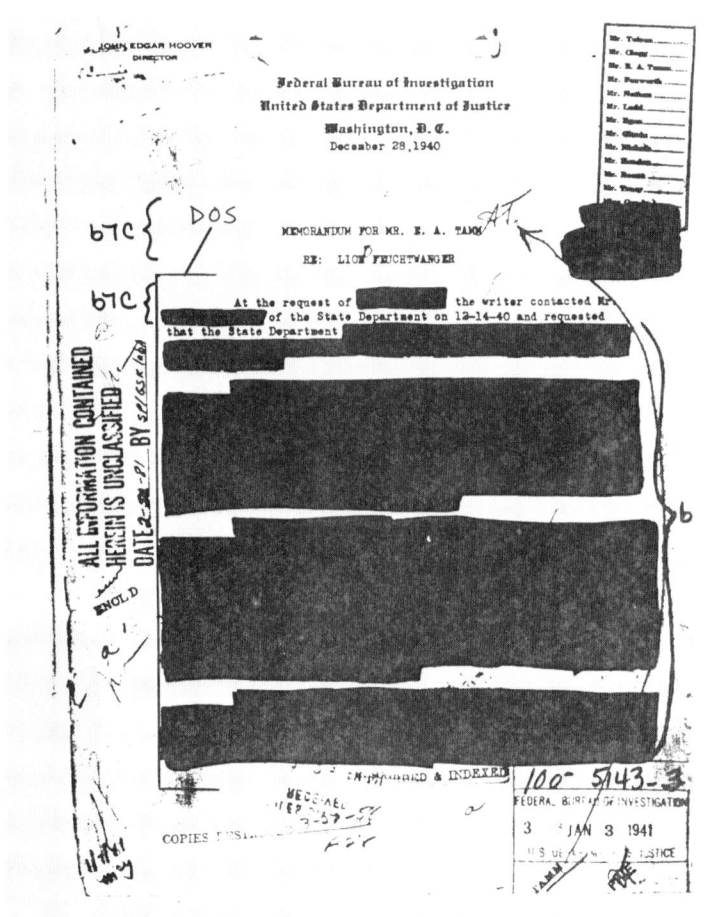

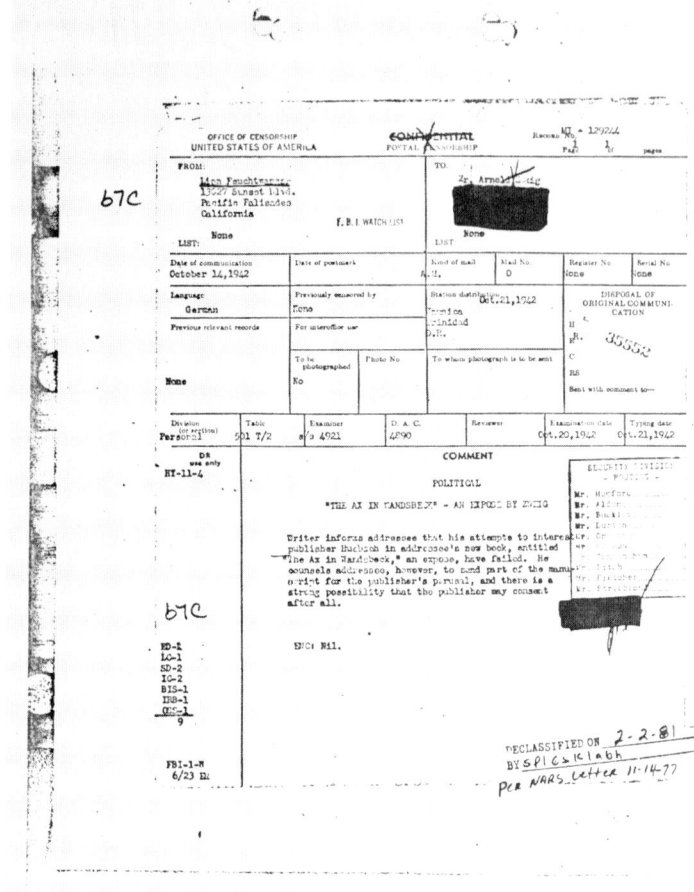

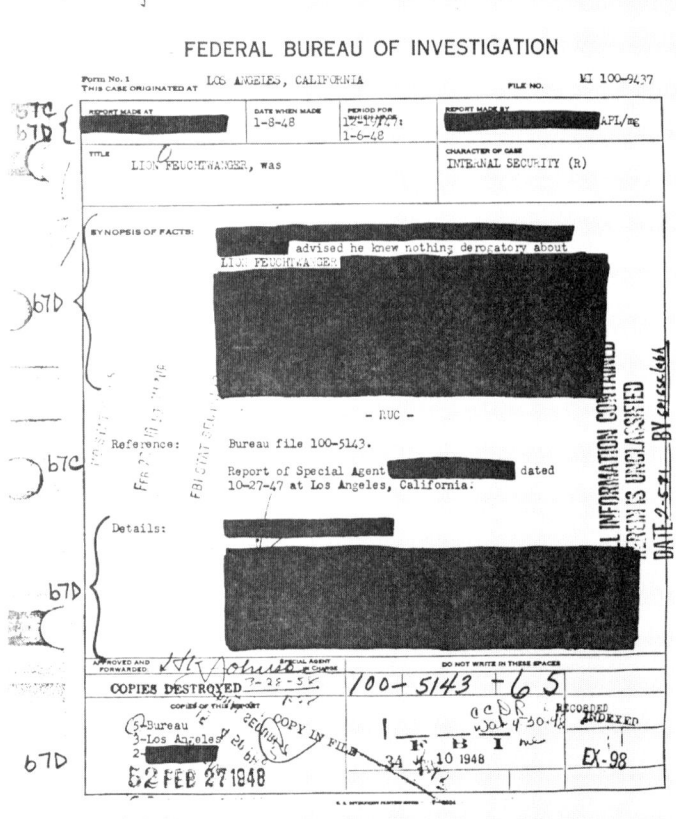

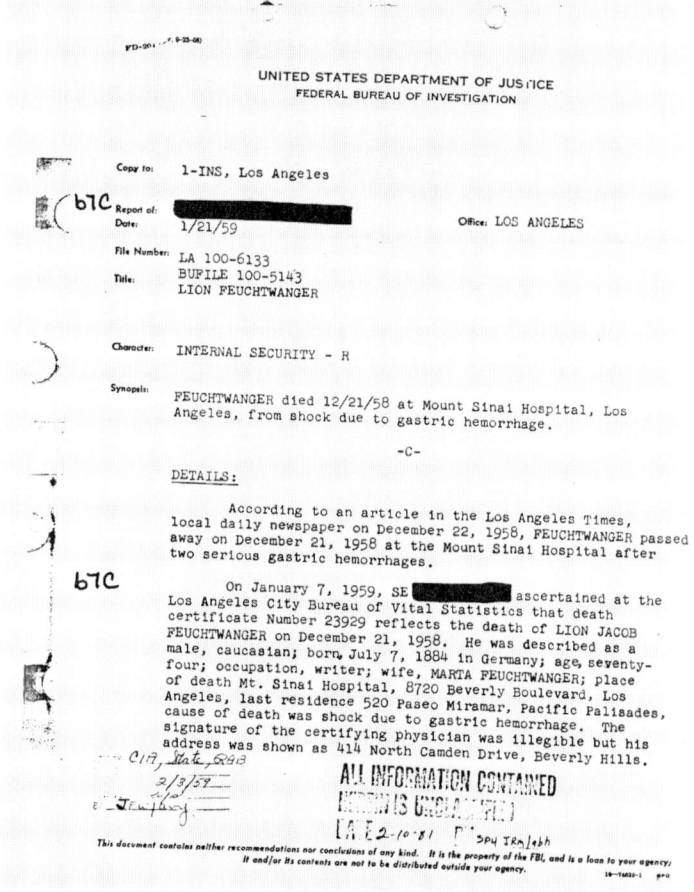

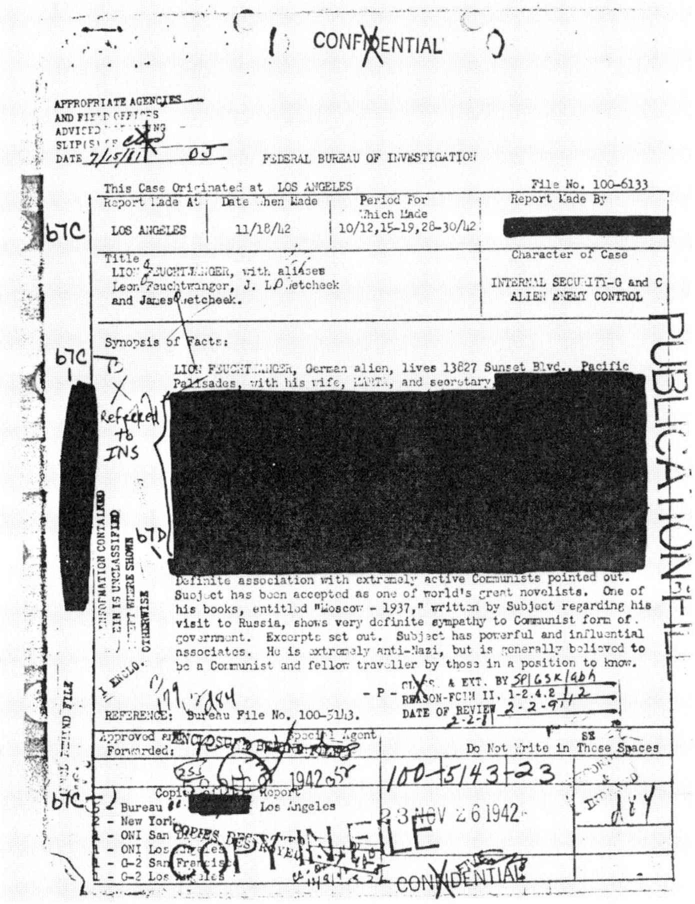
CONFIDENTIAL

APPROPRIATE AGENCIES
AND FIELD OFFICES
ADVISED BY ROUTING
SLIP(S) OF
DATE 7/15/81 OJ

FEDERAL BUREAU OF INVESTIGATION

This Case Originated at LOS ANGELES — File No. 100-6133

Report Made At	Date When Made	Period For Which Made	Report Made By
LOS ANGELES	11/18/42	10/12,15-19,28-30/42	[redacted]

Title	Character of Case
LION FEUCHTWANGER, with aliases Leon Feuchtwanger, J. L. Wetcheek and James Wetcheek.	INTERNAL SECURITY-G and C ALIEN ENEMY CONTROL

b7C

Synopsis of Facts:

LION FEUCHTWANGER, German alien, lives 13827 Sunset Blvd., Pacific Palisades, with his wife, MARTA, and secretary [redacted]

Referred to INS

b7D

Definite association with extremely active Communists pointed out. Subject has been accepted as one of world's great novelists. One of his books, entitled "Moscow – 1937," written by Subject regarding his visit to Russia, shows very definite sympathy to Communist form of government. Excerpts set out. Subject has powerful and influential associates. He is extremely anti-Nazi, but is generally believed to be a Communist and fellow traveller by those in a position to know.

ALL INFORMATION CONTAINED HEREIN IS UNCLASSIFIED EXCEPT WHERE SHOWN OTHERWISE

1 ENCLO.

– P –

CLASS. & EXT. BY SP1 GSK/abh
REASON-FCIM II, 1-2.4.2 1,2
DATE OF REVIEW 2-2-91

REFERENCE: Bureau File No. 100-5143.

Approved and Forwarded: — Special Agent in Charge — Do Not Write in These Spaces

1942 — 100-5143-23

Copies of this Report
5 – Bureau [redacted] Los Angeles
2 – New York
1 – ONI San Diego
1 – ONI Los Angeles
1 – G-2 San Francisco
1 – G-2 Los Angeles

23 NOV 26 1942

COPY IN FILE

CONFIDENTIAL

PUBLICATION FILE

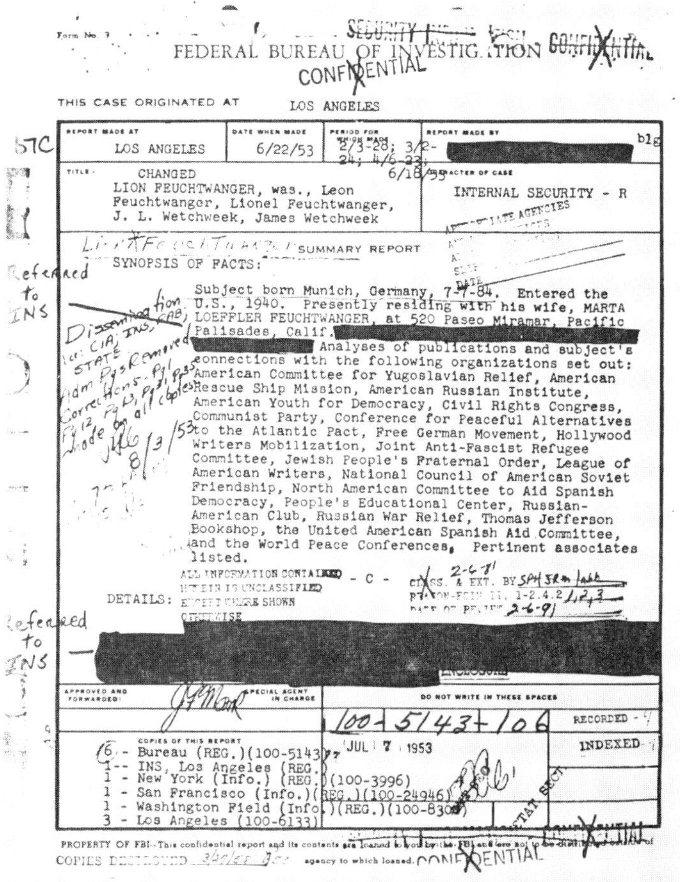
Form No. 1

FEDERAL BUREAU OF INVESTIGATION

CONFIDENTIAL

THIS CASE ORIGINATED AT LOS ANGELES

REPORT MADE AT	DATE WHEN MADE	PERIOD FOR WHICH MADE	REPORT MADE BY
LOS ANGELES	6/22/53	2/3-28; 3/2-24; 4/6-23; 6/18/53	[redacted] blg

TITLE	CHARACTER OF CASE
CHANGED LION FEUCHTWANGER, was., Leon Feuchtwanger, Lionel Feuchtwanger, J. L. Wetchweek, James Wetchweek	INTERNAL SECURITY - R

b7C

SUMMARY REPORT

SYNOPSIS OF FACTS:

Subject born Munich, Germany, 7-7-84. Entered the U.S., 1940. Presently residing with his wife, MARTA LOEFFLER FEUCHTWANGER, at 520 Paseo Miramar, Pacific Palisades, Calif. [redacted] Analyses of publications and subject's connections with the following organizations set out: American Committee for Yugoslavian Relief, American Rescue Ship Mission, American Russian Institute, American Youth for Democracy, Civil Rights Congress, Communist Party, Conference for Peaceful Alternatives to the Atlantic Pact, Free German Movement, Hollywood Writers Mobilization, Joint Anti-Fascist Refugee Committee, Jewish People's Fraternal Order, League of American Writers, National Council of American Soviet Friendship, North American Committee to Aid Spanish Democracy, People's Educational Center, Russian-American Club, Russian War Relief, Thomas Jefferson Bookshop, the United American Spanish Aid Committee, and the World Peace Conferences. Pertinent associates listed.

Referred to INS

ALL INFORMATION CONTAINED HEREIN IS UNCLASSIFIED EXCEPT WHERE SHOWN OTHERWISE

– C –

CLASS. & EXT. BY SP4 JRM/abh
REASON-FCIM II, 1-2.4.2 1,2,3
DATE OF REVIEW 2-6-91

DETAILS:

[redacted]

Referred to INS

APPROVED AND FORWARDED: — SPECIAL AGENT IN CHARGE — DO NOT WRITE IN THESE SPACES

100-5143-106 — RECORDED — INDEXED

COPIES OF THIS REPORT
6 - Bureau (REG.)(100-5143)
1 -- INS, Los Angeles (REG.)
1 - New York (Info.) (REG.)(100-3996)
1 - San Francisco (Info.)(REG.)(100-24946)
1 - Washington Field (Info.)(REG.)(100-8308)
3 - Los Angeles (100-6133)

JUL 7 1953

PROPERTY OF FBI – This confidential report and its contents are loaned to you by the FBI and are not to be distributed outside of agency to which loaned.

CONFIDENTIAL

Nach dem Tode von F. D. Roosevelt im Jahre 1945 erfolgte eine radikale Wende der Innen- und Außenpolitik Amerikas. Es begann eine emotional aufgeladene Kommunistenhetze, die das scheinbar liberale Konzept der Regierung ablöste. Es entsteht das berüchtigte »Comitee on American-Activities«. Die »Mc Carthy-Aera« beginnt ihre »Aufräumungsarbeiten«.
1947 wird Brecht zum Verhör ins Repräsentantenhaus eingeladen. Charly Chaplin gerät in die Mühlen des Komitees. Auch Feuchtwanger, »dank« seines Berichtes »Moskau 1937« ist sofort ein Beobachteter. Feuchtwangers gesamte Post unterliegt einer staatlichen Kontrolle. Er schreibt »meine Situation hier ist nicht gerade gemütlich«. (… »hier bin ich … in jeder Hinsicht abgestempelt«.)
Wie schon in den 20er Jahren, als er die hereinbrechende Faschistisierung sehr früh wahrgenommen hatte, sieht er auch jetzt auf dem amerikanischen Kontinent eine ähnliche Entwicklung voraus: »Rings um mich verdickt sich wieder einmal die politische Luft, und ich warte mit der Gelassenheit eines Stoikers oder des Steinklopfer Hannes, ob es diesmal blitzen wird«.
Über Jahre hinweg sammelt das FBI vollkommen sinnlose Informationen über Lion Feuchtwanger. Der reagiert, wie immer auf bedrohliche Zeitgeschehnisse, immer nur literarisch, und schreibt sein Drama »Wahn oder der Teufel in Boston«.

unerbittlichen Feind von Amerika«, ist in den FBI-Akten über Feuchtwanger zu lesen. Die ALIEN ENEMY CONTROL behielt ihn vor allem während der Vierziger Jahre genau im Auge, den »kleinen Meister«. Während des Krieges stand er als »feindlicher Ausländer« – wie alle Emigranten an der Westküste mit nächtlicher Ausgangssperre und einem auf Fünf-Meilen begrenzten Bewegungsradius belegt – auch auf der »F.B.I WATCH LIST«. »Special Agents« öffneten Telegramme und Briefe und fertigten – wie beispielsweise über Feuchtwangers Nachricht an Arnold Zweig nach Palästina, daß seine Bemühungen um das »Beil von Wandsbek« beim Verleger Huebsch gescheitert seien – genauen Bericht an. Oder sie schlichen um Feuchtwangers Haus, guckten, wer ihn so besuchte und notierten Typ, Baujahr und Zulassung der vor dem Haus gelegentlich geparkten fremden Fahrzeuge: »1939 two door Chevrolet, registered to (...), 1941 Buick Convertible, registered to (...), 1940 Ford Coupe, registered to (...).« Mal stand Feuchtwanger im Verdacht, Mitglied der Kom-

Die Registrierung aller deutschen Emigranten als »Enemy-Aliens« beunruhigte die deutschen Wissenschaftler, Schriftsteller und Musiker außerordentlich. Thomas Mann wandte sich in einem auch von Borgese, Einstein, Bruno Frank, Toscanini und Bruno Walter unterschriebenen Brief direkt an Präsident Roosevelt: »Herr Präsident: Wir erlauben uns, Ihre Aufmerksamkeit auf eine große Gruppe geborener Deutscher und Italiener zu lenken, die nach den gegenwärtigen Bestimmungen, irrtümlich, als ›Ausländer feindlicher Nationalität‹ bezeichnet und behandelt werden.

Es handelt sich dabei um Personen, die wegen totalitärer Verfolgung aus ihrem Land geflohen sind und Zuflucht in den USA suchten und aus diesem Grunde ihrer früheren Staatsangehörigkeit beraubt worden sind.

Ihre Lage ist mit keiner früheren Situation vergleichbar, und es kann nicht als gerecht erachtet werden, sie unter der schimpflichen Bezeichnung »Ausländer feindlicher Nationalität« einzuordnen. Viele von ihnen, Politiker, Wissenschaftler, Künstler, Schriftsteller gehörten zu den frühesten und weitestblickenden Gegnern der Regierungen, mit denen die Vereinigten Staaten jetzt im Kriege liegen. Viele von ihnen haben ihre Existenz und ihr Eigentum geopfert und ihr Leben aufs Spiel gesetzt im Kampf gegen die Mächte des Bösen, vor denen sie warnten, zu einer Zeit, da die meisten Regierungen der Welt das Übel unterschätzten und Kompromisse mit ihm schlossen.

Wohl ist es wahr, daß das Gesuch um Identitätsbestimmung solchen Personen eine Gelegenheit gibt, zusätzliche Angaben über ihren politischen Status zu machen. Aber da bisher keine offizielle gegenteilige Erklärung abgegeben worden ist, würden diese Opfer des Nazismus und Faschismus, diese unerschütterlichen und konsequenten Verteidiger der Demokratie, allen gegenwärtigen und zukünftigen Restriktionen unterworfen sein, die gegen möglicherweise bestehende »Fünfte Kolonnen« gerichtet sind. Wir appellieren deshalb an Sie, Herr Präsident, der für uns alles repräsentiert, was in einer Welt der Lüge und des Chaos noch redlich, ehrenhaft und anständig ist, eine offizielle Klärung herbeizuführen, so daß eine eindeutige und praktikable Unterscheidungslinie zwischen den potentiellen Feinden der amerikanischen Demokratie auf der einen Seite und den Opfern und geschworenen Feinden des totalitären Übels auf der anderen gezogen werden kann.«

munistischen Partei zu sein, mal gab es dafür keine Anhaltspunkte. Klar schienen nur Feuchtwangers Sympathien für die Sowjetunion – und, daß er für die Kommunisten als Schriftsteller ein nützlicher Zeitgenosse sei.

Wie Feuchtwanger erging es vielen seiner Freunde und Bekannten. Argwöhnisch wachten die Einwanderungsbehörden und der »Ausschuß für unamerikanische Umtriebe« über die Gesinnung der mit Kriegsbeginn in die Vereinigten Staaten strömenden Schriftsteller, Schauspieler, Regisseure, Maler, Musiker und Wissenschaftler. Als Hitler-Gegner standen sie bei vielen Durchschnittsamerikanern vor allem im konservativen Mittleren Westen, wo es sogar hitlerfreundliche Strömungen gab, automatisch im Geruch, Kommunisten und damit eine Gefahr für die bürgerliche Gesellschaftsordnung der USA zu sein. Die absurdesten Gerüchte waren in Umlauf – etwa solcherart, wie Feuchtwanger im Dezember 1946 eines an Zweig berichtete: »So schreibt zum Beispiel die Hearst-Presse, daß Chaplin und ich bei Hanns Eisler Champagner trinkend finstere Pläne gegen die United States schmieden.«[116]

Wer als Exilant – aber auch als Amerikaner – in die öffentlichen Denunziationsmühlen der Presse und in den Verhörapparat des 1938 zunächst nur für die Filmindustrie gegründeten Komitees geriet und keine einflußreichen Freunde besaß, für den brachte dies meist existentielle Probleme mit sich: er fand seinen Namen auf einer Art Index wieder. In Hollywood gab es dann als Schauspieler und Drehbuchautor keine Arbeit mehr für ihn und als Schriftsteller keinen Verleger. Manche, wie den Kriminalromanautor und Präsidenten der linksgerichteten »League of American Writers«, Dashiel Hammett, brachte der Ausschuß ins Gefängnis.

Das erste prominente Emigranten-Opfer des Ausschusses war der Komponist und Freund Chaplins, Brechts und Feuchtwangers, Hanns Eisler, der in den Sog einer Kampagne gegen seinen als »roter Atomspion« verdächtigten Bruder Gerhart geriet. Dieser war von der eigenen Schwester angezeigt worden. Während Gerhart Eisler mehrmals in Haft genommen sowie vor dem Ausschuß und vor Gericht verhört wurde, ehe er schließlich drei Jahre nach Beginn des Verfahrens 1949 auf einem polnischen Frachter floh, wurde Hanns Eisler nach Verhören vor dem Ausschuß im Mai und September 1947 im darauffolgenden Jahr als Kommunist aus den USA ausgewiesen. Vor seiner Abreise veranstalteten seine amerikanischen Freunde in Los Angeles und New York demonstrativ zwei große Abschiedskonzerte. Das Konzert in New York dirigierte Leonard Bernstein.

Im Oktober 1947 wurde auch Bertolt Brecht im Zusammenhang mit dem Fall Eisler zu einem öffentlichen Hearing vor den Ausschuß nach Washington zitiert. Er war, so viel erfuhr er, von einem deutschen Emigranten denunziert worden und stand seit längerem wie Feuchtwanger unter Beobachtung des FBI. Unmittelbar vor seiner Abreise nach Washington suchte er seinen Freund Lion Feuchtwanger auf. Ruth Berlau fotografierte die beiden noch einmal auf der steinernen Bank auf der Terrasse von Feuchtwangers Haus. Es war ein Abschied für immer, die beiden sollten sich danach nie wiedersehen. Brecht wollte unmittelbar nach dem Verhör von New York in die Schweiz abreisen. Er war bereits seit März im Besitz einer Ausreiseerlaubnis. Das von zahlreichen Pressevertretern, Radiostationen, Fotografen, Film-

Bertolt Brecht und Lion Feuchtwanger auf der steinernen Bank der Terrasse des Feuchtwanger-Hauses 1947. Sie sollten sich niemals wiedersehen. Am 16. Oktober des gleichen Jahres verließ Brecht Santa Monica mit dem Zug »Los Angeles Limited« in Richtung New York.

HERMAN BROCH
1 EVELYN PLACE
PRINCETON, NEW JERSEY

14. 3. 47

Lieber Herr Feuchtwanger,

ich komme mit einem Anliegen : würden Sie der Tochter Franz Blei's, Billy Lieben, die Sie ja vermutlich kennen, ein Affidavit ausstellen, damit sie in die Staaten herüber kommen kann; sie ist augenblicklich in Portugal, vermag aber dort ihr Leben nicht weiter zu bestreiten.

Ich wende mich an Sie, weil mein eigenes Affidavit, das ich B.L. natürlich gebe, leider zu schwach ist; wahrscheinlich wird es mit jedem Buch, das ich veröffentliche, noch schwächer werden. Die Unterstützung durch ein zweites Affidavit ist also dringend notwendig.

Mit voller Sicherheit lässt sich voraussagen, dass die Ausstellung des Affidavits keinerlei finanzielle Belastungen nach sich ziehen wird. B.L.will Farmarbeit annehmen, und derartige Posten gibt es in Hülle und Fülle. Ueber das finanzielle Risiko können Sie also beruhigt sein. Dahingegen wären Ihnen die behördlichen Unzukömmlichkeiten leider nicht zu ersparen; um das "Raise your right hand ..." ist in diesem schwurgierigsten aller Staaten nicht herumzukommen.

Sollten Sie selber nicht in der Lage sein das Affidavit zu geben, so wäre ich Ihnen sehr dankbar, wenn Sie bei Ihren Freunden Nachfrage hielten. Es könnten darunter wohl einige sein, die dem alten Franz Blei diesen posthumen Liebesdienst erweisen wollten.

Ich erwarte mit Spannung Ihr neues Buch. Die Kurzgeschichten bei "Aurora" sind kleine Meisterwerke.

Mit einem herzlichen Gruss

stets Ihr

Lieber Weiskopf,

Ich komme einmal wieder mit einer Bitte zu Ihnen.

Arnold Zweig ist vor einer Woche in Prag eingetroffen, und er und Eislers haben mir gleich geschrieben. Er kam mit dem Flugzeug und hat alle seine Dinge, auch seine Manuskripte, in Palestina zuruecklassen muessen. Nun benoetigt, wie mir Lou Eisler schreibt, Frau Zweig dringend einen warmen Wintermantel. Darf ich Sie in dieser Angelegenheit behelligen? Ich moechte Frau Zweig gern den benoetigten Mantel schicken; aber wir haben leider die Erfahrung machen muessen, dass unter zwei Paketen nach der Tschechoslowakei zumindest eines nicht eintrifft. Ich waere Ihnen deshalb sehr verbunden, wenn Sie Frau Zweig den Mantel schicken wollten.

Ich denke es mir folgendermassen: Sie haben die Freundlichkeit, den Mantel zu besorgen, auf meine Kosten natuerlich. Es handelt sich um einen einfachen, aber warmen Mantel, Groesse 14, ich denke mir, zu einem Preise bis ungefaehr sechzig Dollar; man sagt mir, dergleichen ist im Osten in viel groesserer Auswahl erhaeltlich als hier. Vielleicht kann man auch Zigaretten beipacken. (Die von mir an Eislers gesandten scheinen nicht angekommen zu sein.) Die Adresse ist:

Frau Arnold Zweig, c.o. Eisler
Zámek, Dobřiš
U Prahy
Czechoslovakia.

Schoenen Dank im Voraus, und teilen Sie mir, bitte, gleich mit, was Sie fuer mich ausgelegt haben.

Ihnen beiden alles Herzliche

Ihr

teams und Theaterleuten vom Broadway verfolgte Verhör fand am Vormittag des 30. Oktober statt. Brecht wurde gefragt, ob er Mitglied einer kommunistischen Partei sei, was er mit »Nein« beantwortete. Ansonsten unterlief er alle anderen Fragen mit listigen, überlegenen Ausweichmanövern, so daß das »Hearing Regarding the Communist Infiltration of the Motion Picture Industry« ohne die befürchtete Anklage für ihn endete. Schon am Nachmittag des folgenden Tages flog Brecht nach Paris und reiste von dort wenige Tage später nach Zürich weiter, wo er Wiedersehen mit seinem alten Augsburger Freund Caspar Neher feierte.

»Die üble Renaissance des Fanatismus und des Vorurteils (...) ließen mich einen alten Plan aufgreifen, darzustellen nämlich, wie ein großer Mann sich aus Politik und Überzeugung immer tiefer in die Netze des Wahns verstrickt und eine wüste Welle der Verfolgung über sein Land hereinbrechen läßt«, erklärte Feuchtwanger zu seinem 1948 neben seiner Romanarbeit beendeten Drama »Wahn oder Der Teufel in Boston«.[117] Das auf das Jahr 1692 zurückgehende Stück wurde als aktuelle Kritik an der Verfolgung der Intellektuellen durch den »Kongreß-Ausschuß für unamerikanische Aktivitäten« interpretiert, in dem er bereits das sich Anfang der Fünfziger Jahre noch steigernde Ausmaß der Verfolgungswelle unter dem reaktionären Senator Joseph McCarthy vorwegnahm.

Der Handlungsablauf in dem Stück und Feuchtwangers oben angeführte Erklärung zu diesem von ihm aufgegriffenen »alten Plan« könnten aber durchaus auf eine weitere Parallele schließen lassen: auf eine versteckte, aber deshalb nicht minder deutliche Kritik an den stalinistischen Verfolgungen in der Sowjetunion. Gegner einer solchen These mögen, um sie als abwegig erscheinen zu lassen, auf seine gelegentlichen Grußbotschaften zu Jahrestagen der Oktoberrevolution verweisen, die im übrigen auch aufmerksam vom FBI registriert wurden. Das eine muß aber nicht notwendigerweise das andere ausschließen. Seine in »Moskau 1937« angebrachte Kritik am Personenkult Stalins und gewissen negativen Auswüchsen der Revolution im Bereich der Bürokratie und der Kultur stellte ja auch nicht sein grundsätzliches Einverstandensein mit dem sowjetischen Experiment in Frage. Ebensowenig war Feuchtwanger aber auch ein Feind Amerikas, wie verschiedene Denunzianten glauben machen wollten. Woran dem Verfasser des kurz vor dem Stück »Wahn« erschienenen Romans »Waffen für Amerika« lag, war, vor politischen Auswüchsen zu warnen, die dem ursprünglichen Geist einer Verfassung zuwiderliefen.

Daß Feuchtwanger sich wie so oft subtiler schriftstellerischer Mittel bediente, um solchen Verfolgungswahn in Ost wie West ungeachtet der Ideologie anzuklagen, liegt bei seinem ständigen Bestreben nach Ausgleich nahe. Und indem er nicht in direkterer Form darauf einging, vermied er es, selbst in die Schußlinie zu geraten und vom eigentlichen Anliegen abzulenken. Feuchtwanger mag es vielleicht gerade hier mit jenem Ratschlag gehalten haben, den er schon den Lesern seines »Jud Süß« gab: »Halten Sie vielmehr den von Ihnen gefundenen Sinn für den rechten.«

In »Wahn« geht es um den diktatorisch herrschenden geistigen Führer in Boston, Neu-England, den fanatischen Pastor Cotton Mather. Ein Schwager und Jugendfreund Mathers führt die Opposition an. Eine unter Mathers Einfluß stehende Tochter eines Pastorenkollegen äußert Anschuldigungen, die zur Verurteilung und Hinrichtung Oppositioneller führen. Als er mit seinen theologischen Schriften zum Mitglied der angesehenen Londoner Akademie berufen wird, glauben auch viele der unter seiner Knute Leidenden an seine höhere Berufung. Erst als das Beispiel der »Geständnisse« des Kindes Schule macht und eine Welle der Denunziation einsetzt, regt sich Widerstand, und das Volk zieht vor Mathers Haus, diesen Auswüchsen ein Ende zu bereiten und der Vernunft zum Sieg zu verhelfen. Cotton Mather bleibt isoliert zurück. Das Stück erlebte seine Uraufführung im März 1949 im Kleinen Theater am Zoo in Frankfurt am Main.

Bereits 1947 hatte Feuchtwanger ein weiteres, auf politische Prozesse anspielendes Stück geschrieben: »Die Witwe Capet«, über Schuld und Unschuld der im Zuge der französischen Revolution hingerichteten Königin Marie Antoinette. Feuchtwanger schrieb 1952 zu dem Stück in einem Essay: »Heute ist diese Schuld, ist Marie Antoinettes Hochverrat durch Dokumente und Briefe, die in später zugänglich gewordenen Archiven aufgefunden wurden, einwandfrei festgestellt. Andernteils geht aus zahllosen Dokumenten ebenso unwiderleglich hervor, daß sich Marie Antoinette bis zuletzt im Recht fühlte, daß sie subjektiv unschuldig war. – Was mich an dem Gegenstand reizte, war gerade dieser Gegensatz zwischen subjektiver Unschuld und objektiver Schuld: die Dialektik, die das Wesen so vieler politischer Prozesse ausmacht.«[118] Das Stück wurde erst im September 1956 im Staatstheater Dresden uraufgeführt. Versuche, es am Broadway in New York inszenieren zu lassen, scheiterten – das politische Klima eignete sich nicht für derartige Stücke. Die Schauspielerin Ingrid Bergmann hatte großes Interesse an der Rolle der Witwe Capet/Marie Antoinette. Sie suchte Feuchtwanger deshalb auch in seinem Haus am Paseo Miramar auf, ließ sich von ihm über Einzelheiten und Hintergründe aufklären und setzte sich schließlich in New York persönlich, wenngleich vergeblich, für eine Aufführung ein.

Ab Januar 1948 geriet Feuchtwanger selbst in die Vernehmungsmaschinerie der amerikanischen Behörden, als er die amerikanische Staatsbürgerschaft beantragte. Er wollte endlich zu ordentlichen Papieren kommen und mit einem amerikanischen Paß nach Europa reisen können. Solange er den nicht besaß, lief er Gefahr, nach einer solchen Reise als Kommunismus-Verdächtiger nicht mehr in die USA hereingelassen zu werden und ein drittes Mal alles aufgeben und vieles verlieren zu müssen. Dieses Schicksal widerfuhr übrigens wenige Jahre später, 1952, seinem Freund Charlie Chaplin.

Gut gewappnet mit den vertraulichen Berichten der Special Agents des FBI und den sorgfältig aufgenommenen Denunziationen – offenkundig aus Emigrantenkreisen – konnten die für Staatsbürgerschaftsanträge zuständigen Beamten das »Subject« Feuchtwanger also ab 5. März einvernehmen. Sie fragten ihn, ob er jemals Mitglied einer kommunistischen Partei war, wollten wissen, wann er zum Anti-Faschisten geworden sei. Sie hielten ihm natürlich sein »Moskau 1937« vor, seine Telegramme in die Sowjetunion, sein Revolutionsstück »Thomas Wendt«, sein »Lied der Gefallenen« aus dem Jahre 1915 und schließlich sogar seine Freundschaft mit Brecht.

Freunde wurden über ihn ausgehorcht. Sie wiesen darauf hin, daß Feuchtwanger »Weltbürger« sei, sich für Ost-West-Freundschaften einsetze und daher auch in Los Angeles Mitglied war im

Montag, 10. September 1956

Die Witwe Capet

Lion Feuchtwangers Bühnenwerk in Dresden uraufgeführt

Ingeborg Schröter

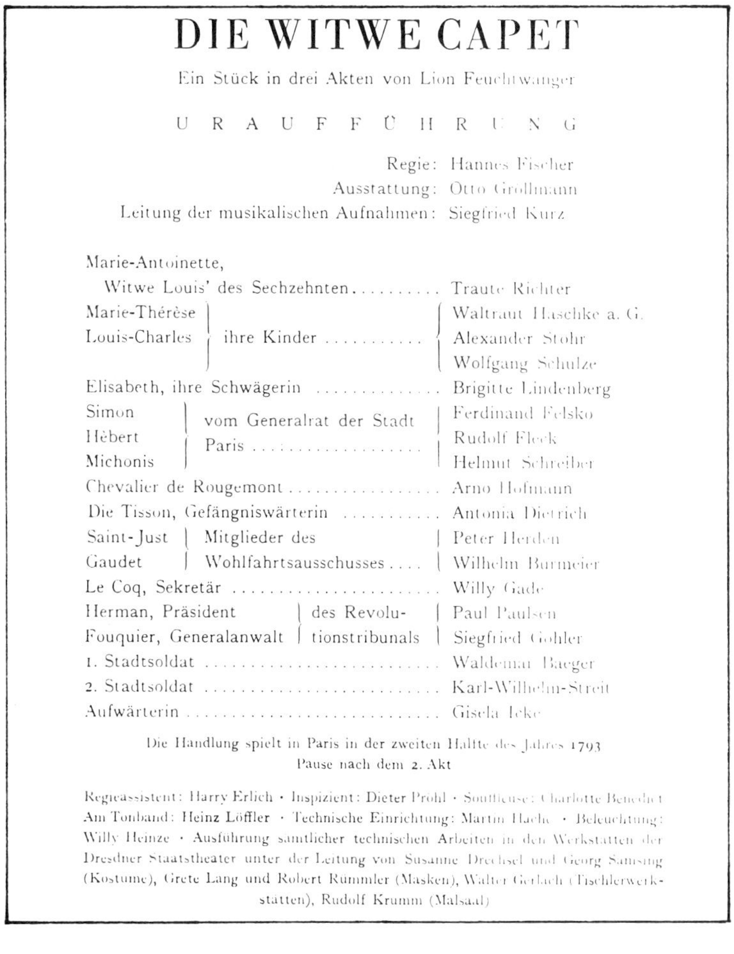

DIE WITWE CAPET

Ein Stück in drei Akten von Lion Feuchtwanger

U R A U F F Ü H R U N G

Regie: Hannes Fischer
Ausstattung: Otto Gröllmann
Leitung der musikalischen Aufnahmen: Siegfried Kurz

Marie-Antoinette, Witwe Louis' des Sechzehnten		Traute Richter
Marie-Thérèse	ihre Kinder	Waltraut Haschke a. G.
Louis-Charles		Alexander Stohr
		Wolfgang Schulze
Elisabeth, ihre Schwägerin		Brigitte Lindenberg
Simon	vom Generalrat der Stadt Paris	Ferdinand Felsko
Hèbert		Rudolf Fleck
Michonis		Helmut Schreiber
Chevalier de Rougemont		Arno Hofmann
Die Tisson, Gefängniswärterin		Antonia Dietrich
Saint-Just	Mitglieder des Wohlfahrtsausschusses	Peter Herden
Gaudet		Wilhelm Burmeier
Le Coq, Sekretär		Willy Gade
Herman, Präsident	des Revolutionstribunals	Paul Paulsen
Fouquier, Generalanwalt		Siegfried Gohler
1. Stadtsoldat		Waldemar Baeger
2. Stadtsoldat		Karl-Wilhelm-Streit
Aufwärterin		Gisela Ieke

Die Handlung spielt in Paris in der zweiten Hälfte des Jahres 1793
Pause nach dem 2. Akt

Regieassistent: Harry Erlich · Inspizient: Dieter Pröhl · Souffleuse: Charlotte Benedict · Am Tonband: Heinz Löffler · Technische Einrichtung: Martin Hache · Beleuchtung: Willy Heinze · Ausführung sämtlicher technischen Arbeiten in den Werkstätten der Dresdner Staatstheater unter der Leitung von Susanne Drechsel und Georg Samsing (Kostüme), Grete Lang und Robert Rümmler (Masken), Walter Gerlach (Tischlerwerkstätten), Rudolf Krumm (Malsaal)

»Der Abend« schrieb anläßlich der Dresdner Uraufführung von Lion Feuchtwangers »Die Witwe Capet« am 10. September 1958.

Edgar Hoover (1895–1972) war ab 1924 Direktor des Federal Bureau of Investigation (FBI). Er ließ eine mehrere hundert Seiten starke Akte über Feuchtwanger anlegen. Charles Chaplin, der ebenfalls bespitzelt und verhört wurde, sagte über ihn: »... Auch mein Fall war von der Bundesregierung aufgerollt worden, und der FBI war intensiv damit beschäftigt, Beweismateriel gegen mich für den Staatsanwalt zu beschaffen. Ich hatte Hoover vor vielen Jahren bei einem Essen kennengelernt. Wenn man sich an sein recht brutales Gesicht und seine gebrochene Nase gewöhnt hat, findet man ihn ganz umgänglich. Damals erzählte er mir voller Enthusiasmus, daß er gutklassige junge Männer für seine Behörde gewinnen wolle, unter anderem auch Jura-Studenten.«

lokalen »Komitee Freundschaft mit der Sowjetunion« – die schließlich Verbündete der USA war. Noch Jahre zuvor, im September 1942, hatte die »Cable-Wireless Section« des »Office of War Information« der Vereinigten Staaten Feuchtwanger »extremely grateful« für eine Botschaft an die Sowjetunion anläßlich des 114. Geburtstages von Leo Tolstoi gedankt. Man glaube, so hieß es in dem Dankschreiben, daß derartige Demonstrationen dazu beitragen könnten, »die allgemeine Verständigung zwischen den Demokratien und der Sowjetunion zu stärken«.[119] Diese offizielle Haltung von damals hatte sich aber radikal gewandelt. Geradezu hysterisch reagierten die Medien, als 1955 eine Gruppe von sieben sowjetischen Schriftstellern, die sich im Rahmen eines offiziellen kulturellen Austauschprogramms auf Einladung der Regierung in den Vereinigten Staaten aufhielt, auch Lion Feuchtwanger besuchen wollte. »Man legte ihnen von Anfang an alle erdenklichen Schwierigkeiten in den Weg, aber sie bestanden darauf, und sie kamen. Woraufhin ich recht unflätig angegriffen wurde und ein großes Geschrei entstand bei Verlegern und Buchklubs und Filmleuten, die daran interessiert sind, daß man mich nicht boykottiert«, berichtete Feuchtwanger an Katia Mann.[120] Unter den Gästen befand sich auch der Chruschtschow-Schwiegersohn und Istwestija-Chefredakteur Alexey Adschubej. Sie meldeten sich erst eine Stunde vor ihrem Besuch an und blieben auch nicht lange. Bei etwas Sherry wurde viel gelacht und wenig gesprochen, da man sich nicht verstand. Nur einer aus der Gruppe besaß einige Deutschkenntnisse. Für die Lokal-Presse war Feuchtwanger mit dem Besuch, hinter dem allerlei Konspiration vermutet wurde, endgültig als »Führer der Kommunistenfront« abgestempelt. Gehässig wurde ihm vorgehalten, daß das »Komitee für Unamerikanische Umtriebe« ihn inzwischen 37 Male in Zusammenhang mit kommunistischen Aktivitäten registriert habe.

Aber hatte sich Feuchtwanger nicht seit den Zwanziger Jahren auch immer wieder positiv-kritisch mit Amerika beschäftigt, von den Babbitts bis zur amerikanischen Revolution? Gehörten nicht amerikanische Schriftsteller zu seinen Vorbildern, verehrte er nicht bekannte amerikanische Autoren von Mark Twain bis Sinclair Lewis? Waren es nicht Amerikaner gewesen, die ihm 1940 zur Flucht aus Frankreich verholfen hatten? Hatte er nicht auch in »Waffen für Amerika« ein Bekenntnis zur amerikanischen Unabhängigkeitserklärung und Verfassung abgelegt? Die Babbitts in der Einwanderungsbürokratie merkten es nicht, weil sie eben außer »Moskau 1937« – und auch dies nur auszugsweise – keines seiner Bücher kannten. Die geistige Armut der mehrere hundert Seiten starken, in weiten Teilen geschwärzten FBI-Akten über »Subject« Feuchtwanger zeugt hiervon. Und um die Frage beantwortet zu bekommen, warum er in Kalifornien und nicht in Moskau lebte, hätten die Special Agents nur ein wenig den Schlußteil des Romans »Exil« zu beblättern brauchen. Doch positive Argumente verfingen nicht. Feuchtwanger galt als russischer Wolf im Schafspelz.

Ach ja, und hatte Feuchtwanger nicht noch Probleme mit der prüden amerikanischen Moral? War er nicht ein alternder Wüstling, über den kolportiert wurde, er lade zuweilen junge Schauspielerinnen zum Abendessen ein, um anschließend mit ihnen ins Bett zu steigen? Während die Denunziationen blühten, die Special Agents lurten, Kennzeichen notierten, in Briefe spickten und armselige – in ihrer hoch bezahlten inhaltlichen Dummheit für einen Betroffenen existentiell gefährliche – Berichte schrieben, lebten die Feuchtwangers immer zurückgezogener. Zunehmend beschränkte er sich auf die Zwiesprache mit den großen Toten in seinen Bücherregalen und sagte, was er mitzuteilen hatte, in seinen Büchern.

1950, während er am »Goya« über die spanische Inquisition arbeitete, wurde dieses finstere Kapitel europäischer Geschichte in Washington mit der Person des Joseph McCarthy wieder lebendig, als der Senator den Vorsitz im »Ausschuß für unamerikanische Aktivitäten« übernahm. Er übte eine regelrechte Schrekkensherrschaft aus und schürte mit seiner Kommunistenjagd, die durch neue, seinen Handlungsspielraum erweiternde Gesetze begünstigt wurde, auch extrem nationalistische bis antisemitische Gefühle und Vorurteile. Erst auf Betreiben des ab 1953 amtierenden Präsidenten Dwight D. Eisenhower wurde McCarthy vier Jahre später öffentlich gerügt und mußte als Senator zurücktreten, womit sich freilich das Klima keineswegs entscheidend wandelte. Vielen war der McCarthyismus in Fleisch und Blut übergegangen. Im Oktober 1950 schrieb Feuchtwanger an Zweig: »Hier ist es nicht sehr schön. Die neuen semifaschistischen Gesetze bedeuten zwar im Augenblick noch keine unmittelbare Bedrohung für mich, sie erschweren aber noch mehr jede Reise ins Ausland und geben den Behörden bequeme Vorwände für Schikanen. Auch ist meine wirtschaftliche Situation nicht sehr erfreulich. Dadurch, daß sich das Erscheinen des Goya hinauszögert etwa bis Mai, habe ich bis dahin keine Einnahmen zu erwarten, und die sehr hohen Steuern haben die an sich hohen Einnahmen aus ›Proud Destiny‹ (amerikanischer Titel von: »Waffen für Amerika« (d. Verf.)) weggeschwemmt.«[121]

Auch kam die Staatsbürgerschaftsangelegenheit nicht voran. Feuchtwangers Freund, der Anwalt Milton Koblitz, wandte sich im Frühjahr 1952 schließlich an den Senator Richard M. Nixon, der – von Koblitz finanziell unterstützt – kurz vor seiner Wahl zum Vizepräsidenten der Vereinigten Staaten stand und einst bei der Anhörung Hanns Eisler's als Beisitzer im »Ausschuß für unamerikanische Aktivitäten« saß. Doch kam von Nixon nichts weiter als die Kopie eines Vermerks des Distrikt-Direktors der Einwanderungsbehörde, in dem dieser mitteilte, daß die Untersuchung noch laufe und man nach deren Abschluß endgültig Bescheid geben werde. Nixon drückte in seinem Anschreiben an Koblitz immerhin die Hoffnung aus, daß die Feuchtwangers »in naher Zukunft« einen positiven Bescheid erhielten. Stattdessen aber mußte Lion Feuchtwanger wieder und wieder – oft zehn Stunden am Tag – vor die Vernehmungsbeamten in Los Angeles, die von ihm bis kurz vor seinem Tod wieder und wieder dasselbe wissen wollten, ihm Hunderte von Fragen stellten: »Kennen Sie den oder jenen? Glauben Sie, daß diese oder jene Organisation kommunistische Neigungen hat? Würden Sie es begrüßen, wenn in England die Labour-Party wieder ans Ruder käme? Glauben Sie an Gott? Wären Sie bereit, die Nationalisierung der ostdeutschen Industrie zu opfern, wenn dadurch eine Einigung Deutschlands möglich wäre? Warum sind Sie Mitglied der American Civil Liberties Union? Warum hat sich die Civil Liberties Union auf Seiten Arthur Millers gestellt? Hat Mr. Huebsch kommunistische Neigungen?«[122] Er ließ es stoisch und lächelnd über sich ergehen, stand aber zu seiner literarisch-politischen Meinung und zu dem,

Der alte amerikanische Traum vom unbegrenzten Fortschritt durch Technik, Demokratie und Freiheit erwies sich zumindest 1953 als trügerisches Phantom. Der Senator von Wisconsin, Joseph McCarthy (1908–1957) zog 1950 aus, die Amerikaner das Fürchten vor dem Kommunismus zu lehren. Mit der Unbekümmertheit eines echten Demagogen betrog er »God's Own Country« um die Wahrheit. Joe McCarthys große Zeit begann damit, daß er, mit einer beträchtlichen antiintellektuellen und antisemitischen und nationalistischen Anhängerschaft besonders des Mittelwestens hinter sich, als Vorsitzender des Ständigen Untersuchungsausschusses des Senats anfing, wahllos ihm nicht genehme Leute als Parteigänger der Kommunisten zu verunglimpfen und zu attackieren. Parallel mit seinen Untersuchungen ging eine förmliche Hexenjagd gegen Emigranten, Professoren, Lehrer und Wissenschaftler aller Art, die sich irgendwann einmal »rosaroter« (pink) oder »linker« (leftist) Neigungen verdächtig gemacht hatten.

Lion Feuchtwanger in seiner Bibliothek

Feuchtwanger ließ sich immer von Antiquaren in aller Welt Angebote wertvoller Bücher machen. Den Grundbestand seiner 3. Bibliothek bildete der Inhalt der Kisten, die Feuchtwanger von Europa in die USA verschiffen ließ. In seinem Arbeitszimmer »wuchsen« die Bücherregale. Das Foto zeigt ihn bei der Arbeit mit Hilde Waldo etwa 1950.

was er einmal geschrieben hatte. Allerdings gab er ihnen laut Marta Feuchtwanger später zu verstehen, daß er inzwischen vieles über Stalin gehört hätte und daß er in manchen Punkten vielleicht zu einer anderen Meinung gekommen sei. Besonders jedoch beunruhigten ihn in den Fünfziger Jahren Nachrichten über Antisemitismus und kulturelle Unterdrückungsmaßnahmen in der Sowjetunion. Obwohl er sich in privaten Kreisen besorgt über diese Entwicklung zeigte, schwieg er öffentlich, weil er in Einzelfällen immer noch um Hilfe und persönlichen Einsatz für verfolgte oder bedrohte Kollegen in der Sowjetunion gebeten wurde. Aber es gab auch kaum zuverlässige Informationen über die Hintergründe. Viele Juden in Amerika nahmen ihm seine Zurückhaltung übel. Hatte er nicht in seinem »Moskau 1937« über die Integration der Juden in die sowjetische Gesellschaft geschwärmt? Gab es jetzt einen allgemeinen, einen dem Nazi-Deutschland ähnlichen Antisemitismus in der sowjetischen Bevölkerung? Oder gab es unter den Juden vielleicht eine orthodox-nationalistische Gruppierung, die in Opposition zu dem Sowjetsystem stand, eine Art Makkabäerturm? Wenn er seine Stimme erhob, für wen erhob er sie, wessen Interessen nutzte oder schadete er? Nicht zuletzt die propagandistische Behandlung der Angelegenheit in den USA ließen ihm öffentlicher Zurückhaltung geraten erscheinen. Zweig gegenüber ließ er durchblicken, wie ihn das alles dennoch bewegte.[123]

Der vom McCarthyismus ausgehende Haß traf sogar Thomas Mann. Für ihn, der zwar nicht von den Beamten der Einwanderungsbehörden geplagt wurde, dafür aber als prominenter Sprecher der deutschen Schriftsteller im Exil zunehmend heftigen öffentlichen Angriffen ausgesetzt war, wurde das Leben in Amerika immer unerträglicher. So gern er in Kalifornien in seinem Haus, mit seinen Nachbarn lebte – Ende 1951 kehrte er dem Land den Rücken. »Der sensible Dichter ertrug nicht das politische Klima der McCarthy-Jahre«, sagte Feuchtwanger. »Natürlich wußte er, daß dieser Unfug nicht dauern werde; aber er wußte auch, daß die Jahre gezählt waren, da er noch würde arbeiten können. Er schrieb mir von den ›widerlichen Angriffen‹, die gegen ihn gerichtet würden, schrieb mir, seine ›produktive Laune werde niedergedrückt durch die politische Atmosphäre des Landes‹, und floh schließlich, der Siebenundsiebzigjährige, nach Europa, um dort gedeihlich arbeiten zu können.«[124] Die Vergiftung des politischen Bewußtseins hatte im Land der Freiheitsstatue ein solches Maß erreicht, daß die Kongreßbibliothek in Washington Thomas Mann, den man noch 1938 an die Universität von Princeton in New Jersey gerufen hatte, von einem Vortrag wieder auslud und ein Kongreßabgeordneter ihn im Juni 1951 wegen eines Geburtstagsglückwunsches an Johannes R. Becher öffentlich als »einen ostdeutschen stalinistischen Knecht« heruntermachte.[125] In Zürich angekommen, resümierte Thomas Mann zur Jahreswende 1951/52 rückblickend in einem Brief an Feuchtwanger, Amerika befinde sich »in einem gefährlichen Geisteszustand, der es unter anderem gegen die kolossale Unpopularität verblendet, die es sich zugezogen hat«.[126] Feuchtwanger konnte Mann nur bestätigen. Als Ende 1952 Eisenhower auf Harry S. Truman folgte, berichtete er an den nun in einer Art drittem Exil lebenden einstigen Nachbarn: »Seit der Präsidentenwahl sind die Zeitungen im Wortsinn verrückt geworden. Was vor allem hier in den Zeitungen des Westens zusammenphantasiert wird, klingt europäischen Ohren wie das Geschrei von Narren. (...); auch dem, der überzeugt ist von der meertiefen Dummheit der Masse, bleibt es unverständlich, daß man den Lesern so alberne Lügen auftischen darf.«[127] Das politische Klima, so schreibt Feuchtwanger zwei Monate später, sei »sehr unwirtlich, und bei der häufigen Wettervorhersage: ›high cloudiness and fog‹ muß ich immer an die allgemeine Situation denken«. Jedoch schien es ihm, als verbreite sich inzwischen ein »heilsamer Katzenjammer«, so daß »die Wahlen heute schon sehr anders ausfallen würden«. Doch hatte er sich offenbar zu früh Hoffnungen gemacht. Im August 1953 mußte er den Manns mitteilen: »Rings um mich verdickt sich wieder einmal die politische Luft, und ich warte mit der Gelassenheit des Stoikers oder des Steinklopferhans, ob es diesmal blitzen wird.« Auch für die Lokalzeitung »Pacific Post Palisades« war Feuchtwanger längst ein »selbsternannter Kommunist«, der glaube, Kommunismus sei die einzige gesunde Regierungsform, und unter »Bruderliebe« verstehe er »Aufhängen«.[128]

Ähnlich wie Feuchtwanger erging es in New York seinem bayerischen Kollegen Oskar Maria Graf, der 1938 in die USA gekommen war und seit 1943 um seine Einbürgerung kämpfte. Er hatte wie Feuchtwanger Schwierigkeiten, weil seine Bücher in der DDR erschienen, und überdies, weil er den Eid auf den Waffendienst verweigern wollte. In einem langen Brief berichtete er Feuchtwanger von seinen Vernehmungen und zitierte einen Beamten, wie dieser eines Tages schließlich auf die »Riesenakten« weisend sagte: »Herr Graf, diese Akten haben dem amerikanischen Staat tausende von Dollar gekostet und sind wertlos. Sie können sich *hauptsächlich* bei Ihren Mitemigranten bedanken für all die Denunziationen.« Als Graf 1958, nach 15 Jahren Kampf endlich seine Einbürgerungsurkunde erhielt, gestand er ein, daß er jetzt »der amerikanischen Demokratie einigen Respekt entgegenbringe.«[129] Feuchtwanger hingegen bekam in seiner Angelegenheit keine Chance zu solchem Lob. Thomas Manns 1954 ausgesprochene Bitte an das »ein wenig unwirtlich gewordene Amerika«, den mittlerweile 70 Jahre alten Freund und Kollegen »klüglich in Ruhe zu lassen bei seinen Büchern, den Blumen seines Gartens, und bei seiner Arbeit, durch die er das Land ehrt«,[130] überhörten die Babbitts.

Oskar Maria Graf (1894–1967), der 1934 in Moskau weilte, floh bereits 1938 nach New York. Graf war von Themen und Sprachgefühl, dem politischen Engagement Lion Feuchtwangers angetan. Er schrieb Rezensionen u. a. über »Narrenweisheit oder Tod und Verklärung des Jean-Jacques Rousseau«. In einem seiner späteren Briefe an Feuchtwanger vom 24. 4. 1958 schrieb er seine Begeisterung über das Buch »Jephta und seine Tochter«: »... die Nobelpreiserteilung an Camus, den man in 20 Jahren vergessen und mit Recht vergessen haben wird, hat mich einfach empört. Sie sind alle hohes Talent und im Grunde doch kranke Schwätzer, die irgendwo ein unausgelüftetes schlechtes Gewissen haben ...«. In diesem Brief beklagt er auch, daß Feuchtwanger noch immer nicht den Nobelpreis für Literatur bekommen habe.

Feuchtwanger und die Rückkehr nach Deutschland, seine letzten Jahre

„Daß ich nie mehr nach Europa kommen sollte, scheint mir ein übler Traum. Optimist, der ich bin, glaube ich seit Jahren, daß es in jeweils zwei Jahren soweit sein wird."

»Liebster Zweig«, schrieb Feuchtwanger im Februar 1955 an seinen Freund nach Ost-Berlin. »Daß ich nie mehr nach Europa kommen sollte, scheint mir ein übler Traum, wie ich ihn nie geträumt habe. Ich bin sicher, daß es einmal möglich sein wird, dieses Land zu verlassen, ohne alles preiszugeben, was ich hier aufgebaut habe, und ohne die Leserschaft des Westens zu verlieren. Optimist, der ich bin, glaube ich seit Jahren, daß es in jeweils zwei Jahren soweit sein wird.«[131] Er glaubte an die Rückkehr im Grunde seit 1933, erwartete zunächst, daß das deutsche Volk und schließlich die Alliierten dem Nationalsozialismus alsbald ein Ende bereiten würden. Als er im Oktober 1939, einen Monat nach Beginn des Zweiten Weltkrieges, im französischen Sanary seinen Roman »Exil« abgeschlossen hatte, schrieb er in einem Nachwort: »Ich selber bin überzeugt, daß die ungeheure, blutige Groteske, die sich in uns und an uns allen austobt, enden wird mit dem Sieg der Vernunft über die Dummheit. Darum setze ich auch kein ›finis‹ unter diesen dritten Teil des Roman-Zyklus ›Der Wartesaal‹. Ich rechne damit, daß ich das Werk mit einem Epilog ›Rückkehr‹ werde schließen können.«[132] Mit dem Angriff der Deutschen auf die Sowjetunion im Juni 1941 war es für Feuchtwanger nur noch eine Frage der Zeit bis zur Niederlage Hitlers. Im August desselben Jahres fragte Zweig bereits ungeduldig den sich gerade in Los Angeles einrichtenden Freund: »Also, Feuchtwanger, wie lange glauben Sie, noch in Kalifornien zu bleiben, wenn die Hitlerei gestürzt ist und in Deutschland das große Aufräumen vor sich gegangen?«[133]

Doch als der Krieg zu Ende und die »Hitlerei« gestürzt war, zögerte Feuchtwanger mit der Rückkehr. Sogar als die große amerikanische Nachrichtenagentur Associated Press ihm im Oktober 1945 die Chance bot, ja ihn drängte, nach Deutschland zu reisen und für sie als Beobachter über den Kriegsverbrecherprozeß in Nürnberg gegen jene zu schreiben, die auch er in seinen Büchern, Aufsätzen und Reden seit einem Vierteljahrhundert bekämpft hatte, lehnte er nach zwei Tagen Bedenkzeit das Angebot unter allerlei Ausflüchten ab. Er fürchtete, die Vollendung seines Romans »Waffen für Amerika« um mindestens ein halbes Jahr verschieben zu müssen und den inneren Zusammenhang zu verlieren. Zwischen Brecht und ihm kam es darüber zu einer heftigen Auseinandersetzung. In seinem »Arbeitsjournal« schilderte Brecht den Dialog:

WAHN

oder

DER TEUFEL IN BOSTON

Ein Stück in drei Akten

von

LION FEUCHTWANGER

[1948]

PAZIFISCHE PRESSE : LOS ANGELES

in Zusammenarbeit mit

MARY S. ROSENBERG : NEW YORK

»›ich kann so was nicht gut‹, sagte er.

›dann machen Sie es, so gut Sie es können, nur Sie werden aufgefordert‹, sage ich.

›Sie überschätzen den prozeß‹, sagt er.

›zum erstenmal in der neueren geschichte steht eine regierung vor gericht wegen ihrer verbrechen‹, sage ich.

›es ist doch nicht ernst gemeint‹, sagt er.

›deswegen sollen Sie gehen‹, sage ich, ›damit die verbrechen dieser regierung gegen ihr eigenes volk auch erinnert werden.‹

›Sie sind so subjektiv‹, sagt er, ›versuchen Sie doch, meine gründe zu verstehen.‹ –

›Sie sind durch glück in eine position gekommen, wo man Sie auffordert zu reden, die deutschen antinazisten zu vertreten, Sie haben kein recht, Ihren roman weiterzuschreiben‹, sage ich, ›reden Sie schlecht, stottern Sie, lassen Sie sich knebeln, aber erscheinen Sie auf dem kampfplatz.‹ –

›Sie wissen, es ist nicht feigheit‹, sagt er.

›ich weiß schlimmeres‹, sage ich, ›es ist bequemlichkeit.‹

der 75jährige HEINRICH MANN, den ich informiere, sagte ihm, er selbst würde morgen fahren, aber, natürlich, niemand lädt ihn ein.«[134]

Wäre für ihn hier nicht ein Ansatzpunkt für den Epilog »Rückkehr« gewesen; denn war dieses Weltgericht über die Nazis nicht der augenfälligste Beweis des von ihm erwarteten Sieges der Vernunft über Dummheit und Gewalt? Feuchtwanger verharrte aber in Kalifornien und schrieb stattdessen wenigstens aus der Ferne für die Zeitung »De Groene Amsterdammer« den im Dezember 1945 erschienenen Aufsatz: »Der Prozeß von Nürnberg, ein Ende und ein Anfang«. Darin hieß es denn auch, die Richter in Nürnberg säßen nicht zu Gericht im Namen eines Königs oder der Regierung eines Landes, sondern im Namen der ganzen Welt, des Weltgewissens, der Zivilisation, der Humanität, der Vernunft. Es sei, als ob ein Alptraum sich verflüchtige, wenn man zum ersten Mal sehe, daß ein Massenmörder nicht länger in zurückhaltender, höflicher Form angeredet werde: Exzellenz, ihre Geschütze könnten möglicherweise die Regierung unseres Landes veranlassen, ihre Regierung weniger freundlich zu beurteilen, sondern einfach und klar gesagt werde: Leute, ihr seid Massenmörder und müßt für Eure Verbrechen bezahlen.[135] Immerhin nahm ein anderer Feuchtwanger an dem Nürnberger Prozeß teil: Lions Bruder Ludwig diente den Alliierten als Dolmetscher.

In den ersten Nachkriegsjahren, so geht aus seiner Korrespondenz mit Zweig hervor, schien Feuchtwanger eine Reise nach Europa und Deutschland noch wenig verlockend, auch war ihm die Lage Anfang 1947 durch die Aufteilung Deutschlands in ein »Zonenzebra«, wie Zweig es nannte, und die wachsende Gegnerschaft zwischen dem Osten und dem Westen zu bedrohlich, trübe und verworren. Er richtete sich darauf ein, »zumindest bis 48 hier zu sitzen«.[136] Zweig nahm an, er werde Feuchtwanger 1948 bestimmt treffen. Während Zweig seine Abreise aus Haifa vorbereitete, bat er Feuchtwanger Ende 1947 um dessen Terminplanung: »Verpassen dürfen wir uns nicht.«[137]

Sie verpaßten sich. Feuchtwanger kam nicht. Zweig mußte – von seinem Freund in Kalifornien finanziell unterstützt – allein zurückkehren. Feuchtwanger arbeitete inzwischen an seinem »Goya« und wollte den Roman zunächst beenden, dachte jedoch

PRINCETON, NEW JERSEY

POST OFFICE BOX No. 124

May 3, 1949

Dear Mr. Feuchtwanger:

Four years ago, the United Nations was founded as the basis for a stable and enduring peace. Today mankind is threatened with the catastrophe of atomic war.

The diplomats sign the Atlantic Pact in the name of "peace" and in the guise of "strengthening" the United Nations. But the Wall Street Journal far more realistically and accurately describes the pact as "the triumph of jungle law over international cooperation."

We who send you this letter are not willing to believe that brute force is a substitute for human reason. We are not willing to replace the One World of the United Nations with the two worlds of the Atlantic Pact. We are not willing to stake America's security solely upon military power.

We know that you - and men and women of influence like you throughout the nation - are deeply concerned lest our government take a false step that may cost us our freedom and plunge our country into a catastrophe which it is still possible to avoid. We believe you share with us the desire to do everything possible to safeguard the American people from the terrible indictment that, through our government's action, we might become responsible for the destruction of civilized man. We are certain you would welcome an opportunity to meet with others like yourself to discuss the war danger, to make your opposition to the Pact manifest and to decide upon constructive alternative proposals for peace. With Americans everywhere sensing the dangers of our current foreign policy, it is surely our obligation to make articulate this opinion.

We therefore invite you to join with us the week-end of May 20th and 21st - in Washington, D.C., in a non-delegated meeting of leaders of civic, church, labor and community organizations. No responsibility seems as urgent as the need for all of us to find common ground upon which to make our stand for real and lasting peace.

The enclosed card is for your convenience. We look forward to seeing you in Washington on May 13th.

Sincerely yours,

EmilyBalch

Rev. Edwin Dahlberg

Dr. Albert Einstein

Thomas Mann

Bishop W. J. Walls

»sehr ernstlich daran, dann nach Europa zu gehen«. Das war um 1948/1949. Inzwischen, nachdem auch Brecht und Eisler wieder nach Europa zurückgekehrt waren, hatte Feuchtwanger die amerikanische Staatsbürgerschaft beantragt. Der nach wie vor Staatenlose wollte nicht ohne ordentlichen Paß reisen, der ihm die Wiedereinreise in die USA garantierte. Ihm war nicht nur die wirtschaftliche und politische Situation in Deutschland und Europa zu undurchsichtig, als daß er mit allem, was er besaß, sofort hätte übersiedeln wollen. Er hatte auch nicht so viel Geld, einen solch kostspieligen Umzug zu finanzieren. Überdies liebte er sein Haus, für das er schwerlich einen gleichwertigen Ersatz gefunden hätte in Deutschland, seinen Garten und vor allem das seiner empfindlichen Gesundheit gut bekommende Klima Kaliforniens. In Berlin, da hatte er zwar viele Jahre gelebt, aber der Münchner war nie warm geworden mit der Stadt. Wie sollte er es jetzt werden, wo alles zerstört, geteilt, ungemütlich war? Auch ging er inzwischen auf die 70 zu, war, wie Zweig schrieb, ein »lieber Mitgreis« geworden im Kreis der führenden Köpfe der deutschsprachigen Literatur des 20. Jahrhunderts.

Feuchtwanger lebte mit gespaltenem Herzen. Doch ausgerechnet die Einbürgerungsbehörde nahm ihm die Entscheidung ab, indem sie sein Verfahren in einem Dauerschwebezustand hielt und ihn damit festhielt. Und so schrieb er im Juli 1949 in einem Dankesbrief für die Glückwünsche der Sozialistischen Einheitspartei Deutschlands zu seinem 65. Geburtstag »An die Herren W. Pieck und O. Grotewohl« diplomatisch: »Es ist mein herzlicher Wunsch, so bald wie möglich und auf lange Zeit nach

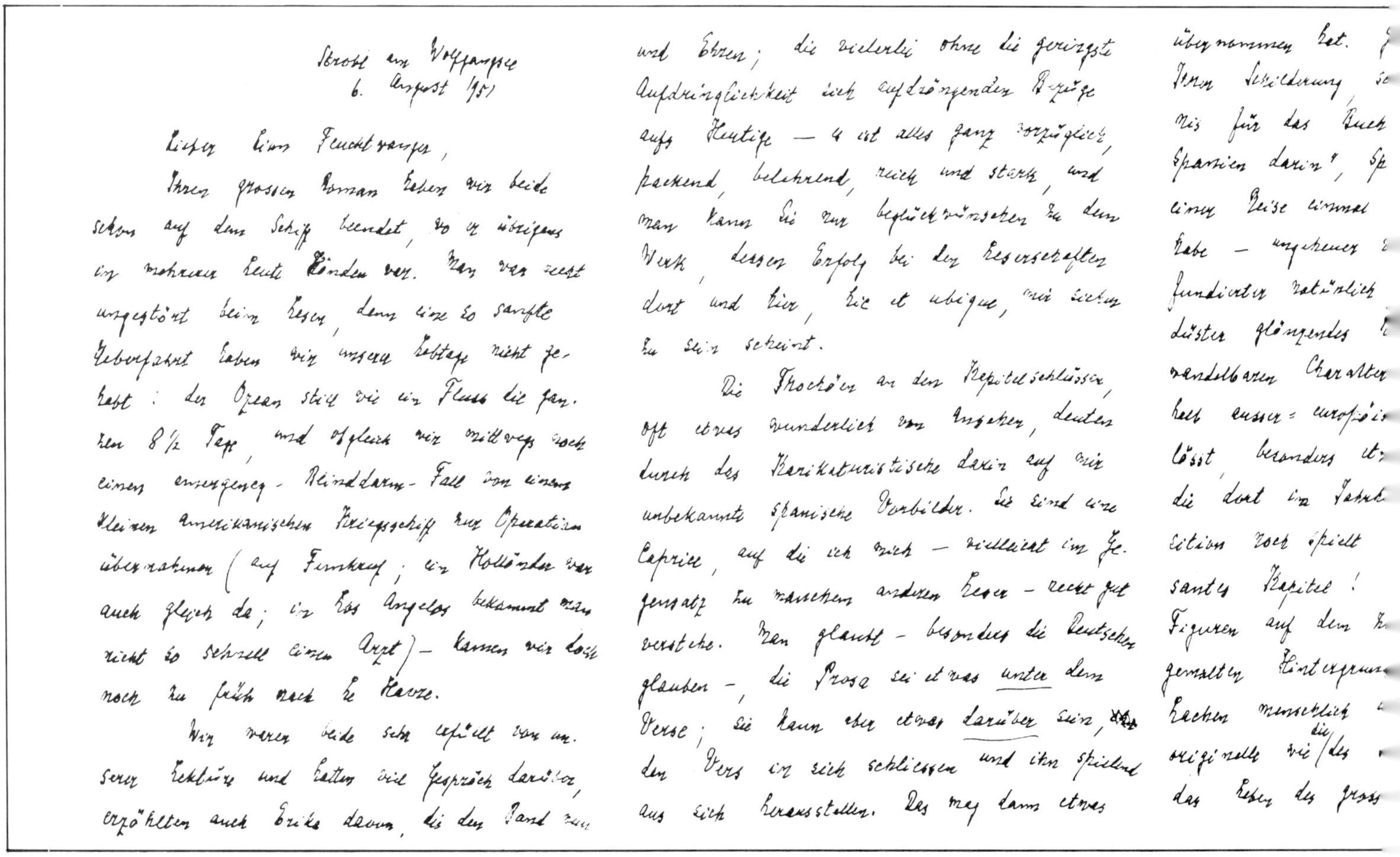
Strobl am Wolfgangsee
6. August '51

Lieber Herr Feuchtwanger,
Ihren grossen Roman haben wir beide schon auf dem Schiff beendet, wo er übrigens in mehreren Leute Händen war. Man war recht ungestört beim Lesen, denn eine so sanfte Ueberfahrt haben wir unsere Lebtage nicht gehabt: der Ozean still wie ein Fluss die ganzen 8½ Tage, und obgleich wir mittwegs noch einen emergency-Blinddarm-Fall von einem kleinen amerikanischen Kriegsschiff zur Operation übernahmen (auf Funkruf; ein Holländer war auch gleich da; in Los Angeles bekämmt man nicht so schnell einen Arzt) – kamen wir doch noch zu früh nach Le Havre.

Wir waren beide sehr erfüllt von unserer Lektüre und hatten viel Gespräch darüber, erzählten auch Erika davon, die den Band zum

und Ehren; die vielerlei ohne die geringste Aufdringlichkeit sich aufdrängenden Bezüge aufs Heutige – es ist alles ganz vorzüglich, packend, belehrend, reich und stark, und man kann Sie nur beglückwünschen zu dem Werk, dessen Erfolg bei der Leserschaften dort und hier, hic et ubique, mir sicher zu sein scheint.

Die Strophen an den Kapitelschlüssen, oft etwas wunderlich von Ansehen, deuten durch das Karikaturistische darin auf mir unbekannte spanische Vorbilder. Sie sind eine Caprice, auf die ich mich – vielleicht im Gegensatz zu manchem anderen Leser – recht gut verstehe. Man glaubt – besonders die Deutschen glauben –, die Prosa sei etwas unter dem Verse; sie kann aber etwas darüber sein, den Vers in sich schliessen und ihn spielend aus sich herausstellen. Das mag dann etwas

übernommen hat. [illegible]
Ihrer Schilderung, so
nis für das Buch
Spanien darin", Sp[illegible]
einer Reise einmal
habe – ungeheuer [illegible]
fundierter natürlich
düster glänzendes [illegible]
wandelbaren Charakter
halb ausser-europäis[illegible]
lässt, besonders et[illegible]
die dort im Jahrh[illegible]
sition noch spielt
santes Kapitel!
Figuren auf dem [illegible]
gemalten Hintergrun[illegible]
Sachen menschlich [illegible]
originelle wie die/das [illegible]
das Leben des gross[illegible]

Deutschland zu kommen. Doch scheint mir, daß ich, wenn auch vielfach mißverstanden, vorläufig hier in Amerika dem Fortschritt und dem Weltfrieden bessere Dienste tun kann. (...) Seien Sie versichert, verehrte Freunde: inmitten des Hin und Her meines Exils und trotz meines Bekenntnisses zur weltumspannenden Sache der Vernunft bin und bleibe ich ein deutscher Schriftsteller.«[138]

Doch dann, in den Fünfziger Jahren starb das einst »gigantische Sanary« in Los Angeles aus. Die Freunde waren tot oder nach Europa zurückgekehrt, ein paar übrig gebliebene, wie Albert Einstein, Huebsch und Graf lebten noch in New York. Feuchtwanger war zunehmend allein und verspürte jetzt stärker denn je Heimweh. An Einstein schrieb er im März 1954, fast siebzigjährig: »Ich lebe hier, seitdem Thomas Mann und Chaplin das Land verlassen haben, ziemlich vereinsamt. Ihre tapferen Worte helfen einem atmen in der schlechten Atmosphäre des Landes und der Zeit.«[139] Und Thomas Mann gestand er: »Oft, wenn ich an Sie denke, beneide ich Sie darum, daß Sie in deutscher Umgebung leben. Ich habe jetzt zweiundzwanzig Jahre lang ununterbrochen französisch und englisch um mich gehört, und manchmal sehne ich mich recht heftig nach einem Land, in dem man deutsch spricht.«[140] Vor allem fehlte ihm Brecht: »Ich brauche Ihnen wohl nicht umständlich zu schildern, wie es mir hier geht«, schrieb er an ihn. »Die Arbeit macht mir Spaß, wiewohl angesichts der Zeit, die mir noch bleibt, die Auswahl unter dem Vielen, was ich noch schreiben möchte, immer schwieriger wird. Es ist mir oft leid, daß ich darüber nicht mit Ihnen reden kann. Wie ich überhaupt ein

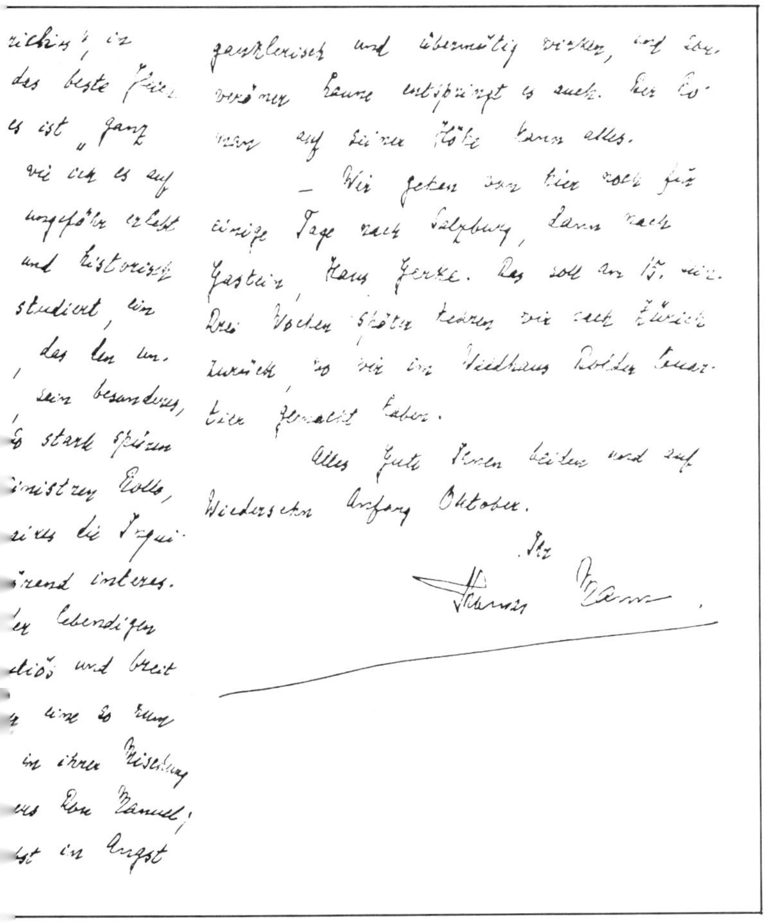

Strobl am Wolfgangsee
6. August 1951

Lieber Lion Feuchtwanger,
Ihren großen Roman haben wir beide schon auf dem Schiff beendet, wo er übrigens in mehrerer Leute Händen war. Man war recht ungestört beim Lesen, denn eine so sanfte Überfahrt haben wir unser Lebtage nicht gehabt (...)
(...) Wir waren beide sehr erfüllt von unserer Lektüre und hatten viel Gespräch darüber, erzählten auch Erika davon, die den Band nun übernommen hat.
Goyas »Capricies«, in Ihrer Schilderung, scheinen mir das beste Gleichniss für das Buch selbst:
es ist »ganz Spanien darin«, Spanien ganz, wie ich es auf einer Reise einmal schnell und ungefähr erlebt habe. – ungeheuer viel genauer und historisch fundierter natürlich, gründlich studiert, ein düster glänzendes Riesengemälde, das den unwandelbaren Charakter des Landes, sein Besonderes, halt außereuropäisches Wesen so stark spüren läßt, besonders etwa in der sinistren Rolle, die dort im Jahrhundert Voltairs die Inquisition noch spielt – ein empörent interessantes Kapitel!
Die Fülle der lebendigen Figuren auf dem zugleich minutiös und breit gemalten Hintergrund, darunter eine so zum Lachen menschlich überzeugende, in ihrer Mischung originell wie die des Premierministers Don Manuel; die vielerlei ohne die geringste Aufdringlichkeit sich aufdrängenden Bezüge aufs Heutige –
Es ist alles ganz vorzüglich packend, belehrend, reich und stark, und man kannn Sie nur beglückwünschen zu dem Werk, dessen Erfolg bei den Leserschaften dort und hier, hic et ubique, mir sicher zu sein scheint.
(...)

Alles Gute Ihnen beiden
und auf Wiedersehen Anfang Oktober

Ihr
Thomas Mann

beredtes Streitgespräch mit Ihnen, geführt in Münchner Humanisten- und Augsburger Renaissance-Deutsch sehr vermisse.«[141]

»Ach, wie gerne«, so klagte er schließlich zum Jahreswechsel 1954/55 Zweig, »möchte ich einmal wieder nach Italien und nach Frankreich, von Berlin ganz zu schweigen. (...) und herzlich wünsche ich mir, daß ich die Freunde in Deutschland wiedersehen könnte.«[142] Zweig, Chaplin, Brecht, Eisler, Thomas Mann, sie berichteten ihm seit Jahren kleine Eindrücke aus Europa, ihn ständig auffordernd, auch herüberzukommen. Freilich: die meisten Schilderungen, die er aus dem Nachkriegsdeutschland erhalten hatte, waren nicht sehr erbauend gewesen. Überall schien noch die braune Vergangenheit gegenwärtig, und der Aufbau war belastet vom Kalten Krieg der Großmächte.

So schrieb ihm Friedrich Wolf, den er zuletzt kurz im Internierungslager von Les Milles gesehen hatte, bereits Anfang 1947 voller Sarkasmus: »Wenn Sie jetzt hierherkämen, würden Sie sich gewiß wundern, wie munter die Hakenkreuzkarpfen heute wieder im Deutschen Teich herumschwimmen. Eigentlich gab es ja überhaupt keine richtigen PGs, da jeder Nazi mindestens einen Schutzjuden hatte, den er im Geheimen sogar grüßte; die andern rechtfertigen ihr Naziotentum unverblümt und erfolgreich damit, daß sie Mußnazis wurden, weil sie sonst ›geschäftliche Nachteile‹ zu erwarten hatten. Furtwängler betonte letzthin vor der Prüfungskommission unter lautem Beifall seiner hiesigen Zuhörer, daß er stolz darauf sei, nicht emigriert, sondern hiergeblieben zu sein und quasi seine Pflicht getan zu haben (...) Das Aufwerfen der Schuldfrage – zumal von der Bühne herab – gilt fast schon als Landesverrat; davon könnte ich Ihnen ein Liedlein singen.«[143] Ähnliches wußte auch F. C. Weiskopf ein Jahr später nach einer dreimonatigen Europareise durch Frankreich, Polen, die CSSR und nach Berlin anzumerken: »Paris war lieblich, wie immer, obwohl etwas heruntergekommen. Eine Jugendgeliebte, die man nach 20 Jahren wiedersieht (...). Berlin war ein phantastischer Eindruck. Die sauber aufgeräumte Ruinenstadt des Zentrums. Der Kurfürstendamm, oben pfui, unten hui, d. h. alle oberen Stockwerke zerstört, aber die Erdgeschosse repariert, mit Luxusläden darin. Nutten wie einst im Mai spazieren in roten Stiefeln auf und ab. (...) Das Hansaviertel eine Mondlandschaft, ebenso das Lützowufer. Nachts kaum eine Menschenseele dort. Die ausländischen Missionen führen ein surrealistisches Inselleben in dieser Stadt der zerbombten Häuser, ungeheizten Notwohnungen, summenden Theater. Ein Kulturleben von besonderer Intensität z. T. infolge der Anwesenheit der vier Okkupationsmächte. Ein bedeutender Teil der Bevölkerung verbiestert. Die Jugend zwischen 17 und 20 sehr interessant: skeptisch bis zum Exzeß, lerneifrig, hungrig in jeder Beziehung.« Johannes R. Becher zitierend, schrieb Weiskopf weiter: »Man lebt unter einer Bevölkerung, die so wenig wie möglich aus ihrer Geschichte gelernt hat; jeder zweite hat eine Leiche im Keller liegen; es kommt nur darauf an, wann sie zu stinken beginnt.«[144]

Auch Feuchtwangers alter Freund Adolf Hartmann-Trepka, über den Lion und Marta sich vor fast vierzig Jahren kennengelernt hatten, meldete sich 1949 aus ihrer Heimatstadt München, der einstigen Hauptstadt der Bewegung. Er schrieb von einem Erlebnis voller »Grauslichkeit«, das gut aus Feuchtwangers »Erfolg« hätte stammen oder in einen »Epilog ›Rückkehr‹« hätte passen können: »Vor einiger Zeit aß ich in einem großen Bräu in der Bayerstraße Mittag. Da drückte sich plötzlich ein Mann ins Lokal, blaß, dreckigblond bebartet, das armselige Gestell in Gebirglertracht. Auf dem Rücken, an einem speckigen Lederriemen hängend, eine Zither. Der Wirt, mit Händen wie mittlere Bauplätze, machte schon Miene, den Schnorrer herauszuschmeißen. Da riß der Mann seine Zither herunter und spielte den ›Badenweiler-Marsch‹, das Leibstück des seligen Adolf. Und schon stand neben dem Künstler eine frische Maß. Dadurch schwer angefeuert, gab der Meister sein bestes. Er sang eine Ballade, in der berichtet wurde, daß weder Ludwig II. noch der »Führer« tot seien. Sondern in einem Palaste, tief unterm Starnberger See hausten und dort ihre Zeit abwarteten. Und der letzte Vers weissagte, daß dieser Augenblick damisch nahe sei. Alle Gäste sangen die Endstrophe stehend mit. Die Kassiererin brachte dem Barden eine Schweinshaxe. Dann hausierte der Zitherspieler den Text seiner Moritat und bemerkte, daß die Amis ganz wild auf das Lied seien.«[145] Wenig Ermutigendes über die alte Heimatstadt berichtete ihm Jahre später, 1953, auch Zweig nach einem Streifzug mit seiner Frau Dita »durch das, was einmal München war, unser München, die Theresienstraße, die Türkenstraße, die Amalienstraße mit der Kehrseite der Universität«. Mitten in den »von Bomben zermürbten Bau unseres alten Quartier Latin« hätten »die gegenwärtigen Machthaber, die Amerikaner, boardinghouses hingebaut – hingehauen, möchte man sagen, und überhaupt ist das von Autos durchsauste München, Autos, wie Sie sie zwischen Los Angeles und Santa Monica sehen, in gar keiner Weise mehr unsere alte Jugendhauptstadt«.[146] 1956, als Zweig wieder in München war, schien ihm die Gegend um den Hauptbahnhof, Stachus, Odeonsplatz und Lenbachplatz »völlig amerikanisiert, hat eine Rush-hour wie ein kleines New York, Menschenströme, Autoströme, Kaufstraßen aus Glas und Stahl, (...) Sie und Marta hätten die Köpfe geschüttelt«.[147]

Solche Berichte waren geeignet, sein Heimweh abzukühlen.

Die aktuellen politischen Informationen, die Feuchtwanger über die Entwicklung im Nachkriegsdeutschland erhielt, waren allerdings auffallend dürftig. Die östlichen und westlichen Zeitungen, die er las, waren inhaltlich vom Kalten Krieg geprägt und vermittelten ihm allenfalls eine verzerrte Darstellung der Verhältnisse. Ein politischer Briefwechsel mit den Freunden fand nicht statt, konnte nicht stattfinden, weil vermutlich zu viele andere, östliche wie westliche Geheimdienste, mitlasen. Keiner von Feuchtwangers einstigen Weggefährten im Exil, außer Alfred Döblin, Leonhard Frank und später Ludwig Marcuse sowie Alfred Kantorowicz, siedelten sich in der Bundesrepublik Deutschland an. Kulturell schien das Land des raschen Wiederaufbaus eine Wüste geblieben. Die großen Namen der deutschen Literatur, der Wissenschaft, der Musik und des Theaters der ersten Hälfte des Jahrhunderts gingen in die DDR, die Schweiz oder blieben in den Vereinigten Staaten, soweit sie nicht im Exil gestorben waren. Brecht, ohnehin ein sehr enthaltsamer Briefeschreiber, schwieg sich zur aktuellen Politik aus, und der sonst so mitteilsame Zweig war trotz und wegen seiner Funktion als Präsident der Akademie der Künste der DDR bis 1953 besonders zurückhaltend.

Mitte 1952 ließ er jedoch erstmals eine gewisse Unzufriedenheit mit der offiziellen Kulturpolitik durchblicken. »Jetzt werden es bald vier Jahre sein, in einem Monat nämlich, daß ich Haifa

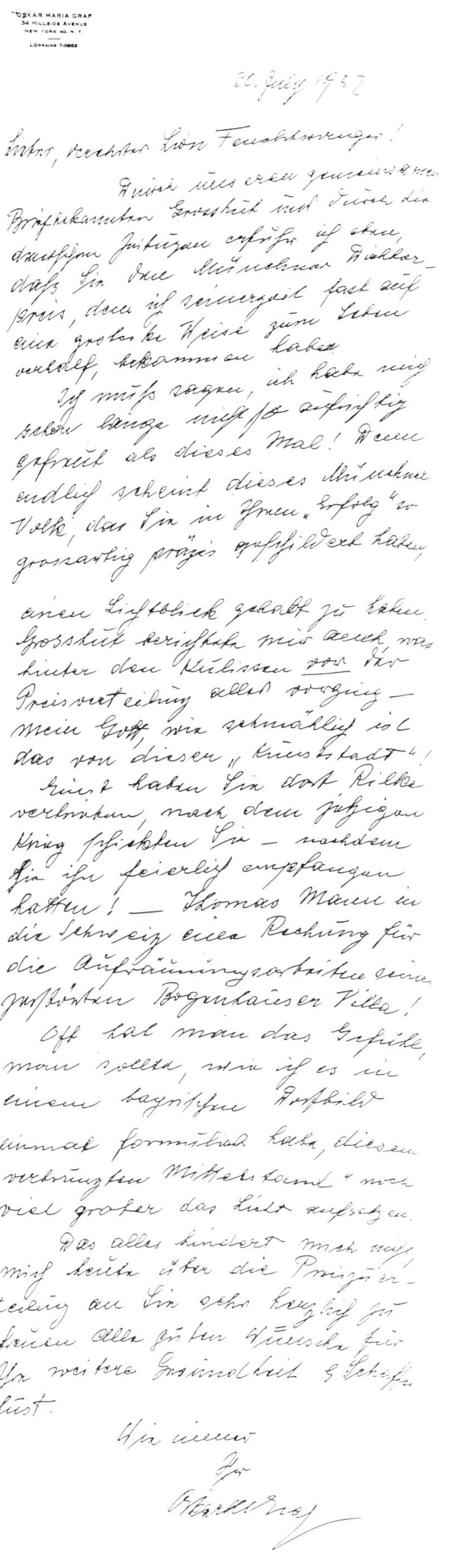
OSKAR MARIA GRAF
34 HILLSIDE AVENUE
NEW YORK 40, N. Y.
LORRAINE 7-0682

30. July 1957

Lieber, verehrter Lion Feuchtwanger!

Durch unseren gemeinsamen Briefbekannten Grosshut und durch die deutschen Zeitungen erfahre ich eben, daß Sie den Münchner Dichterpreis, dem ich seinerzeit fast auf eine groteske Weise zum Leben verhalf, bekommen haben.

Ich muß sagen, ich habe mich schon lange nicht so aufrichtig gefreut als dieses Mal! Denn endlich scheint dieses Münchner Volk, das Sie in Ihrem „Erfolg" so großartig präzis geschildert haben, einen Lichtblick gehabt zu haben. Grosshut berichtete mir auch was hinter den Kulissen vor der Preisverteilung alles vorging – mein Gott, wie schmählich ist das von dieser „Kunststadt"! Einst haben Sie dort Rilke vertrieben, nach dem jetzigen Krieg schickten Sie – nachdem Sie ihn feierlich empfangen hatten! – Thomas Mann in die Schweiz eine Rechnung für die Aufräumungsarbeiten seiner zerstörten Bogenhausener Villa!

Oft hat man das Gefühl, man sollte, wie ich es in einem bayrischen Hofbild einmal formuliert habe, diesem „verkrümmten Mittelstand" noch viel grober das Licht aufstecken.

Das alles hindert mich aber nicht heute über die Preisverteilung an Sie sehr herzlich zu freuen. Alle guten Wünsche für Ihre weitere Gesundheit & Schaffenslust.

Wie immer
Ihr
Oskar Maria Graf

Brecht und der Regisseur Erich Engel bei einer Probe zu »Galilei«

Arnold Zweig traf sich am 20. Oktober 1948 in Berlin mit Johannes R. Becher, dem Präsidenten des Kulturbundes der DDR.

verließ. Es macht mich nachdenklich, wie ich gestehen muß«, schrieb er an Feuchtwanger. »Mein ganzer Aufenthalt hier will kritisch beleuchtet werden. Daß man noch nicht einmal eines meiner Stücke gespielt hat, gibt mir zu denken, ebenso die Schwierigkeiten, die das Theater anderen Autoren macht, die nicht auf der Parteilinie wandeln.«[148] Wenige Tage später, in einem Brief über den 3. deutschen Schriftstellerkongreß, bemängelt er boshaft: »Das wesentlichste Problem wurde nicht berührt: die Einmischung der Unteroffiziere in das literarische Leben.«[149] Nachdem Zweig 1953 das Amt des Präsidenten der Akademie an ihren gemeinsamen alten Bekannten, den späteren Kulturminister der DDR, Johannes R. Becher, abgeben mußte, schrieb er resigniert an Feuchtwanger: »Da ich all das gedruckte Tageszeug weder lesen kann noch will und mein Unbehagen mit der Kunstentwicklung nicht verhohlen habe, die sich auf allen Sparten betätigt, bin ich wirklich nicht mehr der geeignete Präsident.«[150] Über den 17. Juni 1953 findet sich nichts in ihrer Korrespondenz. Im Oktober 1956, wenige Tage vor dem Ungarn-Aufstand, deutete Zweig im Anschluß an eine Reise nach Venedig, Padua, Bern und Zürich an: »Die politischen und kulturellen Ereignisse der letzten Monate erhalten eine ganz andere Resonanz, wenn man sie von zuverlässigen Genossen und aufgeschlossenen Sozialisten anderer Kreise kommentiert erhält (...). Vielleicht schreiben Sie mir mal, lieber Feuchtwanger, wenn Sie jetzt dazu Zeit und Lust haben, wie Ihnen die Tatsache vorkommt, daß sich in unserer DDR so wenig verändert hat, und ich immer weiter ihr Schildhalter bin und bleibe.«[151] Doch Feuchtwangers Antwort auf diese Frage blieb aus.

Befremdet äußerte sich Feuchtwangers Verleger Huebsch im Oktober 1955 nach der Rückkehr von einer Europareise über einige Eindrücke, die er von der DDR während einer zwölfstündigen Bahnfahrt zwischen Sassnitz und Hof erhalten hatte. Bahnbedienstete, »including the Putzfrau«, hätten sich ziemlich deprimiert gezeigt über die Lebensumstände dort. Sie hätten Angst gehabt, sich gegenüber dem Fremden offen zu äußern. Verwundert zeigte sich Huebsch über die Presseberichterstattung im Osten Deutschlands. Bei der Lektüre mehrerer Ausgaben des Zentralorgans der Sozialistischen Einheitspartei (SED) »Neues Deutschland« sei ihm aufgefallen, daß alles, was mit dem Leben jenseits des »eisernen Vorhangs«, also mit dem Westen, zusammenhing, bösartig verdreht worden sei.[152] Da auch die westliche Berichterstattung über die politischen und ökonomischen Verhältnisse in Europa vom Kalten Krieg geprägt und ideologisch stark eingefärbt war, erschien Feuchtwanger im fernen Kalifornien die Lage im Nachkriegsdeutschland über Jahre, im Grunde bis zu seinem Tode, diffus. Es hatte sich kaum etwas geändert seit Ende 1948, als er an seinen in London lebenden Neffen Edgar, den Sohn seines Bruders Ludschi, den vielsagenden Satz geschrieben hatte: »Ich glaube, mir aus den vielen widerspruchsvollen Berichten, die ich aus Deutschland bekomme, ein ziemlich klares Bild machen zu können von der Verwirrung, die dort herrscht.«[153] Im Laufe der Jahre schienen die Eindrücke eher noch verwirrender geworden zu sein. Mitte 1952 gestand er Zweig: »Was wir hier von der Situation in Deutschland erfahren, in Westdeutschland sowohl DDR, ist so widerspruchsvoll und so lückenhaft, daß man sich auch bei viel Kombinationsgabe kein richtiges Bild machen kann.«[154] Das, was er erfuhr und die bunten Teilchen, die Freunde zuweilen in sein Puzzle einfügten, dürften ausgereicht haben, ihn abwarten zu lassen. Verlockend stellte sich das alles nicht dar.

Da es ihn in seinem Innersten aber doch zuweilen sehr drängte, dachte er Anfang der Fünfziger Jahre einen Augenblick sogar daran, sich wie Thomas Mann außerhalb Deutschlands anzusiedeln. Aber die Staatsbürgerschaftsfrage, von deren Klärung für ihn Ausreise und Aufenthaltserlaubnis in einem anderen Land abhingen, stand zwischen allen Entscheidungen. Und was hätte ihm eine Übersiedlung in ein anderes europäisches Land gebracht? Er hätte nur weiter im »Wartesaal« gesessen. Da war es besser, vorerst in Kalifornien zu bleiben. Aber noch etwas viel Gewichtigeres als juristische Probleme schob sich zwischen ihn und Deutschland, das westliche zumal: das war die Frage nach der Austilgung des nationalsozialistischen Geistes. Auch wenn Feuchtwanger das deutsche Volk in seiner Mehrheit von der Mitschuld an den nationalsozialistischen Verbrechen ausgeklammert wissen wollte, so galt das nicht für die einstige Jugend. In seinem Vortrag »Vom Wesen der Deutschen und der Nazi« vertrat er 1943 die Auffassung, was die Nazis »bei den Erwachsenen nicht vermochten, bei der deutschen Jugend gelang es ihnen. So gewiß die Majorität der deutschen Erwachsenen niemals zu den Nazi überging, die Jugend in Deutschland *ist* nationalsozialistisch. Sie ist von einer wilden, dem deutschen Wesen fremden Mentalität.«[155]

Diese Jugend war, soweit sie nicht auf den Schlachtfeldern geblieben war, inzwischen älter, 30 und mehr geworden, baute das neue Deutschland mit auf. Bestand da nicht die Gefahr, daß er einem solchen ehemaligen jungen Nazi die Hand drücken mußte, auch wenn dieser nun in ein neues System, dem westlichen in der Bundesrepublik, dem östlichen in der DDR, einbezogen und in neuem Geist erzogen wurde? Dies war auch der Grund, warum Marta Feuchtwanger bis 1969 mit einer Deutschlandreise zögerte und, als sie dann dort war, vor allem den Kontakt mit der nächsten Generation suchte und der letzten auswich.[156] So mag Feuchtwanger in seiner Zerrissenheit über eine Rückkehr diesmal umgekehrt empfunden haben als sonst: es sagte das Herz »ja«, aus Sehnsucht nach der Heimat, nicht aber der Verstand.

Feuchtwanger zog sich wie immer in solcher Situation auf seine Arbeit zurück. Nach dem Rousseau-Roman schrieb er von September 1952 bis Dezember 1954 die »Spanische Ballade« (auch: »Die Jüdin von Toledo«) und von Juni 1955 bis März 1957 »Jefta und seine Tochter«. In beiden Romanen kehrte Feuchtwanger wieder zur jüdischen Problematik zurück.

Die »Spanische Ballade« widmete er nach seinen Büchern über Nationalsozialismus und Internationalismus, über Weltbürgertum, Widerstand und Revolution, dem Ringen von Vernunft und Fortschritt um den Frieden. Die Handlung geht zurück auf das Spanien des 12. Jahrhunderts und ist eingebettet in die Geschichte der seither in zahlreichen Balladen, Novellen, Stücken und Romanen, zuletzt von Lope de Vega und Grillparzer geschilderten Liebe des kriegerischen christlichen Königs Alfonso VIII. von Kastilien zu der schönen Jüdin Raquel. »Eine Unze Frieden ist mehr wert als eine Tonne Krieg«, ist der Leitgedanke des Buches. Der den Satz ausspricht, ist Yehuda Ibn Esra, ein jüdischer Kaufmann und der Vater der schönen Raquel, die sich dem Ziel des Vaters opfert, dem draufgängerischen König aber erliegt. Ihr gelingt es immerhin, Alfonso mehrere Jahre von kriegerischen

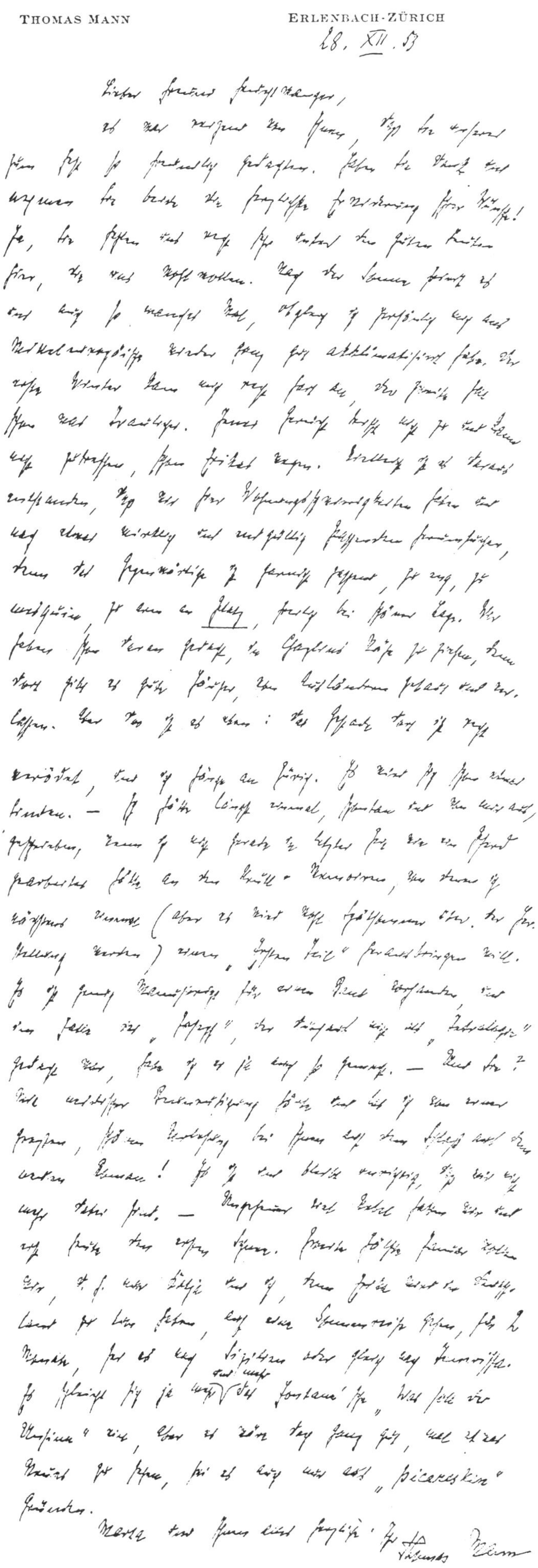
THOMAS MANN ERLENBACH-ZÜRICH
28. XII. 53

Katia Mann kannte ihren »Gevatter« Feuchtwanger schon vom Münchner Gymnasium.

Plänen gegen die moslemischen Mauren abzuhalten, ehe die katholische Kirche und die Ritter ihn schließlich doch in den Kampf zwingen.

Erst durch die schwere Niederlage in diesem Krieg und die Ermordung Raquels und ihres Vaters kommt der König zur Besinnung und versucht einen Weg in eine friedlichere Zukunft zu finden. »Raquel spürt, wie unheilvoll sich Alfonsos Tollkühnheit auswirken muß – und liebt ihn«, schrieb Feuchtwanger im Nachwort zu dem Roman. »Was sie, die Wissende, an dem unheilvollen Manne lockt, sollte zum Sinnbild werden aller Verführung, die von dem Kriegerischen, dem Abenteuerlichen ausstrahlt und zuweilen auch den Erkennenden blendet.«[157] Über Ziel und Szenario des Romans, in dem sich Feuchtwanger nach der Lessing'schen Ringparabel in »Nathan der Weise« auch für ein friedliches Nebeneinander von Christen, Juden und Moslems einsetzt, schrieb er 1954 an den mittlerweile auch in Ost-Berlin lebenden Kollegen und Herausgeber der Zeitschrift »Neue Deutsche Literatur«, F. C. Weiskopf: »Da sind die Kreuzzüge und die Judenhetze in ihrem Gefolge, da ist der Heilige Krieg, der Kampf zwischen dem überzivilisierten spanischen Islam und dem rohen, eleganten christlichen Rittertum, da ist der erste Widerstand des aufkommenden bürgerlichen Humanismus gegen das Feudal-Kriegerische. Darstellen will ich die ungeheure Anziehungskraft, die das kämpfende Rittertum sogar auf seine Gegner ausübt, die Macht also des Zerstörungstriebes. Darstellen will ich, welch ungeheure Widerstände der Kampf für den Frieden niederringen muß.«[158]

Das Buch »Jefta und seine Tochter« muß in Zusammenhang gesehen werden mit den politischen Ereignissen um die Ausrufung des Staates Israel 1948, dem darauf folgenden Krieg zwischen Arabern und Juden und der Verdrängung einer halben Million Araber aus ihren Lebensbereichen durch zuwandernde Juden. Während Feuchtwangers Arbeit an »Jefta« kam es 1956 im Nahen Osten zur Suezkrise und dem Eingreifen Israels durch den Vormarsch auf die ägyptische Halbinsel Sinai. In seinem Roman blendete Feuchtwanger 3000 Jahre zurück, in die Zeit, da die barbarischen Wanderstämme der Chabiri und Hebräer massiv ins Jordanland einbrachen, die Urbevölkerung verdrängten, seßhaft wurden, sich von einem nomadisierenden, kriegerischen Volk zu einem Volk von Siedlern und Ackerbauern wandelten und eine Zivilisation aufbauten.

Jefta ist ein von seiner Familie verstoßener, berüchtigter Bandenführer vom Stamm Gilead, der aus der Verbannung zurückgerufen wird, als sein Stamm von den feindlichen Ammonitern bedroht wird. Er erhält den Oberbefehl über die Krieger seines Stammes, gerät jedoch in der Schlacht in arge Bedrängnis. In seiner Not ruft er den Gott Jahwe um Hilfe an und gelobt ihm, nach einem Sieg zu opfern, was ihm bei der Heimkehr zuerst aus seinem Haus entgegenkommt. Plötzlich wendet sich das Kriegsglück für den im Grunde nur aus persönlicher Machtgier kämpfenden Jefta, als Hilfstruppen des Bruderstammes Ephraim eintreffen. Jefta triumphiert, will den Sieg aber nicht teilen. Es bricht ein Bruderkrieg zwischen dem Stamm Jeftas und den Efraimiten aus, bei dem Jefta seine Helfer umbringen läßt. Als er nach Hause zurückkehrt, kommt ihm seine einzige Tochter Ja'ala entgegen. Jefta erkennt dies als Strafe Jahwes und erfüllt sein Gelübde, indem er die Tochter opfert. Er bleibt als Mensch dabei einsam und innerlich zerstört, wird wegen dieser Opferung aber von den verfeindeten Stämmen so gefürchtet, daß sie Frieden schließen und sich ansiedeln: »Ich versuchte, durch Darstellung seiner sich wandelnden inneren Landschaft die Entwicklung der gesellschaftlichen Ordnung des gesamten Jordanlandes zu gestalten«, schrieb Feuchtwanger in seinem Nachwort.[159]

Die Geschichte Jeftas, seines letzten Romans, beschäftigte Feuchtwanger seit seiner Kindheit. Die Ereignisse um diese biblische Figur sind in siebenundvierzig Sätzen in der Bibel im »Buch der Richter« aufgezeichnet. Als Bub mußte Feuchtwanger dieses Buch der Richter mühevoll vom Hebräischen ins Deutsche übersetzen. Jetzt ging es ihm darum, Jefta ins Typische zu erhöhen und ein Gleichnis zu schaffen, das bis in den sprachlichen Bereich hineinwirkt, indem er hebräisches Denken aus jener Zeit begrifflich mit der Gegenwart zu kombinieren versucht. Der Leser hat das Gefühl, ein altes Buch in heutiger Sprache zu lesen.

Dieses Gleichnis vom Übergang einer barbarischen Kultur in eine Zivilisation ist eine Mahnung an die neuen Staatsgründer in Israel vor wiederholtem selbstgerechtem Chauvinismus. Schon 23 Jahre zuvor, 1933, hatte Feuchtwanger in seinem Aufsatz »Nationalismus und Judentum« die Auffassung vertreten, wenn die neuerliche, damals bereits laufende Eroberung Palästinas Sinn haben solle, dürfe dies nur mit andern Mitteln geschehen, als mit denen der Gewalt. Feuchtwanger hatte auch in Amerika die Gründung des Staates Israel befürwortet, um den Juden nach den Massakern an ihrem Volk in Deutschland eine Zuflucht und Heimat zu geben. Er zeigte sich jedoch gegenüber Freunden befremdet, unter welchem Terror und mit welcher Gewalt dies vorangetrieben wurde. »Jefta« sollte so als Anregung verstanden werden, die heutigen Jeftas mögen mit Besonnenheit und Vernunft das neue Israel aufbauen. Mit der Projektion in die biblische Geschichte wollte Feuchtwanger entsprechend seinem Roman-Prinzip zum besseren Verständnis beitragen, weil »unsere Epoche eine Zeit schneller, starker Wandlungen« ist, »und in solchen Zeiten verstellen die Ereignisse, gigantisch verzerrt, den Menschen den Blick aufs Ganze, aufs Universale, aufs Geschichtliche«.[160] »Jefta« wird auch durch seine Straffheit als einer der besten Feuchtwanger-Romane beurteilt. Sein Verleger Huebsch war begeistert, ebenso Oskar Maria Graf, der Feuchtwanger schrieb: »Ich habe eben Ihr Buch ›Jefta und seine Tochter‹ ausgelesen und begreife nicht, wieso Sie – seit dem Goya und Rousseau erwartete ich das – noch immer nicht den Nobelpreis für Literatur bekommen haben.«[161] Die Münchner »Abendzeitung« schrieb in ihrer Kritik sogar: »Das Buch scheint nicht auf Papier, sondern auf Granit geschrieben zu sein. Vielleicht wird man einst an der Jefta-Legende Feuchtwangers Stellung in der Weltliteratur messen.«[162]

Die »Spanische Ballade«, das Buch für den Frieden, erschien 1955, dem Jahr der Gründung des Warschauer Paktes und der Aufnahme der Bundesrepublik in die schon 1949 gegründete Nato, bei Rowohlt in Hamburg und wenig später unter dem Titel »Die Jüdin von Toledo« im Aufbau-Verlag Ost-Berlin, Jefta zwei Jahre später gleichzeitig in beiden Verlagen.

Getreu seinem Grundsatz: »Meine Heimat ist die deutsche Sprache«, setzte Feuchtwanger nach dem Krieg alles daran, daß seine Bücher in beiden Teilen Deutschlands erschienen. Während sie in der DDR nach und nach bereits seit Ende der Vierziger Jahre wieder herauskamen, zunächst im Greifenverlag Rudolstadt und

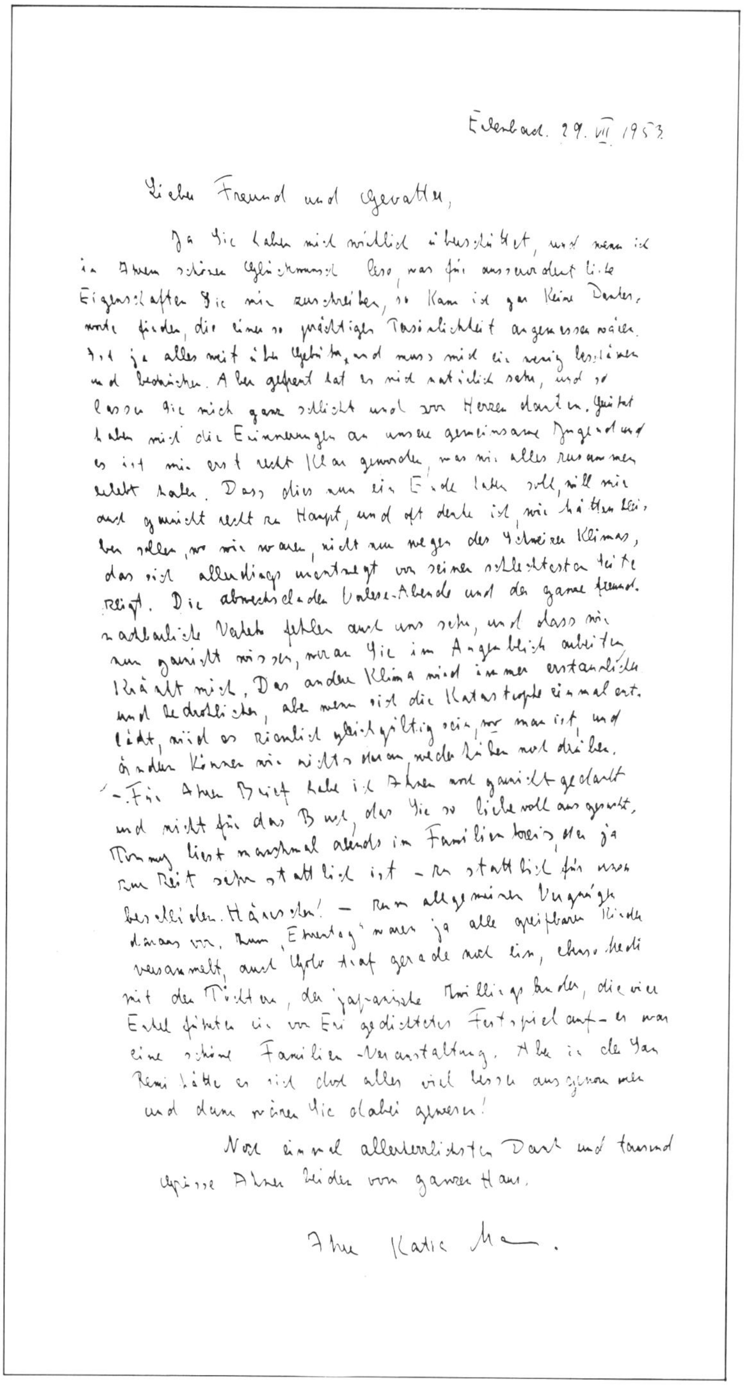
Erlenbach. 29. VII 1953

Lieber Freund und Gevatter,

Ja Sie haben mich wirklich überschüttet, und wenn ich in Ihrem schönen Glückwunsch lese, was für ausserordentliche Eigenschaften Sie mir zuschreiben, so kann ich gar keine Dankesworte finden, die einer so prächtigen Tatsächlichkeit angemessen wären. [illegible] ja alles mit [illegible], und muss mich ein wenig beschämen und bedrücken. Aber gefreut hat es mich natürlich sehr, und so lassen Sie mich ganz schlicht und von Herzen danken. Gerührt haben mich die Erinnerungen an unsere gemeinsame Jugend und es ist mir erst recht klar geworden, was wir alles zusammen erlebt haben. Dass dies nun ein Ende haben soll, will mir auch garnicht recht zu Haupt, und oft denke ich, wir hätten bleiben sollen, wo wir waren, nicht nur wegen des Schweizer Klimas, das sich allerdings momentan von seiner schlechtesten Seite zeigt. Die abwechselnden Vorlese-Abende und der ganze freundnachbarliche Verkehr fehlen auch uns sehr, und dass wir nun garnicht wissen, woran Sie im Augenblick arbeiten, kränkt mich. Das andere Klima wird immer erstaunlicher und bedrohlicher, aber wenn sich die Katastrophe einmal [illegible], wird es ziemlich gleichgültig sein, wo man ist, und ändern können wir nichts daran, weder hüben noch drüben.
– Für Ihren Brief habe ich Ihnen noch garnicht gedankt und nicht für das Buch, das Sie so liebevoll ausgesucht, Tommy liest manchmal abends im Familienkreis, der ja zur Zeit sehr stattlich ist – zu stattlich für unser bescheidenes Häuschen! – zum allgemeinen Vergnügen daraus vor. Zum ‚Ehrentag' waren ja alle greifbaren Kinder versammelt, auch Golo traf gerade noch ein, ebenso Medi mit den Töchtern, den ‚japanischen Zwillingsbrüdern', die vier Enkel führten ein von Eri gedichtetes Festspiel auf – es war eine schöne Familien-Veranstaltung. Aber in der San Remo hätte es sich doch alles viel besser ausgenommen und dann wären Sie dabei gewesen!

Noch einmal allerherzlichsten Dank und tausend Grüsse Ihnen beiden vom ganzen Haus.

Ihre Katia Mann.

Bereits im Jahre 1934 übersiedelte Arnold Schönberg von Boston, wo er am Malkien Conservatory als Musikerzieher tätig war, nach Los Angeles, zunächst an die University of Southern California (USC) und später an die University of California (UCLA). Schönberg erwarb ein im für Kalifornien typischen spanischen Kolonialstil erbautes kleines Haus an der »North Rockingham Avenue«, einer Seitenstraße des Sunset Boulevard. Bekannt ist die Auseinandersetzung Schönbergs mit Adorno, der Thomas Mann bei der Darstellung musikalischer Probleme für seinen Roman »Doktor Faustus« beriet, in dem er die Zwölfton-Technik beschrieben hatte. Schönberg fühlte sich seines geistigen Eigentums beraubt. Ein zum Teil in Briefen heftig ausgetragener Streit zwischen Schönberg, Adorno und Thomas Mann folgte. Schönberg nannte Adorno einen Spitzel und schrieb: »(...) Leverkühn ist einer von diesen Amateuren, die glauben, das Komponieren mit zwölf Tönen bedeute nichts weiter als die fortgesetzte Anwendung der Grundreihe oder ihrer Umkehrungen.« Er nannte Leverkühns (Thomas Manns) – Beschreibungen »Zwölf-Ton-Gulasch«.

dann beim Aufbau-Verlag, wurden Feuchtwanger-Romane – trotz erheblicher politischer Vorbehalte des Adenauer-Deutschland gegen ihn – seit Anfang der Fünfziger Jahre auch in der Bundesrepublik verlegt. Als erstes erschien hier beim Neuen Verlag Frankfurt 1951 das Buch »Goya«. Aber immer wieder waren seine Bücher in der Bundesrepublik den politischen Schwankungen unterworfen, gerieten sie auch aus verlagsrechtlichen Gründen in die Ost-West-Konfrontation. So klagte er im Dezember 1948 in einem Brief an seinen Neffen Edgar: »Das Erscheinen meiner Bücher in Deutschland ist mit zahllosen juristischen Schwierigkeiten verknüpft, besonders jetzt, und die Publikation eines Buches in der einen Zone schließt die Verbreitung in den andern Zonen aus. Dazu kommt, daß die ausländischen Verleger, die deutsche Ausgaben meiner Bücher gedruckt haben, gewisse Ansprüche besitzen, welche wiederum die Publikation in Deutschland erschweren.«[163] Ähnliches schrieb er wenige Monate später Brecht: »Ärgerlich ist, daß dem Erscheinen meiner Bücher in beiden deutschen Zonen so viel Schwierigkeiten entgegenstehen, auch wenn ich auf jeglichen materiellen Erlös aus den Büchern verzichte.«[164]

Als der Neue Verlag Frankfurt es schließlich wagte, seinen »Goya« herauszubringen, war es soweit, daß nicht mehr nur DDR-Bürger Feuchtwanger lesen konnten. Während das Buch zu einem europäischen Erfolg wurde und sich offensichtlich auch in der Bundesrepublik gut verkaufte, was die zuvor beklagten materiellen Schwierigkeiten Feuchtwangers beseitigte, war die Stimmung der Buchhändler gegen Autoren, die im Osten gedruckt werden, außerordentlich gereizt, wie Feuchtwanger aus Frankfurt erfuhr. »Westdeutsche Buchhändler teilen mir mit«, schrieb er an Zweig, »daß die Tatsache, daß meine Bücher in ostdeutschen Verlagen gedruckt würden, den Verkauf meiner in westdeutschen Verlagen erschienenen Bücher sehr hindern. Ich habe auch aus Westberlin einige besonders gehässige Rezensionen des Goya erhalten.«[165] Dennoch wollte die Frankfurter Verlagsanstalt einiges unternehmen, um Feuchtwanger auf dem bundesdeutschen Buchmarkt durchzusetzen. Bereits ab 1952 erschienen dort, bei Rowohlt und anderen bundesdeutschen Verlagen sowie bei Buchklubs, wie dem Europäischen Buchklub in Stuttgart und dem Bertelsmann-Lesering, die bisher bekanntesten und auch die neuen Feuchtwanger-Werke. Aber laufend erhielt er von seinen bundesdeutschen Verlegern die Nachricht, daß die Buchhändler sich sträubten, seine Bücher zu vertreiben. Zwar konnte er 1957 stolz an seinen New Yorker Alt-Verleger Ben Huebsch melden, daß die deutsche Gesamtauflage seiner Bücher in Ost und West zusammen mittlerweile 600 000 betrage. Danach flachte aber infolge einer Art Buchhändlerboykott das Interesse an Feuchtwanger-Büchern rapide ab. In den Sechziger Jahren kamen lediglich noch »Jud Süß«, »Der jüdische Krieg« und »Der falsche Nero« bei Rowohlt in Hamburg heraus. Erst seit Mitte der Siebziger und insbesondere seit Anfang der Achtziger Jahre erleben die mittlerweile in 35 Sprachen übersetzten und weltweit in Millionenauflagen erschienenen Romane von Feuchtwanger gerade in der Bundesrepublik in den Taschenbuchausgaben des Fischer-Verlages und den gebundenen Bänden bei Langen Müller eine überraschende Renaissance.

Es wurde viel spekuliert darüber, warum Feuchtwanger ab 1958 für lange Zeit in der Bundesrepublik in Vergessenheit geriet.

Der Wiener Komponist Ernst Toch (1887–1964), der ursprünglich Medizin und Philosophie studierte und sich in der Musik autodidaktisch ausgebildet hatte, von 1929–1933 in Berlin lebte und anschließend über Paris und New York nach Los Angeles emigrierte, wurde von 1936 an Professor an der Southern University of California. Toch komponierte in Erinnerung an Lion Feuchtwanger die fünfte Symphonie Opus 89 nach dem Roman »Jephta und seine Tochter«. Kurz vor seinem Tode erlebte er in Boston die Uraufführung. Der Dirigent war Erich Leinsdorf.

ERNST TOCH

Santa Monica, 11. Nov. 1959

Liebe, verehrteste Frau Feuchtwanger!

Wie ich Ihnen gleich zu Beginn sagte, bin ich ein sehr langsamer Leser (selbst in meiner Muttersprache). Dabei hatte ich anfangs auch Schwierigkeiten wegen der vielen, zum Teil sehr ähnlichen Namen, die ich mir einprägen musste, um sie auseinanderzuhalten. Auch war mein Augenmerk unwillkürlich auf die von Ihnen aufgeworfene Frage einer Opern-Möglichkeit gerichtet, und meiner Aufmerksamkeit in dieser Richtung standen die sich häufenden Kriegsberichte im Wege, die in meinem Innern nicht Musik erklingen ließen.

Aber Musik klang voll auf vom Moment des furchtbaren Gelübdes bis zum lakonisch schauerlichen Satz: „dann tat er ihr nach seinem Gelübde." Und die Zeichnung von Ja'elas transzendentaler, in sich selbst eher göttlicher als menschlicher Gestalt holte alles auf — der müsste kein Musiker sein, dem da nicht beim Lesen Musik erklang. Dazu kam auch Keturas Gestalt, die kaum der der Tochter an Größe und Innerlichkeit nachsteht.

Aber wer soll der Mann sein (oder die Frau), die epische Form in die des „Operntextes" umzugießen, der – die – ja gleichzeitig Dichter und latenter Musiker sein müsste, und dabei in der Gestaltungskraft dem ~~Dichter~~ Meister kaum nachstehen dürfte?

Diese Gestaltungskraft Feuchtwangers hielt mich, jenseits von allen Opernfragen, dauernd in Atem, oft bis an den Punkt, ihn mir zu rauben – besonders an den vielen Stellen, wo der Dichter die Worte selbst erfinden, bauen, sozusagen aus dem Stein hauen musste, da es sie wirklich und wahrhaftig nicht gab – die dann aber so dastanden, dass sie in aller (und für all diese) Einmaligkeit gelten musste?

Was immer aus dem Projekt werden sollte, bin ich Ihnen tief dankbar für das Erleben, den Auftrieb, den Sie mir durch diese Lektüre erschlossen haben.

Ganz und gar aufrichtig
Ihr
Ernst Toch

Da wurde einmal der politisch motivierte Widerstand der Buchhändler insbesondere wegen Feuchtwangers Grußbotschaften in die Sowjetunion angeführt, aber auch eine in der jüngsten deutschen Geschichte begründete Abneigung gegen jüdische Thematik. Der Germanist und Literaturkritiker Hans Mayer sah eine weitere Ursache. Er verwies darauf, daß Feuchtwanger zwar ein deutscher Schriftsteller war, daß er aber in Amerika wohnen geblieben war. So sei es gekommen, daß der »Geist der Sprache« ihn verlassen habe: »Der Emigrant Feuchtwanger begab sich selbst der Möglichkeit, seine sprachlichen Mittel mit der sprachlichen Wirklichkeit des heutigen Deutschland zu konfrontieren. Es mußte sich rächen, und es hat sich gerächt.« Die Leser hätten das Interesse an seinen Büchern auch verloren, weil er wie Heinrich Mann und Arnold Zweig bis zum Schluß »der alten Schule des Erzählens verschrieben blieb«. Der Erfolg Feuchtwangers in der DDR gründet sich nach Ansicht Mayers auf »eine gesellschaftliche Schichtung von Bücherlesern, die sich, soziologisch gesehen, vom Publikum der Bücherkäufer und literarisch interessierten Leser in der Bundesrepublik wesentlich unterscheidet. (...) Man kennt dort die meisten Romane Feuchtwangers, aber weder Proust noch Kafka, weder Joyce noch Virginia Woolf, weder Camus noch Günter Grass.«[166]

Abgesehen davon, daß Feuchtwanger gerade mit seinen im Exil verfaßten Romanen »Waffen für Amerika« und insbesondere »Goya« und »Jefta« nicht den Eindruck erweckt, als hätte ihn der Geist der Sprache verlassen, werden Mayers 1965 vertretene und seither immer gern zitierte Thesen zumindest durch die heutigen hohen Verkaufserfolge der Feuchtwanger-Romane in Frage gestellt. Mayer hat zwar objektiv recht, wenn er sagt, Feuchtwanger sei der alten Erzählweise verschrieben geblieben. Daß er in Vergessenheit geriet, dürfte aber zum großen Teil auch etwas mit der Bildungspolitik in der Bundesrepublik nach dem Krieg zu tun haben. Noch heute ist Feuchtwanger als einer der großen deutschen Erzähler den meisten Schülern unbekannt. Ohne die durchaus vorhandene unterschiedliche Stärke und Qualität seiner Bücher leugnen zu wollen, ist er doch immer noch ein Opfer des Kalten Krieges, abgelegt in der Schublade »DDR«. Die literarische Wiedergutmachung erfährt er erst jetzt, durch die Generation der Dreißig- und Vierzigjährigen, die seine Bücher neu entdeckt. Immerhin fand auch Mayer, daß es »ungerecht und eine unverständliche Verarmung des westdeutschen literarischen Lebens ist, diesen bedeutenden Schriftsteller einfach totschweigen zu wollen«.

Marcel Reich-Ranicki, ein gründlicher und kritischer Betrachter von Feuchtwangers Werk, widersprach ebenfalls Mayers These, aber um eine ganz andere – quasi-psychologische – Erklärung anzuführen: Nicht die »räumliche Distanz zwischen Amerika und Deutschland« habe Feuchtwangers künstlerische Entwicklung »fragwürdig« gemacht, sondern »die Folgen des Weltruhms« hätten »seine künstlerische Selbstkontrolle auf fatale Weise reduziert«. »Korrumpiert vom leichten Ruhm, war er nicht mehr bereit, die Warnungen seiner besten Freunde auch nur zur Kenntnis zu nehmen. (...) So war der glückliche, der weltberühmte Erfolgsautor Lion Feuchtwanger zugleich und insgeheim auch ein Opfer seiner Epoche.«[167]

Im Februar 1956 schrieb Feuchtwanger an Brecht, »ein Leser aus Stockholm«, der gute Beziehungen zur schwedischen Akademie habe, »teilt mir mit, daß dreißig Vorschläge für den Nobel-Preis« vorliegen. »Unter den Vorgeschlagenen befinden sich Sie und ich. Freilich meint mein Gewährsmann, daß wir beide nicht gerade die besten Aussichten haben.«[168] Der Leser und Gewährsmann war der Literaturhistoriker Professor Walter A. Berendsohn, der selbst ein Vorschlagsrecht für den Preis hatte und der in einem langen Empfehlungsschreiben »die Aufmerksamkeit der Schwedischen Akademie auf Lion Feuchtwanger« richtete.[169] Feuchtwanger hatte recht. Das Nobelpreis-Komitee wandte seine Aufmerksamkeit in jenem Jahr Juan Ramón Jiminéz zu. Feuchtwanger und Brecht gingen leer aus. 1957 erhielt Albert Camus, 1958 Boris L. Pasternak den Literaturnobelpreis.

Dafür wurde Feuchtwanger in den Fünfziger Jahren in beiden Hälften Deutschlands geehrt. Zunächst einmal erhielt er 1952 von der Ludwig-Maximilians-Universität in München seinen ihm 1933 von den Nazis abgesprochenen Doktorgrad zurück. Die Art freilich, wie dies geschah, erweckte den Eindruck, als habe sich seine Vaterstadt einer lästigen Pflicht entledigt. Feuchtwanger fand die neue Urkunde eines Tages überraschend in seiner Post. Die Ost-Berliner Humboldt-Universität verband die Verleihung der Ehrendoktorwürde der Juristischen Fakultät anläßlich seines 70. Geburtstages 1954 immerhin mit einer Einladung, sie persönlich entgegenzunehmen. Im Jahr davor war Feuchtwanger der Nationalpreis I. Klasse für Kunst und Literatur der Deutschen Demokratischen Republik verliehen worden. Feuchtwanger erfuhr davon am Telefon, als die Nachrichtenagentur United Press International und die »New York Times« um Statements baten. Allerdings hatte Ost-Berlin zuvor über Zweigs Nachfolger als Präsident der Akademie der Künste und Feuchtwangers alten Bekannten aus Münchner und Pariser Tagen, Johannes R. Becher, anfragen lassen, ob er in der Lage sei, den Preis anzunehmen. Für Feuchtwanger war es nicht unproblematisch, die Auszeichnung in jenem Jahr anzunehmen, in dem die Regierung den Arbeiteraufstand vom 17. Juni niedergeschlagen hatte. Die »Angelegenheit« des Preises hat Feuchtwanger daher, wie er in einem Brief an Thomas Mann andeutete, »in eine umständliche und zuweilen etwas heikle Korrespondenz verwickelt«.[170] Feuchtwanger bedankte sich bei Becher unter anderem mit den Worten: »Daß die Republik den Preis einem Schriftsteller verleiht, der nicht in ihrem Bereich lebt, scheint mir ein schlagender Beweis für die Weitherzigkeit, mit welcher sie die Vereinigung alles dessen, was deutsch ist, anstrebt. Ich bin glücklich darüber, daß unter meinen Lesern diejenigen, an denen mir am meisten liegt, die deutschen, mich nicht vergessen haben.«[171] 1955 wurde Feuchtwanger mit Pablo Picasso, Charlie Chaplin, Diego Rivera und Dimitri Schostakowitsch zum korrespondierenden Mitglied der Akademie der Künste der DDR ernannt.

Zu einer eher grotesken Posse geriet aber die Verleihung des Kultur- und Literaturpreises der Stadt München im Juli 1957 an den Sohn der bayerischen Landeshauptstadt. Schon die Zuerkennung des Preises auf Initiative der Sozialdemokraten brachte hinter den Kulissen die Opposition in Wallung. Als Feuchtwanger dann im Herbst desselben Jahres wie andere Schriftstellerkollegen und Persönlichkeiten bis hin zum US-Präsidenten Eisenhower der Sowjetunion Glückwünsche zum 40. Jahrestag der Oktoberrevolution übersandte, die in der Moskauer Zeitschrift »Literaturnaja Gazeta« abgedruckt wurden, kam es im Münchner

UNIVERSITÄT MÜNCHEN

Die Philosophische Fakultät der Universität München

verleiht

unter dem Rektorate des ordentlichen Professors für römisches und deutsches bürgerliches Recht
Dr. der Rechts- und Staatswissenschaften, Dr. phil. h.c. Mariano San Nicolò

und unter dem Dekanate des ordentlichen Professors für slavische und baltische Philologie
Dr. phil. Erwin Koschmieder

Herrn Lion Feuchtwanger

aus München

erneut den Grad eines

Doktors der Philosophie

(doctor philosophiae)

der ihm im Jahre 1933 entzogen worden ist,

nachdem er in ordnungsmäßigem Promotionsverfahren durch die Dissertation
„Heinrich Heines Fragment »Der Rabbi von Bacherach«. Eine kritische Studie"
sowie durch die mündliche Prüfung am 11. Mai 1907 seine wissenschaftliche Befähigung nachgewiesen hat.

München, den 21. November 1952.

Rektor Dekan

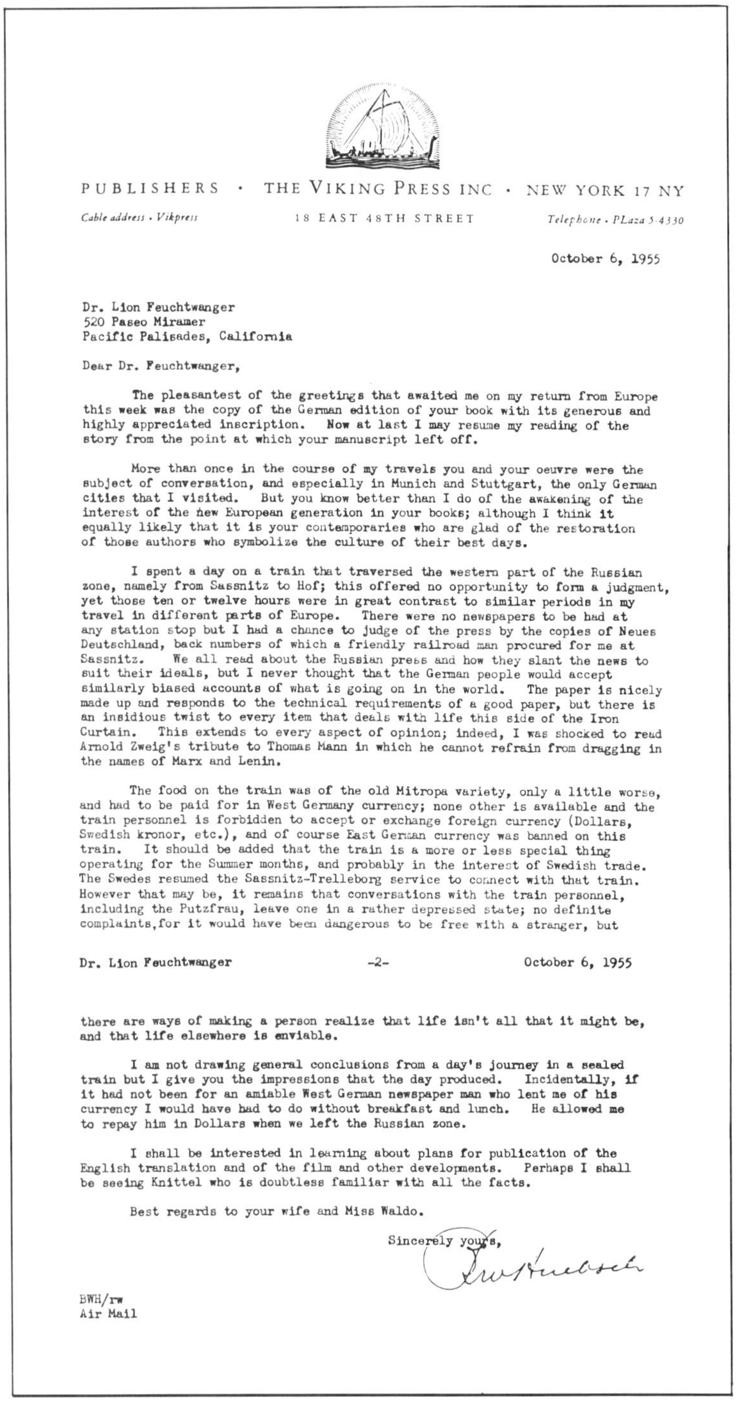

PUBLISHERS · THE VIKING PRESS INC · NEW YORK 17 NY

Cable address · Vikpress 18 EAST 48TH STREET *Telephone · PLaza 5-4330*

October 6, 1955

Dr. Lion Feuchtwanger
520 Paseo Miramer
Pacific Palisades, California

Dear Dr. Feuchtwanger,

The pleasantest of the greetings that awaited me on my return from Europe this week was the copy of the German edition of your book with its generous and highly appreciated inscription. Now at last I may resume my reading of the story from the point at which your manuscript left off.

More than once in the course of my travels you and your oeuvre were the subject of conversation, and especially in Munich and Stuttgart, the only German cities that I visited. But you know better than I do of the awakening of the interest of the new European generation in your books; although I think it equally likely that it is your contemporaries who are glad of the restoration of those authors who symbolize the culture of their best days.

I spent a day on a train that traversed the western part of the Russian zone, namely from Sassnitz to Hof; this offered no opportunity to form a judgment, yet those ten or twelve hours were in great contrast to similar periods in my travel in different parts of Europe. There were no newspapers to be had at any station stop but I had a chance to judge of the press by the copies of Neues Deutschland, back numbers of which a friendly railroad man procured for me at Sassnitz. We all read about the Russian press and how they slant the news to suit their ideals, but I never thought that the German people would accept similarly biased accounts of what is going on in the world. The paper is nicely made up and responds to the technical requirements of a good paper, but there is an insidious twist to every item that deals with life this side of the Iron Curtain. This extends to every aspect of opinion; indeed, I was shocked to read Arnold Zweig's tribute to Thomas Mann in which he cannot refrain from dragging in the names of Marx and Lenin.

The food on the train was of the old Mitropa variety, only a little worse, and had to be paid for in West Germany currency; none other is available and the train personnel is forbidden to accept or exchange foreign currency (Dollars, Swedish kronor, etc.), and of course East German currency was banned on this train. It should be added that the train is a more or less special thing operating for the Summer months, and probably in the interest of Swedish trade. The Swedes resumed the Sassnitz-Trelleborg service to connect with that train. However that may be, it remains that conversations with the train personnel, including the Putzfrau, leave one in a rather depressed state; no definite complaints,for it would have been dangerous to be free with a stranger, but

Dr. Lion Feuchtwanger -2- October 6, 1955

there are ways of making a person realize that life isn't all that it might be, and that life elsewhere is enviable.

I am not drawing general conclusions from a day's journey in a sealed train but I give you the impressions that the day produced. Incidentally, if it had not been for an amiable West German newspaper man who lent me of his currency I would have had to do without breakfast and lunch. He allowed me to repay him in Dollars when we left the Russian zone.

I shall be interested in learning about plans for publication of the English translation and of the film and other developments. Perhaps I shall be seeing Knittel who is doubtless familiar with all the facts.

Best regards to your wife and Miss Waldo.

Sincerely yours,

BWH/rw
Air Mail

Stadtrat zum Eklat. Telegramme zwischen München und Los Angeles jagten hin und her. Der sozialdemokratische Kulturstadtrat Herbert Hohenemser wollte wissen, ob das mit den Glückwünschen stimme und erbat »Drahtantwort«. Feuchtwanger kabelte zurück: »Verständigung mit Sowjetunion der einzige Weg zur Wiedervereinigung Deutschlands. Bin froh um jede Gelegenheit, dazu beitragen zu können. Habe Glückwünsche gesandt. Gruß Lion Feuchtwanger.«[172] Also doch! Es kam zu einer aufgeregten und umständlichen Debatte. Die CSU beantragte, der Stadtrat solle sich »von den Glückwünschen, die der Literaturpreisträger 1957 der Stadt München, Herr Lion Feuchtwanger, den bolschewistischen Machthabern zur 40. Wiederkehr ihrer revolutionären Machtergreifung übermittelt hat« distanzieren. Ein Kompromiß kam zustande: »Der Stadtrat der Landeshauptstadt stellt fest, daß der Literaturpreis der Stadt München nur die künstlerische Leistung, nicht die politische Haltung des Geehrten anerkennt, von der wir uns entschieden distanzieren.« Besonders irritiert hat die Münchner Stadtväter die Behauptung eines Ratsmitgliedes, Feuchtwanger habe sein Glückwunschschreiben in roten Buchstaben mit »Lion Feuchtwanger, Literaturpreisträger der Stadt München 1957«, unterschrieben. Aber der Mann hatte sich geirrt: beim Zitieren dieser »roten Buchstaben« aus einer Vertriebenenzeitung hatte er nicht gemerkt, daß sie nur ein glossierender Zusatz des Blattes sein sollten. Als dann die »Abendzeitung« auch noch einen Brief Feuchtwangers veröffentlichte, in dem er über den »Aufruhr im Münchner Stadtrat« rätselte, wurde die Affäre peinlich: »Ich habe niemals ein Buch, einen Artikel oder ein Schriftstück anders unterzeichnet als schlecht und recht: Lion Feuchtwanger.« Er schloß seinen Brief mit dem hintergründigen Satz: »Überdies nehme ich mit Genugtuung wahr, daß die Herren politische Meinung und literarisches Verdienst zu trennen wußten und ihre Mißbilligung in würdiger Form aussprachen. Welch ein erfreulich anderes München als das meines Romans ›Erfolg‹.«[173] »Sturm im Wasserglas« nannte die »Abendzeitung« abschließend das bayerische Spektakel.

Als Zweig aus der Zeitung von der Verleihung des Literaturpreises der Stadt München erfuhr, schmiedete er sogleich Reisepläne für Feuchtwanger und seine Frau. Er bot ihm an, sich beim Sekretariat des Internationalen PEN-Club für ein Schreiben an das State Department in Washington einzusetzen und bei den US-Behörden eine Wiedereinreise-Garantie für Feuchtwanger zu erbitten. Dann könnten Feuchtwangers einen Abstecher nach Berlin machen und mit dem Flugzeug in einer Schlafkabine, die zwar teuer, aber bequem sei, über den Atlantik nach Tempelhof kommen, wo Zweig sie abholen wollte. Doch Feuchtwanger enttäuschte ihn. Er sah keine Chance: »Es stehen einer böswilligen Bürokratie recht viele Wege zur Verfügung, mich zu schikanieren.« Er machte Zweig und sich wenigstens ein bißchen Hoffnung, indem er erwähnte, daß es »nach den letzten Entscheidungen des Obersten Gerichts etwas freundlicher« aussah. Er zeigte sich »zuversichtlich, daß ich auch hier ganz plötzlich etwas so Unerwartetes erleben werde wie den Münchner Preis«.[174] Doch es tat sich nichts.

Feuchtwanger igelte sich zunehmend in der Arbeit an seinem Essay »Das Haus der Desdemona oder Größe und Grenzen der historischen Dichtung« ein, mit dem er 1956 begonnen hatte. Die Einsamkeit war noch größer geworden, Zweig und er waren inzwischen, wie Zweig bemerkte, »ohne Bundesgenossen im deutschen Schrifttum aus jenem Trupp, der sich 33 in Sanary traf«:[175] Bruno Frank und Heinrich Mann waren schon lange tot, am 12. August 1955 war achtzigjährig Thomas Mann gestorben. Und fast genau ein Jahr danach, am 14. August 1956, kurz vor Mitternacht war Bertolt Brecht im Alter von erst 58 Jahren einem Herzinfarkt erlegen. Als Feuchtwanger von dem mittlerweile zum DDR-Minister für Kultur ernannten Johannes R. Becher am 16. August das Telegramm mit der Todesnachricht erhielt, brach er in Tränen aus. Wenn er einen seiner alten Gefährten hatte wiedersehen wollen, so war es Brecht gewesen. Er hatte schon im Jahr vor seinem Tod wegen Überarbeitung gesundheitliche Probleme, die Feuchtwanger beunruhigt hatten. Im Frühjahr 1956 litt er an einer schweren Virusgrippe und Fieberanfällen, die auch sein Herz angriffen. Er mußte sich im Mai in die Ost-Berliner Charité legen, wurde als geheilt entlassen, stürzte sich trotz anhaltender körperlicher Schwäche wieder in die Arbeit mit seinem »Berliner Ensemble«. Am 9. August erlitt er bei Proben im Theater am Schiffbauerdamm einen Schwächeanfall. Fünf Tage später sollte er in einem Salonwagen nach München zu einem seit langem mit ihm befreundeten Arzt gebracht werden. Kurz vor der Abreise stellten die Ärzte der Charité jedoch einen drei Tage zurückliegenden Herzinfarkt fest. Am Abend wurde Brecht bewußtlos. Er starb wenige Stunden später.

Über die Beisetzung schrieb Zweig an Feuchtwanger: »Daß er schon vor einem Jahr in einem Brief an Rudi Engel sich eine Beerdigung auf dem Friedhof dicht neben seiner Wohnung ausdachte, auf dem Dorotheen-Friedhof, auf dem auch Hufeland und Hegel liegen, und daß er Beerdigung im engsten Familienkreise vorschrieb, so daß die Mitglieder der Regierung, der Partei und der sowjetische Botschafter von uns ausgeschlossen bleiben konnten, will ich Ihnen nicht verschweigen. Es war die Quittung (...) für die Art, wie die Kritiker der Parteiblätter, besonders das ›ND‹, um Brechts theatralische Großtaten herumschlichen.«[176]

Nach Brechts Tod wurde sein Werk dennoch von den Kulturfunktionären in Ost-Berlin heiliggesprochen. Einiges wurde dafür entschärft. Die Herrschenden vereinnahmten ihn für die Parteidoktrin. Jetzt konnte er sich nicht mehr dagegen wehren wie einst. Feuchtwanger verfolgte dies aus der Ferne mit großem Unbehagen. Seiner alten Freundin und Mitarbeiterin Lola Sernau gegenüber sprach er im Februar 1957 in einem Brief von der »tiefen Bestürzung und Hoffnungslosigkeit«, die er empfand, weil »jetzt noch, und inmitten allen Ruhmes, das Werk Brechts so gräßlich mißverstanden wird«, und von »den Rückschlüssen, die ich daraus auf die Vergeblichkeit meiner eigenen Arbeit ziehen muß«.[177] Diese Angst war wohl der Grund, weshalb er jetzt die Arbeit an seinem Essay »Das Haus der Desdemona – oder Größe und Grenzen der historischen Dichtung« vorantrieb und im Juni mit dem Diktat des ersten Entwurfs begann. Feuchtwanger lebte inzwischen, wie er Lola Sernau in dem Brief verriet, in »der Sorge, daß mir nicht mehr die Zeit bleibt, das zu schaffen, was ich schaffen *muß*«. Neben dem Essay waren dies der Roman »Die sieben Weisen« über das Leben deutscher Emigranten in der McCarthy-Ära sowie die Romane »Tilman Riemenschneider« über den deutschen Bauernkrieg und »Simon Bolivar«, den südamerikanischen Befreiungshelden. Und er plante einige Novellen, unter anderem über Machiavelli, Goya und Victor Hugo im Exil.

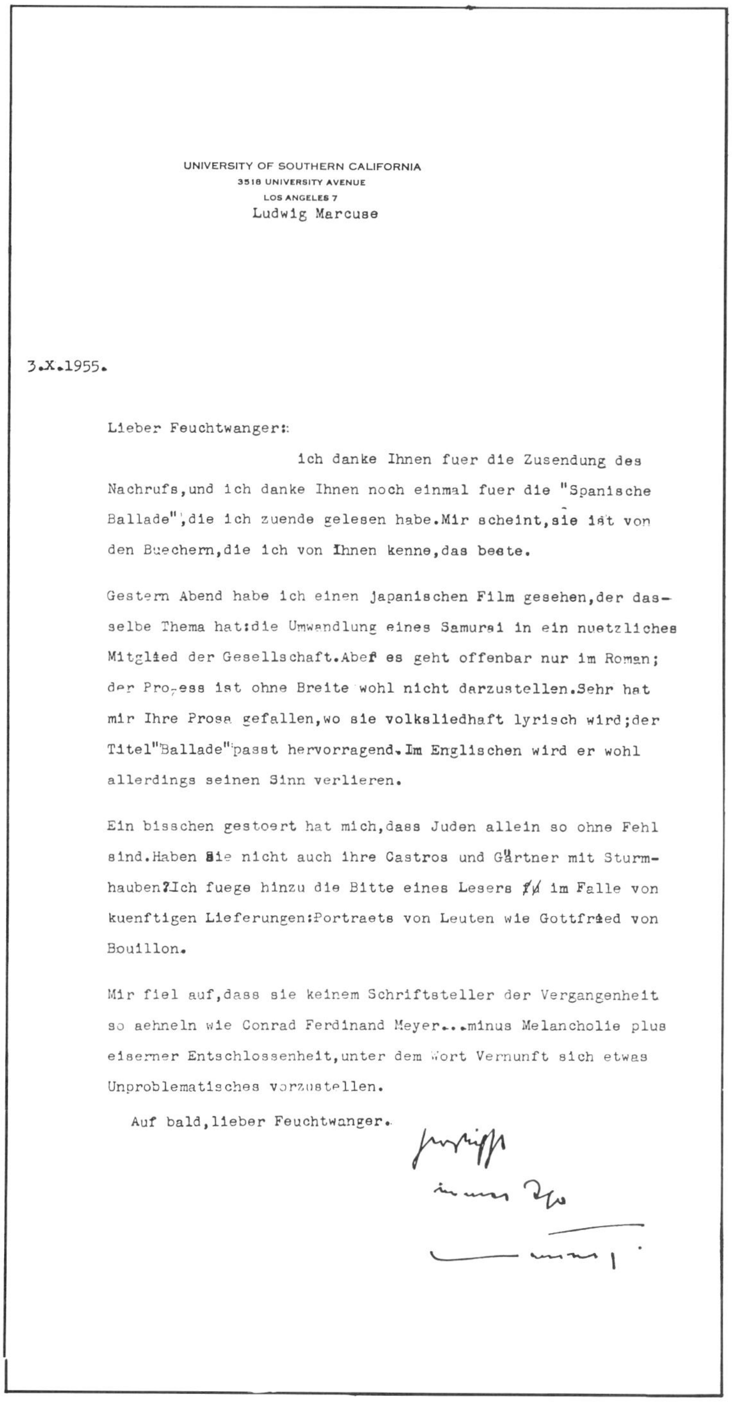
UNIVERSITY OF SOUTHERN CALIFORNIA
3518 UNIVERSITY AVENUE
LOS ANGELES 7
Ludwig Marcuse

3.X.1955.

Lieber Feuchtwanger:

ich danke Ihnen fuer die Zusendung des Nachrufs,und ich danke Ihnen noch einmal fuer die "Spanische Ballade",die ich zuende gelesen habe.Mir scheint,sie ist von den Buechern,die ich von Ihnen kenne,das beste.

Gestern Abend habe ich einen japanischen Film gesehen,der dasselbe Thema hat:die Umwandlung eines Samurai in ein nuetzliches Mitglied der Gesellschaft.Aber es geht offenbar nur im Roman; der Prozess ist ohne Breite wohl nicht darzustellen.Sehr hat mir Ihre Prosa gefallen,wo sie volksliedhaft lyrisch wird;der Titel"Ballade"passt hervorragend.Im Englischen wird er wohl allerdings seinen Sinn verlieren.

Ein bisschen gestoert hat mich,dass Juden allein so ohne Fehl sind.Haben Sie nicht auch ihre Castros und Gärtner mit Sturmhauben?Ich fuege hinzu die Bitte eines Lesers im Falle von kuenftigen Lieferungen:Portraets von Leuten wie Gottfried von Bouillon.

Mir fiel auf,dass sie keinem Schriftsteller der Vergangenheit so aehneln wie Conrad Ferdinand Meyer....minus Melancholie plus eiserner Entschlossenheit,unter dem Wort Vernunft sich etwas Unproblematisches vorzustellen.

Auf bald,lieber Feuchtwanger.

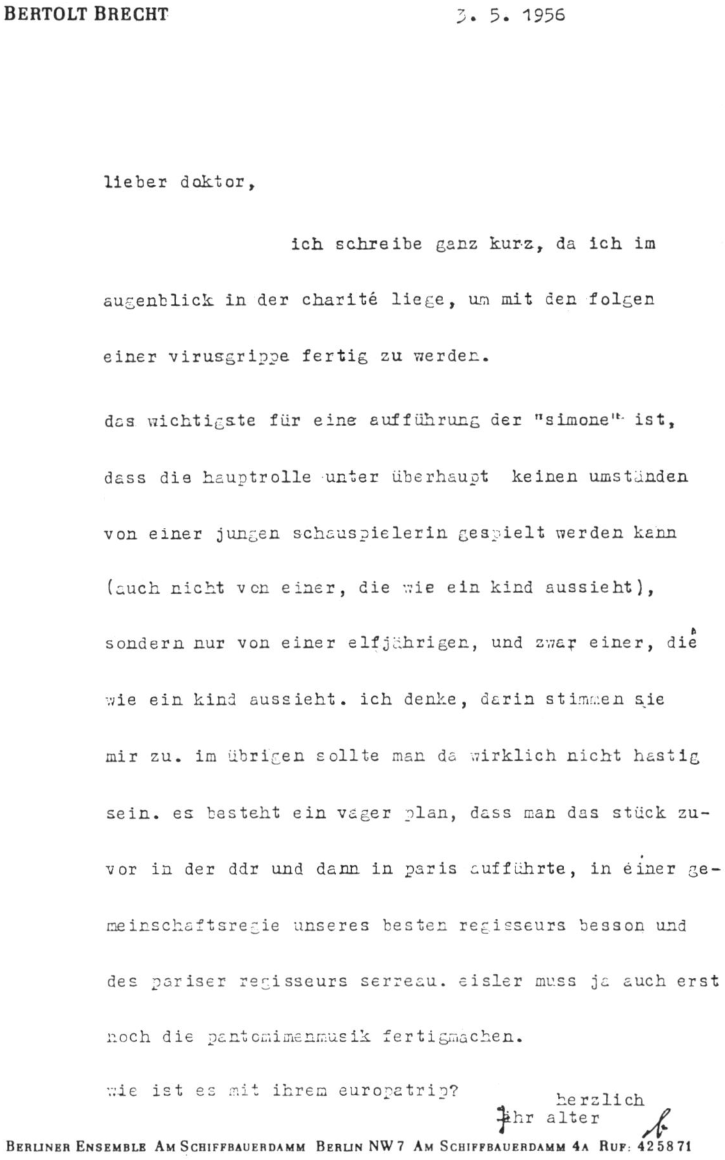

BERTOLT BRECHT 3. 5. 1956

lieber doktor,

ich schreibe ganz kurz, da ich im augenblick in der charité liege, um mit den folgen einer virusgrippe fertig zu werden.

das wichtigste für eine aufführung der "simone" ist, dass die hauptrolle unter überhaupt keinen umständen von einer jungen schauspielerin gespielt werden kann (auch nicht von einer, die wie ein kind aussieht), sondern nur von einer elfjährigen, und zwar einer, die wie ein kind aussieht. ich denke, darin stimmen sie mir zu. im übrigen sollte man da wirklich nicht hastig sein. es besteht ein vager plan, dass man das stück zuvor in der ddr und dann in paris aufführte, in einer gemeinschaftsregie unseres besten regisseurs besson und des pariser regisseurs serreau. eisler muss ja auch erst noch die pantomimenmusik fertigmachen.

wie ist es mit ihrem europatrip?

herzlich
ihr alter

BERLINER ENSEMBLE AM SCHIFFBAUERDAMM BERLIN NW 7 AM SCHIFFBAUERDAMM 4A RUF: 425871

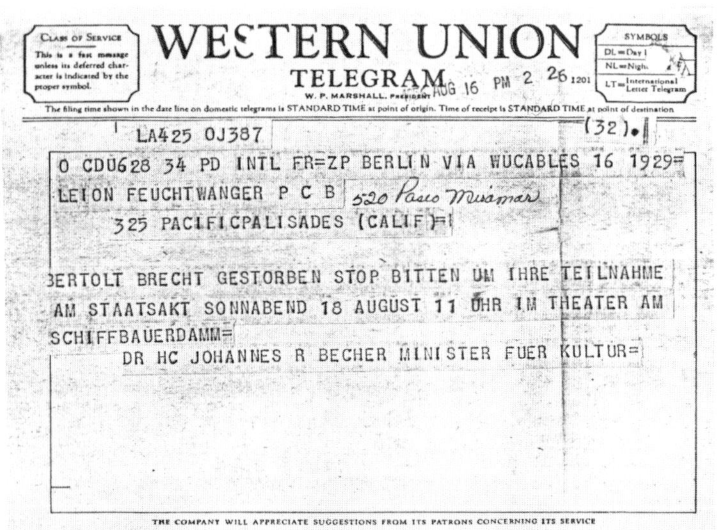

WESTERN UNION
TELEGRAM
W. P. MARSHALL, PRESIDENT
AUG 16 PM 2 26

LA425 OJ387 (32)

O CDU628 34 PD INTL FR=ZP BERLIN VIA WUCABLES 16 1929=
LEON FEUCHTWANGER P C B 520 Paseo Miramar
325 PACIFICPALISADES (CALIF)=

BERTOLT BRECHT GESTORBEN STOP BITTEN UM IHRE TEILNAHME AM STAATSAKT SONNABEND 18 AUGUST 11 UHR IM THEATER AM SCHIFFBAUERDAMM=
DR HC JOHANNES R BECHER MINISTER FUER KULTUR=

THE COMPANY WILL APPRECIATE SUGGESTIONS FROM ITS PATRONS CONCERNING ITS SERVICE

Doch er sollte zu keinem dieser Projekte mehr kommen. »Das Haus der Desdemona« blieb ebenso unvollendet wie die dazwischengeschobene Arbeit an einem Drehbuch über »Simon Bolivar« im Auftrag des italienischen Filmproduzenten Dino de Laurentiis.

Das Gefühl, nicht mehr lange zu leben, ließ trotz gegenteiliger Beteuerungen Reisepläne nach Europa – wenn es sie ernsthaft überhaupt noch gab – in immer weitere Ferne rücken, zumal sich in seiner Staatsbürgerschaftsfrage weiterhin nichts bewegte. Zweig schien dies zu ahnen, als er Ende April 1957 eher schon traurig-resignierend als hoffend Feuchtwanger noch einmal aufforderte, doch herüberzukommen: »Liebster Feuchtwanger: war das der Sinn unseres Lebens, daß Sie Ihre Tage in Kalifornien beschließen und ich nicht imstande bin, Sie zu besuchen wie in Sanary? (...) Wollen Sie wirklich nicht versuchen, einen westdeutschen Paß zu erwerben und Ihre sicherlich wunderschöne Bleibe in Pacific Palisades wenigstens zeitweilig stehenzulassen? (...) Die Bundesrepublik ist gewiß kein verlockender Aufenthalt und auch Westberlin in keiner Weise, aber Freundschaft, persönlicher Kontakt, das tägliche Miteinanderlachen und -schwatzen und Einanderberaten in literarischen und politischen Dingen – hätte das nicht Gewicht genug in Ihrem Leben, Sie aus Ihrem Paradies herauszulocken? (...) die Bücherei, die für einen Schriftsteller ja alles andere ersetzen kann, wenn er zu Jahren gekommen ist (...) könnten Sie ja schließlich mitnehmen, und die Wiedergutmachung würde Ihnen an jeder Stelle der Bundesrepublik oder Westberlins einen Ersatz zur Verfügung stellen. Jedenfalls, liebster Feuchtwanger, ist es schmerzlich für unsereinen, sich mit der Wahrscheinlichkeit abzufinden, Sie ebensowenig noch einmal persönlich nahe zu haben wie unsern Brecht oder Th. M.«[178]

Im Laufe des Jahres stellten sich gesundheitliche Probleme ein, sein altes Magenleiden machte Feuchtwanger wieder zu schaffen, und im September mußte er sich operieren lassen. Obwohl er sich bald erholte und wieder an die Arbeit gehen konnte, mußte er mit starken Medikamenten leben. Ludwig Marcuse, der letzte, der noch übriggeblieben war in Los Angeles aus dem alten Kreis von Sanary, schenkte ihm zu Weihnachten ein Schlafmittel, das er sich extra von einem Apotheker hatte mischen lassen und das nur halb so stark war wie die gängigen, für Feuchtwanger unverträglichen Präparate. Ende August 1958 mußte Feuchtwanger wieder ins Krankenhaus und sich wegen einer Zyste eine Niere entfernen lassen. Zwei Tage war sein Zustand kritisch. Anfang Oktober konnte er nach sechs Wochen wieder nach Hause. Obwohl er noch laufend Bluttransfusionen erhielt, fühlte er sich geistig recht frisch. Feuchtwanger wußte nicht, daß er unheilbar an Magenkrebs erkrankt war. Nur Marta Feuchtwanger und seine Sekretärin Hilde Waldo waren von den Ärzten informiert worden. Er war indessen voller Optimismus, nachdem die Ärzte ihm noch im November erklärt hatten, daß er für die nächsten Monate nichts zu befürchten hätte, und arbeitete, wie er Ben Huebsch mitteilte, »mit Vollkraft«: »Freilich«, so merkte er an, »erfolgen noch immer tragikomische Störungen. Zum Beispiel habe ich nach wie vor einen Kampf mit den Immigrationsbehörden. Seit elf Jahren kann ich keine Antwort erhalten auf meine Petition für Einbürgerung. Vor einem Jahr nun hatte ich ein Verhör von zehn Stunden, in dem mir mehrere hundert Fragen gestellt wurden, die meisten

6. Oktober 1958

Liebster Zweig,

Endlich, nach sechswöchiger Pause, komme ich dazu, meine Post zu lesen, und der erste, dem ich schreibe, sind Sie.

Die Zeit im Hospital war recht böse, und zwei Tage lang sah es ziemlich kritisch aus. Obgleich man vorher gründliche und manchmal recht schmerzhafte Untersuchungen vorgenommen hatte, zeigte sich, nachdem man mich aufgeschnitten hatte, dass die Operation weiter gehen musste, als die Aerzte vermutet hatten. Man musste sehr rasch Entscheidungen treffen, vor allem auch, da man mich nicht so lange unter Narkose halten konnte, kurz, es war kein Spass. Ich selber war ja unter Narkose und allerlei Betäubungsmitteln, aber finsteres Traumzeug schwemmte gleichwohl hoch. Ich machte auch einige tragikomische Erfahrungen; ich hoffe, ich werde Ihnen einmal von dem Ganzen erzählen können.

Wie immer, das Schlimmste ist vorbei. Ich fühle mich manchmal noch recht schwach, und ich werde wohl noch mehr Bluttransfusionen brauchen; aber ich kann wieder arbeiten und bin, scheint mir, geistig recht frisch.

Die Operation kam sehr zur Unzeit. Ich hatte es übernommen, dieses Bolívar-Treatment zu schreiben, und die Italiener drängen natürlich auf Ablieferung. Dazu kommen die Vorbereitungen der Neuverfilmung von 'Jud Süss' in Westdeutschland; Sie haben vielleicht von den wilden und tragikomischen Debatten der deutschen Zeitungen gelesen. Weiter bereitet man hier eine Aufführung der 'Simone' vor. Aber das Stück ist ja nie recht fertig geworden, und die Herstellung eines brauchbaren Textes für die amerikanische Bühne erfordert Zeit und Konzentration. Dann muss ich noch Stellung nehmen zu einer etwas heiklen Frage. Ich schrieb Ihnen von dem 'Offenen Brief', den ein Sowjet-Jude an mich richtete. Ich kann mir nicht recht denken, dass dieser Brief identisch ist mit dem, von dem Sie mir gelegentlich schrieben. Der 'Offene Brief' an mich enthält 250 engbeschriebene, riesige Seiten, er nimmt Bezug auf meinen Besuch in Moskau im Jahr 1937 und auf den Besuch der sieben Sowjet-Schriftsteller hier bei mir in Kalifornien im Jahr 1955. Er beschreibt genau, welche dieser Schriftsteller Antisemiten sind oder doch waren, er schreibt über den angeblichen Antisemitismus Scholochovs und seinen Kampf gegen Ehrenburg, er ergeht sich in langen Erörterungen, warum meine Bücher nach wie vor in der Sowjet-Union gedruckt würden, das ganze Manuskript ist überaus emotionell gefärbt und gibt wenig Tatsachen. Nun will eine Gruppe amerikanischer Rabbiner diesen 'Offenen Brief' veröffentlichen. Sichtlich haben Kreise, die Interesse daran haben, die Sowjet-Union als antisemitisch hinzustellen, das veranlasst. Ich kann schwerlich etwas dagegen unternehmen, ich habe nicht das geringste Veto-Recht. Aber man verlangt, viele verlangen, dass ich mich dazu äussere. Nun, wir alle sind solche Situationen gewöhnt.

Sicher ist, dass ich nicht so bald zum 'Haus der Desdemona' werde zurückkehren können, ganz zu schweigen von den Romanen, die ich gerne schreiben möchte.

Noch Eines: Jiri Weiss in Prag hat mir vor ungefähr sechs Wochen einen längeren Brief geschrieben über die Schwierigkeiten, welche die Defa machte, als Prag vorschlug, meinen Roman EXIL zu verfilmen als gemeinsame Produktion der Prager mit der Defa. Einem langen Aufsatz der New York Times und anderer amerikanischer Blätter entnehme ich, dass Jiri Weiss als der weitaus bedeutendste Filmmann des Ostens gilt. Er schreibt auch, dass westdeutsche Producer gern mit Prag zusammen 'Exil' herstellen wollten, aber er fährt fort: 'Our management thought it would not be tactful to co-operate with West German producers though they would be willing with ready money.'

Jiri Weiss schreibt, er habe den Eindruck, dass die Herren, mit denen er verhandelt hat, das Buch im besten Fall durchgeblättert haben, aber nicht gelesen. Er ist recht deprimiert, dass dieser Lieblingsplan von ihm an dem Widerstand Berlins scheiterte. Allein kann Prag den Film schwerlich machen. Er schreibt: 'For our studios it is naturally not possible to tackle a film about Germany without German co-operation.'

Vielleicht, lieber Zweig, sprechen Sie gelegentlich die Sache mit den Herren der Defa durch, um ausfindig zu machen, was eigentlich die wahren Gründe der Weigerung sind.

Ich freue mich, dass Sie mit so viel Energie an Ihre 'teuern Träume' herangehen können.

Alles Herzliche

wie stets

Ihr

Arnold Zweig bei der Ernennung zum Präsidenten der Deutschen Akademie d. Künste, Berlin/DDR, 1950

ungewöhnlich töricht. (..) Jetzt, ein Jahr später kamen die gleichen Herren wieder, und zwar, da ich mich nicht für wohl genug erklärte, den weiten Weg in die Büros der Immigrations-Behörde zu machen, kamen sie in mein Haus. Sie waren voll äußerster Rücksicht und Höflichkeit und fragten den gleichen Unsinn: ›Glauben Sie an Gott? Wo lebt Heinrich Mann jetzt? Wo lebt Thomas Mann? Wo lebt Brecht? Hätten Sie im Falle Pasternak den Nobelpreis angenommen?‹ Sie kamen drei Mal, im Ganzen wieder zehn Stunden. Mir gehen diese Dinge nicht sehr tief. Das Schlimmste könnte sein, daß sie mir die Einbürgerung verweigern, und dann könnte ich zu Gericht gehen. Alle ähnlichen Fälle wurden vor Gericht gewonnen.«[179] An Zweig schrieb er am selben Tag, er hoffe, sich mit ihm »in diesem Winter wieder mehr über unsere Arbeit unterhalten« zu können.[180] Es war sein letzter Brief an Zweig.

In den nächsten drei Wochen war er voller Pläne und Einfälle. Er sortierte seine Bibliothek, machte Spaziergänge, erholte sich in seinem Garten und turnte regelmäßig trotz zeitweiliger Schmerzen. Jedoch ermüdete er rasch. »Zuletzt waren wir noch bei einer Feier mit Dinner für Carl Sandburg, wo Lions Erscheinen viel größeres Aufsehen erregte als das des Dichters, und wo er sich unzählige Male für die Presse photographieren lassen mußte. Alle betonten, was für eine Ehre und Auszeichnung seine Anwesenheit bedeute. Er war sehr angeregt und fühlte sich am Tage darauf besonders frisch.«[181]

Ein Dinner zu Ehren des Dichters Carl Sandburg im Beverly Hilton Hotel, 1958. Lion Feuchtwanger, Professor Nevin, Robert Nathan, Carl Sandburg und Marta Feuchtwanger (v. l.)

Das letzte Bild von Feuchtwanger, 1958

Das Ende kam schnell. Am Samstag, den 20. Dezember 1958 verlor Feuchtwanger, als er sich nach einer Ruhepause aus dem Bett erhob, das Bewußtsein und stürzte zu Boden. Seine Frau Marta alarmierte Arzt und Ambulanz, die ihn mit einer Magenblutung ins Mount-Sinai-Hospital brachten. Nach ruhiger Nacht war er am nächsten Morgen bereits wieder guter Dinge und hoffte, drei Tage später nach Hause zurückkehren zu können. Am Nachmittag des 21. Dezember stellten sich jedoch erneut Magenblutungen ein. Die Ärzte konnten nicht mehr helfen. Feuchtwanger bat seine Frau wie früher, wenn er Schmerzen hatte, ihre Hand auf seinen Bauch zu legen. So starb er, 74jährig, gegen 17.30 Uhr.

Feuchtwanger wurde wie sein Freund Heinrich Mann auf dem Woodlawn-Friedhof in Santa Monica beigesetzt. Bei der Trauerfeier sprachen der mit Feuchtwangers befreundete Rabbiner Max Nussbaum und Stephen Pritchman von der christlichen Unitarischen Kirche. Gekommen waren auch der israelische Generalkonsul in Los Angeles und der der Bundesrepublik Deutschland.

Am Tag nach Feuchtwangers Tod erreichte seine Frau Marta ein Anruf von der Einbürgerungsbehörde. Unter dem Ausdruck des Bedauerns wurde ihr versichert, daß man gerade dabeigewesen sei, ihnen beiden die Staatsbürgerschaft der Vereinigten Staaten zu geben. Nun mußte Marta Feuchtwanger allein zur Einschwörung. Als sie dabei erneut gefragt wurde, ob sie für den Kommunismus sei, erwiderte sie aus Trotz und Wut »Ja«, erhielt von den verdutzten Beamten aber dennoch ihre Urkunde. Doch als Amerikanerin fühlte sie sich nie, sondern meinte stets im Sinne ihres Mannes: »Ich bin Weltbürgerin, so wie mein Mann Weltbürger war.«

Marta

„Ich hoffe, daß Du mich so gut verstehts wie ich Dich, daß Du Geduld mit mir hast, daß Du merkst, wie ungeheuer ich Dich mag wie ganz und für immer wir zusammengehören, und daß Du mir in bezug auf meine Arbeit weiter so gute Ratschläge gibst wie bisher. Wenn Du Dir außerdem keine überflüssigen Sorgen machen wolltest, wäre das eine schöne Dreingabe. 70prozentig Dein (22 Prozent mußt Du für mich selber lassen) L"

»Die deutschen Frauen jener Jahre waren tapfer und sehr viel weniger hysterisch, als man nach den Lehren der Medizin hätte vermuten sollen. Galanterie, Flirt wurden historische Begriffe. Die ›Dame‹ hörte auf zu existieren. Ein neuer Typ Frau bildete sich heraus in den Kreisen der Literaten, ein Mittelding zwischen Sekretärin und Freundin, ziemlich nüchtern, hart, kameradschaftlich, verläßlich und ohne Geheimnis.

Ich ziehe andere, mehr altmodische Frauen vor.

Seltsamerweise habe ich unter diesen altmodischen Frauen meine fruchtbarsten Kritiker gefunden. Mit sicherem Gefühl für Qualität, mit dem Vermögen, sich einem Kunstwerk ganz hinzugeben, ohne das Ohr für falsche Töne zu verlieren. Die mit feinstem Ohr Hörenden unter meinen Kritikern in Annahme und Ablehnung waren Frauen. Es wäre Unsinn und Heuchelei, abzustreiten, daß Erfolg gut schmeckt. Aber der Jubel (...), die Hymnen der Zeitungen und der Menge, die Zustimmung der nicht sehr zahlreichen Leute, die man schätzt: an all das gewöhnt man sich allmählich. Ewig und immer von neuem reizvoll aber bleiben die Abenteuer der Arbeit, Sieg und Niederlage und – vielleicht – die Wirkung des Vollendeten im bewegten Gesicht einer verstehenden Frau.«[182]

Als Feuchtwanger diese im Januar 1933 in »Die literarische Welt« veröffentlichten Sätze schrieb, dachte er vor allem an eine Frau, seine Frau: Marta. Die Sätze hatten für ihn Gültigkeit bis an sein Lebensende. Er hat sie ausgefüllt, sie unterstrichen und ihnen Gestalt gegeben in den Frauentypen seiner Romane. Feuchtwangers Frauen waren in der Regel immer starke Frauen. Sie waren leidenschaftlich, souverän, sie waren gleichwertig und gleichberechtigt, meist unverheiratet, sie waren, welchen Platz sie auch einnahmen neben ihm oder als seine Romanfiguren, dem Manne auch in den Konflikten ebenbürtig, wenn nicht gar überlegen. Freilich – außer vielleicht in seiner »Häßlichen Herzogin« – sind es immer die Männer, die in seinen historischen Romanen den Lauf der Geschichte entscheiden oder wie Flavius Josephus darüber schreiben. Aber seine Helden wären blaß, nichts, ohne die Heldinnen, die sichtbar im Hintergrund wirken und die Entscheidungen beeinflussen – so wie Feuchtwanger wohl kaum dieses 74jährige Leben hätte leben können ohne Marta, deren Leben er wiederum ausfüllte.

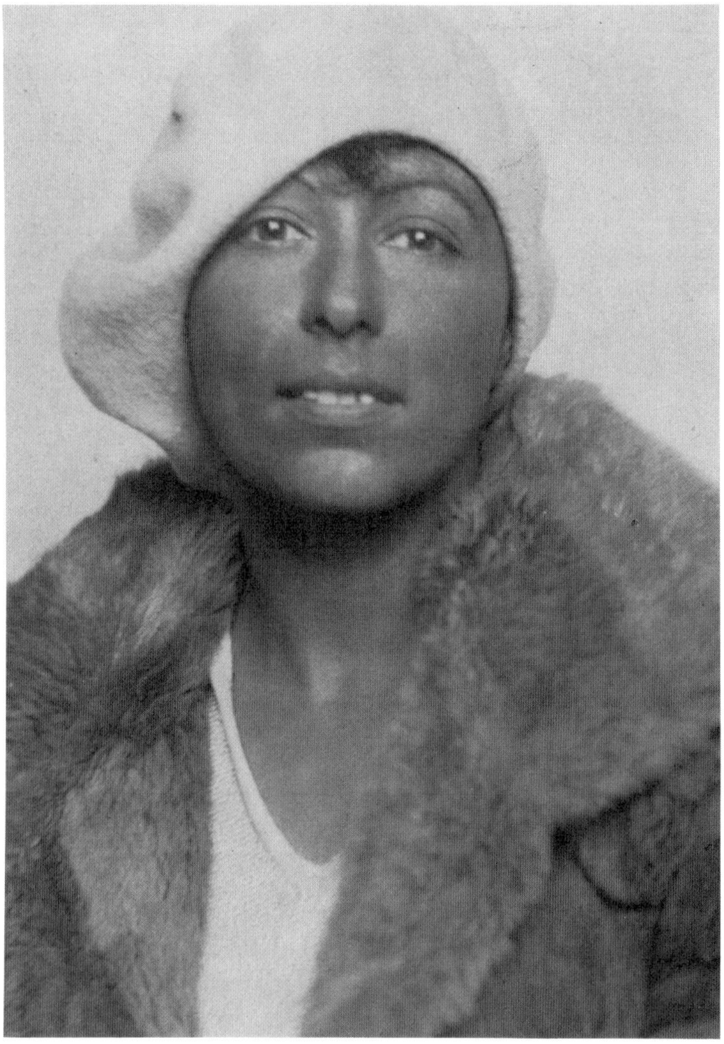

Sie brauchten sich gegenseitig und konnten sich aufeinander verlassen. 48 Jahre waren sie zusammen, 46 Jahre verheiratet. Und als er starb, lebte er in ihr fort. In dem großen Haus am Paseo Miramar mit dem weiten Blick über den Pazifik verwaltet und pflegt sie sein großes Erbe, führt sie die Besucher aus der ganzen Welt durch die gewaltige Bibliothek und seine Arbeitsräume, hält vor allem durch ihre Kontakte zu den nachwachsenden Generationen in Deutschland sein Werk lebendig. Wer mit dieser Frau sprach, mit ihr Briefe wechselte, als sie schon fast ein Jahrhundert alt war, wurde überrascht, eingenommen und fasziniert von dem frischen Geist, der lebhaften Ausstrahlung und dem Humor, aber auch von der Energie, Entschlossenheit und Durchsetzungskraft, die in dem strengen Mund und den wachen Augen zum Ausdruck kommen.

Zweimal hatte sie mit List und Einfallsreichtum ihren Mann aus der Gefangenschaft befreit: 1914 in Tunis und 1940 in Südfrankreich, ist mit ihm über die Pyrenäen geflohen. Und sie hat ihm sein Leben lang geholfen, für seine Arbeit zu überleben mit seinem anfälligen, kranken Magen: durch ihr Küchenregiment und das von ihr »verordnete« und »überwachte« Sporttraining. Wenn sie dieses Leben mit Lion Feuchtwanger, ihre Liebe zu diesem Mann, gegen andere Frauen verteidigte, die es gab in seinem Leben, dann hatten es jene schwer, dagegen zu bestehen. Da blieb auch manche tiefe Abneigung zurück, etwa gegenüber Lola Sernau oder Liesl Frank, der Frau von Bruno Frank. Manchmal wurde aus dem Rivalitätsverhältnis auch Freundschaft wie zu Eva Herrmann, die ihn im Jahre 1956/57 nach Moskau begleitete, und zu Eva Boy van Hoboken, die Marta Feuchtwanger auch in den USA besuchte.

Die tiefe Bindung der beiden zueinander wurde begründet durch ihre ausgedehnten zweijährigen Wanderungen durch Italien und Tunesien, bei denen jeder den andern in allen seinen Facetten kennen- und liebenlernte. Als er auf einer Tour einmal ein Warnschild übersah und ums Haar eine Starkstromleitung angefaßt hätte, riß ihn im letzten Augenblick Marta zurück: »Was hättest Du getan, wenn ich getötet worden wäre?« fragte er sie. Sie antwortete: »Dann hätt' ich auch ang'langt.« »Das hat er sein Leben lang betrachtet wie einen Vertrag«, erzählt sie. Ein anderes Schlüsselerlebnis war für sie jene Nacht, in der sie ihn mit einem schweren Blinddarmdurchbruch ins Krankenhaus fuhr: »Als man Lion aus dem Operationssaal herausrollte – er war noch bewußtlos, totenbleich, das Blut war ihm ins Gesicht gespritzt, so groß war die Eile gewesen –, nahm ich mir vor: Ich werde alles hinnehmen, ihm alles erlauben, wenn er nur überlebt.«[183]

Dieses Hinnehmen stellte sie oft auf eine harte Probe, besonders dann, wenn sich Feuchtwanger mit dem von ihm beschriebenen »neuen Typ Frau« auf ein Abenteuer einließ. Dann gab es auch schon einmal »Reibereien«. Marta fürchtete, daß ihm die Anbetereien, die er durch andere, mit ihr manchmal konkurrierende Frauen erfuhr, zu Kopf steigen und für sie bei allem Verständnis zu seelischen Belastungen in ihrer Ehe führen könnten. Das war für sie manchmal nur zu bestehen, indem sie ebenfalls eigene Wege ging und ebenfalls erotische Beziehungen unterhielt. Außenstehende, die das mitbekamen, rätselten über ihre Ehe und machten sich manchmal darüber lustig. Vor allem in Sanary zerriß man sich in den Cafés zuweilen den Mund über das Verhältnis zwischen Lion und Marta Feuchtwanger und Lola

Sernau. Das ging bis zu Scheidungsgerüchten, die mit Auseinandersetzungen um Lola Sernau im Jahre 1933 nach Martas Unfall zusammenhingen. Lola Sernau war aus den Berliner Salons in das Leben der Feuchtwangers getreten und wurde für Feuchtwanger eine intime Freundin, Kameradin und Sekretärin. Eine Trennung von seiner Frau stand für ihn aber nicht zur Debatte. »Sie hatten eine sehr feste Bindung«, erinnerte sich Lola Sernau. »Im Grunde war's eine glückliche Ehe. Sie liebten sich aufrichtig.«[184] Lola Sernau war für ihn jenes »Mittelding zwischen Sekretärin und Freundin, ziemlich nüchtern, hart, kameradschaftlich, verläßlich und ohne Geheimnis«. Seine Ehe blieb bei ihren Gesprächen ausgeklammert: »Lion sprach nie zu mir über Marta.« Ihre Freundschaft blieb in Frankreich platonisch. Sie siezten sich bis an sein Lebensende. In Amerika litt Feuchtwanger lange darunter, daß es ihm nicht gelang, Lola Sernau herüberzuholen. Sie fehlte ihm, obwohl er mit Hilde Waldo sehr zufrieden war, die zuverlässig, fleißig und gut, aber mehr Sekretärin als Freund und Kamerad war. Lola Sernau und Feuchtwanger standen zwar in all den Jahren in Briefwechsel, als sie ihn jedoch Anfang 1957 besuchte und sie sich nach 17 Jahren wiedersahen, waren sie sich fremd geworden. Feuchtwanger empfand plötzlich, daß Lola Sernau und er sich sehr weit voneinander entfernt hatten, daß sie taub geblieben wäre vor seinen Sorgen, Schwierigkeiten und Freuden. Ihm machte diese Erkenntnis lange zu schaffen. Er hatte Schuldgefühle und hoffte, die frühere Vertrautheit und Kameradschaft eines Tages wiederherstellen zu können, was aber nicht mehr gelang.

Wenn Marta trotz seiner offensichtlich unerschütterlichen Beziehung zu ihr gelegentlich unter der offenen, von Heimlichkeiten freien Form der Ehe litt, war er erstaunt, schien das nicht zu verstehen. Er wurde ungeduldig, wie in jenem Brief, den er seiner Frau im Januar 1941 zum 50. Geburtstag aus New York in den Skiurlaub nach »Yosemite« schickte, wo sie ihren alten Skilehrer aus Österreich getroffen hatte: »warum bist du eigentlich so schrecklich dumm? willst du nie gescheiter werden? hast du nicht in marseille gemerkt, wie wir zueinander stehen, vor allem ich zu dir? glaubst du, wenn man so lange miteinander gelebt hat, dann ändert sich noch irgend etwas, sei es im großen guten oder im kleinen schlechten? dies wünscht dir für dein 51. bis 100. jahr, noch dazu natürlich guten schnee und gute sonne L.«[185] Nachdem sie sich an der mexikanischen Grenze wiedergesehen hatten, um offiziell in die USA einzuwandern und er gleich nach Los Angeles weiterfuhr, während sie noch für kurze Zeit nach »Yosemite« zurückkehrte, schrieb er ihr wenige Tage später: »unsere situation sieht befriedigend aus. natürlich nicht so befriedigend wie unsere innere, ich meine wie wenigstens meine stellung zu dir. abgesehen von kleinen einwänden fand ich dich wieder großartig, wie überhaupt du dich in anstrengenden und schwierigen situationen immer bewährst. ich höre auf, ich kann keine komplimente machen (...).«[186] Davor, unmittelbar nach seiner von ihr eingefädelten Befreiung aus dem Konzentrationslager, als er sich im Hause des amerikanischen Vizekonsuls Bingham in Marseille aufhielt und sie für kurze Zeit in ihr Haus nach Sanary gefahren war, hatte er ihr in einem Brief mitgeteilt: »diese ganzen letzten ereignisse haben mir zweierlei bewiesen: 1) daß ich bedeutend mehr kurage habe als ich glaubte, und 2) daß wir noch viel mehr zusammengehören als ich glaubte.«[187]

Manchmal, in den Jahren vor dieser Flucht, schien Marta trotz seiner Versicherungen von großen Selbstzweifeln befallen zu sein und sich dann in ihrer Liebe zu ihm zu quälen. So erging es ihr vor allem, als er in Moskau war. Dann versuchte sie sich in zahlreichen Briefen seiner Treue zu versichern. Ihre oft munteren maschinengetippten Schilderungen von zu Hause in Sanary enthalten handschriftliche Zusätze wie: »Wie stehn wir denn? Bist noch manchmal für mich? Hab ich viel falsch gemacht? Aber da ich viel Liebe hab, muß man mir viel verzeihen.« Obwohl er fast täglich aus der Sowjetunion telegrafierte, Briefe schickte und sogar anrief, wollte sie wissen, ob er das »Gedrücktwerden« vermisse, ob ihre »vielen Fehler in der Entfernung erträglicher geworden« seien, daß sie dauernd versuchte in sich zu gehen: »Aber obs vorhält. Wenns recht arg mit mir ist, solltest Du mich immer an meine schriftlichen Vorsätze erinnern. Einstweilen denk nur an meine guten Seiten, wenn möglich.« Zuweilen, so schimmert aus diesen Bemerkungen durch, schien sie ihm eine rechte Nervensäge zu sein, vor allem wohl wegen ihrer Essensfürsorge, während ihr »liebes Lionle«, wie sie ihn immer zärtlich nannte, offenbar auch ein recht kleiner – wenn auch sanfter – Despot sein konnte. »Ich komme mir vor wie die Mara«, schrieb sie ihm einmal.[188]

Die Mara ist in Feuchtwangers Roman »Der jüdische Krieg« die erste Frau des Geschichtsschreibers Flavius Josephus, von der er sich scheiden läßt, um die stolze Dorion zu heiraten. Er trennt sich jedoch auch von Dorion und kehrt später zu Mara zurück. Mara ist eine hübsche, schlichte, etwas naive, vom Feldherrn Vespasian zunächst mißbrauchte jüdische Sklavin, die sich später als Frau des Flavius Josephus für diesen verzehrt, die mit starken fürsorglichen, menschlichen Qualitäten ausgestattet ist und die in ihrer Duldsamkeit und Anhänglichkeit doch ein hohes Maß an Selbständigkeit und Zuverlässigkeit entwickelt. So sehr Marta und Lion Feuchtwanger vor anderen ihre Privat- und Intimsphäre wahrten, so trugen Frauengestalten in seinen Romanen auch immer wieder Charakterzüge, Facetten seiner Frau Marta, trugen Handlungsabläufe offensichtlich die Merkmale eigenen privaten Haders. Aber so wie seine eigene Persönlichkeit immer in mehrere Romanfiguren zerfiel wie in »Der jüdische Krieg«, im »Rousseau« oder im »Erfolg«, so tauchte auch Marta in manchen Werken in verschiedenen Rollen auf, aber immer nur ein Teil von ihr. So sah Feuchtwanger seine Marta nicht nur in der Mara, sondern auch in der harten, leidenschaftlichen und hochmütigen Dorion des Flavius Josephus, die überdies sehr viel von Feuchtwangers »modernem« Frauentyp hatte.

Seine interessantesten Frauengestalten sind die »Häßliche Herzogin« Margarete Maultasch, die Johanna Krain als Freundin sowohl des inhaftierten Krüger als auch des Schriftstellers Tüverlin in »Erfolg«, Simone, die Marie-Antoinette in »Waffen für Amerika«, die Herzogin von Alba im »Goya« und Raquel, »Die Jüdin von Toledo«. Ingrid Zwerenz schrieb in einem Aufsatz über Feuchtwangers Frauen: »Die meisten wichtigen weiblichen Personen in ›Erfolg‹ oder auch in den anderen Romanen des Autors haben einen Beruf oder finanzielle Einnahmen, die ihnen eine gewisse Autonomie sichern. Seien sie nun Kellnerin, Künstlerin oder Königin, immer setzen sie Konto, Kopf und Körper ein, sich deren eigenständig bedienend und erfreuend.«[189] Feuchtwangers Frauen sind in der Regel vernunftgelenkte Wesen mit Verstand und Gefühl, einem unverkrampften Verhältnis zur Sexualität. Sie

verkörpern zusammen mit den positiven männlichen Helden Feuchtwangers die Minorität der Fortschrittlichen in der großen dumpfen Masse um sich herum und werden gestärkt durch den Kampf, sich darin ständig behaupten zu müssen. Es wird auch etwas erwartet von ihnen, ob von Raquel, die sich letztlich den Friedenszielen ihres Vaters opfert, oder von Johanna Krain, die in ihrer Persönlichkeit eine Mischung aus Marta Feuchtwanger und der kameradschaftlichen Freundin-Sekretärin darstellt: »Alle wollten etwas von ihr. (...) Mit einer sonderbaren Selbstverständlichkeit hatte man gerade von ihr immer erwartet, daß, wenn etwas schiefging in ihrer Umgebung, sie es wieder ins Gleis bringen werde.«[190] Dann aber, als sie in ihrem Kampf um die Freilassung ihres unschuldig eingesperrten Freundes Krüger merkt, daß sie bei all jenen einflußreichen Persönlichkeiten, die sie um Hilfe bittet, im Grunde nur Objekt männlicher Begierde ist, erschlafft sie auch einmal, sieht ihr Tun als sinnlos an: »Sinn hat es vielleicht, aufs Land zu gehen, Feldarbeit zu machen, ein Kind zu gebären.« »Eine frühe Grüne, die sich hier artikuliert, eine Alternativlerin, fast eine Aussteigerin«, urteilt Ingrid Zwerenz. Sie verweist – mit Vorbehalten – auch auf Klaus Modicks These, wonach Johanna Krain eine »literarische Testfigur« Feuchtwangers ist, die es fertigbringt, zuerst den Leser, dann sich selber schockierend, voller Lust mit einem jungen, rohen Nazi zu schlafen. »Feuchtwanger«, so Ingrid Zwerenz, »hat also sehr früh und mit Recht notiert und moniert, was uns zum Ende der Siebziger Jahre Filme- und Theatermacher bis zum Überdruß vorinszenierten: Wie sind die Nazis doch so sexy ...«.

Erotik als Zusammenspiel von Verstand und Gefühl spielt eine wichtige Rolle in seinen Büchern – wie in seinem Leben. Sein am stärksten erotisches Buch ist der »Goya«-Roman, den Köpke als »Feuchtwangers Huldigung an die Frauen« bezeichnete.[191] In seinem nach dem »Goya« geschriebenen Rousseau-Roman hingegen geriet ihm die Erotik zur Darstellung roher Triebhaftigkeit, verkörpert durch Thérèse Levaseur und ihren Liebhaber, den Reitknecht Nicolás, welcher Rousseau – allerdings nur bei Feuchtwanger – schließlich umbringt. Sehr tief saß Feuchtwanger bei der Gestaltung der Rousseau-Gefährtin noch die Erfahrung mit Nelly, der Frau von Heinrich Mann, einem einfachen Mädchen aus einem norddeutschen Fischerdorf. Die im Rousseau-Roman zum »Halbtier«, zur »Verworfenen« geratene Nelly, die für ihre Umgebung, wenn sie betrunken war, schockierend unbeherrscht und zu ihrem Mann von kränkender Roheit sein konnte, wurde von anderen, wie Kantorowicz, in einem wesentlich milderen Licht gesehen: als seelisch morbid, von anderen gemieden, vereinsamt, dabei in Briefen an Kantorowicz' Frau Friedel voller freundschaftlicher Zuneigung.[192] Bei Nelly war der Freudianer Feuchtwanger sicherlich ungerecht mit einer Frau verfahren, die sich schließlich durch Einnahme einer Überdosis Schlafmittel von ihren seelischen Qualen erlöste.

So wichtig Feuchtwanger die »starken« Frauen in seinem persönlichen Umfeld waren, so sehr schätzte er Frauen auch als Kolleginnen. In seinem Essay »Das Haus der Desdemona« unterstrich er auch ihre Rolle »als Schöpfer großer historischer Dichtungen«. Besonders hob er Selma Lagerlöf und Ricarda Huch hervor, deren Werk er »bei weitem nicht genügend gewürdigt« fand. Feuchtwanger entdeckte, daß die Bibel die älteste epische Dichtung Frauen zuschreibt: »einer Miriam, einer Debora«.

Feuchtwanger verwies überdies auf gute Gründe für die »Hypothese, daß beide Teile der Odyssee von einer Frau geschrieben« seien. Neben Verfasserinnen zahlloser historischer Romane im späten achtzehnten und im neunzehnten Jahrhundert wisse man auch von »Damen, welche sich (...) in der Barockzeit als Verfasserinnen geschichtlicher Romane hervortaten«. Er erklärte dies damit, daß Frauen auch »von Natur aus gute Erzählerinnen« seien. Nicht ohne Grund seien die Märchen von Tausendundeiner Nacht einer Frau in den Mund gelegt worden und hätten die Brüder Grimm sich die meisten ihrer Märchen von Frauen erzählen lassen.

»Gemeinhin«, so fand Feuchtwanger, »nehmen Frauen die Vorarbeit, die nun einmal ein historischer Roman erfordert, ein gedichteter sowohl wie ein gemachter, ernster als die Männer. Diese Vorarbeit verlangt viel Fleiß und Geduld, die Verrichtung vieler Tätigkeit, die sich später als überflüssig herausstellt. Da wollen lange historiographische Wälzer durchgeackert werden, damit sich vielleicht ein winziges verwendbares Faktum finde; oft auch findet sich keines. Auch das Schreiben eines Buches selber erfordert Geduld; so manches Mal während der Arbeit stellt sich heraus, daß ein sorgfältig geschriebenes, an sich geglücktes Kapitel eine Ablenkung des Lesers bedeutet, daß es überflüssig ist oder geradezu störend. Der ungestüme Döblin hat solche Kapitel dann ruhig stehen lassen. Frauen aber sind da gewissenhaft; sie streichen. (...) Es ist so, daß sich Frauen beim Schreiben historischer Romane ähnlich betätigen wie bei der Bewältigung der Hausar-

beit. Die Autorin und die Hausfrau verschmelzen in Eins. Das gleiche ermüdende Werk muß immer neu verrichtet werden, das Ganze soll sauber sein, soll glänzen, soll die Krönung sein sorgfältiger Kosmetik und sorgfältiger Toilette.«[193]

Zur »Krönung sorgfältiger Kosmetik und Toilette« an Feuchtwangers eigenen Romanen trug seine Frau Marta bei. Ihr Urteil war in vielen Fragen der Gestaltung letztlich entscheidend. Die Scheu und Ehrfurcht vor seinem Geschriebenen, die sie noch hatte, als er ihr ganz am Anfang ihrer Beziehung aus seinem 1910 entstandenen und später von ihm selbst »vergessenen« Roman »Der tönerne Gott« vorlas, legte sie bald ab. Auf ihren Rat hin verschwanden oft Einzelfiguren oder ganze Personengruppen, wenn sie ihr als den Handlungsablauf verwirrend vorkamen, oder er änderte nach ihren Vorschlägen auch die Charakterstrukturen von Personen, wenn er Personen aus seiner Umgebung zu deutlich gezeichnet hatte oder sie ihr unecht erschienen: »den alten ›bauern‹ johann von gischala habe ich gemäß deinen vorschlägen geändert«, teilte er ihr einmal in einem Brief mit. (Johann von Gischala ist in der Josephus-Trilogie die Figur, die den Geschichtsschreiber Flavius Josephus in einem Streitgespräch auf die ökonomischen Hintergründe des Krieges hinweist.) Marta Feuchtwanger las auch Korrektur für ihren Mann. Zuweilen schickte er ihr seine Manuskripte – wie den »Erfolg« – in den Skiurlaub. Ganze Nächte hindurch habe sie damals auf ihrem Zimmer gegengelesen. Ihre Skigesellschaft habe »Wunder was gedacht, was ich da treibe«. Schon während des Entstehungsprozesses seiner Bücher kam es ihm auf ihren Rat an. Des Morgens bei ihren Spaziergängen vor dem Frühstück, bei ihrem Schwimmsport oder in seinen Arbeitspausen, »den schönsten Stunden des Tages«, setzte er ihr seine Arbeitsprobleme auseinander, notierte sich ihre Anmerkungen, um sie später zu verwenden.

Bestand in diesen für ihn wie für sie entscheidenden Fragen seiner Arbeit, seiner literarischen und auch seiner politischen Position, Harmonie und Einverständnis, so gab es im alltäglichen Zusammenleben immer wieder einmal Probleme. Meinungsverschiedenheiten hatten sie manchmal in finanziellen Dingen. Während Lion sehr freigiebig war, sie immer, wenn Geld da war, ermunterte, es auszugeben, er auch notleidende Kollegen unterstützte und ein Vermögen in seine Bücher, meist Erstausgaben, manche Jahrhunderte alt, steckte, war sie eher sparsam, ja spartanisch und mahnte ihn gelegentlich, »nicht so mit dem Geld zu aasen.« Als er starb, besaßen sie keinen Pfennig mehr. Da sie aber keines von den Büchern verkaufen wollte, meldete sie sich als Oma fürs Babysitting an, bis wieder Tantiemen hereinflossen. Im Rückblick machte sich Marta Feuchtwanger »manchmal Vorwürfe, daß ich zu streng war in meiner Methode zu leben, zu essen zum Beispiel. Ich habe immer wieder versucht, ihn auf vernünftige Weise zu ernähren«, sagte sie im Gespräch mit dem Autor. In der Regel hielt sich der Feinschmecker auch diszipliniert an ihre Speise- wie Gymnastikregeln, und erwähnte dies in seinen regelmäßigen Briefen, wenn er oder sie verreist waren: »ich denke immerzu an dich. ich habe mehr zu tun, als man annehmen sollte; immerhin komme ich täglich zum baden und turnen, und dann turnst und badest du im geiste mit, und ich mache alles brav so, als ob du dabei stündest und schimpftest.«; »gestern hab ich sehr gut geturnt, an dich denkend, heute etwas schlechter. auch den teebeutel tu ich immer brav heraus.«; »deine magenratschläge sind

sehr gut. sie decken sich ungefähr mit dem, was mir mein instinkt und meine erfahrung geraten haben, ich hatte sie im wesentlichen bereits befolgt, und es ist auch alles wieder gut geworden. trotzdem bin ich weiter vorsichtig. herausbekommen hab ich, daß rahm und rahmkäse geradezu als heilmittel wirken.«

Sie indessen mahnte in ihren Briefen, wie jenen nach Moskau, seine Turnübungen sowie das Essen von Früchten und Salaten immer wieder an. Nach Feuchtwangers Tod schrieb ihr Grete Weiskopf, die Witwe des 1955 gestorbenen Feuchtwanger-Kollegen F. C. Weiskopf in einem mitfühlenden Brief: »Ich habe, liebe, sehr verehrte Frau Feuchtwanger, dasselbe durchgemacht, was Sie jetzt durchmachen, und ich mache es jetzt noch – nach drei Jahren – durch. Auch Sie haben, soviel ich weiß, keine Kinder. Unsere Männer waren ja auch unsere Kinder! Und es gibt eigentlich keinen Trost für einen solchen Schicksalsschlag. Man muß in sich selbst Halt suchen. Und alles tun, was sich für das Werk des geliebten Menschen, und was sich noch für sein Ansehen tun läßt.«[194]

Wer mit Marta Feuchtwanger über ihr Leben sprach, dem sagte sie immer, ihr Leben habe eigentlich erst mit jenem Tag begonnen, als sie im Alter von knapp 20 Jahren Lion Feuchtwanger beim Hausball seiner Schwester kennenlernte. Sie habe damals »einen Mann haben wollen, der gescheiter ist als ich. Das war mir das Wichtigste und das hab ich erreicht.« Sie war dann »eine Art Lehrling bei ihm«, er habe ihr »Zuversicht und Selbstvertrauen beigebracht, indem er mich immer in seine Arbeit einbezogen hat, bis ich ihm eine, wie er sagte, ›unentbehrliche Mitarbeiterin‹ war«. Als sie 50 wurde und 30 Jahre mit ihm zusammen war, nach ihrer dramatischen Flucht aus Frankreich und ihrer Ankunft in Amerika schrieb er ihr: »ich hoffe, daß du jetzt in der zweiten hälfte mich so gut verstehst wie ich dich, daß du geduld mit mir hast, daß du merkst, wie ungeheuer ich dich mag und wie ganz und für immer wir zusammengehören, und daß du mir in bezug auf meine arbeit weiter so gute ratschläge gibst wie bisher. wenn du dir außerdem keine überflüssigen sorgen machen wolltest, wäre das eine schöne dreingabe. 70prozentig dein (22 prozent mußt du mir für mich selber lassen) L«.[195] Sie verstand ihn, verstand auch die fehlenden acht Prozent, wie sie stets versucht hatte, ihn zu verstehen, auch wenn es nicht immer einfach war. Als sie die »zweite Hälfte« des Lebens fast hinter sich hatte, die Lion ihr gewünscht hatte, nach diesem Leben, das mit einer Wanderung begonnen hatte und zu einer lebenslangen Wanderung durch zwei Kriege, durch Armut und Wohlstand, durch Verfolgung, Gefangenschaft und Freiheit, durch Liebe und Glück wurde, und das reich war an zähen Kämpfen für Vernunft und Fortschritt und gegen Dummheit und Gewalt, da sagte sie, auf der Terrasse ihres »Schlosses« in Pacific Palisades stehend, mit immer noch stark münchnerisch gefärbter Stimme nur den Satz: »Ich hab' mir mein Leben nie besser gewünscht.«

Anhang

Vergleichende Zeittafel

1884 7. Juli in München in der Hildegardstraße als erstes Kind von neun Kindern des Margarinefabrikanten Sigmund Aaron Feuchtwanger und seiner Ehefrau Johanna geb. Bodenheimer.

1885

1886 Das Geburtshaus brennt nieder, Umzug der Feuchtwangers in ein Mietshaus am St. Anna-Platz Nr. 4.

1887

geb. Oskar Loerke

gest. Heinrich Laube

geb. Walter A. Berendson

geb. Oskar Maria Graf

Beginn der Kolonialpolitik des Deutschen Reiches: Süd-West-Afrika, Togo und Kamerun werden deutsche Kolonien.

Die erste Nummer des »Wahren Jacobs« erscheint, einer politisch-satirischen Zeitschrift der deutschen Sozialdemokratie.

Gründung der Deutschfreisinnigen Partei (linksliberal).

Erneuerung des »Drei-Kaiser-Bundes«.

Französisch-chinesischer Krieg bis 1885.

Internationale Kongokonferenz in Berlin.

Großbritannien: 3. Parlamentsreform zugunsten der ländlichen Mittelschicht.

geb. Fritz v. Unruh

geb. Carl Einstein

geb. Sinclair Lewis

geb. Berthold Viertel

geb. Ernst Bloch

Eroberung der Marshallinseln und Ostafrikas.

Der Papst verleiht Bismarck den Christusorden für die Anerkennung seines Schiedsspruchs, der die Karolinen Spanien zuspricht.

Die Sozialdemokratie nimmt gegen die Kolonialpolitik Stellung.

Großbritannien: Ausweitung der Kolonialexpansion in Mittel- und Südafrika.

Frankreich: Eroberung von Annam und Tongking in Hinterindien.

Spanien: Alfons XIII. wird König von Spanien.

Belgien: Gründung der Belgischen Arbeiterpartei.

Krieg zwischen Serbien und Bulgarien.

geb. Gottfried Benn

geb. Hermann Broch

Streikerlaß des Innenministers von Puttkamer leitet eine neue Phase des »Sozialistengesetzes« ein, das durch verschärfte Unterdrückungsmaßnahmen gegen die Sozialdemokratie gekennzeichnet ist.

Tod Ludwig II., König von Bayern.

Ende des »Drei-Kaiser-Bundes« (seit 1873).

Großbritannien: Eroberung von Burma.

geb. Albert P. Gütersloh

geb. Arnold Zweig

geb. Kurt Schwitters

Ende des »Kulturkampfes« mit der Aufhebung der »Maigesetze« von 1973.

Deutsch-französische Krise wird beigelegt.

Geheimer »Rückversicherungsvertrag« Deutschlands mit Rußland.

Großbritannien: Erste britische Reichs-

1888

1889

1890 Besuch der Volksschule Sankt Anna und danach des Wilhelms-Gymnasiums in München.

geb. Georg Trakl geb. Georg Heym geb. Bruno Frank	Illegaler Parteitag der deutschen Sozialdemokraten in St. Gallen.	Konferenz der autonomen Kolonien in London
geb. Friedrich Wolf geb. Franz Jung gest. Theodor Storm	Gest. Wilhelm I. Gest. Friedrich III., Sohn und Nachfolger Wilhelms I. Wilhelm II., Sohn Friedrich III., wird deutscher Kaiser (bis 1918). »Der Sozialdemokrat« erscheint in London.	Niederschlagung des Araberaufstandes in Deutsch-Ostafrika. Frankreich vereinigt hinterindische Eroberungen (Indochina). Internationale Konvention über den Suezkanal. Gründung des internationalen Frauenbundes in Washington.
geb. Heinrich Lersch geb. Ludwig Renn gest. Ludwig Anzengruber geb. Charles Chaplin geb. Carl v. Ossietzky		Gründungskongreß der II. Internationale in Paris. Der 1. Mai wird zum Weltfeiertag der Arbeiter proklamiert. Gründung der sozialdemokratischen Parteien in Österreich und Schweden.
geb. Kurt Tucholsky geb. Walter Hasenclever geb. Franz Werfel gest. Gottfried Keller geb. Anna Seghers geb. Helene Weigel	Der Reichstag lehnt eine Verlängerung des »Sozialistengesetzes« ab. Es läuft am 30. 9. ab. Erneuter Wahlerfolg der Sozialdemokraten bei den Reichstagswahlen (ca. 1,5 Mill. Stimmen). Wilhelm II. entläßt Bismarck.	Großbritannien tauscht mit Deutschland Helgoland gegen Witu und Sansibar. Deutsch-Ostafrika wird deutsches Schutzgebiet. Ende des geheimen »Rückversicherungsvertrages« zwischen Deutschland und Rußland.

1891

1892

1893

1894 Wechsel ins Wilhelm-Gymnasium

	General Graf Leo v. Caprivi wird neuer Reichskanzler.	USA: Beginn einer 2. Einwanderungswelle.
	Die Sozialistische Arbeiterpartei Deutschlands ändert ihren Namen in Sozialdemokratische Partei Deutschlands (SPD).	Brüsseler Antisklavereikonferenz.
geb. Nelly Sachs geb. Johannes R. Becher geb. Ferdinand Bruckner geb. Ivan Goll geb. Leopold Schwarzschild geb. Marta Löffler	Am 1. 1. erscheint die erste Nummer des »Vorwärts«, des neuen Zentralorgans der Sozialdemokratischen Partei; Chefredakteur: Wilhelm Liebknecht. Annahme des »Erfurter Programms« auf dem Parteitag der SPD. Gründung des Alldeutschen Verbandes (Vorkämpfer für eine imperialistische Politik).	Erneuerung des »Dreierbundes« zwischen Deutschland, Österreich-Ungarn und Italien auf 12 Jahre. Bündnisabkommen zwischen Rußland und Frankreich. Gründung des »Internationalen Friedensbüros« in der Schweiz.
geb. Werner Bergengruen geb. Reinhard J. Sorge geb. Gerrit Engelke	Gründung der Deutschen Friedensgesellschaft in Berlin.	Abschluß der »Militärkonvention« zwischen Frankreich und Rußland, führt 1893 zu einem festen Bündnis. Italien: Gründung der Sozialistischen Partei.
geb. Hans Fallada geb. Ernst Troller geb. Wilhelm Dieterle geb. Erwin Piscator	Gründung des Bundes der Landwirte (162000 Mitglieder im Mai 1893), einflußreichster Interessenverband im Deutschen Kaiserreich.	Internationaler sozialistischer Arbeiterkongreß in Zürich, Massenstreik wird als politisches Kampfmittel anerkannt. Großbritannien: Gründung der Unabhängigen Arbeiterpartei.
geb. Hans Henny Jahnn geb. Joseph Roth	Fürst zu Hohenlohe wird Reichskanzler und preußischer Ministerpräsident.	Frankreich: Alfred Dreyfus, Offizier jüdischer Abstammung, wird wegen angeblichen Landesverrats verurteilt und deportiert.

1895

1896

1897 Als 13jähriger bringt Feuchtwanger sein erstes literarisches Werk zu Papier,» ein schönes allegorisches Spiel« über den bayrischen Prinzregenten, wird belobigt und schreibt seine »erste erlebte Dichtung« über den Gegensatz »zwischen der offiziellen Wahrheit und der wirklichen«.

1898

geb. Aldous Huxley geb. Ludwig Marcuse	Gründung des Bundes deutscher Frauenvereine mit dem Ziel der Gleichberechtigung der Frau.	Rußland: Zar Alexander III. gestorben. Nachfolger wird Nikolaus II. bis 1895. Niederlande: Gründung der Sozialdemokratischen Arbeiterpartei. Japanisch-chinesischer Krieg bis 1895.
geb. Ernst Jünger geb. Arnolt Bronnen gest. Gustav Freytag	Vorläufige Auflösung von 11 sozialdemokratischen Vereinen, einschließlich des Parteivorstandes der SPD, durch den Polizeipräsidenten von Berlin.	Frankreich: F. Faure wird Präsident (bis 1899). Kuba: Aufstand gegen Spanien.
geb. Heimito v. Doderer geb. Carl Zuckmayer geb. Hermann Kasack geb. Walter Mehring	Verkündung des Bürgerlichen Gesetzbuches (tritt am 1. 1. 1900 in Kraft). Einführung des Drei-Klassen-Wahlrechts in Sachsen, trotz großer Proteste. »Krügerdepesche«. An den Burenpräsidenten Krüger gerichteter Glückwunsch Kaiser Wilhelms II. zur erfolgreichen Abwehr eines englischen Einfalls führt zu diplomatischen Verwicklungen mit Großbritannien.	Krieg Italiens gegen Abessinien. Es besiegt Italien und erlangt die Unabhängigkeit.
geb. Alexander Lernet-Holenia	Alfred von Tirpitz wird Staatssekretär des Reichsmarineamtes.	Rußland, Großbritannien und Frankreich: Abschluß sogenannter Pachtverträge mit China.
geb. Bertolt Brecht geb. E. M. Remarque geb. Friedrich Jünger gest. Theodor Fontane	Gest. Fürst Otto von Bismarck. A. v. Tirpitz verkündet das deutsche Flottenbauprogramm (Strategie der Abschreckung).	Frankreich: III. Republik durch die »Dreyfus-Affäre« schwer erschüttert. Spanisch-Amerikanischer Krieg: Spanien verliert Kuba und die Philippinen an die neue Weltmacht USA.

1899

1900

gest. Conrad Ferdinand Meyer geb. Hans Eisler		China muß Kiautschow an Deutschland verpachten. Rußland: Gründung der Sozialdemokratischen Arbeiterpartei Rußlands.
geb. Erich Kästner geb. Elisabeth Langgässer geb. Alfred Kantorowicz	Reichstag lehnt Zuchthausstrafen für Streikführer ab. Verstärkung des Heeres auf 612 000 Mann. Parteitag der Sozialdemokraten in Hannover, nimmt eine Resolution Bebels gegen den Revisionismus an.	1. Haager Friedenskonferenz über die friedliche Beilegung internationaler Konflikte und Landkriegsordnung. 26 Staaten bilden einen internationalen Schiedsgerichtshof. Großbritannien: Krieg gegen die Buren in Südafrika (bis 1902). Frankreich: Dreyfus wird begnadigt (1906 freigesprochen und rehabilitiert). Karolinen und Marianen werden deutsche Kolonien.
geb. Bruno Apitz geb. Anna Seghers gest. Friedrich Nietzsche geb. Franz C. Weiskopf	Inkrafttreten des »Bürgerlichen Gesetzbuches«. Verdoppelung der deutschen Flotte. Große Debatten im Reichstag um die »Lex-Heinze«-Vorlage. Unter dem Vorwand der Eindämmung der Prostitution sollen die künstlerischen Freiheiten entscheidend eingeschränkt werden. Graf Fürst Bernhard v. Bülow wird Reichskanzler (bis 1909).	Kongreß der II. Internationale in Paris.

1901

1902

1903 Beginn des Studiums in Berlin und München (Germanistik, Philosophie, Anthropologie; Beschäftigung mit griechischer und indischer Kultur).

Leitung des Münchener Literarischen Vereins »Phöbus«.

Als erste Publikation in Buchform erscheinen 2 Skizzen: »Die Einsamen«.

1904

1905 Kleine Dramen, Teil 1 der beiden Sammelbände kommt heraus (Teil 2: 1906), in denen Feuchtwanger seine großen dramatischen Einakter mit ausschließlich historischen Themen publiziert: »Joel«, »Das Weib des Urias«, »Der arme Heinrich«, »Die Braut von Korinth«, »Donna Bianca«, »König Saul« (die beiden letzten im September 1905 am Münchener Volkstheater uraufgeführt).

geb. Oscar Homolka geb. Ödön von Horváth geb. Marieluise Fleißer geb. Marie Luise Kaschnitz geb. Willi Bredel		Großbritannien: Königin Victoria gestorben. Nachfolger wird Edward VII. (bis 1910).
geb. Günther Weisenborn	Unterzeichnung der deutsch-türkischen Konzession für den Bau der Bagdadbahn.	Englisch-japanischer Bündnisvertrag gegen Rußland gerichtet.
geb. Jochen Klepper geb. Reinhold Schneider geb. Joseph Breitbach geb. Peter Huchel geb. Erich Arendt	Wahlsieg der Sozialdemokraten (31,7% der Wähler). Parteitag der Sozialdemokraten in Dresden verurteilt den evolutionären »Revisionismus« von Eduard Bernstein.	Rußland: II. Parteitag der Sozialdemokratischen Arbeiterpartei Rußlands. Spaltung in »Menschewiki« (Plechanow) und »Bolschewiki« (Lenin-Trotzki). Schwere Judenpogrome.
geb. Bodo Uhse	Unterdrückung der Aufstände der Hottentotten und Hereros in Deutsch-Südwestafrika. Gründung des Reichsverbandes gegen die Sozialdemokratie.	Beginn des Russisch-Japanischen Krieges um die Mandschurei und Korea (bis 1905). Niederlage Rußlands. Bündnisvertrag »Entente cordiale« zwischen Großbritannien und Frankreich, gegen Deutschland gerichtet. Amsterdam: Internationaler Sozialistenkongreß.
geb. Elias Canetti geb. Manès Sperber geb. Erika Mann	Fertigstellung des Blitzkriegplanes (Schlieffenplan). Sozialdemokratischer Parteitag in Jena.	Rußland: »Blutsonntag« in Petersburg. Beginn der bürgerlich-demokratischen Revolution (bis 1907).

Feuchtwanger betätigt sich auch als Regisseur und inszeniert u. a. Gerhart Hauptmanns »Und Pippa tanzt«.

Für ein Semester nach Berlin.

1906

1907 Promotion mit der Doktorarbeit »Heinrich Heines Fragment ›Der Rabbi von Bacherach‹«.

Sein fünfaktiges Drama »Der Fetisch« erscheint.

Beginn der nicht abgeschlossenen Habilitationsschrift »Die Anfänge des deutschen Journalismus«.

1908 Mitherausgabe der Halbmonatsschrift »Der Spiegel«. Blätter für Literatur, Musik und Bühne.

Danach Mitarbeit an Siegfried Jacobsohns Zeitschrift »Die Schaubühne« (bis 1916).

Als Theaterkritiker analysiert Feuchtwanger kritisch den Spielplan der Münchener Sprechbühnen und schreibt Essays über Literatur und Kunst. Zu aktuellen kulturpolitischen Themen nimmt er engagiert Stellung.

Karl Liebknecht fordert Anwendung des politischen Massenstreiks als Kampfmittel der Arbeiter.

Erste Marokkokrise (bis 1906), Rivalität zwischen Frankreich und Deutschland um marokkanische Rohstoffgebiete.

geb. Wolfgang Koeppen

geb. Klaus Mann

Großer Streik der Hamburger Arbeiter gegen eine reaktionäre Wahlreform, erster politischer Massenstreik in Deutschland.

Großbritannien: Die 1900 entstandene britische Arbeiterpartei gibt sich den Namen »Labour Party«.

Eröffnung der sozialdemokratischen Parteischule in Berlin.

geb. Rose Ausländer

geb. Günter Eich

Die Sozialdemokraten erhalten bei der Reichstagswahl die meisten Stimmen. Das Wahlsystem benachteiligt sie jedoch bei der Verteilung der Mandate. Es kommt so zur Bildung des reaktionären »Bülow-Blocks« der Reichstagsrechtsparteien bis 1909.

2. Haager Friedenskonferenz. Die Großmächte weigern sich, ihre Rüstungen einzuschränken und ein Schiedsgericht zur Schlichtung internationaler Konflikte anzuerkennen.

Kongreß der II. Internationale beschließt, den drohenden Krieg zum Sturz des Kapitalismus auszunutzen.

Rußland: Lenin flieht ins Ausland.

»Daily-Telegraph-Affaire« (Veröffentlichung der Gespräche Wilhelms II. mit brit. Freunden im »Daily Telegraph« vom 28. 10.). Nach harter Kritik der öffentlichen Meinung sagt Wilhelm II. für die Zukunft politische Zurückhaltung zu.

Österreich-Ungarn: Annexion Bosniens und der Herzegowina.

Türkei: Revolution der »Jungtürken« (1908/09).

1909 »Phoebus-Skandal«

1910 Anfang der Freundschaft mit Frank Wedekind.

Sein erster Roman »Der tönerne Gott« kommt als Buch heraus.

Bekanntschaft mit Marta Löffler.

1911 Beginn der fast ausschließlichen, vierzehnjährigen Arbeit für das Theater. In diesen Jahren entstehen insgesamt 18 Bühnenwerke.

»Ein feste Burg ist unser Gott«, die Bearbeitung eines Volksstükkes von Arthur Müller, erscheint.

Beginn an der Arbeit zur Pantomime in fünf Bildern »Pierrots Herrentraum« (mit der Musik von Adolf Hartmann-Trepka).

Freundschaft mit Heinrich Mann.

1912 Eheschließung mit Marta Löffler.

Aufenthalt in der Schweiz und Italien.

gest. Detlev von Liliencron	Wahlrechtsdemonstration in Preußen (Januar–März). Bülows Plan, die gegenüber den Einzelstaaten schwach gebliebenen Reichsfinanzen zu reformieren, führt zu seinem Sturz. Neuer Reichskanzler und preußischer Ministerpräsident wird Th. v. Bethmann-Hollweg.	Vertrag von Racconigi zwischen Rußland und Italien als Reaktion auf die österreichische Annexion Bosniens und der Herzegowina.
gest. Wilhelm Raabe	Wahlrechtskämpfe in Preußen auf dem Höhepunkt (Februar–April). Der Versuch Bethmann-Hollwegs, eine Wahlrechtsreform in Preußen durchzusetzen, scheitert am Widerstand der Konservativen.	Japan annektiert Korea.
	Gründung der Fortschrittlichen Volkspartei.	
	Schwere Auseinandersetzungen zwischen Arbeitern und Polizei in Berlin-Moabit (September–Oktober).	
geb. Max Frisch	Gründung des militaristischen Jungdeutschland-Bundes.	Zweite Marokkokrise.
geb. Ernst Meister		Italienisch-Türkischer Krieg (1911/12).
geb. Hilde Domin geb. Erwin Strittmatter	Wahlsieg der Sozialdemokraten, sie werden mit 110 Sitzen (35% der Wähler) stärkste Fraktion im Reichstag.	Erneuerung des »Dreibundes« zwischen Deutschland, Österreich-Ungarn und Italien.
gest. Karl May	Gründung des militaristischen Deutschen Wehrvereins.	Internationaler Sozialistenkongreß in Basel erläßt Manifest gegen den Krieg.

1913 Südfrankreich-, Monte-Carlo- und Italienreise.

1914 Ausbruch des I. Weltkrieges überrascht Feuchtwanger in Tunis. Flucht aus einem Internierungslager nach Deutschland. Kurze Militärzeit, da als untauglich für den aktiven Dienst erklärt.

Er schreibt seine Nachdichtung »Die Perser des Aischylos« (1915 veröffentlicht in der »Schaubühne«. Uraufgeführt Schauspielhaus München, 20. Januar 1917, Regie: Eduard Scharrer-Santen).

1915 »Lied der Gefallenen« (Antikriegsgedicht) erscheint in der »Schaubühne«, Trauerspiel »Julia Farnese« wird publiziert (Uraufführung Thalia-Theater Hamburg, 10. Januar 1916), ebenso die Schauspiele »Warren Hastings, Gouverneur von Indien« (Uraufführung Schauspielhaus München 23. Sept. 1916, Regie: Georg Stollberg) und »Vasantasena«, eine Nachdichtung des indischen Stückes »Das irdene Wägelchen« des Sudraka (Uraufführung Nationaltheater Mannheim, 4. März 1916, Regie: Carl Hagemann).

		Erster Balkankrieg 1912/13. Die Türkei verliert fast alle europäischen Besitzungen. Rußland: Die Menschewiki werden aus der Sozialdemokratischen Arbeiterpartei ausgeschlossen.
geb. Hermann Lenz	Größte Verstärkung des Heeres seit 1871 (um 136000 auf 780000 Mann). gest. August Bebel	Zweiter Balkankrieg (Juni–August).
geb. Arno Schmidt geb. Alfred Andersch gest. Paul Heyse gest. Christian Morgenstern geb. Ernst Stadler gest. Georg Trakl	Bewilligung der Kriegskredite durch die sozialdemokratische Reichstagsfraktion (4.8.). Scheitern des deutschen Blitzkriegsplanes (Schlacht an der Marne). Karl Liebknecht stimmt gegen die Kriegskredite (2.12.).	Ermordung des österreichisch-ungarischen Thronfolgers in Sarajewo (28.7.). Ausbruch des I. Weltkrieges (28.7).
geb. Stephan Hermlin geb. Karl Krolow	Deutscher Gasangriff an der Westfront bei Ypern (22.4.). Deutscher Luftangriff mit Zeppelinen auf Londoner Wohnviertel. Friedensdemonstrationen in Berlin (November/Dezember).	Italien: Kriegseintritt an der Seite der Entente mit der Kriegserklärung an Österreich-Ungarn (23.5.).

1916 Schauspiel »Der König und die Tänzerin«, nach dem Indischen des Kalidasa, entsteht (Uraufführung Kammerspiele München, 5. März 1917, Regie: Wolff von Gordon).

1917 »Friede, ein burleskes Spiel« nach den »Acharnern« und der »Eirene« des Aristophanes, erscheint (Uraufführung Hans-Otto-Theater Potsdam, 1954). Schauspiel »Jud Süß« wird uraufgeführt, Schauspielhaus München, 13. Okt. 1917 (als Roman erschienen 1925).

Uraufführung von »Die Perser« (Januar).

1918 Tragödie »Appius und Virginia«, Bearbeitung des gleichnamigen Schauspiels des Shakespeare-Zeitgenossen John Webster, wird publiziert, ebenfalls »Die Kriegsgefangenen«, Schauspiel in fünf Akten, das in Deutschland verboten ist und als erstes Stück eines deutschen Schriftstellers nach dem I. Weltkrieg in Frankreich erscheint.

Anfang an der Arbeit an dem dramatischen Roman »Thomas Wendt« (1920).

Proben in den Kammerspielen München müssen wegen der Revolution abgebrochen werden. Später Proben im Staatstheater (Residenztheater), Regie: Erich Engel, erneuter Abbruch wegen des Kapp-Putsches.
Aufführung schließlich 1924 in Bielefeld unter dem Titel »Neunzehnhundertachtzehn«, nach Skandal bei Premiere wieder abgesetzt.

geb. Wolfgang Hildesheimer	Der bisherige Oberbefehlshaber im Osten, von Hindenburg, wird Chef des Generalstabes des Feldheeres und übernimmt damit die oberste Heeresleitung.	Blutige Materialschlachten vor Verdun (Febr./Dez., 700000 Mann Gesamtverluste) und an der Somme (Juni-Nov., über 1000000 Mann Gesamtverluste).
geb. Peter Weiss		
gest. Marie von Ebner-Eschenbach		
gest. Reinhard J. Sorge	Bildung der Spartakusgruppe.	
geb. Heinrich Böll	Gründung der unabhängigen Sozialdemokratischen Partei (USPD).	Rußland: Februarrevolution, Sturz des Zaren, Sieg der bürgerlich-demokratischen Revolution.
geb. Johannes Bobrowski		
	Sturz des Reichskanzlers Bethmann-Hollweg (13. 7.).	Lenin kehrt aus der Emigration nach Petrograd zurück.
	Oberste Heeresleitung (Hindenburg, Ludendorff) übernimmt eine diktaturähnliche Machtstellung.	Oktoberrevolution, Errichtung der Sowjetmacht.
	Aufstand in der deutschen Kriegsflotte (Wilhelmshaven, 2. 8.).	
gest. Peter Rosegger	Bewaffneter Aufstand der Matrosen in Kiel (3. 11.). Beginn der Novemberrevolution. Abdankung Kaiser Wilhelms II., Ausrufung der Republik (9. 11.).	Ende des I. Weltkrieges. Waffenstillstandsabkommen zwischen Deutschland und den Entente-Mächten in Campiègne (11. 11.).
gest. Frank Wedekind		
gest. Gerrit Engelke		
	Gründungsparteitag der Kommunistischen Partei Deutschlands (KPD) in Berlin (30. 12. 1918–1. 1. 1919).	Österreich: Sturz der Monarchie, Proklamation der Republik (11./12. 11.).

1919 Beginn der Freundschaft mit Bertolt Brecht.

1920 Uraufführung der melancholischen Komödie in vier Akten »Der Amerikaner oder die entzauberte Stadt« (Kammerspiele München, Dezember 1920; Regie: Otto Falckenberg).

»Gespräche mit dem Ewigen Juden«, Prosasatire. »Der holländische Kaufmann«, Schauspiel.

1921 »Herrn Hannsickes Wiedergeburt«, Erzählung.

	Niederschlagung des Spartakusaufstandes (Januarkämpfe) in Berlin. Ermordung Kurt Eisners in München. Ermordung Karl Liebknechts und Rosa Luxemburgs (15. 1.). Zusammentritt der Nationalversammlung in Weimar (6. 2.). Wahl Friedrich Eberts zum Reichspräsidenten. Scheidemann wird Reichskanzler (bis Juni 1919). Blutige Niederschlagung der Bayerischen Räterepublik (13. 4.–4. 5.). Die Mehrheit der Weimarer Nationalversammlung verabschiedet am 11. 8. die Weimarer Verfassung (in Kraft ab 4. 8.).	Unterzeichnung des Friedensvertrages von Versailles zwischen den Siegermächten und Deutschland (28. 6.).
geb. Wolfdietrich Schnurre geb. Paul Celan	Niederschlagung des reaktionären Kapp-Putsches durch Generalstreik der Gewerkschaften. Die Mehrheit der USPD schließt sich der KPD an, Vereinigungsparteitag in Berlin. Hitler verkündet sein 25-Punkte-Programm (Parteiprogramm der NSDAP) im Münchener Hofbräuhaus.	Sowjetrußland: Bolschewisten besiegen den weißrussischen General Deniken sowie die ausländischen Interventionstruppen.
geb. Ilse Aichinger geb. Hans-Carl Artmann geb. Friedrich Dürrenmatt geb. Wolfgang Borchert geb. Helmut Heißenbüttel gest. Ludwig Thoma	Einmarsch von Reichswehr und Polizei in das mitteldeutsche Industriegebiet (Mansfelder Revier), Niederschlagung des bewaffneten Widerstandes der revolutionären Arbeiter.	London: Festsetzung der deutschen Reparationssumme auf 132 Milliarden Goldmark.

1922 Nachdichtung »Der Frauenverkäufer« von Calderon de la Barca erscheint (Uraufführung Kammerspiele München 5. April 1922, Regie: Rudolf Frank, Darsteller u. a. Elisabeth Bergner).

»Jud Süß«, Roman, findet keinen Verleger.

1923 »Der holländische Kaufmann«, Stück in 3 Akten wird uraufgeführt (Residenztheater München, 5. Jan. 1923; Regie: Kurt Stieler, Titelrolle: Fritz Ullmer). Bei Uraufführung »Der holländische Kaufmann« Nazikrawalle gegen Feuchtwanger.

Arbeit am Roman »Die häßliche Herzogin« (Margarete Maultasch), im gleichen Jahr veröffentlicht.

Entstehungsjahr der beiden erst später uraufgeführten Stücke »Die Petroleum-Inseln« und »Wird Hill amnestiert?«.

1924 Zusammenarbeit mit Brecht, vor allem an dessen Stücken »Leben Eduards des Zweiten« (nach Marlowe; Uraufführung Kammerspiele München 19. März 1924; Regie: Bertolt Brecht, Bühnenbild; Caspar Neher, Darsteller u. a. Oskar Homolka, Maria Koppenhöfer und Hans Schweikart) und »Im Dickicht der Städte« (Uraufführung Hessisches Landestheater Darmstadt, 10. Dezember 1927).

Urlaub mit Brecht an der Ostsee.

1925 Gemeinsam mit Brecht Revision des Stückes »Warren Hastings« unter dem Titel »Kalkutta, 4. Mai« (erschienen 1927, aufgeführt 1928).

Übersiedlung Feuchtwangers nach Berlin. Bereits 1931 äußert er, er sehe die Stadt »voll von zukünftigen Emigranten«.

geb. Heinar Kipphardt geb. Walter Höllerer	Ermordung des Außenministers Walther Rathenau. »Deutschlandlied« wird Nationalhymne.	Vertrag von Rapallo zwischen Sowjetrußland und Deutschland. Italien: Faschistischer Staatsstreich (Marsch auf Rom), König ernennt Mussolini zum Ministerpräsidenten. Sowjetrußland: Gründung der Union der Sozialistischen Sowjetrepubliken (UdSSR).
	Bildung einer Regierung der »Großen Koalition« unter Gustav Stresemann (13. 8.). Versuch der Bildung einer Separatisten-Regierung im Rheinland (scheitert 1924 endgültig). Kommunistischer Aufstand in Hamburg wird abgebrochen. Niederschlagung eines faschistischen Putsches unter Ludendorff und Hitler in München (8./9. 11). Einmarsch der Reichswehr in Sachsen und Thüringen.	Besetzung des Ruhrgebietes durch Frankreich.
gest. Carl Spitteler gest. Franz Kafka		Londoner Konferenz: Annahme des Dawesplans (regelt die deutschen Reparationen). gest. Lenin
	gest. Friedrich Ebert (28. 2.). Wahl Hindenburgs zum Reichspräsidenten.	Konferenz von Locarno. Anerkennung der Westgrenzen durch Deutschland.

»Jud Süß« erscheint. »Nachsaison«, Erzählung.

1926 »Mehrere Novellen, u. a. »Stierkampf«, »Polfahrt«, »Panzerkreuzer Potemkin«, erscheinen.

1927 Drei angelsächsische Stücke (»Die Petroleum-Inseln«, »Kalkutta, 4. Mai«, »Wird Hill amnestiert«). Uraufführung des Stückes »Die Petroleum-Inseln« im Deutschen Schauspielhaus Hamburg. Beginn des 1930 veröffentlichten Romans »Erfolg« (Teil 1 der Wartesaal-Trilogie), der ersten literarischen Auseinandersetzung mit dem Nationalsozialismus.

Reise nach England auf Einladung des englischen Königs. Begegnung mit G. B. Shaw. Beginn an Erzählung »Marianne in Indien«.

1928 Schauspielhaus Berlin bringt in der Regie von Erich Engel am 12. Juni »Kalkutta, 4. Mai« heraus; Bühnenbild: Caspar Neher, Darsteller u. a. Sybille Binder, Rudolf Forster, Walter Franck, Paul Bildt. Am 28. November folgen »Die Petroleum-Inseln«; Regie: Jürgen Fehling, u. a. mit Maria Köppenhöfer, Lotte Lenya, Eugen Klöpfer, Albert Florath.

Pep. J. L. Wetcheeks »Amerikanisches Liederbuch«, eine Sammlung satirischer Gedichte (mit Illustrationen von Caspar Neher) erscheint.

1929 Erzählungen »Geschichte des Gehirnphysiologen Dr. Bl.«, »Höhenflugrekord«, »Polfahrt«.

geb. Hermann Kant geb. Siegfried Lenz geb. Max von der Grün geb. Ingeborg Bachmann gest. Rainer Maria Rilke gest. Siegfried Jacobsohn	Aufnahme Deutschlands in den Völkerbund.	Großbritannien: Gründung des British Commonwealth of Nations.
		USA: Vollstreckung der Todesurteile an Sacco und Vanzetti.
geb. Otto F. Walter geb. Peter Hacks gest. Hermann Sudermann	Reichstagswahlen Hermann Müller (SPD) bildet eine Regierung der »Großen Koalition«.	
geb. Hans Magnus Enzensberger geb. Walter Kempowski geb. Günter Kunert	Berliner Blutmai (1.5.). Polizeipräsident Zörgiebel (SPD) läßt auf Mai-Demonstranten schießen.	Internationale Konferenz in Den Haag: Dawesplan wird durch den Youngplan für deutsche Reparationszahlungen ersetzt.

1930 Uraufführung der Komödie »Wird Hill amnestiert?«; am 14. April 1930 im Staatstheater Berlin, Regie: Leopold Jessner, Darsteller u. a. Lucie Mannheim, Hans Leibelt, Aribert Wäscher, Paul Bild.

»Erfolg. Drei Jahre Geschichte einer Provinz«, Roman, erscheint bei Kiepenheuer.

1931 Beginn der Arbeit am Roman »Der jüdische Krieg«.

1932 Roman »Der jüdische Krieg« (erster Band der Josephus-Trilogie) wird veröffentlicht.

Im November Beginn einer Vortragsreise durch die USA, wo er sich noch während der Machtergreifung Hitlers aufhält. Er kehrt nicht mehr nach Deutschland zurück. In Washington antwortet er amerikanischen Politikern: »Hitler means war«.

1933 Von Goebbels wird Feuchtwanger als »ärgster Feind des deutschen Volkes« gebrandmarkt. Aberkennung der deutschen Staatsbürgerschaft und des Doktortitels. Plünderung seines Hauses in Berlin. Beschlagnahme des gesamten Besitzes. Verlust zahlreicher Manuskripte.

Feuchtwanger findet Asyl in Sanary/Var in Südfrankreich.

geb. Heiner Müller geb. Paul Nizon geb. Christa Wolf gest. Arno Holz gest. Hugo von Hofmannsthal		
geb. Gerhard Rühm	Sturz der Regierung Müller. Heinrich Brüning wird deutscher Reichskanzler (bis 1932).	Die letzten französischen Besatzungstruppen räumen das Rheinland.
geb. Thomas Bernhard geb. Rolf Hochhuth gest. Arthur Schnitzler		Spanien: Sturz der Monarchie, Proklamation der Republik.
geb. Alexander Kluge geb. Gabriele Wohmann gest. Gustav Meyrink	Erneute Wahl Hindenburgs zum Reichspräsidenten. Sturz der Regierung Brüning, Bildung des Kabinetts Papen (30. 5./1. 6.).	Konferenz in Lausanne: Youngplan wird durch ein neues Reparationszahlungsabkommen ersetzt, das aber nicht mehr wirksam wird.
geb. Peter Härtling geb. Rainer Kunze geb. Stefan George	Hitler wird Reichskanzler (30. 1.). Reichstagsbrand (27. 2.). Annahme des faschistischen »Ermächtigungsgesetzes« im Reichstag (24. 3.). Ende der Weimarer Republik, Machtergreifung der Nationalsozialisten.	USA: Präsidentschaft F. D. Roosevelts (bis 1945).

Mitarbeit in zahlreichen antifaschistischen Organisationen, u. a. zusammen mit Max Brod, Arthur Holitscher und Arnold Zweig; Aufrufe an die Deutschen im Rundfunk.

»Nationalismus und Judentum«, Essay.

»Die Geschwister Oppermann« (Teil 2 der Wartesaal-Trilogie; 1938 in der Sowjetunion verfilmt, Regie: G. L. Roschal, 1983 in der Bundesrepublik für das Deutsche Fernsehen verfilmt, Regie: Egon Monk).

1934 »Marianne in Indien« und sieben andere Erzählungen kommen in Paris heraus.

Arbeit an der Wiederherstellung des Fortsetzungsteiles zu »Der jüdische Krieg«.

Verfilmung von »Jud Süß« in England, Regie: Lothar Mendes, Hauptrolle: Conrad Veidt.

1935 Roman »Die Söhne«, zweiter Band der Josephus-Trilogie erscheint bei Querido in Amsterdam.

Antifaschistische Aktivitäten und Mitarbeit am internationalen Kongreß zur Verteidigung der Kultur in Paris. »Vom Sinn und Unsinn des historischen Romans«, Essay. »Neros Tod«, Erzählung. Beginn der Arbeit an »Exil«.

1936 Roman »Der falsche Nero« wird in Amsterdam publiziert, zwei Jahre später in Moskau.

Mitherausgeber der literarischen Monatsschrift »Das Wort« in Moskau (gemeinsam mit Brecht und Willi Bredel).

Austritt Deutschlands aus dem Völkerbund (19. 10.).

geb. Uwe Johnson

geb. Adolf Muschg

geb. Ulrich Plenzdorf

gest. Jakob Wassermann

gest. Erich Mühsam

gest. Joachim Ringelnatz

gest. Paul von Hindenburg (2. 8.). Hitler vereinigt die Ämter des Reichspräsidenten und des Reichskanzlers in seiner Hand.

Österreich: Ermordung des Bundeskanzlers Dollfuß während eines Putsches österreichischer Nationalsozialisten (25. 7.).

geb. Sarah Kirsch

geb. Peter Bichsel

gest. Kurt Tucholsky

Wiedereinführung der allgemeinen Wehrpflicht, Schaffung der faschistischen Wehrmacht. Erlaß der Nürnberger Rassengesetze. Beginn der systematischen Verfolgung der Juden.

Flottenabkommen zwischen Großbritannien und Deutschland unter Bruch des Versailler Vertrages.

geb. Wolf Biermann

gest. Heinrich Lersch

gest. Reinhard Goering

gest. Karl Kraus

Österreich verpflichtet sich zu einer am Deutschen Reich orientierten Außenpolitik.

Das Deutsche Reich und Japan unterzeichnen den Antikominternpakt.

Frankreich: In Frankreich kommt es zur ersten Volksfrontregierung unter Ministerpräsident Léon Blum.

Spanien: Francisco Franco wird zum Generalissimus und Chef der antirepublikanischen, nationalspanischen Regierung ausgerufen.

1937 Reise nach Moskau. Reisebericht »Moskau 1937« erscheint in Amsterdam.

1938

1939 Beginn der Arbeit an »Der Tag wird kommen«. Erste Verhaftung und Internierung im Lager Les Milles.

1940 Zweite Internierung in Les Milles, Verlegung in ein Zeltlager bei Nîmes. Marta F. wird in Gurs interniert, flieht, organisiert Befreiung ihres Mannes. Gemeinsame Flucht über die Pyrenäen mit Unterstützung der Unitarier (im Auftrag der Roosevelts). Über Spanien und Portugal flieht er in die USA. Übersiedelung nach Pacific Palisades in Kalifornien, wo Feuchtwanger bis zu seinem Tode lebt. Roman »Exil« (Teil 3 der »Wartesaal-Trilogie«) wird publiziert. Abschluß der »Josephus-Trilogie« mit »Der Tag wird kommen«, erscheint 1942 in New York. Neuauflage kommt 1951 unter dem Titel »Das gelobte Land« heraus.

geb. Nicolas Born geb. Jurek Becker geb. Klaus Schlesinger geb. Hartmut Lange	In der Enzyklika »Mit brennender Sorge« wendet sich Papst Pius XI. gegen die Behinderung der Kirche in Deutschland durch die Nationalsozialisten.	Mit dem Angriff Japans auf die Marco-Polo-Brücke südwestlich von Peking beginnt der chinesisch-japanische Krieg (bis 1945).
geb. Urs Widmer gest. Ernst Barlach gest. Ödön von Horváth gest. Carl v. Ossietzky	Deutsche Truppen marschieren in Österreich ein. Am 13. März proklamiert Adolf Hitler den Anschluß Österreichs an das Deutsche Reich. Am 1. Oktober marschieren deutsche Truppen in das Sudetengebiet ein. Joseph Goebbels, der Reichsminister für Volksaufklärung und Propaganda, organisiert »spontane« Kundgebungen gegen Juden (Reichskristallnacht).	US-Präsident Franklin D. Roosevelt fordert angesichts der weltpolitischen Lage erhöhte Rüstungsausgaben der USA.
geb. Gerold Späth gest. Ernst Toller gest. Joseph Roth gest. Carl Laemmle	Deutsche Truppen marschieren in die Rest-Tschechoslowakei ein (14./15. 3.). Deutsche Truppen marschieren ohne Kriegserklärung in Polen ein. Der Zweite Weltkrieg beginnt. Großbritannien und Frankreich erklären dem Deutschen Reich den Krieg. Italien hat sich als »nicht kriegführend« erklärt.	Spanien: Der spanische Bürgerkrieg endet mit dem militärischen Sieg der Aufständischen unter Generalissimus Francisco Franco. Zu Beginn des Zweiten Weltkrieges erklärt Franco die Neutralität Spaniens.
geb. Peter Schneider gest. Walter Hasenclever gest. René Schickele gest. Carl Einstein gest. Walter Benjamin	Die Westoffensive beginnt: Deutsche Truppen marschieren in die neutralen Länder Belgien, Luxemburg und Niederlande ein. Deutsche Truppen besetzen Paris.	Italien tritt auf der Seite des Deutschen Reiches in den Krieg ein und erklärt Frankreich und Großbritannien den Krieg. US-Präsident Franklin D. Roosevelt erklärt sich zur materiellen Unterstützung Frankreichs bereit, lehnt jedoch den sofortigen Kriegseintritt der USA ab.

Niederschrift des Erlebnisberichts »Der Teufel in Frankreich«. Erzählungen: »Wollstein«, »Eine Wette«, »Der Kellner Antonio«.

1941 Beginn der Arbeit am Roman »Die Brüder Lautensack«, auch unter dem Titel »Die Zauberer« (Erstveröffentlichung London/New York 1943).

Umsiedelung nach Los Angeles.

1942 »Unholdes Frankreich« (Ein Erlebnisbericht unter der Regierung Pétain) erscheint in Mexiko, ein Jahr davor bereits eine englische Übersetzung unter dem Titel »The devil in France«, wie auch die deutsche Neuauflage von 1954 heißt: »Der Teufel in Frankreich«. »Der Tag wird kommen«, englische Ausgabe. Erzählungen: »Der treue Peter«, »Die Lügentante«, »Das Haus am grünen Weg«, »Venedig (Texas)«. Zusammenarbeit mit Brecht an »Die Gesichte der Simone Machard«.
F. fortan auf der »F.B.I. Watch List«.

Marschall Philippe Pétain wird »Chef des französischen Staates« (Etat Français) mit Regierungssitz in Vichy.

geb. Wolfgang Bauer

gest. Johannes Schlaf

gest. Oskar Loerke

Ohne Kriegserklärung beginnt der deutsche Angriff auf Jugoslawien und Griechenland (Kapitulationen am 17. bzw. am 21. April).

Der deutsche Überraschungsangriff auf die UdSSR beginnt (22. 6.).

Das deutsche Reich erklärt den USA den Krieg (11. 2.).

Josef Stalin, der Generalsekretär der KPdSU, löst Wjatscheslaw Molotow als Regierungschef der Sowjetunion ab. Molotow bleibt Außenminister.

US-Präsident Franklin D. Roosevelt und der britische Premierminister Winston Churchill verkünden die »Atlantikcharta«, in der sie die Grundzüge ihrer künftigen Kriegs- und Nachkriegspolitik darlegen.

Mit dem japanischen Überfall auf Pearl Harbor, den Hauptstützpunkt der US-Pazifikflotte, beginnt der Krieg im Pazifik (7. 12.).

geb. Peter Handke

geb. Gerhard Roth

gest. Carl Sternheim

gest. Robert Musil

gest. Stefan Zweig

gest. Jochen Klepper

Die Deutsche U-Boot-Offensive im Atlantik beginnt.

Am 30./31. Mai fliegen die Briten den »1000. Bomberangriff« auf Köln.

Auf Reinhard Heydrich, den Planungsbeauftragten für die Endlösung der Judenfrage und stellvertretenden Reichsprotektor von Böhmen und Mähren, wird in Prag von Exiltschechen ein Attentat verübt.

Heydrich stirbt am 4. Juni.

Adolf Hitler gibt die »Weisung Nr. 45« gegen Stalingrad und zum Kaukasus vorzustoßen und Leningrad zu erobern.

Deutsche Truppen marschieren in das bisher unbesetzte (Vichy-)Frankreich ein.

Im »Washington-Pakt der Vereinten Nationen« bekennen sich 25 Staaten zu den Prinzipien der Atlantikcharta von 1941 und verpflichten sich, keinen Separatfrieden mit dem Deutschen Reich oder Japan zu schließen.

Großbritannien und die Sowjetunion schließen einen Bündnisvertrag auf 20 Jahre.

Die See-Luftschlacht bei den Midway-Inseln bringt die Wende im Pazifik-Krieg: Die Japaner verlieren vier, die Amerikaner einen Flugzeugträger, die Amerikaner erlangen die Vorherrschaft im Pazifik.

1943 »Amerika«, dramatische Vorstudie zu dem gleichnamigen Roman, Uraufführung Bühnen der Stadt Zwickau, 12. Oktober 1962. Abschluß des Romans »Simone« zeitlich nach dem gemeinsam mit Brecht geschriebenen Stück »Die Gesichte der Simone Machard« (Uraufführung Städtische Bühnen Frankfurt/Main, 8. Mai 1957).

Hauskauf in Pacific Palisades. »Die Brüder Lautensack« erscheint.

1944 Aufnahme der Arbeit am zweibändigen Roman »Waffen für Amerika«, auch unter dem Titel »Die Füchse im Weinberg« (veröffentlicht 1947/48).

gest. Gertrud Kolmar

gest. Max Reinhardt

General Friedrich Paulus kapituliert mit der von ihm befehligten Südgruppe in Stalingrad.

Joseph Goebbels ruft bei einer Veranstaltung im Berliner Sportpalast zum »Totalen Krieg« auf.

Die Geschwister Scholl werden wegen Zugehörigkeit zur Widerstandsgruppe »Weiße Rose« hingerichtet.

Die Reste der deutschen Heeresgruppe Afrika kapitulieren.

Deutsche Truppen besetzen Rom.

Die deutschen Truppen räumen Kiew.

Auf der Casablanca-Konferenz fordern US-Präsident Franklin D. Roosevelt und der britische Premierminister Winston Churchill die bedingungslose Kapitulation des Deutschen Reiches, Italiens und Japans.

Der Aufstand der Juden im Warschauer Ghetto beginnt.

Britische und amerikanische Truppen unter General Dwight D. Eisenhower landen auf Sizilien.

Auf der Konferenz von Teheran vereinbaren US-Präsident Franklin D. Roosevelt, der britische Premierminister Winston Churchill und der sowjetische Regierungschef Josef Stalin die Teilung Deutschlands nach dem Ende des 2. Weltkrieges.

geb. Martin Sperr

geb. Botho Strauß

gest. Max Halbe

Deutsche Truppen marschieren in Ungarn ein.

Die deutsche Luftwaffe läßt London erstmals mit V-Waffen beschießen.

Bei dem Bombenattentat von Claus Graf Schenk von Stauffenberg auf Adolf Hitler werden mehrere Personen getötet. Hitler wird nur leicht verletzt. Zahlreiche Widerstandskämpfer werden hingerichtet.

Die Alliierten erobern als erste deutsche Großstadt Aachen.

Die erfolglose deutsche Ardennenoffensive beginnt.

Die Großlandung der Alliierten in der Normandie beginnt.

Die USA beginnen mit der Bombardierung des japanischen Festlandes von Flugplätzen in China aus.

US-Truppen und die Truppen des Generals Charles de Gaulle rücken in Paris ein.

Der amerikanische Staatssekretär Henry Morgenthau legt einen Plan vor, nach dem Deutschland verkleinert, zerteilt und vom Industriestaat zum Agrarland zurückgeführt werden soll (Morgenthau-Plan).

1945 »Der Tag wird kommen«, deutsche Ausgabe.

Streit mit Brecht, weil F. das Angebot von Associated Press ablehnt, nach Deutschland zu reisen und über die Kriegsverbrecherprozesse in Nürnberg zu berichten.

1946 Abschluß des Romans »Waffen für Amerika«. Arbeit an »Wahn oder der Teufel in Boston« (auch unter dem Titel »Wahn in Boston«), einem Stück in drei Akten; erscheint 1948. Uraufführung Kleines Theater im Zoo Frankfurt/Main, 15. März 1949; unmittelbar darauf Premiere in den Kammerspielen des Deutschen Theaters Berlin (27. März 1949; Regie: Wolfgang Kühne, Bühnenbild: Heinrich Kilger, Darsteller u. a. Wilhelm Borchert, Ina Halley).

1947 Stück »Die Witwe Capet« wird abgeschlossen (Uraufführung Staatstheater Dresden, September 1956, Regie: Hannes Fischer), Veröffentlichung im selben Jahr.

»Odysseus und die Schweine«, Erzählung.

geb. Thomas Brasch

gest. Else-Lasker-Schüler

gest. Bruno Frank

gest. Georg Kaiser

gest. Franz Werfel

gest. Albrecht Haushofer

gest. Alfred Wolfenstein

gest. Alexander Roda-Roda

Der Großangriff der Roten Armee auf Berlin beginnt.

Die amerikanischen Truppen und die Rote Armee treffen bei Torgau an der Elbe zusammen.

Adolf Hitler begeht im Bunker der Reichskanzlei in Berlin Selbstmord.

Das Potsdamer Abkommen der Regierungschefs der USA, Großbritanniens, der UdSSR und Frankreichs sieht die Entnazifizierung und Entmilitarisierung Deutschlands vor.

In Berlin wird der Alliierte Kontrollrat errichtet als oberstes Regierungsorgan der Besatzungsmächte.

Auf der Jalta-Konferenz beschließen US-Präsident Franklin D. Roosevelt, der britische Premierminister Winston Churchill und der sowjetische Regierungschef Josef Stalin die Aufteilung des Deutschen Reiches in vier Besatzungszonen.

Der ehemalige italienische Ministerpräsident Benito Mussolini wird von italienischen Partisanen gefangengenommen und erschossen.

Erstmals in der Geschichte kommt es zum Einsatz von Kernwaffen: Atombomben auf Hiroshima (6. August) und Nagasaki (9. August).

geb. Franz Xaver Kroetz

gest. Gerhart Hauptmann

Konrad Adenauer wird zum Vorsitzenden der CDU in der britischen Besatzungszone gewählt.

Kurt Schumacher wird Vorsitzender der SPD.

Im Nürnberger Hauptkriegsverbrecherprozeß werden zwölf hohe NS-Politiker zum Tode verurteilt.

Der Völkerbund wird zugunsten der 1945 gegründeten Vereinten Nationen aufgelöst.

gest. Ricarda Huch

gest. Hans Fallada

gest. Wolfgang Borchert

Der »Marshall-Plan« sieht die Stabilisierung der europäischen Wirtschaft vor.

1948 »Waffen für Amerika«, Änderung des Titels in »Die Füchse im Weinberg«, Frankfurt/Main 1951.

F. beantragt die amerikanische Staatsbürgerschaft. In den nächsten zehn Jahren wird er zwar wiederholt von den Einbürgerungsbehörden verhört, die US-Staatsbürgerschaft wird ihm aber nicht erteilt.

1949 »Odysseus und die Schweine« und andere Erzählungen kommen in englischer Übersetzung heraus, ein Jahr später in Deutschland.

1950 Abschluß des Romans »Goya«, erscheint 1951, und Beginn an »Narrenweisheit«.

1951 Abschluß des Romans »Narrenweisheit oder Tod und Verklärung des Jean-Jaques Rousseau« (1952 publiziert).

gest. Karl Valentin

gest. Kurt Schwitters

gest. Alfred Kerr

In den Westzonen wird die Währungsreform durchgeführt.

Die UdSSR sperrt die Land- und Wasserwege für den Personen- und Güterverkehr zwischen Berlin (West) und Westdeutschland.

Der Staat Israel wird ausgerufen, ohne Festlegung der Grenzen. 1947 haben die Vereinten Nationen die Teilung Palästinas in einen jüdischen und einen arabischen Staat und die Internationalisierung Jerusalems beschlossen.

gest. Klaus Mann

Das Grundgesetz, die vom parlamentarischen Rat ausgearbeitete Verfassung der Bundesrepublik Deutschland, tritt in Kraft.

Konrad Adenauer (CDU) wird zum ersten deutschen Bundeskanzler gewählt. Bundespräsident ist Theodor Heuss (FDP).

Die Verfassung der Deutschen Demokratischen Republik tritt in Kraft. Präsident der DDR wird Wilhelm Pieck, Ministerpräsident Otto Grotewohl.

In Washington wird die NATO gegründet (Nordatlantikpakt).

Der Europarat (ER) mit Sitz in Straßburg wird gegründet.

gest. Hedwig Courts-Mahler

gest. Heinrich Mann

gest. Elisabeth Langgässer

gest. Leopold Schwarzschild

»Schumann-Plan« sieht die Bildung einer europäischen Gemeinschaft für Kohle und Stahl vor, als Vorstufe für die wirtschaftliche Einigung Europas.

Mit dem Einfall nordkoreanischer Truppen in Südkorea beginnt der Koreakrieg (bis 1953).

gest. Hermann Broch

gest. Yvan Goll

gest. André Gide

gest. Sinclair Lewis

In Paris wird der Vertrag zur Gründung der europäischen Gemeinschaft für Kohle und Stahl unterzeichnet (Frankreich, Bundesrepublik Deutschland, Italien, Beneluxstaaten).

1952 Rowohlt-Verlag, Reinbek/Hamburg beginnt mit der Herausgabe der Gesammelten Werke (bisher 10 Bände).

Beginn der Arbeit am Roman »Spanische Ballade«.

1953 Verleihung des »Nationalpreises 1. Klasse für Kunst und Literatur der DDR«.

1954 Verleihung des Ehrendoktorgrades der juristischen Fakultät der Humboldt-Universität Berlin.

Sammelband »Stücke in Versen« erscheint. Beendigung des Romans »Spanische Ballade«, der 1955 auch unter dem Titel »Die Jüdin von Toledo« aufgelegt wird.

Uraufführung von »Friede«.

1955 Arbeitsbeginn am Roman »Jefta und seine Tochter« (publiziert 1957).

1956 Uraufführung von »Die Witwe Capet« (gleichzeitig Erstveröffentlichung).

Sammelband »Centum Opuscula« (enthaltend 100 kleinere Arbeiten Feuchtwangers, die für das Verständnis seiner Werke von Interesse sind: Theaterkritiken, Anmerkungen über das eigene Schaffen, über Kunst, Literatur, Politik, Autobiographisches u. a.) erscheint.

gest. Alfred Einstein	Zwischen der Bundesrepublik und den drei westlichen Besatzungsmächten wird der Deutschlandvertrag geschlossen. Er überträgt der Bundesrepublik die Rechte eines souveränen Staates.	In Paris wird der Vertrag über die Bildung der europäischen Verteidigungsgemeinschaft (EVG) geschlossen, die Zusammenfassung der nationalen Streitkräfte unter einen gemeinsamen Oberbefehl.
gest. Friedrich Wolf gest. Berthold Viertel	Arbeiterstreiks in Berlin (Ost). Massenstreiks und Demonstrationen. Sowjetische Truppen schlagen den Aufstand nieder.	Der sowjetische Regierungs- und Parteichef Josef Stalin stirbt. Neuer Parteichef wird Nikita S. Chruschtschow.
	Die Pariser Verträge regeln die internationale Stellung der Bundesrepublik, die der Westeuropäischen Union und der NATO beitritt.	General Gamal Abdel Nasser übernimmt die Macht in Ägypten.
gest. Thomas Mann gest. Albert Einstein gest. Alfred Polgar gest. Franz C. Weiskopf	Das Militärbündnis »Warschauer Pakt« wird geschlossen.	Österreichischer Staatsvertrag. Österreich wird als unabhängiger Staat anerkannt und verpflichtet sich zu dauernder militärischer Neutralität.
gest. Robert Walser gest. Gottfried Benn gest. Bertholt Brecht	Einheiten der Bundeswehr beginnen ihren Dienst. In der DDR wird die Nationale Volksarmee aufgestellt.	Sowjetische Truppen schlagen den ungarischen Volksaufstand nieder. Die Verstaatlichung der Suezkanalgesellschaft durch Ägypten führt zur Suezkrise. UN-Truppen werden in der Kanalzone stationiert.

1957 Aufnahme der Arbeit an dem großen (Fragment gebliebenen) Literatur-Essay »Das Haus der Desdemona oder Größe und Grenzen der historischen Dichtung«, erschienen 1961.

Verleihung des »Kultur- und Literaturpreises der Stadt München«.

Uraufführung »Die Gesichte der Simone Marchard« durch die Städtischen Bühnen Frankfurt/Main, 8. Mai.

»Jefta und seine Tochter«, Roman, erscheint.

1958 Lion Feuchtwanger stirbt am 21. Dezember an Magenkrebs im Mount Sinai Hospital in Los Angeles gest. Alfred Döblin

Die Bundesrepublik Deutschland, Frankreich, Belgien, Italien, Luxemburg und die Niederlande unterzeichnen in Rom den Vertrag zur Gründung der Europäischen Wirtschaftsgemeinschaft (EWG-Vertrag).

gest. Johannes R. Becher

gest. Reinhold Schneider

gest. Ferdinand Bruckner

Nach heftigen inner- und außerparlamentarischen Debatten beschließen die Regierungsparteien CDU/CSU und FDP die atomare Bewaffnung der Bundeswehr.

In ihrem Berlin-Ultimatum fordert die UdSSR binnen Jahresfrist die Umwandlung Berlins in eine entmilitarisierte Freie Stadt.

Zeit- und Weggenossen

Becher, Johannes R.: geb. 22. 5. 1891 in München, gest. 11. 10. 1958 in Ost-Berlin. Studium der Philologie und Medizin, Mitarbeiter der »Aktion« seit 1912, bekannt geworden durch seine expressionistische Lyrik. Ab 1917 Mitglied der USPD, ab 1918 des »Spartakusbundes«, ab 1919 der KPD. 1928 Mitbegründer des »Bundes proletarisch-revolutionärer Schriftsteller« und der Zeitung »Die Linkskurve«. 1933 ins Exil, zuerst in die Tschechoslowakei, dann nach Frankreich, 1935 in die Sowjetunion. Von 1935–1945 Chefredakteur der »Internationalen Literatur« (Moskau), Mitglied des ZK der KPD u. ab 1943 des »Nationalkomitees Freies Deutschland«. 1945 Rückkehr nach Deutschland, Ost-Berlin, Gründer und Präsident des »Kulturbundes zur demokratischen Erneuerung Deutschlands« (bis 1958). 1949 u. 1950 Nationalpreise der DDR, 1953 der Internationale Lenin-Preis, 1953–56 Präsident der Deutschen Akademie der Künste, 1954–58 Minister für Kultur der DDR.

Benjamin, Walter (Ps. Detlef Holz, c. Conrad, K. a. Stempflinger)**:** geb. 15. 7. 1892 in Berlin, Freitod 1940 an der franz.-span. Grenze in Port Bou. Nach Berührung mit der Jugendbewegung (Gustav Wyneken) Studium der Philosophie in Freiburg und Berlin, 1914 Vorsitzender der »Freien Studentenschaft« Berlin. Freundschaft mit Ernst Bloch. 1919 Promotion, nach gescheitertem Habilitationsversuch in Frankfurt a. M. publizistische Tätigkeit für »Die literarische Welt« u. die »Frankfurter Zeitung«. Wichtige kunstästhetische Arbeiten, einer der geistigen Väter der »Frankfurter Schule«. 1933 nach Frankreich emigriert, in Kontakt zu vielen bedeutenden Schriftstellern.

Berendsohn, Walter Arthur: geb. 10. 9. 1884 in Hamburg, gest. 1984 in Stockholm. Kaufmannslehre, nach nachgeholtem Abitur Germanistikstudium, 1911 Dr. phil., 1920 Privatdozent für skand. Literatur an der Universität Hamburg. 1933 Flucht nach Dänemark, 1943 nach Schweden, Gastprof. an der Universität Stockholm. Großes Bundesverdienstkreuz.

Bloch, Ernst: geb. am 18. 7. 1885 in Ludwigshafen, gest. am 4. 8. 1977 in Tübingen. Studium der Philosophie, Philologie, Musik und Physik, 1908 Dr. phil. Bloch emigrierte 1933 zuerst in die Schweiz, 1936 in die Tschechoslowakei, 1938 in die USA. Gründete dort 1944 mit Bertolt Brecht, Ferdinand Bruckner, Alfred Döblin, Lion Feuchtwanger, Oscar Maria Graf, Wieland Herzfelde, Heinrich Mann, Ernst Waldinger, Berthold Viertel und F. C. Weiskopf den Aurora Verlag. Bloch kehrte 1949 nach Deutschland zurück und war bis zu seiner Zwangsemeritierung 1957 Professor für Philosophie in Leipzig. Nach seiner Übersiedelung in die Bundesrepublik war er Professor für Philosophie an der Universität Tübingen.

Brecht, Bertolt, geb. am 10. 2. 1898 in Augsburg, gest. am 14. 8. 1956 in Berlin/DDR. Brecht studierte Literatur, Philosophie und Medizin, unterbrach Ende 1918 das Studium und wurde Soldat. 1918 auch Mitglied des Augsburger Soldatenrates. Ab 1919 Fortsetzung des Studiums, seit 1923 Regisseur und Dramaturg in München. Für sein Stück »Trommeln in der Nacht« erhielt er 1922 den Kleist-Preis. Brecht übersiedelte 1924 nach Berlin und arbeitete in den folgenden zwei Jahren als Dramaturg bei Max Reinhardt am Deutschen Theater. Er floh 1933 aus Deutschland, zuerst nach Österreich, dann in die Schweiz und nach Frankreich, schließlich nach Dänemark. Zusammen mit Willi Bredel und Lion Feuchtwanger Herausgeber der Zeitschrift »Das Wort« (ab 1936). 1941 Flucht in die USA über die Stationen Schweden, Finnland und Sowjetunion. Brecht kehrte 1947 nach Europa zurück, lebte zuerst in der Schweiz, ab 1948 in Berlin. Mitglied der Deutschen Akademie der Künste und Präsident des deutschen PEN-Zentrums Ost und West. 1951 erhielt er den Nationalpreis der DDR, 1954 den Internationalen Lenin-Friedenspreis.

Bredel, Willi: geb. 2. 5. 1901 in Hamburg, gest. 27. 10. 1964 in Berlin. Als Dreher und Seemann tätig. 1916 Mitglied der SAJ, 1917 des »Spartakusbundes«, 1919 der KPD. 1923 Teilnahme am Hamburger Oktoberaufstand, zwei Jahre Gefängnis. 1930 wegen literarischen Hoch- und Landesverrats zu zwei Jahren Festung verurteilt. 1932 Reise in die Sowjetunion. 1933 verhaftet, ins KZ Fuhlsbüttel gebracht. 1934 Flucht nach Prag und in die Sowjetunion. Wurde im November 1934 ausgebürgert. Mit Brecht und Feuchtwanger Hrsg. der Zeitschrift »Das Wort«. 1937–39 Kommissar im spanischen Bürgerkrieg. Von 1939–1945 wieder in der Sowjetunion. Mitbegründer des »Nationalkomitees Freies Deutschland«. 1945 Rückkehr nach Deutschland, nach Rostock, dann Ost-Berlin. Präsident der »Deutschen Akademie der Künste«, Nationalpreis der DDR 1950 und 1954.

Bronnen, Arnolt: (eig. A. Bronner; Ps. A. H. Schelle-Noetzel), 19. 8. 1895 Wien bis 12. 10. 1959 Berlin, Stud. Wien, Kriegsteilnehmer, Warenhausangestellter in Wien, dann zusammen mit Brecht und Bruckner lit. Bühnenavantgardist in Berlin mit heftig umstrittenen Bühnenexperimenten und Vorliebe für lit. Skandale; 1929 Umschwung vom linksradikalen Snob zur extremen Rechten; 1928–1933 bei der Dramat. Funkstunde, Berlin, 1933/34 Dramaturg bei der Reichsrundfunkgesellschaft, 1936–40 Programmleiter beim Fernsehsender, nach Kriegsende 1945 Bürgermeister von Goisern/O.-Österreich, 1945–50 Kulturredakteur der »Neuen Zeit«, Linz, 1951 stellvertr. Direktor und Dramaturg Neues Theater in der Scala, Wien, 1955 Theaterkritiker in Ostberlin.

Bruckner, Ferdinand: (d. i. Theodor Tagger): geb. 26. 8. 1891 in Wien, gest. 5. 12. 1958 in Berlin. Gründete 1920 die Zeitschrift »Marsyas«. Von 1923–27 Direktor des Berliner Renaissance-Theaters. Namhafter expressionistischer Dramatiker. Emigrierte 1933 nach Österreich, dann nach Frankreich, 1936 in die USA, wurde amerikanischer Staatsbürger. 1951 Rückkehr nach Deutschland, ab 1953 Dramaturg am Schloßpark- u. Schiller-Theater in Berlin.

Chaplin, Charles: geb. 16. 4. 1889 in Walworth/England, gest. 25. 12. 1977 in Corsier am Genfer See/Schweiz. Das Leben Chaplins war ein Aufstieg aus dem Armenhaus zu einem Weltstar. Die Mutter eine ehemalige Soubrette am Varieté, sein Vater Schauspieler. Die Welt seiner

Kindheit, umgeben von den Tramps, den Ausgestoßenen, Allerärmsten, wurde auch die Welt seiner großen Stummfilme, die ihm Ruhm und Reichtum brachten. Sein Leben war ein abenteuerliches, romantisches Leben voll unerfüllter und erfüllter Träume. Große Männer suchten seine Freundschaft, er verkehrte mit G. B. Shaw, Winston Churchill, Thomas Mann, Einstein, Ghandi, Pablo Casals, Lion Feuchtwanger u. a. Er lebte in New York, London, Paris, Monte Carlo, Hollywood.

Dieterle, William (oder Wilhelm): 1893–1972, Deutscher Regisseur und Schriftsteller, der unter Reinhardt spielte. Ging 1929 nach Hollywood, inszenierte zuerst deutschsprachige Fassungen amerikanischer Filme, später englische. 1958 ging er nach Europa zurück, wo er am Theater und gelegentlich auch als Filmregisseur arbeitete. Sein letzter Film war »Die Fastnachtsbeichte« (1960) nach dem Roman von Carl Zuckmayer.

Döblin, Alfred: (Ps. Linke Poot), 10. 8. 1878 Stettin – 26. 6. 1957 Emmendingen bei Freiburg/Br.; 1888 Übersiedlung nach Berlin; Stud. Medizin Berlin, Freiburg, 1905 Dr. med. Seit 1911 Nervenspezialist und Kassenarzt in Berlin. 1910 Mitbegründer und Mitarbeiter der Expressionistenzs. »Der Sturm«. Ende 1914 Militärarzt. 1918 Sozialdemokrat. 1933 Flucht über Zürich nach Paris, 1936 naturalisiert, bei Kriegsausbruch Mitglied des franz. Informationsministeriums. 1940 Flucht über Südfrankreich, Spanien, Portugal nach New York, später Los Angeles; seit 1945 als Chef des lit. Büros der Direction de l'Education Publique in Baden-Baden, später Mainz; 1946–51 Hrsg. der Zeitschrift »Das goldene Tor«; 1949 Mitbegründer der Mainzer Akademie; 1951 Rückkehr nach Paris; seit März 1956 in Sanatorien bei Freiburg/Br..

Einstein, Albert: geb. 14. 3. 1879 in Ulm, gest. 18. 4. 1955 in Princeton. Nach Tätigkeit am Patentamt in Bern (1902–09) Prof. für theoret. Physik in Zürich und Prag. 1914 in Berlin Direktor des Kaiser-Wilhelm-Instituts für Physik. 1933 Emigration in die USA und wirkte bis zu seinem Tode am Institute for Advanced Studies in Princeton (N.J.) – Revolutionierte mit seinen Theorien (u. a. die spezielle Relativitätstheorie) die gesamte klassische Physik. Seit 1940 amerikanischer Staatsbürger.

Einstein, Alfred: geb. 30. 12. 1880 in München, gest. 17. 2. 1952 in El Cerito, Calif. Mit dem Physiker Albert Einstein verwandt. Studium der Musikwissenschaft in München, 1903 Dr. phil. Kritiker der »Münchner Post« und des »Berliner Tageblatts«. 1933 Emigration über Florenz, Wien (1938), die Schweiz, England und Frankreich in die USA (1939), wo er 1945 naturalisiert wurde. Ab 1939 als Prof. für Musikwissenschaft am Smith-College in Northampton, Mass., tätig gewesen. Ehrenmitglied der »Royal Music Society«, London.

Eisler, Hanns: geb. 1898 in Leipzig, gest. 1962 in Berlin/DDR. Schüler Arnold Schönbergs, Professor an der University of Social Research in New York, schließlich an der Berliner Akademie der Künste. Seit 1928 arbeitete H. Eisler eng mit B. Brecht zusammen, komponierte Symphonien, Kammermusik, Bühnen- und Filmmusik, Chöre und Lieder.

Eisner, Kurt: geb. 14. 5. 1867 in München, ermordet 21. 2. 1919 in München; Publizist und Politiker. – Als Journalist tätig; entwickelte sich vom Anhänger F. Naumanns zum Sozialdemokraten; schloß sich als Pazifist im I. Weltkrieg der USPD an; proklamierte am 7./8. Nov. 1918 in München den republikanischen »Freistaat Bayern«, Vorsitzender des Arbeiter-, Bauern- und Soldatenrates und Ministerpräsident der SPD/USPD-Regierung.

Frank, Bruno: geb. 13. 6. 1887 in Stuttgart, gest. 20. 6. 1945 in Beverly Hills. Studium der Rechtswissenschaft und Philosophie. Dr. phil. Ausgedehnte Reisen, mit Th. Mann und L. Feuchtwanger befreundet, lebte vor 1933 als freier Schriftsteller in München. Ging nach Hitlers Machtergreifung in die Schweiz, dann nach England, 1937 in die USA. Wurde im März 1938 ausgebürgert.

Frank, Leonhard: geb. 4. 9. 1882 in Würzburg, gest. 18. 8. 1961 in München. Schlosserlehre, als Fabrikarbeiter und Anstreicher tätig. Autodidakt, Malerstudium, lebte ab 1904 in München als Grafiker. Ging als offener Kriegsgegner 1915 in die Schweiz, kehrte 1918 nach Deutschland zurück, Mitglied des Münchner Revolutionsrates. Von 1920 bis 1933 als freier Schriftsteller in Berlin. 1933 erneute Emigration in die Schweiz, 1937 nach Paris, zeitweise dort interniert, 1940 über Portugal in die USA. Lebte zuerst in Hollywood, ab 1945 in New York. Rückkehr nach Deutschland 1950, ließ sich in München nieder. Mitglied der Bayrischen Akademie der Schönen Künste u. der Deutschen Akademie der Künste in Berlin/DDR. 1953 Nürnberger Kulturpreis, 1955 Nationalpreis der DDR, 1957 Großes Bundesverdienstkreuz, 1960 Tolstoi-Medaille der UdSSR.

Gide, André: geb. 22. 11. 1869 in Paris, gest. 19. 12. 1951 in Paris. Streng puritanisch erzogen, zuerst Privatunterricht, danach bis 1890 Ecole Alsacienne. 1893–94 Reise nach Algerien und Tunesien. 1895 Heirat, dann Reisen durch Europa. 1909 mit anderen die Gründung der »Nouvelle Revue Française«, 1947 Nobelpreis für Literatur. 1952 wurde sein Werk von der kath. Kirche auf den Index gesetzt.

Graf, Oskar Maria: geb. 22. 7. 1894 in Berg/Starnberger See, gest. in New York am 28. 6. 1967; Sohn eines Bäckermeisters; Bäckerlehrling, 1911 Flucht nach München, wo er sich als Bohémien, Plakatausträger und Liftboy durchschlug; 1915 Kriegsdienst in Rußland; Beteiligung am Munitionsarbeiterstreik im Jan. 1918, Anschluß an den revolutionären Kreis um Eisner, Teilnahme an der Nov.-Revolution und d. Räterepublik; Dramaturg der Münchner Arbeiterbühne, dann freier Schriftsteller. Ging 1933 nach Wien; 1934 nach Moskau, dann nach Brünn und Prag; 1938 Flucht in die USA.

Halbe, Max: geb. 4. 10. 1865 Güttland/Danzig, gest. 30. 11. 1944 Burg b. Neuötting/Obb. Gutsbesitzerssohn, 1875–1883 Gymnas. Marienburg, 1883 Stud. d. Rechte Heidelberg, dann Germanistik und Geschichte 1884 München, 1885–87 Berlin; 1888 Dr. phil. München, seit 1888 freier Schriftsteller in Berlin, 1894–95 in Kreuzlingen a. Bodensee

(Schweiz); seit 1895 ständig in München, Freundschaft mit Wedekind, Hartleben, Keyserling und Thoma. Bedeutender naturalist. Dramatiker.

Hasenclever, Walter: 8. 7. 1890 Aachen – 21. 6. 1940 Les Milles/Frankreich. Stud. Lit.gesch., Philosophie und Geschichte 1908 Oxford, 1909 Lausanne und ab Herbst 1909 in Leipzig; 1914–16 Kriegsfreiwilliger im Westen und Mazedonien, dann ein Jahr im Lazarett in Dresden; wurde Pazifist. Nach dem Krieg in Dresden, dann Berlin, 1924–30 als Korrespondent in Paris, dann Hollywood und wieder Berlin. 1933 ausgebürgert, emigrierte H. nach Südfrankreich, 1935 bei Dubrovnik, Ende 1935 bis April 1936 London, 1936/37 Nizza, 1937–39 bei Florenz, wieder nach London, dann Südfr., dort zweimal interniert, Mai 1940 im Lager Les Milles, wo er bei Annäherung dt. Truppen den Freitod wählte.

Herzfelde, Wieland: geb. 11. 4. 1896 in Weggis (Schweiz). 1919/20 einer der literarischen Initiatoren des Dadaismus, Hrsg. zahlreicher Zeitschriften (»Neue Jugend«, »Die Pleite«, »Der Gegner«). Seit 1919 Mitglied der KPD, später des »Bundes proletarisch-revolutionärer Schriftsteller«. 1917–33 Leiter des von ihm begründeten Malik-Verlages. Emigrierte 1933 nach Prag, führte seinen Verlag dort bis 1939 weiter, später in London. Ging 1939 in die USA. Gründete 1944 den Aurora-Verlag in New York, kehrte 1949 nach Deutschland zurück, ab 1949 Prof. für Soziologie der Literatur in Leipzig, emeritiert. Mitglied der Dt. Akademie der Künste, Berlin/DDR, im Präsidium des PEN-Zentrums der DDR.

Homolka, Oscar: geb. 1901 in Wien, gest. 1978. Begann 1918 mit Bühnenauftritten in Europa und Amerika. Seine Filmkarriere begann Ende der 20er Jahre. 1934 Emigration nach England, wo er u. a. mit Hitchcock zusammenarbeitete. 1937 ging er nach Hollywood, wo er bis Mitte der 60er Jahre in bekannten Filmen mitspielte. Freundschaft mit Brecht.

Huxley, Aldous: geb. am 26. 7. 1894 in Godalming/Surrey, gest. am 29. 11. 1963 in Hollywood; entstammt einer bedeutenden Gelehrtenfamilie. In Eton erzogen. Schweres Augenleiden, das vorübergehend zur Erblindung führte. Später Studium in Oxford, Dozent für engl. Literatur. Nach Kriegsende bis 1921 Journalist und Kunstkritiker; verschiedene lit. Arbeiten. 1923–1930 Italienaufenthalt, wo er Freundschaft mit D. H. Lawrence schloß. Nach Reisen durch Frankreich und Südamerika ließ er sich 1938 in Kalifornien nieder.

Jacobsohn, Siegfried: geb. 28. Jan. 1881 in Berlin, gest. am 3. Dez. 1926 ebd. Er gründete 1905 die für das dt. Theaterleben vielleicht wichtigste Zeitschrift »Die Schaubühne«, die nach Erweiterung der Themenkreise im Jahre 1918 zur »Weltbühne« wurde. Jacobsohn selbst hat sich einmal als einen »lästigen Störenfried derjenigen Presse, die Exponent und Dienerin eines denkträgen Kapitalismus ist« bezeichnet. Am 4. Nov. 1908 fusionierte Jacobsohn seine »Schaubühne« mit Feuchtwangers »Spiegel«.

Kantorowicz, Alfred: geb. 12. 8. 1899 in Berlin, gest. am 27. 3. 79 in Hamburg. Soldat im I. Weltkrieg. Studium der Rechts- und Literaturwissenschaft in Berlin, Freiburg i. Br., München und Erlangen. 1923 Dr. jur. Als Journalist tätig: Mitarbeiter und Pariser Korrespondent der »Vossischen Zeitung«, Mitarbeiter der »Literarischen Welt«, der »Neuen Rundschau«. 1931 Mitglied der KPD. März 1933 bis 1941 Exil in Frankreich. Mitbegr. und Generalsekretär des »Schutzverbandes Dt. Schriftsteller im Exil«, Mitbegründer und Leiter der »Dt. Freiheitsbibliothek« in Paris. Im Nov. 1934 ausgebürgert. 1936–38 als Offizier der XIII. Internationalen Brigade im Span. Bürgerkrieg. 1938 Rückkehr nach Frankreich, nach der Okkupation verhaftet und interniert. 1941 Flucht in die USA. Dez. 1946 Rückkehr nach Deutschland, in Ost-Berlin ansässig. Bis zum Verbot der SED 1949 Hrsg. der Zeitschrift »Ost und West« in Berlin. 1950 Lehrauftrag für neueste dt. Literaturgesch., ab 1950 Prof. und Direktor des Germanistischen Instituts der Humboldt-Universität sowie Direktor des Heinrich-Mann-Archivs. Am 22. 8. 1957 politisches Asyl in West-Berlin.

Kerr, Alfred: (eig. Alfred Kempner), 25. 12. 1867 Breslau – 12. 10. 1948 Hamburg, Stud. Philos. und Germanistik Breslau und Berlin. Weltreisen in 4 Erdteile. 1895 Kritiker, 1900–19 Theaterkritiker am »Tag«, Berlin, seit 1920 am »Berliner Tageblatt«. 1933 Emigration über die Schweiz nach Paris, 1935 nach London. 1941 bis 1947 Vorsitzender des PEN-Zentrums deutschsprachiger Autoren im Ausland.

Kesten, Hermann: 1900 in Nürnberg geboren, war nach dem Studium erst Lektor, dann literarischer Leiter des Kiepenheuer-Verlages in Berlin. 1933 emigrierte er in die Niederlande, 1940 in die USA. Nach dem Krieg lebte er 10 Jahre in Rom, danach abwechselnd in New York, München, Wien, Paris und Basel. Kestens literarisches Werk umfaßt zahlreiche Romane, meist mit zeit- und gesellschaftskritischer Tendenz, Erzählungen, Dramen, Biographien, kultur- und literaturgeschichtliche Essays, einen Band Lyrik und Übersetzungen. Kesten war 1972 Präsident des PEN. Er erhielt zahlreiche Auszeichnungen, u. a. den Kleist-Preis für seinen ersten Roman »Josef sucht die Freiheit«, 1974 den Georg Büchner-Preis und 1977 den Nelly-Sachs-Preis.

Laemmle, Carl: (1867–1939), amerikanischer Produzent deutscher Abstammung. Emigrierte 1884 nach USA, dort Angestellter und Buchhalter in verschiedenen kleinen Geschäften. 1906 Einstieg ins Nickelodeon-Geschäft (Kino), dann ins Verleihgeschäft. 1909 Gründung einer eigenen Produktionsgesellschaft. Diese bildete den Kern der 1912 gegründeten Universal Pictures. Bis 1929 Produktion einer Reihe von Filmen, u. a. auch mit Strohheim, nach 1929 allmählicher Rückzug und Übergabe der Produktion an seinen Sohn.

Landshoff, Fritz H.: Geboren am 29. 7. 1901 in Berlin, lebt in Bentveld (Niederlande). Landshoff studierte Germanistik, 1923 Dr. phil. 1926 trat er als literarischer Leiter in den Gustav Kiepenheuer Verlag ein. 1933 Emigration nach Holland, dort literarischer Leiter des deutschen Exilverlages Querido in Amsterdam. Beim Einmarsch der Deutschen zufällig in London, wurde dort interniert und ging anschließend nach New York, wo er zusammen mit Gottfried Bermann Fischer den L. B. Fischer Verlag gründete. Der Querido Verlag wurde nach Batavia verlegt. Nach 1945 Mitdirektor des Querido Verlages in Amsterdam, dann des S. Fischer Verlages in Frankfurt. 1951 Eintritt in den Verlag Harry N. Abrahms, New York.

Lewis, (Harry) **Sinclair:** am. Erzähler, 7. 2. 1885 Sauk Centre, Minn. – 10. 1. 1951 Rom; Yale-College 1903–07, 1906 in U. Sinclairs Kolonie Helicon Hall; 1907 Journalist, Redakteur, Lektor in New York, San Francisco, Washington; seit 1915 freier Schriftsteller. Sensationelle Zurückweisung des Pulitzerpreises 1926, aber Annahme des Lit.-Nobelpreises 1930 als erster Amerikaner.

Mann, Erika: geb. 9. 11. 1905 München, gest. 27. 8. 1969 Zürich, älteste Tochter von Thomas Mann, Schauspielausbildung bei M. Reinhardt, Engagement in Berlin, München und Hamburg. 1925–28 mit G. Gründgens verheiratet, emigrierte mit ihrer Familie 1933 in die Schweiz, reiste mit dem von ihr gegründeten antinazist. Kabarett »Die Pfeffermühle« durch Europa; 1935 heiratete sie W. H. Auden, ging 1936 in die USA; Journalistin und Drehbuchautorin; Sekretärin, Beraterin und Assistentin Th. Manns; wohnte in Pacific Palisades, dann in Kilchberg b. Zürich. – Erzählerin und Essayistin, Biographin ihres Vaters, Jugendbuchautorin.

Mann, Heinrich: 27. 3. 1871 Lübeck – 12. 3. 1950 Santa Monica. Bruder von Thomas Mann; besuchte das Katherineum Lübeck, Buchhandelslehre in Dresden und Tätigkeit im S. Fischer-Verlag, Berlin. Stud. ebda. und München; auch Versuche als Maler, dann freier Schriftsteller; 1893 nach Paris, lebte dann bis 1898 in Italien (bes. Palestrina und Florenz) mit seinem Bruder Thomas M. und wieder in München, seit 1925 in Berlin. 1930 Präsident der Preuß. Akademie der Künste, Sektion für Dichtung. 1933 Schriftenverbot. Emigration in die Tschechoslowakei, dann nach Frankreich (Paris und Nizza) und 1940 über Spanien nach Kalifornien. Starb kurz vor seiner Rückkehr nach Deutschland. 1961 in Berlin/DDR bestattet.

Mann, Klaus: (Heinrich Thomas), 18. 11. 1906 München – 22. 5. 1949 Cannes (Selbstmord); Sohn von Thomas Mann; Odenwaldschule, 1925 Theaterkritiker, Schauspieler und Journalist in Berlin, emigrierte 1933 nach Amsterdam, dort Hrsg. der Emigrantenzeitschrift »Die Sammlung«, dann Kabarettist in Zürich, Paris, Budapest, Salzburg, Prag; 1936 nach USA, Journalist, 1938 Beobachter im Spanischen Bürgerkrieg, 1942 Hrsg. der Zs. »Décision«; amerik. Soldat und Kriegskorrespondent in Italien.

Mann, Thomas: 6. 6. 1875 Lübeck – 12. 8. 1955 Kilchberg bei Zürich. Bruder von Heinrich Mann. Schulbesuch bis zur Mittleren Reife; nach dem Tod des Vaters 1893 Übersiedlung nach München; Volontär einer Versicherungsgesellschaft, 1894 Mitarbeiter am »Simplizissimus«, hörte historische, literarische, volkswirtschaftliche u. a. Vorlesungen. Freier Schriftsteller. 1895–97 Italienaufenthalt (meist Rom und Palestrina) mit seinem Bruder H. Mann, lebte dann in Oberammergau, Tölz, 1912 in Davos, 1914–33 wieder in München. Anläßlich einer Vortragsreise 1933 Emigration über Holland, Belgien und Frankreich in die Schweiz, nach Küsnacht/Zürichsee; mit K. Falke Hrsg. der Zs. »Maß und Wert« (1937–39). Ging 1939 nach USA, Gastprof. an der Princeton Univ. New Jersey, dann in Pacific Palisades, Kalifornien, 1944 amerik. Staatsbürger. Nach dem Krieg verschiedene Reisen nach Deutschland, ab 1952 Wohnsitz in Kilchberg/Zürich. Dr. h. c. verschiedener amerik. und europ. Universitäten, 1929 Nobelpreis.

Marcuse, Ludwig: (Ps. Heinz Raabe): geb. 8. 2. 1894 in Berlin, gest. 2. 8. 1971 in Bad Wiessee (Obb.). Studium der Philosophie, Dr. phil. 1917. Tätigkeit als Publizist u. Kritiker u. a. für die »Vossische Zeitung«, das »Berliner Tageblatt«, den »Frankfurter Generalanzeiger«. Als Verfasser von Biographien schriftstellerisch erfolgreich: u. a. Strindberg (1922), Börne (1929), Heinrich Heine (1932). Emigrierte im März 1933 nach Sanary s. M. (Frankreich), Ausbürgerung am 26. 10. 1937. Ging 1938 nach Los Angeles. Seit 1940 Prof. an der Univers. of Southern California. 1962 Rückkehr nach Deutschland, freier Schriftsteller.

Mehring, Walter: geb. 29. 4. 1896 in Berlin, gest. 3. 10. 1981 in Zürich. 1914/15 Studium der Kunstgeschichte in Berlin u. München. Mitarbeiter der Zeitschriften »Der Sturm«, »Zukunft« u. »Weltbühne«. Mitbegründer der Berliner Dada-Sektion, gründete 1920 das »Politische Cabaret«. Als Kabarettist (schrieb u. a. Texte für Max Reinhardts »Schall und Rauch«) und Publizist tätig. Ab 1921 Korrespondent dt. Zeitungen in Paris. 1928–33 wieder in Berlin. Entging nach dem Reichstagsbrand Verhaftung durch Flucht, zuerst in Paris, dann in Wien. 8. 6. 1935 Ausbürgerung. 1938 von der SS an der Schweizer Grenze verhaftet, Flucht. 1939 in Frankreich interniert. 1940 Flucht aus dem Lager St. Cyprien über Marseille und Martinique in die USA. 1951 Rückkehr nach Europa, lebte als freier Schriftsteller in Losone im Tessin, teilweise in Zürich.

Mühsam, Erich: 6. 4. 1878 Berlin – 11. 7. 1934 KZ Oranienburg. Jugend in Lübeck; erst Apotheker, ab 1901 freier Schriftsteller; 1902 Redakteur der anarchistischen Zs. »Der arme Teufel« in Friedrichshagen, 1905 des »Weckruf« in Zürich; 1911–1919 Hrsg. der »Zs. für Menschlichkeit«, »Kain«; nahm im Nov. 1918 an der bayrischen Revolution teil; 1919 Mitglied des Zentralrates der Bayrischen Räterepublik; von einem Münchner Standgericht zu 15 Jahren Festungshaft verurteilt, von 1919–1924 im Gefängnis; darauf revolutionäre Tätigkeit, 1926–31 Hrsg. der Zs. »Fanal«; 1933 in das KZ Oranienburg bei Berlin gebracht, starb dort infolge von Mißhandlungen.

Ossietzky, Carl von: geb. in Hamburg am 3. Okt. 1887, gest. in Berlin am 4. Mai 1938; der ursprünglich linksliberale Publizist, entwickelte sich im 1. Weltkrieg zum überzeugten Pazifisten. 1919/20 arbeitete er für die »Dt. Friedensgesellschaft«, bevor er 1922 Redakteur an der »Berliner Volkszeitung« wurde, 1924–26 an der Zeitschrift »Das Tagebuch«, dann, als Nachfolger Siegfried Jacobsohns, bis 1933 Chefredakteur der »Weltbühne«. Ossietzky wurde als Mitverantwortlicher für einen die geheime Aufrüstung der Reichswehr enthüllenden Artikel 1931 wegen Verrats militärischer Geheimnisse zu 18 Monaten Gefängnis verurteilt, 1932 amnestiert. 1933 geriet er in Gestapo-Haft. 1935 erhielt er den Friedens-Nobelpreis. Er starb an den Folgen seiner Haft.

Piscator, Erwin: geb. 17. 12. 1893 in Ulm (Kr. Wetzlar), gest. 30. 3. 1966 in Starnberg. Bedeutender Regisseur, der in den zwanziger Jahren in Berlin durch seine Inszenierungen das politische und epische Theater entscheidend beeinflußt hat. Ging 1931 nach Moskau, 1936 in die Schweiz, anschließend nach Frankreich. Seit 1938 in New York, dort seit 1940 Leiter eines Theater-Workshops an der »New School for Social Research«. 1951 Rückkehr nach Deutschland. Seit 1962 wieder Intendant der Volksbühne in Berlin. Trat im Exil nur mit Zeitschriftenveröffentlichungen hervor.

Polgar, Alfred: geb. 27. 10. 1873 in Wien, gest. 24. 4. 1955 in Zürich. Erlernte Beruf eines Klavierbauers. Begann früh Gerichts-, Parlamentsberichte u. Theaterkritiken für das »Wiener Monatsblatt« zu schreiben. Ab 1925 in Berlin als Theaterkritiker für die »Weltbühne« und das »Tagebuch« tätig. Meister der geschliffenen Kurzform. Kehrte 1933, von B. Viertel gewarnt, nach Wien zurück, ging 1938 über die Schweiz nach Paris. 1940 Flucht über Spanien in die USA. Lebte in Hollywood, später in New York, naturalisiert. Nach 1945 wiederholt Europa-Besuche, starb während eines Besuchs in Zürich. Preis für Publizistik der Stadt Wien 1951.

Reinhardt, Max: (eig. Max Goldmann), 9. 9. 1873 Baden bei Wien – 31. 10. 1943 New York. 1890 erster Auftritt als Schauspieler im Fürstl. Sulkowskyschen Eleventheater in Wien (unter »Reinhardt«) 1890–92 Theater, Schauspielunterricht, versch. Theaterengagements; 1900 zum ersten Mal Regisseur in Wien und Budapest; ab 1901 Berlin, Bürochef des »Schall- und Rauch-Theaters«, dann Regie an versch. anderen Berliner Bühnen. 1905 Eröffnung seiner Schauspielschule des Deutschen Theaters; 1907–23 Gastspiele in versch. Städten Europas, z. B. Budapest, Dresden, Leipzig, Hannover, Halle, Bremen, Breslau, Frankfurt a. Main, München (von 1909–11 Leitung der Sommerfestspiele des Künstlertheaters), Wien, Moskau, Stockholm, London, Brüssel u. a. 1923 erster Amerika-Aufenthalt; 1930 Ehrendoktor von Frankfurt a. Main und Kiel. 1933 am Dt. Theater letzte Inszenierung in Deutschland, danach Inszenierungen in Italien, USA; 1937 endgültige Übersiedlung in die USA, 1940 amerikan. Staatsbürgerschaft.

Ringelnatz, Joachim: (eig. Hans Bötticher) geb. 7. 8. 1883 Wurzen, gest. 11. 11. 1934 Berlin, Sohn des Jugendschriftstellers Georg Bötticher; Gymn. Leipzig bis Sekunda; ging dann ohne Wissen seiner Eltern als Schiffsjunge zur See. Später versch. Berufe. 1909 Hausdichter des Münchener »Simplizissimus«, Bibliothekar beim Vater des Dichters B. v. Münchhausen; 1914–18 bei der Marine. Nach dem Kriege arbeitslos; Archivangestellter, 1920 Rückkehr in den Münchner »Simplizissimus«; von H. v. Wolzogen für die Berliner Kleinkunstbühne »Schall und Rauch« entdeckt, trat bis 1933 mit Vorträgen eigener Gedichte auf, auch Maler. – Humorist. Lyriker und Erzähler.

Roda Roda, Alexander: (d. i. Sandór Friedrich Rosenfeld): geb. 13. 4. 1872 in Puszta Zdenci (Slowenien), gest. 20. 8. 1945 in New York. Jurastudium in Wien. Nach Militärzeit 1902 Reisen als Journalist durch Europa. 1904 in Pommern, 1905 in Berlin, ab 1906 München. 1909 Berichterstatter in Belgrad. 1912 während des Balkankrieges in Istanbul, Athen und Belgrad. 1914–18 als Berichterstatter an allen österreichischen Fronten. Einer der ältesten Mitarbeiter des »Simplicissimus«. Seit 1920 wieder in München, zahlreiche Auslandsaufenthalte, u. a. 1923 in den USA, 1924 in Portugal, 1926–29 in Paris. Emigrierte 1933 über Wien und Zürich in die USA, wo er seit 1940 in New York lebte.

Roth, Joseph: geb. 2. 9. 1894 in Schwabendorf b. Brody/Ostgalizien, gest. 27. 5. 1939 in Paris. Sohn jüd. Eltern, Stud. Philosophie und dt. Literatur in Lemberg und Wien, Freiwilliger im I. Weltkrieg, als österreich-ungarischer Offizier in russischer Gefangenschaft. Ab 1918 Journalist in Wien, ab 1921 in Berlin. 1923–32 Korrespondent der »Frankfurter Zeitung«, Januar 1933 Emigration nach Wien, Salzburg, Marseille Nizza und Paris, wo er bis zu seinem Tode vorwiegend lebte.

Sandburg, Carl: am. Lyriker, geb. 6. 1. 1878 Galesburg, Illinois, gest. 22. 7. 1967 Flat Rock/North Carolina. Sohn e. schwed. Handwerkers. Unvollständige Schulbildung. Wanderarbeiter im Mittelwesten. Freiwilliger im span-am. Krieg in Puerto Rico; dann Lombard College in Calesburg, nach 1900 Journalist, 1910–12 polit. Organisator für die Sozialist Party in Milwaukee; lebte zuletzt als freier Schriftsteller und Farmer in Flat Rock, North Carolina; Pulitzerpreis 1940 und 1950.

Schwarzschild, Leopold: (Ps. Argus) geb. 7. 12. 1891 in Frankfurt a. M., gest. 2. 10. 1950 in Santa Margherita (Italien). Studium in Frankfurt a. M., Berlin und München. Leistete schon während des I. Weltkrieges journalistische Aufklärungsarbeit (in der »Europäischen Staats- und Wirtschaftszeitung«). 1924 als Dramatiker erfolgreich. Gründer (mit Stefan Großmann) und Hrsg. des »Montag-Morgen«, Berlin. 1925 Gründung des »Magazins der Wirtschaft«, seit 1927 Hrsg. des »Tage-Buchs«. Emigrierte nach der Machtergreifung nach Paris. 23. 8. 33 Ausbürgerung. 1936 Mitarbeit an der Volksfront. 1940–1950 in New York, u. a. Mitarbeiter der »New York Times«, 1950 Rückkehr nach Europa.

Seghers, Anna: (eig. Netty Radvanyi geb. Reiling): geb. 19. 11. 1900 in Mainz als Tochter eines Antiquitätenhändlers, gest. 1. 6. 1983 in Berlin/DDR. 1918 Abitur, dann Studium Geschichte, Kunstgeschichte und Sinologie in Heidelberg. Schriftstellerin. 1928 Mitglied der KPD, 1933 Emigration nach Frankreich. Während des Bürgerkriegs in Spanien. 1940 Flucht aus Paris ins unbesetzte Frankreich, 1941 nach Mexiko. 1947 Rückkehr nach Ost-Berlin; Vizepräsidentin des »Kulturbundes zur demokratischen Erneuerung Deutschlands«.

Sternheim, Carl: geb. 1. 4. 1878 in Leipzig, gest. 3. 11. 1942 in Brüssel. Philosophie- und Literaturwissenschaftsstudium

1897–1902. Ließ sich 1903 in München nieder, zahlr. Reisen, danach vorübergehend in Weimar, Brüssel und Königstein ansässig. 1908 Gründung der Zeitschrift »Hyperion« (mit F. Blei). Setzte sich als expressionistischer Dramatiker mit den Stücken »Aus dem bürgerlichen Heldenleben« durch. 1914–1918 auf seiner Besitzung in La Hulpe bei Brüssel, die nach dem Krieg beschlagnahmt wurde. Lebte nach 1918 in der Schweiz, 1921 in Dresden, 1924 in Berlin, emigrierte dann endgültig nach Belgien, wo er in Brüssel lebte.

Toller, Ernst: 1. 12. 1893 Samotschin bei Bromberg – 22. 5. 1939 New York; Stud. Jura Grenoble, Kriegsfreiwilliger im I. Weltkrieg, nach schwerer Verwundung 1916 entlassen, Fortsetzung des Studiums in München und Heidelberg. 1918 Teilnahme am Streik der Munitionsarbeiter in München, 1918 Vorstandsmitglied des Zentralrats der Arbeiter-, Bauern- und Soldatenräte Bayerns. Als Beteiligter an der Bayrischen Räterepublik 1919 durch das Standgericht zu 5 Jahren Festungshaft in Niederschönenfeld verurteilt. 1933 Emigration über Schweiz, Frankreich (1935) und England (1936) nach USA. Lebte dort in schweren Verhältnissen; Selbstmord in Depression.

Tucholsky, Kurt: (Ps. Ignaz Wrobel, Peter Panter, Theobald Tiger, Kaspar Hauser: geb. 9. 1. 1890 in Berlin, gest. 21. 12. 1935 in Hindås/Schweden (Selbstmord). 1909–12 Studium der Rechtswissenschaft, Dr. jur. 1914. 1913–15 Mitarbeiter der »Schaubühne« S. Jacobsohns. Pazifist durch Erlebnis des I. Weltkrieges. 1918–20 Chefredakteur des »Ulk«, einer Beilage des »Berliner Tageblattes«. 1918–22 Mitglied der USPD. Kampf gegen Militarismus und Reaktion durch ausgedehnte publizistische Tätigkeit, vor allem in der »Weltbühne«. Seit 1924 Korrespondent der »Weltbühne« und der »Vossischen Zeitung« in Paris, 1926/27 Hrsg. der »Weltbühne«, seitdem freier Schriftsteller. Lebte seit 1924 in Paris, ging 1929 nach Schweden. Politisch desillusioniert. Nach 1933 keine Veröffentlichungen mehr.

Valentin, Karl: geb. 4. 6. 1882 München, gest. 9. 2. 1948 ebda., Schauspieler, Volkskomiker in Kneipen, Kabaretts und Kleinkunstbühnen Münchens; trat mit s. Partnerin Lisl Karlstadt auch auf Gastspielen in Berlin, Wien, Zürich u. a. bes. in s. eigenem, urwüchsig-volkstüml. Stegreifkomödien auf, die hintergründig – absurden Unsinn, falsch angesetzte und zur Unlogik umschlagende Logik und aggressive Zeitkritik mit grotesken Wortspielen verbinden. Einfluß auf B. Brecht und das absurde Drama.

Viertel, Berthold: (Ps. Europäensis, Parolles) geb. 28. 6. 1885 in Wien, gest. 24. 9. 1953 ebd. Geschichts- und Philosophiestudium in Wien. Gedichte und kunstkritische Arbeiten im »Simplicissimus«, der »Schaubühne« und der »Fakkel«. Seit 1911 als Dramaturg und Regisseur tätig. 1912–14 Mitbegründer und Dramaturg der Wiener Volksbühne. 1917/18 Schriftleiter am »Prager Tageblatt«. 1918 Regisseur in Dresden, 1922 in Berlin, 1926 in Düsseldorf. Daneben Theaterkritiker und Essayist. 1928 als Drehbuchautor und Regisseur in Hollywood, 1931 Rückkehr nach Deutschland. Emigrierte 1933 über Prag und Wien nach Frankreich und England. Seit 1939 in den USA, bis 1945 in New York, dann Filmregisseur in Hollywood. 1947/48 Mitarbeiter der BBC. Mitbegr. des New Yorker Aurora-Verlags. 1948 Rückkehr nach Wien. Ausgedehnte Tätigkeit als Theaterregisseur (Zürich, Wien, Berlin, Salzburg).

Walter, Bruno: (d. i. Bruno Schlesinger) geb. 15. 9. 1876 in Berlin, gest. 17. 2. 1962 in Beverly Hills, Kalifornien. Musikstudium in Berlin. Seit 1893 Korrepetitor an der Oper Köln. 1894 Chordirigent in Hamburg. Nach Zwischenstationen in Breslau, Preßburg, Riga und Berlin von G. Mahler 1901 nach Wien berufen. 1912 Generalmusikdirektor in München, 1925–33 in Berlin an der Städt. Oper, seit 1928 auch Gewandhauskapellmeister in Leipzig. Nach von den Nationalsozialisten veranlaßten Boykotten seiner Konzerte im März 1933 ins Exil nach Österreich. Ging 1938 nach Frankreich, 1939 in die USA, Gastdirigent angesehener Orchester, für längere Zeit an der Metropolitan Opera in New York. Zahlreiche Ehrungen. Nach 1945 Konzertreisen in Europa.

Wedekind, Frank: 24. 7. 1864 Hannover – 9. 3. 1918 München. Jugend auf Schloß Lenzburg/Aargau, bis 1883 (Abitur) Gymnasium Aarau; Jurastudium, Journalist, Reisen in Frankreich und England; 1886 Reklamechef der Firma Maggi in Kempthal bei Zürich; 1888 Zirkussekretär beim Zirkus Herzog, dann freier Schriftsteller in Zürich, Paris und seit 1890 meist München. Seit 1896 Mitarbeiter am »Simplizissimus« (1899–1900 Festungshaft wegen Majestätsbeleidigung), Dramaturg am Schauspielhaus München, Schauspieler in seinen Dramen. 1901/02 Regisseur, Rezitator und Lautensänger im Kabarett »Die 11 Scharfrichter«. 1906 Mitglied des Dt. Theaters Berlin, dann wieder Schriftsteller in München.

Weigel, Helene: geb. 12. 5. 1900 in Wien, gest. 6. 5. 1971 in Berlin/DDR. 1922–33 Engagements an versch. Berliner Theatern. 1924 Bekanntschaft mit Brecht, seit 1929 mit ihm verheiratet. Emigrierte 1933 nach Dänemark, 1939 nach Schweden; 1941–48 in den USA. Seit 1949 Intendantin des mit Brecht zusammen gegründeten Berliner Ensembles in Ost-Berlin.

Weiskopf, Franz Carl: (Ps. Petr Buk, F. W. L. Kovacs) geb. 3. 4. 1900 in Prag, gest. 14. 9. 1955 in Berlin. Studium der Germanistik und Geschichte in Prag, Dr. phil. 1923. Schloß sich der sozialistischen Studentenbewegung an. Ab 1919 Mitglied des linken Flügels der SPD, der sich 1921 mit der KPC vereinigte. Ab 1920 Mitarbeiter der Arbeiterpresse und des Pressebüros des ZK der KPC, erneuter Militärdienst. 1923/24 wegen literarischen Hochverrats angeklagt. Ab 1928 journalistisch in Berlin tätig, Feuilletonredakteur von »Berlin am Morgen«. Mitglied des »Bundes proletarisch-revolutionärer Schriftsteller«, Leitung des »Schutzverbandes Dt. Schriftsteller«. 1930 Teilnahme am 2. Internationalen Schriftstellerkongreß in Charkow, 1932 Reise durch die Sowjetunion. Emigrierte 1933 nach Prag, Chefredakteur der »AIZ«. Ging 1938 nach Frankreich u. im selben Jahr auf Einladung der antifaschistischen Liga amerikanischer Schriftsteller nach New York. Mitarbeit in zahlreichen Emigrantenkomitees. 1947–49 Botschaftsrat bei der tschech. Botschaft in Washington, 1949 Gesandter in Stockholm, 1950–52 Botschafter in Perking. 1953 Übersiedelung in die DDR. Mithrsg. der »Neuen dt. Literatur«, Mitglied der Dt. Akademie der Künste in Ost-Berlin.

Werfel, Franz: geb. 10. 9. 1890 in Prag, gest. 26. 8. 1945 in Beverly Hills, Kalifornien. Philologiestudium in Prag, Leipzig und Hamburg. Ab 1910 Volontär in einer Hamburger Speditionsfirma. 1911–1914 Lektor im Kurt Wolff Verlag in Leipzig und München. Gründung der Sammlung »Der jüngste Tag« (1913–21) zusammen mit W. Hasenclever und K. Pinthus. 1914 an der Ostfront, ab 1917 am Kriegspressequartier in Wien tätig (mit R. Musil und F. Blei). Freier Schriftsteller in Wien und Berlin, begann sich als Lyriker und Dramatiker durchzusetzen. Zahlreiche Reisen. 1933 aus der Preußischen Akademie der Künste ausgeschlossen, zog sich nach Österreich zurück. Emigrierte 1938 nach Frankreich, 1940 Flucht über die Pyrenäen nach Portugal, Weiterreise in die USA, ließ sich in Kalifornien nieder.

Wolf, Friedrich: (Ps. Christian Baetz, Hans Rüedi, Dr. Isegrimm): geb. 23. 12. 1888 in Neuwied, gest. 5. 10. 1953 in Lehnitz bei Berlin. Kurzes Studium an der Münchener Kunstakademie, danach Medizinstudium in Tübingen, Bonn und Berlin, Dr. med. 1913. 1914 Schiffsarzt, Bataillonsarzt im I. Weltkrieg, erbitterter Kriegsgegner, wegen Kriegsdienstverweigerung interniert. 1918 Mitglied des Arbeiter- und Soldatenrats in Dresden, Mitglied der USPD und der »Sozialistischen Gruppe der Geistesarbeiter«. An der Niederschlagung des Kapp-Putsches beteiligt. 1920/21 als Arzt und Torfarbeiter in der Arbeiterkommune Barkenhoff (Worpswede) tätig. 1921–33 praktischer Arzt in Hechingen, Höllsteig (Bodensee) und Stuttgart (1927). Seit 1928 Mitglied der KPD und des »Bundes proletarisch-revolutionärer Schriftsteller«. Neben seiner ärztlichen Tätigkeit schriftstellerische Arbeit, vor allem als Dramatiker. Emigrierte 1933 über Österreich in die Schweiz. Ausbürgerung am 8. 6. 1935. 1938 in Frankreich, 1939 in Le Vernet und Camp Les Milles interniert. 1941 nach Moskau. 1943 Mitbegründer des Nationalkomitees »Freies Deutschland«. 1945 Rückkehr nach Deutschland, als Kulturpolitiker und Schriftsteller tätig. 1950/51 1. Botschafter der DDR in Polen, von 1951 an freier Schriftsteller in Lehnitz. Mitglied der Dt. Akademie der Künste in Ost-Berlin. Nationalpreis der DDR 1949 und 1950.

Wolfenstein, Alfred: geb. 28. 12. 1883 in Halle, gest. 22. 1. 1945 in Paris. Studium der Rechtswissenschaft in Berlin, Dr. jur., lebte als freier Schriftsteller in Berlin. 1912–17 enger Mitarbeiter von Pfemferts »Aktion«. 1916–22 in München, anschließend wieder in Berlin. 1919/20 Hrsg. des Jahrbuchs »Die Erhebung, Jb. für neue Dichtung und Wertung«. Floh 1934, durch die »Liga für Menschenrechte« gewarnt, nach Prag, ging 1938 nach Paris, Mitarbeiter im »Schutzverband Dt. Schriftsteller«. 1940 auf der Flucht vor den dt. Truppen von der Gestapo verhaftet, 3 Monate im Gefängnis, tauchte nach der Entlassung in Südfrankreich unter, kehrte illegal nach Paris zurück. Krankheit, Depressionen, nahm sich 1945 das Leben.

Zweig, Arnold: 10. 11. 1887 Groß-Glogau/Schlesien – 26. 11. 1968 Berlin/DDR. 1907–11 Stud. Philos., neue Sprachen, Germanistik, Psychologie und Kunstgeschichte Breslau, München, Berlin, Göttingen, Rostock, Tübingen; 1915–1918 Soldat in Verdun, dann Schreiber der Presseabteilung des Oberkommandos Ost in Kowno; 1919–23 freier Schriftsteller in Starnberg, dann Berlin. 1933 Flucht über Tschechoslowakei, Schweiz, Frankreich nach Haifa/Palästina, Okt. 1948 Rückkehr nach Berlin-Niederschönhausen; Mitglied des SED-Kulturrats und des Kulturbunds zur demokratischen Erneuerung Deutschlands, 1950–53 Präsident der Dt. Akademie der Künste Berlin (Ost), 1957 Nachfolger B. Brechts als Präsident des dt. PEN-Zentrums Ost und West.

Zweig, Stefan: geb. 28. 11. 1881 Wien, gest. 23. 2. 1942 Petropolis b. Rio de Janeiro, Sohn e. Industriellen, Stud. Philos., Germanistik und Romanistik Berlin und Wien, Dr. phil. Reisen: Europa, Indien, Nordafrika, Nord- u. Mittelamerika. Im I. Weltkrieg erst im Wiener Kriegsarchiv, dann als Kriegsgegner 1917/18 in Zürich; Freundschaft mit R. Rolland. 1919–34 meist in Salzburg, 1928 Rußlandreise. Seit 1935 2. Wohnsitz in England, 1938 Emigration dorthin, 1940 einige Monate New York, seit August 1941 in Petropolis/Brasilien. Innerlich gebrochen, aus Schwermut über die Zerstörung des geistigen Europa, wählte er den Freitod.

Zitatnachweis zum Text

Einführung: Der Schriftsteller Lion Feuchtwanger in unserer Zeit

1. Feuchtwanger, Lion: Der Autor über sich selbst. 1935. In: Feuchtwanger, Lion: Centum Opuscula. Ein Buch nur für meine Freunde. Eine Auswahl. Zusammengestellt und herausgegeben von Wolfgang Berndt, Greifenverlag, Rudolfstadt, 1956, S. 378. (im folgenden bezeichnet als: CO.)
2. Améry, Jean: Zeitbetrachtungen, unpolitische und politische. Über Hans Falladas »Kleiner Mann was nun?« und Lion Feuchtwangers »Erfolg«. In: Frankfurter Rundschau, Frankfurt, 3. Januar 1981.
3. Feuchtwanger, Lion: Brief an Bertolt Brecht. 15. August 1949. Bertolt-Brecht-Archiv, Akademie der Künste der DDR, Berlin/DDR.
4. Feuchtwanger, Lion: Mein Roman Erfolg. 1931. CO. S. 399.
5. Feuchtwanger, Lion: Versuch einer Selbstbiographie. 1927. CO., S. 363.
6. Feuchtwanger, Lion: Vorwort zu den »Drei Stücken«. 1934. CO. S. 400.

I. München: 7. Juli 1884 bis 1925

1. Feuchtwanger, Lion: Selbstdarstellung. 1933. In: Feuchtwanger, Lion: Centum Opuscula. Ein Buch nur für meine Freunde. Eine Auswahl. Zusammengestellt und herausgegeben von Wolfgang Berndt, Greifenverlag Rudolfstadt, 1956, S. 365 (im folgenden: CO.).
2. Feuchtwanger, Lion: Wie ich meine erste Dichtung schrieb. 1928. In: CO. S. 382.
3. Feuchtwanger, Lion: Selbstdarstellung. 1933. In: CO. S. 365f.
4. Feuchtwanger, Lion: Der Autor über sich selbst. In: CO. S. 374.
5. Feuchtwanger, Lion: Aus meinem Leben. In: Colloquium. Eine deutsche Studentenzeitschrift, Heft 7, Berlin, Juli 1964 (im folgendem: Colloquium).
6. Ebd.
7. Ebd.
8. Ebd.
9. Ebd.
10. Wolf, Arie: Lion Feuchtwanger und das Judentum. Bulletin des Leo-Baeck-Instituts. Jerusalem, 1982, S. 62f.
11. Colloquium.
12. Ebd.
13. Feuchtwanger, Lion: Selbstdarstellung. 1933. In: CO. S. 36.
14. Colloquium.
15. Berndt, Wolfgang: Theaterkritiken. In: CO. S. 129ff.
16. Der Spiegel. Blätter für Literatur, Musik und Bühne. München, Nr. 1 u. 2., April 1908.
17. Feuchtwanger, Lion: Selbstdarstellung. 1933. In: CO. S. 36.
18. Feuchtwanger, Lion: Die junge Welt. 1908. In: CO. S. 289.
19. Feuchtwanger, Lion: Frank Wedekind. Vorwort zu Frank Wedekind – Five tragedies of sex. London. Vision Press, 1952, S. 1f, 9f.
20. Feuchtwanger, Lion: Narrenweisheit oder Tod und Verklärung des Jean-Jacques Rousseau. Roman. Los Angeles, 1952.
21. Feuchtwanger, Lion: Frank Wedekind. Vorwort zu Frank Wedekind – Five tragedies of sex. a.a.O.
22. Feuchtwanger, Marta: Nur eine Frau. Jahre, Tage, Stunden. Albert Langen – Georg Müller GmbH, München–Wien, 1983, S. 13.
23. Feuchtwanger, Lion: Selbstdarstellung. 1933. In: CO. S. 366.
24. Feuchtwanger, Lion: Heinrich Mann: Zum 75. Geburtstag. 1946. In: CO. S. 562.
25. Mann, Heinrich an Lion Feuchtwanger zum 60. Geburtstag, 7. Juli 1944. Lion Feuchtwanger Memorial Library, Pacific Palisades, Calif./USA.
26. Feuchtwanger, Lion: Der Retter Oberammergaus. 1910. In: CO. S. 252.
27. Feuchtwanger, Marta: Nur eine Frau. Jahre, Tage, Stunden. a.a.O., S. 18f.

28. Feuchtwanger, Lion: Selbstdarstellung. 1933. In: CO. S. 368.

29. Feuchtwanger, Lion: Selbstdarstellung. 1933. Ebd., S. 367.

30. Feuchtwanger, Lion: Flucht aus Tunis. 1914. In: CO. S. 360.

31. Colloquium.

32. Feuchtwanger, Lion: München und der Krieg. In: Die Schaubühne, Nr. 46, 19. November 1946.

33. Feuchtwanger, Lion: Selbstdarstellung. 1933. In: CO. S. 36.

34. Feuchtwanger, Lion: Lied der Gefallenen. 1915. In: CO. S. 583.

35. Feuchtwanger, Marta: Brief an den Autor, am 5. Januar 1984.

36. Colloquium.

37. Feuchtwanger, Lion: Selbstdarstellung. 1933. In: CO. S. 363f.

38. Feuchtwanger, Lion: Selbstdarstellung. 1933. Ebd., S. 368f.

39. Feuchtwanger, Lion: Selbstdarstellung. 1933. Ebd., S. 366f.

40. Colloquium.

41. Feuchtwanger, Lion: Vasantasena. 1915. In: CO. S. 200.

42. Jessner, Leopold: Brief an Lion Feuchtwanger zum 60. Geburtstag, Los Angeles, Calif., 3. Juli 1944. Lion Feuchtwanger Memorial Library, Pacific Palisades, Calif./USA.

43. Feuchtwanger, Lion: Warren Hastings. Selbstanzeige. 1916. In: CO. S. 387.

44. Feuchtwanger, Lion: Versuch einer Selbstbiographie. 1927. CO S. 363.

45. Feuchtwanger, Lion: Über »Jud Süß«. 1929. In: CO. S. 389.

46. Feuchtwanger, Lion: Warren Hastings. Selbstanzeige. 1916. In: CO. S. 384f.

47. Jakobsohn, Siegfried: Warren Hastings. In: Die Schaubühne, Nr. 44, 31. Oktober 1916.

48. Kerr, Alfred, zitiert nach: Felix Bloch Erben (Hrsg.): Lion Feuchtwanger. Felix Bloch Erben – Verlag für Bühne und Film, Fernsehen und Funk, Berlin/West, S. 18.

49. Feuchtwanger, Lion: Über »Jud Süß«. 1929. In: CO. S. 388.

50. Colloquium.

51. Feuchtwanger, Lion: Vorwort zu den »Drei Stücken«. 1934. In: CO. S. 400.

52. Feuchtwanger, Marta: Nur eine Frau. Jahre, Tage, Stunden, a.a.O., S. 112.

53. Ebd., S. 115f.

54. Feuchtwanger, Lion: Selbstdarstellung. 1933. In: CO. S. 369.

55. Feuchtwanger, Lion: Vorwort zu den »Drei Stücken«. 1934. In: CO. S. 401.

56. Köpke, Wulf: Lion Feuchtwanger. Ch. Beck'sche Verlagsbuchhandlung, München 1983, S. 69.

57. Kaufmann, Hans, in Zusammenarbeit mit Dieter Schiller u. a.: Die Geschichte der deutschen Literatur, 1917 bis 1945. Berlin/DDR, 1978, S. 88.

58. Ebd., S. 89.

59. Köpke, Wulf: Lion Feuchtwanger. a.a.O., S. 70.

60. Kantorowicz, Alfred: Deutsches Tagebuch, Zweiter Teil. Hrsg.: Andreas W. Mytze. Verlag Klaus Guhl, Berlin/West, 1979. S. 478.

61. Feuchtwanger, Lion: Vorwort zu den »Drei Stücken«. 1934. In: CO. S. 401f.

62. Feuchtwanger, Marta: Nur eine Frau. Jahre, Tage, Stunden. a.a.O., S. 119.

63. Feuchtwanger, Lion: Dem toten Ernst Toller. 1939. In: CO. S. 539.

64. Feuchtwanger, Marta: Nur eine Frau. Jahre, Tage, Stunden. a.a.O. S. 124.

65. Bronnen, Arnolt: Tage mit Bertolt Brecht. Sammlung Luchterhand, Hermann Luchterhand-Verlag, Darmstadt und Neuwied, 1976, S. 59.

66. Ebd.

67. Ebd., S. 61f.

68. Feuchtwanger, Marta, im Gespräch mit dem Autor, Juli 1983, Pacific Palisades, Calif./USA.

69. Feuchtwanger, Lion: Vorwort zu den »Drei Stücken«. 1934. In: CO. S. 401f.

70. Berndt, Wolfgang: Über jüdische Belange. In: CO. S. 441ff.

71. Feuchtwanger, Lion: Gespräche mit dem Ewigen Juden. 1920. In: CO. S. 451.

71a. Ebd., S. 465f.

72. Feuchtwanger, Lion: Die Bühnenkunst und die neue Zeit. In: Glossarium. Satirische Monatsschrift, hrsg. von Gerhard Schäke, Heft 2, Leipzig, September 1921, S. 7.

73. Köpke, Wulf: Lion Feuchtwanger. a.a.O., S. 79.

74. Feuchtwanger, Lion: Vom Sinn und Unsinn des historischen Romans. 1935. In: CO. S. 511.

75. Köpke, Wulf: Lion Feuchtwanger. a.a.O., S. 83ff.

76. Ebd.

77. zitiert nach Leupold, Hans: Lion Feuchtwanger. VEB Bibliographisches Institut Leipzig, 1967, S. 35.

78. Kaufmann, Hans, in Zusammenarbeit mit Dieter Schiller u. a.: Die Geschichte der deutschen Literatur, 1917 bis 1945. a.a.O., S. 135.

79. Feuchtwanger, Lion: Über »Jud Süß«. 1929. In: CO. S. 391.

80. Feuchtwanger, Lion. In: Die literarische Welt, 25. Mai 1928, zitiert nach Köpke, Wulf: Lion Feuchtwanger. a.a.O., S. 87.

81. Feuchtwanger, Lion: zitiert nach Leupold, Hans: Lion Feuchtwanger. a.a.O., S. 34.

82. Knilli, Friedrich – Zielinski, Siegfried: Lion Feuchtwangers »Jud Süß« und die gleichnamigen Filme von Lothar Mendes (1934) und Veit Harlan (1940). In: text + kritik, Zeitschrift für Literatur, hrsg. von Heinz Ludwig Arnold, Nr. 79/80, Lion Feuchtwanger, Edition text und kritik GmbH, München, Oktober 1983, S. 99ff.

83. Ebd.

84. Ebd., S. 116.

85. Feuchtwanger, Lion: Offener Brief an sieben Berliner Schauspieler. 1941. In: CO. S. 540ff.

86. Kantorowicz, Alfred: Politik und Literatur im Exil. Deutschsprachige Schriftsteller im Kampf gegen den Nationalsozialismus. Deutscher Taschenbuch Verlag GmbH & Co. KG, München, April 1983, S. 28.

II. Berlin 1925 bis 1933

1. Feuchtwanger, Lion: Der Autor über sich selbst. 1935. In: CO. S. 375f.

2. Feuchtwanger, Marta: Nur eine Frau. Jahre, Tage, Stunden. a.a.O., S. 122.

3. Feuchtwanger, Lion: Bertolt Brecht. Dargestellt für Engländer. 1928. In: CO. S. 557.

4. Feuchtwanger, Lion: Bertolt Brecht. Dargestellt für Engländer. Ebd.

5. Feuchtwanger, Lion: Bertolt Brecht. In: Das Tagebuch, Berlin, 1922/40, S. 1417f.

6. Völker, Klaus: Bertolt Brecht. Eine Biographie. Deutscher Taschenbuch Verlag GmbH & Co., KG, München, ungekürzte Ausgabe, August 1978, S. 40.

7. Feuchtwanger, Marta, Brief an den Autor, Pacific Palisades vom 18. 2. 1984.

8. Brecht, Bertolt: Tagebücher 1920 bis 1922. Autobiographische Aufzeichnungen 1920 bis 1954. edition suhrkamp SV. Suhrkamp Verlag, Frankfurt, 1978, S. 16.

9. Ebd. S. 32.

10. Ebd. S. 103.

11. Völker, Klaus: Bertolt Brecht. Eine Biographie. a.a.O., S. 68f.

12. Kerr, Alfred: Bertolt Brecht: »Leben Eduards des Zweiten von England«. Staatstheater: In: Berliner Tageblatt Nr. 578, Berlin, 5. Dezember 1924.

13. Feuchtwanger, Lion: Bertolt Brecht. Dargestellt für Engländer. 1928. In: CO. S. 558f.

14. Feuchtwanger, Lion: Die Konstellation der Literatur. 1927. In: CO. S. 420.

15. Völker, Klaus: Bertolt Brecht. Eine Biographie. a.a.O., S. 81.

16. Feuchtwanger, Lion. Brief an Bertolt Brecht. Sanary, 16. 2. 1936. Akademie der Künste der DDR, Brecht-Archiv. Berlin/DDR.

17. Brecht, Bertolt: Arbeitsjournal. Zweiter Band 1942 bis 1955, hrsg. von Werner Hecht. werkausgabe edition suhrkamp SV, Suhrkamp Verlag, Frankfurt/Main, 1974, S. 366.

18. Modick, Klaus: L. F. als Produzent. Über die kuriosen, eigentümlichen, ja wunderlichen Methoden des Dr. Feuchtwanger. In: text + kritik, a.a.O., S. 9.

19. Brecht, Bertolt: Gesammelte Werke 19 Schriften zur Literatur und Kunst 2. werkausgabe edition suhrkamp SV, Suhrkamp Verlag, Frankfurt, 101. bis 112. Tausend: 1976, S. 488.

20. Bronnen, Arnolt: Arnolt Bronnen gibt zu Protokoll, Beiträge der Geschichte des modernen Schriftstellers. Mit einem Nachwort von Hans Mayer. Athenäum Verlag, Kronberg/Taunus, 1978, S. 303.

21. Feuchtwanger, Marta: Nur eine Frau. Jahre, Tage, Stunden. a.a.O., S. 179f.

22. Landshoff, Fritz H., Brief an den Autor, Bentveld, Holland, 20. Januar 1984.

23. Kesten, Hermann: Meine Freunde die Poeten. Gekürzte Ausgabe, Ullstein-Werk-Ausgaben, Frankfurt/Main, 1980, S. 119, 122.

24. Feuchtwanger, Lion: Der Autor über sich selbst. 1935. In: CO. S. 375.

25. Feuchtwanger, Lion: Von den Wirkungen und Besonderheiten des angelsächsischen Schriftstellers. 1928. In: CO. S. 428f.

26. Schönberner, Franz, zitiert nach Köpke, Wulf: Lion Feuchtwanger. a.a.O., S. 77.

27. Feuchtwanger, Lion: Von den Wirkungen und Besonderheiten des angelsächsischen Schriftstellers. 1928. In: CO. S. 431f.

28. Mann, Thomas: Lion Feuchtwanger zum 70. Geburtstag. Worte seiner Freunde. Aufbau-Verlag Berlin/DDR, 1954, S. 8.

29. Feuchtwanger, Lion: Rede über Sinclair Lewis gehalten im Berliner Rundfunk am 8. November 1927. Lion Feuchtwanger Memorial Library, Pacific Palisades, Calif./USA.

30. Feuchtwanger, Lion: Die Konstellation der Literatur. 1927. In: CO. S. 419.

31. Kaes, Anton (Hrsg.): Weimarer Republik. Manifeste und Dokumente zur deutschen Literatur 1918 bis 1933. J. B. Metzlersche Verlagsbuchhandlung, Stuttgart, 1983, S. 182.

32. Engel, Fritz: »Die Petroleum-Inseln.« Lion Feuchtwanger im Staatstheater. In: Berliner Tageblatt Nr. 565, Berlin, 29. November 1928. Sammlung Lion Feuchtwanger, Akademie der Künste, Berlin/West.

33. Ihering, Herbert: Die Petroleuminseln. Staatstheater. In: Börsen-Courier Nr. 560, Berlin, 29. November 1928. Sammlung Lion Feuchtwanger, Akademie der Künste, Berlin/West.

34. Feuchtwanger, Lion: Zu meinem Stück »Die Petroleuminseln« 1927. In: CO. S. 393f.

35. Feuchtwanger, Lion: Bertolt Brecht. Dargestellt für Engländer. 1928. In: CO. S. 559.

36. anonym/A. S.: Lion Feuchtwanger und Arnold Zweig. Im Verband deutscher Erzähler. In: Berliner Tageblatt, 9. November 1928, Landesarchiv Berlin/West.

37. Sernau, Lola: An Lion Feuchtwangers Schreibmaschine. Intimitäten des Diktats. In: Berliner Tageblatt Nr. 148, Berlin, 28. März 1929. Sammlung Lion Feuchtwanger, Akademie der Künste, Berlin/West.

38. Clason, Synnöve: Die Welt erklären. Geschichte und Fiktion in Lion Feuchtwangers Roman »Erfolg« Acta Universitatis Stockholmiensis, Stockholmer Germanistische Forschungen 19, Stockholm, 1975, S. 167.

39. Feuchtwanger, Lion: Mein Roman »Erfolg«. 1931. In: CO. S. 397.

40. Feuchtwanger, Lion: Erfolg. Drei Jahre Geschichte einer Provinz. Roman. Mit einem Nachwort von Reinhart Hoffmeister. Langen Müller, München, 1980, S. 570.

41. Ebd., S. 210f.

42. Ebd., S. 754f.

43. Ebd., S. 686.

44. Ebd., S.761.

45. zitiert nach Klemperer, Victor: Der zentrale Roman Lion Feuchtwangers. In: Lion Feuchtwanger zum Gedenken. Von seinen Freunden auf der Heidecksburg, Greifenverlag, Rudolfstadt, 1959, S. 39.

46. Feuchtwanger, Lion: Erfolg. Drei Jahre Geschichte einer Provinz. Roman. Gustav Kiepenheuer Verlag. Berlin, 1930 (Erstausgabe), zwei Bände, vgl. Bd. I, S. 36, 541; Bd. II, S. 72, S. 136, S. 260, S. 352.

47. Ebd.

48. Feuchtwanger, Lion: Erfolg. Drei Jahre Geschichte einer Provinz. Roman. Mit einem Nachwort von Reinhart Hoffmeister, a.a.O., S. 524ff.

49. Hans, Jan – Winckler, Lutz: Von der Selbstverständigung des Künstlers in Krisenzeiten. Lion Feuchtwangers »Wartesaal-Trilogie«. In: text + kritik, a.a.O., S. 36.

50. Clason, Synnöve: Die Welt erklären. Geschichte und Fiktion in Lion Feuchtwangers Roman »Erfolg«. a.a.O., S. 176.

51. Köpke, Wulf: Lion Feuchtwanger. a.a.O., S. 93.

52. Weinrich, Harald: Etwas war faul im Staate Bayern. In: Frankfurter Allgemeine Zeitung Nr. 282, 4. Dezember 1980.

53. Klemperer, Victor: Der zentrale Roman Lion Feuchtwangers. a.a.O., S. 60f.

54. Mann, Thomas: Lion Feuchtwanger zum 70. Geburtstag. a.a.O., S. 7.

55. Münchener Neueste Nachrichten Nr. 273, 1930, zitiert nach: Clason, Synnöve: Die Welt erklären. Geschichte und Fiktion in Lion Feuchtwangers Roman »Erfolg«. a.a.O., S. 176.

56. Celsus: »Erfolg« ohne »Sukzess« in: Die Weltbühne, 1930, S. 727f.

57. Landshoff, Fritz H., Brief an den Autor, Bentveld, Holland, 20. Januar 1984.

58. Völkischer Beobachter, 17. 10. 1931.

59. Kaes, Anton (Hrsg.): Weimarer Republik. Manifeste und Dokumente zur deutschen Literatur 1918 bis 1933. a.a.O., S. 590.

60. Ebd., S. 590f.

61. Kantorowicz, Alfred: Brief an Lion Feuchtwanger zum 60. Geburtstag, 20. 6. 1944. Lion Feuchtwanger Memorial Library, Pacific Palisades, Calif./USA.

62. Ebd.

63. Sernau, Lola. In: Das Magazin, Heft 7, Berlin/DDR, Juli 1959, S. 32ff.

64. Ebd.

65. Sernau, Lola: An Lion Feuchtwangers Schreibmaschine. Intimitäten des Diktats. a.a.O.

66. Kaes, Anton (Hrsg.): Weimarer Republik. Manifeste und Dokumente zur deutschen Literatur 1918 bis 1933. a.a.O., S. 590.

67. Ebd., S. 428f.

68. Pischel, Joseph: Lion Feuchtwanger. Versuch über Leben und Werk. Röderberg-Verlag GmbH, Frankfurt, 1984, S. 112f.

69. Marcuse, Ludwig: Mein zwanzigstes Jahrhundert. Auf dem Weg zu einer Autobiographie, Diogenes Verlag, Zürich, 1975, S. 151.

70. Kantorowicz, Alfred: Porträts. Deutsche Schicksale. Alfred Kantorowicz Verlag, Berlin, 1949, S. 35ff.

71. Feuchtwanger, Lion: Zur Wiederkehr des Todestags von Ossietzky. In: Die Weltbühne, Nr. 18, Berlin, 30. April 1958. Sammlung Lion Feuchtwanger, Akademie der Künste, Berlin/West.

72. Ebd.

73. Feuchtwanger, Marta: Nur eine Frau. Jahre, Tage, Stunden. a.a.O., S. 224.

74. Feuchtwanger, Lion: Der Autor über sich selbst. 1935. In: CO. S. 377.

75. Feuchtwanger, Lion: Nationalismus und Judentum. 1933. In: CO. S. 498.

76. Feuchtwanger, Lion: Nationalismus und Judentum. 1933. Ebd., S. 482.

77. Feuchtwanger, Lion: Die Verjudung der abendländischen Literatur. 1929. In: CO. S. 443.

78. Feuchtwanger, Lion: Nationalismus und Judentum. 1933. In: CO. S. 480f.

79. Feuchtwanger, Lion: Der jüdische Krieg. Roman. Ungekürzte Ausgabe. Fischer Taschenbuch-Verlag, Frankfurt/Main, Juli 1982, S. 94f.

79a. Ebd., S. 274.

80. Ebd., S. 283f.

81. Feuchtwanger, Lion: Historischer Roman – Roman von heute! In: Berliner Tageblatt, Nr. 540, 15. November 1931.

82. Feuchtwanger, Lion: Die Söhne. Roman. Fischer Taschenbuch Verlag, Frankfurt/Main, August 1982, S. 181ff.

83. Horkheimer, Max, Brief an Lion Feuchtwanger zum

60. Geburtstag, undatiert, 1944. Lion Feuchtwanger Memorial Library, Pacific Palisades, Calif./USA.

84. Feuchtwanger, Marta: Brief an den Autor, Pacific Palisades, 18. 2. 1984.

85. Feuchtwanger, Lion: Nationalismus und Judentum. 1933. In: CO. S. 498.

86. Feuchtwanger, Lion: Der Tag wird kommen. Roman. Ungekürzte Ausgabe. Fischer Taschenbuch-Verlag, Frankfurt/Main, September 1982, S. 438, 444.

III.: Exil und Internierung in Frankreich

1. Feuchtwanger, Lion: Brief an Arnold Zweig. 11. 3. 1933. In: von Hofe, Harold (Hrsg.): Der Briefwechsel zwischen Arnold Zweig und Lion Feuchtwanger, Aufbau-Verlag, Berlin/DDR, 1984.

2. Feuchtwanger, Marta: Nur eine Frau. Jahre, Tage, Stunden, a.a.O., S. 237.

3. Feuchtwanger, Lion: Offener Brief an den Bewohner meines Hauses. 1935. In: CO. S. 505.

4. Anonym: Der »jüdische Krieg«. Neue Zürcher Zeitung Nr. 585, S. 2, Zürich, 1. April 1933.

5. Feuchtwanger, Lion: Brief an Arnold Zweig. 25. 3. 1933, a.a.O.

6. Waldo, Hilde: Lion Feuchtwanger: A Biography. In: John M. Spalek. Lion Feuchtwanger. The Man. His Ideas, His Work. Hennessey & Ingalls, Inc., Los Angeles, 1972.

7. Brecht, Bertolt: Gesammelte Werke 19. Schriften zur Literatur und Kunst 2. a.a.O., S. 429.

8. Feuchtwanger, Lion: Der Teufel in Frankreich. Ein Erlebnisbericht. Mit einem Nachwort von Marta Feuchtwanger. Langen Müller. München, 1983. S. 14f.

9. Schiller, Dieter u. a.: Exil in Frankreich. Verlag Philipp Reclam jun., Leipzig 1981, S. 159.

10. Feuchtwanger, Lion: Die Geschwister Oppermann. Ungekürzte Ausgabe, Fischer Taschenbuchverlag, Frankfurt/Main, Februar 1981, S. 108f.

11. Tucholsky, Kurt: Politische Briefe. Rowohlt-Taschenbuchverlag GmbH, Reinbek bei Hamburg, 1969, S. 39.

12. Mann, Klaus: Der Wendepunkt. Ein Lebensbericht. Mit einem Nachwort von Frido Mann. Edition Spangenberg, Ellermann-Verlag, München, 1981, S. 365.

13. Zweig, Arnold: Brief an Lion Feuchtwanger. 26. 3. 1934. In: von Hofe, Harold (Hrsg.): Der Briefwechsel zwischen Arnold Zweig und Lion Feuchtwanger, Aufbau-Verlag, Berlin/DDR, 1984.

14. Frank, Bruno: zitiert nach: Lion Feuchtwanger 50 Jahre – 7. Juli 1934. In: Die Sammlung. Literarische Monatsschrift unter dem Patronat von Andre Gide, Aldous Huxley, Heinrich Mann, Hrsg. von Klaus Mann. 1. Jahrgang, 11. Heft, Querido Verlag, Amsterdam, Juli 1934, S. 568.

15. Feuchtwanger, Lion: Brief an Arnold Zweig. 7. Mai 1933. a.a.O.

16. Marcuse, Ludwig: Mein Zwanzigstes Jahrhundert. a.a.O., S. 184.

17. Kesten, Hermann: Meine Freunde die Poeten. a.a.O., S. 119.

18. Feuchtwanger, Lion: Brief an Arnold Zweig. 28. 10. 1934 a.a.O.

19. Zweig, Arnold: Brief an Lion Feuchtwanger. 26. 6. 1934. a.a.O.

20. Marcuse, Ludwig: Mein Zwanzigstes Jahrhundert. a.a.O., S. 185.

21. Feuchtwanger, Marta: Brief an Arnold Zweig. 10. 4. 1934. In: von Hofe, Harald (Hrsg.): Der Briefwechsel zwischen Arnold Zweig und Lion Feuchtwanger. a.a.O.

22. Sernau, Lola im Gespräch mit dem Autor. Ascona/CH, Dezember 1983.

23. Feuchtwanger, Lion: Brief an Arnold Zweig. 5. 11. 1934. a.a.O.

24. Feuchtwanger, Lion: Brief an Arnold Zweig. 10. 4. 1935. a.a.O.

25. Marcuse, Ludwig: Mein Zwanzigstes Jahrhundert. a.a.O., S. 186.

26. Kesten, Hermann: Meine Freunde die Poeten. a.a.O., S. 120f.

27. Sernau, Lola im Gespräch mit dem Autor. Ascona/CH, Dezember 1983.

28. Ebd.

29. Marcuse, Ludwig: Mein Zwanzigstes Jahrhundert. a.a.O., S. 202.

30. Kesten, Hermann: Meine Freunde die Poeten. a.a.O., S. 120.

31. Feuchtwanger, Lion: Brief an Arnold Zweig. 17. 3. 1935. a.a.O.

32. Feuchtwanger, Lion: Exil. Roman. Fischer Taschenbuch Verlag. Frankfurt, April 1979, S. 143.

33. Feuchtwanger, Lion: Brief an Arnold Zweig. 24. 7. 1937. a.a.O.

34. Kerr, Alfred: zitiert nach: Kantorowicz, Alfred: Politik und Literatur im Exil. a.a.O., S. 222.

35. Feuchtwanger, Lion: Vom Sinn und Unsinn des historischen Romans. In: Paris 1935. Erster Internationaler Schriftstellerkongreß zur Verteidigung der Kultur. Akademie Verlag, Berlin/DDR 1982, S. 293.

36. Feuchtwanger, Lion: Der falsche Nero. Aufbau-Verlag, Berlin/DDR 1947, S. 311.

37. Brecht, Bertolt. In: Paris 1935. Erster Internationaler Schriftstellerkongreß zur Verteidigung der Kultur. a.a.O., S. 140.

38. Roth, Joseph: zitiert nach: Schiller, Dieter u. a.: Exil in Frankreich. a.a.O., S. 220.

39. Kantorowicz, Alfred: Politik und Literatur im Exil. a.a.O., S. 209f.

40. Pike, David: Deutsche Schriftsteller im sowjetischen Exil 1933 bis 1945. Erste Auflage 1981. Suhrkamp-Verlag, Frankfurt/Main, 1981, S. 150.

41. Ebd., S. 151.

42. Kantorowicz, Alfred: Politik und Literatur im Exil. a.a.O., S. 291.

43. Ebd., S. 258.

44. Feuchtwanger, Lion: Der Teufel in Frankreich, a.a.O., S. 171ff.

45. Feuchtwanger, Marta: Nur eine Frau. Jahre, Tage, Stunden, a.a.O., S. 256.

46. Feuchtwanger, Lion: Brief an Bertolt Brecht. 16. 2. 1936. Bertolt-Brecht-Archiv, Akademie der Künste, Berlin/DDR.

47. Brecht, Bertolt: Brief an Lion Feuchtwanger, undatiert. 1937. Lion Feuchtwanger Memorial Library, Pacific Palisades, Calif./USA.

48. Sernau, Lola, im Gespräch mit dem Autor. Ascona/CH, Dezember 1983.

49. Marcuse, Ludwig: Mein Zwanzigstes Jahrhundert. a.a.O., S. 219.

50. Feuchtwanger, Lion: Brief an Arnold Zweig. 9. November 1936 (falscher Monat. Korrekt: Dezember). a.a.O.

51. Feuchtwanger, Lion: Brief an Bertolt Brecht. 27. 3. 1937. Bertolt-Brecht-Archiv, Akademie der Künste, Berlin/DDR.

52. Feuchtwanger, Marta: Brief an Lion Feuchtwanger. 27. 12. 1936. Lion Feuchtwanger Memorial Library, Pacific Palisades, Calif./USA.

53. Feuchtwanger, Marta: Brief an Lion Feuchtwanger. 18. 12. 1936. Lion Feuchtwanger Memorial Library, Pacific Palisades, Calif./USA.

54. Feuchtwanger, Lion: In: Deutsche Zentral-Zeitung, Moskau, 6. Februar 1937.

55. Feuchtwanger, Lion: Der Ästhet in der Sowjet-Union. 1937. In: CO. S. 519ff.

56. Landshoff, Fritz H. im Gespräch mit dem Autor. Berlin/West-Bentveld, Holland, Oktober 1983.

57. Feuchtwanger, Lion: Der Teufel in Frankreich. a.a.O., S. 174.

58. Feuchtwanger, Lion: Brief an Heinrich Mann. 10. 8. 1937. Heinrich-Mann-Archiv, Akademie der Künste, Berlin/DDR.

59. Feuchtwanger, Lion: Moskau 1937. Ein Reisebericht für meine Freunde. Querido Verlag N. V., Amsterdam, 1937, S. 152f.

60. Ebd., S. 153.

61. Marcuse, Ludwig: Mein Zwanzigstes Jahrhundert. a.a.O., S. 281.

62. Mann, Heinrich u. Brecht, Bertolt in: Lion Feuchtwanger. Auswahl. Der Greifenverlag, Rudolstadt, um 1950, S. 340/360.

63. Feuchtwanger, Lion: Moskau 1937. a.a.O., S. 60ff.

64. Ebd., S. 78/111.

65. Ebd., S. 143.

66. Ebd., S. 153.

67. Kantorowicz, Alfred: Politik und Literatur im Exil. a.a.O., S. 63.

68. Kahn, Lothar: Insight and Action. The life and work of Lion Feuchtwanger. Associated University Presses Inc., New Jersey, 1975, S. 212.

69. Feuchtwanger, Marta, im Gespräch mit dem Autor. Pacific Palisades, Calif./USA, Juli 1983.

70. Mann, Klaus: Der Wendepunkt. a.a.O., S. 362.

71. Kantorowicz, Alfred: Politik und Literatur im Exil. a.a.O., S. 62.

72. Feuchtwanger, Lion: Brief an Maria Osten. 24. August 1937. Zitiert nach: Pike, David: Deutsche Schriftsteller im sowjetischen Exil 1933 bis 1945. a.a.O., S. 242.

73. Schwarzschild, Leopold: Zitiert nach: Pike, David: Deutsche Schriftsteller im sowjetischen Exil 1933 bis 1945. a.a.O., S. 246.

74. Pike, David: Deutsche Schriftsteller im sowjetischen Exil 1933 bis 1945. a.a.O., S. 240 bis 249.

75. Kantorowicz, Alfred: Politik und Literatur im Exil: a.a.O., S. 61.

76. Kantorowicz, Alfred: Exil in Frankreich. Merkwürdigkeiten und Denkwürdigkeiten. Schünemann Universitätsverlag, Bremen, 1971, S. 88.

77. Feuchtwanger, Lion: Anläßlich der Befreiung von Paris. Pacific Palisades, Calif./USA, undatiert (vermutlich 1944), Lion Feuchtwanger Memorial Library.

78. Feuchtwanger, Lion: Brief an Heinrich Mann. 25. 8. 1937. Abschrift, Lion Feuchtwanger Memorial Library.

79. Feuchtwanger, Lion: Brief an Heinrich Mann. 28. 10. 1937. Abschrift, Lion Feuchtwanger Memorial Library.

80. Mann, Heinrich: Brief an Lion Feuchtwanger. 29. 10. 1937. Lion Feuchtwanger Memorial Library.

81. Feuchtwanger, Lion: Exil. a.a.O., S. 698ff.

82. Feuchtwanger, Lion: Roman-Rezept. In: Querschnitt, 9. Jahrgang, Oktober 1929, S. 720.

83. Feuchtwanger, Lion: Vom Sinn und Unsinn des historischen Romans. 1935. In: CO. S. 515.

84. Hiller, Kurt: Profile. Prosa aus einem Jahrzehnt. Paris, Nouvelles Internationales 1938, S. 236.

85. Modick, Klaus: L. F. als Produzent. In: text + kritik, a.a.O., S. 14.

86. Lukács, Georg: Der Kampf zwischen Liberalismus und Demokratie im Spiegel des historischen Romans der deutschen Antifaschisten. In: Internationale Literatur, Jahrgang 8, 1938, Heft 5, S. 63 bis 66.

87. Feuchtwanger, Lion: Vom Sinn und Unsinn des historischen Romans. 1935. In: CO. S. 510.

88. Ebd., S. 513.

89. Ebd.

90. Feuchtwanger, Lion: Das Haus der Desdemona oder Größe und Grenzen der historischen Dichtung. Greifenverlag, Rudolstadt, 1961, S. 31f.

91. Brecht, Bertolt: Arbeitsjournal. Erster Band 1938 bis 1942, hrsg. von Werner Hecht. werkausgabe edition suhrkamp SV, Suhrkamp Verlag, Frankfurt/Main, 1974, S. 217.

92. Feuchtwanger, Lion: Vom Sinn und Unsinn des historischen Romans. 1935. In: CO. S. 514.

93. Feuchtwanger, Lion: Vom Sinn und Unsinn des historischen Romans. Ebd., S. 509.

94. Feuchtwanger, Lion: Der Jüdische Krieg. Roman. Propyläen-Verlag, Berlin, 1932 (Erstausgabe), S. 479.

95. Feuchtwanger, Lion: Der Roman von heute ist international. In: Berliner Tageblatt, Beiblatt ›Die Brücke‹ Nr. 39, 25. September 1932.

96. Ebd.

97. Feuchtwanger, Lion: Warum schreiben Sie keine Filme? (Umfrage). In: Vossische Zeitung, Literaturbeilage, 31. März 1929.

98. Feuchtwanger, Lion: Versuch einer Selbstbiographie. 1927. In: CO. S. 364.

99. Modick, Klaus: L. F. als Produzent. In: text + kritik, a.a.O., S. 13.

100. Reich-Ranicki: Lion Feuchtwanger oder Der Weltruhm der Emigranten. In: Die deutsche Exilliteratur 1933–1945. Hrsg. von Manfred Durzak. Philipp Reclam jun., Stuttgart, 1973, S. 444f, 446.

101. Horkheimer, Max: Brief an Lion Feuchtwanger zum

60. Geburtstag. 1944. Lion Feuchtwanger Memorial Library.

102. Feuchtwanger, Lion: Der Schriftsteller im Exil. 1943. In: CO. S. 549f.

103. Feuchtwanger, Lion: Brief an Oskar Maria Graf. 11. 8. 1953. Kopie, Lion Feuchtwanger Memorial Library.

104. Feuchtwanger, Lion: Der Autor über sich selbst. 1935. In: CO. S. 377.

105. Mann, Thomas: Freund Feuchtwanger. In: Lion Feuchtwanger zum 70. Geburtstag. Worte seiner Freunde. a.a.O., S. 9, 11.

106. Feuchtwanger, Lion: Brief an Arnold Zweig. 28. 3. 1938. a.a.O.

107. Feuchtwanger, Lion: Brief an Arnold Zweig. 1. 10. 1938. a.a.O.

108. Feuchtwanger, Lion: Brief an Arnold Zweig. 25. 2. 1939. a.a.O.

109. Feuchtwanger, Lion: Brief an Arnold Zweig. 28. 4. 1940. a.a.O.

110. Feuchtwanger, Lion: Der Teufel in Frankreich. a.a.O., S. 42, 43.

111. Ebd., S. 86f.

111a. Ebd., S. 42

112. Kontorowicz, Alfred: Brief an Lion Feuchtwanger zum 60. Geburtstag. 1944. Lion Feuchtwanger Memorial Library.

113. Feuchtwanger, Lion: Der Teufel in Frankreich. a.a.O., S. 116f.

113a. Ebd.

114. Ebd., S. 241f.

115. Ebd., S. 252.

116. Mann, Heinrich: Ein Zeitalter wird besichtigt. Aufbau-Verlag, Berlin, 1947, S. 471.

117. Brecht, Bertolt: Arbeitsjournal. Erster Band 1938 bis 1942. a.a.O., S. 127.

118. Feuchtwanger, Lion: Brief an Arnold Zweig. 27. 9. 1940. a.a.O.

IV.: Emigration und Tod in den USA

1. Feuchtwanger, Marta: Brief an den Autor. 5. 1. 1984.

2. New York Times, October 6, 1940.

3. Feuchtwanger, Lion: Moskau 1937. a.a.O., S. 152.

4. Feuchtwanger, Lion: Brief an Arnold Zweig. 9. Juli 1941. a.a.O.

5. Feuchtwanger, Lion: Remarks upon the Opening of the Palestine Pavilion at the World's Fair. October 22. 1940. Lion Feuchtwanger Memorial Library.

6. Feuchtwanger, Lion: Brief an Arnold Zweig. 9. Juli 1941. a.a.O.

7. Sernau, Lola, im Gespräch mit dem Autor, Ascona/CH, Dezember 1983.

8. Hay, Julius: zitiert nach: Pike, David: Deutsche Schriftsteller im sowjetischen Exil 1933 bis 1945. a.a.O., S. 441.

9. Brecht, Bertolt: Arbeitsjournal. Erster Band 1938 bis 1942. a.a.O., S. 209.

10. Feuchtwanger, Lion: Brief an Arnold Zweig. 21. 3. 1941. a.a.O.

11. Feuchtwanger, Lion: Brief an Bertolt Brecht. 18. 5. 1941. Bertolt-Brecht-Archiv, Akademie der Künste der DDR.

12. Feuchtwanger, Lion: Zitiert nach: Völker, Klaus: Bertolt Brecht. a.a.O., S. 314.

13. Brecht, Bertolt: Arbeitsjournal. Erster Band 1938 bis 1942. a.a.O., S. 210.

14. Feuchtwanger, Lion: Die Arbeitsprobleme des Schriftstellers im Exil. 1943, Lion Feuchtwanger Memorial Library.

15. Durzak, Manfred: Die Exilsituation in USA. In: Die deutsche Exilliteratur 1933–1945. a.a.O., S. 153.

16. Feuchtwanger, Lion: Brief an Arnold Zweig. 9. 7. 1941. a.a.O.

17. Feuchtwanger, Lion: Brief an Lola Sernau. 12. 1. 1942. Kopie, Privatbesitz Lola Sernau, Ascona/CH.

18. Feuchtwanger, Lion: Brief an Ben Huebsch. 8. 4. 1942. Kopie, Lion Feuchtwanger Memorial Library.

19. Feuchtwanger, Lion: Brief an Ben Huebsch. 8. 5. 1942. Kopie, Lion Feuchtwanger Memorial Library.

20. Mann, Thomas: Freund Feuchtwanger. In: Lion Feuchtwanger zum 70. Geburtstag. Worte seiner Freunde. a.a.O., S. 9.

21. Marcuse, Ludwig: Mein Zwanzigstes Jahrhundert. a.a.O., S. 280.

22. Ebd.

23. Tabori, George: Unterammergau oder Die guten Deutschen. edition suhrkamp, Frankfurt, 1983, S. 15f.

24. Feuchtwanger, Marta im Gespräch mit dem Autor. Pacific Palisades, Juli 1983.

25. Mann, Thomas: Freund Feuchtwanger. In: Lion Feuchtwanger zum 70. Geburtstag. a.a.O., S. 10f.

26. Feuchtwanger, Lion: Thomas Mann zum Fünfundsiebenzigsten Geburtstag. 6. Juni 1950. Lion Feuchtwanger Memorial Library.

27. Mann, Thomas: Zitiert nach: Schröter, Klaus. Thomas Mann in Selbstzeugnissen und Bilddokumenten. Hrsg. Kurt Kusenberg, rowohlts bildmonographien, Reinbek bei Hamburg, 1982, S. 145.

28. Feuchtwanger, Lion: Thomas Mann im Exil. Dezember 1944. Lion Feuchtwanger Memorial Library.

29. Mann, Thomas: Brief an Lion Feuchtwanger, April 1944. In: Mann, Thomas: Briefe II, 1937–1947. Hrsg. Erika Mann. Ungekürzte Ausgabe. Fischer Taschenbuch Verlag. Frankfurt/Main, Februar 1979, S. 361.

30. Mann, Thomas: Brief an Lion Feuchtwanger, 6. 10. 1951. In: Mann, Thomas: Briefe III, 1948–1955. Hrsg. Erika Mann. Ungekürzte Ausgabe. Fischer Taschenbuch Verlag. Frankfurt/Main, März 1979, S. 216.

31. Feuchtwanger, Lion: Heinrich Mann. Zum 75. Geburtstag 1946. In: CO. S. 562.

32. Mann, Heinrich: Brief an Lion Feuchtwanger zum 60. Geburtstag, 1944. Lion Feuchtwanger Memorial Library.

33. Feuchtwanger, Lion: Brief an Marta Feuchtwanger. Undatiert (vermutlich März 1941). Lion Feuchtwanger Memorial Library.

34. Brecht, Bertolt: Arbeitsjournal. Erster Band 1938 bis 1942. a.a.O., S. 231.

35. Brecht, Bertolt: Arbeitsjournal. Zweiter Band 1942 bis 1955. a.a.O., S. 410.

36. Mann, Golo: Zitiert nach: Brecht, Bertolt: Arbeitsjournal. Zweiter Band 1942 bis 1955. a.a.O., Anm. S. 29.

37. Feuchtwanger, Lion: Brief an Bertolt Brecht. 11. 7. 1949. Bertolt-Brecht-Archiv, Akademie der Künste der DDR.

38. Marcuse, Ludwig: Mein Zwanzigstes Jahrhundert. a.a.O., S. 278.

39. Zweig, Arnold: Brief an Lion Feuchtwanger. 13. 3. 1957. a.a.O.

40. von Hofe, Harold (Hrsg.): Der Briefwechsel zwischen Arnold Zweig und Lion Feuchtwanger, Aufbau-Verlag, Berlin/DDR, 1984.

41. Feuchtwanger, Lion: Brief an Arnold Zweig. 22. 7. 1946. a.a.O.

42. Zweig, Arnold: Rede auf der Feuchtwanger-Gedenkstunde der Deutschen Akademie der Künste zu Berlin/DDR am 28. Januar 1959. Lion Feuchtwanger Memorial Library.

43. Feuchtwanger, Lion: Arnold Zweig. Zum 65. Geburtstag. 1952. In: CO. S. 572.

44. Zweig, Arnold: Brief an Lion Feuchtwanger. 7. 2. 1937. a.a.O.

45. Feuchtwanger, Lion: Brief an Arnold Zweig. 24. 7. 1936. a.a.O.

46. Feuchtwanger, Lion: Brief an Arnold Zweig. 24. 2. 1937. a.a.O.

47. Zweig, Arnold: Brief an Lion Feuchtwanger. 24. 4. 1953. a.a.O.

48. Feuchtwanger, Lion: Brief an Arnold Zweig. 20. 6. 1935. a.a.O.

49. Feuchtwanger, Lion: Brief an Arnold Zweig. 30. 3. 1945. a.a.O.

50. Feuchtwanger, Lion: Brief an Arnold Zweig. 22. 7. 1946. a.a.O.

51. Frank, Bruno: Brief an Lion Feuchtwanger. 13. 12. 1942. Lion Feuchtwanger Memorial Library.

52. Feuchtwanger, Lion: Zum Gedächtnis Bruno Franks. Los Angeles, 29. 9. 1945. Lion Feuchtwanger Memorial Library.

53. Feuchtwanger, Lion: Das Haus der Desdemona oder Größe und Grenzen der historischen Dichtung. a.a.O., S. 204f.

54. Feuchtwanger, Lion: Die drei Sprünge des Wang-Lun. 1916. In: CO., S. 337f.

55. Feuchtwanger, Lion: Das Haus der Desdemona oder Größe und Grenzen der historischen Dichtung. a.a.O., S. 207.

56. Mahler-Werfel, Alma: Mein Leben. Fischer Taschenbuch-Verlag. Frankfurt/Main, September 1981, S. 224.

57. Werfel, Franz: Brief an Lion Feuchtwanger zum 60. Geburtstag. 1944. Memorial Library.

58. Mahler-Werfel, Alma: Mein Leben. a.a.O., S. 252.

59. Mann, Thomas: Brief an Otto Basler. 23. September 1946. In: Mann, Thomas: Briefe II, 1937–1947. a.a.O., S. 508.

60. Mahler-Werfel, Alma: Mein Leben. a.a.O., S. 292.

61. Völker, Klaus, Bertolt Brecht. Eine Biographie. a.a.O., S. 318.

62. Ebd.

63. Feuchtwanger, Lion: Zur Entstehungsgeschichte des Stükkes ›Simone‹. Programm der Uraufführung Die Gesichte der Simone Machard im Großen Haus der Städtischen Bühnen, Frankfurt am Main, 8. März 1957.

64. Brecht, Bertolt: Brief an Lion Feuchtwanger. 3. 5. 1956. Lion Feuchtwanger Memorial Library.

65. Feuchtwanger, Lion: Brief an Helene Weigel. 19. 8. 1957. Kopie, Lion Feuchtwanger Memorial Library.

66. Brecht, Bertolt: Arbeitsjournal. Zweiter Band 1942 bis 1955. a.a.O., S. 360.

67. Ebd., S. 366f.

68. Feuchtwanger, Lion: Zur Entstehungsgeschichte des Stükkes ›Simone‹. a.a.O.

69. Feuchtwanger, Lion: Brief an Dr. Bunge, Bertolt-Brecht-Archiv. 17. Mai 1958. Bertolt-Brecht-Archiv, Akademie der Künste der DDR.

70. Brecht, Bertolt: Arbeitsjournal. Zweiter Band 1942 bis 1955. a.a.O., S. 456.

71. Feuchtwanger, Lion: Nachwort des Autors zu seinem Roman Die Füchse im Weinberg. 1952. In: Die Füchse im Weinberg. Dritter Teil: Der Preis. Fischer Taschenbuch-Verlag, Frankfurt/Main, Oktober 1983, S. 340f.

72. Ebd., S. 340.

73. Feuchtwanger, Lion: Zu meinem Roman »Waffen für Amerika«. 1947. In: CO. S. 407.

74. Ebd., S. 408f.

75. Ebd., S. 403.

76. Ebd., S. 405.

77. Ebd., S. 410f.

78. Feuchtwanger, Lion: Brief an Ben Huebsch. 11. 4. 1946. Lion Feuchtwanger Memorial Library.

79. Feuchtwanger, Lion: Brief an Arnold Zweig. 2. 3. 1951. a.a.O.

80. Feuchtwanger, Lion: Nachwort des Autors zu seinem Roman Die Füchse im Weinberg. a.a.O., S. 339.

81. Pischel, Joseph: Lion Feuchtwanger. Versuch über Leben und Werk. a.a.O., S. 191.

82. Feuchtwanger, Lion: Goya oder Der arge Weg der Erkenntnis. Roman. Aufbau-Verlag, Berlin und Weimar, 1975, S. 427.

83. Ebd., S. 587.

84. Ebd., S. 6f.

85. Ebd., S. 433.

86. Pischel, Joseph: Lion Feuchtwanger. Versuch über Leben und Werk. a.a.O., S. 224.

87. Feuchtwanger, Lion: Brief an Arnold Zweig. 29. 5. 1951. a.a.O.

88. Feuchtwanger, Lion: Narrenweisheit oder Tod und Verklärung des Jean-Jacques Rousseau. Roman. Aufbau-Verlag, Berlin und Weimar, 1970, S. 458.

89. Feuchtwanger, Lion: Zur Vorgeschichte von ›Narrenweisheit‹ (geschrieben 1952 für seinen englischen Verleger. Fotokopie des Autormanuskripts im Besitz des Aufbau-Verlags Berlin und Weimar).

90. Feuchtwanger, Lion: Narrenweisheit oder Tod und Verklärung des Jean-Jacques Rousseau. a.a.O., S. 207.

91. Ebd., S. 280.

92. Ebd., S. 457.

93. Kantorowicz, Alfred: Deutsches Tagebuch. Zweiter Teil. Hrsg. Andreas von Mytze. Verlag Klaus Guhl, Berlin, 1979, S. 81f.

94. Feuchtwanger, Lion: Brief an Thomas Mann. 20. 8. 1951. Kopie, Lion Feuchtwanger Memorial Library.

95. Mayer, Hans: Jean-Jacques Rousseau: die Außenwelt und die Innenwelt. In: Frankfurter Allgemeine Zeitung, Nummer 103, 20. Mai 1978.

96. Marcuse, Ludwig: Brief an Lion Feuchtwanger. 21. 5. 1953. Lion Feuchtwanger Memorial Library.

97. Brecht, Bertolt: Arbeitsjournal. Zweiter Band 1942 bis 1955. a.a.O., S. 384.

98. Ebd., S. 386.

99. Ebd., S. 397f.

100. Brecht, Bertolt: Gesammelte Werke. 19 Schriften zur Literatur und Kunst 2. a.a.O., S. 478ff.

101. Mann, Thomas: Brief an Bertolt Brecht, April 1944. In: Mann, Thomas: Briefe II, 1937–1947. a.a.O., S. 339f.

102. Feuchtwanger, Lion: Vom Wesen der Deutschen und der Nazi. Referat für den Schriftsteller-Kongreß, Los Angeles, 1943. Abgedruckt in Writers' Congress – The Proceedings held in October 1943 under the sponsorship of the Hollywood Writers' Mobilization and the University of California. Berkeley and Los Angeles: Univ. of California Press, 1944.

103. Klemperer, Victor: Der Zentrale Roman Lion Feuchtwangers. In: Lion Feuchtwanger zum Gedenken. a.a.O.

104. Brecht, Bertolt: Arbeitsjournal. Erster Band 1938 bis 1942. a.a.O., S. 223f.

105. Ebd., S. 266.

106. Mann, Heinrich, Feuchtwanger, Lion, Brecht, Bertolt: Aufruf an die Deutschen. In: Aufbau, Jahrgang 8, 1942, Heft 15, S. 5 (gekürzte Fassung des von der ›German American Emergency Conference‹ vorbereiteten Appells).

107. Durzak, Manfred: Die Exilsituation in USA. In: Die deutsche Exilliteratur 1933–1945. a.a.O., S. 155.

108. Middell, Eike u. a.: Exil in den USA. Röderberg-Verlag, Frankfurt/Main, 1980, S. 193.

109. The Fortune Survey. »Fortune«. Vol. 29. No. 1. January 1944. pp. 60–64.

110. Durzak, Manfred: Die Exilsituation in USA. In: Die deutsche Exilliteratur 1933–1945. a.a.O., S. 157.

111. Morgenröte. Ein Lesebuch. hrsg. von den Gründern des Aurora Verlages. Mit einer Einführung von Heinrich Mann. Unveränderter Nachdruck der Erstausgabe von 1947, Athenäum Verlag GmbH, Königstein, 1982. S. 21.

112. Mann, Thomas; Einstein, Albert u. a.: Brief an Lion Feuchtwanger. Princeton N. J. 3. 5. 1949. Lion Feuchtwanger Memorial Library.

113. Feuchtwanger, Lion: Einstein. Rede, gehalten zur Einstein-Memorial-Feier in Hollywood, Athletic Club. 12. Mai 1955. Lion Feuchtwanger Memorial Library.

114. Feuchtwanger, Marta: Brief an den Autor. 5. Januar 1984.

115. FBI-Akten über Lion Feuchtwanger. File No. 100–6133. Kopien im Besitz des Feuchtwanger-Institute for Exile Studies, University of Southern California, Los Angeles, und des Autors.

116. Feuchtwanger, Lion: Brief an Arnold Zweig. 15. 12. 1946. a.a.O.

117. Feuchtwanger, Lion: zitiert nach: Felix Bloch Erben (Hrsg.): Lion Feuchtwanger. a.a.O., S. 31.

118. Ebd., S. 32.

119. Office of War-Information, New York City, George Rehm. Brief an Lion Feuchtwanger. 11. September 1942. Lion Feuchtwanger Memorial Library.

120. Feuchtwanger, Lion: Brief an Katja Mann. 13. Dezember 1955. Kopie, Lion Feuchtwanger Memorial Library.

121. Feuchtwanger, Lion: Brief an Arnold Zweig. 23. 10. 1950. a.a.O.

122. Feuchtwanger, Lion: Brief an Ben Huebsch. 1. 12. 1958. Kopie, Lion Feuchtwanger Memorial Library.

123. Feuchtwanger, Lion: Brief an Arnold Zweig. 6. 10. 1958. a.a.O.

124. Feuchtwanger, Lion: Gedenkrede für Thomas Mann. Los Angeles, 15. Oktober 1955.

125. Middell, Eike u. a.: Exil in den USA. a.a.O., S. 19.

126. Mann, Thomas: Brief an Lion Feuchtwanger. 28. 12. 1951. Lion Feuchtwanger Memorial Library.

127. Feuchtwanger, Lion: Briefe an Thomas und Katia Mann. 16. 12. 1952, 10. 2. 1953 und 25. 8. 1952. Kopien, Lion Feuchtwanger Memorial Library.

128. Pacific Post Palisades, 20. Dezember 1951, Januar 1952.

129. Graf, Oskar Maria: Brief an Lion Feuchtwanger. 14. 5. 1958. Lion Feuchtwanger Memorial Library.

130. Mann, Thomas: Freund Feuchtwanger. In: Lion Feuchtwanger zum 70. Geburtstag. Worte seiner Freunde a.a.O., S. 12.

131. Feuchtwanger, Lion: Brief an Arnold Zweig. 21. 2. 1955. a.a.O.

132. Feuchtwanger, Lion: Exil. a.a.O., S. 791.

133. Zweig, Arnold: Brief an Lion Feuchtwanger. 8. 8. 1941 a.a.O.

134. Brecht, Bertolt: Arbeitsjournal. Zweiter Band 1942 bis 1955. a.a.O., S. 471 f.

135. Feuchtwanger, Lion: Der Prozeß von Nürnberg, ein Ende und ein Anfang. De Groene Amsterdam, 8. Dezember 1945. Manuskript, Lion Feuchtwanger Memorial Library.

136. Feuchtwanger, Lion: Briefe an Arnold Zweig. 15. 4. 1946 und 3. 3. 1947. a.a.O.

137. Zweig, Arnold: Brief an Lion Feuchtwanger. 17. 12. 1947. a.a.O.

138. Feuchtwanger, Lion: Brief an Wilhelm Pieck und Otto Grotewohl. 14. Juli 1949. Abschrift, Feuchtwanger-Institute for Exile Studies, University of Southern California, Los Angeles/USA.

139. Feuchtwanger, Lion: Brief an Albert Einstein. 8. 3. 1954. Kopie, Lion Feuchtwanger Memorial Library.

140. Feuchtwanger, Lion: Brief an Thomas Mann. 15. 7. 1954. Kopie, Lion Feuchtwanger Memorial Library.

141. Feuchtwanger, Lion: Brief an Bertolt Brecht. 28. 8. 1954. Bertolt-Brecht-Archiv, Akademie der Künste der DDR.

142. Feuchtwanger, Lion: Brief an Arnold Zweig. 29. 12. 1954. a.a.O.

143. Wolf, Friedrich: Brief an Lion Feuchtwanger. 2. 1. 1947. Friedrich-Wolf-Archiv, Akademie der Künste der DDR.

144. Weiskopf, F. C.: Brief an Lion Feuchtwanger. 27. 2. 1948. F. C.-Weiskopf-Archiv, Akademie der Künste der DDR.

145. Hartmann-Trepka, Adolf: Brief an Lion Feuchtwanger. 5. 1. 1949. Lion Feuchtwanger Memorial Library.

146. Zweig, Arnold: Brief an Lion Feuchtwanger. 3. 1. 1953. a.a.O.

147. Zweig, Arnold: Brief an Lion Feuchtwanger. 3. 12. 1956. a.a.O.

148. Zweig, Arnold: Brief an Lion Feuchtwanger. 14. 6. 1952. a.a.O.

149. Zweig, Arnold: Brief an Lion Feuchtwanger. 27. 6. 1952. a.a.O.

150. Zweig, Arnold: Brief an Lion Feuchtwanger. 24. 4. 1953. a.a.O.

151. Zweig, Arnold: Brief an Lion Feuchtwanger. 17. 10. 1956. a.a.O.

152. Huebsch, Ben: Brief an Lion Feuchtwanger. 6. 10. 1955. Lion Feuchtwanger Memorial Library.

153. Feuchtwanger, Lion: Brief an Edgar Feuchtwanger. 14. 12. 1948. Sammlung Lion Feuchtwanger, Akademie der Künste, Berlin/West.

154. Feuchtwanger, Lion: Brief an Arnold Zweig. 2. 6. 1952. a.a.O.

155. Feuchtwanger, Lion: Vom Wesen der Deutschen und der Nazi. a.a.O., S. 9.

156. Feuchtwanger, Marta, im Gespräch mit dem Autor. Pacific Palisades, Calif./USA, Juli 1983.

157. Feuchtwanger, Lion: Die Jüdin von Toledo. Roman. Gesammelte Werke in Einzelausgaben. Band 9. Aufbau-Verlag, Berlin und Weimar, 1969, S. 467.

158. Feuchtwanger, Lion: Brief an F. C. Weiskopf. Undatiert, 1954. F. C.-Weiskopf-Archiv, Akademie der Künste der DDR.

159. Feuchtwanger, Lion: Jefta und seine Tochter. Nachwort des Autors 1957. Fischer Taschenbuch-Verlag, Frankfurt/Main, 1983, S. 265.

160. Ebd., S. 267.

161. Graf, Oskar Maria: Brief an Lion Feuchtwanger. 24. 4. 1958. Lion Feuchtwanger Memorial Library.

162. anonym: Lion Feuchtwanger: Neue Romane preisgekrönter Autoren. In: Abendzeitung, München, Nr. 285, 28. November 1957.

163. Feuchtwanger, Lion: Brief an Edgar Feuchtwanger. 14. 12. 1958. Sammlung Lion Feuchtwanger, Akademie der Künste, Berlin/West.

164. Feuchtwanger, Lion: Brief an Bertolt Brecht. 11. Juli 1949. Bertolt-Brecht-Archiv, Akademie der Künste der DDR.

165. Feuchtwanger, Lion: Brief an Arnold Zweig. 31. 12. 1951. a.a.O.

166. Mayer, Hans: Lion Feuchtwanger oder Die Folgen des Exils. In: Neue Rundschau, Frankfurt/Main, 1965, S. 120 bis 129.

167. Reich-Ranicki, Marcel: Lion Feuchtwanger oder Der Weltruhm des Emigranten. In: Die deutsche Exilliteratur 1933–1945. Hrsg. Manfred Durzak. a.a.O., S. 454.

168. Feuchtwanger, Lion: Brief an Bertolt Brecht. 18. 2. 1956. Bertolt-Brecht-Archiv, Akademie der Künste der DDR.

169. Berendsohn, Prof. Walter A.: Brief an das Nobelkomitee der Schwedischen Akademie. Januar 1956. Abschrift, Lion Feuchtwanger Memorial Library.

170. Feuchtwanger, Lion: Brief an Thomas Mann. 17. November 1953. Kopie, Lion Feuchtwanger Memorial Library.

171. Feuchtwanger, Lion: Brief an Johannes R. Becher. In: Unser Tag, Mainz, 30. Oktober 1953, Literatur-Archiv der Akademie der Künste der DDR.

172. Stadtrat distanziert sich von Lion Feuchtwanger. In: Münchner Stadtanzeiger Nr. 45, 8. November 1957, S. 2ff.

173. Sturm im Wasserglas. Lion Feuchtwanger berichtigt den Münchner Stadtrat. In: Abendzeitung Nr. 273, München, 14. November 1957.

174. Feuchtwanger, Lion: Brief an Arnold Zweig. 23. 7. 1957. a.a.O.

175. Zweig, Arnold: Brief an Lion Feuchtwanger. 15. 8. 1956. a.a.O.

176. Zweig, Arnold: Brief an Lion Feuchtwanger. 4. 9. 1956. a.a.O.

177. Feuchtwanger, Lion: Brief an Lola Sernau. 25. 2. 1957. Kopie, Privatbesitz Lola Sernau, Ascona/CH.

178. Zweig, Arnold: Brief an Lion Feuchtwanger. 27. 4. 1957. a.a.O.

179. Feuchtwanger, Lion: Brief an Ben Huebsch. 1. 12. 1958. Kopie, Lion Feuchtwanger Memorial Library.

180. Feuchtwanger, Lion: Brief an Arnold Zweig. 1. 12. 1958. a.a.O.

181. Feuchtwanger, Marta: Brief an Familienangehörige. 25. Dezember 1958. Kopie, Lion Feuchtwanger Memorial Library.

182. Feuchtwanger, Lion: Selbstdarstellung. 1933. In: CO. S. 370.

183. Feuchtwanger, Marta: Nur eine Frau. Jahre, Tage, Stunden. a.a.O., S. 198.

184. Sernau, Lola im Gespräch mit dem Autor. Ascona/CH, Dezember 1983.

185. Feuchtwanger, Lion: Brief an Marta Feuchtwanger. 18. 1. 1941. Lion Feuchtwanger Memorial Library.

186. Feuchtwanger, Lion: Brief an Marta Feuchtwanger. 12. 2. 1941. Lion Feuchtwanger Memorial Library.

187. Feuchtwanger, Lion: Brief an Marta Feuchtwanger. 12. 8. 1940. Lion Feuchtwanger Memorial Library.

188. Feuchtwanger, Marta: Briefe an Lion Feuchtwanger. Dezember 1936, Januar 1937. Lion Feuchtwanger Memorial Library.

189. Zwerenz, Ingrid: Feuchtwangers Frauen. In: text + kritik. a.a.O., S. 124, 126, 128.

190. Feuchtwanger, Lion: Erfolg. a.a.O., S. 87.

191. Köpke, Wulf: Lion Feuchtwanger. a.a.O., S. 145.

192. Kantorowicz, Alfred: Deutsches Tagebuch. Zweiter Teil. a.a.O., S. 79ff.

193. Feuchtwanger, Lion: Das Haus der Desdemona oder Größe und Grenzen der historischen Dichtung. a.a.O., S. 207 bis 211.

194. Weiskopf, Grete: Brief an Marta Feuchtwanger. 28. 12. 1958. Weiskopf-Archiv, Akademie der Künste der DDR.

195. Feuchtwanger, Lion: Brief an Marta Feuchtwanger. Undatiert (Januar 1941). Lion Feuchtwanger Memorial Library.

Verzeichnis ausgewählter Sekundärliteratur

(Zusammengestellt und ergänzt nach: Wolfgang Müller-Funk. Bibliographie zu Lion Feuchtwanger. In: text + kritik, München, 79/80, Okt. 1983.

Améry, Jean, *Ein Romancier der reinen Vernunft. Erinnerung an Lion Feuchtwanger,* Sendung des Hessischen Rundfunks, 30. 5. 1971.

Ders., Zeitbetrachtungen, unpolitische und politische. Über Hans Falladas »*Kleiner Mann was nun?*« und Lion Feuchtwangers »*Erfolg*«. In: Frankfurter Rundschau, Frankfurt, 3. Januar 1981.

Anisimov, Ivan, *Sud'ba kul'tury i Lion Feuchtwanger;* in: Oktjabr, Moskva 1935/9.

Antkowiak, Alfred, *Begegnungen mit der Literatur,* Berlin/DDR, 1953, S. 218–253.

Bab, Julius, *Das Buch Bayern,* Der Morgen, Berlin, 1930, H. 5.

Batt, Kurt, *Klio und Kalliope. Gedanken zu Lion Feuchtwangers »Das Haus der Desdemona«,* Rudolstadt 1961, in: NDL, Berlin/DDR, 1962, H. 20, S. 98–105.

Ders., *Nachwort zu Lion Feuchtwanger, »Die Füchse im Weinberg«,* Berlin/DDR und Weimar, 1972, S. 899–913. (Bibliothek der Weltliteratur)

Beer, Roland, *Nachwort zu Lion Feuchtwanger, »Altindische Schauspiele«,* Leipzig, 1976, S. 175–190.

Belŏpŏl'škaja, I. A., *Obraz B. Franklina v romane »Lisi v vinogradnike«.* K voprosu ob istoričeskoj koncepcii i metode L. Feuchtwangera; v kn.: Voprosy poetiki literatury i folklory. Voronež 1974 (Die Gestalt B. Franklins im Roman »*Füchse im Weinberg*«. Zur Frage der historischen Konzeption und Methode L. Feuchtwangers; in: Fragen der Poetik von Literatur und Folklore. Woronesh 1974).

Ders., *Funkcii sjužeta v romane L. Feuchtwangera »Lisi v vinogradnike«;* v kn.: Učen. zap. Permskogo universiteta, 1972, No. 270 (Funktionen des Sujets in L. Feuchtwangers Roman »*Füchse im Weinberg*«; in: Wissenschaftliche Annalen der Universität Perm 1972, Nr. 270).

Ders., *O žanrovom svoeobrazii pozdnich istoričeskich romanov L. Feuchtwangera;* v kn.: Vzaimodejstvie žanra i metoda v zarubežnoj literature XVIII–XX vekov. Voronež 1982 *(Über die Genrespezifik der späten historischen Romane Lion Feuchtwangers;* in: Wechselbeziehungen von Genre und Methode in der ausländischen Literatur des 18., 19. und 20. Jahrhunderts. Woronesh 1982).

Bennett, Arnold, »*Books of the Year*«, in: The Savour of Life. Essays in Gusto, Doubleday, Doran, Garden City, New York, 1928.

Berendsohn, Walter A., *Feuchtwangers historische Romane*, in: Tribüne. Zeitschrift zum Verständnis des Judentums, Frankfurt/M., 194, H. 10, S. 1084–1091.
Ders., *Der Meister des politischen Romans:* Lion Feuchtwanger Stockholm, 1975 (Abdruck eines Manuskriptes aus dem Jahr 1958).

Berglund, Gisela, *Deutsche Opposition gegen Hitler in Presse und Roman des Exils.* Eine Darstellung und ein Vergleich mit der historischen Wirklichkeit. Stockholm o. J.

Berndt, Wolfgang, *Feuchtwangers frühe Romane »Jud Süß« und »Die häßliche Herzogin«*, Diss., Berlin/DDR, 1953.
Ders., *The trilogy »Der Wartesaal«*, in: John Spalek (Hg.), Lion Feuchtwanger, a.a.O., S. 131–156.
Ders., *Die frühen historischen Romane Lion Feuchtwangers*, Dissertation, Wilhelm von Humboldt Universität, Berlin, 1953.

Bessmertny, Alexander, *Der falsche Nero,* Die neue Weltbühne, Prag, 1937, Nr. 7.

Birr, Ewald/Weise, Hilde, *Lion Feuchtwanger* (anläßlich des 90. Geburtstages von Lion Feuchtwanger am 7. Juli 1974) Berlin/DDR (Stadtbibliothek), 1974 – enthält eine umfangreiche Bibliographie der in der DDR erschienenen Werke Lion Feuchtwangers, sowie eine Zusammenstellung von Rezensionen, Aufsätzen und Forschungsarbeiten.

Bock, Sigrid, *Roman im Exil. Entstehungsbedingungen, Wirkungsabsichten und Wirkungsmöglichkeiten;* in: Erfahrung Exil. Antifaschistische Romane 1933–1945, Berlin und Weimar 1979.

Brauer, Wolfgang, *Tun und Nichttun. Zu Lion Feuchtwangers Geschichtsbild,* in: NDL, Berlin/DDR, 1959, H. 6. S. 113–122.

Bredel, Willi, *Feuchtwanger in Moskau,* NDL, Berlin/DDR, 1959, H. 2.

Brecht, Bertolt, *Gruß an Feuchtwanger;* in: Brecht, Schriften zur Literatur und Kunst, Bd. 2, Berlin 1966.
Ders., *Lion Feuchtwanger zum 50. Geburtstag;* in: Brecht, Schriften zur Literatur und Kunst, Bd. 2, Berlin 1966.

Brendel, Gerd, *Der Amerikanismus im Spiegel der Satire: Lion Feuchtwangers Amerikanisches Liederbuch »Pep«;* in: Deutschlands literarisches Amerikabild. Hrsg. von Alexander Ritter, Hildesheim, New York, 1977.

Bronnen, Arnoldt, *Arnolt Bronnen gibt zu Protokoll,* München: Desch 1960.

Brückener, Egon/Modick, Klaus, *Lion Feuchtwangers Roman »Erfolg«. Leistung und Problematik schriftstellerischer Aufklärung in der Endphase der Weimarer Republik.* Kronberg/Taunus, 1978.

Burckhard, A., *»Thomas Becket and Jud Süss Oppenheimer as Father.«* The Germanic Review, New York, 6, 1931, S. 144–153.

Bütow, Wilfried, *Probleme der Gestaltung des historischen Stoffes in der Revolutionstrilogie Lion Feuchtwangers (»Die Füchse im Weinberg«, »Goya oder der arge Weg der Erkenntnis« und »Narrenweisheit oder Tod und Verklärung des Jean Jacques Rousseau«) untersucht am System der Ereignisse und Figuren,* Diss., Greifswald, 1966.

Canaris, Volker, *»Leben Eduards des Zweiten von England« als vormarxistisches Stück Brechts,* Bonn, 1973.

Četunova, N., *O romanach L. Feuchtwangera;* v kn.: Četunova N., V sporach o prekrasnom. Stat'i. Izd. 2-oe, dopoln., Moskva 1979 (*Über die Romane L. Feuchtwangers;* in: Četunova, Im Streit um das Schöne. Beiträge. 2., erweiterte Aufl., Moskau 1979).

Cichitatrišvili, P. A., *Rannee tvorčestvo Liona Feuchtwangera.* Avtoreferat diss. Tbilissi 1980 *(Das frühe Schaffen Lion Feuchtwangers.* Autorreferat der Dissertation, Tbilissi 1980).

Claas, Herbert, *Satirische Gesellschaftsromane mit historischem Stoff bei Lion Feuchtwanger und Bertolt Brecht,* in: Antifaschistische Literatur, III, 1979, S. 202–226.

Clason, Synnöve, *Die Welt erklären. Geschichte und Fiktion in Lion Feuchtwangers Roman »Erfolg«.* Stockholmer germanistische Forschungen, 19, Stockholm, 1975.
Dies., *»Zeitroman und Historischer Roman. Zu Lion Feuchtwangers Erfolg – Drei Jahre Geschichte einer Provinz 1930.«* Moderna Sprak (veröffentlicht von: The Modern Language Teachers Association of Sweden) 66, Nr. 4, 1973, S. 380–389.

Dahlke, Hans, *Geschichtsroman und Literaturkritik im Exil,* Habil.-Schrift, Leipzig, 1976 (S. 130–144, 379–389).
Ders., *Das Zeugnis des Erfolgs. Nachtrag zum 90. Geburtstag Lion Feuchtwangers,* Weimarer Beiträge. 1975, Jg. 21, Heft 4, S. 167–178.

Denis, Joseph, *Feuchtwanger,* Revue d'Allemagne, Paris, 1929, Nr. 19.

Dick, Gerhardt, *Tschechow und Feuchtwanger,* NDL, 1960, H. 7.

Dürrmeier, Hanns-Jörg, *Lion Feuchtwanger. Ein Porträt.* Bayerischer Rundfunk, III. Fernsehprogramm, München, 22. 4. 1979.

Eisler, Louise, *»Lion Feuchtwanger – Die Zeit wird kommen.«* Tagebuch, Wien, Januar 1959.

Engel, Fritz, *»Die Petroleum-Inseln.« Lion Feuchtwanger im Staatstheater.* In: Berliner Tageblatt Nr. 565, Berlin, 29. November 1928. Sammlung Lion Feuchtwanger, Akademie der Künste, Berlin/West.

Eska, Edda, *Merkmale und Strukturen des historischen Romans, dargestellt an ausgewählten Werken von Lion Feuchtwanger, Rosemarie Schuder und Waltraut Lewin.* Diss. Berlin 1981.

Fanning, Rita Hertha, *Das Amerikabild im Werk Lion Feuchtwangers,* Diss., Los Angeles, 1970.

Faulhaber, Karl Uwe, *Lion Feuchtwangers Theory of the Historical Novel,* in Spalek (Hg.) ...; a.a.O., S. 67–81.

Faulseit, Dieter, *Die Darstellung der Figuren (speziell Figurentechnik) in den beiden Romantrilogien Lion Feuchtwangers (»Wartesaal«-Trilogie und »Josephus«-Trilogie),* Diss., Leipzig, 1961 u. 1963.
Ders., *Die sprachliche Charakterisierung der Romanfiguren Lion Feuchtwangers.* In: Sprachpflege. Zeitschrift für gutes Deutsch in Schrift und Wort, Leipzig, 1964, Jg. 13, S. 136–139.

Fechter, Paul, *»Lion Feuchtwanger«.* In: *»Das Europäische Drama«,* Verlag Bibliographisches Institut, Mannheim 1958, Bd. 3, S. 110–114.

Feldstein, V., *Lion Feuchtwanger občan a spisovatel své doby,* in: Svetova literatura, Prag, 1958, Nr. 1.

Feuchtwanger, Marta, *Nur eine Frau. Jahre, Tage, Stunden.* Albert Langen – Georg Müller GmbH, München–Wien, 1983.

Feuchtwanger, Marta, *An Emigré Life: Munich, Berlin, Sanary, Pacific Palisades.* Regents of the University of California. University of Southern California, Los Angeles 1976.

Feuchtwanger, Martin, *Ebenbilder Gottes,* Tel Aviv o. J. Edition Olympia, 1952.

Fischer, Ludwig Maximilian, *Vernunft und Fortschritt. Geschichte und Fiktionalität im historischen Roman Lion Feuchtwangers dargestellt am Beispiel »Goya«,* Königstein/Ts. 1979.

Ders., *Vernunft und Fortschritt. Geschichte und Fiktionalität im historischen Roman Lion Feuchtwangers, dargestellt am Beispiel Goyas.* Hochschulschriften Literaturwissenschaft 45, Anton Hain, Meisenheim 1979.

Fischer, Matthias Johannes, *In der Küche des Kochs? Aspekte einer fragmentarischen Theorie des historischen Romans bei Feuchtwanger.* In: text und kritik, Zeitschrift für Literatur, hrsg. von Heinz Ludwig Arnold: Lion Feuchtwanger. Edition text und kritik GmbH, München, Nr. 79/80, Oktober 1983, S. 19.

Fischer, Ulrich, *Ästhetische Strategien im antifaschistischen Kampf, dargestellt am Vergleich von Lion Feuchtwangers Roman »Simone« mit Brechts Stück »Die Gesichte der Simone Marchard«,* Mag.-Arbeit, Berlin-West (FU), 1976.

Frank, Rudolph, *Spielzeit meines Lebens.* Heidelberg, Lambert Schneider, 1960.

Franulic, L., *Cien Autores Contemperanéos,* Band 1, Santiago de Chile, 1941. (Lion Feuchtwanger, S. 240–259).

Friedman, Ralph, *»A Visit with Feuchtwanger«* (Interview). Chicago Jewish Forum 17, Nr. 2, Winter 1958–59.

Fry, Varian, *Surrender on Demand.* New York: Random House, 1945.

Fürst, Lilian R., *Zu Lion Feuchtwangers Romanwerk,* in Revue de langues vivantes/Tijdschrift vor levente talen. Twemandeliske publikatie, Brüssel, 1965, Nr. 32, S. 45–54.

Gábór, Ándór, Lioň Feuchtwanger, *»Der falsche Nero«;* in: Das Wort, Moskau 1937/6.

Gahl, Christoph, *»Feuchtwanger«* in »Colloquium«, Colloquium Verlag, Berlin 1964, Nr. 7, S. 14–17.

Geerdts, Hans-Jürgen, *»Einführung in die Gegenwartsliteratur«,* Rückblick von Schriftstellern der Gegenwart; in Neue Deutsche Literatur, Berlin, 1959, S. 12.

van Geldern, Robert, *»Mr. Lion Feuchtwanger talks of his work«,* in: Writers and Writing. New York: Scribner, 1946, S. 124–126.

Genina, I. G., *Tvorčeskij metod Feuchtwangera-dramaturga.* Avtoreferat diss., Doneck 1972 (*Die schöpferische Methode des Dramatikers Feuchtwanger.* Autorreferat der Dissertation, Donezk 1972).

Giesecke, Hans, *»Das Feuer, nicht die Asche der Vergangenheit – Zum Werke Lion Feuchtwanger.* Zeichen der Zeit«, (Evangelische Monatszeitschrift, Berlin) 13, 1959, S. 111–112.

Goetz, Gertrude, *A Critical Bibliography of Lion Feuchtwangers Work in German,* Diss., Los Angeles, 1963.
Dies., *A Critical Bibliography of Lion Feuchtwangers Work in German.* Dissertation, University of Southern California, Los Angeles, 1971.

Gottschalk, Günther, *Die ›Verkleidungstechnik‹ Lion Feuchtwangers in »Waffen für Amerika«,* Bonn, 1965.
Ders., *Die »Verkleidungstechnik« Lion Feuchtwangers in Waffen für Amerika.* Dissertation University of Southern California, Los Angeles, 1963.

Graf, Oskar Maria, *An manchen Tagen,* Frankfurt a. M.: Nest, 1961.

Grimm, Reinhold (Hg.), *Episches Theater,* Berlin–Köln, 1966.

Grosshut, F. S., *Lion Feuchtwanger and the Historical Novel,* in: Books Abroad, Oklahoma, Vol. 34, 1960. S. 9–12.

Groth, Peter, *Die Zusammenarbeit von Bertolt Brecht und Lion Feuchtwanger 1918—1925,* Staatsexamensarbeit, Berlin/W., o. J.

Grübler, Vera, *Satzbau und Kompositionselemente im Spätwerk Lion Feuchtwangers,* in: Der Greifenalmanach für 1959, Rudolfstadt, 1959, S. 230–265.

Günther, Hans, *Lion Feuchtwanger, ein Stück neuer deutscher Literaturgeschichte,* in: Internationale Literatur, Moskau, 1935, H. 5, S. 92–100.

Gysi, Klaus, (Hrsg.): *»Lion Feuchtwanger«,* Verlag Volk und Wissen, Berlin 1960.

Haas, Willy, *»Feuchtwanger liebte die einsamen Revolutionäre – Zum Tode des Autors von Jud Süss.«* Die Welt, Hamburg, 23. Dezember 1958.

Hahn, M./Schlenstedt, D./Wagner, F., *Thesen zum deutschen Roman im 20. Jahrhundert;* in: Weimarer Beiträge 1968/1.

Hans, Jan/Winckler, Lutz, *Von der Selbstverständigung des Künstlers in Krisenzeiten. Lion Feuchtwangers »Wartesaal-Trilogie«.* In: text und kritik, a.a.O., S. 28.

Hartmann, Christa, *Konfliktkonstellationen und Konfliktursachen in Lion Feuchtwangers Roman »Exil«,* Staatsexamensarbeit, Berlin (W), 1977 (FU).

Hartmann, Horst, *Die Antithetik ›Macht-Geist‹ im Werk Lion Feuchtwangers,* Weimarer Beiträge, 1961, H. 4, S. 667–691.

Ders., *Kunst ist Waffe* – Lion Feuchtwanger, 1884–1958, in: Deutschunterricht, Berlin/DDR, 1964 (= Jg. 17), H. 12, S. 641–653.

Ders., *Lion Feuchtwanger, Waffen für Amerika. Eine gattungsästhetische Untersuchung,* in: Weimarer Beiträge, 1962/III. Weimarer Beiträge 1962/8, S. 567–86.

Hefti, Hansjakob, *Macht, Geist und Fortschritt. Der Roman »Die häßliche Herzogin« in der Entwicklung von Lion Feuchtwangers Geschichtsbild,* Zürich, 1977.

Hegedüs, Geza, *Lion Feuchtwanger,* in: Die deutsche Literatur im 20. Jahrhundert, Budapest, 1966 (ungarisch).

Heinz, Georg, *Der Wartesaal,* in: Kindlers Literaturlexikon, Bd. VIII, Zürich, 1965, Sp. 968–970.

Hellberg, Traute, *Skeptische Hoffnung auf Frieden und Vernunft. Lion Feuchtwanger (1884–1958).* RIAS Berlin, 1983.

Heller, Otto, *Das dritte Reich Israel,* in: Neue deutsche Blätter, Prag, 1934, Nr. 5.

Herden, Werner, *Wege zur Volksfront. Schriftsteller im antifaschistischen Bündnis.* Berlin 1978.

Hiller, Kurt, *»Der Fall Feuchtwanger«,* in Köpfe und Tröpfe. Profile aus einem Vierteljahrhundert. Hamburg: Rowohlt, 1950.

Ders., *Profile. Prosa aus einem Jahrzehnt.* Paris, Nouvelles Internationales 1938, S. 236.

Hilscher, Eberhard, *Aus biblischer Frühzeit. Zu Feuchtwangers Roman »Jefta und seine Tochter«.* Der Greifenalmanach auf das Jahr 1960, Rudolfstadt, 1960.

Ders., *Aus dem »Wartesaal« in den Zug nach Moskau. Über Lion Feuchtwanger;* in: Hilscher, Poetische Weltbilder. Berlin 1977.

Hoffmann, Gerd, *Menschen in der Entscheidung (»Die Jüdin von Toledo«),* in: Aufbau, Berlin/DDR, 1956, Nr. 6 u. 7.

Hollaender, Felix, *»Lion Feuchtwanger: Die Petroleuminsel«* in: »Lebendiges Theater«, Wegweiser-Verlag, Berlin 1932, S. 216–220.

Horst, Karl August, *Lion Feuchtwanger,* in: Hermann Kunisch (Hg.), Handbuch der deutschen Gegenwartsliteratur. München, 1968 ff., 202 ff.

Huder, Walter, *Lion Feuchtwanger 1884–1958.* 13. April bis 11. Mai 1969. Ausstellung anläßlich der Eröffnung bei der Akademie der Künste, Berlin. Katalog: Walter Huder; bibliographische Arbeiten: Ilse Brauer. Berlin 1969.

Huppert, Hugo, *»Ein Südländer in litteris«* (Nachruf) Weltbühne Berlin 14, Nr. 3, 23. Januar 1959.

Ihering, Herbert, *Die Petroleuminseln.* Staatstheater. In: Börsen-Courier Nr. 560, Berlin, 29. November 1928. Sammlung Lion Feuchtwanger, Akademie der Künste, Berlin/West.

Izotov, I. T., *Problema uspecha v tvorčestve L. Feuchtwangera;* v kn.: Realizm v zarubežnych literaturach XIX–XX vekov. Saratov 1979, vyp. 6 (*Probleme des Erfolgs im Schaffen Lion Feuchtwangers;* in: Der Realismus in ausländischen Literaturen des 19. und 20. Jahrhunderts).

Jakobsohn, Siegfried, *Warren Hastings.* In: Die Schaubühne, Nr. 44, 31. Oktober 1916.

Jahn, Werner, *Die Geschichtsauffassung Lion Feuchtwangers in seiner Josephustrilogie,* Rudolstadt, 1954.

Ders., *Der geschichtliche Fortschritt im bürgerlichen Roman des 20. Jahrhunderts.* Dissertation, Universität Rostock, 1956.

Jaretzky, Reinhold, *Lion Feuchtwanger.* rowohlts monographien, rm 334. Rowohlts Taschenbuch Verlag. Reinbek bei Hamburg, 1984

Jarmatz, Klaus, *Aktivität und Perspektive im historischen Roman des kritischen Realismus, 1933–1945,* Weimarer Beiträge, 1965, H. 3, S. 350–376.

Ders., *Literatur im Exil.* Berlin, 1966.

Jegorow, Oleg, *Feuchtwangers Roman über Rousseau,* in: Sowjetliteratur, Moskau, 1955, Nr. 2.

Jeske, Wolfgang/Zahn, Peter, *Lion Feuchtwanger oder Der arge Weg der Erkenntnis.* Metzler'sche Verlagsbuchhandlung, Stuttgart, 1984.

Joachim, Hans A., *Romane zwischen Krieg und Frieden,* Die neue Rundschau, Berlin, 1930, Nr. 12.

Kahn, Lothar, *Insight and Action. The Life of Lion Feuchtwanger,* Associated University Press, Canbury-London, 1975.
Ders., *»Lion Feuchtwanger. Historical Judaism.«* Mirrors of the Jewish Mind, South Brunswick and New York: Thomas Yoseloff, 1968.
Ders., *»Lion Feuchtwanger«. Deutsche Exilliteratur seit 1933.* Bd. 1 Kalifornien, hrsg. von John M. Spalek und Joseph Strelka, Francke, Bern/München, 1976, S. 331–351; dazu die Bibliographie von Hilde Waldo, Teil 2, S. 25–36.

Kantorowicz, Alfred, *Nachwort zu Lion Feuchtwanger »Der Teufel in Frankreich«* Rudolstadt, 1954.
Ders., *Anwalt der Wahrheit,* in: Lion Feuchtwanger zum 70. Geburtstag, a.a.O., S. 29ff.
Ders., *Lion Feuchtwangers dramatischer Roman Thomas Wendt,* NDL 1954 (= Jg. 2) H. 4, S. 112–122.
Ders., *»Der Schrei der Gerechtigkeit«,* Die Welt, Hamburg, 7. Juli 1964.
Ders., *Deutsche Schicksale. Neue Porträts.* Berlin: Kantorowicz, 1949. (Feuchtwanger S. 103–124) Später herausgekommen unter dem Titel: *Deutsche Schicksale. Intellektuelle unter Hitler und Stalin.* (Durchgesehen und ausgewählt von Günther Nenning) Wien, Europa-Verlag 1964.
Ders., *Deutsches Tagebuch.* 2 Bände, besonders 2: S. 467–480, München: Kindler, 1959, 1961.

Kamnitzer, Heinz, *Das Testament des letzten Bürgers,* Berlin, 1974/1981, S. 133–143.
Ders., *Der arge Weg der Erkenntnis;* in: Kamnitzer, Das Testament des letzten Bürgers. Essays und Polemiken. Berlin 1973.

Karst, Roman, *Begegnung mit dem »Erfolg«* , in: Lion Feuchtwanger zum 70. Geburtstag, a.a.O., S. 61–77.

Kaufmann, Henry, H., *The Critical Reception of Lion Feuchtwanger's Most Important Fiction in Selected American News Media (1925–1951).* Diss. University of Southern California 1975.

Kaufmann, Hans, *Arnold Zweig und Lion Feuchtwanger,* in: *Krisen und Wandlungen der deutschen Literatur von Wedekind bis Feuchtwanger,* Berlin und Weimar, 1959, S. 450–479.
Ders., *Krisen und Wandlungen der deutschen Literatur von Wedekind bis Feuchtwanger.* Berlin: Aufbau Verlag, 1966, S. 456–469.

Kändler, Klaus, *Um die Einheit des Volkes* (»Jefta und seine Tochter«), NDL, Berlin, 1958, H. 4.

Kenter, Dietrich, *Der Jahrmarkt der Gerechtigkeit,* in: Literatur XXXII, S. 189f. (1930).

Keilbach, Herta, *A Bibliography of Lion Feuchtwanger's Works in English Translation.* Diss. University of Southern California 1973 (Masch.)

Kerr, Alfred, *»Lion Feuchtwanger: Warren Hastings«* in: »Die Welt im Drama«, S. Fischer Verlag, Berlin 1917, Bd. 4, S. 171–175.

Kesselmann, Heidemarie, *Lion Feuchtwangers historischer Roman »Jud Süß« und seine Lehren für die Geschichte,* in: Literatur für Leser (Lili), 1979, S. 81–102.

Kesten, Hermann, *Meine Freunde die Poeten.* Gekürzte Ausgabe, Ullstein-Werk-Ausgaben, Frankfurt/Main, 1980.

Kirsch, Robert A. *»Rich Legacy left by Feuchtwanger.«* Los Angeles Times, 28. Dezember 1958.

Klemperer, Victor, *Lion Feuchtwanger. Der gläubige Skeptiker. Lion Feuchtwangers zentraler Roman,* in: NDL, 1959, H. 2, S. 5–17.
Ders., *Der zentrale Roman Lion Feuchtwangers,* in: Lion Feuchtwanger zum Gedenken, a.a.O., S. 37–74.
Ders., *Kunst und -Nur-Kunst-. Lion Feuchtwanger: Centrum Opuscula,* in: NDL 1957, H. 7, S. 138–145.
Ders., *»Die Witwe Capet. Nach der Dresdner Uraufführung.«* Neue Deutsche Literatur, 1956, 12.
Ders., *»Die Witwe Capet«;* in: Der Greifenalmanach auf das Jahr 1957. Rudolfstadt o. J.

Knilli, Friedrich; Zielinski, Siegfried, *Lion Feuchtwangers ›Jud Süß‹ und die gleichnamigen Filme von Lothar Mendes (1934) und Veit Harlan (1940).* In: text + kritik, a.a.O., S. 99.

Koebner, Thomas, *Das Drama der neuen Sachlichkeit,* in: Wolfgang Rothe (Hg.), Die deutsche Literatur in der Weimarer Republik, Stuttgart, 1974, S. 19–46.

Köpke, Wulf, *Lion Feuchtwanger.* Ch. Beck'sche Verlagsbuchhandlung, München 1983.

Köser, Heide, *Figurendarstellung in Lion Feuchtwangers Roman »Erfolg«,* Staatsexamensarbeit, Bremen, 1977.

Kolbe, Jürgen, *Erfolg – ein Thema für München. Anmerkungen zu Lion Feuchtwangers Schlüsselroman.* In: Süddeutsche Zeitung, München, Nr. 277, 29./30. 11. 1980.

Königshof, Kaspar, *Über den Einfluß des Epischen in der Dramatik,* in: Reinhold Grimm (Hg.), Episches Theater, a.a.O., S. 19–46.

Lamm, Hans, *Von Juden in München: Ein Gedenkbuch,* München 1958.

Landshut-Martin, Peter, *Die Romantechnik bei Lion Feuchtwangers »Jefta und seine Tochter«*, Diss., Los Angeles, 1967.

Larsen, Egon, *»From Jew Süss to The Jewess of Toledo. Post script on Lion Feuchtwanger.«* AJR Information London, Februar 1959, S. 6.

Leites, N. S., *Zur Entwicklung der Gattung Roman in der deutschen Literatur der zwanziger Jahre,* in: Kunst und Literatur, Berlin, 1970, Nr. 6.

Leupold, Hans, *Lion Feuchtwanger.* Mit 81 Abbildungen. Leipzig, 1967.
Ders., *Wie ich zu meiner Feuchtwanger-Sammlung kam,* in: Marginalien. Zeitschrift für Buchkunst und Bibliophilie, Juni 1968, H. 30, S. 60–64.
Ders., *Feuchtwangers Weg zur materialistischen Geschichtsauffassung,* NDL, 1963, H. 12, S. 43–60.
Ders., *»Lion Feuchtwanger«,* Verlag Bibliographisches Institut. Leipzig 1967.

Linn, Rolf N., *Attizismus in asianischer Zeit,* in: Weimarer Beiträge, 1965, H. 1, S. 75–83.

Lipton, Lawrence, *»Well-Balanced Man on a Tight-Rope«* (Interview). Intro-Bulletin-Literary Newspaper of the Arts, New York 1, Nr. 5, 1956: 1,3.

Lukács, Georg, *Wendung zum Volk,* in: *Lion Feuchtwanger zum 70. Geburtstag,* a.a.O., S. 47–56.
Ders., *Der historische Roman.* Berlin 1955.
Ders., *Der Kampf zwischen Liberalismus und Demokratie im Spiegel des historischen Romans der deutschen Antifaschisten.* In: Internationale Literatur, Jahrgang 8.

Maass, A. M., *»In Memoriam Lion Feuchtwanger. On Occasion of a Reading of the Devil in Boston, Coronet Theater, Hollywood, 19. Februar 1963.«* Mitteilungsblatt des Jewish Club, 1933, März 1963.

Mann, Heinrich, *Ein Zeitalter wird besichtigt.* Stockholm: Neuer Verlag, 1946, S. 476–77.
Ders., *»Der Roman, Typ Feuchtwanger«.* Ost und West 4 1949, Nr. 6, S. 13–20.
Ders., *Der Roman-Typ Feuchtwanger;* in: *Heinrich Mann, Essays.* Band 3, Berlin 1962.

Mann, Thomas, *Freund Feuchtwanger,* in: *Lion Feuchtwanger zum 70. Geburtstag,* a.a.O., S. 7–12, auch in Lamm, Hans, Von Juden in München, a.a.O., S. 212–214.
Ders., *»Glückwunsch zum 60. Geburtstag Lion Feuchtwanger«,* in *Thomas Mann. Eine Chronik seines Lebens,* zusammengestellt von Hans Bürgin und Hans Mayer. Frankfurt a. M.: Fischer Verlag, 1965, S. 181–82 (gekürzt).
Ders., *Freund Feuchtwanger;* in: Altes und Neues. Kleine Prosa aus fünf Jahrzehnten. Berlin 1956.

Mann, Klaus, *Escape to Life.* Boston: Houghtom Mifflin, 1939. S. 36–40.
Ders., *»Lion Feuchtwanger 50 Jahre«.* Die Sammlung 1, Nr. 11, Juli 1934, S. 565.
Ders., *»Lion Feuchtwanger. Talent und Tapferkeit«.* Prüfungen. Schriften zur Literatur, hrsg. von Martin Gregor-Dellin, Nymphenburger Verlagshandlung, München, 1968, S. 304–312 (geschrieben 1938).

Marcuse, Ludwig, *»Lion Feuchtwanger 1884–1958.«* Jahresring (herausgekommen durch die Bundesregierung Deutschland), Bonn 1959.
Ders., »Ein volles Leben. Lion Feuchtwanger zum 60. Geburtstag,« Aufbau, New York, 21. Juli 1944.

Mayer, Hans, *Lion Feuchtwanger oder Die Folgen des Exils,* in: Neue Rundschau, Frankfurt/M. 1965, S. 120–129.
Ders., *Wiederbegegnung mit Feuchtwanger. Zur neuen Auflage der »Häßlichen Herzogin«,* in: Deutsche Literatur und Weltliteratur, Reden und Aufsätze, Berlin/DDR, 1957.
Ders., *Jean-Jacques Rousseau: die Außenwelt und die Innenwelt.* In: Frankfurter Allgemeine Zeitung, Nummer 103, 20. Mai 1978.

Mennemeier, Franz Norbert, *»Lion Feuchtwanger,«* in Neue Deutsche Biographie, Band 5, S. 109–110. Berlin: Duncker & Humblot, 1961.

Modick, Klaus, *Lion Feuchtwanger im Kontext der 20er Jahre. Autonomie und Sachlichkeit,* Königstein, 1981.
Ders., *L. F. als Produzent. Über die kuriosen, eigentümlichen, ja wunderlichen Methoden des Dr. Feuchtwanger.* In: text und kritik, a.a.O., S. 5.

Müller, Joachim, *Bemerkungen zu Lion Feuchtwangers neuem historischen Roman »Die Füchse im Weinberg«,* in: NDL, 1953, Nr. 9.
Ders., *Philosophie, geschliffen an der Wirklichkeit,* in: NDL, Berlin, 1954, Nr. 7.

Müller-Funk, Wolfgang, *Literatur als geschichtliches Argument. Zur ästhetischen Konzeption und Geschichtsverarbeitung in Lion Feuchtwangers Romantrilogie »Der Wartesaal«,* Frankfurt/M.-Bern, 1981.
Ders., *Der Erfolg der Sinngebung – oder: die List der Vernunft. Mythographie und Aufklärung in Lion Feuchtwangers Roman »Erfolg«.* In: text und kritik, a.a.O., S. 49.

Nagel, Bert, *»Jud Süss und Strafkolonie. Das Exekutivmotiv bei Lion Feuchtwanger und Franz Kafka,«* Festschrift für Hans Ehlers zum 65. Geburtstag. Tübingen: Max Niemeyer Verlag, 1972.

Naumann, Uwe, *Ein Gleichnis von Gestern. Über Lion Feuchtwangers antifaschistische Satire »Der falsche Nero«.* In: text und kritik, a.a.O., S. 61.

Nikolaeva, T. S., *Feuchtwanger o drame u teatre; v kn.: Realizm v zarubežnych literaturach XIX–XX vekov. Saratov 1977, vyp. 5 (Feuchtwanger über Drama und Theater;* in: Der Realismus in ausländischen Literaturen des 19. und 20. Jahrhunderts).
Ders., *Razum protiv varvarstva, Antifašistskij roman Liona Fejchtvangera 30–40-ch godov.* Izdatel'stvo Saratovskogo universiteta 1972.

Norris, Faith G., *The collaboration of Lion Feuchtwanger and Bertolt Brecht in Edward II,* in Spalek (Hg.), a.a.O., S. 277–306.

Noss, Peter, *Lion Feuchtwangers Auseinandersetzung mit dem deutschen Faschismus, dargestellt an seinen Romanen bis zu seiner Flucht aus Frankreich,* Berlin/W. (FU), 1976.

Nyssen, Elke, *Geschichtsbewußtsein und Emigration. Die historischen Romane der deutschen Antifaschisten 1933–1945,* München, 1974, S. 142–175.
Dies., *Die Veränderung des historischen Romans bei den deutschen Emigranten 1933–1945 unter besonderer Berücksichtigung von Heinrich Mann, Thomas Mann, Lion Feuchtwanger und Joseph Roth.* dissertation in progress, Freie Universität, Berlin West.

Oheim, Gertrud, *Feuchtwangers Sprache in seinem »Goya«,* in: Der Greifenalmanach auf das Jahr 1958 (Rudolfstadt). S. 34–49.

Olden, Balder, *Der falsche Nero,* in: Das Wort, Moskau 1937, Nr. 6.
Ders., *»Feuchtwangers Stücke in Prosa.«* Das neue Tagebuch, Paris 4, Nr. 22, 30. Mai 1936, S. 526.

Ottwalt, Ernst, *Das gute Beispiel (Über Heinrich Manns »Der Haß. Deutsche Zeitgeschichte« und Lion Feuchtwangers »Die Geschwister Oppermann«),* in: Neue deutsche Blätter, Prag, 1934, H. 6.

Perepiska J. Bechera s A. Böblinom, Feuchtwangerom, G. Mannom, Voprosy literatury, 1970, No. 12 *(Briefwechsel J. Bechers mit A. Döblin, L. Feuchtwanger, H. Mann;* in: Voprosy literatury, 12/1970).

Pfanner, Helmut F., *Die ›Heimatliteratur‹ der zwanziger Jahre,* in: Wolfgang Rothe (Hg.), Die Literatur der Weimarer Republik, a.a.O., S. 237–254.

Pike, David, *Deutsche Schriftsteller im sowjetischen Exil 1933 bis 1945.* Erste Auflage 1981. Suhrkamp-Verlag, Frankfurt/Main, 1981, S. 150.

Pinthus, Kurt, *»Leben und Werk Lion Feuchtwangers. Der Neu-Schöpfer des historischen Romans.«* Aufbau New York, 9. Januar 1959.

Račinskaja, Nelli N., *Lion Feuchtwanger.* Moskva 1965.

Reich-Ranicki, Marcel, *Lion Feuchtwanger oder Der Weltruhm des Emigranten,* in: Manfred Durzak (Hg.), Die deutsche Exilliteratur 1933–1945, Suttgart, 1973, S. 443–456.
Ders., *»Ein neues Meisterwerk deutscher Prosa. Lion Feuchtwanger: »Die Jüdin von Toledo,«* Neue Deutsche Literatur, IV, 1956, S. 134–138.

Rindfleisch, Ruth, *Lion Feuchtwangers Josephus-Trilogie. Gestaltungsprobleme und Entwicklungstendenzen beim literarischen Erfassen der Held-Volk-Beziehungen im Roman mit vergangenheitsgeschichtlichem Stoff des deutschen bürgerlichen Realismus von 1932/33 bis 1945,* Greifswald, 1969.

Rudolf, Helmut, *»Feuchtwanger über Masse-Mensch«.* Greifen-Almanach 1963. Rudolfstadt: Greifenverlag, 1963.

Rumler, Kurt A., *Filmisches Erzählen in Zusammenarbeit mit Brecht. Feuchtwangers Roman »Simone«.* In: text und kritik, a.a.O., S. 86.

Saks, E. M., u. a., *Lion Feuchtwanger,* Moskau, 1959.

Schiller, Dieter, »... von Grund auf anders«. Programmatik der Literatur im antifaschistischen Kampf während der dreißiger Jahre. Berlin 1974.

Schlenstedt, Dieter, *Zur deutschen Romanentwicklung im 20. Jahrhundert;* in: Weimarer Beiträge 1968/1.

Schmidt, Johannes, *Untersuchung zur Abgrenzung syntaktischer Mittel in den Redebereichen moderner Literatur, dargestellt an ausgewählten Werken Lion Feuchtwangers,* Diss., Leipzig, 1973.

Schmitz, Matthias, *Feuchtwanger/Eisenstein oder: Romanmontage und Montagefilm. Anmerkungen zu einem produktiven Mißverständnis.* In: text und kritik, a.a.O., S. 75.

Schulz, Eckhard, *Lion Feuchtwanger, ›dramatischer Roman‹ – ›episches Theater‹,* Berlin/W., 1975.
Ders., *›Feuchtwanger als Dramatiker.‹* Felix Bloch Erben, Berlin, 1974.
Ders., *»Lion Feuchtwanger, der Romancier als Dramatiker«,* unpublished paper, Berlin 1972.
Ders., *»Lion Feuchtwanger als Dramatiker«* in: »Volksbühnenspiegel«, Selbstverlag des Verbandes deutscher Volksbühnen-Vereine, Berlin 1972, Nr. 7/8, S. 30–34.

Schwärzler, Gertrud (Hg.), *Die Dichter des humanistischen Aufstands. Porträts,* München, 1960.
Dies., *Geschichte als Lebenselement. Zum Tode Lion Feuchtwangers am 21. Dezember,* in: Deutsche Woche, München, 1959, Nr. 1.

Schwerin, Christoph, *Synthetischer Stil,* in: Neue deutsche Hefte. Beiträge zur europäischen Gegenwart, Gütersloh, 1958, H. 48, S. 369ff.

Sernau, Lola, *An Lion Feuchtwangers Schreibmaschine. Intimitäten des Diktats.* In: Berliner Tageblatt Nr. 148, Berlin, 28. März 1929. Sammlung Lion Feuchtwanger, Akademie der Künste, Berlin/West.
Dies., In: Das Magazin, Heft 7, Berlin/DDR, Juli 1959, S. 32ff.
Dies., *Erinnerungen an Lion Feuchtwanger.* Der Greifenalmanach auf das Jahr 1960 (Rudolfstadt).

Schmückle, Karl, *Von der Freiheit und ihrem Trugbild (Bemerkungen zu den antifaschistischen Schriften Lion Feuchtwangers, Heinrich Manns, Hermann Kestens u. a.);* in: Internationale Literatur, Moskau, 1934, Nr. 3.

Schneider, Sigrid, *»Double, double, toil and trouble«, Kritsches zu Lion Feuchtwangers Roman »Die Brüder Lautensack«,* in: MLN, 95, 1980, S. 641–654.
Dies., *›Das Ende Weimars im Exilroman.‹* Literarische Strategien zur Vermittlung von Faschismustheorien, Kommunikation und Politik 13. K. G. Saur, München, 1980, darin bes. *Lion Feuchtwanger: Die Geschwister Oppenheim,* S. 125–217.

Schoenberner, Franz, *›Innenansichten eines Außenseiters.‹* Kreisselmeier, Icking b. München, 1965.

Schubert, Günther, *Zu Lion Feuchtwangers Gesammelten Werken,* in: Neue Texte, Berlin/DDR, 1962, S. 438ff.

Skierka, Volker, *Lion Feuchtwanger – Eine Biographie.* Hrsg. von Stefan Jaeger, Quadriga-Verlag Jochen Severin, Berlin, 1984.

von Sternburg, Wilhelm, *Lion Feuchtwanger – Ein deutsches Schriftstellerleben.* Athenäum, Kronberg/Ts., 1984.

Stankiewitz, Karl, *»Friede mit Feuchtwanger? Münchens Schwierigkeiten beim Ehren eines verlorenen Sohnes.«* Badisches Tageblatt, 25. Juni 1966.

Sučkov, Boris, *Lion Feuchtwanger*; in: Liki vremeni. Moskva 1969.
Ders., Predislovie. – V. kn. L. Feuchtwangera Bezobraznaja gercogina Margarita Maltasch; Sem' ja Oppermann. Moskva 1979 *(Vorwort zu Feuchtwangers »Die häßliche Herzogin Margarete Maultasch; Die Geschwister Oppermann«).*
Ders., *Lion Feuchtwanger i ego roman »goya«.* – V. kn. Feuchtwanger L., »Goya«, Moskva 1982 *(Lion Feuchtwanger und sein Roman »Goya«).*

Szepe, Helena, Zwischen Heimatstil und Sozialkritik. Feuchtwangers Roman »Erfolg«, in: orbis litterarum. Revue internationale d'études literaire, Kopenhagen, 1977, Vol. 32, S. 159–165.

Thieß, Frank, *Ein Bayernspiegel,* in: Die literarische Welt, Berlin, 1930, Nr. 42.

Turajew, Sergej, *Lion Feuchtwangers Bücher in der UdSSR,* in: Sowjetliteratur, Moskau, 1964, H. 5.

Untermeyer, Louis, *»Paris Gazette as the Reviewer Sees it.«* Saturday Review 12, Nr. 1. 27. April 1940. S. 5, 15.

Varga, József. *Zur weltanschaulichen Entwicklung und Geschichtsauffassung Feuchtwangers in seinen historischen Romanen nach 1945* (Diss.), Debrecen, 1971.

Waldo, Hilde, *Lion Feuchtwanger: A Biography* (July 7, 1884 – December 21, 1958), in: John Spalek (Hg.), Lion Feuchtwanger. The Man, His Ideas, His Work, Los Angeles, 1972.
Dies., *(Bibliographie zum Werk nach 1941 und quellenkundlicher Bericht);* in: Deutsche Exilliteratur seit 1933. Band 1. Kalifornien. Teil 2. Hrsg. von John M. Spalek, Joseph Strelka und Sandra H. Hawrylchak. Bern und München 1976, S. 25ff. und 165ff.

Washausen, Klaus, *Auffassungen Lion Feuchtwangers über Wissen und Funktion realistsicher Literatur in ihrer Entwicklung bis 1945,* Diss., Rostock, 1976.
Ders., *Bemerkungen zur Feuchtwanger-Rezeption nach 1945 unter besonderer Berücksichtigung seiner Erschließung in der DDR,* in Kwartalnik neofilologiczny/Neophilolocial quarterly, Warschau, 1976, R. 23, Z. 4, S. 405–423.
Ders., *Lion Feuchtwangers zentrales Werk,* in: Studia Germ. Posnaniensa, 8/79, S. 85–93.
Ders., *Die künstlerische und politische Entwicklung Goyas in Lion Feuchtwangers Roman.* Rudolfstadt: Greifenverlag, 1957. S. 119ff.

Weinrich, Harald, *Etwas war faul im Staate Bayern.* In: Frankfurter Allgemeine Zeitung Nr. 282, 4. Dezember 1980.

Weiskopf, Grete, *Der ›häßlichste Mann der Welt‹, Erinnerungen an Lion Feuchtwanger,* in: Sonntag, Berlin/DDR, 1959, Nr. 1.

Weisstein, Ulrich, *Vom dramatischen Roman zum epischen Theater,* in: Reinhod Grimm (Hg.), Episches Theater ..., Köln 1966, a.a.O., S. 36–49.
Ders., *Als wärs ein Stück von Brecht. Ein Vergleich zwischen Lion Feuchtwangers Schauspiel »Warren Hastings. Gouverneur von Indien« und dessen Neufassung »Kalkutta, 4. Mai«,* Weimarer Beiträge, 1970. H. 9, S. 191–211.
Ders., *The first version of Brecht / Feuchtwangers »Leben Eduards des Zweiten von England«,* in: Journal of English and Germanic Philology, 1970, Vol. LXIX, Nr. 2, S. 193–210.
Ders., *Clio the Muse,* in: Spalek (Hg.), a.a.O., S. 157–186.
Ders., *»From Dramatic Novel to the Epic Theater.«* Germanic Review 38, Nr. 3, Mai 1963, S. 257–271.

Werner, Alfred, *»The Pen is his Sword. For Lion Feuchtwanger's 60th Birthday.«* Liberal Judaism, Illus. monthly, New York, Juli 1944, S. 13–18, 64.
Ders., *»Whriters Who Unmasked Nazism. Lion Feuchtwanger at Seventy.«* South African Jewish Times, September 1954.

Wertheim, Ursula, *»Fabel und Episode in Dramatik und Epik.«* Neue Deutsche Literatur 12, Nr. 7, Juli 1964.

Dies., *Das Amerikabild in Lion Feuchtwangers Roman »Die Füchse im Weinberg«. Zum Problem des histiroschen Stoffes bei Feuchtwanger;* in: Erzählte Welt. Studien zur Epik des 20. Jahrhunderts. Berlin/Weimar 1978.

Werzmann, I. J., *Ein Roman über Jean Jacques Rousseau,* in: Sowjetwissenschaft, Kunst und Literatur. Berlin/DDR, 1955, H. 5.

Wiesner, K., *»Lion Feuchtwanger 1884–1958.«* Glaube und Gewissen, evangelische Zeitschrift – monatlich, Halle 5, S. 110–112.

Winckler, Lutz, *Ein Künstlerroman: Lion Feuchtwangers »Exil«,* in: Christian Fritsch/Lutz Winckler (Hg.), Faschismuskritik und Deutschlandbild im Exilroman (Argument-Sonderband, 76), S. 152–178 (1981).

Wittner, Victor, *Lion Feuchtwanger,* in: Schweizer Annalen, Aarau, 1946–1947, Nr. 6 u. 7.

Wolf, Arie, *Lion Feuchtwanger und das Judentum.* Bulletin des Leo-Baeck-Instituts. Jerusalem, 1982.

Wolf A., *Lion Feuchtwanger und die russische Literatur.* Zeitschrift für Slavistik, Berlin/DDR, 1973, Bd. 18, Nr. 6, S. 853 bis 863.

Wolff, Rudolf (Hrsg.): *Lion Feuchtwanger. Werk und Wirkung.* Bouvier Verlag Herbert Grundmann. Bonn, 1984.

Woolf, S. J., *A novelist historian looks us over.* The New York Times Magazine, January 8, 1933.

Yuill, W. E. *Lion Feuchtwanger,* in: German Men of Letters, Ed.: Alex Natan, London, 1964.

Zohn, Harry, *»Lion Feuchtwanger and Max Brod.«* Jewish Quarterly 2, Nr. 2, Autumn 1954, S. 14–19.

Zschech, Fritz, *»Zu Lion Feuchtwangers Haus der Desdemona.«* Greifen-Almanach, 1960. Rudolfstadt: Greifenverlag, 1960.

Ders., *»Zum Achtzigsten. Gedanken an Lion Feuchtwanger«,* Greifen-Almanach 1964, S. 289–295. Rudolfstadt: Greifenverlag, 1964.

Zweig, Arnold, *Essays,* Bd. 1, Berlin/DDR, 1959. (Darin: Feuchtwangers imaginäres Theater – Feuchtwangers Reifezeit).

Ders., *Rede über Feuchtwanger,* in: Die Weltbühne, Berlin 1927, H. 30.

Ders., *Nachwort zu Lion Feuchtwangers Roman »Erfolg«,* Berlin/DDR o. J. (Bibliothek fortschrittlicher deutscher Schriftsteller).

Ders., *»Lion Feuchtwanger«* (Rede vom 26. Juli 1927). in Hans Mayer, Deutsche Literaturkritik im 20. Jahrhundert. Kaiserreich, Erster Weltkrieg und Erste Nachkriegszeit. Stuttgart: Goverts, »Neue Bibliothek der Weltliteratur«, S. 503–510, 837.

Ders., *Feuchtwangers neuer Roman;* in: Das neue Tagebuch, Paris 1933, Nr. 25.

Ders., *Freundschaft mit Feuchtwanger;* in: NDL, Berlin 1954, Heft 7.

Ders., *Feuchtwangers Reifezeit,* ebd., S. 325–9.

Verzeichnis der Erstausgaben

I.

Die Einsamen, Zwei Skizzen, München 1903 (Monachia Verlag).

Kleine Dramen: Joel, König Saul, Das Weib des Urias, Der arme Heinrich, Donna Bianca, Die Braut von Korinth. 2 Bde., o. O., 1905–1906.

Der Fetisch. Schauspiel, München, 1907 (Müller).

Heinrich Heines Fragment »Der Rabbi von Bacherach«. Eine kritische Studie, München, 1907 (Lindauer, Diss.).

(Hg.) *Der Spiegel.* Blätter für Literatur, Musik und Bühne. 15 Nrn., München (April bis Oktober) 1908 (Spiegel-Verlag).

Der tönerne Gott. Roman, München-Schwabing 1910 (Bonsels).

D'r neij Musikdirigent. Schwank in einem Aufzug in elsässischer Mundart, München, 1911 (Bonsels).

(Bearb.) A. Müller: *Ein' feste Burg ist unser Gott.* Volksstück Diessen, 1911 (Huber).

Julia Farnese. Ein Trauerspiel in drei Akten, München, 1915 (Müller).

Warren Hastings, Gouverneur von Indien. Schauspiel in vier Akten und einem Vorspiel, München, 1916 (Müller).

Pierrots Herrentraum. Eine Pantomime in fünf Bildern, Musik: A. Hartmann-Trepka, Berlin–München, 1916 (Drei-Masken-Verlag).

Vasantasena. Ein Schauspiel in drei Akten. Nach dem Indischen des Königs Sudraka, München 1916 (Müller).

(Übs.), Aischylos, *Die Perser,* München, 1917 (Müller).

Der König und die Tänzerin. Ein Spiel in vier Akten. Nach dem Indischen des Kalidasa, München, 1917 (Müller).

Friede. Ein burleskes Spiel. Nach den »Acharnern« und der »Eirene« des Aristophanes, München, 1918 (Müller).

Jud Süß, Schauspiel in drei Akten, München, 1918 (Müller).

Appius und Virginia. Trauerspiel, München 1918 (Müller).

Die Kriegsgefangenen. Ein Schauspiel in fünf Akten, München 1919 (Müller). Mitverf. von H. Sinsheimer, *An den Wassern von Babylon* (L. F.: Gespräche mit dem ewigen Juden), München, 1920 (Müller).

Thomas Wendt. Ein dramatischer Roman, München, 1920 (Müller).

Der Amerikaner oder Die entzauberte Stadt. Eine melancholische Komödie in vier Akten, München, 1921 (Drei-Masken-Verlag).

Der Frauenverkäufer. Ein Spiel in drei Akten nach Calderon, München, 1923 (Drei-Masken-Verlag).

Der holländische Kaufmann. Schauspiel, München, 1923 (Drei-Masken-Verlag).

Die häßliche Herzogin. Roman. Berlin, 1923 (Volksverband der Bücherfreunde).

(Mitverf.) Bertolt Brecht/L. F.: *Leben Eduards des Zweiten von England* (nach Marlowe) Historie. Potsdam, 1924 (Kiepenheuer).

Hill. Komödie in vier Akten, Berlin, 1925 (Drei-Masken-Verlag).

Jud Süß. Roman, München, 1925 (Drei-Masken-Verlag).

Die Petroleuminseln. Ein Stück in drei Akten, Berlin, 1927.

Drei angelsächsische Stücke: 1. Die Petroleuminseln. Ein Stück in drei Akten. 2. Kalkutta, 4. Mai. Drei Akte Kolonialgeschichte. (Neubearb. v. Warren Hastings/Mitverf. Bertolt Brecht). 3. Wird Hill amnestiert? Komödie in vier Akten. Berlin, 1927 (Propyläen).

PEP, J. L. Wetcheeks amerikanisches Liederbuch, Potsdam, 1928 (Kiepenheuer).

Erfolg. Drei Jahre Geschichte einer Provinz. Roman (2 Bde.) Berlin, 1930 (Kiepenheuer).

Das blaue Hemd von Ithaka, Erzählungen, Berlin, 1930 (Kiepenheuer).

Der jüdische Krieg. Roman. Berlin, 1932 (Propyläen).

Die Geschwister Oppenheim (ursprgl. und später wieder verwendeter Titel: *Die Geschwister Oppermann*), Roman, Gesammelte Werke, Bd. 5, Amsterdam 1933 (Querido-Fischer).

(Mitverf.) L. F. und Arnold Zweig, *Die Aufgabe des Judentums,* Paris, 1933 (Die Schriften des Europäischen Merkur 1).

Marianne in Indien und sieben andere Erzählungen, Paris, 1934 (Europäischer Merkur).

Die Söhne. Roman (Fortsetzung von Der jüdische Krieg, Teil II der Josephus-Trilogie), Gesammelte Werke, Bd. 5, Amsterdam, 1935 (Querido-Fischer).

Der falsche Nero. Roman, Gesammelte Werke, Bd. 9, Amsterdam, 1936 (Querido-Fischer).

Stücke in Prosa, Gesammelte Werke, Bd. 11, Amsterdam, 1936 (Querido-Fischer).

Mitherausg., *Das Wort.* Literarische Monatsschrift. Hg. von B. Brecht, W. Bredel und L. F., Moskau 1936–1939 (Meshdunarodnaja Kniga).

Moskau 1937. Ein Reisebericht für meine Freunde. Amsterdam, 1937 (Querido-Fischer).

Zwei Erzählungen, Moskau 1938 (Meshdunarodnaja Kniga – Das internationale Buch).

Exil. Roman (Band 3 der Wartesaal-Trilogie zusammen mit Erfolg und Geschwister Oppermann), Gesammelte Werke, Bd. 8, Amsterdam, 1940 (Querido-Fischer).

The devil in France (übersetzt aus dem deutschen Manuskript) New York, 1941.

Unholdes Frankreich. Meine Erlebnisse unter der Regierung Petain, London, 1942 (Hamilton) u. Mexiko, 1942 (El libro libre).

Josephus and the Emperor, London, 1942 (Bd. III der Josephus-Trilogie).

Double, double toil and trouble (übersetzt nach dem Manuskript).

Die Zauberer (später: *Die Brüder Lautensack*) New York, 1943.

Die Brüder Lautensack, London, 1944 (Hamilton).

Simone. Roman, Stockholm, 1944 (Neuer Verlag); (daneben auch Mitarbeit an B. Brechts *Die Gesichte der Simone Machard*).

Der Tag wird kommen. Roman, Stockholm, 1945 (Bermann-Fischer) (Bd. III der Josephus-Trilogie).

Venedig (Texas) und vierzehn andere Erzählungen, New York, 1946 (Aurora-Verlag).

Waffen für Amerika, Roman, Amsterdam, 1947 (Querido-Fischer).

Die Füchse im Weinberg. Roman, 2 Bde., Gesammelte Werke 17 und 18, Amsterdam 1948 (Querido-Fischer) – erweiterte Fassung von Waffen für Amerika.

Gesammelte Werke, Amsterdam, 1935–1948 (Querido-Fischer) – unvollständig, enthält die Romane der Weimarer Zeit und eine Auswahl der Dramen, sowie die im Exil geschriebenen Romane Geschwister Oppenheim, Exil, Die Söhne, Der falsche Nero sowie den Nachkriegsroman Waffen für Amerika (Die Füchse im Weinberg), erschienen sind die Bde. 1–6, 11, 17–18.

Wahn oder Der Teufel in Boston, Los Angeles (Pazifische Presse) – New York (Rosenberg), hg. von E. Gottlieb und F. Guggenheim (in 250 numerierten Exemplaren), 1948, Berlin, 1949.

Auswahl. Mit Beiträgen von B. Brecht u. a., Rudolfstadt/DDR, 1949 (Greifenverlag).

Odysseus and the Swine and Other Stories, London, 1949.

Die Geschwister Oppermann. Roman. Rudolfstadt, 1949 (Greifenverlag) – entspricht dem Roman: Die Geschwister Oppermann.

Odysseus und die Schweine und zwölf andere Erzählungen, Berlin/DDR, 1950 (Aufbau-Verlag).

Goya oder Der arge Weg der Erkenntnis, Frankfurt/M., 1951 (Neuer Verlag).

Josephustrilogie. Romanzyklus. 3 Bde. (Der jüdische Krieg, Die Söhne, Der Tag wird kommen), Rudolfstadt, 1951 (Greifenverlag).

Narrenweisheit oder Tod und Verklärung des Jean-Jacques Rousseau. Roman. Los Angeles, 1952, Frankfurt/M., 1952 (Frankfurter Verlagsanstalt), Berlin/DDR, 1953 (Aufbau-Verlag).

Panzerkreuzer Potemkin und andere Erzählungen. Ausgewählt von H. Marquardt, Leipzig, 1954 (Reclam).

Stücke in Versen. Vasantasena. Die Perser des Aischylos. Friede, Rudolfstadt, 1954 (Greifenverlag).

Der Teufel in Frankreich. Erlebnisse. Nachwort von A. Kantorowicz, Rudolfstadt, 1954 (Greifenverlag) – entspricht: Unholdes Frankreich.

Spanische Ballade. Roman. Hamburg–Reinbek, 1955 (Rowohlt), Berlin/DDR, 1955 (Aufbau Verlag).

Die Witwe Capet. Ein Stück in drei Akten, Rudolfstadt, 1956 (Greifenverlag).

Centum Opuscula. Eine Auswahl zusammengestellt und herausgegeben von W. Berndt, Rudolfstadt, 1956 (Greifenverlag) – Sammlung von Aufsätzen, Essays und Kritiken von Lion Feuchtwanger.

Der Wartesaal. Ein Romanzyklus (Erfolg – Geschwister Oppermann – Exil), 3 Bde., Berlin/DDR, 1956 (Aufbau).

Jefta und seine Tochter. Roman, Hamburg–Reinbek, 1957 (Rowohlt), Berlin/DDR, 1957 (Aufbau-Verlag).

Stücke in Prosa. Rudolfstadt, 1959 (Greifenverlag) – enthält auch: Die Witwe Capet und Wahn oder Der Teufel in Boston.

Gesammelte Werke in Einzelausgaben, Berlin/DDR, 1959 ff. (Aufbau-Verlag).

Das Haus der Desdemona oder Größe und Grenzen historischer Dichtung. Aus dem Nachlaß Lion Feuchtwangers, hg. mit Unterstützung von Marta Feuchtwanger und Hilde Waldo von Fritz Zschech, Rudolfstadt, 1961 (Greifenverlag).

Altindische Schauspiele, Leipzig, 1976 (Reclam) – enthält: Vasantasena und Der König und die Tänzerin.

II. Aufsätze, Vorträge, Rezensionen und Kritiken Lion Feuchtwangers, die – bis auf einzelne – nicht in den Sammelbänden wie der Ausgabe »Centum Opuscula« enthalten sind.

Zum Geleit, in: Der Spiegel, München, 1908, Nr. 1 und 2.

Aus Lion Feuchtwangers Tagebuch, München, 18. 11. 1909.

Aus München, Die Schaubühne, Berlin, 1910, Nr. 1, S. 24.

Die Anfänge der französischen Theaterjournalistik, Die Schaubühne, Berlin, 1910 (= Jg. 6), Nr. 13, S. 343–347.

Solneß in München, Die Schaubühne, Berlin, 1910, Nr. 17, S. 466 f.

Nathan der Weise in der Franziskanerkutte, Die Schaubühne, Berlin, 1911, Nr. 21, S. 577–579.

Kilians Genoveva, Die Schaubühne, Berlin, 1911 (= Jg. 7), Nr. 1, S. 24 f.

Lulus Kritikaster, Die Schaubühne, Berlin, 1911, Nr. 6, S. 164 f.

Alles um Liebe, Die Schaubühne, Berlin, 1911, Nr. 9, S. 238–240.

Zum großen Wurstel, Die Schaubühne, Berlin, 1911, Nr. 5, S. 136 f.

Aus München, Die Schaubühne, Berlin, 1911, Nr. 16, S. 437 f.

Reinhardt in München. Die Schaubühne, Berlin, 1911, Nr. 30/31, S. 81–89.

Aus München, Die Schaubühne, Berlin, 1911, Nr. 43, S. 376–378.

Offener Brief an Schönherr, Die Schaubühne, Berlin, 1911, Nr. 49.

Das Münchner Theaterjahr. Die Schaubühne, 1911, Nr. 24/25, S. 628–630.

Der Münchner Wedekind-Zyklus, Die Schaubühne, Berlin, 1911, Nr. 34/35, S. 161 f.

München und der Krieg, Die Schaubühne, Berlin, 1914 (= Jg. 10), Nr. 46, S. 393–396.

Leopold von Ranke, in: Literarisches Echo, Berlin, 1914, Nr. 19.

An die patriotischen Dichter, in: Die Schaubühne, Berlin, 1915 (= Jg. 11), Nr. 4.

Aristoteles und Zettlmaier, Die Weltbühne, Berlin, 1921 (= Jg. 17), Nr. 9, S. 262 f.

Die Bühnenkunst und die neue Zeit, in: Glossarium. Satirische Monatsschrift für Theater, Kientop, Musik und Bücher (Hg.: Gerhard Schäke), Leipzig, 1921, Nr. 2.

Bertolt Brecht, in: Das Tagebuch, Berlin, 1922, Nr. 40, S. 1417–1419.

Tage des Königs (Bruno Frank), Die Weltbühne, Berlin, 1925 (= Jg. 21), Nr. 2, S. 71 f.

Roda Rodas Roman, Die Weltbühne, 1925, Nr. 1, S. 31 f.

Friede. Szenen aus einer Revue nach Aristophanes. Die Literarische Welt, Berlin, 1927, Nr. 40.

Die Konstellation der Literatur. Berliner Tageblatt, Nr. 518, Berlin, 2. 11. 1927. Sammlung Lion Feuchtwanger, Akademie der Künste, Berlin/West.

Rede anläßlich der Nobelpreisverleihung an Sinclair Lewis. Berliner Rundfunk 8. 11. 1927. Kopie in der Lion Feuchtwanger Memorial Library, Pacific Palisades/Calif. (Lion Feuchtwanger Institute for Exile Studies, University of Southern California, Los Angeles.)

Von den Wirkungen und Besonderheiten des angelsächsischen Schriftstellers. In: Berliner Tageblatt, Nr. 151, Berlin, 29. 3. 1928.

Historische Gegenwart, Berliner Tageblatt vom 7. 6. 1928.

Warum schreiben Sie keine Filme? (Umfrage). In: Vossische Zeitung, Literaturbeilage, 31. 3. 1929.

Die Tagespresse als Erlebnis. Eine Frage an deutsche Dichter (darunter auch Lion Feuchtwanger), Die Literarische Welt, Berlin, 1929, Nr. 39.

Der Weg zur Politik. Die Weltbühne, Berlin, 1930 (= Jg. 25), Nr. 37. Aus dem Vorwort für die italienische Ausgabe des Romans »Erfolg« (1930), Lion Feuchtwanger, Memorial Library, Pacific Palisades/Calif.

Wie kämpfen wir gegen ein Drittes Reich? In: Welt am Abend, Nr. 17, Berlin, 21. 1. 31.

Ode an die Schreibmaschine, Bergische Bühnenblätter, Remscheid, Januar 1931.

Dostojewski in Deutschland, in: Bayerische Israelitische Gemeindezeitung, München, 1931 (Jg. 7), S. 52.

Was bedeutet der Weltkrieg dem deutschen Romancier? In: Neue Freie Presse, Wien, 10. 5. 1931 (Beilage).

Rede zum 60. Geburtstag Heinrich Manns: in: *Heinrich Mann, Fünf Reden und eine Entgegnung zum 60. Geburtstag,* Weimar, 1931.

Historischer Roman – Roman von heute. In: Berliner Tageblatt, Nr. 540, Berlin, 15. 11. 1931. (Kopie in der Sammlung Lion Feuchtwanger, Akademie der Künste, Berlin/West.)

Nationalism and Judaism. Adress delivered before Men's Club of Congregation Emanuel, New York City, 26. 1. 1933, abgedruckt in: New York Compliments of the Men's Club of Congregation Emanuel, New York, 1933.

(Mitverf.) von L. F./H. Mann/A. Holitscher, *Gegen die Phrase vom jüdischen Schädling,* Prag, 1933 (Amboss).

Murder in Germany, in: The Reichstag Fire Trial. The second Brown Book of the Hitler-Terror, London, 1934.

(Vorwort) zu: *World Comitee for the Victims of German Fascism,* London, 1934.

Wahrer der großen Traditionen, in: Deutsche Zentral-Zeitung, Moskau, 1934, Nr. 189.

Ernst Tollers »Jugend in Deutschland«, Die Sammlung, Amsterdam, 1934, S. 325.

Tiefe Verbundenheit mit den Sowjetschriftstellern. Echo des Pariser Kongresses, in: Die Deutsche Zentral-Zeitung, Moskau, 1935, Nr. 167.

Der Film »Potemkin« und mein Buch »Erfolg«, unpubliziertes Manuskript, 1936, im Besitz von Marta Feuchtwanger.

Anläßlich des Henri Quatre von Heinrich Mann, in: Das neue Tagebuch, Paris, 1936, Nr. 3.

(Vorwort) zu: *Der gelbe Fleck.* Die Ausrottung von 500 000 deutschen Juden, Paris, 1936 (Editions du Carefour).

Ličemerie i besstydstvo. Pis'mo L. Feuchtwangera, in: Literaturnaja gazeta, Moskau, 1. 5. 1936.

Pričtenii projekta Sovetskoj konstituccii, in: Prawda, Moskau, 1. 7. 1936.

Perepiska druzej, in: Literaturnaja gazeta, Moskau, 26. 6. 1936.

Eine neue Barriere gegen den Krieg. Zum Moskauer Prozeß gegen die Trotzkisten, Das Wort, Moskau, 1937, Nr. 3.

Wie das Dritte Reich die Schriftsteller verfolgt, in: Pariser Tageszeitung, Paris, 23. 6. 1937.

Das deutsche Buch und die Emigration, in: Pariser Tageszeitung, 3. 7. 1937 (= Jg. 2).

Ulrich Becher, Das Wort, Moskau, 1937, Nr. 10.

Arnold Zweig (zum 50. Geburtstag), Die neue Weltbühne, Prag, 1937, Nr. 45.

Der Realist (Carl von Ossietzky), Die neue Weltbühne, Prag, 1938, Nr. 19.

Zwei an der Grenze (Friedrich Wolf), Die neue Weltbühne, Prag 1938, Nr. 52.

Ein ernstes Wort Lion Feuchtwangers, Deutsche Volkszeitung, Paris, 13. 8. 1938.

Heinrich Manns ›Henri Quatre‹, Die neue Weltbühne, Prag, 1939, Nr. 21.

(Vorwort zu) Exil. Amsterdam, 1940.

Remarks upon the Opening of the Palestine Pavilion at the World's Fair. New York, October 22, 1940. Lion Feuchtwanger Memorial Library. Pacific Palisades/Calif.

Die psychologische Wirkung der Niederlage in Frankreich, New York, Januar, 1941, Common Sense (Manuskript im Archiv des Aufbau-Verlages).

My stand on the war, New Masses, New York, 15. 7. 1941.

Ein Baustein, in: Freies Deutschland, Mexiko, 1941.

Caliban, Hitler und die Juden, in: Libro libre, Mexiko, 21. 11. 1942.

Zum Tod von Stefan Zweig, in: Freies Deutschland, Mexiko, 1942, Nr. 5.

Ansprache zur Jessner-Feier. 6. 3. 1943, Los Angeles. In: Aufbau New York, December 21, 1945. (Kopie in der Lion Feuchtwanger Memorial Library, Pacific Palisades/Calif.)

Vom Wesen der Deutschen und der Nazi. Referat für den Schriftsteller-Kongreß, Los Angeles, Oktober 1943. In: Writers' Congress – The Proceedings held in October 1943 under the sponsorship of the Hollywood Writers' Mobilization an the University of California, Berkeley and Los Angeles. University of California Press, 1944. (Kopie in der Lion Feuchtwanger Memorial Library, Pacific Palisades/Calif.)

Arbeitsprobleme des Schriftstellers im Exil. Freies Deutschland, 3. Jg., Nr. 4, Mexico, März 1944. (Kopie in der Sammlung Lion Feuchtwanger, Akademie der Künste Berlin/West.)

Arbeitsprobleme des Schriftstellers im Exil (1943), in: Sinn und Form, 1954, H. 3, S. 348–358, neu abgedruckt in: Heinz L. Arnold (Hg.), *Deutsche Literatur im Exil,* I, Dokumente, Frankfurt/M., 1974, S. 238–242.

Lion Feuchtwanger an Döblin zum 65. Geburtstag (10. 8. 1943), abgedruckt in: *Alfred Döblin, 1878–1978.* Eine Ausstellung des Deutschen Litarturarchivs im Schiller-Nationalmuseum, Marbach am Neckar, München, 1978, S. 401.

Der Zauberer, in: Freies Deutschland, Mexiko, 1943 (= Jg. 2), Nr. 9.

Die Zukunft Deutschlands, in: Freies Deutschland, Mexiko, 1944, Nr. 12.

Anläßlich der Befreiung von Paris. Undatiert (vermutlich Herbst 1944). Lion Feuchtwanger Memorial Library, Pacific Palisades/Calif.

Zum Gedächtnis Bruno Franks. Ansprache zur Trauerfeier für Bruno Frank im Women's Club of Hollywood, 29. 9. 1945. Lion Feuchtwanger Memorial Library, Pacific Palisades/Calif.

Thomas Mann im Exil, Neue Rundschau, Frankfurt/M., 1945, Sonderheft.

Der Prozeß von Nürnberg, ein Ende und ein Anfang, De Groene Amsterdamer, Amsterdam, 8. 12. 1945, Neuabdruck in: Neue Texte, Almanach für deutsche Literatur, Berlin/DDR, 1965, Nr. 5.

Über das Buch von Alexander Abusch, in: Freies Deutschland, Mexiko, 1946, Nr. 3/4.

Für Maxim Gorki zum 10. Jahrestag seines Todes (Juni 1946, Manuskript im Archiv des Aufbau-Verlages).

Über den französischen Roman des 19. Jahrhunderts, in: Die Wandlung, Heidelberg, 1948, Nr. 3.

Hanns Eisler zum 50. Geburtstag, Die Weltbühne, Berlin/DDR, 1948, Nr. 27.

Der Gespensterzug, Die Weltbühne, Berlin/Ost (Neue Folge = Jg. 3), Nr. 9/10, S. 205–211.

Thomas Manns ›Doktor Faustus‹. Lion Feuchtwanger Memorial Library, Pacific Palisades/Calif.

Thomas Mann uses Faustian theme in 20th century allegory, in: Daily News, Los Angeles, 20. 11. 1948. (Mitverf.), Friedrich Wolf, ein Dichter seiner Zeit (Hg.: A. Kantorowicz), Rudolfstadt, 1948 (Greifenverlag).

Er kämpfte (Heinrich Mann), Aufbau, Berlin/Ost, 1948, Nr. 27.

(Vorwort zu): Bruno Frei, *Die Männer von Vernet.* Bericht, Berlin/DDR, 1950.

Heinrich Mann. Rede gehalten an seinem Grab. Los Angelēs, 14. 3. 1950. Lion Feuchtwanger Memorial Library, Pacific Palisades/Calif.

Thomas Mann zum Fünfundsiebzigsten Geburtstag. Lion Feuchtwanger Memorial Library, Pacific Palisades/Calif., 6. 6. 1950.

Jeder Deutsche, in: Aufbau, Berlin/DDR, 1951.

Biographical Sketch, The Saturday Review of Literature, New York, 19. 5. 1951.

Frank Wedekind. Vorwort zu »Frank Wedekind – Five Tragedies of Sex«. Vision Press, London, 1952. Lion Feuchtwanger Memorial Library, Pacific Palisades/Calif.

Brief an das Börsenblatt für den deutschen Buchhandel vom 16. 11. 1953, in Börsenblatt für den deutschen Buchhandel, Leipzig, 5. 12. 1953.

Zur Vorgeschichte von »Narrenweisheit« (Manuskript für den englischen Verleger, 1952, im Archiv des Aufbau-Verlages).

An American Tragedy. Clyde Brions »Thudburry«, Daily News, Los Angeles, 7. 12. 1953.

Die Feuerpause (Arnold Zweig), Sinn und Form, Potsdam. 1955, H. 1.

Felix Krull, ein bürgerlicher Schelm, NDL, 1955, Nr. 2.

Zum achtzigsten Geburtstag (Thomas Mann), Aufbau, 1955, Nr. 6.

Einstein. Rede zur Einstein-Memorial-Feier im Hollywood Athletic Club, Hollywood, 12. 5. 1955. Lion Feuchtwanger Memorial Library, Pacific Palisades/Calif.

Martha Dood: *The Searching Light.* The Nation, New York, Juli 1955. Lion Feuchtwanger Memorial Library, Pacific Palisades/Calif.

Thomas Mann Rode Forth. The Cost of Greatness. The Nation, New York, 3. 9. 1955. Kopie in der Lion Feuchtwanger Memorial Library, Pacific Palisades/Calif.

Gedenkrede für Thomas Mann. Gehalten in der Ebell Concert Hall in Los Angeles, 15. 10. 1955. Lion Feuchtwanger Memorial Library, Pacific Palisades/Calif.

Literatura-sila sbližajaščaja narody, in: Inostrannaja literatura, Moskau, 1955, Nr. 5.

Nachwort zu Ernst Fischer/Louise Eisler, *Prinz Eugen.* Ein Roman in Dialogen, Wien, 1955.

Živopis a ne fotografija, in: Literaturnaja gazeta, Moskau, 21. 6. 1956.

Die eindrucksvollsten Bilder aus der Mitte des 20. Jahrhunderts, in: Literarische Gazette, Moskau, 21. 6. 1956 (Manuskript-Durchschlag im Besitz des Aufbau-Verlages).

Zur Entstehungsgeschichte des Stückes »Simone«, NDL, 1957, Nr. 6.

Bertolt Brecht. In: Sinn und Form, Potsdam 1957, 2. Sonderheft.

Zur Entstehungsgeschichte des Stückes Simone. Programm der Uraufführung ›Die Gesichte der Simone Machard‹ im Großen Haus der Städtischen Bühnen, Frankfurt/Main, 8. 3. 1957. Kopie in der Lion Feuchtwanger Memorial Library, Pacific Palisades/Calif.

Vom Geschichtsbewußtsein der Juden, in: Hans Lamm, *Von Juden in München,* 1958, S. 208–211.

Der literarische Verein »Phoebus« und seine Heine Feier, in: Hans Lamm, *Von Juden in München,* a.a.O., S. 211.

Münchner Erinnerungen, Süddeutsche Zeitung, München, 8. 7. 1958.

Zur Wiederkehr des Todestages von Ossietzky, Die Weltbühne (Neue Folge), Berlin/DDR, 1958 (= Jg. 13), Nr. 18, S. 548.

Gruß an die SED, in: Neues Deutschland, Berlin, 23. 12. 1958.

Des Dichters Vermächtnis, Berliner Zeitung, Berlin/DDR, 24. 12. 1958.

Der Kaiser und sein Genie, Abendzeitung, München, 23. 12. 1958.

Lion Feuchtwanger über seine Beziehungen zum Münchner Judentum, Münchner Jüdische Nachrichten, München, 1959, Nr. 6.

Lion Feuchtwanger an Maxim Gorki (Faksimile des Briefes vom Februar 1928), Sinn und Form, Potsdam, 1959, Nr. 1.

Briefe an die Freunde, Potsdam, 1959, Nr. 1.

Lehren und überzeugen. Erinnerungen an F. C. Weiskopf, Neues Deutschland, Berlin/DDR, 4. 4. 1959 (Beilage Nr. 13).

Aus meinem Leben. In: Colloquium – Eine deutsche Studentenzeitschrift, Nr. 7, Juli 1964. Kopie in der Lion Feuchtwanger Memorial Library, Pacific Palisades/Calif.

Verzeichnis lieferbarer Bücher

»Die Brüder Lautensack«, Roman, Frankfurt, 1984
»Erfolg« – Drei Jahre Geschichte einer Provinz, Roman, 4. Aufl. Frankfurt, 1983
»Erfolg«, Roman, Vorwort v. Hoffmeister, R., München, 1980
»Exil«, Roman, 4. Aufl. 1983, Frankfurt, 1983
»Exil«, Roman, München, 1981
»Der falsche Nero«, Roman, Frankfurt, 1984
»Der falsche Nero«, Roman, 3. Aufl. Berlin und Weimar, 1980
»Die Füchse im Weinberg«, Roman, 3. Aufl. Berlin und Weimar, 1982
»Die Füchse im Weinberg«, Roman, 3 Bd., Frankfurt, 1983
Bd. 1: *»Waffen für Amerika«*
Bd. 2: *»Die Allianz«*
Bd. 3: *»Der Preis«*
»Die Geschwister Oppermann«, Roman, Frankfurt, 1981
»Die Geschwister Oppermann«, Roman, Nachwort v. Hoffmeister, R., München, 1981
»Goya oder der arge Weg der Erkenntnis«, 3. Aufl., Frankfurt, 1982
»Goya«, Roman, 7. Aufl., Berlin und Weimar, 1981
»Die häßliche Herzogin Margarete Maultasch«, Roman, 2. Auflage, Frankfurt, 1983
»Die häßliche Herzogin Margarete Maultasch«, Roman, 12 farb. Zeichnungen v. Prechtl, M. M., Köln, 1976
»Jefta und seine Tochter«, Roman, Frankfurt, 1983
»Josephus-Trilogie«, 3 Bd.
»Der jüdische Krieg«, Frankfurt, 1982
»Der Tag wird kommen«, Frankfurt, 1982
»Die Söhne«, Frankfurt, 1982
»Josephus Trilogie«
»Der jüdische Krieg«, Roman, 4. Aufl., Berlin und Weimar, 1983
»Die Söhne«, Roman, 4. Aufl. Berlin und Weimar, 1983
»Der Tag wird kommen«, 4. Aufl., Berlin und Weimar, 1983
»Jud Süß«, 6. Aufl., Frankfurt, 1983
»Die Jüdin von Toledo«, Roman, Frankfurt, 1983
»Narrenweisheit oder Tod und Verklärung des Jean-Jacques Rousseau«, Frankfurt, 1984
»Simone«, Roman, Frankfurt, 1983
»Der Teufel in Frankreich«, Ein Erlebnisbericht, Nachw. v. Feuchtwanger, Marta, München, 1983
»Wahn oder der Teufel in Boston«, Ein Stück in drei Akten, Rosenberg, M., 1948
»Ein Buch nur für meine Freunde«, Erzählungen u. a., Frankfurt, 1984
Das Haus der Desdemona oder Größe und Grenzen der historischen Dichtung«. Ein Fragment. München, 1984.

Personen-Verzeichnis

Fotonachweis

Berlau/J. Hoffmann, Berlin
236, 244, 250, 267
Bildarchiv Preußischer Kulturbesitz, Berlin
42, 57, 65, 73, 78, 86, 98, 147, 148, 162, 178, 210, 273
Bilderdienst Süddeutscher Verlag, München
171
Bertolt-Brecht-Archiv, Berlin
140
dpa
74, 93, 120, 155, 175, 211, 233, 241, 249, 266, 270, 271
Marta Feuchtwanger, Parcific Palisades
13, 17, 22, 23, 24, 25, 26, 27, 29, 31, 32, 33, 34, 35, 36, 37, 38, 39, 40, 41, 42, 43, 51, 58, 59, 60, 61, 64, 69, 74, 75, 76, 78, 79, 80, 82, 83, 84, 87, 91, 92, 94, 95, 110, 111, 112, 113, 118, 119, 120, 122, 125, 126, 129, 133, 138, 139, 140, 141, 142, 143, 144, 145, 146, 148, 149, 153, 154, 155, 158, 159, 162, 164, 165, 166, 167, 168, 170, 171, 176, 177, 182, 187, 189, 190, 192, 193, 194, 196, 199, 202, 203, 207, 208, 209, 211, 214, 215, 218, 220, 221, 224, 225, 232, 234, 235, 236, 237, 240, 242, 244, 245, 272, 275, 282, 294, 295, 296, 297
ILLUS Bilderdienst, Berlin
56, 282
RBD, Ringier Dokumentationszentrum, Zürich
200, 201, 279, 284
S. Fischer Verlag, Frankfurt
104

V. Skierka, Berlin
302

Fred Stein, New York
179, 240, 261
Ullstein Bilderdienst, Berlin
41, 50, 57, 72, 77, 80, 81, 100, 118, 119, 123, 126, 126, 128, 141, 151, 161, 166, 195, 232, 293
B. Willonghby, New York
301

Danksagung

An dieser Stelle möchten wir all jenen danken, ohne deren kleine und große Hilfe die vorliegende Biographie nicht hätte entstehen können:

Marta Feuchtwanger, der fleißigen und stets fröhlichen Mitarbeiterin an diesem Buch. Oft bis in die Nächte hinein sichtete sie den Nachlaß ihres Mannes, die Briefwechsel, Dokumente und Fotos.

Hilde Waldo, die als frühere Sekretärin Lion Feuchtwangers in Amerika seiner Witwe und uns beim Heraussuchen und Zusammenstellen der Briefwechsel, Dokumente und Illustrationen eine unverzichtbare Hilfe war.

Lola Sernau, die als langjährige Mitarbeiterin Feuchtwangers in Berlin und Südfrankreich wertvolle Hinweise für Nachforschungen gab.

Professor Harold von Hofe, Leiter des Feuchtwanger Institute for Exile Studies an der University of Southern California, Los Angeles und seiner Mitarbeiterin Dr. Sigrid Washburn für das Zusammenstellen des Quellenmaterials und das Gegenlesen des Manuskripts.

Akademie der Künste der DDR, Berlin/DDR, insbesondere den Mitarbeiterinnen und Mitarbeitern des Literaturarchivs, geleitet von Dr. Ulrich Dietzel.

John Westmancoat von The British library, Newspaper Library, London, für seine Hilfe bei der Zusammenstellung von Pressematerial.

Aufbau Verlag, Berlin/DDR, insbesondere den Mitarbeiterinnen und Mitarbeitern von Dr. Erler. Auch der Abdruck der Briefe an und von Lion Feuchtwanger und die Originalbeiträge »Aus der Geschichte der Stadt München«, »Zum Tode von Bertolt Brecht«, »Ein Höhenflugrekord« und »Trübe Gäste« geschieht mit freundlicher Genehmigung des Aufbau Verlages.

Akademie der Künste, Berlin/West, insbesondere den Mitarbeiterinnen von Professor Walther Huder.

Bayerisches Hauptstaatsarchiv, München.

Bayerisches Staatsschauspiel – Bibliothek, München.

Bertolt Brecht Erben, Berlin/DDR, für ihre unbürokratische Hilfe und ihr Entgegenkommen bei der raschen Abwicklung unserer Bitten und Anfragen.

Deutsche Bibliothek, Frankfurt

Deutsches Literaturarchiv, Marbach.

Rudolf Großkopff, der als Journalistenkollege 1976 in München dem Autor dieses Buches den Roman »Erfolg« von Lion Feuchtwanger zur Lektüre empfahl und damit den Grundstein für diese Biographie legte.

Jutta Hufenbach, die mit viel Ruhe und Geduld dafür sorgte, daß das Manuskript schnell und sauber in Satz gehen konnte.

Dorothea Lengert, die als Redaktionskollegin des Autors bei der »Süddeutschen Zeitung« in Berlin dessen Streßlaunen während seiner Arbeit an diesem Buch mit großer Ausdauer ertrug.

Monacensia-Stiftung, München.

Dr. Wolfgang Müller-Funk, München, für seine Anregungen, die er dem Herausgeber gab.

Münchner Kammerspiele, insbesondere Herrn Wolfgang Zimmermann.

Dr. Wolfgang Petzet, Krailling bei München, für seine Anregungen über Feuchtwangers Münchner Jahre als Rezensent und Dramatiker.

Cornelia Richter, München, im Jahre 1983 noch freischaffende Lektorin.

Wolfgang Richter, der als erfahrener Verlagsleiter mit seinem Rat und seiner Kritik den Autor unterstützte.

Ulrike Rost, Frankfurt, die dem Herausgeber bei der Herausgabe und Produktion des Buches jedwede Unterstützung bot.

Christiane Stefan, die das Literaturverzeichnis zusammenstellte.

Theatermuseum des Instituts für Theaterwissenschaft der Universität Köln, insbesondere Frau Dr. Flatz.

Theatermuseum, (ehemals Clara Ziegler-Stiftung), München.

Ilonka Wenk, M. A., Mainz, die das Manuskript und alle Texte des Buches noch einmal gegenlas

und denen, die wir unabsichtlich vergessen haben.

Herausgeber und Autor